二十一世纪普通高等院校实用规划教材　经济管理系列

# 证 券 市 场 分 析

张本照　主　编
蒋有光　汪文隽　副主编

清华大学出版社
北　京

## 内 容 简 介

本书是“证券市场分析”精品课程规划教材，共由四篇(十三章)组成：证券市场基础知识篇、证券市场基本分析篇、证券市场技术分析篇、行为金融和证券投资组合篇。每章章首附有“学习目标”和“导读案例”，每章章末附有“本章小结”和“自测题”。另外本书还配有多媒体教学课件。

本书可以作为经济管理类专业主干课程的教材，同时也适合作为高等院校财经类、工商管理类专业，以及 MBA、相关培训课程的教材，还可作为证券从业人员资格考试参考教材和普通投资者提高市场分析能力的阅读材料。



**图书在版编目(CIP)数据**

证券市场分析/张本照主编；蒋有光，汪文隽副主编. —北京：清华大学出版社，2012(2019.4 重印)
(二十一世纪普通高等院校实用规划教材 经济管理系列)
ISBN 978-7-302-29622-5

Ⅰ. ①证… Ⅱ. ①张… ②蒋… ③汪… Ⅲ. ①证券市场—市场分析—高等学校—教材 Ⅳ. ①F830.91

中国版本图书馆 CIP 数据核字(2012)第 176925 号

**责任编辑**：桑任松
**封面设计**：刘孝琼
**版式设计**：杨玉兰
**责任校对**：王 晖
**责任印制**：李红英

**出版发行**：清华大学出版社
**网 址**：http://www.tup.com.cn, http://www.wqbook.com
**地 址**：北京清华大学学研大厦 A 座 **邮 编**：100084
**社 总 机**：010-62770175 **邮 购**：010-62786544
**投稿与读者服务**：010-62776969, c-service@tup.tsinghua.edu.cn
**质量反馈**：010-62772015, zhiliang@tup.tsinghua.edu.cn
**课件下载**：http://www.tup.com.cn, 010-62791865
**印 装 者**：涿州市京南印刷厂
**经 销**：全国新华书店
**开 本**：185mm×230mm **印 张**：28.5 **字 数**：619 千字
**版 次**：2012 年 9 月第 1 版 **印 次**：2019 年 4 月第 4 次印刷
**定 价**：49.00 元

---

产品编号：046318-01

# 前　言

纵观人类社会发展历史，证券的产生由来已久，但证券的出现并不标志着证券市场同时产生，只有当证券的发行与转让公开通过市场的时候，证券市场才随之出现。因此，证券市场的形成必须具备一定的社会条件和经济基础。证券市场形成于自由资本主义时期，它的出现可归因于三点：首先，证券市场是商品经济和社会化大生产发展的必然产物；其次，股份公司的建立为证券市场形成提供了必要的条件；再次，信用制度的发展促进了证券市场的形成和发展。

回顾资本主义经济社会发展的历史，证券市场的最初萌芽可以追溯到17世纪初资本主义原始积累时期的西欧。从1602年在荷兰阿姆斯特丹成立的世界上第一家股票交易所开始，证券市场已经有 400 多年历史。在这漫漫历史长河中，证券市场经历了形成、发展和完善三个阶段。第一阶段是证券市场的形成阶段(17 世纪初—18 世纪末)。主要特点是：信用工具很单一，主要是股票、债券两种形式；证券市场规模小，主要采用手工操作；证券市场行情变动较大，投机、欺诈、操纵行为十分普遍；证券市场较分散，立法也很不完善。第二阶段是证券市场的发展阶段(19 世纪初—20 世纪 20 年代)。主要特点是：股份公司逐渐成为经济社会中的主要企业组织形式；有价证券发行量不断扩大，已初具规模；一些国家开始加强证券管理，引导证券市场规范化运行；证券交易市场得到了发展。第三阶段是证券市场的完善阶段(20 世纪 30 年代以来)。随着 1929—1933 年的经济危机以及第二次世界大战的结束，资本主义各国经济开始逐步恢复和发展，世界各国的经济都呈现了增长态势，证券市场也迅速恢复和发展。特别是 20 世纪 70 年代以后，证券市场出现了高度繁荣的景象，证券市场规模不断扩大，证券交易日益活跃。证券市场运行机制也发生了深刻变化，出现了新特点，主要有：金融证券化、证券市场多样化、证券投资法人化、证券市场法制化、证券市场网络化、证券市场国际化、金融创新不断深化等。

我国的证券市场有着悠久的发展历史和独特的特点，即旧中国的证券市场与新中国的证券市场之间没有直接的继承和延续关系，其市场发展状况也存在着很大差异。旧中国的证券市场历史悠久，其间几经波折，几起几落，它萌芽于唐代，形成于清末，“复苏”、“繁荣”和“衰亡”于民国。新中国成立后的 20 多年中，我国不存在证券市场，党的十一届三中全会以后，随着我国经济体制改革的深入和商品经济的发展，人民收入水平不断提高，社会闲散资金日益增多，而同时由于经济建设所需资金的不断扩大，经济建设资金不足的问题十分突出，在这种经济背景下，我国的证券市场应运而生。我国证券发行市场的恢复与起步是从 1981 年国家发行国库券开始的，我国的证券交易市场始于 1986 年的场外交易市场的形成，1990 年 11 月 26 日，国务院授权中国人民银行批准上海证券交易所宣告成立，并于 1990 年 12 月 19 日正式营业，成为新中国第一家证券交易所；1991 年 4 月 11 日，我国另一家由中国人民银行批准的证券交易所——深圳证券交易所也宣告成立，并于同年 7 月 3 日正式营业。两家证券交易所的成立，标志着我国证券市场由分散的场外交易进入了集中的场内交易。

证券市场分析作为证券投资不可或缺的重要环节，起源于美国、英国等金融发达国家。在其漫长的发展历程中，共产生三大流派：其一是基本分析流派(西方的主要流派)，体现以价值分析理论为基础、以统计方法和现值计算方法为主要分析手段的基本特征，主要假设为："股票的价值决定其价格"、"股票的价格围绕价值波动"。其二是技术分析流派，指以证券的市场价格、成交量、价和量变化及完成这些变化所经历的时间等行为，作为投资分析对象与投资决策基础的投资分析流派。主要假设为：市场行为包含一切信息，价格沿趋势移动，历史会重演。其三是心理分析流派，它以行为金融学原理为指导，分析人的心理和情绪，对投资决策、投资品的定价以及市场发展趋势的影响，主要进行个体心理分析和群体心理分析。

随着我国证券市场规范化、市场化、国际化的不断发展与完善，社会对证券投资理财人才的需求量逐渐增加，证券投资理财知识已成为全社会关注的热点。如何培养证券业从业后备人才、提升证券业从业人员业务水平以及提高广大投资者自身素质，是个十分重要且紧迫的问题。本书的编写正是为了适应这一需求。

本书共四篇：第一篇为证券市场基础知识篇，包括证券市场总论、股票基础知识、债券基础知识和证券投资基金基础知识等内容；第二篇为证券市场基本分析篇，包括宏观经济分析、行业及区域分析、公司分析等内容；第三篇为证券市场技术分析篇，包括技术分析概论、常用技术分析理论、K 线形态分析、常用技术指标等内容；第四篇为行为金融和证券投资组合篇，包括证券市场心理面分析、证券市场投资组合理论等内容。

本书在编写过程中，力求体现以下几个特点：①理论与实践紧密结合。通过把握证券市场分析的基本原理，反映当前证券市场分析的学科特点，突出证券市场分析的重点，将理论知识和现实市场结合起来；②应用性强。通过对证券市场分析的各种理论和方法进行充分的比较，便于读者(学生)了解和掌握不同的证券市场分析理论与方法的适用性和优缺点，从而帮助读者做出科学合理的分析判断；③深入浅出。通过使用大量的表格和图解，并列举大量的具体案例，从而有利于读者对证券市场分析理论和方法的理解与运用；④反映最新理论和应用成果。书中专门辟有一章，系统介绍心理分析在证券市场分析中的地位与实际运用。本书将中国证券市场发展的新变化、新情况写入书中，不但可使读者掌握新的知识点，而且还能提高读者对证券市场的综合分析和判断能力。

本书在编写过程中，得到了清华大学出版社相关领导的认可和大力支持，得到了合肥工业大学教务部和经济学院的支持和帮助。本书各章的编撰人员是：张本照(前言、第一章)；蒋有光(八、九、十、十一、十二章)；汪文隽(第二、十三章)；黄顺武(第三、四章)；孙红燕(第五、六章)；张根文(第七章)。全书由张本照教授制定编写计划，张本照、蒋有光、汪文隽最终通稿完成。另外，秦晨、曹明凤等产业经济学和金融学专业研究生帮助查阅了大

量的资料，杜燕君、石岳等研究生帮助进行了文字校对工作。在此，对以上相关支持者表示衷心的感谢。

本书在编写过程中，参阅了国内外大量的相关文献，除了在书中注明外，还在书后列出了主要参考文献，在此对这些作者和网站资料收集者、提供者表示衷心感谢。若有遗漏，万望见谅。

由于编者水平有限，编写时间仓促，难免有很多不成熟的观点和粗糙之处，敬请证券界专家和广大读者雅正并提出宝贵意见，以便于进一步修订。

编　者

# 目　　录

## 第一篇　证券市场基础知识篇

## 第二篇 证券市场基本分析篇

## 第三篇 证券市场技术分析篇

## 第四篇　行为金融和证券投资组合篇

# 第一篇　证券市场基础知识篇

## 第一章　证券市场总论

【学习目标】

通过学习本章，读者应当掌握证券与证券市场的含义和分类；了解证券市场的产生与发展历史；熟悉首次公开发行股票的准备、核准及操作程序；掌握债券与基金的发行与承销；了解证券交易的含义、种类和方式；掌握证券经纪业务、自营业务和资产管理业务的相关知识，清算与交收的含义和原则；并且了解证券市场监管的目标与原则，掌握信息披露监管与证券交易监管。

【导读案例】

**投资者保护：与资本市场共同跨入下一个 20 年**

2010 年是中国资本市场建立的 20 周年。20 年来，中国资本市场从无到有，并跻身世界前列。市场各类主体历经风雨不断成长，推动了市场的逐步成熟。特别是投资者保护工作，与市场同步发展，起到了有效的促进保障作用，并将与市场一起跨入下一个 20 年。

2010 年，资本市场也继续用冰火两重天教育、警示投资者。沪深两市的筹资总额达到 10016.32 亿元规模，一举跨过万亿大关，并超越 2007 年的 7985.82 亿元再创历史纪录；创业板全年募集资金近千亿，153 家公司总市值超过 7000 亿元，平均市盈率 78.53 倍，在中国演绎了一段段造富神话。但 A 股市场上半年火热的期望被约 30%的跌幅无情地浇灭了，下半年虽出现反弹，但在年末终究难以抵制通胀压力和加息预期的双重考验，而以 17%的全年跌幅收官，位居全球股票市场跌幅前列。

资本市场稳步规范发展表现在：①融资融券和股指期货相继出台。这不仅是提升我国资本市场服务国民经济全局能力的内在要求，也是广大投资者的期盼所在。②证券市场退市制度加快完善。为保护投资者利益，完善资本市场优胜劣汰机制，深交所对创业板上市公司的退市标准进行了探索，设置了较主板市场更加多元化的退市标准。同时，证监会成立了专门的小组，统筹研究上市公司退市制度改革，进一步完善上市公司退出机制，从而有效保护投资者的利益。③证券市场信用信息体系逐步健全。2010 年 6 月 29 日，中国人民银行发布《金融业机构信息管理规定》，规范和加强金融业机构信息管理工作，确保金融业机构信息的真实性、准确性和完整性，促进金融业机构信息系统的互联互通。

同时为了规范证券市场制度，促进其蓬勃发展，证券市场加大了打击证券违法犯罪活动的力度，主要措施有：①完善惩处非法证券活动的规范，使公安机关在查处证券市场的违法犯罪行为时有法可依；②加大对内幕交易和老鼠仓的打击力度，对上市公司的信息披露和信息准确性作出了严格要求，明确责任制度；③证监会与公安司法机关通力合作，共同维护证券市场的公正、公平、公开性；④重视打击网上证券欺诈。随着网络诈骗越来越多的出现，证券市场监管机构建立起了立体化的网络监控体系和相应的网络清理机制，打击网上的诈骗行为。

(资料来源：证券时报网，http://stock.hexun.com/2011-02-12/127261985.html)

# 第一节　证券市场概述

## 一、证券与证券市场

证券是指各类记载并代表一定权利的法律凭证。它用以证明持有人有权依其所持凭证记载的内容而取得应有的权益。从一般意义上来说，证券是指用以证明或设定权利所做成的书面凭证，它表明证券持有人或第三者有权取得该证券拥有的特定权益，或证明其曾经发生过的行为。证券可以采取纸面形式或证券监管机构规定的其他形式。一般而言，证券通常从广义和狭义两个角度理解。广义的理解包括三类：证据证券(如借据、收据、信用证等)、凭证证券(如存款单、土地使用权证、房地产证等)和有价证券，狭义的理解特指有价证券。

### (一)有价证券

有价证券，是指标有票面金额，用于证明持有人或该证券的特定主体对特定财产拥有所有权或债权的凭证。这类证券本身没有价值，但由于它代表着一定量的财产权利，持有人可凭该证券直接取得一定量的商品、货币，或是取得利息、股息等收入，因而可以在证券市场上买卖和流通，客观上具有了交易价格。

有价证券是虚拟资本的一种形式。所谓虚拟资本，是指以有价证券形式存在，并能给持有者带来一定收益的资本。虚拟资本是独立于实际资本之外的一种资本存在形式，本身不能在实体经济运行过程中发挥作用。通常，虚拟资本的价格总额并不等于所代表的真实资本的账面价格，甚至与真实资本的重置价格也不一定相等，其变化并不完全反映实际资本额的变化。

## (二)有价证券的分类

有价证券有广义与狭义之分。狭义的有价证券是指资本证券，而广义的有价证券包括了商品证券、货币证券和资本证券。

商品证券是指证明持有人有商品所有权或使用权的凭证。取得这种证券就等于取得这种商品的所有权，持有人对这种证券所代表的商品所有权受法律保护。通常商品证券有提货单、货运单、仓库栈单等。

货币证券是指本身能使持有人或第三者取得货币索取权的有价证券。货币证券主要包括两大类：一类是商业证券，主要包括商业汇票和商业本票；另一类是银行证券，主要包括银行汇票、银行本票和支票。

资本证券则是指由金融投资或与金融投资有直接联系的活动而产生的证券，它是有价证券的主要形式。资本证券的持有人有一定的收入请求权。

下面主要讨论的是狭义的有价证券，即资本证券。

有价证券的种类多种多样，可以从不同的角度按不同的标准进行分类。

### 1. 按照发行主体的不同，可以分为政府证券、政府机构证券、公司证券

政府证券通常是指由中央政府或地方政府发行的债券。中央政府债券也称国债，通常由一国财政部发行。地方政府债券由地方政府发行，以地方税或其他收入偿还。政府机构证券是由经批准的政府机构发行的证券，我国目前不允许政府机构发行证券。公司证券是公司为筹措资金而发行的有价证券，公司证券包括的范围比较广泛，有股票、公司债券等。在公司证券中，通常将银行及非银行金融机构发行的证券称为金融证券，而在公司证券中金融债券又尤为常见。

### 2. 按照能否在交易所挂牌交易，可分为上市证券和非上市证券

上市证券是指经证券主管机关核准发行，并经证券交易所依法审核同意，允许在证券交易所内公开买卖的证券。非上市证券是指未申请上市或不符合证券交易所挂牌交易条件的证券，不允许其在证券交易所内交易，但是可以在其他证券交易市场发行和交易。凭证式国债、电子式储蓄国债、普通开放式基金和非上市股份公司的股票都属于非上市证券。

### 3. 按照募集方式不同，可分为公募证券和私募证券

公募证券是指发行人通过中介机构向不特定的社会公众投资者公开发行的证券，审核较严格并采取公示制度。私募证券是指向少数特定的投资者发行的证券，其审查条件相对宽松，投资者也较少，不采取公示制度。

目前，我国信托投资公司发行的信托计划以及商业银行和证券公司发行的理财计划均属私募证券。上市公司采取定向增发方式发行的有价证券也属私募证券。

4. 按照证券所代表的权利不同，可分为股票、债券和其他证券

股票是股份有限公司签发的证明股东权利义务的要式有价证券。

债券是企业、金融机构或政府为募集资金向社会公众发行的、保证在规定时间内向债券持有人还本付息的有价证券。

股票和债券是证券市场两个最基本和最主要的品种；其他证券包括基金证券、证券衍生产品，如金融期货、可转换证券、权证等。

当然还有其他不同的分类方式，例如按照证券的经济性质，可分为基础证券和金融衍生证券；按照证券收益是否固定，可分为固定收益证券和变动收益证券；按照证券是否具有适销性，又可分为适销证券和不适销证券，等等。

### (三)证券的特征

1. 产权性(财产性权利凭证)

证券的产权性是指有价证券记载着权利人的财产权内容，代表着一定的财产所有权，拥有证券就意味着享有财产的占有、使用、收益和处分的权利。在现代经济社会里，财产权利和证券已密不可分，财产权利与证券两者融合为一体，权利证券化。虽然证券持有人并不实际占有财产，但可以通过持有证券，在法律上拥有有关财产的所有权或债权。

2. 收益性(收益性权利凭证)

证券的收益性是指持有证券本身可以获得一定数额的收益，是投资者转让资本所有权或使用权的回报。证券代表的是对一定数额的某种特定资产的所有权或债权，投资者持有证券也就同时拥有取得这部分资产增值收益的权利，因而证券本身具有收益性。有价证券的收益表现为利息收入、红利收入和买卖证券的差价。

3. 流通性(流通性权利凭证)

证券的流通性又称变现性，是指证券持有人按照自己的需要转让证券换取现金的难易程度。证券的流通可通过到期兑付、承兑、贴现、转让等方式实现，其流通性强弱受证券期限、利率水平、计息方式、信用等级、市场便利程度等因素的制约。不同证券的流通性是不同的。

4. 风险性(风险性权利凭证)

证券的风险性是指证券持有人面临着实际收益与预期收益相背离的风险，或者说证券收益具有不确定性。从整体上说，证券的风险与其收益成正比。通常情况下，风险越大的证券，投资者要求的预期收益越高；风险越小的证券，预期收益越低。

## (四)证券市场

证券市场是指股票、债券、投资基金份额等有价证券发行和交易的场所。从广义上讲，证券市场是指一切以证券为对象的交易关系的总和。

证券市场是市场经济发展到一定阶段的产物，是为解决资本供求矛盾和流动性而产生的市场，它以证券发行与交易的方式实现了筹资与投资的对接，有效地化解了资本的供求矛盾和资本结构调整的难题。在发达的市场经济中，证券市场是完整的市场体系的重要组成部分，它不仅反映和调节货币资金的运动，而且对整个经济的运行具有重要影响。

### 1．证券市场的特征

首先，证券市场是价值直接交换的场所。有价证券都是价值的直接代表，它们本质上是价值的一种直接表现形式。虽然证券交易的对象是各种各样的有价证券，但由于它们是价值的直接表现形式，所以证券市场本质上是价值的直接交换场所。

其次，证券市场是财产权利直接交换的场所。证券市场上的交易对象是作为经济权益凭证的股票、债券、投资基金等有价证券，它们本身是一定量财产权利的代表，所以代表着对一定数额财产的所有权或债权以及相关的收益权。证券市场实际上是财产权利的直接交换场所。

最后，证券市场是风险直接交换的场所。有价证券既是一定收益权利的代表，同时也是一定风险的代表。有价证券的交换在转让出一定收益权的同时，也把该有价证券所特有的风险转让出去。所以，从风险的角度分析，证券市场也是风险直接交换的场所。

此外，证券市场既可以是一个有形场所(如纽约证券交易所、伦敦证券交易所、东京证券交易所等)，也可以是一个无形的场所(如 NASDAQ 市场，即美国“全国证券交易商协会自动报价系统”)，体现的仅仅是一种交易关系或交易过程。

### 2．证券市场的基本功能

证券市场被称为国民经济的“晴雨表”，它能够灵敏地反映社会政治、经济发展的动向，为经济分析和宏观调控提供依据，它的基本功能包括：

(1) 筹资/投资功能。这是指证券市场一方面为资金需求者提供了通过发行证券筹集资金的机会，另一方面为资金供给者提供了投资对象在证券市场上交易的所有证券，既是筹资的工具，也是投资的工具。筹资和投资是证券市场基本功能不可分割的两个方面，忽视其中任何一个方面都会导致市场的严重缺陷。

(2) 资本定价功能。证券是资本的存在形式，证券的价格实际上是证券所代表的资本的价格。证券的价格是证券市场上证券供求双方通过交易形成的结果。证券市场的运行使证券需求者和证券供给者形成竞争关系，这种竞争的结果是：能产生高投资回报的资本，市场的需求就大，其相应的证券的价格就高；反之，证券的价格就低。因此，证券市场提供了资本的合理定价机制。

(3) 资本配置功能。这个功能揭示的是证券市场能使社会资本通过交易实现资本的合理配置。在证券市场上，证券价格的高低是由该证券所能提供的预期报酬率的高低来决定的。而能提供高报酬率的证券一般来自于那些经营好、发展潜力巨大的企业，或者是来自于新兴行业的企业。通过资本的流动从而使好的企业、新兴行业越来越好，快速成长，差的企业、衰退行业越来越差，逐渐从市场上淘汰。美国纳斯达克市场就是一个成功的案例。

### 3. 证券市场的结构

证券市场的结构是指证券市场的构成及其各部分之间的量比关系。常见的最基本的证券市场结构有以下几种。

1) 层次结构

通常指按证券进入市场的顺序而形成的结构关系。按这种顺序关系划分，证券市场的构成可分为发行市场和交易市场。

其中，证券发行市场又称证券的一级市场或初级市场，是指证券发行人按照一定的法律规定和发行程序，向投资者出售证券以筹集资金的市场，包括了从规划到销售以及承购等阶段的全过程。证券交易市场又称二级市场流通市场或次级市场，是已发行的证券通过买卖交易实现流通转让的市场。

证券发行市场和交易市场相互依存、相互制约，是一个不可分割的整体。证券发行市场是交易市场的基础和前提，而交易市场是证券得以持续扩大发行的必要条件，为证券的转让提供市场条件，使发行市场充满活力。同时，交易市场的交易价格制约和影响着证券的发行价格，是证券发行时需要考虑的重要因素。

2) 多层次资本市场

除一、二级市场区分之外，证券市场的层次性还体现为区域分布、覆盖公司类型、上市交易制度以及监管要求的多样性。根据所服务和覆盖的上市公司类型，可分为全球性市场、全国性市场、区域性市场等类型；根据上市公司规模、监管要求等差异，可分为主板市场、二板市场(创业板或高新企业板)；根据交易方式，可分为集中交易市场、柜台市场(或代办转让)等。

3) 品种结构

根据有价证券的品种形成的结构关系。这种结构关系的构成主要有股票市场、债券市场、基金市场、衍生产品市场等。

其中，股票市场是股票发行和买卖交易的场所，其交易的对象是股票。股票市场的发行人为股份有限公司，股份有限公司通过发行股票募集公司的股本，或是在公司营运过程中通过发行股票扩大公司的股本。

债券市场是债券发行和买卖交易的场所，其交易对象是债券。债券的发行人有中央政府、地方政府、中央政府机构、金融机构、公司和企业。

基金市场是基金份额发行和流通的市场。封闭式基金在证券交易所挂牌交易，开放式

基金则通过投资者向基金管理公司申购和赎回实现流通转让。

衍生产品市场是各类衍生产品发行和交易的市场，随着金融创新在全球范围内的不断深化，衍生产品市场已经成为金融市场不可或缺的重要组成部分。

【小贴士】金融衍生品

金融衍生品是一种金融工具，在国际市场上衍生品的种类非常多。一般表现为两个主体之间的一个协议，其价格由其他基础产品的价格决定，并且有相应的现货资产作为标的物，成交时不需立即交割，而可在未来时点交割。典型的衍生品有期货、期权等。

金融衍生品有规避风险、价格发现的作用，它是对冲资产风险的好方法。但是若交易不当将导致巨大的风险，有的甚至是灾难性的，例如巴林银行事件、宝洁事件、中航油事件等。

## 二、证券市场参与者

证券市场参与者是证券市场的基本构成要素，指一切以证券为对象的机构和个人。证券市场的参与者有以下几类。

### (一)证券发行人

证券发行人是证券的发行主体，是指为筹措资金而发行债券、股票等证券的政府、政府机构、金融机构、公司和企业。其中，证券发行人是公司或者企业时，其组织形式可以是独资制、合伙制或者公司制，但现代股份制公司只有股份有限公司才能发行股票；证券发行人是政府和政府机构时，发行证券的品种仅限于债券；证券发行人是金融机构时，债券和股票都可以发行，且股份制金融机构发行的股票属于公司股票。

### (二)证券投资者

证券投资者是指通过证券而进行投资的各类机构法人和自然人，他们是证券市场的资金供给者，也是金融工具的购买者。证券投资者可以分为机构投资者和个人投资者两大类。

#### 1. 机构投资者

机构投资者主要有政府机构、金融机构、企业和事业法人及基金等。

(1) 政府机构。政府机构，参与证券投资的目的主要是为了调剂资金余缺和进行宏观调控。各级政府及政府机构出现资金剩余时，可通过购买政府债券、金融债券投资于证券市场。中央银行以公开市场操作作为政策手段，通过买卖政府债券或金融债券，影响货币供应量进行宏观调控。

(2) 金融机构。参与证券投资的金融机构包括证券经营机构、银行业金融机构、保险公司以及其他金融机构。

其中证券经营机构是证券市场上最活跃的投资者，以其自有资本、营运资金和受托投资资金进行证券投资。我国证券经营机构主要为证券公司，从事自营业务，其投资的范围包括股票、基金、认股权证、国债、公司或企业债券等上市证券以及证券监管机构认定的其他证券。

银行业金融机构包括商业银行、城市信用合作社、农村信用合作社等吸收公众存款的金融机构以及政策性银行。受自身业务特点和政府法令的制约，银行业金融机构一般仅限于投资政府债券和地方政府债券，而且通常以短期国债作为其超额储备的持有形式。

保险公司目前已经超过共同基金成为全球最大的机构投资者，除大量投资于各类政府债券、高等级公司债券外，还广泛涉足基金和股票投资。

其他金融机构包括信托投资公司、企业集团财务公司、金融租赁公司等。这些机构通常也在自身章程和监督机构许可的范围内进行证券投资。

(3) 企业和事业法人。企业和事业法人可以用自己的积累资金或暂时不用的闲置资金进行证券投资。可以通过股票投资实现对其他企业的控股或参股，也可以将暂时闲置的资金通过自营或委托专业机构进行证券投资以获取收益。我国现行的规定是，各类企业可参与股票配售，也可投资于股票二级市场；事业法人可用自有资金和有权自行支配的预算外资金进行证券投资。

(4) 基金。基金性质的机构投资者包括证券投资基金、社保基金、企业年金和社会公益基金。

证券投资基金是指通过公开发售基金份额筹集资金，由基金管理人管理，基金托管人托管，为保证基金份额持有人的利益，以资产组合方式进行证券投资活动的基金。

社保基金分为社会保障基金和社会保险基金两部分，社会保障基金有社会保险基金、社会救济基金、社会福利基金等，而社会保险基金一般由养老、医疗、失业、工伤、生育5项保险基金组成。

企业年金是指企业及其职工在依法参加基本养老保险的基础上，自愿建立的补充养老保险基金。按照我国现行法规，企业年金可由年金受托人或受托人指定的专业投资机构进行证券投资。

社会公益基金是指将收益用于指定的社会公益事业的基金，如福利基金、科技发展基金、教育发展基金、文学奖励基金等。我国有关政策规定，各种社会公益基金可用于证券投资，以求保值增值。

各类机构投资者的资金来源、投资目的、投资方向虽然各不相同，但一般都具有投资资金量大、收集和分析信息能力强、注重投资安全、通过有效的资产组合分散投资风险、对市场影响大等特点。

(5) 合格的境外机构投资者(QIFF)。即经我国政府批准的参与我国证券市场投资的境外机构投资者。在 QFII 制度(外国专业投资机构到境内投资的资格认定制度)下，境外机构投

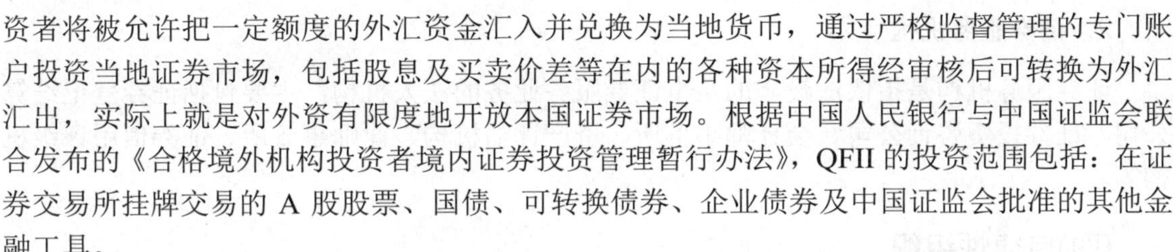

资者将被允许把一定额度的外汇资金汇入并兑换为当地货币，通过严格监督管理的专门账户投资当地证券市场，包括股息及买卖价差等在内的各种资本所得经审核后可转换为外汇汇出，实际上就是对外资有限度地开放本国证券市场。根据中国人民银行与中国证监会联合发布的《合格境外机构投资者境内证券投资管理暂行办法》，QFII 的投资范围包括：在证券交易所挂牌交易的 A 股股票、国债、可转换债券、企业债券及中国证监会批准的其他金融工具。

2. 个人投资者

个人投资者是指从事证券投资的社会自然人，他们是证券市场上最广泛的投资者。个人投资者的主要目的是追求盈利，谋求资本的保值和增值，所以他们十分重视本金的安全和资产的流动性。

【小贴士】大户与散户

大户与散户，是股市用语。大户是指那些资金实力雄厚、投资额巨大、交易量惊人、能够左右行情控制市况的投资者，多由大的企业财团、信托投资公司以及拥有庞大资金的集团或个人组成。一般来说，有大户照顾的股票在行情看涨时上扬的幅度较大；相反，在行情下跌时，由于有大户的支持，滑落的幅度则较小。但是，一旦出现主力大户撤退时，则会出现行市迅猛滑落。因此，了解大户的交易动态十分重要，对于研究和判断股价走势，具有相当高的参考价值。

广义的散户指所有的个人投资者，是相对机构而言的，狭义的散户则指那些投入股市资金量较小的个人投资者，主要由在读学生、工薪阶层、个体户、退休人士等构成。散户在投资活动中虽然不是影响行情变化的主力，但也是股市中不可缺少的组成部分，而且在每次的股价涨跌波动中起着一定的推波助澜作用。同时，散户又往往是大户做手获利之后的牺牲品和侵吞对象。

## (三)证券市场中介机构

证券市场中介机构是指为证券发行与交易提供服务的各类机构，包括证券公司和其他证券服务机构。通常把两者合称为证券中介机构。证券中介机构是连接证券投资者与筹资人的桥梁，证券市场功能的发挥，很大程度上取决于证券中介机构的活动。通过它们的经营服务活动，沟通了证券需求者与证券供应者之间的联系，不仅保证了各种证券的发行和交易，还起到维持证券市场秩序的作用。

1. 证券公司

证券公司是指依法设立可经营证券业务的、具有法人资格的金融机构。它的业务有证券经纪、投资咨询、财务顾问、承销和保荐、自营、资产管理以及其他证券业务等。

2．证券服务机构

证券服务机构是指依法设立的从事证券服务业务的法人机构，主要包括证券登记结算公司、证券投资咨询公司、会计师事务所、资产评估机构、律师事务所、证券信用评级机构等。

### (四)自律性组织

自律性组织主要有证券交易所和证券业协会。

1．证券交易所

证券交易所是提供证券集中竞价交易场所和设施、不以盈利为目的的法人，其主要职责有：提供交易场所和设施；制定交易规则；监管在该交易所上市的证券以及会员交易行为的合规性、合法性，以确保市场的公开、公平和公正。

2．证券业协会

证券业协会是社会团体法人，它的权力机构是由全体会员组成的会员大会。根据《中华人民共和国证券法》的规定，证券公司应当加入证券业协会。证券业协会应当履行协助证券监督管理机构组织会员执行有关法律，维护会员的合法权益，为会员提供信息服务，制定规则，组织培训和开展业务交流，调解纠纷，就证券业的发展开展研究，监督、检查会员行为及证券监督管理机构赋予的其他职责。

### (五)证券监管机构

在中国，证券监管机构是指中国证券监督管理委员会及其派出机构。中国证监会是国务院直属的证券监督管理机构，按照国务院授权和依照相关法律法规对证券市场进行集中、统一监管。它的主要职责是：依法制定有关证券市场监督管理的规章、规则，负责监督有关法律法规的执行，负责保护投资者的合法权益，对全国的证券发行、证券交易、中介机构的行为等依法实施全面监管，维持公平而有序的证券市场。

## 三、证券市场的产生和发展

### (一)证券市场的产生

证券的产生已有很久的历史，但是证券的出现并不表示证券市场同时产生了，只有当证券的发行和转让公开通过市场进行时，才标志着证券市场的出现。证券市场形成于自有资本主义时期，股份公司的产生和信用制度的深化，是证券市场形成的基础。

1．证券市场的形成得益于社会化大生产和商品经济的发展

随着生产力的进一步发展，社会分工的日益复杂，商品经济日益社会化，资本主义从自由竞争阶段过渡到垄断阶段，资本家依靠原有的银行借贷资本已不能满足巨额资金增长的需要，客观上需要有一种新的筹集资金的机制以适应社会经济进一步发展的要求。在这种情况下，证券与证券市场就应运而生了。

2．证券市场的形成得益于股份制的发展

随着商品经济的发展，生产规模日渐扩大，传统的独资经营方式和家族型企业已经不能胜任对巨额资本的需求，于是产生了合伙经营的组织；随后又由单纯的合伙组织逐步演变成股份公司。股份公司通过发行股票、债券向社会公众募集资金，实现资本的集中，满足扩大再生产对资金急剧增长的需求。因此，股份公司的建立和公司股票、债券的发行，为证券市场的产生提供了坚实的基础和客观的要求。

3．证券市场的形成得益于信用制度的发展

由于近代信用制度的发展，使得信用机构由单一的中介信用发展为直接信用，即直接对企业进行投资。于是，金融资本逐步渗透到证券市场，成为证券市场的重要支柱。信用工具一般都有流通变现的要求，而证券市场为有价证券的流通、转让创造了条件。因而，随着信用制度的发展，证券市场的产生成为必然。

## (二)证券市场的发展

纵观证券市场的发展历史，其进程大致可分为萌芽、初步发展、停滞、恢复、加速发展这五个阶段。

1．萌芽阶段

在资本主义发展初期的原始积累阶段，西欧就已有了证券的发行与交易。15 世纪的意大利商业城市中的证券交易主要是商业票据的买卖。当时的里昂、安特卫普主要交易的是国家债券。17 世纪初，随着资本主义经济的发展，所有权和经营权相分离的生产经营方式——股份公司出现，使股票、公司债券等有价证券进入交易的行列。1602 年，在荷兰的阿姆斯特丹成立了世界上第一个股票交易所。1698 年，在英国已有大量的证券经纪人，伦敦柴思胡同的乔纳森咖啡馆就是因为有众多的经纪人在此交易而出名。1773 年，英国的第一家证券交易所即在该咖啡馆成立，1802 年获得英国政府的正式批准。这家证券交易所即为现在伦敦证券交易所的前身，最初主要交易政府债券，之后公司债券和矿山、运河股票逐渐上市交易。到 19 世纪中叶，一些地方性证券市场也在英国兴起，铁路股票盛行。

美国证券市场是从买卖政府债券开始的。在独立战争中，美国的战时国会、各州和军队都发行了各种各样的中期债券和临时债券。战争结束后，美国政府为了取信于民，就以发行联邦债券的形式承担了这笔8000万美元的债务。这项巨额债券的发行是依赖大量的证券经纪人兜售的。证券交易首先从费城、纽约开始，其后向芝加哥、波士顿等大城市蔓延，为美国证券市场的发展打下了基础。1790年成立了美国第一个证券交易所——费城证券交易所；1792年5月17日，24名经纪人在华尔街的一棵梧桐树下聚会，商定了一项名为“梧桐树协定”的协议；1793年，一家名叫“汤迪”的咖啡馆在华尔街落成，于是露天的证券市场就移进咖啡馆经营；1817年，参与华尔街汤迪咖啡馆证券交易的经纪人通过一项正式章程，并成立组织，起名为“纽约证券交易会”，于1863年改名为“纽约证券交易所”。独立战争结束后，美国工业革命开始，受工业革命影响，证券市场上的公司股票逐渐取代政府债券的地位，运输公司股票、铁路股票、矿山股票纷纷出现在证券市场上，同时银行股票、保险公司股票及一些非金融机构的公司股票也开始露面，股票交易开始盛行。

### 2. 初步发展阶段

20世纪初，资本主义从自由竞争阶段过渡到垄断阶段。正是在这一过程中，为适应资本主义经济发展的需要，证券市场以其独特的形式有效地促进了资本的积聚和集中，同时，其自身也获得了高速发展。首先，股份公司数量剧增。以英国为例，1911—1920年建立了64 000家，1921—1930年建立了86 000家。至此，英国90%的资本都处于股份公司控制之下。与此同时，持股公司形成并获得了发展，而金融公司、投资银行、信托投资公司、证券公司等证券经营机构也获得了极大的发展。其次，在这一时期，有价证券发行总额剧增，1921—1930年全世界有价证券共计发行6000亿法国法郎，比1890—1900年增加了近5倍。有价证券的结构也起了变化，在有价证券中占主要地位的已不是政府债券，而是公司股票和公司债券。据统计，1900—1913年全世界发行的有价证券中，政府公债占发行总额的40%，而公司股票和公司债券则占了60%。

### 3. 停滞阶段

1929—1933年，资本主义国家爆发了严重的经济危机，导致了世界各国证券市场的动荡，不仅证券市场的价格波动剧烈，而且证券经营机构的数量和业务锐减。危机的先兆就表现为股市的暴跌，而随之而来的经济大萧条更使证券市场遭受了严重打击。到1932年7月8日，道·琼斯工业股票价格平均数只有41点，仅为1929年最高水平的11%。危机过后，证券市场仍一蹶不振。第二次世界大战爆发后，虽然各交战国由于战争的需要发行了大量公债，但整个证券市场仍处于不景气之中。与此同时，加大证券市场管制力度的呼声越来越强烈，使证券市场的拓展工作陷入前所未有的停滞之中。

### 4. 恢复阶段

第二次世界大战后至20世纪60年代，因欧美与日本经济的恢复和发展以及各国的经济增长大大地促进了证券市场的恢复和发展，公司证券发行量增加，证券交易所开始复苏，证券市场规模不断扩大，买卖越来越活跃。这一时期，世界贸易和国际资本流动得到了一

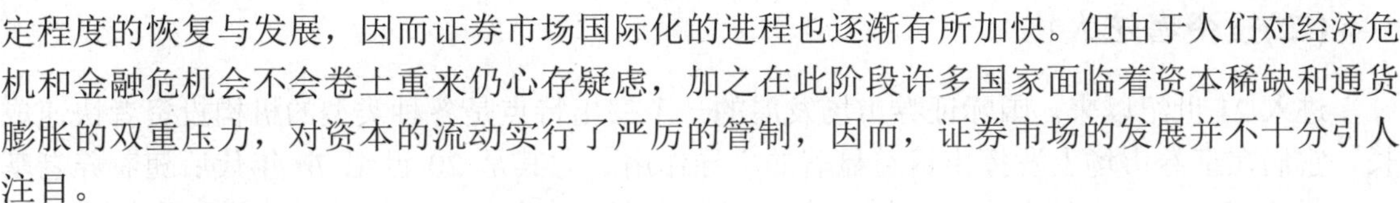


定程度的恢复与发展，因而证券市场国际化的进程也逐渐有所加快。但由于人们对经济危机和金融危机会不会卷土重来仍心存疑虑，加之在此阶段许多国家面临着资本稀缺和通货膨胀的双重压力，对资本的流动实行了严厉的管制，因而，证券市场的发展并不十分引人注目。

### 5. 加速发展阶段

从 20 世纪 70 年代开始，证券市场出现了高度繁荣的局面，不仅证券市场的规模更加扩大，而且证券交易日趋活跃。其重要标志是反映证券市场容量的重要指标——证券化率(证券市值/GDP)的提高。根据深圳证券交易所的一项研究，1995 年末发达国家的平均证券化率为 70.44%，其中美国为 96.59%，英国为 128.59%，日本为 73.88%。而到了 2003 年，美国、英国、日本证券化率分别提高至 298.66%、296.54%和 209.76%，韩国、泰国、马来西亚等新兴市场经济国家的该项比率也分别达到 112.4%、119.83%和 240.82%。2007 年年末，中国境内上市公司市值达到 327 140.89 亿元人民币。根据国家统计局《2007 年国民经济和社会发展统计公报》数据，2007 年全年国内生产总值为 246 619 亿元人民币，中国证券化率已达到 132.65%。各种迹象表明，不论从占各类投资方式的比重看，还是从占金融资产的比重看，整个金融行业已经出现了证券化的趋势。

## 四、当代证券市场的发展趋势

20 世纪 90 年代以来，在高新技术快速发展和经济全球化的背景下，各国(地区)的证券市场发生了一系列深刻而重要的变化。在有效推进金融自由化，加大金融业对外开放，国际金融竞争加剧以及随之而来的金融风险凸现的过程中，各国(地区)证券市场之间的联系更加密切，显示出全球化的趋势。这些全球性的变化主要表现在以下几方面。

### (一)证券市场一体化

在经济全球化的背景下，国际资本流动频繁且影响深远，并最终导致全球证券市场相互联系日趋紧密，证券市场出现了一体化趋势。具体反映：首先，从证券发行人或筹资者层面看，异地上市、海外上市以及多个市场同时上市的公司数量和发行规模日益扩大，海外发行主权债务工具的规模也非常巨大。其次，从投资者层面看，随着资本管制的放松，全球资产配置成为流行趋势，个人投资者可以借助互联网轻松实现跨境投资，以全球基金、国际基金为代表的机构投资者大量投资境外证券，主权国家出于外汇储备管理的需要，也形成对外国高等级证券的巨大需求。再次，从市场组织结构层面看，交易所之间跨国合并或跨国合作的案例层出不穷，场外市场在跨国购并等交易活动的驱动下，也渐趋融合。最后，从证券市场运行层面看，全球资本市场之间的相关性显著增强。此外，从产品设计与创新、投资理念、监管制度等角度看，全球化趋势也非常明显。

## (二)投资者法人化

进入21世纪以来，国际证券市场发展的一个突出特点是各种类型的机构投资者快速成长，它们在证券市场上发挥出日益显著的主导作用。尤其是20世纪70年代后随着养老基金、保险基金、投资基金的大规模入市，证券投资者法人化、机构化速度进一步加快。法人投资者从过去主要是金融机构扩大到各个行业。据估计，法人投资在世界各国的证券市场占50%左右。

## (三)金融创新深化

创新是金融业永恒的主题，进入21世纪，在新的金融理论和金融技术的支持下，有关产品、组织、监管等方面的发展千变万化、日新月异。在有组织的金融市场中，结构化票据、交易所交易基金(ETF)、各类权证、证券化资产、混合型金融工具和新型衍生合约不断上市交易；从功能上看，天气衍生金融产品、能源风险管理工具、巨灾衍生产品、政治风险管理工具、信贷衍生产品层出不穷。

## (四)金融机构混业化

20世纪90年代以来，全球范围内的国际金融市场竞争愈演愈烈，金融创新使金融机构和金融业务的界限日益模糊，原来对金融业实行分业经营的国家，政府管制和法律限制被不断突破，混业经营趋势不断增强。金融机构之间展开了大规模的购并和跨国购并，通过购并重组，不仅推动了金融机构的资产规模高速增长，而且形成了一些大型的跨国金融控股集团，既实现了各类金融业务紧密结合、相互渗透，又顺应了新经济条件下对金融服务多样化、立体化、超级市场化的需求。

## (五)交易所重组与公司化

进入新世纪以来，在证券市场上最引人注目的事件是欧洲证券交易所的重组。例如2006年10月份，芝加哥商业交易所(CME)和芝加哥期货交易所(CBOT)宣布合并，组成CME集团有限公司。此外，还有更多交易所之间通过产品交叉上市、共享交易代码和交易平台等方式实现了战略合作。证券业应对激烈市场竞争的另一表现则是交易所公司化。

## (六)证券市场网络化

随着电子计算机技术的发展，国际金融市场的交易手段越来越先进。自从1970年伦敦证券交易所采用市场价格显示装置，1971年美国建成全国证券商协会自动报价系统和纽约证券交易所创设市场间交易系统以来，这种交易过程的创新始终未曾停顿。电子交易系统的普遍采用，使国际证券市场突破了时间和空间的限制，实现了网络化。

### (七)金融风险复杂化

随着金融创新和金融交易的快速发展，各国(地区)金融相关度进一步提高，竞争的加剧、汇率的波动、国际短期资本的流动以及经济发展战略的失误都可能直接引发一国(地区)甚至多国(地区)发生金融危机，而一国(地区)的金融风险可能立即在周边国家(地区)传递，甚至影响国际金融市场的正常运行。

20 世纪 90 年代是国际金融风险频繁发生的时期，频频发生的金融危机使人们认识到，金融全球化不仅意味着全球金融活动一体化，而且意味着全球金融风险日益紧密联系并相互传递。金融风险已成为 20 世纪 90 年代以来影响世界经济稳定发展的最重要的因素。

### (八)金融监管合作化

频繁发生的金融风险给各国(地区)以深刻的教训，为此各国(地区)更加注重健全金融体系，推行金融改革；加强和改善金融监管，建立和完善保护投资者权益和信心的制度；完善宏观经济管理，保持国际收支基本平衡。鉴于金融危机的国际传递趋势，各国更注重加强国际金融合作和协调，运用国际资源提升防范国际金融危机的能力，防范和化解国际金融风险。

## 五、中国证券市场发展概况

我国的证券市场有着较长的历史，有其独特的特点，即旧中国的证券市场与新中国的证券市场之间没有直接的继承和延续关系，其市场发展情况也有着很大差异。因此，研究我国的证券市场必须对旧中国和新中国的情况分别予以论述。

### (一)旧中国的证券市场

证券在我国属于舶来品，最早出现的股票是外商股票，最早出现的证券交易机构也是由外商开办的上海股份公所和上海众业公所。上市证券主要是外国公司的股票和债券。从 19 世纪 70 年代开始，清政府洋务派在我国兴办工业，随着这些股份制企业的兴起，中国自己的股票、公司债券和证券市场便应运而生了。1872 年设立的轮船招商局是我国第一家股份制企业。1914 年北洋政府颁布的《证券交易所法》推动了证券交易所的建立。1917 年，北洋政府批准上海证券交易所开设证券经营业务。1918 年夏天成立的北平证券交易所是中国人自己创办的第一家证券交易所。1920 年 7 月，上海证券物品交易所得到批准成立，是当时规模最大的证券交易所。此后，相继出现了上海华商证券交易所、青岛市物品证券交易所、天津市企业交易所等，旧中国的证券市场逐渐形成。

### (二)新中国的证券市场

20 世纪 70 年代末期以来的中国经济改革大潮，推动了证券市场的重新萌生和发展。从那之后，短短的几十年里中国证券市场从无到有，从小到大，从区域到全国，得到了迅速的发展。回顾改革开放以来中国证券市场的发展，大致可以划分为三个阶段。

### 1．新中国证券市场的萌生(1978—1992 年)

1978 年 12 月，以中国共产党第十一届三中全会的召开为标志，经济建设成为国家的基本任务，改革开放成为中国的基本国策。随着经济体制改革的推进，企业对资金的需求日益多样化，新中国证券市场开始萌生。

20 世纪 80 年代初，若干小型国有和集体企业开始进行了多种多样的股份制尝试，开始出现股票这一新生事物。1981 年 7 月，我国改变传统“既无外债、又无内债”计划经济思想，重启国债发行；1982 年和 1984 年，企业债和金融债开始出现；1987 年 9 月，中国第一家专业证券公司——深圳特区证券公司成立；1988 年，为适应国库券转让在全国范围内的推广，中国人民银行下拨资金，在各省组建了 33 家证券公司，同时，财政系统也成立了一批证券公司；1992 年 10 月，深圳有色金属交易所推出了中国第一个标准化期货合约——特级铝期货标准合同，实现了由远期合同向期货交易的过渡。

总体上看，中国证券市场的萌生源于中国经济转轨过程中企业和公众的内生需求。在发展初期，市场处于一种自我演进、缺乏规范和监管的状态，并且以区域性试点为主。股票发行市场也一度出现过混乱。

### 2．全国性证券市场的形成和初步发展(1993—1998 年)

1992 年 10 月，国务院证券管理委员会(以下简称“国务院证券委”)和中国证监会成立，标志着中国证券市场开始逐步纳入全国统一监管框架，区域性试点推向全国，全国性市场由此开始发展。1993 年，股票发行试点正式由上海、深圳推广至全国，打开了证券市场进一步发展的空间。

1997 年 11 月，中国金融体系进一步确定了银行业、证券业、保险业分业经营、分业管理的原则。1998 年 4 月，国务院证券委撤销，中国证监会成为全国证券、期货市场的监管部门，建立了集中统一的证券、期货市场监管体制。

中国证监会成立后，推动了证券、期货市场法规和规章的建设，证券市场法规体系初步形成，使证券市场的发展走上规范化轨道，为相关制度的进一步完善奠定了基础。证券交易对象陆续增加了国债、权证、企业债券、可转换债券、封闭式基金等。而伴随着全国性市场的形成和扩大，证券经营机构也得到快速发展。

### 3．证券市场的进一步规范和发展(1999 年至今)

1998 年 12 月，我国《证券法》正式颁布并于 1999 年 7 月实施，这是新中国第一部规范证券发行与交易行为的法律，并由此确认了证券市场的法律地位。

在这个阶段，中国围绕完善社会主义市场经济体制和全面建设小康社会进行持续改革。随着经济体制改革的深入，国有和非国有股份公司不断进入证券市场。2001 年 12 月，中国

加入世界贸易组织，中国经济走向全面开放，金融改革不断深化，证券市场的深度和广度日益拓展和扩大。

自 1998 年建立了集中统一监管体制后，为适应市场发展的需要，证券、期货监管体制不断完善，实施了“属地监管、职责明确、责任到人、相互配合”的辖区监管责任制，并初步建立了与地方政府协作的综合监管体系。与此同时，执法体系逐步完善。

但是，证券市场发展过程中积累的遗留问题、制度性缺陷和结构性矛盾也逐步开始显现。这些问题产生的根源在于，中国证券市场是在向市场经济转轨过程中由试点开始而逐步发展起来的新兴市场，早期制度设计有很多局限，改革措施不配套。

为了积极推进证券市场改革开放和稳定发展，国务院于 2004 年 1 月发布了《关于推进资本市场改革开放和稳定发展的若干意见》，为证券市场新一轮改革和发展奠定了基础。在加强证券市场法律法规建设的同时，证券监管部门着力解决了一些制约证券市场发展的制度性问题，比如实施股权分置改革、完善上市公司监管体制、强化信息披露、规范公司治理、大力发展机构投资者、改善投资者结构等。

2006 年以后，在众多历史遗留问题得到妥善解决、法律体系逐步完善的基础上，中国证券市场出现了一系列积极而深刻的变化。首先，上市公司质量得到全面提高。大批规模大、盈利能力强的企业日益成为证券市场的骨干力量，我国各行业的龙头企业基本都已上市，上市公司正在成为推动国民经济发展的生力军。其次，证券公司综合治理取得明显成效。2006 年以来，证券公司扭转了连续四年亏损的局面，面对国际金融危机的严峻冲击，我国证券期货行业没有发生大的风险，保持了稳健经营、规范发展的态势。第三，机构投资者力量得到迅速壮大。2006 年以后，开放式基金取代封闭式基金成为市场主流，基金产品日益丰富。合格境外机构投资者(QFII)、保险资金、社保基金、企业年金正在成为长期机构投资者的有生力量。第四，多层次资本市场体系正在协调发展。大力发展主板市场，推动一批大盘蓝筹公司发行上市，探索多种形式的并购重组方式，鼓励和支持主板上市公司做大做强；中小企业板和创业板市场已经开设，一大批中小企业和高科技企业在中小板和创业板发行上市；代办股份转让系统得到有效拓展。2006 年 1 月，正式启动中关村科技园区非上市股份有限公司进入代办股份转让系统试点；债券市场得到快速发展，公司债券融资规模扩大，银行间债券市场与交易所债券市场能够互联互通；期货市场稳步发展。期货品种越来越齐全，目前，共有铜、铝等共 20 个商品期货品种和沪深 300 股指期货上市交易。

**【小贴士】股权分置改革**

股权分置改革是我国证券市场一项影响深远的重大制度变革。通过改革，实现了流通股股东与非流通股股东的双赢，结束了上市公司两类股份、两种价格并存的历史，强化了上市公司各类股东的共同利益基础，为实现资本市场的机制转换、功能发挥和可持续发展奠定了制度基础。

所谓股权分置，是指上市公司股东所持向社会公开发行的股份在证券交易所上市交易，称为流通股，而公开发行前股份暂不上市交易，称为非流通股。这种同一上市公司股份分为流通股和非流通股的股权分置状况，是中国内地证券市场所独有的。

股权分置的产生具有深层次的根源。其一是，法律制度根源。认为在流通股股东与非流通股股东之间存在着默认的合同条款。当时的《公司法》第 147 条规定，发起人持有的本公司股份，自公司成立之日起 3 年内不得转让，几乎所有的流通股股东都认为，发起人在发行股票时，对非流通股有“暂不流通”的承诺，非流通股“暂不流通”，被认为是一个具有约束力的默认的合同条款。其二是意识形态根源。即社会主义公有制根基问题。当初证券市场设立的目的是为国企脱贫解困服务，在所有制方面国家必须进行控制。即国有股权、法人股权必须占控制地位，而且国有股权、法人股权不能流通，流通后有可能要丧失控制权。基于这个理念，证券市场的上市公司股权分置一开始就埋下了伏笔。

股权分置存在三大危害：首先，股权分置把上市公司变成股东之间的利益冲突体，而不是利益共同体。相当多的非流通股股东把利益的攫取重点放在流通股股东身上，通过高溢价融资，攫取流通股股东的利益，从而实现自身资产价值的快速增值；其次，股权分置损害了资本市场的定价功能。由于部分股份不流通，证券的价格无法通过市场上证券供求双方通过交易形成的竞争结果，高回报证券价格高，低回报证券价格低的竞争机制很难形成。第三，股权分置使中国证券市场不可能形成有助于公司长期发展的科学考核标准和有效激励/约束机制。部分股份不流通，使公司资产市值不仅不能作为公司的利润函数，也无法体现公司管理团队的价值、企业未来成长性预期等非利润性因素。

通过五部委和地方人民政府积极稳妥地推进改革，我国上市公司股权分置问题已基本得到解决。截至 2011 年 9 月底，1306 家公司完成股改，占 1319 家应股改公司的 99%，流通股占总市值的比重由 2002 年的 32.6%提升到 2011 年 9 月的 76%。

## 第二节　证券发行市场

### 一、证券发行市场

证券发行市场又称证券的初级市场或一级市场，是指证券发行人向投资者出售证券以筹集资金的市场。证券发行市场实际上包括各个经济主体和政府部门从筹划发行证券、证券承销商承销证券、认购人购买证券的全过程。证券发行市场是整个证券市场的基础，它的内容和发展决定着证券交易市场的内容和发展。

证券发行市场是一个抽象的、无形市场，通常不存在具体形式的固定场所，也无专业设备和设施且证券发行市场的证券具有不可逆转性，即证券发行市场上的证券只能由发行人流向认购人，资金只能由认购人流向发行人，而不能相反，这也是证券发行市场与证券交易市场的一个重要区别。

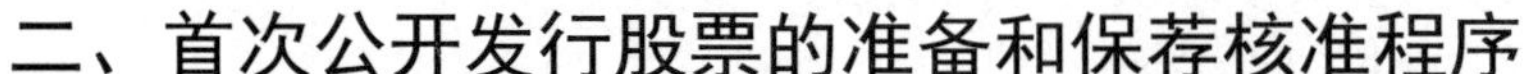

## 二、首次公开发行股票的准备和保荐核准程序

### (一)保荐制度

#### 1. 保荐机构及保荐代表人

为了规范证券发行上市保荐业务，提高上市公司质量和证券公司执业水平，保护投资者的合法权益，促进证券市场健康发展，中国证监会要求发行人在首次公开发行股票并上市、上市公司发行新股、可转换公司债券及中国证监会认定的其他情形下必须聘请具有保荐机构资格的证券公司履行保荐职责。而证券公司从事证券发行上市保荐业务，必须依照规定向中国证监会申请保荐机构资格。除此之外，还必须指定具有保荐代表人资格的从业人员具体负责保荐工作。

#### 2. 明确保荐期限

(1) 《证券发行上市保荐业务管理办法》规定，企业首次公开发行股票和上市公司再次公开发行证券均需保荐人和保荐代表人保荐。保荐期间分为两个阶段：尽职推荐阶段、持续督导阶段。从中国证监会正式受理公司申请文件到完成发行上市为尽职推荐阶段。

(2) 首次公开发行股票并在主板上市的，持续督导期间为上市当年剩余的时间及其后 2 个完整会计年度。主板上市公司再次公开发行股票、可转换公司债的，持续督导期间为上市当年剩余的时间及其后 1 个完整会计年度。

(3) 首次公开发行股票并在创业板上市的，持续督导期间为上市当年剩余的时间及其后 3 个完整会计年度。主板上市公司再次公开发行股票、可转换公司债的，持续督导期间为上市当年剩余的时间及其后 2 个完整会计年度。

### (二)首次公开发行股票所需要的申请文件

申请首次公开发行股票的公司(即股票发行人)应按《公开发行证券的公司信息披露内容与格式准则第 9 号——首次公开发行股票并上市申请文件》(2006 年修订)的要求制作申请文件。主要包含以下方面的文件。

(1) 招股说明书及其摘要、发行公告。

招股说明书是发行人发行股票时，就发行中的有关事项向公众作出披露，并向非特定投资人提出购买或销售其股票的要约邀请性文件。公司首次公开发行股票必须制作招股说明书。发行人应当按照中国证监会的有关规定编制和披露招股说明书，凡是对投资者作出投资决策有重大影响的信息，均应当予以披露。审核通过的招股说明书应当依法向社会公众披露。

(2) 发行人关于本次发行的申请报告以及授权文件，其中授权文件包括发行人董事会关于本次发行的决议和发行人股东大会关于本次发行的决议。

(3) 保荐人关于本次发行的文件，即发行保荐书。

(4) 会计师关于本次发行的文件，包括财务报表及审计报告、盈利预测报告及审核报告、内部控制鉴证报告和经注册会计师检验的非经常性损益明细表。

(5) 发行人律师关于本次发行的文件，包括法律意见书和律师工作报告。

(6) 发行人的设立文件，包括发行人的企业法人营业执照、发起人协议、发起人或主要股东的营业执照或有关身份证明文件以及发行人公司章程。

(7) 关于本次发行募集资金运用的文件，包括募集资金投资项目的审批和核准或备案文件、发行人拟收购资产(或股权)的财务报表、资产评估报告及审计报告、发行人拟收购资产(或股权)的合同或合同草案。

(8) 与财务会计资料相关的其他文件，包括发行人关于最近三年及一期的纳税情况的说明、股份有限公司需报送的财务资料(原始财务报表、原始财务报表与申报财务报表的差异比较表、注册会计师对差异情况出具的意见)、发行人设立时和最近三年及一期的资产评估报告(含土地评估报告)、发行人的历次验资报告和发行人大股东或控股股东最近一年及一期的原始财务报表及审计报告。

(9) 其他文件。例如产权和特许经营权证书、保荐协议和承销协议、重要合同、中介机构的意见等相关文件。

### (三)首次公开发行股票的核准

#### 1．首次公开发行股票的核准程序

(1) 申报。发行人应当按照中国证监会的有关规定制作申请文件，由保荐人保荐并向中国证监会申报。特定行业的发行人应当提供管理部门的相关意见。

(2) 受理。中国证监会收到申请文件后，在5个工作日内作出是否受理的决定。

(3) 初审。中国证监会受理申请文件后，由相关职能部门对发行人的申请文件进行初审。中国证监会在初审过程中，将征求发行人注册地省级人民政府是否同意发行人发行股票的意见，并就发行人的募集资金投资项目是否符合国家产业政策和投资管理的规定征求国家发改委的意见。

(4) 预披露。根据《证券法》第二十一条的规定，发行人申请首次公开发行股票的，在提交申请文件后，应当按照国务院证券监督管理机构的规定预先披露有关申请文件。发行人可以将招股说明书(申报稿)刊登于其企业网站，但披露内容应当与中国证监会网站的内容完全一致，且不得早于在中国证监会网站的披露时间。

(5) 发审委审核。相关职能部门对发行人的申请文件初审完成后，由发审委组织发审委会议进行审核。

(6) 决定。中国证监会依照法定条件对发行人的发行申请作出予以核准或者不予核准的

决定，并出具相关文件。自中国证监会核准发行之日起，发行人应在 6 个月内发行股票；超过 6 个月未发行的，核准文件失效，须重新经中国证监会核准后方可发行。

此外，发行申请核准后、股票发行结束前，发行人发生重大事项的，应当暂缓或者暂停发行，并及时报告中国证监会，同时履行信息披露义务。影响发行条件的，应当重新履行核准程序。股票发行申请未获核准的，自中国证监会作出不予核准决定之日起 6 个月后，发行人可再次提出股票发行申请。

**2. 发审委对首次公开发行股票的审核工作**

发审委进行审核的目的是为了保证在股票发行审核工作中贯彻公开、公平、公正的原则，提高股票发行审核工作的质量和透明度。发审委通过发审委工作会议履行职责，审核发行人股票发行申请和可转换公司债券等中国证监会认可的其他证券的发行申请。

**3. 发审委会议**

(1) 一般要求：发审委会议表决采取记名投票方式，发审委委员不得弃权。对发行人的股票发行申请只进行一次审核。被邀请到会的行业专家没有表决权。

(2) 普通程序：发审委会议审核发行人公开发行股票申请，适用普通程序规定。每次参加发审委会议的发审委委员为 7 名。表决票设同意票和反对票，同意票数达到 5 票为通过。经出席会议的 5 名发审委委员同意后可以对该股票发行申请暂缓表决一次。

## 三、首次公开发行的操作程序

首次公开发行股票的具体操作包括了推介、询价、定价、报价申购、发售、验资、承销总结等一系列的活动。

### (一)推介

路演是国际上广泛采用的证券发行推广方式，指证券发行商发行证券前针对机构投资者的推介活动，是在投、融资双方充分交流的条件下促进股票成功发行的重要推介、宣传手段。

路演的主要形式就是举行推介会。在推介会上，公司向投资者就公司的业绩、产品、发展方向等作详细介绍，充分阐述上市公司的投资价值，让准投资者们深入了解具体情况，并回答机构投资者关心的问题，促进投资者与股票发行人之间的沟通和交流，以保证股票的顺利发行。随着网络技术的发展，这种传统的路演同时搬到了互联网上，出现了网上路演。现在首次公开发行股票的公司在发行股票前，必须通过因特网以网上直播的方式，向投资者进行公司推介。

## (二)首次公开发行股票的估值、询价和定价

### 1. 对拟发行股票的合理估值是定价的基础

通常的估值方法有两大类：一类是相对估值法；另一类是绝对估值法。

相对估值法亦称可比公司法，是指对股票进行估值时，对可比较的或者代表性的公司股票进行分析，尤其注意有着相似业务的公司的新近发行的股票以及相似规模的其他新近的首次公开发行的股票，以获得估值基础。最常用的比率指标是市盈率 P/E(股票市场价格/每股收益)和市净率 P/B(股票市场价格/每股净资产)。绝对估值法亦称贴现法，主要包括公司贴现现金流量法(DCF)、现金分红折现法(DDM)。相对估值法反映的是市场供求决定的股票价格，绝对估值法体现的是内在价值决定价格，即通过对企业估值，计算每股价值，从而估算股票的价值。

### 2. 首次公开发行股票的询价与定价

首次公开发行股票，应当通过向特定机构投资者(即所谓的询价对象)询价的方式确定股票发行价格，而主承销商应当在询价时向询价对象提供投资价值研究报告。

询价结束后，公开发行股票数量在 4 亿股以下、提供有效报价的询价对象不足 20 家的，或者公开发行股票数量在 4 亿股以上、提供有效报价的询价对象不足 50 家的，发行人及其主承销商不得确定发行价格，并应当中止发行。发行人及其主承销商中止发行后重新启动发行工作的，应当及时向中国证监会报告。

## (三)报价申购

### 1. 申购流程

申购一般分为网上申购和网下申购。前者一般针对散户投资者，而后者一般针对机构投资者。一般的申购流程如下：

T 日：投资者申购；T+1 日：资金冻结、验资及配号；T+2 日：组织摇号抽签、中签处理；T+3 日：公布中签结果，未中签部分资金解冻。

### 2. 网下发行与网上发行的衔接

(1) 发行公告的刊登。发行人和主承销商应在网上发行申购日之前 1 个交易日刊登网上发行公告，网上发行公告和网下发行公告可以合并刊登；网下发行参与对象不得参与网上发行。

(2) 网上发行和网下发行的回拨。首次公开发行股票达到一定规模的发行人及其主承销商应当在网下配售和网上发行之间建立回拨机制，根据申购情况调整网下配售和网上发行的比例。其中回拨机制是指在同一次发行中采取两种发行方式时，为了保证发行成功和公

平对待不同类型的投资者，先人为设定不同发行方式下的发行数量，然后根据认购结果，按照预先公布的规则在两者之间适当调整发行数量。

**【小贴士】我国证券交易所的申购流程**

深圳证券交易所与上海证券交易所的申购流程基本相同，但是深圳证券交易所资金申购上网实施办法与上海证券交易所略有不同。除了放宽投资者申购上限外，在申购单位上，上海证券交易所规定每一申购单位为1000股，申购数量不少于1000股，超过1000股的必须是1000股的整数倍；而深圳证券交易所则规定申购单位为500股，每一证券账户申购数量不少于500股，超过500股的必须是500股的整数倍。

此外，在申购细节上，深圳证券交易所规定，每一证券账户只能申购1次，同一证券账户的多次申购委托(包括在不同的营业网点各进行1次申购的情况)，除第1次申购外，均视为无效申购；上海证券交易所则规定每一证券账户只能申购1次，但法规规定的证券账户除外。

### (四)发售

发售阶段涉及向战略投资者配售、向参与网下配售的询价对象配售、向参与网上发行的投资者配售、超额配售和回拨机制等。

其中超额配售是指首次公开发行股票数量在4亿股以上的，发行人及其主承销商可以在发行方案中采用超额配售选择权，即主承销商可以按不超过包销数额115%的股份向投资者发售。

### (五)验资及鉴证

投资者申购缴款结束后，主承销商应当聘请具有证券相关业务资格的会计师事务所对申购资金进行验证，并出具验资报告；首次公开发行股票的，还应当聘请律师事务所对向战略投资者、询价对象的询价和配售行为是否符合法律、行政法规及《证券发行与承销管理办法》的规定等进行鉴证，并出具专项法律意见书。

### (六)承销

承销协议和承销团协议可以在发行价格确定后签订，证券公司承销证券，应当依照证券法规定采用包销或代销的方式，采用代销方式的，应在发行公告中披露失败后的处理措施。证券公司在实施承销协议前，应当向证监会报送发行与承销方案。公开发行证券的，主承销商应当在证券上市后10日内向中国证监会报备承销总结报告，总结说明发行期间的基本情况及新股上市后的表现，并提供下列文件：募集说明书单行本；承销协议及承销团协议；律师鉴证意见(限于首次公开发行)；会计师事务所验资报告；中国证监会要求的其他文件。

# 四、债券和基金的发行与承销

## (一)债券的发行与承销

### 1．债券发行方式

(1) 按照债券的发行对象，可分为私募发行和公募发行两种方式。

私募发行是指面向少数特定的投资者发行债券，一般以少数关系密切的单位和个人为发行对象，不对所有的投资者公开出售。具体发行对象有两类：一类是机构投资者，如大的金融机构或是与发行者有密切业务往来的企业等；另一类是个人投资者，如发行单位自己的职工，或是使用发行单位产品的用户等。私募发行一般多采取直接销售的方式，节省了承销费用和注册费用，手续比较简便。但是私募债券不能公开上市，流动性差，利率比公募债券高，发行数额一般不大。

公募发行是指公开向广泛不特定的投资者发行债券。公募债券发行者必须向证券管理机关办理发行注册手续。由于发行数额一般较大，通常要委托证券公司等中介机构承销。公募债券信用度高，可以上市转让，因而发行利率一般比私募债券利率为低。公募债券采取间接销售的具体方式又可分为三种：代销、余额包销和全额包销。

(2) 按照债券的实际发行价格和票面价格的异同，债券的发行可分平价发行、溢价发行和折价发行。

平价发行，指债券的发行价格和票面额相等，因而发行收入的数额和将来还本数额也相等。前提是债券发行利率和市场利率相同，这在西方国家比较少见。

溢价发行，指债券的发行价格高于票面额，以后偿还本金时仍按票面额偿还。只有在债券票面利率高于市场利率的条件下才能采用这种方式发行。

折价发行，指债券发行价格低于债券票面额，而偿还时却要按票面额偿还本金。折价发行是因为规定的票面利率低于市场利率。

### 2．证券承销主要有以下四种方式：代销、助销、包销及承销团承销

(1) 代销：是指承销商代理发售证券，并发售期结束后，将未出售证券全部退还给发行人的承销方式。其特点是：发行人与承销商之间建立的是一种委托代理关系；承销商作为发行人的推销者，不垫资金 ，对不能售出的证券不负任何责任，证券发行的风险基本上是由发行人自己承担；由于承销商不承担主要风险，相对包销而言手续费也少。

(2) 助销：是指承销商按承销合同规定，在约定的承销期满后对剩余的证券出资买进(余额包销)，或者按剩余部分的数额向发行人贷款，以保证发行人的筹资、用资计划顺利实现。我国的证券法将余额包销归入包销方式。

(3) 包销：是指在证券发行时，承销商以自己的资金购买计划发行的全部或部分证券，

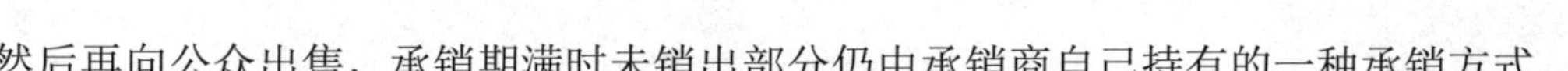

然后再向公众出售，承销期满时未销出部分仍由承销商自己持有的一种承销方式。

证券包销又分两种方式：一种全额包销；一种是定额包销。全额包销是承销商承购发行的全部证券，承销商将按合同约定支付给发行人证券的资金总额。定额包销是承销商承购发行人发行的部分证券。无论是全额包销，还是定额包销，发行人与承销商之间形成的关系都是证券买卖关系。在承销过程中未售出的证券，其所有权属于承销商。

(4) 承销团承销：亦称“联合承销”，是指两个以上的证券承销商共同接受发行人的委托向社会公开发售某一证券的承销方式。由两个以上的承销商临时组成的一个承销机构称为承销团。我国《证券法》规定，向社会公开发行的证券票面总值超过人民币 5000 万元的，应当由承销团承销。承销团应当由主承销与参与承销的证券公司组成。

### (二)基金的发行与认购

#### 1．基金的发行方式

第一种是自行发行，即基金按净资产价值由基金单位发行人直接销售给投资人，并按照面值加一定比例的手续费。

第二种是代理发行，即发行人通过证券承销商向社会发行基金单位。

一般基金的募集期限为自批准之日起 3 个月，在此期间封闭式基金募集的资金超过该基金批准规模的 80%，开放式基金净销售额超过 2 亿元，则该基金方可成立。如基金未能成立，应在 30 天内按银行活期存款利息将本息一并退还给基金认购人。

#### 2．基金的认购

在符合国家规定的场所，投资者需带上身份证、印鉴和价款到发起人或基金承销商处填写申请卡，并按基金单位面值加一定的销售费用缴款认购。发行期满后，投资者如欲投资封闭式基金，只能通过证券商在交易市场上竞价购买，但不收取交易手续费。

根据运作方式不同，可将基金分为封闭式基金和开放式基金。

(1) 封闭式基金是指基金份额在基金合同期限内固定不变，基金份额可以在依法设立的证券交易所交易，但基金份额持有人不得申请赎回的基金。封闭式基金有固定的存续期，期间基金规模固定，一般在证券交易场所上市交易，投资者可以通过二级市场买卖基金单位。

(2) 开放式基金是指基金额不固定，基金份额可以在基金合同约定的时间和场所进行申购或者赎回的基金。开放式基金不上市交易，基金规模不固定，基金单位可随时向投资者出售，也可应投资者要求买回。

# 第三节　证券交易市场

## 一、证券交易概述

### (一)证券交易的概念及特征

证券交易是指已发行的证券在证券市场上买卖或转让的活动。证券交易除应遵循《证券法》规定的证券交易规则外，还应遵守《公司法》及《合同法》的规则。

证券交易的特征有：①流动性。流动性是确保证券作为基本融资工具的基础。证券发行完毕后，证券即成为投资者的投资对象和工具，证券交易的流动性可使证券投资者能顺利进入或退出证券市场。②收益性。证券交易使得投资者能够转让其资本的所有权或使用权，从而获取一定数额的收益。③风险性。证券交易的风险性是指交易时的实际收益与预期收益的背离，即不确定性。

### (二)证券交易的原则

我国《证券法》规定，证券交易必须遵循公开、公平、公正的原则。

(1) 公开原则：其核心要求是实现市场信息的公开化。

(2) 公平原则：指参与各方具有平等的法律地位。

(3) 公正原则：指应公正地对待证券交易的参与各方、公正地处理证券交易事务。

### (三)证券交易的种类

证券交易按交易对象的品种划分可分为四种：股票交易、债券交易、基金交易以及其他金融衍生工具交易。

#### 1．股票交易

股票交易是以股票为对象进行的流通转让活动。股票交易可以在证券交易所中进行，也可以在场外交易市场进行。前者通常称为上市交易，后者的常见形式是柜台交易。

#### 2．债券交易

债券交易是以债券为对象进行的流通转让活动。按发行主体划分，债券可分为三大类：政府债券、金融债券、公司债券。

#### 3．基金交易

基金交易是以基金为对象进行的流通转让活动。按运作方式划分，基金可分为封闭式基金和开放式基金。封闭式基金是指经核准的基金份额总额在基金合同期限内固定不变，

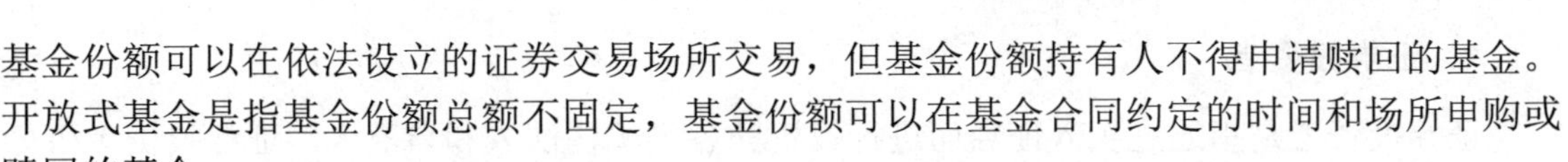


基金份额可以在依法设立的证券交易场所交易，但基金份额持有人不得申请赎回的基金。开放式基金是指基金份额总额不固定，基金份额可以在基金合同约定的时间和场所申购或赎回的基金。

#### 4. 其他金融衍生工具交易

金融衍生工具又称金融衍生产品，是与基础金融产品相对应的一个概念，指建立在基础产品或基础变量之上，其价格取决于后者的价格(或数值)变动的派生金融产品。金融衍生工具的交易包括权证交易、金融期货交易、金融期权交易和可转换债券交易。

### (四)证券交易的方式

证券交易的主要方式有现货交易、远期交易和期货交易、回购交易、信用交易。

#### 1. 现货交易

现货交易是证券买卖双方在成交后就办理交割手续的交易方式。

#### 2. 远期交易和期货交易

远期交易是双方约定在未来某一时点(或时间段内)按照现在确定的价格进行交易的方式。期货交易是在交易所进行的标准化的远期交易，即交易双方在集中性的市场以公开竞价方式所进行的期货合约的交易。

远期交易和期货交易都是在未来的某一时点(或时间段内)按现在确定的价格进行交割的交易方式。但前者是在场外进行的、以通过交易获取标的物为目的的非标准化交易，而后者则大多数在场内进行，一般不进行实物交收，而是在合约到期前进行反向交易、平仓了结的标准化交易。

#### 3. 回购交易

回购交易更多地具有短期融资的属性，通常在债券交易中运用。债券回购交易就是指债券买卖双方在成交的同时，约定于未来某一时间以某一价格双方再进行反向交易的行为。

#### 4. 信用交易

信用交易是投资者通过交付保证金取得经纪人信用而进行的交易，也称为融资融券交易。自 2010 年 3 月 31 日起，上海证券交易所和深圳证券交易所开始接受融资融券交易的申报。

### (五)证券交易的要素

证券交易的要素主要包括：证券投资者、证券公司、证券交易场所和证券登记结算机构。

1．证券投资者

证券投资者是指通过买入证券而进行投资的各类机构法人和自然人。证券投资者可分为机构投资者和个人投资者两大类。机构投资者主要有政府机构、金融机构、企业和事业法人及基金等。个人投资者是从事证券投资的社会自然人，他们是证券市场最广泛的投资者。

证券投资者买卖证券的基本途径主要有两条：一是直接进入交易场所自行买卖证券，二是委托经纪人代理买卖证券。除了按规定允许的证券公司自营买卖外，投资者都要通过委托经纪商才能买卖证券。我国对证券投资者买卖证券还有一些其他限制条件，如证券业从业人员、证券业管理人员和国家规定禁止买卖股票的其他人员，不得直接或者以化名、借他人名义持有、买卖股票，也不得接受他人赠送的股票。

2．证券公司

证券公司又被称为"证券商"，是指依照《公司法》、《证券法》规定并经国务院证券监督管理机构审查批准的、经营证券业务的有限责任公司或股份有限公司。我国《证券法》规定，证券公司的主要业务包括：证券经纪业务，证券投资咨询业务，与证券交易、证券投资活动相关的财务顾问业务，证券承销与保荐业务，证券自营业务，证券资产管理业务以及其他证券业务。

3．证券交易场所

证券交易场所是供已发行的证券进行流通转让的市场，它分为证券交易所和其他交易场所两大类。证券交易所是为证券的集中交易提供场所、组织和监督证券交易，实行自律管理的法人。证券交易所的监管职能包括对证券交易活动进行管理，对会员进行管理和对上市公司进行管理。我国的证券交易所为上海证券交易所和深圳证券交易所。其他交易场所是指证券交易所以外的证券交易市场，也称为"场外交易市场"，包括分散的柜台市场和一些集中性市场。随着证券交易市场的进一步发展，在其他交易场所也出现了一些集中性的交易市场。银行间债券市场已成为一个重要的场外交易市场。

【小贴士】上海证券交易所与深圳证券交易所

上海证券交易所位于上海市浦东南路 528 号证券大厦内，1990 年 11 月 26 日由中国人民银行总行批准成立，同年 12 月 19 日正式开业，目前由中国证监会直接管理。主要承担我国主板股票发行和交易服务，其主要职能包括：提供证券交易的场所和设施；制定证券交易所的业务规则；接受上市申请，安排证券上市；组织、监督证券交易；对会员、上市公司进行监管；管理和公布市场信息。经过多年的持续发展，上海证券交易所已成为中国内地首屈一指的市场，市价总值、流通市值、证券成交总额、股票成交金额和国债成交金额等各项指标均居首位。截至 2010 年年底，上证所拥有 894 家上市公司，上市股票数 938 个，股票市价总值 179 007.24 亿元。2010 年股票筹资总额 5532.14 亿元，列全球第四。

深圳证券交易所位于深圳市深南东路 5045 号深业中心大厦内，于 1989 年 11 月 15 日筹建,1990 年 12 月 1 日开始集中交易(试营业)，1991 年 4 月 11 日由中国人民银行总行批准成立，并于同年 7 月 3 日正式开业，目前由中国证监会直接管理。主要承担我国中小板和创业板股票发行和交易服务。深交所的主要职能包括：提供证券交易的场所和设施；制定业务规则；接受上市申请、安排证券上市；组织、监督证券交易；对会员进行监管；对上市公司进行监管；管理和公布市场信息；中国证监会许可的其他职能。截至 2011 年底，深交所共有上市公司 1411 家，市值 6.6 万亿元，上市基金产品 151 只，挂牌债券品种 321 只。

#### 4．证券登记结算机构

证券登记结算机构是为证券交易提供集中登记、存管与结算服务，不以营利为目的的法人。其职能包括：证券账户、结算账户的设立，证券的存管和过户，证券持有人名册登记，证券交易所上市证券交易的清算和交收，受发行人委托派发证券权益，办理与上述业务有关的查询，以及国务院证券监督管理机构批准的其他业务。我国的证券登记结算机构是中国证券登记结算有限责任公司。

### (六)证券交易的程序

证券交易程序，是指投资者在二级市场上买进或卖出已上市证券所应遵循的规定过程。在证券交易所市场，证券交易的基本过程包括开户、委托、成交、结算等步骤，如图 3-1 所示。

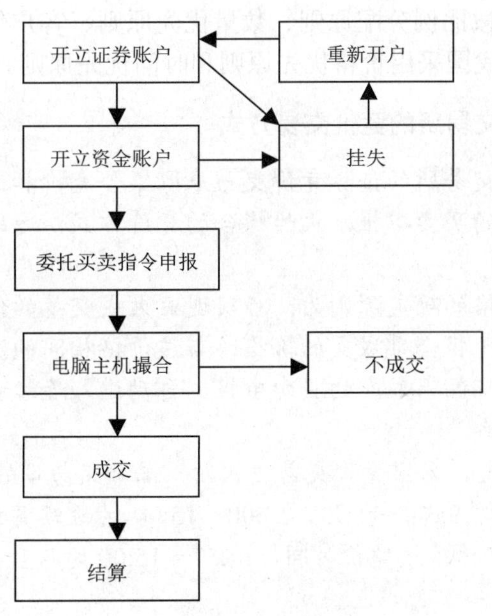


图 3-1　证券交易程序

1．开户

开户是进行证券交易的首要步骤。所开立的账户包括证券账户和资金账户两部分。证券账户用来记载投资者所持有的证券种类、数量和相应的变动情况。资金账户用来记载和反映投资者买卖证券的货币收付和结存数额。

2．委托

在证券交易所市场，投资者不能直接进入交易所买卖证券，而必须通过经纪商来进行。投资者向经纪商下达买进或卖出证券的指令就称为委托。

委托有多种形式。根据委托订单的数量，委托可分为证书委托和零数委托；根据买卖证券的方向，可分为买进委托和卖出委托；根据委托的价格限制，可分为市价委托和限价委托；根据委托的时效限制，可分为当日委托、当周委托、无期限委托、开市委托和收市委托等。

证券交易所在证券交易中接受报价的方式主要有口头报价、书面报价和电脑报价三种。目前，我国均采用电脑报价方式。

3．成交

证券交易所交易系统接受申报后，根据订单的成交规则进行撮合配对。符合成交条件的予以成交，不符合成交条件的继续等待成交，超过委托时效的订单失败。成交价格可以是买卖双方直接竞价形成，也可以是由交易商报出。订单匹配的优先原则主要有：价格优先原则、时间优先原则、按比例分配原则、数量优先原则、客户优先原则、做市商优先原则、经纪商优先原则等。我国采用价格优先原则和时间优先原则。

**【小贴士】我国证券交易所的竞价交易方式**

我国上海、深圳证券交易所的证券竞价交易采取集合竞价和连续竞价方式。集合竞价是指在规定的时间内接受的买卖申报一次性撮合的竞价方式；连续竞价是指对买卖申报逐笔连续撮合的竞价方式。

集合竞价时，成交价格的确定原则为：可实现最大成交量的价格；高于该价格的买入申报与低于该价格的卖出申报全部成交的价格；与该价格相同的买方或卖方至少有一方全部成交的价格。集合竞价期间未成交的买卖申报，自动进入连续竞价。证券的开盘价为当日该证券的第一笔成交价格。

沪、深证券交易所规定，采用竞价交易方式的，每个交易日的 9:15 ~ 9:25 为开盘集合竞价时间；上海证券交易所 9:30 ~ 11:30、13:00 ~ 15:00 为连续竞价时间；深圳证券交易所 9:30 ~ 11:30、13:00 ~ 14:57 为连续竞价时间，14:57 ~ 15:00 为收盘集合竞价时间，大宗交易时间延长至 15:30。

#### 4．结算

证券结算包含清算和交收两个方面。清算是指在证券交易成交后，对买(卖)方在资金方面的应付(收)额和在证券方面的应收(付)种类和数量进行计算。交收是指在清算结束后，证券由卖方向买方转移和资金由买方向卖方转移的过程。

对于记名证券来说，完成以上步骤后，还应进行登记过户。登记过户后，证券交易才算完成。

## 二、证券经纪业务

### (一)证券经纪业务的含义

证券经纪业务是指证券公司通过其设立的证券营业部，接受客户委托，按照客户的要求，代理客户买卖证券的业务。经营证券经纪业务的证券公司不赚取买卖差价，只收取一定比例的佣金作为业务收入。

证券经纪业务可分为柜台代理买卖和证券交易所代理买卖两种。我国的证券经纪业务很少采用柜台代理买卖。证券经纪业务的要素主要包括委托人、证券经纪商、证券交易所和证券交易对象。

### (二)证券经纪业务的特点

#### 1．业务对象的广泛性

证券经纪业务的对象十分广泛，包括所有上市交易的股票和债券。

#### 2．证券经纪商的中介性

证券经纪业务是一种代理活动，证券经纪商不以自己的资金进行证券买卖，也不承担交易中证券价格涨跌的风险，而是充当证券买卖双方的代理人，起着中介的作用。

#### 3．客户指令的权威性

证券经纪商必须严格按照委托人指定的证券、数量、价格和有效时间买卖证券，不能自作主张，擅自改变委托人的意愿。若遇特殊情况而必须变更指令时，必须事先征得委托人的同意。

#### 4．客户资料的保密性

委托人的资料关系到其资产安全和投资决策的实施，证券经纪商有义务为其保密，但法律另有约定的除外。

### (三)证券经纪关系的建立

#### 1．投资者开立证券账户

按我国现行的做法，投资者入市应事先到中国结算公司上海分公司或深圳分公司及其代理点开立证券账户。在此基础上，投资者就可以与证券经纪商建立特定的经纪关系。

#### 2．证券经纪商向客户讲解业务规则、协议内容并揭示风险，签署《风险揭示书》和《客户须知》

这一环节实际上起到了投资者教育的作用。客户一旦在《风险揭示书》上签名，就表明其已阅读并完全理解和愿意承担证券市场的各种风险。《客户须知》包含证券公司、投资品种等信息，客户也要签名，表明其已详细阅读并理解了其中的各项内容。

#### 3．签订《证券交易委托代理协议》和《客户交易结算资金第三方存管协议》

《证券交易委托代理协议》是客户与证券经纪商之间在委托买卖过程中有关权利、义务、业务规则和责任的基本约定，也是保障客户与证券经纪商双方权益的基本法律文书。其内容包括：双方声明及承诺、协议标的、资金账户、交易代理、网上委托和其他自助委托方式、变更、中止和撤销、甲方授权代理人委托、甲乙双方的责任及免责条款、争议的解决、附则。

客户开立资金账户时，还需在证券公司的合作存管银行中指定一家作为其交易结算资金的存管银行，并与其指定的存管银行、证券公司三方共同签署《客户交易结算资金第三方存管协议》。

#### 4．开立资金账户与建立第三方存管关系

资金账户是指客户在证券公司开立的专门用于证券交易结算的账户，即《客户交易结算资金第三方存管协议书》所指的“客户证券资金台账”。证券公司通过该账户对客户的证券买卖交易、证券交易资金支取进行前端控制，对客户证券交易结算资金进行清算交收和计付利息。

证券公司、存管银行根据与客户签订的《客户交易结算资金第三方存管协议》，为客户建立其交易结算资金的第三方存管关系。

## 三、证券自营业务

### (一)证券自营业务的含义

证券自营业务是指经中国证监会批准经营证券自营业务的证券公司用自有资金和依法筹集的资金，用自己名义开设的证券账户买卖依法公开发行或中国证监会认可的其他有价证券，以获取盈利的行为。

具体地说有以下四层含义：

(1) 只有经中国证监会批准经营证券自营的证券公司才能从事证券自营业务。从事自营业务的证券公司注册资本最低限额应达到人民币 1亿元;净资本不得低于人民币5000万元。

(2) 自营业务是证券公司的一种以盈利为目的，为自己买卖证券，通过买卖价差获利的经营行为。

(3) 在从事自营业务时，证券公司必须使用自有或依法筹集可用于自营的资金。

(4) 自营买卖必须在以自己名义开设的证券账户中进行，并且只能买卖依法公开发行的或中国证监会认可的其他有价证券。

## (二)证券自营业务的投资范围

### 1. 已经和依法可以在境内证券交易所上市交易的证券

这类证券主要是股票、债券、权证、证券投资基金等，这是证券公司自营买卖的主要对象。

### 2. 已经和依法可以在境内银行间市场交易的证券

这类证券包括政府债券、国际开发机构人民币债券、央行票据、金融债券、短期金融债券、公司债券、中期票据和企业债券。

### 3. 依法经证监会批准或备案发行并在境内金融机构柜台交易的证券

这种自营业务比较分散，交易品种较单一，交易量较小，交易手续简单，一般为非上市债券，如开放式基金、证券公司理财产品等。

另外，证券公司在证券承销过程中也可能有证券自营买入行为。如在股票、债券承销中采用包销方式发行股票、债券时，由于某些原因未能全额售出，按照协议，余额部分由证券公司买入。

## (三)证券自营业务的特点

证券自营业务与证券经纪业务的根本区别在于，证券自营业务是证券公司为营利而自己买卖证券，证券经纪业务是证券公司代理客户买卖证券。自营业务的特点具体表现在以下几点。

### 1. 决策的自主性

这是证券公司自营买卖业务的首要特点，具体表现在：

(1) 交易行为的自主性，即证券公司自主决定是否买入或卖出某种证券。

(2) 选择交易方式的自主性，即证券公司可在法规范围内依一定的时间和条件，自主决定是通过交易所买卖还是通过其他场所买卖。

(3) 选择交易品种、价格的自主性，即证券公司可根据市场情况，自主决定买卖品种和价格。

### 2．交易的风险性

在证券的自营买卖业务中，证券公司作为投资者买卖的收益与损失完全由证券公司自身承担。自营业务的风险主要有以下几种：

(1) 合规风险。合规风险主要是指证券公司在自营业务中违反法律、行政法规和监管部门规章及规范性文件、行业规范和自律规则等行为，给证券公司带来一定损失的风险，如从事内幕交易、操纵市场等。

(2) 市场风险。市场风险主要是指因不可预见和控制的因素导致市场波动，造成证券公司自营亏损的风险。这是证券公司自营业务面临的主要风险。

(3) 经营风险。经营风险主要是指证券公司在自营业务中，由于投资决策失误、规模失控，管理不善、内控不严或操作失误而使自营业务受到损失的风险。

### 3．收益的不确定性

证券公司进行证券自营买卖，其收益主要来源于低买高卖的价差。但这种收益不像收取代理手续费那样稳定，具有很大的不确定性，并且收益或损失的数量也无法事先准确计量。

# 四、资产管理业务

## (一)资产管理业务的含义

根据中国证监会《证券公司证券资产管理业务试行办法》(以下简称《试行办法》)规定，资产管理业务是指证券公司作为资产管理人，依照有关法律法规及《试行办法》的规定与客户签订资产管理合同，根据资产管理合同约定的方式、条件、要求及限制，对客户资产进行经营运作，为客户提供证券及其他金融产品的投资管理服务的行为。

## (二)资产管理业务的种类及特点

资产管理业务包括三种：为单一客户办理定向资产管理业务、为多个客户办理集合资产管理业务、为客户特定目的办理专项资产管理业务。

### 1．为单一客户办理定向资产管理业务

为单一客户办理定向资产管理业务是指证券公司与单一客户签订定向资产管理合同，通过该客户的账户为客户提供资产管理服务的一种业务。

这种业务的特点是：

(1) 证券公司与客户必须是一对一的。

(2) 具体投资方向应在资产管理合同中约定。

(3) 必须在单一客户的专用证券账户中经营运作。

### 2. 为多个客户办理集合资产管理业务

为多个客户办理集合资产管理业务是指证券公司通过设立集合资产管理计划，与客户签订集合资产管理合同，将客户资产交由依法可以从事客户交易结算资金存管业务的商业银行或者中国证监会认可的其他资产托管机构进行托管，通过专门账户为客户提供资产管理服务的一种业务。它可以分为限定性集合资产管理计划和非限定性集合资产管理计划。

限定性集合资产管理计划的资产主要用于投资国债、国家重点建设债券、债券型证券投资基金、在证券交易所上市的企业债券、其他信用度高且流动性强的固定收益类金融产品。非限定性集合资产管理计划的投资范围不受上述规定限制。

集合资产管理业务的特点是：

(1) 集合性，即证券公司与客户是一对多的。

(2) 投资范围有限定性和非限定性之分。

(3) 客户资产必须进行托管。

(4) 通过专门账户投资运作。

(5) 较严格的信息披露。

### 3. 为客户特定目的办理专项资产管理业务

为客户特定目的办理专项资产管理业务是指证券公司与客户签订专项资产管理合同，针对客户的特殊要求和资产的具体情况，设定特定投资目标，通过专门账户为客户提供资产管理服务的一种业务。

这种业务的特点是：

(1) 综合性，即证券公司与客户可以是“一对一”，也可以是“一对多”，即既可以采用定向资产管理的方式，也可以采用集合资产管理的方式。

(2) 特定性，即要设定特定的投资目标。

(3) 通过专门账户经营运作。

## (三)从事资产管理业务的条件及原则

### 1. 证券公司从事资产管理业务的条件

证券公司从事资产管理业务应符合以下条件：

(1) 经中国证监会核定具有证券资产管理业务的经营范围。

(2) 净资本不低于 2 亿元人民币，且符合中国证监会关于经营证券资产管理业务的各项风险监控指标的规定。

(3) 资产管理业务人员具有证券业从业资格，无不良行为记录，其中，具有 3 年以上证券自营、资产管理或者证券投资基金管理从业经历的人员不少于 5 人。

(4) 具有良好的法人治理结构、完备的内部控制和风险管理制度，并得到有效执行。

(5) 最近 1 年未受到过行政处罚或者刑事处罚。

(6) 中国证监会规定的其他条件。

#### 2. 证券公司从事资产管理业务应遵循的原则

根据中国证监会《试行办法》的规定，证券公司从事资产管理业务应遵循以下原则：

(1) 守法合规。应遵循法律、行政法规和中国证监会的规定，不得有欺诈客户的行为。

(2) 公平公正。遵循公平、公正的原则，维护客户的合法权益，诚实守信，勤勉尽责，避免利益冲突。

(3) 资格管理。应按照《试行办法》的规定，向中国证监会申请资产管理业务资格。未取得资产管理业务资格的证券公司，不得从事资产管理业务。

(4) 约定运作。应依照《试行办法》的规定，与客户签订资产管理合同，按合同约定对客户资产进行经营运作。

(5) 集中管理。应在公司内部实行集中运营管理，对外统一签订资产管理合同，并设立专门的部门负责资产管理业务。

(6) 风险控制。应建立健全风险控制制度，将资产管理业务与公司的其他业务严格分开。

## 五、清算与交收

### (一)清算与交收的含义

#### 1. 清算与交收的定义

清算是指在每一营业日中每个结算参与人证券和资金的应收、应付数量或金额进行计算的处理过程。交收是指根据清算的结果在事先约定的时间内履行合约的行为，也就是依据清算结果实现证券与价款的收付，从而结束整个交易过程。

清算和交收两个过程统称为结算。

#### 2. 清算与交收的比较

(1) 联系。清算是交收的基础和保证，交收是清算的后续与完成。清算结果正确才能确保交收顺利进行；而只有通过交收，才能最终完成证券或资金收付，结束整个交易过程。

(2) 区别。清算是对应收、应付证券及价款的计算，其结果是确定应收、应付数量或金额，并不发生财产实际转移；交收则是根据清算结果办理证券和价款的收付，发生财产实际转移(有时不是实物形式)。

## (二)交收的方式

### 1．滚动交收

滚动交收要求某一交易日成交的所有交易有计划地安排在距成交日相同营业日天数的某一营业日进行交收。

目前，世界各国(或地区)证券市场广泛采用滚动交收方式。如我国内地证券市场的 A 股、基金、债券、回购交易等采用 T+1 滚动交收，即要求 T 日成交的证券交易的交收在成交日之后的第一个营业日完成；我国内地证券市场的 B 股采用 T+3 方式；我国香港证券市场采用 T+2 方式；美国证券市场采用 T+3 方式。

### 2．会计日交收

会计日交收指在一段时间内的所有交易集中在一个特定日期进行交收。

## (三)清算与交收的原则

### 1．净额清算原则

净额清算又称差额清算，是指在一个清算期中，对每个结算参与人价款的清算只计其各笔应收、应付款项相抵后的净额，对证券的清算只计每一种证券应收、应付相抵后的净额。一般情况下，通过证券交易所达成的交易需采取净额清算方式。净额清算方式的主要优点是可以简化操作手续，减少资金在交收环节的占用。

净额清算又分为双边净额清算和多边净额清算。双边净额清算是指将结算参与人相对于另一个交收对手方的证券和资金的应收、应付额加以轧抵，得出该结算参与人相对于另一个交收对手方的证券和资金的应收、应付净额。多边净额清算是指将结算参与人所有达成交易的应收、应付证券或资金予以充抵轧差，计算出该结算参与人相对于所有交收对手方累计的应收、应付证券或资金的净额。将结算参与人对应的所有双边净额清算结果加以累计，可以得出该结算参与人的多边净额结算结果。目前，通过证券交易所达成的交易大多采取多边净额清算方式。

### 2．共同对手方制度

共同对手方是指在结算过程中，同时作为所有买方和卖方的交收对手并保证交收顺利完成的主体，一般由结算机构充当。如果买卖中的一方不能按约定条件履约交收，结算机构也要依照结算规则向守约一方先行垫付其应收的证券或资金。

共同对手方制度降低了交易的信用风险，有利于增强投资信心和活跃市场交易。对于我国证券交易所市场实行多边净额清算的证券交易，证券登记结算机构(即中国结算公司)是承担相应交易交收责任的所有结算参与人的共同对手方。

3．货银对付原则

货银对付又称款券两讫或钱货两清，是指证券登记结算机构与结算参与人在交收过程中，当且仅当资金交付时给付证券，证券交付时给付资金，即“一手交钱、一手交货”。一旦结算参与人未能履行对证券登记结算机构的资金交收义务，证券登记结算机构就可以暂不向其交付其买入的证券，反之亦然。

货银对付通过实现资金和证券的同时划转，可以有效规避结算参与人交收违约带来的风险，大大提高证券交易的安全性。

4．分级结算原则

证券和资金结算实行分级结算原则。证券登记结算机构负责证券登记结算机构与结算参与人之间的集中清算交收。结算参与人负责办理结算参与人与客户之间的清算交收。但结算参与人与其客户的证券划付，应当委托证券登记结算机构代为办理。

实行分级结算可有效防范结算风险。

## 第四节　证券市场监管

### 一、证券市场监管概述

证券市场监管是指证券管理机关运用法律的、经济的以及必要的行政手段，对证券的募集、发行、交易等行为以及证券投资中介机构的行为进行监督与管理。证券市场监管是一国宏观经济监管体系中不可缺少的组成部分，加强证券市场监管有利于保障广大投资者的合法权益，有利于维护市场的良好秩序，有利于发展和完善证券市场体系，有利于提高市场信息的准确度和全面性，对证券市场的发展具有重要作用。

### 二、证券市场监管的目标与原则

#### (一)证券市场监管的目标

国际证监会关于证券监管有三个目标：保护投资者，保证证券市场的公平、效率和透明，降低系统性风险。

我国证券市场监管的目标是：

(1) 运用和发挥证券市场机制的积极作用，限制其消极作用。

(2) 保护投资者合法权益，保障合法的证券交易活动，监督证券中介机构依法经营。

(3) 防止人为操纵、欺诈等不法行为，维持证券市场的正常秩序。

(4) 根据国家宏观经济管理的需要，运用灵活多样的方式，调控证券发行与证券交易规

模，引导投资方向，使之与经济发展相适应。

### (二)证券市场监管的原则

#### 1. 依法监管原则

依法监管要求“有法可依”，虽然目前我国的证券法律法规体系正逐步健全，但还需要进一步完善。依法监管还要求“有法必依”，要加强对证券市场违法违规行为的查处力度，维护证券市场的正常秩序。

#### 2. 保护投资者利益原则

保护投资者利益，让投资者树立信心，不仅关系到证券市场的规范和发展，也关系到整个经济的稳定增长。这是培育和发展市场的重要环节，也是证券监管机构的首要任务和宗旨。

#### 3. “三公”原则

“三公”原则，即公开、公平、公正原则。

(1) 公开原则，要求证券市场具有充分的透明度，要实现市场信息的公开化。

(2) 公平原则，要求证券市场不存在歧视，参与市场的主体具有完全平等的权利。

(3) 公正原则，要求证券监管机构在公开、公平原则的基础上，对一切被监管对象给予公正待遇。

#### 4. 监督与自律相结合的原则

这一原则是指在加强政府、证券监管机构对证券市场监管的同时，也要加强从业者的自我约束、自我教育和自我管理。国家对证券市场的监管是证券市场健康发展的保证，而证券从业者的自我管理则是证券市场正常运行的基础。国家监督与自我管理相结合是世界各国共同奉行的原则。

## 三、证券市场监管体制

### (一)证券市场监管体制的构成

根据我国《证券法》及相关法规的规定，我国对证券市场管理实行国家集中统一管理和行业自律管理相结合的体制。以国务院证券监督管理机构对全国证券市场进行集中统一管理为主，证券交易所和证券业协会对证券商和证券市场进行自律性管理为辅。

#### 1. 国家集中统一管理

国务院证券监督管理机构是我国的证券市场监管机构，对证券市场实行国家集中统一管理，其由中国证券监督管理委员会及其派出机构组成。

中国证券监督管理委员会(简称“中国证监会”)是国务院直属机构，是全国证券、期货市场的主管部门，于 1992 年 10 月成立。中国证监会在上海、深圳等地设立 9 个稽查局，在各省、自治区、直辖市、计划单列市共设立 36 个证监局。中国证监会的职责主要包括以下几个方面。

(1) 依法制定有关证券市场监督管理的规章、规则，并依法行使审批或者核准权。

(2) 依法对证券的发行、交易、登记、托管、结算，进行监督管理。

(3) 依法对证券发行人、上市公司、证券交易所、证券公司、证券登记结算机构、证券投资基金管理机构、证券投资咨询机构、资信评估机构以及从事证券业务的律师事务所、会计师事务所、资产评估机构的证券业务活动，进行监督管理。

(4) 依法制定从事证券业务人员的资格标准和行为准则，并监督实施。

(5) 依法监督检查证券发行和交易的信息公开情况。

(6) 依法对证券业协会的活动进行指导和监督。

(7) 依法对违反证券市场监督管理法律、行政法规的行为进行查处。

(8) 法律、行政法规规定的其他职责。

【小贴士】中国证监会历史沿革

改革开放以来，随着中国证券市场的发展，建立集中统一的市场监管体制势在必行。1992 年 10 月，国务院证券委员会(简称国务院证券委)和中国证券监督管理委员会(简称中国证监会)宣告成立，标志着中国证券市场统一监管体制开始形成。国务院证券委是国家对证券市场进行统一宏观管理的主管机构。中国证监会是国务院证券委的监管执行机构，依照法律法规对证券市场进行监管。

国务院证券委和中国证监会成立以后，其职权范围随着市场的发展逐步扩展。1993 年 11 月，国务院决定将期货市场的试点工作交由国务院证券委负责，中国证监会具体执行。1995 年 3 月，国务院正式批准《中国证券监督管理委员会机构编制方案》，确定中国证监会为国务院直属副部级事业单位，是国务院证券委的监管执行机构，依照法律、法规的规定，对证券期货市场进行监管。1997 年 8 月，国务院决定，将上海、深圳证券交易所统一划归中国证监会监管；同时，在上海和深圳两市设立中国证监会证券监管专员办公室；11 月，中央召开全国金融工作会议，决定对全国证券管理体制进行改革，理顺证券监管体制，对地方证券监管部门实行垂直领导，并将原由中国人民银行监管的证券经营机构划归中国证监会统一监管。

1998 年 4 月，根据国务院机构改革方案，决定将国务院证券委与中国证监会合并组成国务院直属正部级事业单位。经过这些改革，中国证监会职能明显加强，集中统一的全国证券监管体制基本形成。

1998 年 9 月，国务院批准了《中国证券监督管理委员会职能配置、内设机构和人员编制规定》，进一步明确中国证监会为国务院直属事业单位，是全国证券期货市场的主管部门，进一步强化和明确了中国证监会的职能。

2．行业自律管理

(1) 证券交易所的监管职能包括：第一，对证券交易所活动的监管，如规定交易证券的种类和期限，证券交易方式和操作程序，登记结算交割事项等；第二，对会员的管理，包括取得会员资格的条件和程序，审查会员的业务报告等；第三，对上市公司的管理，如规定具体的上市规则，证券上市的条件、申请和批准程序，上市公司的信息披露，违反上市规则的处理等。

(2) 中国证券业协会的监管职能主要有：教育和组织会员执行证券法律、行政法规，通过自身活动，规范会员行为及会员相互之间的关系；调解会员之间、会员与客户之间的纠纷；监督检查会员行为，对违反法律、行政法规或协会章程的会员，可按照规定给予纪律处分等。

## (二)证券市场监管体制的特点

### 1．强调政府监管

证券监管体制分为政府监管主导型和自律监管主导型。我国的证券市场监管体制以国务院证券监督管理机构集中统一管理为主，强调政府在证券市场监管中的主导作用。

### 2．强调实质审查

实质审查，是指根据法律对证券发行、交易的明确规定，监管机构负责审核证券发行、交易的适法性，有权拒绝不具有适法性的证券发行和交易。

### 3．强调集中管理

我国对证券市场管理实行国家集中统一管理和行业自律管理相结合的体制，其中以国家集中统一管理为主。

## (三)证券市场监管体制的发展趋势

### 1．证券监管与金融监管的关系

证券市场是金融市场的重要组成部分，应当逐步将证券市场监管纳入金融市场整体监管的体系中去，完善市场约束机制，促进上市公司健康发展。

### 2．形式审查与实质审查的关系

实质审查是我国证券监管的重要特点之一，它是指根据法律对证券发行、交易的明确规定，监管机构负责审核证券发行、交易的适法性，有权拒绝不具有适法性的证券发行和交易。形式审查是指证券发行人要对所提交材料的真实性负责，监管机构只是对发行人提交的材料是否齐全、是否合法进行审查。今后，我国应当逐渐淡化实质审查，走向形式审查。

**3. 政府监管与自律监管的关系**

在我国证券监管体制中，政府监管向来居于主导地位，对自律监管重视则不足。今后，对于涉及金融安全或社会公众利益的事项，应该由政府监管机构实施监管；其余事项，应该更多地借助自律组织实施监管。

## 四、信息披露监管

### (一)信息披露制度的意义

信息披露制度，又称为“公示制度”、“公开披露制度”，是上市公司及其信息披露义务人依照法律规定必须将其自身的财务变化、经营状况等信息和资料向社会公开或公告，以便使投资者充分了解情况的制度。它既包括上市前公司相关信息的披露，也包括上市后的持续信息公开。

信息披露是上市公司的法定义务，是投资者了解上市公司、证券监管机构监管上市公司的主要途径，是维护证券市场秩序的必要前提，它有利于约束证券发行人的行为、促使其改善经营管理，有利于证券市场发行价格与交易价格的合理形成，有利于维护广大投资者的合法权益，有利于进行证券监督、提高证券市场效率。

### (二)信息披露的原则

**1. 真实原则**

真实原则是指公开的信息必须具有客观性、一致性和规范性，不得弄虚作假。

**2. 准确原则**

准确原则是指公司公开的信息必须准确无误，不得以模糊不清的语言使公众对其公布的信息产生误解，不得有误导性陈述。准确性原则不是强调已公开信息与信息所反映的客观事实之间的一致性，而是强调信息发布者与信息接受者之间对同一信息以及各个信息接受者之间对同一信息在理解上的一致性。

**3. 完整原则**

信息披露的完整性，有质与量两方面的规定性。首先，应充分公开的信息，在性质上必须是重大信息。其次，应充分公开的信息，在数量上必须达到一定的标准，以足以使投资者在通常情况下能够据此作出适当的投资判断。

4．及时原则

及时原则是指公司必须在合理的时间内尽可能迅速地公开其应公开的信息，不得延迟。

### (三)信息披露的主要内容

1．招股说明书与上市公告书

公开发行股票并上市的发行人编制的招股说明书应当符合中国证监会的相关规定。凡是对投资者作出投资决策有重大影响的信息，均应当在招股说明书中披露。

首次公开发行股票时，中国证监会受理申请文件后、发行审核委员会审核前，发行人应当将招股说明书申报稿在中国证监会网站预先披露。预先披露的招股说明书申报稿不是发行人发行股票的正式文件，不能含有价格信息，发行人不能据此发行股票。

申请证券上市交易，应当按照证券交易所的规定编制上市公告书，并经证券交易所审核同意后公告。

2．定期报告

上市公司应当披露的定期报告包括年度报告、中期报告和季度报告。凡是对投资者作出投资决策有重大影响的信息，均应当披露。年度报告中的财务会计报告应当经具有证券、期货相关业务资格的会计师事务所审计。季度报告应当披露公司的主要财务数据及管理层讨论与分析的内容。

关于披露时间的规定：

(1) 上市公司应当在每一会计年度结束之日起 4 个月内披露年度报告。

(2) 上市公司应当在每一会计年度的上半年结束之日起 2 个月内披露半年度报告。

(3) 上市公司应当在每一会计年度第 3 个月、第 9 个月结束后的 1 个月内编制完成季度报告并披露。第一季度季度报告的披露时间不得早于上一年度年度报告的披露时间。

3．临时报告

当发生可能对上市公司证券及其衍生品种交易价格产生较大影响的重大事件，投资者尚未得知时，上市公司应当立即披露，说明事件的起因、目前的状态和可能产生的影响。

## 五、证券交易监管

### (一)证券交易所的信息公开制度

我国《证券法》对证券交易所的规定：组织公平的集中交易、公布即时行情并按交易日制作公布证券市场行情表。证券交易所对证券交易实行实时监控，并对异常的交易情况提出报告；对上市公司及相关信息披露义务人披露信息进行监督，督促其依法及时、准确地披露信息；对出现重大异常交易情况的证券账户限制交易，并报国务院证券监督管理机构备案。

## (二)对操纵市场行为的监管

操纵市场是指某一组织或个人以获取利益或者减少损失为目的，利用其在资金、信息等方面的优势或者滥用职权，影响证券市场价格，制造证券市场假象，诱导或者致使投资者在不了解事实真相的情况下作出证券投资决定，扰乱证券市场秩序的行为。

操纵市场行为包括：

(1) 单独或者通过合谋，集中资金优势、持股优势或者利用信息优势联合或者连续买卖，操纵证券交易价格或数量。

(2) 与他人串通，以事先约定的时间、价格和方式相互进行证券交易，影响证券交易价格或者证券交易量。

(3) 在自己实际控制的账户之间进行证券交易，影响证券交易价格或者证券交易量。

(4) 以其他手段操纵证券市场。

对操纵市场行为的监管包括事前监管与事后处理。事前监管是指在发生操纵行为前，证券管理机构采取必要手段以防止损害发生。事后处理是指证券管理机构对市场操纵行为者的处理及操纵者对受损当事人的损害赔偿。事后处理包括两个方面：一是对操纵行为的处罚；二是操纵行为受害者可以通过民事诉讼获得损害赔偿。

## (三)对欺诈客户行为的监管

欺诈客户是指以获取非法利益为目的的，违反证券管理法规，在证券发生、交易及相关活动中从事欺诈客户、虚假陈述等行为。

欺诈客户行为包括：

(1) 违背客户的委托为其买卖证券。

(2) 不在规定时间内向客户提供交易的书面确认文件。

(3) 挪用客户所委托买卖的证券或者客户账户上的资金。

(4) 未经客户的委托，擅自为客户买卖证券，或者假借客户的名义买卖证券。

(5) 为牟取佣金收入，诱使客户进行不必要的证券买卖。

(6) 利用传播媒介或者通过其他方式提供、传播虚假或者误导投资者的信息。

(7) 其他违背客户真实意思表示，损害客户利益的行为。

对欺诈客户行为的监管包括禁止任何单位或个人在证券发行、交易及其相关活动中欺诈客户。证券经营机构、证券登记或清算机构以及其他各类从事证券业的机构有欺诈客户行为的，将根据不同情况限制或者暂停证券业务或(和)处以其他处罚。因欺诈客户行为给投资者造成损失的，还应当依法承担赔偿责任。

### (四)对内幕交易行为的监管

内幕交易，又称“知内情者交易”，是指公司董事、监事、经理、职员、主要股东、证券市场内部人员或市场管理人员，以获取利益或减少经济损失为目的，利用地位、职务等便利，获取发行人未公开的、可以影响证券价格的重要信息，进行有价证券交易，或泄露该信息的行为。

#### 1．内幕信息的界定

我国《证券法》规定，内幕信息是涉及公司的经营、财务或者对该公司证券的市场价格有重大影响的尚未公开的信息。

#### 2．内幕交易的行为方式

内幕交易的行为方式主要表现为：行为主体知悉公司内幕信息，且从事有价证券的交易或其他有偿转让行为，或者泄露内幕信息或建议他人买卖证券等。

#### 3．对内幕交易行为的监管

我国《证券法》第七十六条规定：“证券交易内幕信息的知情人和非法获取内幕信息的人，在内幕信息公开前，不得买卖该公司的证券，或者泄露该信息，或者建议他人买卖该证券。持有或者通过协议、其他安排与他人共同持有公司百分之五以上股份的自然人、法人、其他组织收购上市公司的股份，本法另有规定的，适用其规定。内幕交易行为给投资者造成损失的，行为人应当依法承担赔偿责任。”

## 本 章 小 结

(1) 证券是指各类记载并代表一定权利的法律凭证，具有产权性、收益性、流通性、风险性等特征。

(2) 证券市场是国民经济的“晴雨表”， 具有筹资/投资、资本定价和资本配置等基本功能。证券市场的参与者包括证券发行人、证券投资者、证券市场中介机构、自律性组织和证券监管机构。

(3) 首次公开发行股票并上市、上市公司发行新股、可转换公司债券等情形必须聘请具有保荐机构资格的证券公司履行保荐职责。

(4) 证券交易是指已发行的证券在证券市场上买卖或转让的活动，其特征主要表现为流动性、收益性和风险性。证券交易必须遵循公开、公平、公正的原则，其基本过程包括开户、委托、成交、结算等。

(5) 证券经纪业务是指证券公司通过其设立的证券营业部，接受客户委托，按照客户的要求，代理客户买卖证券的业务。证券自营业务与证券经纪业务的根本区别在于，其是证券公司为营利而自己买卖证券。资产管理业务包括三种：为单一客户办理定向资产管理业务、为多个客户办理集合资产管理业务、为客户特定目的办理专项资产管理业务。

(6) 我国对证券市场管理实行国家集中统一管理和行业自律管理相结合的体制。证券市场监管的原则包括依法监管原则、保护投资者利益原则、“三公”原则以及监督与自律相结合的原则。

# 自 测 题

## 一、基本概念

有价证券　证券市场　有形市场　无形市场　证券发行人　机构投资者　证券市场中介机构　证券监管机构　证券发行市场　证券交易　证券经纪业务　证券自营业务　资产管理业务　清算　交收　证券市场监管　信息披露制度

## 二、判断题

1. 有价证券既是一定收益权利的代表，同时也是一定风险的代表，所以证券市场也是风险直接交换的场所。（　）
2. 首次公开发行股票，应当通过向询价对象询价的方式确定股票发行价格。（　）
3. 证券交易的特征主要表现为证券的风险性、流动性和安全性。（　）
4. 集合资产管理业务的特点之一是综合性，即证券公司与客户可以是“一对一”，也可以是“一对多”。（　）
5. 上市公司应当在每一会计年度结束之日起 4 个月内披露年度报告。（　）

## 三、单项选择题

1. 有价证券是(　　)的一种形式。
   A. 真实资本　B. 商品资本　C. 货币资本　D. 虚拟资本
2. 按募集方式分类，有价证券可以分为(　　)。
   A. 政府证券、政府机构证券、公司证券　B. 公募证券和私募证券
   C. 上市证券和非上市证券　D. 股票、债券和其他证券
3. 证券市场的基本功能不包括(　　)。
   A. 筹资-投资功能　B. 规避风险功能
   C. 资本配置功能　D. 定价功能
4. 证券市场中介机构不包括(　　)。
   A. 证券公司　B. 证券登记结算公司

C. 证券投资咨询公司　　D. 证券业协会

5. 基金按(　　)，可分为封闭式基金和开放式基金。

A. 投资标的划分　　B. 基金的组织形式不同

C. 投资目标划分　　D. 基金运作方式不同

6. 证券交易的(　　)原则要求证券交易参与各方应依法及时、真实、准确、完整地向社会发布自己的有关信息。

A. 公平　　B. 公正　　C. 公开　　D. 安全

7. 根据(　　)，证券交易的方式有现货交易、远期交易和期货交易。

A. 交易的时间不同　　B. 交易的期限不同

C. 交易合约的内容不同　　D. 交易合约的签订与实际交割之间的关系

8. 证券经纪业务包含的要素不包括(　　)。

A. 委托人　　B. 证券经纪商　　C. 证券交易所　　D. 中国证券业协会

9. 清算、交收与财产实际转移之间的唯一正确关系是(　　)。

A. 清算发生财产实际转移　　B. 交收发生财产实际转移

C. 清算、交收均不发生财产实际转移　　D. 清算、交收均发生财产实际转移

10. 上市公司信息披露应遵循的原则不包括(　　)。

A. 全面原则　　B. 真实原则　　C. 准确原则　　D. 完整原则

## 四、简答题

1. 证券市场的有哪些基本特征?
2. 简述首次公开发行股票的核准程序。
3. 证券交易需要哪些程序?
4. 简述清算与交收的联系和区别。

## 五、论述题

结合实际论述我国信息披露制度的意义和信息披露的主要内容。

## 六、案例分析

### 案例一：基本案情

上投摩根富林明基金管理有限公司原经理助理唐建，曾利用其父亲和第三人账户先于基金建仓前买入新疆众和股票 26 万多股，总共获利逾 150 万元。2008 年 4 月 21 日，中国证监会对其作出《行政处罚决定书》，中国证监会认定唐建存在“老鼠仓”行为，被取消基金从业资格，处以终身市场禁入，没收唐建 152.72 万的违法所得，并处以 50 万元罚款。

因唐建“老鼠仓”行为被中国证监会的处罚，引出基金持有人向中国国际经济贸易仲裁委员会起诉基金托管人中国建设银行要求行使追偿权的仲裁案。在该仲裁案的审理中，

申请人(基民)是否享有诉权、唐建的行为是否属于职务行为、被申请人(建行)是否应进行追偿等成为双方辩论的焦点。

2009年2月3日，中国国际经济贸易仲裁委员会对这起中国首例“老鼠仓”民事维权案作出终局裁决。仲裁庭认为，虽然申请人已赎回其基金份额，并因此不再是合同人，但其合同权利在符合法律规定的时效内仍然受到保护。作为基金份额持有人，申请人根据本案合同提起仲裁并无不妥，故申请人享有诉权。但同时，仲裁庭对申请人关于唐建个人违法行为系职务行为的主张不予采信，认为唐建个人违法行为并非基金管理人的授权行为，其买卖股票行为并非职务行为。企业法人的工作人员，只有以法人名义从事的经营活动，给他人造成经济损失的，企业法人才应当承担民事责任。仲裁庭还认为，被申请人不存在申请人指责的“违反了对申请人的承诺”、“不作为”或“违约”的事实和情节，故申请人以“违约为由”，请求被申请人为基金财产行使“追偿权”，并将所谓的追偿数额“归入”基金财产，缺少法律依据和事实依据。最后，仲裁庭认为，投资者请求建行追偿一案，申请人的理由和证据均不足以支持其请求，驳回其仲裁请求。

(资料来源：新华财经，新华网 http://news.xinhuanet.com/fortune)

**思考讨论题：**

1. 该案例中的仲裁结果是否还有值得商榷的部分？
2. 从该案例可以看出应该要提高证券市场交易的透明度，你有何建议？

**案例二：基本案情**

河南双汇投资发展股份有限公司(下称“双汇发展”，000895.SZ)是中国知名企业双汇集团旗下的上市公司，以生产火腿肠等而驰名。公司在1998年12月20日在深圳证券交易所挂牌上市，行业属屠宰及肉类蛋类加工业。

2009年12月14日，双汇发展一纸《澄清公告》、《关于2007年年度报告和2008年年度报告的更正公告》。从当时情况分析来看，早在2006年4月，国际证券大鳄高盛集团和鼎晖投资通过双方的合资公司香港罗特克斯公司，以20.1亿元的价格，共同受让漯河市国资委持有的双汇集团100%股份，高盛集团和鼎晖投资分别持股51%和49%。由于双汇集团系双汇发展的第一大股东，因此，高盛集团也因此成为双汇发展的实际控制人。

到了2009年11月5日，《新京报》等媒体刊出《外媒称高盛将转让双汇一半股权，套现1.5亿美元》文章，称高盛集团已以1.5亿美元的价格同鼎晖投资签约，出售其所持双汇集团50%股权，其后将再次出售，将其在双汇集团的持股比例降至5%。这才有了双汇发展的澄清公告与更正公告。实际上，在11月初，就有媒体披露高盛集团抛售双汇集团股权，但双汇发展始终未予及时信息公告澄清，直至12月14日，双汇发展才发布公告。这时，相关信息显示：高盛集团间接持有的双汇发展股份比例已经从31%急遽下降至约7.72%。针对双汇发展在长达两年的时间里未有丝毫透露这一情节，双汇发展竟称是“疏忽”造成

的。这显然违背了上市公司信息披露的相关规定，也违背了公司内部制定的信息披露的相关内容。

2009 年 12 月 16 日，河南证监局表示，已关注双汇发展涉嫌“瞒报”高盛减持事件。2010 年 2 月 11 日，双汇发展公告，董事会审议通过了《关于香港华懋集团有限公司等少数股东转让股权的议案》，香港华懋集团有限公司等少数股东拟全部向香港罗特克斯公司转让其所持的双汇发展 10 家子公司股权。市场分析认为，这 10 家公司股权均是非常优良的资产，而且估值便宜、价格低廉。更令人惊诧的是，双汇发展还表示，此笔股权早已于 2009 年上半年转让，但转让却未经过当时的董事会表决和召开股东大会，甚至无任何信息披露。3 月 3 日，在双汇发展的股东大会上，此议案遭到否决，而公司前十名无限售条件流通股股东全部为基金。之后 2010 年 3 月 15 日，中国证监会书面提出，立案调查双汇发展涉嫌违反信息披露义务的行为。而在一系列信息披露违规问题浮出水面、关联交易数据不明的前提下，双汇发展开始进入重组。

(资料来源：河南省证券期货协会，http://www.henanstock.com/)

**思考讨论题：**

1. 结合案例分析，信息披露有何重要性？
2. 为何证券市场上会出现这种虚假陈述问题？应该从哪几方面来解决这类问题？

# 第二章　股票基础知识

【学习目标】

通过学习本章，读者应当了解股份有限公司的概念、特征、设立方式和设立程序及组织结构，理解股份有限公司与有限责任公司的异同，理解股票的概念、特征、分类和功能，熟悉国内外股票价格指数的含义和编制方法，掌握股票的价值和价格。

【导读案例】

早在1602年，荷兰阿姆斯特丹的东印度公司正式印制了世界上最早的股票——东印度公司股票。荷兰东印度公司成立于17世纪欧洲的大航海时代，当时的欧洲各国兴起海上冒险，探寻世界地理，发展外海的商机。16世纪的葡萄牙在东南亚地区已有殖民地与商业发展，16世纪60年代，一群荷兰商人派浩特曼(Cornelis de Houtman，？—1599年)至葡萄牙刺探商情，浩特曼回国后这群商人便成立一家公司，利用这个资讯往东印度地区发展，从1595年4月至1602年间，荷兰陆续成立了14家以东印度贸易为重点的公司，为了避免过度的商业竞争，于是这14家公司合并，成为一家联合公司，也就是荷兰东印度公司。荷兰当时的国家议会授权荷兰东印度公司在东起非洲南端好望角，西至南美洲南端麦哲伦海峡，具有贸易垄断权。荷兰东印度公司由位于阿姆斯特丹、米德尔堡(位于泽兰省)、恩克豪曾(Enkhuizen)、代尔夫特(Delft)、霍伦(Hoorn)、鹿特丹(Rotterdam)六处的办公室组成，其董事会由70多人组成，但真正握有实权的只有17人，被称为十七绅士(Heren XVII)，分别是阿姆斯特丹8人、泽兰省4人，其他地区各1人，而第17位代表则由其他4处选出。

荷兰东印度公司是第一个可以自组佣兵、发行货币的公司，也是第一个股份有限公司，并被获准与其他国家订立正式条约，对该地实行殖民与统治的权力。1619年，荷兰东印度公司在爪哇的巴达维亚(今印尼的雅加达)建立了总部，其他的据点设立在东印度群岛、香料群岛上。到了1669年时，荷兰东印度公司已是世界上最富有的私人公司，拥有超过150艘商船、40艘战舰、20 000名员工、与10 000名佣兵的军队，股息高达40%。认购股份的高潮时期，荷兰东印度公司共释出650万荷兰盾的证券供人认购，当时的10盾约等于1英镑，而在那个年代荷兰一位教师的年薪约280盾，光阿姆斯特丹一地就认购了一半的股份。

(资料来源：维基百科)

# 第一节　股份公司概述

## 一、股份有限公司的概念、特征及其与有限责任公司的异同

### (一)股份有限公司的概念

股份有限公司又称为股份公司，是指公司的全部资本划分为若干等额股份，由一定数量的股东持有，股东以其所持股份为限对公司债务承担责任的企业法人。

### (二)特征

#### 1. 公司信用的资合性

公司信用的资合性是相对于人合性而言的。人合公司，是指以股东的个人信用为公司信用基础的公司。合伙企业(无限责任公司)是最典型的人合公司。资合公司，是指以资本为公司信用基础的公司。有限责任公司和股份有限公司都是资合公司。

#### 2. 公司募资的开放性

股份公司的资本来源除了由发起人投资以外，往往可通过公开募集的方式由社会公众来形成，即股份公司的股东既包括发起人，也包括许多不特定的社会公众。

#### 3. 资本划分的等额性

股份公司的资本划分为若干等额的股份，股份是公司资本的最小构成单位，由不同的股东分别持有不同数额。

#### 4. 公司股份的流通性

股份公司发行的股份以股票的形式存在，股票是证券市场上一种非常重要的有价证券，它可以进行交易。

#### 5. 公司设立的复杂性

由于股份公司是一种开放性的公司，它涉及广大股东的利益，因此各国都对股份公司从其设立到经营过程进行严格的监管。

### (三)股份有限公司与有限责任公司的异同

现代企业可以采用独资、合伙和公司等三种方式设立，其中公司制企业又可以采用股份有限公司和有限责任公司两种形式。与独资企业和合伙企业相比，公司制企业的一大特点是双重纳税制(Double Taxation)，即公司制企业是一个独立法人，需要对其盈利缴纳企业所得税，而税后利润分配给自然人股东或出资人之后，股东还需要对其获得的利润分配缴纳个人所得税。在股份有限公司和有限责任公司中，股东责任的有限性是相同的，只是表述上有所不同，股份有限公司的股东是以其持有股份对公司债务承担责任，有限公司股东是以其认缴的出资额为限对公司债务承担责任。股份有限公司与有限责任公司之间存在着以下一些重要的区别。

1. 资本构成方式不同

股份有限公司的资本划分为若干等额的股份。股份是股份有限公司资本的最小构成单位，由不同的股东持有不同数额。而有限责任公司的全部资产不必分为等额股份，股东只需按协议确定的出资比例出资。股份有限公司和有限责任公司的股东都是以其持有的股份或出资额占公司总资本的比例享受权利、承担义务。

2. 股东人数限制不同

法律对股份有限公司中的股东人数只有最低限额发起人的规定，而没有上限的规定，因此股份公司的股东规模一般比较大。而有限责任公司有最高股东人数的限制，如我国《公司法》规定有限责任公司的股东应在 2 人以上 50 人以下，因此有限责任公司的股东规模往往比较小。

3. 股份转让的自由度不同

股份有限公司的股份的表现形式为股票。这种体现股份公司股东资格和权利义务的有价证券从实质上来说是一种凭证，与持有者人身并无特定联系，法律允许其在二级市场上自由转让。而有限责任公司的出资证明则不能在市场上自由转让流通，其转让要受到严格限制。按照我国《公司法》的规定，有限责任公司出资证明的转让必须经全体股东过半数同意；在同等条件下，其他股东有优先购买权。

4. 公司设立的方式不同

由于股份有限公司的股东人数没有上限限制，因此股份有限公司既可以采用发起方式也可以采用募集方式。由于募集方式能够扩大融资来源，增加资本的可得性，现实中股份有限公司的设立一般采用募集方式。而有限责任公司的设立只能采用发起方式。

5. 公司的公开程度不同

股份公司是一种开放性的公司。股份公司采用募资方式成立时可以公开向公众募集资本，并以股票形式作为认购资本的凭证。由于股份公司向公众公开募资，为保障股票投资者的权益，法律要求股份公司的财务情况必须向公众公开。而有限责任公司是一种相对封闭的公司，只能在出资者范围内募股集资，公司不得向社会公开招股集资。募股集资的封

闭性决定了有限责任公司的财务会计无须向社会公开。

### 6. 公司的组织机构繁简不同

同样是由于股份有限公司募资面向社会大众，股东数目众多，法律对股份有限公司的组织机构有严格的要求。股份有限公司必须依法设立股东会、董事会、监事会，以保障股份公司股东的合法权益。有限责任公司的组织机构根据公司的情况可以灵活设置，在公司规模不大的情况下可以只设立执行董事和监事。

## 二、股份有限公司的设立

### (一)股份有限公司设立的方式

根据《公司法》第 78 条的规定，股份有限公司的设立，可以采取发起设立或募集设立的方式进行设立。发起人可以根据需要选择其中一种。发起设立，是指由发起人认购公司应发行的全部股份而设立公司。募集设立，是指由发起人认购公司应发行股份的一部分，其余股份向社会公开募集或者向特定对象募集而设立公司。

《公司法》第 77 条的规定设立股份有限公司应当具备下列条件：

(1) 发起人符合法定人数。

(2) 发起人认购和募集的股本达到法定资本最低限额。

(3) 股份发行、筹办事项符合法律规定。

(4) 发起人制订公司章程，采用募集方式设立的应经创立大会通过。

(5) 有公司名称，建立符合股份有限公司要求的组织机构。

(6) 有公司住所。

其中，对于发起人人数要求为应当有二人以上二百人以下为发起人，其中须有半数以上的发起人在中国境内有住所。对股份有限公司注册资本的最低要求为人民币五百万元。法律、行政法规对股份有限公司注册资本的最低限额有较高规定的，从其规定。

### (二)股份有限公司的设立程序

设立股份有限公司必须履行的程序如下：

(1) 发起人签订发起人协议。

(2) 申请名称预先核准。

(3) 行政审批。

(4) 发起人订立公司章程。

(5) 发起人认购股份。

(6) 募集股份。

(7) 缴纳股款。

(8) 召开创立大会。

(9) 设立登记。

(10) 公告以及备案。

在以上设立程序中，除了行政审批程序、募集股份程序、召开创立大会程序为属于募集方式设立公司所必须经过的程序外，其他程序发起设立与募集设立的方式是相同的。

## 三、股份有限公司的组织结构

### (一)股东大会

股份有限公司的股东大会由全体股东组成，是股份有限公司的最高决策机构。股东大会不仅要选举或任免董事会和监事会成员，而且企业的重大经营决策和股东的利益分配等都要得到股东大会的批准。但股东大会并不具体和直接介入企业生产经营管理，它既不对外代表企业与任何单位发生关系，也不对内执行具体业务，本身不能成为企业法人代表。

具体来说，股东大会的职权有：决定公司的经营方针和投资计划；选举和更换董事，决定有关董事的报酬；选举和更换由股东代表出任的监事，决定有关监事的报酬事项，审议批准董事会的报告；审议批准监事会的报告：审议批准公司的年度财务预算方案、决算方案；审议批准公司的利润分配方案和弥补亏损方案；对公司增加或者减少注册资本做出决议；对公司发行债券做出决议；对股东向股东以外的人转让出资做出决议(本项为有限责任公司股东会议特有的职权)；对公司合并、分立、解散和清算等事项做出决议；修改公司章程，以及公司章程规定需由股东大会决定的事项。

股东出席股东大会，所持每一股份有一票表决权。我国立法机关为保护中小股东利益，为了保障中小股东的平等参与权，在修改《公司法》时引进了累积投票制度，即股东大会选举董事或者监事时，每一股份拥有与应选董事或者监事人数相同的表决权，股东拥有的表决权可以集中使用。这样做的目的就在于防止大股东利用表决权优势操纵董事的选举，矫正“一股一票”表决制度存在的弊端。按这种投票制度，选举董事时每一股份代表的表决权数不是一个，而是与待选董事的人数相同。股东在选举董事时拥有的表决权总数，等于其所持有的股份数与待选董事人数的乘积。投票时，股东可以将其表决权集中投给一个或几个董事候选人，通过这种局部集中的投票方法，能够使中小股东选出代表自己利益的董事，避免大股东垄断全部董事的选任。举个例子：某公司要选 5 名董事，公司股份共 1000 股，股东共 10 人，其中 1 名大股东持有 510 股，即拥有公司 51%股份；其他 9 名股东共计持有 490 股，合计拥有公司 49%的股份。若按直接投票制度，每一股有一个表决权，则控股 51%的大股东就能够使自己推选的 5 名董事全部当选，其他股东毫无话语权。 但若采取累积投票制，表决权的总数就成为 1000×5=5000 票，控股股东总计拥有的票数为 2550 票，其他 9 名股东合计拥有 2450 票。根据累积投票制的原理，股东可以集中投票给一个或几个董事候选人，并按所得同意票数多少的排序确定当选董事，因此从理论上来说，其他股东

至少可以使自己的 2 名董事当选，而控股比例超过半数的股东也最多只能选上 3 名自己的董事。可以看出，采取累积投票制度确实可以缓冲大股东利用表决权优势产生的对公司的控制，增强小股东在公司治理中的话语权，有利于公司治理结构的完善。

### (二)董事会

股份有限公司的董事会由股东大会选举产生的董事组成，是对股东大会负责的公司经营决策和业务执行机构。董事会是股份有限公司必备的常设机构。股东有限公司的董事会成员为 5～19 人组成。董事会成员中可以有公司职工代表，董事会中的职工代表由公司职工通过职工代表大会、职工大会或者其他形式民主选举产生。董事会设董事长一名，由董事会选举产生。副董事长职位可设，也可以不设。董事长和副董事长由董事会以全体董事的过半数选举产生。董事会会议应有过半数的董事出席方可举行。董事会决议的表决，实行一人一票。董事会作出决议，必须经全体董事的过半数通过。

### (三)监事会

股份公司的监事会是由股东大会和公司职工选举产生的监事组成，向股东大会负责，对董事、高级管理人员执行职务的行为进行监督的必备的公司常设机构。监事会成员不得少于 3 人。监事会由股东代表监事和适当比例的公司职工代表监事组成，其中职工代表的比例不得低于三分之一，具体比例由公司章程规定。监事会的股东监事由股东大会选任，监事会中的职工代表由公司职工通过职工代表大会、职工大会或者其他形式民主选举产生。监事会设主席一人，可以设副主席。监事会主席和副主席由全体监事过半数选举产生。为了确保监事的独立性，公司法还规定董事、高级管理人员不得兼任监事。股份有限公司监事的任期与有限责任公司一样，同为每届 3 年，连选可以连任。监事会决议应当经半数以上监事通过。监事会应当对所议事项的决定做成会议记录，出席会议的监事应当在会议记录上签名。

### (四)上市公司组织机构的特别规定

上市公司，也称开放式公司，是指股票可以在证券交易所挂牌，在证券市场上公开进行交易的股份有限公司。与上市公司相对应的是不上市公司，也称封闭式公司，是指股票不能在证券交易所公开挂牌，不能在证券市场上自由流通的股份有限公司。由此可见，上市公司是根据其股票转让方式为标准加以划分的，它是股份有限公司的一种形态。上市公司与股份有限公司的关系是，股份有限公司未必就是上市公司，上市公司则必然是股份有限公司。

上市公司在一年内购买、出售重大资产或者担保金额超过公司资产总额百分之三十的，应当由股东大会做出决议，并经出席会议的股东所持表决权的三分之二以上通过。上市公司设立独立董事，具体办法由国务院规定。上市公司设董事会秘书，负责公司股东大会和董事会会议的筹备、文件保管以及公司股东资料的管理，办理信息披露事务等事宜。上市公司董事与董事会会议决议事项所涉及的企业有关联关系的，不得对该项决议行使表决权，也不得代理其他董事行使表决权。该董事会会议由过半数的无关联关系董事出席即可举行，董事会会议所作决议须经无关联关系董事过半数通过。出席董事会的无关联关系董事人数不足三人的，应将该事项提交上市公司股东大会审议。

## 第二节　股票的概念、特征和分类

### 一、股票的基本概念

股票本质上是一种凭证，是股份有限公司募集资本时向出资人发行、用以证明出资人的股东身份并据此分配股息和红利的凭证。股票代表着其持有者(即股东)对股份公司的所有权，这种所有权赋予股东一系列权利，如参加股东大会、投票表决、参与公司的重大决策、收取股息或分享红利等。每一份股票所代表的公司所有权是相等的，而每个股东所拥有的公司所有权份额的大小则取决于其持有的股票数量占公司总股本的比重。股东不能要求公司返还其出资，但一般可以以有偿转让股票的形式收回其投资。与公司的债权人相比，股东与公司之间的关系不是债权债务关系，而是公司的所有者，并以其出资额为限对公司负有限责任，承担风险，分享收益。

### 二、股票的基本特征

#### (一)参与性

股票持有人即股东有权出席股东大会，选举公司董事会，参与公司的重大决策。股东参与公司决策的权利大小，取决于其所持有的股份的多少。只要股东持有的股票数量达到左右决策结果所需的实际多数时，就能掌握公司的决策控制权。因此，在国外的投资市场上，通过持股来实现收购、兼并企业的行为比较普遍。

#### (二)收益性

股东凭其持有的股票，有权从公司领取股息或红利，获取企业投资和经营所带来的收益。股息或红利的大小，主要取决于公司的盈利水平和盈利分配政策。股票的收益性还表现在股票投资者可以获得价差收入或实现资产保值和增值。即通过低价买入和高价卖出股票，投资者可以赚取价差利润，实现投机性投资行为的收益。或者在货币贬值时，股票会因为公司资产的增值而升值，或以低于市价的特价或无偿获取公司配发的新股而使股票持有者得到利益。

### (三)价格的波动性和风险性

股票在交易市场上作为交易对象，同商品一样，有自己的市场行情和市场价格。由于股票价格要受到诸如公司经营状况、供求关系、银行利率，以及投资大众心理等多种因素的影响，其波动具有很大的不确定件。正是这种不确定性，就有可能使股票投资者遭受损失。价格波动的不确定性越大，投资风险也就越大。因此，股票是一种高风险的金融投资产品。

### (四)流通性

股票的流通性是指股票在不同投资者之间转换的可交易性。流通性通常以可流通的股票数量、股票成交量以及股价对交易量的敏感程度来衡量。可流通股数越多，成交量越大，价格对成交量越不敏感(价格不会随着成交量一同变化)，股票的流通性就越好，反之就越差。股票的流通，使投资者可以在市场上卖出所持有的股票，获取或兑现现金。通过股票的流通和股价的变动，可以看出投资者对于相关行业和上市公司的发展前景和盈利潜力的判断。那些在流通中能吸引大量投资者、股价不断上涨的行业和公司，可以通过增发股票，不断吸收大量资本进行生产经营活动，收到优化资源配置的效果。

### (五)不可偿还性

股票是一种无偿还期限的有价证券，投资者认购了股票后，就不能直接向发行股票的股份公司要求退股，只能到二级市场通过合法手续转让给第三者。股票的转让只意味着公司股东的改变，并不减少股份公司的资本。从期限上看，只要股份公司存在，所发行的股票就存在，股票的期限等于公司存续的期限。

### (六)股份的伸缩性

这是指股票所代表的股份既可以拆分，又可以合并。股份的拆分，即将原来的一股分为若干股。股份拆分并没有改变资本总额，只是增加了股份总量和股权总数。当公司利润增多或股票价格上涨后，投资者购入股票所需的资金增多，股票市场交易就会发生困难。在这种情况下，就可以将股份拆分，即采取分割股份的方式来降低单位股票的价格，以争取更多的投资者，扩大市场的交易量。股份的合并指将若干股股票合并成较少的几股或一股。股份合并一般是在股票面值过低时采用。

## 三、股票的分类

根据不同的标准，可以对股票进行不同的分类。

## (一)普通股和优先股

根据股票所代表的权利，可以将股票分为普通股和优先股。

普通股股票是指在公司的经营管理、盈利及财产分配上享有普通权利的股份，代表满足所有债权偿付要求及优先股东的收益权与求偿权要求后对企业盈利和剩余财产的索取权，它构成公司资本的基础，是股票的一种基本形式，也是发行量最大、最为重要的股票。目前在上海和深圳证券交易所可以在二级市场流通和交易的股票，都是普通股。

普通股股票持有者按其所持有股份比例享有以下基本权利：①公司决策参与权。普通股股东有权参与股东大会，并有建议权、表决权和选举权，也可以委托他人代表其行使股东权利。②利润分配权。普通股股东有权从公司利润分配中得到股息。普通股的股息是不固定的，由公司赢利状况及其分配政策所决定。普通股股东必须在优先股股东取得固定股息之后才有权享受股息分配权。③优先认股权。如果公司需要扩张而增发普通股股票时，现有普通股股东有权按其持股比例，以低于市价的某一特定价格优先购买一定数量的新发行股票，从而保持其对企业所有权的原有比例。④剩余资产分配权。当公司破产或清算时，若公司的资产在偿还欠债后还有剩余，其剩余部分按先优先股股东、后普通股股东的顺序进行分配。

优先股是公司在筹集资金时，给予投资者某些优先权的股票，这种优先权主要表现在两个方面：①优先股有固定的股息，不随公司业绩好坏而波动，并且可以先于普通股股东领取股息；②当公司破产进行财产清算时，优先股股东对公司剩余财产有先于普通股股东的要求权。但优先股一般不参加公司的红利分配，持股人亦无表决权，不能借助表决权参加公司的经营管理。因此，优先股与普通股相比较，虽然收益和决策参与权有限，但风险较小。一些国家的公司法规定，优先股只能在公司增募新股或清理债务等特殊情况下才能发行。到目前为止，中国还没有发行过优先股。

## (二)绩优股和垃圾股

根据发行股票的股份公司的业绩，可以将股票分为绩优股和垃圾股。

绩优股就是业绩优良的公司股票。但对于绩优股的定义，国内外却有所不同。在中国，投资者衡量绩优股的主要指标是每股税后利润和净资产收益率。一般而言，每股税后利润在全体上市公司中处于中、上地位，公司上市后净资产收益率连续三年显著超过 10%的股票当属绩优股之列。在国外，绩优股主要指的是业绩优良且比较稳定的大公司股票。这些大公司经过长时间的努力，在行业内达到了较高的市场占有率，形成了经营规模优势，利润稳步增长，市场知名度很高。

绩优股具有较高的投资回报和投资价值。其公司拥有资金、市场、信誉等方面的优势，对各种市场变化具有较强的承受和适应能力。绩优股的走势相对稳定，长期保持上升趋势。因此，绩优股总是受到投资者，尤其是从事长期投资的稳健型投资者的青睐。

与绩优股相对应的是垃圾股，它指的是业绩较差的公司股票。这类上市公司或者由于行业前景不好，或者由于经营不善等，有的甚至进入亏损行列。其股票在市场上的表现萎靡不振，股价走低，交易不活跃，年终分红也差。

绩优股和垃圾股不是天生的和绝对的。绩优股公司决策失误，经营不当，其股票可能沦落为垃圾股；而垃圾股公司经过资产重组和经营管理水平的提高，抓住市场热点，打开市场局面，也有可能将其股票变为绩优股。这样的例子在中国股票市场中，应该说比比皆是。

### (三)记名股和无记名股、面值股和无面值股

根据股票发行时的票面形态，可以将股票分为记名股和无记名股、面值股和无面值股。

记名股在发行时票面上记载有股东的姓名，并记载于公司的股东名册上。记名股票的特点就是除持有者和其正式的委托代理人或合法继承人、受赠人外，任何人都不能行使其股权。另外，记名股票不能任意转让，转让时，既要将受让人的姓名、住址分别记载于股票票面，还要在公司的股东名册上办理过户手续，否则转让不能生效。显然这种股票有安全、不怕遗失的优点，但转让手续繁琐。这种股票如需要私自转让，例如发生继承和赠予等行为时，必须在转让行为发生后立即办理过户等手续。

无记名股在发行时，在股票上不记载股东的姓名。其持有者可自行转让股票，任何人一旦持有便享有股东的权利，无须再通过其他方式、途径证明自己的股东资格。这种股票转让手续简便，但也应该通过证券市场的合法交易实现转让。

面值股指有票面金额股票，简称金额股票或面额股票，是指在股票票面上记载一定的金额，如每股人民币 100 元、200 元等。金额股票给股票定了一个票面价值，这样就可以很容易地确定每一股份在该股份公司中所占的比例。

无面值股也称比例股票或无面额股票。股票发行时无票面价值记载，仅表明每股占资本总额的比例。其价值随公司财产的增减而增减。因此，这种股票的内在价值总是处于变动状态。这种股票最大的优点就是避免了公司实际资产与票面资产的背离，因为股票的面值往往是徒有虚名，人们关心的不是股票面值，而是股票价格。发行这种股票对公司管理、财务核算、法律责任等方面要求极高，因此只有在美国比较流行，而不少国家根本不允许发行。

### (四)A 股、B 股、H 股、N 股和 S 股

根据股票的上市地点和所面对的投资者，可以将中国上市公司的股票分为：A 股、B 股、H 股、N 股和 S 股等。

A 股的正式名称是人民币普通股票。它是由我国境内的公司发行，供境内机构、组织、或个人(不含台、港、澳投资者)以人民币认购和交易的普通股股票。

B 股的正式名称是人民币特种股票。它是以人民币标明面值，以外币认购和买卖，在境

内(上海、深圳)证券交易所上市交易的。B 股公司的注册地和上市地都在境内。

H 股，即注册地在内地、上市地在香港的外资股。香港的英文名称是“Hongkong”，取其字首，中国企业在香港上市的外资股就叫做 H 股。依此类推，纽约的第一个英文字母是 N，新加坡的第一个英文字母是 S，因此，在纽约和新加坡上市的股票就分别叫做 N 股和 S 股。

### (五)国有股、法人股、公司职工股和社会公众股

根据投资主体可以将中国上市公司的股份分为国有股、法人股、公司职工股和社会公众股。

国有股是指有权代表国家投资的部门或机构，以国有资产向公司投资所形成的股份，包括以公司现有国有资产折算成的股份。由于中国大部分股份制企业都是由原国有大中型企业改制而来的，因此，国有股在公司股权中占有较大的比重。通过股份制改造，多种经济成分可以并存于同一企业，国家则通过控股方式，用较少的资金控制更多的资源，巩固了公有制的主体地位。

法人股指企业法人或具有法人资格的企、事业单位和社会团体以其依法可经营的资产向公司非流通股权部分进行投资所形成的股份。目前，在中国上市公司的股权结构中，法人股平均占 20%左右。根据法人股认购的对象，可进一步将法人股分为境内发起法人股、外资法人股和募集法人股三个部分。

公司职工股是本公司职工在公司公开向社会发行股票时按发行价格所认购的股份，在本公司股票上市 6 个月后即可上市流通。它与内部职工股是完全不同的概念。在我国进行股份制试点初期，出现了一批只向法人和公司内部职工募集股份的定向募集公司，内部职工所持有的股份称为内部职工股。1993 年，国务院发文明确规定停止内部职工股的审批和发行。

社会公众股是指中国境内个人和机构，以其合法财产购买公司可上市流通股权部分投资所形成的股份。中国投资者通过其拥有的股东账户在股票市场买卖的股票都是社会公众股。

# 第三节　股票的功能

股票的存在必然存在着发行者和购买者即供求两方，下面将就股票的功能从两方的角度分别加以分析。

## 一、股票对于发行者的基本功能

### (一)股票是筹集资金的有效手段

股票最原始的作用就是筹集资金。通过发行股票，股份公司可广泛地吸引社会暂时闲

置的资金，在短时间内把社会上分散的资金集中成为巨大的生产资本，组成一个“社会企业”——股份有限公司。而通过二级市场的流通，又能将短期资金通过股票有价转让的方式转换为长期资金。

### (二)通过发行股票来分散投资风险

无论是哪一类企业，总会有经营风险存在。特别是一些高新技术产业，由于产品的市场前景不明朗，技术工艺尚待成熟和稳定，在经营过程中，其风险就更大。对这些前景难以预测的企业，当发起人难以或不愿承担所面临的风险时，他们总会想方设法地将风险转嫁或分摊给他人，而通过发行股票来组成股份公司就是分散投资风险的一个好方法。即使投资失败，各个股东所承受的损失也会非常有限。

### (三)通过发行股票来实现创业资本的增值

在股票发行市场上，股票的发行价总是和企业的经营业绩相联系。当一家业绩优良的企业发行股票时，其发行价都要高出其每股净资产，若遇到二级市场的火爆行情，其溢价往往能达到每股净资产的 2～3 倍或者更多，而股票的溢价发行又使股份公司发起人的创业资本得到增值。如我国上市公司中国家股都是由等量的净资产折价入股的，其一元面值的股票对应的就是其原来一元的净资产。而通过高溢价发行股票后，股份公司每股净资产含量就能提高 30%甚至更多。

### (四)通过股票的发行上市起到广告宣传作用

由于有众多的社会公众参与股票投资，股市就成为舆论宣传的一个热点，各种媒介每天都在反复传播股市信息，无形之中就提高了上市公司的知名度，起到了广告宣传的作用。

## 二、股票对于购买者的基本功能

### (一)获取投资收益，实现资本增值

由于股票具有收益性，股票投资就成为大众投资的一种工具。人们总是希望钱能生钱，而除了银行存款、购买债券及亲自创办经济实体以外，通过购买股票也可取得收益，实现资本的增值。

### (二)通过购买股票来实现生产要素的组合

通过购买股票，投资者可以非常方便地实现参股投资或控股及购买、兼并股份公司的目的，从而实现生产要素的组合，以提高企业的经营效益。如美国和日本的大型企业，通过购买我国江西的江铃汽车股票、北京的北旅汽车股票来参与这两家上市公司的经营管理，

将西方先进的技术和管理方式引进这两家企业，从而实现生产要素的组合，达到提高经营效益的目的。

### (三)通过购买股票进行赌博或投机

由于受众多因素的影响，股价具有较强的波动性，因而人们可通过股票来进行投机活动，从买进卖出中赚取股票的价差，这也是股票市场吸引众多投资者的原因之一。而又由于股价特别是其短期趋势较难预测，股民投资股市时并不作基本的分析研究，就是进行详细的分析也不一定能把握好买卖时机，所以许多股民往往都抱着一赌而决胜负的心理进行股票投资，故股票有时也会成为某些股民变相赌博的一种工具。

# 第四节　股票的价值和价格

## 一、股票的价值

有关股票的价值有多种提法，它们在不同场合有不同含义，需要加以区分。

### (一)票面价值

股票的票面价值又称面值，即在股票票面上标明的金额。股票的票面价值仅在初次发行时有意义，如果股票以面值发行，则股票面值的总和即为公司的资本金总额。随着时间的推移，公司的资产会发生变化，股票的市场价格会逐渐背离面值，股票的票面价值也逐渐失去原本的意义。

### (二)账面价值

账面价值又称股票净值或每股净资产，是指每股股票所代表的实际资产的价值。每股账面价值是以公司净资产除以发行在外的普通股票的股数求得的，它是证券分析师和投资者分析股票投资价值的重要指标。

### (三)清算价值

清算价值是公司清算时每一股份所代表的实际价值。从理论上讲，股票的清算价值应与账面价值一致，实际上并非如此简单。只有当清算时的资产实际出售额与财务报表上反映的账面价值一致时，每一股的清算价值才会与账面价值一致。但在公司清算时，其资产往往只能压低价格出售，再加上必要的清算成本，所以，大多数公司的实际清算价值总是低于账面价值。

### (四)内在价值

股票的内在价值即理论价值，即股票未来收益的现值，它取决于股息收入和市场收益率。股票的内在价值决定股票的市场价格。但市场价格并不完全等于其内在价值，股票的市场价格受供求关系以及其他许多因素的影响。但股票的市场价格总是围绕着股票的内在价值波动。

## 二、股票的价格

股票的价格有理论价格和市场价格之分。

### (一)股票的理论价格

股票的理论价格即股票的内在价值。从理论上说，股票价格应由其价值决定，但股票本身并没有价值，不是在生产过程中发挥职能作用的现实资本，而只是一张凭证。股票之所以有价格，是因为它代表着收益的价值，即能给它的持有者带来股息或资本利得，是凭之取得某种收入的证书。股票交易实际上是对未来收益权的转让买卖，股票价格就是对未来收益的评定。

股票及其他有价证券的理论价格是根据现值理论而来的。现值理论认为，人们之所以愿意购买股票和其他证券，是因为它能够为其持有人带来预期收益，因此它的“价值”取决于未来收益的大小。可以认为，股票的未来股息收入、资本利得收入以及资本增值收益是股票的未来收益，也可称之为期值。将股票的期值按当前的市场利率和证券的有效期限折算成今天的价值，称之为股票的现值。股票的现值就是证券未来收益的当前价值，也就是人们为了得到证券的未来收益愿意付出的代价。可见，股票及其他有价证券的理论价格就是以一定市场利率计算出来的未来收入的现值。

### (二)股票的市场价格

股票的市场价格即股票在股票市场上买卖的价格。股票市场可分为发行市场(即一级市场)和流通市场(即二级市场)，因而，股票的市场价格也就有发行价格和流通价格的区分。

股票的发行价格是股份公司在一级市场上发行股票时的价格，也就是发行公司与证券承销商议定的价格。股票发行采用面额发行、溢价发行、折价发行三种方式，对应的发行价格分别等于、高于、低于股票的票面价值。

股票的流通价格是二级市场上的股票交易价格。股票在二级市场上的价格，才是完全意义上的股票市场价格，一般称为股票市价或股票行市。股票市价表现为开盘价、收盘价、最高价、最低价等形式，其中收盘价最重要，是分析股市行情时采用的基本数据。股票的流通价格由股票的内在价值所决定，但同时受许多其他因素的影响，其中，供求关系是最直接的影响因素，其他因素都是通过作用于供求关系而影响股票价格的，而且这些因素的影响程度几乎是不可预测的。正由于影响股票流通价格的因素是复杂多变的，所以，股票的流通价格也是经常起伏波动、变化不定的。

## 第五节 股票价格指数

### 一、股票价格指数的定义

在股票市场上，股票价格无时无刻不在变动，股票的投资者面临着无法回避的价格风险。对于具体某一种股票的价格变化，投资者容易了解，而对于多种股票的价格变化，要逐一了解则较繁琐。为了满足投资者同时了解多种股票价格变化的需要，一些金融服务机构就利用自己的业务知识和熟悉市场的优势，编制出股票价格指数，公开发布，作为市场价格变动的指标。这种股票价格指数又称股票指数，是反映股市行情的综合指数，是由证券交易所或金融服务机构编制的表明股票行市变动的一种供参考的指示数字。

股票指数并不简单地等同于股价平均数。股价平均数是反映多种股票价格变动的一般水平，通常以算术平均数表示。人们通过对不同时期股价平均数的比较，可以认识多种股票价格变动水平。而股票指数是反映不同时期的股价变动情况的相对指标，也就是将第一时期的股价平均数作为另一时期股价平均数的基准百分数。通过股票指数，人们可以了解计算期的股价比基期的股价上升或下降的百分比。由于基期的股价平均数一般定为 10、100 或 1000，因此股票价格指数也就是计算期的股价平均数与基期相比得出的百分数，表述时常将“%”省略，直接称为多少“点”。

由于股票指数是一个相对指标，因此就一个较长的时期来说，股票指数比股价平均数能更为精确地衡量股价的变动。投资者根据指数的升降，可以判断出股票价格的变动趋势。为了能实时地向投资者反映股市的动向，所有的股市几乎都是在股价变化的同时即时公布股票价格指数的。

### 二、股票价格指数的编制

编制股票指数，通常以某年某月为基础，将这个基期的股票价格设定为 10、100 或 1000 等常数，用以后各时期的股票价格和基期价格比较，计算出升降的百分比，就是该时期的股票指数，也就是一般常说的“点”数。由于上市股票种类繁多，计算全部上市股票的价格平均数或指数的工作是艰巨而复杂的，因此人们常常从上市股票中选择若干种富有代表性的样本股票，并计算这些样本股票的价格平均数或指数，用以表示整个市场股票价格的总趋势及涨跌幅度。

编制股票价格平均数和股票价格指数时一般需考虑以下四点：

(1) 样本股票必须具有典型性、普遍性。为此，选择样本应综合考虑其行业分布影响力、股票等级、上市数量等因素。

(2) 计算方法应具有高度的适应性。能对不断变化的股市行情作出相应的调整或修正，使股票价格指数或平均数有较好的敏感性。

(3) 要有科学的计算依据和手段。计算依据的口径必须统一，一般均以收盘价为计算依据，但随着计算频率的增加，有的以每小时价格甚至更短的时间价格作为计算依据。

(4) 基期应有较好的均衡性和代表性。

## 三、股价指数的计算方法

在现实的股票价格分析中，一般分别计算股价平均数和股票价格指数。股价平均数用以反映多种股票价格变动的一般水平，用具体金额表示。股票价格指数则是反映不同时期多种股票价格变动情况的相对指标，用相对数表示。通过股价平均数，投资者可以了解某一时点上若干股票的平均价格到了怎样的水平，若将不同时点的股价平均数进行比较，便能反映股价平均水平的变化情况。通过股票价格指数，投资者可以了解到计算期比基期股票价格整体水平是上升还是下降以及变动幅度是多少。

### (一)股价平均数

股价平均数的计算大多采用计算样本算术平均数的方法。常用的有简单算术股价平均数、加权股价平均数和修正股价平均数三种。

#### 1. 简单算术股价平均数

简单算术股价平均数是以样本股每日收盘价之和除以样本数。其计算公式为：

$$\overline{P}=\frac{\sum_{i=1}^{N}P_i}{N}$$

式中，$\overline{P}$ 为平均股价；$P_i$ 为各样本股收盘价；$N$ 为样本股票种数。

世界上第一个股票价格平均数——道·琼斯工业平均指数在 1928 年 10 月 1 日前就是使用简单算术平均法计算的。简单算术股价平均数的优点是计算简便，但也存在两个缺点：①在计算时没有考虑权数，即忽略了发行量或成交量不同的股票对股票市场有不同影响这一重要因素。②发生样本股送配股、拆股和更换时，会使股价平均数失去真实性、连续性和时间数列上的可比性。简单算术股价平均数的这两点不足，可以通过加权股价平均数和修正股价平均数来弥补。

#### 2. 加权股价平均数

加权股价平均数又称加权平均股价，是将各样本股票的发行量或成交量作为权数计算出来的股价平均数。其计算公式为：

$$\overline{P}=\frac{\sum_{i=1}^{N}P_iW_i}{\sum_{i=1}^{N}W_i}$$

式中，$W_i$为样本股的发行量或成交量。

以样本股成交量为权数的加权平均股价可表示为：加权平均股价＝样本股成交总额/同期样本股成交总量。计算结果为平均成交价。

以样本股发行量为权数的加权平均股价可表示为：加权平均股价＝样本股市价总额/同期样本股发行总量。计算结果为平均收盘价。

#### 3. 修正股价平均数

修正股价平均数又称除数修正法或道式修正法，是美国道·琼斯公司在1928年提出的一种计算股价平均数的方法。该方法是在简单算术平均数法的基础上，当发生增资配股时，通过变动除数，使股价平均数保持连续性和可比性。其计算公式为：

新除数＝拆股后的新股价之和/拆股前旧的股价平均数

修正股价平均数＝报告期股价之和/新除数

目前，美国的道·琼斯工业平均指数就采用修正股价平均数法来计算股价平均数，每当股票分割、发放股票股息或增资配股数超过原股份的10%时，就对除数作相应的修正。

### (二)股票价格指数

股票价格指数是将计算期的股价与某基准期的股价相比较的相对变化指数。按计算范围的不同，可分为全样本指数和部分样本指数、流通股指数和全股本指数、全市场指数和分类指数等。在编制和计算股票价格指数前，首先要明确编制指数的主要目的，并确定要编制什么类型的指数，在此基础上，再按照下面的步骤和方法进行计算。

#### 1. 股票价格指数的编制步骤

股票价格指数的编制分为四步：

(1) 选择样本股。选择一定数量有代表性的上市公司股票作为编制股票价格指数的样本股。样本股可以是全部上市股票，也可以是其中有代表性的一部分。样本股的选择主要考虑两条标准：一是样本股的市价总值要占交易所上市的全部股票市价总值的相当部分；二是样本股价格变动趋势必须能反映股票市场价格变动的总趋势。行业代表性、规模和流动性是国内外指数选样的最基本、最核心的标准。行业代表性反映了国民经济结构，旨在满足投资管理需求；规模可以保证指数的代表性；流动性可以保证指数的可交易性。

(2) 选定某基期，并以一定方法计算基期平均股价。通常选择某一有代表性或股价相对稳定的日期为基期，并按选定的某一种方法计算这一天的样本股平均价格或总市值。

(3) 计算计算期平均股价，并作必要的修正。收集样本股在计算期的价格，并按选定的

方法计算平均价格。有代表性的价格是样本股收盘平均价。

(4) 指数化。将基期平均股价定为某一常数(通常为10、100或1000)，并据此计算计算期股价的指数值。

### 2．股票价格指数的编制方法

股票价格指数的编制方法分简单算术股价指数和加权股价指数两类。

1) 简单算术股价指数

简单算术股价指数又有相对法和综合法之分。

相对法是先计算各样本股的个别指数，再加总求算术平均数。假设股价指数为$I$，基期第$i$种股票价格为$P_{i0}$，计算期第$i$种股票价格为$P_{i1}$，样本个数为$N$。计算公式为：

$$I=\frac{\sum_{i=1}^{N}(P_{i1}/P_{i0})}{N}$$

综合法是将样本股票基期价格和计算期价格分别加总，然后再求股价指数。公式为：

$$I=\frac{\sum_{i=1}^{N}P_{i1}}{\sum_{i=1}^{N}P_{i0}}$$

2) 加权股价指数

加权股票指数是根据各期样本股票的相对重要性予以加权，其权数可以是成交量或发行量。按时间划分，权数可以是基期权数，也可以是计算期权数。

以基期成交量或发行量为权数的指数称为拉斯贝尔指数(Laspeyre Index)；以计算期成交量或发行量为权数的指数称为派许指数(Paasche Index)。以$Q_{i0}$表示第$i$种股票的基期成交量或发行量，$Q_{i1}$表示第$i$种股票的计算期成交量或发行量，拉斯贝尔指数的计算公式为：

$$I=\frac{\sum_{i=1}^{N}P_{i1}Q_{i0}}{\sum_{i=1}^{N}P_{i0}Q_{i0}}$$

派许指数的计算公式为：

$$I=\frac{\sum_{i=1}^{N}P_{i1}Q_{i1}}{\sum_{i=1}^{N}P_{i0}Q_{i1}}$$

## 四、中外主要股价指数

### (一)主要国际股票价格指数

#### 1．道·琼斯指数

一般所说的道·琼斯指数实际上是道·琼斯平均价格指数中的道·琼斯工业平均指数(Dow Jones Industrial Average，DJIA)，简称“道指”(The Dow)。除了道·琼斯工业平均指数之外，道·琼斯平均价格指数还包括道·琼斯运输业价格平均指数(Dow Jones Transportation Average)、道·琼斯公用事业股票价格平均指数(Dow Jones Utility Average)以及包含以上三种指数中所有65种股票的道·琼斯平均价格综合指数(Dow Jones Composite Average)。

道·琼斯工业平均指数于1896年由美国道·琼斯公司的创始人之一查尔斯·道(Charles Dow)首次发布，最初由12只股票构成，目前由30种有代表性的美国大工商业公司的股票组成，这些成分股票并非一成不变，而是随着经济发展不断调整。一般来说，只有在市场上声誉较佳，实现了持续增长并能吸引大量投资者兴趣的公司才会被留在或加入道·琼斯工业平均指数的成分股票中。由于成分股票的数次更换，目前用来计算道指的30只股票所代表的公司已经基本与重工业毫无关系了，因此，道·琼斯工业平均指数中的“工业”二字所代表的历史意义已经超过了其现实意义。

道·琼斯指数以1928年10月1日为基期，基期指数为100。道·琼斯指数的计算方法原为简单算术平均法，即所有30只股票的总价格除以30。为了抵消股票拆分、派息分红等事件的影响，保持指数的一致性，道·琼斯指数从1928年起采用修正股价平均法，用所有30只股票的总价格除以“道除数”(Dow Divisor)。2011年道除数的取值为0.132129493，也就是说目前的道指数值大于其30只成分股票的价格之和。

**【小贴士】道·琼斯指数大事记**

1896年首次被公布时，指数是40.94点。

1916年，道·琼斯工业指数中的股票数目增加到20种

1928年，道·琼斯工业指数中的股票数目增加到30种。

1972年11月14日，首次超过1000点(1003.16点)。

1987年10月20日，“黑色星期一”， 指数下跌了22.6%，至508点，为迄今最大单日百分比跌幅。

1995年11月21日，首次超过5000点(5023.55点)。

1999年3月29日，道·琼斯工业指数收盘达到了10 006.78点，首次超过了10 000点大关。

1999年5月3日，收盘时达到11 014.70点，首次超过11 000点。

2002年中期，回到1998年的8000点水平。

2002年10月9日，道·琼斯工业指数掉到7286.27点，是自1997年10月以来的收盘最低点。

2003年年底，道·琼斯工业指数回到了10,000点水平。

2006年10月19日，即“黑色星期一”19周年的日子，道·琼斯工业指数突破12 000点。

2007年4月25日首破13 000点，当日收市点数为13 089.89点，最高曾见13 107.45点。

2007 年 7 月 19 日，首次突破 14 000 点，当日收市点数为 14 000.41 点，最高曾见 14 015.85 点。

2007 年 10 月初时再破前高，达到 14 198.1 的历史新高。

2007 年 11 月，因美国次级房贷等影响开始下跌，到 2008 年 10 月 6 日，再次跌破 10 000 点。此后，急剧下挫。到 10 月 9 日，跌破 9000 点。

2008 年 10 月 13 日，因为应对次级房贷危机的财经政策推陈出新，又创下单日最大涨点记录。当天道·琼斯工业指数劲扬 936.42 点，收于 9 387.61 点。

2009 年 10 月 14 日，道指重上 10 000 点，收于 10 015.86 点。

2010 年 5 月 6 日，受怀疑错盘交易影响，道指下午曾急挫 998.5 点，低见 9 869.62 点，收市跌幅收窄至 347.8 点，报 10 520.32 点，创迄今最大单日跌幅纪录。

(资料来源：维基百科)

### 2．标准普尔 500 指数(Standard & Poor's 500 Index)

标准普尔 500 指数简称标普 500 指数(S&P 500)，是美国第二大股票指数，由美国标准普尔公司于 1957 年开始编制发布。标普 500 指数中的 500 只股票由美国纽约证券交易所和纳斯达克市场上公开交易的大型公司的股票组成，对股票的选择由一个专门的委员会投票进行。这 500 只股票也在不断调整中。

该指数以 1941 年至 1942 年为基期，基期指数定为 10，采用加权平均法进行计算，以股票上市量为权数，按基期进行加权计算。与道·琼斯工业平均股票指数相比，标准普尔 500 指数具有采样面广、代表性强、精确度高、连续性好等特点，被普遍认为是一种理想的股票指数期货合约的标的。芝加哥商品交易所(CME)推出的标普 500 股指期货合约就是目前交易量最大的股指期货合约。

### 3. 纳斯达克综合指数(NASDAQ Composite Index)

纳斯达克(NASDAQ)是美国全国证券交易商协会于 1968 年着手创建的自动报价系统(National Association of Securities Dealers Automatic Quotation)的简称。NASDAQ 是全球第一个采用电子交易的市场，也是目前最大的证券交易市场。NASDAQ 市场设立了一系列指数，如 NASDAQ 综合指数、NASDAQ-100 指数、NASDAQ 银行指数等，其中被媒体引用最多的是 NASDAQ 综合指数。该指数于 1971 年 2 月 5 日设立，基准点为 100 点，涵盖了 NASDAQ 市场上上市的所有本国和外国的上市公司的普通股，以每个公司的市场价值为权重通过加权平均计算得出。现在 NA5DAQ 综合指数包括了 5200 多家公司，远远超过其他市场指数。正因为有如此大的计算范围，使得该指数成为反映美国股市的主要市场指数之一。

### 4. 金融时报指数(Financial Times Index)

金融时报指数由《金融时报》编制和公布。这一指数包括三种：一是《金融时报》工业股票指数，又称30种股票指数。该指数包括30种最优良的工业股票价格，其中有烟草、食油、电子、化学药品、金属机械、原油等。它以1935年7月1日为基期，基期指数为100。二是100种股票交易指数，又称“FTSE100指数”。该指数自1984年1月3日起编制并公布。这一指数挑选有100家有代表性的大公司股票，又因它通过伦敦股票市场自动报价电脑系统产生，可随时得出股票市价并每分钟计算一次，因此能迅速敏捷地反映股市行情的每一变动，自公布以来受到人们广泛重视。为了便于期货交易和期权交易，该指数基值定为1000。目前所称的金融时报指数一般即指FTSE100指数，是反映英国乃至欧洲股票市场变动的主要股价指数。三是综合精算股票指数。该指数从伦敦股市上精选700多种股票作为样本股加以计算，自1962年4月10日起编制和公布，并以这一天为基期，基期指数为100。

#### 5. 日经指数

日经指数是日本经济新闻社编制和公布的，以反映日本股票市场价格变动的股价指数。现在日经指数分成两组：一是1982年1月开始编制的日经500种平均股票价格指数；二是1950年9月开始编制的日经225种股价指数。媒体一般引用的是后一种，即日经225指数(NIKKEI 225)。

#### 6. 恒生指数(Hang Seng Index)

恒生指数由中国香港恒生银行于1969年11月24日起编制公布，是系统反映香港股票市场行情变动最有代表性和影响最大的指数。它挑选了33种有代表性的上市股票作为成分股，用加权平均法计算。这33种成分股中包括金融业4种、公用事业6种、地产业9种、其他工商业14种。这些成分股公司分布在香港的主要行业，都是最具代表性和实力雄厚的大公司。恒生指数的成分股并不固定，自1969年以来，已作了10次调整，使成分股更具有代表性，从而使恒生指数更能准确反映市场变动状况。恒生指数最初以1964年7月31日为基期，基期指数为100，后来因为恒生指数按行业增设了4个分类指数，将基期改为1984年1月13日，并将该日收市指数的975.47点定为新基期指数。由于恒生指数具有基期选择恰当、成分股代表性强、计算频率高、指数连续性好等特点，因此，一直是反映和衡量香港股市变动趋势的主要指标，也与日经225指数一起成为反映亚太股市变动的主要股票指数。

### (二)我国主要股价指数

#### 1. 上证综合指数

上证综合指数简称上证综指，是上海证券交易所从1991年7月15日起编制并公布的股价指数，以其全部上市股票为样本，以报告期发行量为权数进行加权计算，综合反映上海证券交易所所有A、B股上市股票股价走势。它以1990年12月19日为基期，计算公

式为：

$$上证综合指数=\frac{本日股票市价总值}{基期股票市价总值}\times 100$$

$$本日股票市价总值=\sum_{i=1}^{N}本日收盘价\times 发行股数$$

$$基期股票市价总值=\sum_{i=1}^{N}基期收盘价\times 发行股数$$

当上市公司新增或退市或增资扩股时，需进行相应修正。修正的计算公式为：

$$修正后日股价指数=\frac{本日股票市价总值}{新基期股票市价总值}\times 100$$

$$新基期股票市价总值=修正前基期市价总值\times\frac{修正前市价总值+市价总值变动额}{修正前市价总值}$$

### 2. 深证综合指数

深证综合指数是深圳证券交易所编制并发布的，以其全部上市股票为样本，以报告期发行量为权数进行加权计算得出。深证综合指数以1991年4月3日为基期，基期指数为100，计算公式为：

$$深证综合指数=\frac{本日股票市价总值}{基期股票市价总值}\times 100$$

为方便日常计算，指数采用每日“连锁”方法计算，计算公式为：

$$本日即时指数=上一营业日收市指数\times\frac{本日股票市价总值}{上一营业日股票市价总值}$$

当指数股的股本结构或上市公司名单发生变动时，则以变动之日为新基准日，并以新基数计算，同时用连锁方法将计算得到的指数溯源于原有基日，以维持指数的连续性。

### 3. 深证成分指数

深证成分指数是由深圳证券交易所编制，通过对所有在深圳证券交易所上市的公司进行考察，按一定标准选出40家有代表性的上市公司作为成分股，以成分股在计算期的可流通股数为权数，采用加权平均法编制而成。深证成分指数的基期为1994年7月20日，基期指数为1000，计算公式为：

$$深证成分指数=\frac{本日成分股可流通总市值}{基期成分股可流通总市值}\times 1000$$

每一交易日集中竞价结束后，用集中竞价产生的开盘价(无成交者取昨日收市价)计算开盘指数，然后用连锁方法定时计算即时指数，直至收市。

### 4. 上证180指数

上证180指数是由上海证券交易所编制，以2002年6月28日上证30指数收盘点数为基点，从 2002 年 7 月 1 日开始正式对外公布，取代原来的上证 30 指数。上证 180 指数将上证 30 指数的覆盖范围扩大至 180 家上市公司，提高了指数的市场代表性，选样考虑行业代表性、流通市值规模、交易活跃程度、财务状况和经营业绩、地区代表性等因素，方法上更增加定量成分，提高选样的客观性和透明性。依据样本稳定性和动态跟踪相结合的原则，上证 180 指数每半年调整一次成分股，每次调整比例一般不超过 10%。特殊情况时也可能对样本进行临时调整。上证 180 指数采用派许加权综合价格指数公式计算，以样本股的调整股本数为权数。当样本股名单发生变化或样本股的股本结构发生变化或股价出现非交易因素的变动时，采用“除数修正法”修正原固定除数，以维护指数的连续性。对样本股的调整，依据样本稳定性和动态跟踪相结合的原则，每半年调整一次。

### 5. 沪深 300 指数

沪深 300 指数由上海证券交易所和深圳证券交易所联合编制，包含上海和深圳证券市场中 300 只 A 股。该指数以 2004 年 12 月 31 日为基期，基期点数为 1000 点，于 2005 年 4 月 8 日开始正式发布。沪深 300 指数中的成分股占据了沪深两市六成左右的市值，因此该指数具有良好的市场代表性，能够反映中国证券市场股票价格变动的概貌和运行状况。正是因为这样，沪深 300 指数已经成为中国股指期货的标的物。

### 6. 中小板指数

中小板指数由深圳证券交易所公布，以深圳证券交易所中小企业板上市交易的 A 股为样本，以 2005 年 6 月 7 日为基期，基期指数为 1000。该指数的编制采用派氏加权法，计算公式为：

$$实时指数=上一交易日收市指数\times\frac{\sum 样本股实时成交价\times样本股流通股数}{\sum 样本股上一交易日收市价\times样本股流通股数}$$

每个交易日集合竞价开市后用样本股的开市价计算开市指数，其后在交易时间内用样本股的实时成交价计算实时指数，收市后用样本股的收市价计算收市指数。样本股当日无成交的，取上一交易日收市价。样本股暂停交易的，取最近成交价。

### 7. 创业板指数

创业板指数由深圳证券交易所于 2010 年 6 月 1 日开始正式编制和发布，与深证成指、中小板指数一起成为反映深交所上市股票运行情况的三大核心指数。创业板指数以 2010 年 5 月 31 日为基期，基期指数为 1000。创业板指数选择 100 只创业板股票作为样本股，样本股的构成每季度调整一次，实施时间定于每年 1 月、4 月、7 月、10 月的第一个交易日，通常在实施日前一月的第二个完整交易周的第一个交易日公布调整方案。创业板指数的计算也采用派氏加权法，并采用与中小板指数类似的计算公式逐日连锁实时计算。

## 本 章 小 结

本章主要介绍了股份有限公司的概念和特征，股票的概念、特征、分类和功能，股票的价值和价格以及股票价格指数等内容。

## 自 测 题

### 一、单项选择题

1. 在实践中，某股东要有股份公司实际的最大决策权，则持有的股票数额必须达到决策所需的(　　)。

A. 绝对多数　　B. 相对多数　　C. 有效多数　　D. 超过半数

2. 股票未来收益的现值是股票的(　　)。

A. 票面价值　　B. 账面价值　　C. 清算价值　　D. 内在价值

3. 在股票票面上标明的金额，是股票的(　　)。

A. 票面价值　　B. 账面价值　　C. 清算价值　　D. 内在价值

4. 股票的理论价值是(　　)。

A. 票面价值　　B. 账面价值　　C. 清算价值　　D. 内在价值

5. 世界上最早、最享盛誉和最有影响的股价指数是(　　)。

A. 道·琼斯股价指数　　B. 《金融时报》指数

C. 日经225股价指数　　D. 恒生指数

6. 深圳证券交易所编制并公布的以全部上市股票为样本股，以指数计算日股份数为权数进行加权平均计算的股价指数是(　　)。

A. 上证综合指数　　B. 深证综合指数

C. 上证180指数　　D. 深证成分指数

7. 在计算股价指数时，将样本股票基期价格和计算期价格分别加总，然后再求出股价指数，这种方法是(　　)。

A. 相对法　　B. 综合法　　C. 基期加权法　　D. 计算期加权法

8. 在计算股价指数时，先计算各样本股的个别指数，再加总求算术平均数，是股价指数计算方法中的(　　)。

A. 相对法　　B. 综合法　　C. 基期加权法　　D. 计算期加权法

9. 按照《公司法》的规定，股东大会是公司权力机关，它由股东组成，它的职责有(　　)。

A. 制定公司内部基本管理制度　　B. 制定公司的利润分配方案和弥补方案
C. 决定公司内部管理机构的设置　　D. 对是否发行公司债券作出决议

10. 在上海证交所上市的股票中 B 股是以人民币标明面值的，以(　　)买卖的。
A. 人民币　　B. 美元　　C. 港元　　D. 日元

## 二、多项选择题

1. 股东权是一种综合权利，股东依法享有的权利包括(　　)。
A. 资产收益　　B. 对公司财产的直接支配处理
C. 重大决策　　D. 选择管理者等

2. 优先股票不同于普通股票，它有(　　)的特征。
A. 股息率固定　　B. 股息分派优先
C. 剩余资产分配优先　　D. 一般无表决权

3. 境外上市外资股是指股份公司向境外投资者募集并在境外上市的股份。下面(　　)是属于境外上市外资股。
A. A 股　　B. N 股　　C. H 股　　D. B 股

# 第三章　债券基础知识

【学习目标】

通过学习本章，读者应当掌握债券的定义、票面要素、特征，债券与股票的异同点，各类债券的概念与特点；债券评级分析的内容；了解债券等级的划分，债券的收益率曲线和四种基本形状，利率期限结构的理论；熟悉债券的估值原理，债券的估值模型。

【导读案例】

标普将美国主权信用评级降至AA+

新浪财经讯 美国东部时间2011年8月5日晚间(北京时间8月6日早间)消息，国际评级机构标普将美国长期主权信用评级由“AAA”降至“AA+”，评级展望负面。这是美国历史上首次失去AAA主权信用评级。

标普指出，调降评级主要是由于美国政府与国会达成的债务上限协议，不足以稳定政府的中期债务状况。同时，标普维持美国短期主权信用评级“AAA”最高级别不变，评级展望负面。评级前景负面意味着标普在未来两年内至少有三分之一的可能性下调美国长短期主权信用评级。

标普称，降级后投资者将重新评估美国借贷风险，预期2013年起10年期国债利率上升50至75个基点。据摩根大通估计，美国评级由AAA降至AA级后，政府每年须多支付1000亿美元利息。

标普在降级声明中指出，美国的决策和政治体制的有效性、稳定性和可预见性在一定程度上正在削弱现有财政和经济挑战，甚至比4月18日将其评级展望为负面时预想的更为严重。

受累于两党及总统奥巴马对于未来财政赤字削减方案的意见不一，美国政府险些于8月2日触及14.3万亿债务上限，面临债务违约风险。直至7月31日晚间两党领袖才达成债务上限紧急方案，倒数不到12个小时才获参、众两院通过。

在债务违约风险解除后，评级机构惠誉与穆迪先后分别发表声明称维持美国AAA主权信用评级，但是评级展望均为负面。而中国评级机构大公国际再度下调美国评级至A级。

穆迪指出，未来可能调降美国评级，包括2013年未采取财政改革措施以及经济前景严重恶化等。标普主权信用评级部门主管David Beers对路透社表示，此次标普调降评级也受到经济数据影响，标普认为经济复苏持续疲弱，较一年前预期糟糕。商务部日前将今年首季经济增速回调至0.4%，第二季度经济增速初值仅1.3%。

经济学家对标普调降美国评级反应不一，诺贝尔经济学奖得主克鲁格曼指出，次贷危机之后，曾为次贷抵押证券评级的标普没有资格调降美国评级。末日博士鲁比尼则认为，如果美联储所持美债评级被降至 AA+，标普将欧洲央行的评级降至垃圾，因为欧洲央行持有很多 BBB 甚至 CCC 级债券。

(资料来源：http://www.sina.com.cn 2011 年 08 月 06 日 新浪财经 文章有删减)

本案例中标普是指什么，债券的等级划分有哪些级别？

# 第一节 债券概述

## 一、债券的概念与特征

### (一)债券的定义

债券是一种有价证券，是社会各类经济主体为筹集资金而向债券投资者出具的、承诺按一定利率定期支付利息并到期偿还本金的债权债务凭证。

债券所规定的借贷双方的权利义务关系包含四个方面的含义：第一，发行人是借入资金的经济主体；第二，投资者是出借资金的经济主体；第三，发行人需要在一定时期付息还本；第四，债券反映了发行者和投资者之间的债权、债务关系，而且是这一关系的法律凭证。

### (二)债券的基本性质

#### 1．债券属于有价证券

首先，债券反映和代表一定的价值。债券本身有一定的面值，通常它是债券投资者投入资金的量化表现；另外，持有债券可按期取得利息，利息也是债券投资者收益的价值表现；其次，债券与其代表的权利联系在一起，拥有债券就拥有了债券所代表的权利，转让债券也就将债券代表的权利一并转移。

#### 2．债券是一种虚拟资本

因为债券的本质是证明债权债务关系的证书，在债权债务关系建立时所投入的资金已被债务人占用，因此，债券是实际运用的真实资本的证书，而非真实资本。债券的流动并不意味着它所代表的实际资本也同样流动，债券是独立于实际资本之外的。

#### 3．债券是债权的表现

债券代表债券投资者的权利，这种权利并不是直接支配财产，也不以资产所有权表示，而是一种债权。债券的投资者称为债权人，债权人不同于公司股东，是公司的外部利益相关者。

### (三)债券的票面要素

债券是一种债权债务凭证，主要包括以下基本要素。

#### 1．债券的票面价值

债券的票面价值是债券票面标明的货币价值，是债券发行人承诺在债券到期日偿还给债券持有人的金额。债券的票面价值要标明币种和确定的票面金额。一般来说，确定币种要考虑债券的发行对象。通常，在本国发行的债券以本国货币作为面值的计量单位，在国际市场发行的债券以债券发行地所在国家的货币或以国际通用货币为计量单位。票面金额大小不同，可以适应不同的投资对象，同时也会产生不同的发行成本。我国发行的债券的票面金额有百元、千元、万元等。票面金额定得较小，有利于小额投资者，购买持有者分布面广，但债券本身的印刷及发行工作量大，费用可能较高；票面金额定得较大，有利于少数大额投资者认购，且印刷费用等也会相应减少，但使小额投资者无法参与。因此，债券票面金额的确定也要根据债券的发行对象、市场资金供给情况及债券发行费用等因素综合考虑。

#### 2．债券的到期期限

债券到期期限是指债券从发行之日起至偿清本息之日止的时间，也是债券发行人承诺履行合同义务的全部时间。决定偿还期限的主要因素有：资金使用方向、市场利率变化、债券变现能力。

#### 3．债券的票面利率

票面利率也称为名义利率，是债券年利息与债券票面价值的比例，通常指年利率，用百分数表示。票面利率的水平是由借贷资金市场的利率水平、债券发行人的信用级别、债券的期限、利息的支付方式等因素决定的。通常情况下，债券的期限越长其票面利率越高；信用级别高的债券利率要低于信用级别低的债券。

#### 4．债券发行者名称

这一要素指明了该债券的债务主体，既明确了债券发行人应履行对债权人偿还本息的义务，也为债权人到期追索本息提供了依据。

需要说明的是，以上四个要素虽然是债券票面的基本要素，但它们并非一定在债券票面上印制出来。在许多情况下，债券发行者是以公布条例或公告形式向社会公开宣布某债券的期限与利率。此外，债券票面上有时还包含一些其他要素，如分期偿还、选择权、附有赎回选择权、附有出售选择权、附有可转换条款、附有交换条款、附有新股认购条款等。

### (四)债券的特征

#### 1. 偿还性

偿还性是指债券有规定的偿还期限，债务人必须按期向债权人支付利息和偿还本金。这也是债券不同于股票的重要特征。债券的偿还性使债券发行人不能无限期地占用债券购买者的资金，公司若发行过多的债券就可能资不抵债，发生破产的可能性也就越大。

#### 2. 流动性

流动性是指债券持有人可按需要和市场的实际状况，灵活地转让债券，以提前收回本金和实现投资收益。流动性的衡量有两方面：是否可以迅速地转换为货币以及是否可以以较稳定的价格转换。

#### 3. 安全性

安全性是指债券持有人的收益相对稳定，不随发行者经营收益的变动而变动，并且可按期收回本金。一般来说，债券的流动性越好安全性也就越高，因为债券的流动性越好，可以迅速地转化为货币，并且还可以以一个较稳定的价格转换。

#### 4. 收益性

收益性是指债券能为投资者带来一定的收入，即债券投资的报酬。在实际经济活动中，债券收益可以表现为两种形式：一种是利息收入，即债权人在持有债券期间按约定的条件分期、分次取得利息或者到期一次取得利息；另一种是资本损益，即债权人到期收回的本金与买入债券或中途卖出债券与买入债券之间的价差收入。

## 二、影响债券价值的因素

债券的价格既取决于自身的内在价值，又受外部因素的影响，下面从这两个方面进行分析。

### (一)影响债券价值的内部因素

#### 1. 票面利率

债券的票面利率也就是债券的名义利率，票面利率越高，到期的收益就越大，债券的价值也就越大。

#### 2. 期限

若其他条件相同，债券的到期期限越长，投资者获得的利息收入越多，收益率也越高。同时，期限越长，投资者承担的风险也越大，所要求的风险报酬也更高。所以，长期债券的利率一般都高于短期债券。

### 3．收益率

债券价格与收益率呈反向变动。价格上涨则收益率必然下降，价格下降则收益率必然上升。此外，在期限给定的条件下，由于到期收益率下降引起的价格上升，大于到期收益率上升相同幅度引起的价格下降。即收益率与债券价格的变动是不对称的。

### 4．信用等级

债券的信用等级是指债券发行人按期履行合约规定的义务、足额支付利息和本金的可靠性程度，又称信用风险或违约风险。一般来说，除政府债券以外，一般债券都有信用风险，只不过风险大小有所不同而已。其他条件相同的情况下，信用越低的债券，投资者要求的到期收益率就越高，债券的内在价值也就越低；反之，债券的价值就越高。

### 5．提前赎回条款

提前赎回条款是债券发行人所拥有的一种选择权，它允许债券发行人在债券发行一段时间以后，按约定的赎回价格在债券到期前部分或全部偿还债务。这种规定在财务上对发行人是有利的，因为发行人可以发行较低利率的债券取代那些利率较高的被赎回的债券，从而减少融资成本。而对于投资者来说，他的再投资机会受到限制，再投资利率也较低，这种风险是要补偿的。因此，具有较高提前赎回可能性的债券应具有较高的票面利率，也应具有较高的到期收益率，其内在价值也就较低。

### 6．流通性

流通性是指债券可以迅速出售而不会发生实际价格损失的能力。如果某种债券按市价卖出很困难，持有者会因该债券的市场性差而遭受损失，这种损失包括较高的交易成本以及资本损失，这种风险也必须在债券的定价中得到补偿。因此，流通性好的债券与流通性差的债券相比，具有较高的内在价值。

## (二)影响债券价格的外部因素

### 1．市场利率

所有债券价格在市场利率发生变化时都会朝同一方向变动，这就是债券的利率风险。在市场利率总体水平上升时，债券的收益率水平也会随之上升，从而导致债券的价格下降。反之，在市场总体利率水平下降时，债券的收益率水平随之下降，债券的价格上升。

### 2．货币政策

货币政策的三大工具为：再贴现率、法定存款准备金率和公开市场业务。再贴现率的变化和法定存款准备金率的变化通过影响到资金的供求量，从而间接影响到债券的供求和价格。而公开市场业务可以直接影响债券的供求和价格，根据经济形势的发展，当采用紧缩的货币政策时，中央银行卖出债券，导致债券价格下降；反之，当采用扩张的货币政策时，中央银行购入债券，导致债券价格上涨。

#### 3. 汇率

国内投资者在购买外国债券时，不仅要考虑债券的利息收入，还要考虑未来的预期汇率变动。如果预期投资国的货币将贬值，投资者就会减少购买数量或者要求较高的收益率，从而使该国债券的价格下降；如果预期投资国的货币将升值，投资者就会增加购买数量，从而导致该国债券的价格上升。

#### 4. 通货膨胀

通货膨胀率的上升将导致债券的真实价值下降，使得债券的价格下降；反之，则使债券价格上涨。

此外，社会政治因素、投资者心理因素等都会影响到债券的价格。对于投资者来说，深入理解影响债券的各种因素是非常必要的。

## 三、债券与股票的比较

### (一)债券与股票的相同点

#### 1. 两者都是有价证券

债券和股票都是有价证券，它们本身无价值，都是虚拟资本，但又都代表了一定的财产价值，是真实资本的代表。债券和股票都具有收益性，可以在证券市场上流通转让。

#### 2. 两者都是筹措资金的手段

从发行目的的角度来看，两者都是有关发行主体为筹资需要而发行的有价证券。从资金融资角度看，两者都是筹资手段，属于直接融资。与间接融资相比，发行债券和股票筹资的数额较大，时间长，成本低，能最大可能地吸收社会游资，直接投资于企业生产经营之中，从而弥补了间接融资的不足。

#### 3. 两者的收益率相互影响

正常情况下，证券市场上一种融资手段的收益率发生变动，会引起另一种融资手段的收益率发生同向变动。从单个债券和股票看，它们的收益率可能会相差很大；就总体而言，如果市场是有效的，债券的平均收益率和股票的平均收益率会大体保持相对稳定的关系，其差异也反映了两者风险程度的高低。

### (二)债券与股票的区别

#### 1．权利不同

债券是债权凭证，债券持有者与债券发行人之间的经济关系是债权、债务关系，债券持有者只可按期获取利息及到期收回本金，无权参与公司的经营决策。股票则不同，股票是所有权凭证，股票所有者是发行股票公司的股东，股东一般拥有表决权，可以通过参加股东大会选举董事，参与公司重大事项的审议和表决，行使对公司的经营决策权和监督权。

#### 2．目的不同

发行债券是公司追加资金的需要，它属于公司的负债，不是资本金。发行股票则是股份公司创立和增加资本的需要，筹措的资金列入公司资本。发行债券的经济主体可以是各级政府、金融机构、公司企业等，发行股票的经济主体只能是股份有限公司。

#### 3．期限不同

债券一般有规定的偿还期，期满时债务人必须按时归还本金。股票通常是无需偿还的，一旦投资入股，股东便不能从公司中抽回股份，但可以在二级市场流通转让，它是一种无期证券，也称永久证券。

#### 4．收益不同

债券有规定的票面利率，通常可定期收回利息。股票股息红利的发放视其公司经营状况而定。两者的收益不同，风险自然也不同。

# 第二节　债券的类型

债券的种类繁多，这些品种不同的债券共同构成了一个完整的债券体系。债券可以根据不同的划分标准将其进行分类。常见的划分标准有按发行主体分类、按计息与付息方式分类、按债券形态分类。

## 一、债券的分类

### (一)按发行主体分类

按照发行主体的不同，债券可以分为政府债券、金融债券和公司债券。

#### 1．政府债券

政府债券也可称为“公债”，其发行主体是政府。政府债券可分为中央政府债券、地方政府债券。中央政府发行的债券称为国债，其主要用途是解决由政府投资的公共设施或重点建设项目的资金需要和弥补国家财政赤字。因中央政府债券是由国家财政部直接发行的，其安全性要好于其他所有有价证券，因此被誉为“金边债券”。地方政府债券是由地方政府发行的，其目的是发展区域经济建设。另外，有些国家把政府担保的债券也划归为政府债券体系，称为政府保证债券。政府担保债券筹措的资金通常有特定的用途。根据不同的发行目的，政府债券的期限可以从几个月到几十年。

### 2. 金融债券

金融债券是指由银行或非银行的金融机构发行的债权债务凭证。金融机构一般有雄厚的资金实力，信用度较高，因此金融债券往往也有良好的信誉，但较政府债券低。它们发行债券的目的主要有：筹资用于某种特殊用途；改变本身的资产负债结构。金融债券的期限主要是中期的。

### 3. 公司债券

公司债券也称企业债券，是公司依照法定程序发行、约定在一定期限还本付息的有价证券。公司债券的发行主要依赖于公司的经营需要，其还本付息也依赖于公司的业绩，由于公司的千差万别，公司债券的风险性要高于政府债券和金融债券。公司债券有中长期的，也有短期的。

## (二)按计息与付息方式分类

按照债券发行条款中是否规定在约定期限向债券持有人支付利息，债券可分为零息债券、附息债券和息票累计债券。

### 1. 零息债券

零息债券又称为零息票债券，这种债券没有任何利息，其购买价格低于票面面值(贴现发行)，到期时按照面值偿付。零息债券的债券持有人实际上是以买卖(到期赎回)价差的方式取得债券利息。例如，面值为1000元的零息债券可能只需900元就可以买到，1年后债券持有人将会被偿付1000元的面值。

### 2. 附息债券

附息债券是定息债券的一种。债券合约中明确规定，在债券存续期内，对持有人定期支付利息(通常每半年或每年支付一次)。按照计息方式的不同，这类债券还可细分为固定利率债券和浮动利率债券，有些附息债券可以根据合约条款推迟支付定期利率，故称为缓息债券。

3. 息票累积债券

与附息债券相似，这类债券也规定了票面利率，但是，债券持有人必须在债券到期时一次性获得还本付息，存续期间没有利息支付。

### (三)按债券形态分类

按照债券形态可分为实物债券、凭证式债券和记账式债券。

1. 实物债券

实物债券是一种具有标准格式实物券面的债券。在标准格式的债券券面上，一般印有债券面额、债券利率、债券期限、债券发行人全称、还本付息方式等各种债券票面要素。有时债券利率、债券期限等要素也可以通过公告向社会公布，而不在债券券面上注明。无记名国债就属于这种实物债券，它以实物券的形式记录债权、面值等，其特点是不记名、不挂失、可上市流通。

2. 凭证式债券

凭证式债券的形式是债权人认购债券的一种收款凭证，而不是债券发行人制定的标准格式的债券。我国 1994 年开始发行凭证式国债。我国的凭证式国债通过各银行储蓄网点和财政部国债服务部面向社会发行，券面上不印制票面金额，而是根据认购者的认购额填写实际的缴款金额，是一种国家储蓄债，其特点是可记名、挂失、不能上市流通，从购买之日起兑取。

3. 记账式债券

记账式债券是没有实物形态的债券，利用证券账户通过电脑系统完成债券发行、交易及兑付的全过程。我国 1994 年开始发行记账式国债，其特点为可以记名、挂失、安全性较高。

在我国，上海证券交易所和深圳证券交易所已为证券投资者建立电脑证券账户，因此，可以利用证券交易所的系统来发行债券。我国通过沪、深交易所的交易系统发行和交易的记账式国债就是这方面的实例。如果投资者进行记账式债券的买卖，就必须在证券交易所设立账户。所以，记账式国债又称无纸化国债。

除了以上三种划分方式之外，债券还可以按照到期期限、发行区域、是否可以转换为普通股、信用方式等划分。

下面就债券按照发行主体的分类标准来详细介绍政府债券、金融债券和公司债券。

## 二、政府债券

政府债券可以划分为中央政府债券和地方政府债券。

## (一)中央政府债券

中央政府债券也称国家债券或国债。国债发行量大、品种多，是政府债券市场上最主要的融资和投资工具。国债的分类标准较多，如按流通与否分类，可以分为流通国债和非流通国债；按偿还期限分类，可以分为短期国债、中期国债和长期国债；按资金用途分类，可以分为赤字国债、建设国债、战争国债和特种国债。赤字国债是指用于弥补政府预算赤字的国债；建设国债是指发债筹措的资金用于建设项目的国债；战争国债专指用于弥补战争费用的国债；特种国债是指政府为了实施某种特殊政策而发行的国债。按发行本位分类，可以分为实物国债和货币国债，货币国债又可分为本币国债和外币国债。

新中国成立后至今，我国国债的发展可以分为两个主要阶段：第一个阶段：19 世纪 50 年代。新中国成立后于 1950 年发行了“人民胜利折实公债”，成为新中国历史上第一种国债。在此后的“一五”计划期间，又于 1954—1958 年间每年发行了一期“国家经济建设公债”，发行总额为 35.44 亿元，相当于同期国家预算经济建设支出总额 862.24 亿元的 4.11%。在六十年代和七十年代，由于历史原因，国债的发行被终止。第二个阶段：19 世纪 80 年代至今。随着改革开放的不断深入，我国国民收入分配格局发生了很大的变化，中央政府于 1981 年恢复了国债发行。1981—1994 年，面向个人发行的国债一直只有无记名国库券一种。1994 年我国面向个人发行的债种从单一型(无记名国库券)逐步转向多样型(凭证式国债和记账式国债等)。随着 2000 年国家发行的最后一期实物券(1997 年 3 年期债券)的全面到期，无记名国债宣告退出国债发行市场的舞台。1997 年亚洲金融危机爆发后，我国出现有效需求不足和通货紧缩的现象，在这种特殊背景下，为扩大内需，我国政府连续 7 年实施积极的财政政策，增发国债。这一时期的国债主要采取凭证式国债形式。2006 年财政部研究推出新的储蓄国债品种——储蓄国债(电子式)。这种国债不仅具有原有凭证式国债的安全性，还为个人投资者提供了诸如购买、兑付、查询等方面的便利，增加了变动期限等品种的选择。

## (二)地方政府债券

地方政府债券是由地方政府发行并负责偿还的债券，简称地方债券。地方债券是地方政府根据本地区经济发展和资金需求情况，以承担还本付息责任为前提，向社会筹集资金的债务凭证。筹集的资金一般用于弥补地方财政资金的不足，或者用于地方兴建大型项目。地方债券按资金用途和偿还资金来源分类，可以分为一般债券(普通债券)和专项债券(收益债券)。前者是指地方政府为了缓解资金紧张或解决临时经费不足而发行的债券，后者是指为筹集资金建设某项具体工程而发行的债券。对于一般债券的偿还，地方政府通常以本地区的财政收入作担保，对专项债券，地方政府往往以项目建成后取得的收入作保证。

地方政府债券是政府债券的形式之一，在新中国成立初期就已经存在。如 1950 年，东北人民政府曾发行东北生产建设折实公债，但 1981 年恢复国债发行以来，却从未发行过地方政府债券。我国自 1995 年起实施的《中华人民共和国预算法》规定，地方政府不得发行

地方政府债券，除法律和国务院另有规定。因此，我国目前的政府债券仅限于中央政府债券。但地方政府在桥梁、公路、隧道、供水、供气等基础设施的建设中又面临资金短缺的问题，于是形成了具有中国特色的地方政府债券，即以企业债券的形式发行地方政府债券。如1999年上海城市建设投资开发公司发行5亿元浦东建设债券，名义上是公司债券，但所筹资金用于上海地铁建设。2009年，为应对国际金融危机，保持我国经济平稳较快的发展，国务院同意地方发行2000亿元债券，由财政部代理发行，列入省级预算管理。这也是地方政府债券被叫停16年后重新启动发行，需注意的是，这次地方政府债券虽由中央政府“代发”，但中央政府“不代还”。

## 三、金融债券

### (一)金融债券的定义

所谓金融债券，是指银行及非银行金融机构依照法定程序发行并约定在一定期限内还本付息的有价证券。从广义上讲，金融债券还包括中央银行债券，只不过它是一种特殊的金融债券，其特殊性表现在：一是期限较短；二是为实现金融宏观调控而发行。

### (二)我国金融债券的种类

#### 1．中央银行票据

中央银行票据简称央票，是央行为调节基础货币而向金融机构发行的票据，是一种重要的货币政策日常操作工具，期限在3个月到3年。

#### 2．政策性金融债券

政策性金融债券是政策性银行在银行间债券市场发行的金融债券。随着债券市场的发展，金融债券的发行也进行了一些探索性改革：一是探索市场化发行方式；二是力求金融债券品种多样化。从1999年起，我国银行间债券市场以政策性银行为发行主体开始发行浮动利率债券。浮息债券以上海银行间同业拆放利率(Shibor)为基准利率。Shibor是中国货币市场的基准利率，是以16家报价银行的报价为基础，剔除一定比例的最高价和最低价后的算术平均值，自2007年1月4日正式运行。目前对外公布的Shibor共有8个品种，期限从隔夜到1年。

#### 3．商业银行债券

(1) 商业银行金融债券。商业银行金融债券是金融机构法人在全国银行间债券市场发行的。

(2) 商业银行次级债券。商业银行次级债券是指商业银行发行的、本金和利息的清偿顺序列于商业银行其他负债之后，先于商业银行股权资本的债券。

(3) 混合资本债券。《巴塞尔协议》并未对混合资本工具进行严格定义，仅规定了混合资本工具的一些原则特征，而赋予各国监管部门更大的自由裁量权，以确定本国混合资本工具的认可标准。混合资本债券是一种混合资本工具，它比普通股票和债券更加复杂。我国的混合资本债券是指商业银行为补充附属资本发行的，清偿顺序位于股权资本之前，但列在一般债务和次级债务之后，期限在 15 年以上，发行之日起 10 年内不可赎回的债券。

按照现行规定，我国的混合资本债券具有四个基本特征：第一，期限在 15 年以上，发行之日起 10 年内不得赎回；第二，混合资本债券到期前，如果发行人核心资本充足率低于 4%，发行人可以延期支付利息；第三，当发行人清算时，混合资本债券本金和利息的清偿顺序列于一般债务和次级债务之后、先于股权资本；第四，混合资本债券到期时，如果发行人无力支付清偿顺序在该债券之前的债务或支付该债券将导致无力支付清偿顺序在混合资本债券之前的债务，发行人可以延期支付该债券的本金和利息。

### 4．证券公司债券

2004 年 10 月，经中国证监会和中国银监会批准，中国人民银行制定并发布《证券公司短期融资券管理办法》。证券公司短期融资券是指证券公司以短期融资为目的，在银行间债券市场发行的约定在一定期限内还本付息的金融债券。

### 5．保险公司次级债务

保险公司次级债务。2004 年 9 月 29 日，中国保监会发布了《保险公司次级定期债务管理暂行办法》。保险公司次级定期债务是指保险公司经批准定向募集的、期限在 5 年以上(含 5 年)、本金和利息的清偿顺序列于保单责任和其他负债之后、先于保险公司股权资本的保险公司债务。该办法所称保险公司，是指依照中国法律在中国境内设立的中资保险公司、中外合资保险公司和外资独资保险公司。中国保监会依法对保险公司次级定期债务的定向募集、转让、还本付息和信息披露行为进行监督管理。与商业银行次级债务不同的是，按照《保险公司次级定期债务管理暂行办法》，保险公司次级债务的偿还只有在确保偿还次级债务本息后偿付能力充足率不低于 100%的前提下，募集人才能偿付本息；并且，募集人在无法按时支付利息或偿还本金时，债权人无权向法院申请对募集人实施破产清偿。

### 6．财务公司债券

为满足企业集团发展过程中财务公司充分发挥金融服务功能的需要，改变财务公司资金来源单一的现状，满足其调整资产负债期限结构和化解金融风险的需要，同时也为了增加银行间债券市场的品种、扩大市场规模，2007 年 7 月，中国银监会下发《企业集团财务公司发行金融债券有关问题的通知》，明确规定企业集团财务公司发行债券的条件和程序，并允许财务公司在银行间债券市场发行财务公司债券。

## 四、公司债券

### (一)公司债券的定义

公司债券是公司依照法定程序发行的，约定在一定期限还本付息的有价证券。公司债券属于债券体系中的一个品种，它反映发行债券的公司和债券投资者之间的债权债务关系。

### (二)公司债券的种类

#### 1．信用公司债券

信用公司债券是一种不以公司任何资产作担保而发行的债券，属于无担保证券范畴。一般来说，政府债券无须提供担保，因为政府掌握国家资源，可以征税，所以政府债券安全性最高。金融债券大多数也可免除担保，因为金融机构作为信用机构，本身就具有较高的信用。公司债券不同，一般公司的信用状况要比政府和金融机构差，所以，大多数公司发行债券被要求提供某种形式的担保。但少数大公司经营良好，信誉卓著，也发行信用公司债券。信用公司债券的发行人实际上是将公司信誉作为担保。为了保护投资者的利益，可要求信用公司债券附有某些限制性条款，如公司债券不得随意增加、债券未清偿之前股东的分红要有限制等。

#### 2．不动产抵押公司债券

不动产抵押公司债券是以公司的不动产(如房屋、土地等)作抵押而发行的债券，是抵押证券的一种。公司以这种财产的房契或地契作抵押，如果发生了公司不能偿还债务的情况，抵押的财产将被出售，所得款项用来偿还债务。另外，用作抵押的财产价值不一定与发生的债务额相等，当某抵押品价值很大时，可以分作若干次抵押，这样就有第一抵押债券、第二抵押债券等之分。在处理抵押品偿债时，要按顺序依次偿还优先一级的抵押债券。

#### 3．保证公司债券

保证公司债券是公司发行的由第三者作为还本付息担保人的债券，是担保证券的一种。担保人是发行人以外的其他人(或称第三者)，如政府、信誉好的银行或举债公司的母公司等。一般来说，投资者比较愿意购买保证公司债券，因为一旦公司到期不能偿还债务，担保人将负清偿之责。实践中，保证行为常见于母子公司之间，如由母公司对子公司发行的公司债券予以保证。

#### 4．可转换公司债券

可转换公司债券简称可转债，它是一种可以在特定时间、按特定条件转换为普通股票的特殊企业债券。可转换债券兼具债权和股权的特征，兼有债权投资和股权投资的双重优势。可转换公司债券在转换前与一般债券一样，投资者可以定期获得利息收入，但此时不具有股东的权利；当发行公司的经营业绩取得显著增长时，可转换公司债券的持有人可以在约定期限内，按预定的转换价格转换成公司的股份，此时就具有了股东的权利，可以分享公司业绩增长带来的收益。可转换公司债券一般要经过股东大会或董事会的决议通过才能发行，在发行时，转换期限和转换价格应在发行条款中予以规定。

### 5. 可交换债券

可交换债券是指上市公司的股东依法发行、在一定期限内依据约定的条件可以交换成该股东所持有的上市公司股份的公司债券。可交换债券与可转换公司债券的相同之处是发行要素与可转换债券相似，也包括票面利率、期限、换股价格和换股比率、换股期限等；对投资者来说与持有标的上市公司的可转换公司债券相同，投资价值与上市公司价值相关，在约定期限内可以以约定的价格交换为标的股票。而两者的区别在于：第一，发债主体和偿债主体不同，前者是上市公司的股东，通常是大股东，后者是上市公司本身；第二，适用的法规不同，在我国发行可交换债券的适用法规是《公司债券发行试点办法》，可转换债券的适用法规是《上市公司证券发行管理办法》，前者侧重于债券融资，后者更接近于股权融资；第三，发行目的不同，前者的发行目的包括投资退出、市值管理、资产流动性管理等，不一定要用于投资项目，后者和其他债券的发债目的一般是将募集资金用于投资项目；第四，所换股份的来源不同，前者是发行人持有的其他公司的股份，后者是发行人未来发行的新股；第五，股权稀释效应不同，前者换股不会导致标的公司的总股本发生变化，也不会摊薄每股收益，后者会使发行人的总股本扩大，摊薄每股收益；第六，交割方式不同，前者在国外有股票、现金和混合 3 种交割方式，后者一般采用股票交割；第七，条款设置不同，前者一般不设置转股价向下修正条款，后者一般附有转股价向下修正条款。

### 6. 附认股权证的公司债券

附认股权证的公司债券是公司发行的一种附有认购该公司股票权利的债券。这种债券的购买者可以按预先规定的条件在公司发行股票时享有优先购买权。按照附新股认股权和债券本身能否分开来划分，这种债券有两种类型：一种是可分离型，即债券与认股权可以分开，可独立转让，即可分离交易的附认股权证公司债券；另一种是非分离型，即不能把认股权从债券上分离，认股权不能成为独立买卖的对象。按照行使认股权的方式，可以分为现金汇入型与抵缴型。现金汇入型指当持有人行使认股权时，必须再拿出现金来认购股票；抵缴型是指公司债券票面金额本身可按一定比例直接转股，如现行可转换公司债的方式。对于发行人来说，发行附认股权证的公司债券可以起到一次发行、二次融资的作用。其不利影响主要体现在：第一，相对于普通可转债，发行人一直都有偿还本息的义务。第二，如果债券附带美式权证，会给发行人的资金规划带来一定的不利影响。第三，无赎回和强制转股条款，从而在发行人股票价格高涨或者市场利率大幅降低时，发行人需要承担

一定的机会成本。附认股权证的公司债券与可转换公司债券不同，前者在行使新股认购权之后，债券形态依然存在；而后者在行使转换权之后，债券形态随即消失。

# 第三节 债券的评级制度

## 一、债券评级的依据和内容

许多国家为了保障投资者的利益，在证券法中规定发行债券必须先取得债券评级。有的国家虽然没有在证券法中规定债券发行者一定要取得债券信用评级，但是没有经过信用评级的债券，在市场上往往不受广大投资者青睐，难以销售。因此，除了信誉很高的政府债券外，成熟证券市场上的债券发行者，均会申请由中立的证券评级机构进行评级。我国的信用评级机构大都是以银行为主体或依托银行组建的。在我国，根据中国人民银行的规定，凡是向社会公开发行的企业债券，需由中国人民银行及其授权的分行指定的资信评级机构或者公证机构进行评级。目前国际上公认的最具权威性的信用评级机构，主要有美国标准普尔公司和穆迪投资服务公司。

不同国家证券评级机构评定等级的依据、内容和级别划分不完全相同。主要依据是：第一，违约可能性的大小。通过分析企业财务报表，评价发行者的经营获利能力和财务实力。第二，债务的性质和条款。分析债券的具体特点，如利率、期限、偿还方式等影响投资收益率的因素。第三，发行者向债权人提供的保障。例如，当破产、资产重组等影响债权人权利时，提供怎样的权益保护安排。

## 二、债券评级的程序

债券评级一般按以下程序进行：

(1) 债券发行人向评级机构提出评级申请，并根据评级机构的要求提供评级所需的书面资料：发行单位的主要经营范围和基本情况；发行单位的资产负债表和收益表；发行债券的用途；债券的特点和条款。评级机构在得到上述资料后有义务为发行单位保守机密，对外公布的资料只限于双方约定的范围。

(2) 评级机构对发行人提供的资料和数据进行分析评审，并与发行单位的主要负责人面谈，就有关问题做深入了解，在此基础上进行综合评价。

(3) 评级机构向评级委员会提交评级建议书，由评级委员会对债券质量进行评审，经投票表决决定债券级别，并将结果通知申请人。

(4) 申请人若有异议可提出重新评定，亦可拒绝评级机构的评定结果，评级机构将不公开其评级内容。

(5) 经审定同意后，评级机构将公布最终评级结果。

## 三、债券评级的分析内容

债券评级的目的是客观判断发行公司支付到期债务的能力。实际上是对债券发行人经营实力的考察。分析过程从一般到个别，即公司所处行业到具体经营状况及债券发行条件。主要分析内容有产业分析、财务分析和信托合同分析。

### 1. 产业分析

产业组织理论表明公司所处产业是影响其竞争力的重要因素之一。具体体现在三个方面：一是产业生命周期，即该产业属于成长阶段、成熟阶段还是衰退阶段，不同产业生命周期阶段的公司其业务增长速度及潜力有很大区别；二是随经济周期变动的特征是否明显，有的行业如房地产、耐用消费品随经济景气周期而有较大起伏，而公用事业、生活必需品行业则相对稳定；三是产业的市场结构与竞争类型，市场进入的难度大小，是属于完全竞争还是垄断竞争，公司在行业中的市场地位及未来前景等。

### 2. 财务分析

财务分析的目的是判断公司经营绩效及支付到期债务的能力，使用的主要指标可归纳：①盈利能力指标。这方面的指标有销售利润率、资产周转率、净资产收益率等，反映企业经营效益好坏和获利能力大小。②财务结构指标。例如，流动比率、负债比率、权益比率、利息保付率等。分别表示短期和长期资产与债务的比率、权益与负债的比率、税前利润与利息费用的比率。这些指标从不同角度清晰地反映出企业对各种期限债务还本付息上所存在的风险程度。其他还有一些财务指标，如反映清算价值的净资产与负债余额的比率等。投资者可根据需要来分析企业的经营成果和财务状况，从而评估企业偿还债务的能力，及时调整投资结构和决策。

### 3. 信托合同分析

信托合同是规定债券发行人与债权人权利和义务的文件。其内容包括财务限制条款和债券的优先清偿顺序两方面。财务限制条款是为防止企业财务状况恶化而设立保护债权人利益的限制性条款，由债券发行人和承销商共同制定，主要是对债务、投资、红利、营运资金的限制，对资产处理的限制等。债券的优先清偿顺序是当债务人破产或不履行偿还义务时，相关债权人清偿权利的顺序规定。

投资者在做以上分析时应注意不仅分析静态指标，还应结合反映动态变化的指标，尽量通过多个指标的指标体系进行综合评价，同时注重指标的横向和纵向比较，才能对债券发行公司做出客观的评价。

## 四、债券等级的划分

债券等级依据其风险的大小，一般划分为九个等级，最高是AAA级，最低是C级，但各国债券等级划分类别和表现形式不尽相同。表3-1是标准普尔和穆迪公司的债券等级划分及标准。

表3-1　标准普尔和穆迪公司的债券等级评定表

| 等　级 | | 标准普尔公司 | 穆迪公司 | 说　明 |
|---|---|---|---|---|
| 投资级 | 最优等 | AAA | Aaa | 风险最低 |
| | 上等 | AA | Aa | 高级 |
| | 中上等 | A | A | 级别中上 高等水平 |
| | 中等 | BBB | Baa | 级别中等 可用于投机 |
| 投机级 | 下中等 | BB | Ba | 级别中低档 适宜投机 |
| | 下等 | B | B | 只可用于投机 |
| | 劣等 | CCC | Caa | 劣质投机性 |
| | 最劣等 | CC | Ca | 最劣质投机性 |
| | 拖欠级 | C | C | 很少偿还 |

债券评级为投资者提供了重要的决策参考，同时对于债券的发行有着非常重要的作用。债券评级的作用主要体现在两个方面：第一，债券信用评级帮助投资者进行债券投资决策。因为购买债券是要承担一定风险的，如果发行者到期不能偿还本息，投资者就会蒙受损失。专业机构对准备发行债券的还本付息可靠程度进行客观、公正和权威的评定，以便投资者决策。第二，债券信用评级减少信誉高的发行人的筹资成本。一般说来，资信等级越高的债券，越容易得到投资者的信任，能够以较低的利率出售；而资信等级低的债券，风险较大，只能以较高的利率发行。

此外，债券所评级别的高低不仅影响到债券的发行和价格，还关系到债券发行人融资成本的大小及能否顺利完成发行计划。级别高的债券由于其需求量大，从而其市场价格就高，发行单位筹措资金所花费的成本也会低一些。反之，级别低的债券，市场价格低，同时发行成本也较高，最终可能影响完成筹措资金计划。

# 第四节　债券的利率期限结构

严格地说，利率期限结构是指某个时点不同期限的即期利率与到期期限的关系及变化规律。由于零息债券的到期收益率等于相同期限的市场即期利率，从对应关系上来说，任何时刻的利率期限结构是利率水平和期限相联系的函数。因此，利率的期限结构，即零息债券的到期收益率与期限的关系可以用一条曲线来表示，如水平线、向上倾斜和向下倾斜的曲线。甚至还可能出现更复杂的收益率曲线，即债券收益率曲线是上述部分或全部收益率曲线的组合。收益率曲线的变化本质上体现了债券的到期收益率与期限之间的关系，即债券的短期利率和长期利率表现的差异性。为了更好地理解利率期限结构理论，首先要理解不同期限利率之间的内在联系。

## 一、即期利率和远期利率

### 1．即期利率

即期利率也即零息债券的到期收益率。若直接找到某剩余期限的零息债券，可以直接计算即期利率；若没有，对附息债券采用息票剥离法来计算。

### 2．远期利率

远期利率是指由当前市场上的债券到期收益计算的未来两个时点之间的利率水平，是当前时刻双方约定好的未来某个日期开始后一段时间内的借款利率。

### 3．远期利率与即期利率的关系

即期利率和远期利率的最大区别在于计息日起点不同，即期利率的起点在当前时刻，而远期利率的起点在未来某一时刻。下图中 $S_1$ 表示当前时刻 1 年期的即期利率，$S_2$ 表示当前时刻 2 年期的即期利率，$f_{1,2}$ 表示当前时刻约定好的 1 年之后期限为 1 年期的远期利率。

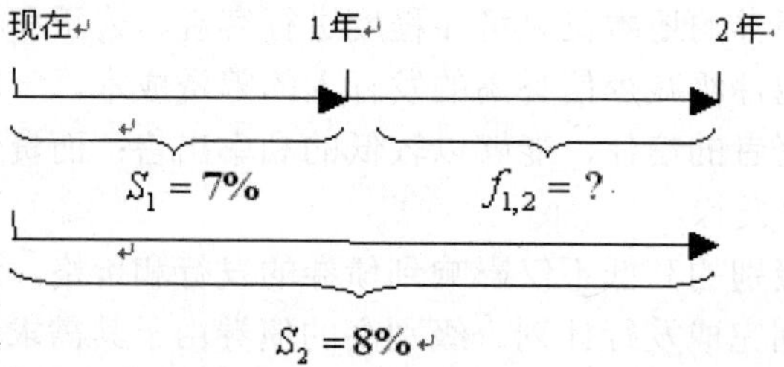


假设有两种债券，债券 A 是面值为 1000 元、期限为 1 年的零息债券，市场价格为 934.58 元；债券 B 是面值为 1000 元、期限为 2 年的零息债券，市场价格为 857.34 元。可以求出债券 A 的到期收益率是 7%，债券 B 的到期收益率是 8%。分别表示 1 年期和 2 年期的即期利率。在已知 1 年期即期利率和 2 年期即期利率的情况下，贷款人承诺从现在算起 1 年后放款、2 年后收回贷款的利率应该怎样确定(假设贷款额为 1 元)？

对于投资期限为 2 年的 1 元投资额，投资者有两种选择，一是直接购买 2 年期的零息债券(到期策略)；二是先购买 1 年期的零息债券，同时按照市场的远期价格购买从第 2 年年

初起的 1 年期零息债券(滚动策略)。在均衡的市场上，这两种投资策略的结果是相同的。

## 二、收益率曲线的含义和形状

### (一)收益率曲线的含义

收益率曲线是描述某个时点不同债券的剩余期限与到期收益率之间的关系的曲线。债券收益率曲线是描述在某一时点上一组可交易债券的收益率与其剩余到期期限之间数量关系的一条曲线，即在直角坐标系中，以债券剩余到期期限为横坐标、债券收益率为纵坐标而绘制的曲线。

### (二)收益率曲线的形状

收益率曲线一般有 4 种形状，也即利率期限结构理论的 4 种典型形态(如图 3-1 所示)：向上倾斜的收益率曲线、向下倾斜的收益率曲线、水平的收益率曲线、隆起的收益率曲线。它们分别表示不同的含义：向上倾斜的收益率曲线表示剩余期限越长，其到期收益率越高；向下倾斜的收益率曲线表示剩余期限越长，其到期收益率越低；水平的收益率曲线表示无论债券剩余期限长短如何，各种剩余期限的债券其到期收益率完全一样；隆起的收益率曲线表示随着债券剩余期限长度的增加，债券到期收益率先增加后减少。

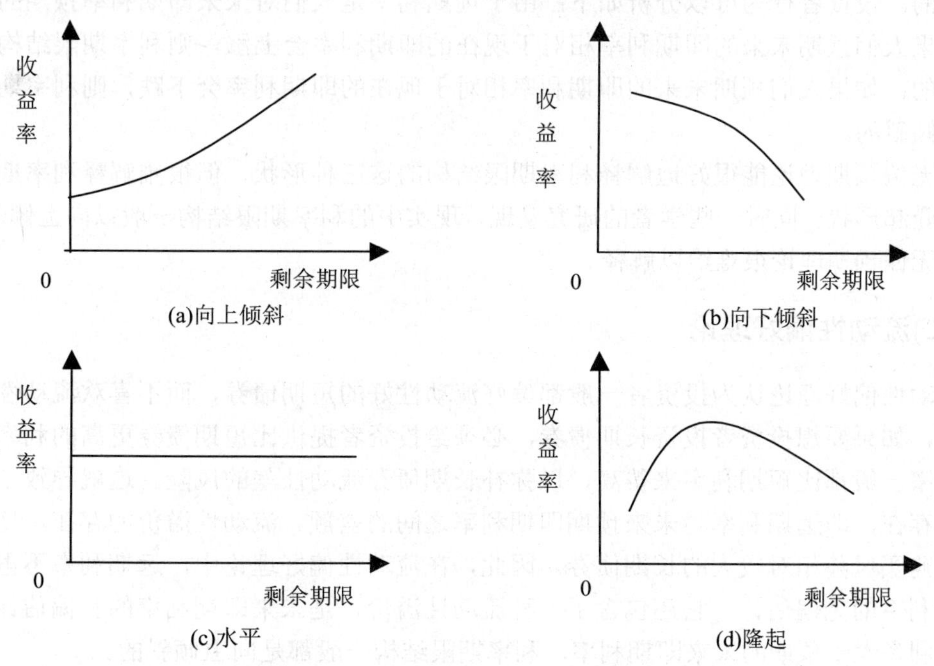


**图 3-1　收益率曲线的 4 种典型形态**

## 三、利率期限结构理论

利率期限结构理论除了要回答收益率曲线为何在不同的时点有不同的形状，还要解释下列三个重要的经验事实：

(1) 不同期限的利率具有共同走势。

(2) 当短期利率较低时，收益率曲线很可能向上倾斜；当短期利率很高时，收益率曲线很可能转而向下倾斜。

(3) 收益率曲线向上倾斜的机会最多。

### (一)无偏预期理论

无偏预期理论认为债券的期限结构取决于对未来即期利率的市场预期。长期利率是当前即期利率和未来预期即期利率的函数。其特点在于，在一定时期内，市场预计所有债券都取得相同的收益率，而不管其到期期限的长短。长期债券和短期债券可以完全替代，远期利率是未来预期即期利率的无偏估计。

根据这一理论，假设不存在交易成本和不确定性，投资者是风险中性的，债券的预期收益率中没有与期限有关的风险溢价，收益率曲线的形状是由市场参与者对未来利率的预期决定的。投资者行为可以分析如下：由于远期利率是人们对未来即期利率预期的普遍预期，如果人们预期未来的即期利率相对于现在的即期利率会上涨，则利率期限结构是向上倾斜型的；如果人们预期未来的即期利率相对于现在的即期利率会下跌，则利率期限结构是向下倾斜的。

用无偏预期理论能很好地解释利率期限结构的这三种形状，但很难解释利率期限结构呈现的隆起形状。同时一些学者的研究发现，现实中的利率期限结构一般以向上倾斜居多，而按照无偏预期理论很难给以解释。

### (二)流动性偏好理论

流动性偏好理论认为投资者一般都偏好流动性好的短期债券，而不喜欢流动性差的长期债券，如果要想投资者投资长期债券，必须给投资者提供比短期债券更高的利率。因此长期利率一般都比短期利率来得高，以弥补长期债券流动性差的风险。这就导致了流动性溢价的存在，即远期利率与未来预期即期利率之间的差额。流动性溢价的存在，使得投资者愿意购买风险相对较大的长期债券。因此，在流动性偏好理论中，远期利率不再是对未来即期利率的无偏估计，它还包含了一种流动性溢价，是未来即期利率的有偏估计。此时的远期利率大于预期的未来即期利率，利率期限结构一般都是向上倾斜的。

流动性偏好理论很好地解释了为什么现实中向上倾斜的利率期限结构要偏多。

### (三)市场分割理论

市场分割理论认为短期债券和长期债券分属于不同的市场，其利率水平完全由各自市场资金的供求关系影响，彼此之间互不影响。市场预期理论和流动性偏好理论都假设市场参与者将按照他们的利率预期从债券市场的一个偿还期自由地移动到另一个偿还期而不受任何阻碍。市场分割理论的观点却恰恰相反，该理论认为在贷款或融资活动进行时，贷款者和借款者并不能自由地在利率预期的基础上，将证券从一种偿还期替换成另一种偿还期。或者说认为市场是低效的，在市场上存在着市场分割的现象。投资者或者借款人由于受到了法律、偏好或者某种投资期限习惯的制约，他们的贷款或融资活动总是局限于一些特殊的偿还期部分，各种金融机构投资于不同期限的债券。也就是说，即使他们进行市场间的转移会获得比实际要高的预期收益率，投资人和借款人也不会轻易就离开自己的市场而进入另一个市场，此时用长短期市场进行投资，来确定长短期利率关系的理论便不再成立。

当短期债券市场资金供求双方决定的均衡利率低于长期债券市场资金供求双方决定的均衡利率，利率期限结构就呈现向上倾斜的形状；向下倾斜、水平和隆起的利率期限结构以此类推。

按照市场分割理论可以解释任何形状的利率期限结构。

总而言之，从这三种理论来看，期限结构的形成主要是由对未来利率变化方向的预期决定的，流动性溢价可以起一定作用，但期限在 1 年以上的债券的流动性溢价大致是相同的，这使得期限在 1 年或 1 年以上的债券虽然价格风险不同，但预期利率却大致相同。有时，市场的不完善和资本流向市场的形式也可能起到一定作用，使得期限结构的形状暂时偏离按未来利率变化方向进行估计所形成的形状。

# 第五节　债券的基本价值评估

## 一、债券估值原理

债券估值的基本原理就是现金流贴现。债券投资者持有债券，会获得利息和本金偿付。把现金流用适当的贴现率进行贴现并求和，便可得到债券的理论价格。

### (一)债券现金流的确定

债券发行条款规定了债券的现金流，在不发生违约事件的情况下，债券发行人应按照发行条款向债券持有人定期偿付利息和本金。

#### 1. 债券的面值和票面利率

除少数本金逐步摊还的债券外，多数债券在到期日按面值还本。票面利率通常采用年单利表示，票面利率乘以付息间隔和债券面值即得到每期利息支付金额。短期债券一般不付息，而是到期一次性还本，因此要折价交易。

**2．计付息间隔**

债券在存续期内定期支付利息，我国发行的各类中长期债券通常每年付息一次，欧美国家习惯每半年付息一次。付息间隔短的债券，风险相对较小。

**3．债券的嵌入式期权条款**

通常，债券条款中可能包含发行人提前赎回权、债券持有人提前返售权、转股权、转股修正权、偿债基金条款等嵌入式期权。这些条款极大地影响了债券的未来现金流模式。一般来说，凡是有利于发行人的条款都会相应降低债券价值；反之，有利于持有人的条款会提高债券价值。

**4．债券的税收待遇**

投资者拿到的实际上是税后现金流，因此，免税债券(如政府债券)与可比的应纳税债券(如公司债券、资产证券化债券等)相比，价值要大一些。

**5．其他因素**

债券的付息方式(浮动、可调、固定)、债券的币种(单一货币、双币债券)等因素都会影响债券的现金流。

### (二)债券贴现率的确定

根据定义，债券的贴现率是投资者对该债券要求的最低回报率，也称为“必要回报率”。其计算公式为：

债券必要回报率=真实无风险收益率+预期通货膨胀率+风险溢价

其中，真实无风险收益率，是指真实资本的无风险回报率，理论上由社会资本平均回报率决定。预期通货膨胀率，是对未来通货膨胀率的估计值。风险溢价，根据各种债券的风险大小而定，是投资者因承担投资风险而获得的补偿。债券投资的主要风险因素包括违约风险(信用风险)、流动性风险、汇率风险等。

## 二、债券报价与实付价格

### (一)报价形式

债券交易中，报价是指每 100 元面值债券的价格，以下两种报价均较为普遍。

1．全价报价

此时，债券报价即买卖双方实际支付价格。全价报价的优点是所见即所得，比较方便。缺点是含混了债券价格涨跌的真实原因。

2．净价报价

此时债券报价是扣除累计应付利息后的报价。净价报价的优点是把利息累积因素从债券价格中剔除，能更好地反映债券价格的波动程度；缺点是双方需要计算实际支付价格。

## (二)利息计算

计算累计利息时，针对不同类别债券，全年天数和利息累计天数的计算分别有行业惯例。

1．短期债券

通常，全年天数定为 360 天，半年定为 180 天。利息累积天数则分为按实际天数(ACT)计算(ACT/360，ACT/180)和按每月 30 天计算(30/360,30/180)两种。

**【例 3-1】**2011 年 3 月 5 日，某年息 6%、面值 100 元、每半年付息 1 次的 1 年期债券，上次付息日为 2010 年 12 月 31 日。如市场净价报价为 96 元，则实际支付价格为：

(1) ACT/180：

累计天数(算头不算尾)=31 天(1 月)+28 天(2 月)+4 天(3 月)=63 天

累计利息=100×6%÷2×63/180=1.05(元)

实际支付价格=96+1.05=97.05(元)

(2) 30/180:

累计天数(算头不算尾)=30 天(1 月)+30 天(2 月)+4 天(3 月)=64 天

累计利息=100×6%÷2×64/180=1.07(元)

实际支付价格=96+1.07=97.07(元)

2．中长期附息债券

全年天数有的定为实际全年天数，也有的定为 365 天。累计利息天数也分为实际天数、每月 30 天计算两种。

我国交易所市场对附息债券的计息规定是，全年天数统一按 365 天计算；利息累积天数规则是“按实际天数计算，算头不算尾、闰年的 2 月 29 日不计息。”

**【例 3-2】**2011 年 3 月 5 日，某年息 8%，每年付息 1 次，面值为 100 元的国债，上次付息日为 2010 年 12 月 31 日。如净价报价为 103.45 元，则按实际天数计算的实际支付价格为：

ACT/365:

累计天数(算头不算尾)=31 天(1 月)+28 天(2 月)+4 天(3 月)=63 天

累计利息=100×8%×63/180=2.8(元)

实际支付价格=103.45+2.8=106.25(元)

### 3. 贴现式债券

我国目前对于贴现发行的零息债券按照实际天数计算累计利息，闰年的 2 月 29 日也计利息，公式为：

$$应计利息额=\frac{到期总付额-发行价格}{起息日至到期日的天数}\times 起息日至结息日的天数$$

【例 3-3】2008 年 1 月 10 日，财政部发行 3 年期贴现式债券，2011 年 1 月 10 日到期，发行价格为 85 元。2010 年 3 月 5 日，该债券净价报价为 87 元，则实际支付价格为：

$$累积利息=\frac{100-85}{1096}\times 784=10.73(元)$$

$$实际支付价格=87+10.73=97.73(元)$$

## 三、债券估值模型

根据现金流贴现的基本原理，不含嵌入式期权的债券理论价格计算公式为：

$$P=\sum_{t=1}^{T}\frac{C_t}{\left(1+y_t\right)^t}$$

式中：$P$——债券理论价格；

$T$——债券距到期日时间长短(通常按年计算)；

$t$——现金流到达的时间；

$C$——现金流金额；

$y$——贴现率(通常为年利率)。

### (一)零息债券定价

零息债券不计利息，折价发行，到期还本，通常 1 年期以内的债券为零息债券。其定价公式为：

$$P=\frac{FV}{\left(1+y_T\right)^T}$$

式中：$FV$——零息债券的面值。

【例 3-4】2011 年 1 月 1 日，中国人民银行发行 1 年期中央银行票据，每张面值为 100 元人民币，年贴现率为 4%。则理论价格为：

$$理论价格 = \frac{100}{1+4\%} = 96.15(元)$$

**【例 3-5】** 2011 年 6 月 30 日，前例所涉中央银行票据年贴现率变为 3.5%，则其理论价格为：

$$P = \frac{100}{\left(1+3.5\%\right)^{0.5}} = 98.29(元)$$

### (二)附息债券定价

附息债券可以视为一组零息债券的组合。例如，一只年息 5%、面值 100 元、每年付息 1 次的 2 年期债券，可以拆分为：

面值为 5 元的 1 年期零息债券+面值为 105 元的 2 年期零息债券

因此，可以用零息债券定价公式 $P = \frac{FV}{\left(1+y_T\right)^T}$ 分别为其中每只债券定价，加总后即为附息债券的理论价格。也可以套用公式 $P = \sum_{t=1}^{T} \frac{C_t}{\left(1+y_t\right)^t}$ 进行定价。

**【例 3-6】** 2011 年 3 月 31 日，财政部发行的某期国债距到期日还有 3 年，面值 100 元，票面利率年息 3.75%，每年付息 1 次，下次付息日在一年以后。1 年期、2 年期、3 年期贴现率分别为 4%、4.5%、5%。该债券理论价格为：

$$P = \frac{3.75}{1+4\%} + \frac{3.75}{\left(1+4.5\right)^2} + \frac{103.75}{\left(1+5\%\right)^3} = 93.35(元)$$

### (三)累息债券定价

与附息债券不同的是，累息债券也有票面利率，但是规定到期一次性还本付息。可将其视为面值等于到期还本付息额的零息债券，并按零息债券定价公式定价。

**【例 3-7】** 2011 年 3 月 31 日，财政部发行的某期国债距到期日还有 3 年，面值 100 元，票面利率年息 3.75%，按单利计算，到期利随本清。3 年期贴现率 5%。该国债理论价格计算如下：

$$到期还本付息 = 100 \times \left(1+3 \times 3.75\%\right) = 111.25(元)$$

$$理论价格P = \frac{111.25}{\left(1+5\%\right)^3} = 96.10(元)$$

## 四、债券收益率

出于不同的用途，债券收益率计算方式种类繁多，以下主要介绍债券的当期收益率、到期收益率、持有期收益率、赎回收益率的计算。

### (一)当期收益率

在投资学中，当期收益率(Current Yield)被定义为债券的年利息收入与买入债券的实际价格的比率。其计算公式为：

$$Y = \frac{C}{P} \times 100\%$$

式中：$Y$——当期利益率；

$C$——每年利息收益；

$P$——债券价格。

【例 3-8】假定某投资者 m 以 940 元的价格购买了面额为 1000 元、票面零利率为 10%、剩余期限为 6 年的债券，那么该投资者的当期收益率为：

$$Y = 1000 \times 10\% \div 940 \times 100\% = 11\%$$

当期收益率度量的是债券年利息收益占购买价格的百分比，反映每单位投资能够获得的债券年利息收益，但不反映每单位投资的资本损益。当期收益率的优点在于简便计算，可以用于期限和发行人均较为接近的债券之间进行比较。其缺点是：

(1) 零息债券无法计算当期收益。

(2) 不同期限附息债券之间，不能仅仅因为当期收益高低而评判优劣。

### (二)到期收益率

债券的到期收益率(Yield to Maturity,YTM)是使债券未来现金流现值等于当期价格所用的相同的贴现率，也就是金融学中所谓的内部报酬率(Internal Return Rate，IRR)。

$P = \sum_{t=1}^{T} \frac{C_t}{(1+y)^t}$，式中的 $y$ 就是要求的到期收益率。需要注意的是，该公式是一个关于 $y$ 的高次方程，可以用插值法求出它的值。

如果债券每年付息 1 次，每次付息金额为 $C$，债券面值为 $F$，则公式可以写为：

$$P = \sum_{t=1}^{T} \frac{C}{(1+y)^t} + \frac{F}{(1+y)^T}$$

【例 3-9】某剩余期限为 5 年的国债，票面利率 8%，面值 100 元，每年付息 1 次，当前市场价格为 102 元，则其到期收益率满足：

$$102 = \frac{8}{1+y} + \frac{8}{(1+y)^2} + \frac{8}{(1+y)^3} + \frac{8}{(1+y)^4} + \frac{108}{(1+y)^5}$$

插值法计算可得到：$y = 7.5056\%$。

若债券每半年付息一次，且每次支付票面年息的一半，则公式可以写为：

$$P = \sum_{t=1}^{2T} \frac{C/2}{(1+y/2)^t} + \frac{F}{(1+y/2)^{2T}}$$

### (三)持有期收益率

持有期收益率是指买入债券到卖出债券期间所获得的年平均收益，它与到期收益率的区别仅仅在于末笔现金流是卖出价格而非债券到期偿还金额。计算公式为：

$$P=\sum_{t=1}^{T}\frac{C}{(1+y_h)^t}+\frac{P_T}{(1+y_h)^T}$$

式中：$P$——债券买入时的市场价格；

$P_T$——债券卖出时的价格；

$y_h$——持有期收益率；

$C$——债券每期付息金额；

$T$——债券期限(期数)；

$t$——现金流到达时间。

**【例 3-10】**某投资者按 100 元价格平均购买了年息 8%、每年付息 1 次的债券，持有 2 年后按 106 元价格卖出，该投资者持有期收益率计算为：

$$100=\frac{8}{1+y_h}+\frac{8+106}{(1+y_h)^2}$$

计算可得：$y_h=10.85\%$。

### (四)赎回收益率

可赎回债券是指允许发行人在债券到期以前按某一约定的价格赎回已发行的债券。通常在预期市场利率下降时，发行人会发行可赎回债券，以便未来用低利率成本发行的债券替代成本较高的已发债券。可赎回债券的约定赎回价格可以是发行价格、债券面值，也可以是某一指定价格或是与不同赎回时间对应的一组赎回价格。对于可赎回债券，需要计算赎回收益率和到期收益率。赎回收益率的计算与其他收益率相同，是计算使预期现金流量的现值等于债券价格的利率。通常以首次赎回收益率为代表。首次赎回收益率是累计到首次赎回日止，利息支付额与指定的赎回价格加总的现金流量的现值等于债券赎回价格的利率。赎回收益率 $y$ 可通过下面的公式用试错法获得：

$$P=\sum_{t=1}^{n}\frac{C}{(1+y)^t}+\frac{M}{(1+y)^n}$$

式中：$P$——发行价格；

$n$——直到第一个赎回日的年数；

$M$——赎回价格；

$C$——每年利息收益。

**【例 3-11】**某债券的票面价值为 1000 元，息票利率为 5%，期限为 4 年，现以 950 元的发行价向全社会公开发行，2 年后债券发行人以 1050 元的价格赎回，第一赎回日为付息日后的第一个交易日，则赎回收益率计算如下：

$$950=\sum_{t=1}^{2}\frac{50}{(1+y)^t}+\frac{1050}{(1+y)^2}$$

用试错法计算，该债券的到期收益率 $y=10.25\%$ 。

## 本章小结

本章主要介绍了债券的概念、特征、分类、评级、期限结构、估值以及定价等内容。

## 自测题

### 一、单项选择题

1. 债券是一种有价证券，是社会各类经济主体为筹集资金而向债券投资者出具的、承诺按一定利率定期支付利息并到期偿还本金的(　　)凭证。

A. 债权债务　　B. 所有权、使用权　　C. 设权　　D. 转让权

2. 根据发行主体的不同，债券可以分为(　　)。

A. 零息债券、附息债券和息票累积债券

B. 政府债券、金融债券和公司债券

C. 实物债券、凭证式债券和记账式债券

D. 国债和地方债券

3. 在各类债券中，(　　)的信用等级是最高的，通常被称为金边债券。

A. 政府债券　　B. 金融债券　　C. 公司债券　　D. 国际债券

4. 我国交易所市场对附息债券的计息规定是，全年天数统一按(　　)天计算，利息累积天数规则是“按实际天数计算，算头不算尾、闰年2月29日不计息”。

A. 360　　B. 364　　C. 365　　D. 366

5. 2011年3月5日，某年息6%、面值100元、每半年付息1次的1年期债券，上次付息时间为2010年12月31日。如市场净价报价为96元，则按每月30天计算的利息累积天数为(　　)。

A. 62天　　B. 63天　　C. 64天　　D. 65天

6. 一般来说，债券的期限越长，流动性溢价(　　)，体现了期限长的债券拥有较高的价格风险。

A. 越大　　B. 越小　　C. 不变　　D. 不确定

## 二、多项选择题

1. 债券的票面要素包括(　　)。
   A. 债券的票面价值　　B. 债券的到期期限
   C. 债券的票面利率　　D. 债券发行者名称
2. 发行人在确定债券期限时，要考虑多种因素的影响，主要有(　　)。
   A. 资金使用方向　　B. 市场利率变化
   C. 筹资者的资信　　D. 债券变现能力
3. 关于流通国债的描述，正确的是(　　)。
   A. 投资者可以自由认购、转让
   B. 通常不记名、转让价格取决于对该国债的供给与需求
   C. 一般在证券市场上进行，如通过证券交易所或柜台市场交易
   D. 以个人为发行对象的流通国债，一般以吸收个人小额储蓄资金为主，故有时称之为储蓄国债。
4. 我国的金融债券主要有(　　)。
   A. 政策性银行金融债券　　B. 商业银行债券
   C. 证券公司债券　　D. 保险公司次级债务
5. 关于可转换债券，下面描述正确的是(　　)。
   A. 可转换债券在转换前是公司债券形式，转换后相当于增发了股票
   B. 可转换公司债券兼有债券投资和股权投资的双重优势
   C. 可转换公司债券一般要经股东大会或董事会的决议通过才能发行
   D. 在发行时，应在发行条款中规定转换期限和转换价格

## 三、简答题

1. 简述可转换公司债券与可交换债券的异同。
2. 简述利率期限结构理论的市场分割理论。
3. 债券评级的分析内容包括哪几方面？

# 第四章　证券投资基金基础知识

【学习目标】

通过学习本章，读者应当掌握证券投资基金的定义和特征，基金与股票、债券的区别，基金的作用，我国证券投资基金业的发展概况，证券投资基金的分类方法，契约型基金与公司型基金、封闭式基金与开放式基金的定义与区别，货币市场基金管理的内容；熟悉各类基金的含义，交易所交易的开放式基金的概念、运作机制和优势；了解ETF和LOF的异同，基金份额持有人的权利与义务，基金管理人和托管人的概念、资格与职责以及更换条件；熟悉基金当事人之间的关系，基金的管理费、托管费、运作费的含义和提取规定，基金收益的来源、利润分配方式与分配原则，基金的投资风险，基金的信息披露要求。

【导读案例】

华夏基金管理有限公司成立于1998年4月9日，是经中国证监会批准成立的首批全国性基金管理公司之一。公司总部设在北京，在北京、上海、南京、杭州、广州、深圳和成都设有分公司，在香港设有子公司。公司以专业、严谨的投资研究为基础，为投资人提供优质的投资理财产品和服务。

历经多年牛市熊市的洗礼，华夏基金规范运作、稳健经营，以雄厚的综合实力保持了基金行业的领先地位。截至2011年9月30日，旗下基金累计实现分红超过721亿元，基金份额持有人户数1600万。

成立13年来，华夏基金的业务持续快速发展，获得了基金行业全部业务牌照。华夏基金是首批全国社保基金投资管理人、首批企业年金基金投资管理人、QDII基金管理人、境内首只ETF基金管理人以及特定客户资产管理人，是业务领域最广泛的基金管理公司之一。

华夏基金在业内最早提出“研究创造价值”的投资理念，制定了严格的投资管理流程和制度，目的是通过专业、严谨的投资，获取稳定、可靠的收益。华夏基金的投研团队，吸收了大批海内外专业人士，具有高水准的职业操守、丰富的投资经验和突出的研究能力。基金经理平均从业年限超过10年。各基金经理在分享团队智慧的同时，能够充分发挥主观能动性，团队整体富有经验且充满锐气，在投资管理方面具有独立性和前瞻性。

华夏基金建立了完善的基金产品线，旗下共有24只开放式基金、2只封闭式基金，从低风险、低收益的货币市场基金到高风险、高收益的股票基金，可以满足各类风险偏好投资者的需求。公司还管理着多只全国社保基金投资组合，已经被超过150家大中型企业确定为年金投资管理人，并被多家客户确定为特定客户资产管理人。公司是境内管理基金数量最多、品种最全的基金管理公司之一。

(资料来源：http://www.chinaamc.com/portal/cn/index.html)

本案例中的华夏基金是什么类型的基金？这种基金具有什么特点？

# 第一节　证券投资基金概述

## 一、证券投资基金

### (一)证券投资基金的产生和发展

证券投资基金是指通过公开发售基金份额募集资金，由基金托管人托管，由基金管理人管理和运用资金，为基金份额持有人的利益，以资产组合的方式进行证券投资的一种利益共享、风险共担的集合投资方式。

作为一种大众化的信托投资工具，各国对证券投资基金的称谓不尽相同，如美国称“共同基金”，英国和我国香港地区称“单位信托基金”，日本和我国台湾地区则称“证券投资信托基金”等。

一般认为，基金起源于英国，是在18世纪末、19世纪初产业革命的推动下出现的。当时，产业革命的成功使英国的生产力水平迅速提高，工业、商业都取得了较大的发展，过剩的资金没有更好的渠道去获得更高的投资回报，在资本趋利性的驱使下，大量的资金为追逐高额利润而涌向其他国家，当时英国遍布全球的殖民地给这些资本提供了便利。可是大多数的投资者缺乏国际投资知识，没有充分的信息，很难直接参加海外投资。于是人们萌发了众人投资、委托专人经营和管理的想法，这一想法得到了英国政府的支持。1868 年由政府出面组建了海外和殖民政府信托组织，公开向社会发售受益凭证。海外和殖民地政府信托组织是公认的最早的基金机构，以分散投资于国外殖民地的公司债为主。其投资地区遍及南北美洲、中东、东南亚地区和葡萄牙、西班牙等国。该基金类似于股票，不能退股，也不能兑现，认购者的权益仅限于分红和派息。

一百多年来，随着社会经济的发展，世界基金产业从无到有，从小到大，尤其是20世纪70年代以来，随着世界投资规模的剧增、现代金融业的创新，品种繁多、名目各异的基金风起云涌，已经形成了一个庞大的产业。以美国为例，2009 年年底，美国共同基金的净资产已经达到了 10.3 万亿美元，超过了商业银行的资产规模。基金产业已经与银行业、证券业、保险业并驾齐驱，成为现代金融体系的四大支柱之一。

### (二)我国证券投资基金业的发展概况

证券投资基金在我国发展的时间还比较短暂，但是在国务院证券监督管理机构的大力扶持下，在短短几年里取得了突飞猛进的发展。1997 年 11 月，国务院颁布《证券投资基金管理暂行办法》；1998 年 3 月，两只封闭式基金——基金金泰、基金开元设立，分别由国泰基金管理公司和南方基金管理公司管理。2004 年 6 月 1 日，我国《证券投资基金法》

正式实施，以法律的形式确认了证券投资基金在资本市场以及社会主义市场经济中的地位和作用，成为中国证券投资基金业发展史上的重要里程碑。证券投资基金业从此进入了崭新的发展阶段，基金数量和规模迅速增长，市场地位日趋重要，并呈现出下列特点。

### 1．基金规模快速增长

自 1998 年以来，中国证券投资基金业已走过了 13 个年头。纵观基金行业的发展历程，基金业总体发展速度较快，在资本市场的影响力日趋增强，已成为最重要的机构投资者之一。截至 2011 年 9 月 30 日，我国共有基金管理公司 67 家，管理基金 867 只。基金资产净值合计 21 310.03 亿元，基金份额规模 24 506.83 亿份。在这 13 年的发展历程里，我国的基金经历了 2001—2005 年五年熊市，也经历了 2006—2007 年的牛市(资产规模年增长分别为 81.72%和 282.52%)，还经历了 2008 年市场暴跌(资产规模增长为-40.82%)之后的持续震荡。

自 2001 年以来，截至 2011 年 9 月 30 日，我国股票型基金资产净值规模达到 19787.56 亿元，股票方向基金为投资者获得的绝对收益累计达到约 4700 亿元，剔除申购赎回费用的累计收益率为 33%，相对于市场基准取得了 7.2%的年化超额收益。总体来说，基金行业总体上取得较为优良的投资业绩，为基金投资者谋取了较好的长期投资回报。

### 2．基金产品差异化日益明显，基金的投资风格也趋于多样化

我国的基金产品除股票型基金外，债券型基金、货币市场基金、保本型基金、指数型基金等纷纷问世。近年来基金品种不断丰富，如出现了结构化基金、ETF 连接基金等。在投资风格方面，除传统的成长型基金、混合型基金外，还有收益型基金和价值型基金等。

### 3．中国基金业发展迅速，对外开放的步伐加快

近年来，我国基金业发展迅速，基金管理公司不断增加，管理基金规模不断扩大。自 2011 年年初开始恢复基金管理公司审批以来，截至 2011 年 9 月 30 日，我国共有 67 家基金管理公司，管理基金 867 只，且 2007 年出现了第一家管理基金规模超过千亿元的基金公司。2007 年 11 月，中国证监会发布《基金管理公司特定客户资产管理业务试点办法》，允许符合条件的基金管理公司开展为特定客户管理资产的业务。此外，2006 年中国基金业也开始了国际化航程，目前获得合格境内机构投资者(QDII)资格的国内基金管理公司已可以通过募集基金投资国际市场，即 QDII 基金。

## 二、证券投资基金的特点

### 1．集合投资、专业管理

基金的特点是将零散的资金汇集起来，交给专业机构投资于各种金融工具，以谋取资产的增值。基金对投资的最低限额要求不高，投资者可以根据自己的经济能力决定购买数

量，有些基金甚至不限制投资额大小。在参与证券投资时，资本越雄厚，优势越明显，而且可能享有大额投资在降低成本上的相对优势。基金由基金管理人进行投资管理和运作。基金管理人一般拥有大量的专业投资研究人员和强大的信息网络，能够更好地对证券市场进行全方位的动态跟踪与深入分析。

### 2．组合投资、分散风险

以科学的投资组合降低风险、提高收益是基金的另一大特点。在投资活动中，风险和收益总是并存的，因此，“不能将鸡蛋放在一个篮子里”。但是，要实现投资资产的多样化，需要一定的资金实力。对于小额投资者而言，由于资金有限，很难实现这一点，而基金则可以帮助中小投资者解决这个困难。即可以凭借其集中的巨额资金，在法律规定的投资范围内进行科学的组合，一方面借助于资金庞大和投资者众多的优势使每个投资者面临的投资风险减小；另一方面，利用不同的投资对象之间收益率变化的相关性，达到分散投资风险的目的。

### 3．利益共享、风险共担

证券投资基金实行利益共享、风险共担的原则。基金投资者是基金的所有者。基金投资收益在扣除由基金承担的费用后的盈余全部归基金投资者所有，并依据各投资者所持有的基金份额比例进行分配。为基金提供服务的基金管理人、基金托管人只能按规定收取一定比例的管理费、托管费，并不参与基金收益的分配。

## 三、证券投资基金与股票、债券的区别

### 1．反映的经济关系不同

股票反映的是所有权关系；债券反映的是债权债务关系；而基金反映的则是信托关系，但公司型基金除外。

### 2．筹集资金的投向不同

股票和债券是直接投资工具，筹集的资金主要投向实业；而基金是间接投资工具，筹集的资金主要投向有价证券等金融工具。

### 3．风险水平不同

股票的直接收益取决于发行公司的经营效益，不确定性强，投资股票有较大的风险；债券的直接收益取决于债券利率，而债券利率一般是事先确定的，投资风险较小；基金主要投资于有价证券，投资选择灵活多样，从而使基金的收益有可能高于债券，投资风险又可能小于股票。因此，基金能满足那些不能或不宜直接参与股票、债券投资的个人或机构的需要。

# 第二节 证券投资基金的作用与分类

## 一、证券投资基金的作用

### 1. 为中小投资者拓宽了投资渠道

对中小投资者来说，存款或买债券较为稳妥，但收益率较低；投资于股票有可能获得较高收益，但风险较大。证券投资基金作为一种新型的投资工具，将众多投资者的小额资金汇集起来进行组合投资，由专家来管理和运作，经营稳定、收益可观，为中小投资者提供了较为理想的间接投资工具，大大拓宽了中小投资者的投资渠道。在美国，有 50%左右的家庭投资基金，基金占所有家庭资产的 40%左右。可以说，基金已经进入寻常百姓家，成为大众化的投资工具。

### 2. 有利于证券市场的稳定和发展

第一，基金的发展有利于证券市场的稳定。证券市场的稳定与否同市场的投资者结构密切相关。基金的出现和发展，能有效地改善证券市场的投资者结构。基金由专业投资人士经营管理，其投资经验比较丰富，收集和分析信息的能力较强，投资行为相对理性，客观上能起到稳定市场的作用。同时，基金一般注重资本的长期增长，多采取长期的投资行为，较少在证券市场上频繁进出，能减少证券市场的波动。第二，基金作为一种主要投资于证券市场的金融工具，它的出现和发展增加了证券市场的投资品种，扩大了证券市场的交易规模，起到了丰富和活跃证券市场的作用。

## 二、证券投资基金的分类

### (一)按基金的组织形式不同，基金可分为契约型基金和公司型基金

契约型基金又称为单位信托，是指将投资者、管理人、托管人三者作为基金的当事人，通过签订基金契约的形式发行受益凭证而设立的一种基金。契约型基金起源于英国，后来在中国香港、新加坡、印度尼西亚等国家和地区十分流行。契约型基金是基于信托原理而组织起来的代理投资方式，没有基金章程，也没有公司董事会，而是通过基金契约来规范三方当事人的行为的。基金管理人负责基金的管理操作；基金托管人作为基金资产的名义持有人，负责基金资产的保管和处置，对基金管理人的运作实行监督。

公司型基金是依据基金公司章程设立，在法律上具有独立法人地位的股份投资公司。公司型基金以发行股份的方式募集资金，投资者购买基金公司的股份后，以基金持有人的身份成为投资公司的股东，凭其持有的股份依法享有投资收益。公司型基金在组织形式上

与股份有限公司类似，由股东选举董事会，由董事会选聘基金管理公司，基金管理公司负责管理基金的投资业务。

#### 1. 公司型基金的特点

(1) 基金的设立程序类似于一般的股份公司，基金本身为独立法人机构。但不同于一般股份公司的是，它委托基金管理公司作为专业的财务顾问或管理公司来经营、管理基金资产。

(2) 基金的组织结构与一般股份公司类似，设有董事会和持有人大会。基金资产归基金所有。

#### 2. 契约型基金与公司型基金的区别

(1) 资金的性质不同。契约型基金的资金是通过发行基金份额筹集起来的信托财产；公司型基金的资金是通过发行普通股票筹集的公司法人资本。

(2) 投资者的地位不同。契约型基金的投资者既是基金的委托人，又是基金的受益人，即享有基金的受益权；公司型基金的投资者对基金运作的影响比契约型基金的投资者大。

(3) 基金的营运依据不同。契约型基金依据基金契约营运基金；公司型基金依据基金公司章程营运基金。

### (二)按基金的运作方式不同，基金可分为封闭式基金和开放式基金

封闭式基金是指经核准的基金份额总额在基金合同期限内固定不变，基金份额可以在依法设立的证券交易场所交易，但基金份额持有人不得申请赎回原基金。由于封闭式基金在封闭期内不能追加认购或赎回，投资者只能通过证券经纪商在二级市场上进行基金的买卖。封闭式基金的期限是指封闭式基金的存续期，即基金从成立到终止之间的时间。决定基金期限长短的因素主要有两个：一是基金本身投资期限的长短。一般来说，如果基金是进行中长期投资，其存续时间就可以长一些；反之，如果基金的目标是进行短期投资，其存续期就可以短一些。二是宏观经济形势。一般来说，如果经济稳定增长，基金存续时间就可以长一些，否则应相对短一些。基金期限届满即为基金终止，管理人应组织清算小组对基金资产进行清产核资，并将清产核资后的基金净资产按照投资者的出资比例进行公正合理的分配。

开放式基金是指基金份额总额不固定，基金份额可以在基金合同约定的时间和场所申购或者赎回的基金。为了满足投资者赎回资金、实现变现的要求，开放式基金一般都从所筹集资金中拨出一定比例，以现金的形式保持这部分资产。这虽然会影响基金的盈利水平，但作为开放式基金来说是必需的。

封闭式基金与开放式基金主要区别如下。

1．期限不同

封闭式基金一般有固定的存续期，通常在 5 年以上，一般为 10 年或者 15 年，经受益人大会通过并经监管机构同意可以适当延长期限；开放式基金没有固定期限，投资者可随时向基金管理人赎回基金份额，若大量赎回甚至可能会导致清盘。

2．发行规模限制不同

封闭式基金的基金规模是固定的，在封闭期限内未经法定程序认可不能增加发行；开放式基金没有发行规模限制，投资者可随时提出申购或赎回申请，基金规模随之增加或减少。

3．基金份额交易方式不同

封闭式基金的基金份额在封闭期限内不能赎回，持有人只能在证券交易所出售给第三者，交易在基金投资者之间完成；开放式基金的投资者则可以在首次发行结束一段时间后，随时向基金管理人或其销售代理人提出申购或赎回申请，绝大多数开放式基金不上市交易，交易在投资者与基金管理人或其销售代理人之间进行。

4．基金份额的交易价格计算标准不同

封闭式基金与开放式基金的基金份额除了首次发行价都是按面值加一定百分比的购买费计算外，以后的交易计价方式不同。封闭式基金的买卖价格受市场供求关系的影响，常出现溢价或折价现象，并不必然反映单位基金份额的净资产值；开放式基金的交易价格则取决于每一基金份额净资产值的大小，其申购价一般是基金份额净资产值加一定的购买费，赎回价是基金份额净资产值减去一定的赎回费，不直接受市场供求影响。

5．基金份额资产净值公布的时间不同

封闭式基金一般每周或更长时间公布一次；开放式基金一般在每个交易日连续公布。

6．交易费用不同

投资者在买卖封闭式基金时，在基金价格之外要支付手续费；投资者在买卖开放式基金时，则要支付申购费和赎回费。

7．投资策略不同

封闭式基金在封闭期内基金规模不会减少，因此可进行长期投资，基金资产的投资组合能有效地在预定计划内进行；开放式基金因基金份额可随时赎回，为应付投资者随时赎回兑现，所募集的资金不能全部用来投资，更不能把全部资金用于长期投资，必须保持基金资产的流动性，在投资组合上必须保留一部分现金和高流动性的金融工具。

### (三)按投资标的划分，基金可分为债券基金、股票基金、货币市场基金等

#### 1. 债券基金

债券基金是一种以债券为主要投资对象的证券投资基金。由于债券的年利率固定，因而这类基金的风险较低，适合于稳健型投资者。债券基金的收益会受市场利率的影响，当市场利率下调时，其收益会上升；反之，若市场利率上调，其收益将下降。除此之外，如果基金投资于境外市场，汇率也会影响基金的收益，管理人在购买国际债券时，往往还需要在外汇市场上进行套期保值。

在我国，根据《证券投资基金运作管理办法》的规定，80%以上的基金资产投资于债券的为债券基金。

#### 2. 股票基金

股票基金是指以上市股票为主要投资对象的证券投资基金。股票基金的投资目标侧重于追求资本利得和长期资本增值。基金管理人拟定投资组合，将资金投放到一个或几个国家、甚至全球的股票市场，以达到分散投资、降低风险的目的。按基金投资的分散化程度，可将股票基金划分为一般股票基金和专门化股票基金。前者分散投资于各种普通股票，风险较小；后者专门投资于某一行业、某一地区的股票，风险相对较大。由于股票投资基金聚集了巨额资金，几只甚至一只大规模的基金就可以引发股市动荡，所以各国政府对股票基金的监管都十分严格，不同程度地规定了基金购买某一家上市公司股票的总额不得超过基金资产净值的一定比例，以防止基金过度投机和操纵股市。

在我国，根据《证券投资基金运作管理办法》的规定，60%以上的基金资产投资于股票的为股票基金。

#### 3. 货币市场基金

货币市场基金是以货币市场工具为投资对象的一种基金，其投资对象期限在 1 年以内，包括银行短期存款、国库券、公司债券、银行承兑票据及商业票据等货币市场工具。货币市场基金的优点是资本安全性高、购买限额低、流动性强、收益较高、管理费用低，有些还不收取赎回费用。因此，货币市场基金通常被认为是低风险的投资工具。

按照中国证监会发布的《货币市场基金管理暂行办法》以及其他有关规定，目前我国货币市场基金能够进行投资的金融工具主要包括：①现金；②1 年以内(含 1 年)的银行定期存款、大额存单；③剩余期限在 397 天以内(含 397 天)的债券；④期限在 1 年以内(含 1 年)的债券回购；⑤期限在 1 年以内(含 1 年)的中央银行票据；⑥剩余期限在 397 天以内(含 397 天)的资产支持证券；⑦中国证监会、中国人民银行认可的其他具有良好流动性的货币市场工具。货币市场基金不得投资于以下金融工具：①股票；②可转换债券；③剩余期限超过 397 天的债券；④信用等级在 AAA 级以下的企业债券；⑤国内信用评级机构评定的 $A^{-1}$ 级或相当于 $A^{-1}$ 级的短期信用级别及其该标准以下的短期融资券；⑥流通受限的证券；⑦中国证监会、中国人民银行禁止投资的其他金融工具；⑧以定期存款利率为基准利率的浮动利率债券；⑨锁定期不明确的证券。

### 4. 指数基金

投资组合模仿某一股价指数或债券指数，收益随着即期的价格指数上下波动。指数基金的优势是：①费用低廉。指数基金的管理费较低，尤其交易费用较低。②风险较小。由于指数基金的投资非常分散，可以完全消除投资组合的非系统风险，而且可以避免由于基金持股集中带来的流动性风险。③在以机构投资者为主的市场中，指数基金可获得市场平均收益率。④指数基金可以作为避险套利的工具。

### 5. 衍生证券投资基金

衍生证券投资基金是一种以衍生证券为投资对象的基金，包括期货基金、期权基金、认股权证基金等。这种基金的风险大，因为衍生证券一般是高风险的投资品种。

## (四)按投资目标划分，基金可分为成长型基金、收入型基金和平衡型基金

### 1. 成长型基金

成长型基金追求的是基金资产的长期增值。为了达到这一目标，基金管理人通常将基金资产投资于信用度较高、有长期成长前景或长期盈余的所谓成长公司的股票。成长型基金又可分为稳健成长型基金和积极成长型基金。

### 2. 收入型基金

收入型基金主要投资于可带来现金收入的有价证券，以获取当期的最大收入为目的。收入型基金资产的成长潜力较小，损失本金的风险也相对较低，一般可分为固定收入型基金和股票收入型基金。固定收入型基金的主要投资对象是债券和优先股，因而尽管收益率较高，但长期增长的潜力很小，而且当市场利率波动时，基金净值容易受到影响；股票收入型基金的成长潜力比较大，但易受股市波动的影响。

### 3. 平衡型基金

平衡型基金将资产分别投资于两种不同特性的证券上，并在以取得收入为目的的债券及优先股和以资本增值为目的的普通股之间进行平衡。这种基金一般将 25%～50%的资产投资于债券及优先股，其余的资产投资于普通股。平衡型基金的主要目的是从其投资组合的债券中得到适当的收益，与此同时又可以获得普通股票的升值收益。平衡型基金的特点是风险比较低，缺点是成长的潜力不大。

## (五)特殊类型的基金

### 1．ETF

ETF(Exchange Traded Funds)常被译为“交易所交易基金”，上海证券交易所则将其定名为“交易所开放式指数基金”。ETF 结合了封闭式基金与开放式基金的运作特点，投资者一方面可以像封闭式基金一样在交易所二级市场进行 ETF 的买卖；另一方面又可以像开放式基金一样申购、赎回。不同的是，它的申购是用一揽子股票换取 ETF 份额，赎回时也是换回一揽子股票而不是现金。

(1) ETF 的产生。ETF 出现于 20 世纪 90 年代初期。多伦多证券交易所于 1991 年推出的指数参与份额是严格意义上最早出现的 ETF，但它于 2000 年终止。现存最早的 ETF 是美国证券交易所(AMEX)于 1993 年推出的标准普尔存托凭证(SPDRs)。ETF 尽管出现的时间不长，但其发展却非常迅速。在亚洲，自 1999 年我国香港地区推出富盈基金以来，新加坡、日本、我国台湾地区等地的交易所也纷纷推出了 ETF 产品。2004 年 12 月 30 日，华夏基金管理公司设立 50ETF，2005 年 2 月 23 日，在上交所上市。2006 年 2 月 21 日，易方达深证 100ETF 发行，也是深交所第一只 ETF。

(2) ETF 的特点。ETF 是以某一选定的指数所包含的成分证券为投资对象，依据构成指数的证券种类和比例，采用完全复制或抽样复制的方法进行被动投资的指数型基金。根据 ETF 跟踪的指数不同，可以分为股票 ETF/债券 ETF 等，并且还可以进一步细分。ETF 最大的特点是实物申购、赎回机制，即它的申购是用一揽子股票换取 ETF 份额，赎回时以基金份额换回一揽子股票而不是现金。ETF 有“最小申购、份额赎回”的规定，通常最小申购、赎回单位是 50 万份或 100 万份，申购、赎回必须以最小申购、赎回单位的整数倍进行，一般只有机构才有这样的实力参与一级市场的实物申购与赎回交易。ETF 实行一级市场和二级市场并存的交易制度。在一级市场，机构投资者可以在交易时间内以 ETF 指定的一揽子股票申购 ETF 份额或是以 ETF 份额赎回一揽子股票。在二级市场，ETF 与普通股票一样在证券交易所挂牌交易，基金买入申报数量为 100 份或其整数倍，不足 100 份的基金可以卖出，机构投资者和中小投资者都可以按照市场价格进行 ETF 份额交易。这种双重交易机制使 ETF 的二级市场不会过度偏离基金份额净值，因为一、二级市场的差价会产生套利机会，而套利机会会使二级市场价格回复到基金份额净值附近。

(3) ETF 的运行。①参与主体。ETF 主要涉及三个参与主体，即发起人、受托人和投资者。发起人即基金产品的创始人，一般为证券交易所或大型基金管理公司、证券公司。受托人受发起人委托托管和控制股票信托组合的所有资产。②基础指数选择及模拟。指数型 ETF 能否发行成功与基础指数的选择有密切关系。基础指数应该是有大量的市场参与者广泛使用的指数，以体现它的代表性和流动性，同时基础指数的调整频率不宜过于频繁，以免影响指数股票组合与基础指数间的关联性。为实现模拟指数的目的，发起人将组合基础指数的成分股票，然后将构成指数的股票种类及权数交付受托机构托管形成信托资产。当指数编制机构对样本股票或权数进行调整时，受托机构必须对信托资产进行相应调整，同时在二级市场进行买进或卖出，使 ETF 的净值与指数始终保持联动关系。③构造单位的分割。指数型 ETF 的发起人将组成基础指数的股票依照组成指数的权数交付信托机构托管成为信托资产后，即以此为实物担保通过信托机构向投资者发行 ETF。ETF 的发行量取决于每构造单位净值的高低。一个构造单位的价值应符合投资者的交易习惯，不能太高或太低，通常将一个构造单位的净值设计为标准指数的某一百分比。构造单位的分割使投资者买卖 ETF 的最低投资金额远远低于买入各指数成分股所需的最低投资金额，实现了以较低金额投资整个市场的目的，并为投资者进行价值评估和市场交易提供了便利。④构造单位的申购与赎回。ETF 的重要特征在于它独特的双重交易机制。ETF 的双重交易特点表现在它的申购和赎回与 ETF 本身的市场交易是分离的，分别在一级市场和二级市场进行。也就是说，ETF 同时为投资者提供了两种不同的交易方式：一方面投资者可以在一级市场交易 ETF，即进行申购与赎回；另一方面，投资者可以在二级市场交易 ETF，即在交易所挂牌交易。

在一级市场，ETF 的申购和赎回一般都规定了数量限制，即一个构造单位及其整数倍，低于一个构造单位的申购和赎回不予接受。投资者在申购和赎回时，使用的不是现金，而是一揽子股票。由于在一级市场 ETF 申购、赎回的金额巨大，而且是以实物股票的形式进行大宗交易，因此只适合于机构投资者。ETF 的二级市场交易以在证券交易所挂牌交易的方式进行，任何投资者，不管机构投资者，还是个人投资者，都可以通过经纪人在证券交易所随时购买或出售 ETF 份额。

### 2. LOF

上市开放式基金(Listed Open-ended Funds，LOF)是一种可以同时在场外市场进行基金份额申购、赎回，在交易所进行基金份额交易，并通过份额转托管机制将场外市场与场内市场有机地联系在一起的一种新的基金运作方式。

尽管同样是交易所交易的开放式基金，但就产品特性来看，深圳证券交易所推出的 LOF 在世界范围内具有首创性。与 ETF 相区别，LOF 不一定采用指数基金模式，也可以是主动管理型基金；同时，申购和赎回均以现金进行，对申购和赎回没有规模上的限制，可以在交易所申购、赎回，也可以在代销网点进行。LOF 所具有的可以在场内外申购、赎回，以及场内外转托管的制度安排，使 LOF 不会出现大幅度折价交易的现象。2004 年 10 月 14 日，南方基金管理公司募集设立了南方积极配置证券投资基金，并于 2004 年 12 月 20 日在深圳证券交易所上市交易。截至目前，已经有 59 只 LOF 在深圳证券交易所上市交易。

### 3. 保本基金

保本基金是指通过采用投资组合保险技术，保证投资者在投资到期时至少能获得投资本金或是一定回报的证券投基金。保本基金的投资目标是在锁定下跌风险的同时力争有机会获得潜在的高回报。目前我国已经有保本基金。

#### 4．QDII 基金

QDII 基金是合格的境内机构投资者英文的首字母缩写，是指在一国境内设立，经该国有关部门批准从事境外证券市场的股票、债券等有价证券投资的基金。它为国内投资者参与国际市场投资提供了便利。2007 年我国推出了首批 QDII 基金。

#### 5．分级基金

分级基金又被称为“结构型基金”、“可分离交易基金”，是指一只基金内部通过结构化的设计和安排，将普通基金份额拆分为具有不同预期收益和风险的两类或多类份额并可分离上市交易的一种基金产品。

## 第三节　证券投资基金的当事人

### 一、证券投资基金份额持有人

基金份额持有人即基金投资者，是基金的出资人、基金资产的所有者和基金投资回报的受益人。

#### (一)基金持有人的基本权利

基金份额持有人的基本权利包括对基金收益的享有权、对基金份额的转让权和在一定程度上对基金经营的参与权。对于不同类型的基金，持有人对投资决策的影响方式是不同的。在公司型基金中，基金份额持有人通过股东大会选举产生基金公司的董事会来行使对基金公司重大事项的决策权，对基金运作的影响力大些。而契约型基金中，基金份额持有人只能通过召开基金受益人大会对基金的重大事项做出决议，但是一般不能直接影响基金日常决策。我国《证券投资基金法》规定，基金份额持有人享有下列权利：分享基金财产收益；参与分配清算后的剩余基金财产；依法转让或者申请赎回其持有的基金份额；按照规定要求召开基金份额持有人大会；对基金份额持有人大会审议事项行使表决权；查阅或者复制公开披露的基金信息资料；对基金管理人、基金托管人、基金份额发售机构损害其合法权益的行为依法提起诉讼；基金合同约定的其他权利。

我国《证券投资基金法》规定，下列事项应当通过召开基金份额持有人大会审议决定：提前终止基金合同；基金扩募或者延长基金合同期限；转换基金运作方式；提高基金管理人、基金托管人的报酬标准；更换基金管理人、基金托管人；基金合同约定的其他事项。基金份额持有人大会由基金管理人召集；基金管理人未按规定召集或者不能召集时，由基金托管人召集。代表基金份额 10%以上的基金份额持有人就同一事项要求召开基金份额持有人大会，而基金管理人、基金托管人都不召集的，代表基金份额 10%以上的基金份额持有人有权自行召集，并报国务院证券监督管理机构备案。

### (二)基金持有人的义务

基金份额持有人必须承担一定的义务，这些义务包括：遵守基金契约；缴纳基金认购款项及规定的费用；承担基金亏损或终止的有限责任；不从事任何有损基金及其他基金投资人合法权益的活动；在封闭式基金存续期间，不得要求赎回基金份额；在封闭式基金存续期间，交易行为和信息披露必须遵守法律、法规的有关规定；法律、法规及基金契约规定的其他义务。

## 二、证券投资基金管理人

### (一)基金管理人的概念

基金管理人是负责基金发起、设立与经营管理的专业性机构，不仅负责基金的投资管理，而且承担着产品的设计、基金营销、基金注册登记、基金估值、会计核算和客户服务等多方面的职责。基金管理人由依法设立的基金管理公司担任。基金管理公司通常由证券公司、信托投资公司或其他机构等发起成立，具有独立法人地位。基金管理人作为受托人，必须履行“诚信义务”。基金管理人的目标函数是受益人利益的最大化，因而，不得出于自身利益的考虑损害基金持有人的利益。

### (二)基金管理人的资格

基金管理人的主要业务是发起设立基金和管理基金。由于基金份额持有人通常是为数众多的中小投资者，为了保护这些投资者的利益，必须对基金管理人的资格作出严格的规定，使基金管理人更好地负起管理基金的责任。对基金管理人需具备的条件，各个国家和地区有不同的规定。我国对基金管理公司实行市场准入管理，《证券投资基金法》规定：设立基金管理公司，应当具备下列条件，并经国务院证券监督管理机构批准：有符合本法和《中华人民共和国公司法》规定的章程；注册资本不低于一亿元人民币，且必须为实缴货币资本；主要股东具有从事证券经营、证券投资咨询、信托资产管理或者其他金融资产管理的较好的经营业绩和良好的社会信誉，最近三年没有违法记录，注册资本不低于三亿元人民币；取得基金从业资格的人员达到法定人数；有符合要求的营业场所、安全防范设施和与基金管理业务有关的其他设施；有完善的内部稽核监控制度和风险控制制度；法律、行政法规规定的和经国务院批准的国务院证券监督管理机构规定的其他条件。

### (三)基金管理人的职责

我国《证券投资基金法》规定：基金管理人应当履行下列职责：依法募集资金，办理

或者委托经国务院证券监督管理机构认定的其他机构代为办理基金份额的发售、申购、赎回和登记事项；办理基金备案手续；对所管理的不同基金财产分别管理、分别记账，进行证券投资；按照基金合同的约定确定基金收益分配方案，及时向基金份额持有人分配收益；进行基金会计核算并编制基金财务会计报告；编制中期和年度基金报告；计算并公告基金资产净值，确定基金份额申购、赎回价格；办理与基金财产管理业务活动有关的信息披露事项；召集基金份额持有人大会；保存基金财产管理业务活动的记录、账册、报表和其他相关资料；以基金管理人名义，代表基金份额持有人利益行使诉讼权利或者实施其他法律行为；国务院证券监督管理机构规定的其他职责。

我国《证券投资基金法》规定：基金管理人不得有下列行为：将其固有财产或者他人财产混同于基金财产从事证券投资；不公平地对待其管理的不同基金财产；利用基金财产为基金份额持有人以外的第三人牟取利益；向基金份额持有人违规承诺收益或者承担损失；依照法律、行政法规有关规定，由国务院证券监督管理机构规定禁止的其他行为。

### (四)基金管理人的更换条件

我国《证券投资基金法》规定：有下列情形之一的，基金管理人职责终止：被依法取消基金管理资格；被基金份额持有人大会解任；依法解散、被依法撤销或者被依法宣告破产；基金合同约定的其他情形。

### (五)我国基金管理公司的主要业务范围

目前我国基金管理公司的业务主要包括：证券投资基金业务、受托资产管理业务和投资咨询业务；此外，基金管理公司还可以从事社保基金管理和企业年金管理业务、QDII 业务等。

#### 1．证券投资基金业务

证券投资基金业务是基金管理公司最核心的一项业务，主要包括基金募集与销售、基金的投资管理和基金营运服务。按照《证券投资基金法》的规定，依法募集基金是基金管理公司的一项法定权利，其他任何机构不得从事基金的募集活动。基金管理公司应当按照基金合同的约定，对基金进行投资管理及基金注册登记、核算与估值、基金清算与信息披露等业务。

#### 2．受托资产管理业务

根据 2008 年 1 月 1 日开始施行的《基金管理公司特定客户资产管理业务试点办法》的规定，符合条件的基金管理公司既可以为单一客户办理特定资产管理业务，也可以为特定的多个客户办理特定资产管理业务。但为特定的多个客户办理资产管理业务还需中国证监会另行规定。基金管理公司为单一客户办理特定资产管理业务的，客户委托的初始资产不得低于5000万元人民币。

基金管理公司申请开展特定客户资产管理业务需具备下列基本条件：①净资产不低于2亿元人民币。②在最近一个季度末资产管理规模不低于200亿元人民币或等值外汇资产。③经营行为规范，管理证券投资基金2年以上且最近1年内没有因违法违规行为受到行政处罚或被监管机构责令整改，没有因违法违规行为正在被监管机构调查等。

基金管理人开展特定多个客户资产管理业务时，需遵守《关于基金管理公司开展特定多个客户资产管理业务有关问题的规定》，该规定由中国证监会于2009年5月5日发布，2009年6月1日起施行。

#### 3. 投资咨询服务

2006年2月，中国证监会基金部《关于基金管理公司向特定对象提供投资咨询服务有关问题的通知》规定，基金管理公司不需报经中国证监会审批，可以直接向合格境外机构投资者、境内保险公司及其他依法设立运作的机构等特定对象提供投资咨询服务。同时规定，基金管理公司向特定对象提供投资咨询服务时，不得有侵害基金份额持有人和其他客户的合法权益、承诺投资收益、与投资咨询客户约定分享投资收益或者分担投资损失、通过广告等公开方式招揽投资咨询客户以及代理投资咨询客户从事证券投资的行为。

## 三、证券投资基金托管人

为充分保障基金投资者的权益防止基金资产被挪用，各国的证券投资信托法规都规定必须由某一机构，即基金托管人来对基金管理机构的投资操作进行监督和保管基金资产。如美国1940年《投资公司法》规定，投资公司应将基金的证券、资产及现金存放于托管公司，托管公司应为基金设立独立账户，分别管理，定期核查。

### (一)基金托管人的概念

基金托管人又称基金保管人，是依据基金运行中“管理与保管分开”的原则对基金管理人进行监督和保管基金资产的机构，是基金持有人权益的代表，通常由有实力的商业银行或信托投资公司担任。基金托管人与基金管理人签订托管协议，在托管协议规定的范围内履行自己的职责并收取一定的报酬。

### (二)基金托管人的条件

基金托管人的作用决定了它对所托管的基金承担着重要的法律及行政责任，因此，有必要对托管人的资格做出明确规定。概括地说，基金托管人应该是完全独立于基金管理机构、具有一定经济实力、实收资本达到一定规模、具有行业信誉的金融机构。

我国规定基金托管人由依法设立并取得基金托管资格的商业银行担任。申请取得基金托管资格，应当具备下列条件，并经国务院证券监督管理机构和国务院银行业监督管理机

构核准：净资产和资本充足率符合有关规定；设有专门的基金托管部门；取得基金从业资格的专职人员达到法定人数；有安全保管基金财产的条件；有安全高效的清算、交割系统；有符合要求的营业场所、安全防范设施和与基金托管业务有关的其他设施；有完善的内部稽核监控制度和风险控制制度；法律、行政法规规定的和经国务院批准的国务院证券监督管理机构、国务院银行业监督管理机构规定的其他条件。

### (三)基金托管人的职责

我国《证券投资基金法》规定，基金托管人应当履行下列职责：安全保管基金财产；按照规定开设基金财产的资金账户和证券账户；对所托管的不同基金财产分别设置账户，确保基金财产的完整与独立；保存基金托管业务活动的记录、账册、报表和其他相关资料；按照基金合同的约定，根据基金管理人的投资指令，及时办理清算、交割事宜；办理与基金托管业务活动有关的信息披露事项；对基金财务会计报告、中期和年度基金报告出具意见；复核、审查基金管理人计算的基金资产净值和基金份额申购、赎回价格；按照规定召集基金份额持有人大会；按照规定监督基金管理人的投资运作；国务院证券监督管理机构规定的其他职责。

### (四)基金托管人的更换条件

我国《证券投资基金法》规定，有下列情形之一的，基金托管人职责终止：被依法取消基金托管资格；被基金份额持有人大会解任；依法解散、被依法撤销或者被依法宣告破产；基金合同约定的其他情形。

## 四、证券投资基金当事人之间的关系

### (一)持有人与管理人之间的关系

在基金的当事人中，基金份额持有人通过购买基金份额或基金股份，参加基金投资并将资金交给基金管理人管理，享有基金投资的收益权，是基金资产的终极所有者和基金投资收益的受益人。基金管理人则是接受基金份额持有人的委托，并有权委托基金托管人保管基金资产的金融中介机构。因此，基金持有人与基金管理人之间的关系是：委托人、受益人与受托人的关系，也是所有者和经营者之间的关系。

### (二)管理人与托管人之间的关系

基金管理人与托管人的关系是相互制衡的关系。基金管理人是基金的组织者和管理者，负责基金资产的经营，是基金运营的核心；基金托管人由主管机关认可的金融机构担任，负责基金资产的保管，根据基金管理机构的指令处置基金资产并监督管理人的投资运作是否合法合规。对基金管理人而言，处理有关证券、现金收付的具体事务交由基金托管人办理，就可以专心从事资产的运用和投资决策。基金管理人和基金托管人均对基金份额持有人负责。他们的权利和义务在基金合同或基金公司章程中已预先界定清楚，任何一方有违规之处，对方都应当监督并及时制止，直至请求更换违规方。这种相互制衡的运行机制，有利于基金信托财产的安全和基金运营的绩效。但是这种机制的作用得以有效发挥的前提是基金托管人与基金管理人必须严格分开，由不具有任何关联关系的不同机构或公司担任，两者在财务上、人事上、法律地位上应完全独立。

#### (三)持有人与托管人之间的关系

基金持有人与托管人的关系是委托与受托的关系，也就是说，基金份额持有人将基金资产委托给基金托管人托管。对基金持有人而言，将基金资产委托给专门的机构保管，可以确保基金资产的安全；对基金托管人而言，必须对基金份额持有人负责，监管基金管理人的行为，使其经营行为符合法律法规的要求，为基金份额持有人的利益而勤勉尽责，保证资产安全，提高资产的报酬。

## 第四节　证券投资基金的费用、收入与风险

### 一、证券投资基金的费用

#### (一)基金管理费

基金管理费是指从基金资产中提取的、支付给为基金提供专业化服务的基金管理人的费用，也就是管理人为管理和操作基金而收取的费用。基金管理费通常按照每个估值日基金净资产的一定比率(年率)逐日计提，累计至每月月底，按月支付。管理费费率的大小通常与基金规模成反比，与风险成正比。基金规模越大，风险越小，管理费率就越低；反之，则越高。不同的国家及不同种类的基金，管理费率不完全相同。目前，我国基金大部分按照 1.5%的比例计提基金管理费；债券基金的管理费率一般低于 1%；货币基金的管理费率为 0.33%。

#### (二)基金托管费

基金托管费是指基金托管人为保管和处置基金资产而向基金收取的费用。托管费通常按照基金资产净值的一定比率提取，逐日计算并累计，按月支付给托管人。目前，我国封闭式基金按照 0.25%的比例计提基金托管费；开放式基金根据基金合同的规定比例计提，通常低于 0.25%；股票型基金的托管费率要高于债券型基金及货币市场基金的托管费率。

### (三)其他费用

证券投资基金的费用还包括：封闭式基金上市费用；证券交易费用；基金信息披露费用；基金持有人大会费用；与基金相关的会计师、律师等中介机构费用；法律、法规及基金契约规定可以列入的其他费用。上述费用由基金托管人根据法律、法规及基金合同的相关规定，按实际支出金额支付。

## 二、证券投资基金的收入及利润分配

### (一)证券投资基金的收入来源

证券投资基金收入是基金资产在运作过程中所产生的各种收入，主要包括利息收入、投资收益和其他收入。基金资产估值引起的资产价值变动作为公允价值变动损益计入当期损益。

### (二)证券投资基金的利润分配

证券投资基金利润是指基金在一定会计期间的经营成果。利润包括收入减去费用后的净额、直接计入当期利润的利得和损失等，也称为基金收益。证券投资基金在获取投资收入扣除费用后，须将利润分配给受益人。基金利润分配通常有两种方式：一是分配现金，这是最普遍的分配方式；二是分配基金份额，即将应分配的净利润折为等额的新的基金份额送给受益人。

按照《证券投资基金管理办法》的规定，封闭式基金的收益分配每年不得少于一次，封闭式基金年度收益分配比例不得低于基金年度已实现收益的 90%。封闭式基金一般采用现金分红方式。

开放式基金的基金合同应当约定每年基金收益分配的最多次数和基金收益分配的最低比例。开放式基金的分红方式有现金分红和分红再投资转换为基金份额两种。根据规定，基金收益分配应当采用现金方式。开放式基金的基金份额持有人可以事先选择将所获分配的现金收益按照基金合同有关基金份额申购的约定转为基金份额；基金份额持有人事先未作出选择的，基金管理人应当支付现金。

对货币市场基金的收益分配，中国证监会有专门的规定。《货币市场基金管理暂行规定》第九条规定：“对于每日按照面值进行报价的货币市场基金，可以在基金合同中将收益分配的方式约定为红利再投资，并应当每日进行收益分配。”中国证监会下发的《关于货币市场基金投资等相关问题的通知》规定：“当日申购的基金份额自下一个工作日起享有基金的分配权益，当日赎回的基金份额自下一个工作日起不享有基金的分配权益。”具体而言，货币市场基金每周五进行收益分配时，将同时分配周六和周日的收益；每周一至周四进行收益分配时，则仅对当日收益进行分配。投资者于周五申购或转换转入的基金份额不享有周五和周六、周日的收益；投资者于周五赎回或转换转出的基金份额享有周五和周六、周日的收益。

## 三、证券投资基金的投资风险

证券投资基金是一种集中资金、专家管理、分散投资、降低风险的投资工具，但仍有可能面临风险。证券投资基金存在的风险主要有以下几方面。

### (一)市场风险

基金主要投资于证券市场，投资者购买基金，相对于购买股票而言，由于能有效地分散投资和利用专家优势，可能对控制风险有利。分散投资虽能在一定程度上消除来自个别公司的非系统性风险，但无法消除市场的系统性风险。因此，证券市场价格因经济因素、政治因素等各种因素的影响而产生波动时，将导致基金收益水平和净值发生变化，从而给基金投资者带来风险。

### (二)管理能力风险

基金管理人作为专业投资机构，虽然比普通投资者在风险管理方面确实有某些优势，如能较好地认识风险的性质、来源和种类；能较准确地度量风险，并通常能够按照自己的投资目标和风险承受能力构造有效的证券组合；在市场变动的情况下，及时地对投资组合进行更新，从而将基金资产风险控制在预定的范围内等。但是，不同的基金管理人的基金投资管理水平、管理手段和管理技术存在差异，从而会对基金收益水平产生影响。

### (三)技术风险

当计算机、通讯系统、交易网络等技术保障系统或信息网络支持出现异常情况时，可能导致基金日常的申购或赎回无法按正常时限完成、注册登记系统瘫痪、核算系统无法按正常时限显示基金净值、基金的投资交易指令无法及时传输等风险。

### (四)巨额赎回风险

这是开放式基金所特有的风险。若因市场剧烈波动或其他原因而连续出现巨额赎回，并导致基金管理人出现现金支付困难时，基金投资者申请赎回基金份额，可能会遇到部分顺延赎回或暂停赎回等风险。

## 四、证券投资基金的信息披露

为了加强对基金投资运作的监管，提高基金运作的透明度，保障基金份额持有人的合法权益，基金必须履行严格的信息披露义务。我国《证券投资基金法》规定，基金管理人、基金托管人和其他基金信息披露义务人应当依法披露基金信息，并保证所披露信息的真实性、准确性和完整性。

公开披露的基金信息包括：基金招募说明书、基金合同、基金托管协议；基金募集情况；基金份额上市交易公告书；基金资产净值、基金份额净值；基金份额申购、赎回价格；基金财产的资产组合季度报告、财务会计报告及中期和年度基金报告；临时报告；基金份额持有人大会决议；基金管理人、基金托管人的专门基金托管部门的重大人事变动；涉及基金管理人、基金财产、基金托管业务的诉讼；依照法律、行政法规有关规定，由国务院证券监督管理机构规定应予披露的其他信息。

公开披露基金信息，不得有下列行为：虚假记载、误导性陈述或者重大遗漏；对证券投资业绩进行预测；违规承诺收益或者承担损失；诋毁其他基金管理人、基金托管或者基金份额发售机构；依照法律、行政法规有关规定，由国务院证券监督管理机构规定禁止的其他行为。

基金信息披露义务人和为基金信息披露义务人公开披露的基金信息出具审计报告、法律意见书等文件的专业机构应当遵守《基金法》的有关规定。违反规定的，中国证监会依法给予行政处罚；涉嫌犯罪的，依法移送司法机关，追究刑事责任。

基金信息披露义务人的信息披露活动存在违反本办法以下情形的，责令改正，处以警告，并处罚款；对直接负责的主管人员和其他直接责任人员给予警告，并处罚款，情节严重的，暂停或者取消基金从业资格：

(1) 信息披露文件不符合中国证监会相关基金信息披露内容与格式准则的规定；

(2) 信息披露文件不符合中国证监会相关编报规则的规定；

(3) 未按规定履行信息披露文件备案、置备义务；

(4) 年度报告的财务会计报告未经审计即予披露。

基金信息披露义务人的信息披露活动存在下列不依法披露基金信息情形的，按照《基金法》第九十三条的规定处罚：

(1) 违反本办法第六条规定；

(2) 未公开披露本办法第五条、第二十三条第二款规定的基金信息；

(3) 未在中国证监会规定的时间内披露基金信息；

(4) 未在指定报刊、网站等媒介披露基金信息；

(5) 未能保证投资人按照基金合同约定的时间和方式查阅或者复制公开披露的信息资料；

(6) 基金管理人在其他公共媒体上披露的信息早于规定媒介；

(7) 基金管理人在不同媒介公开披露同一信息的内容不一致。

基金信息披露义务人的信息披露事务管理活动存在下列情形的，责令改正，处以警告，并处罚款；对直接负责的主管人员和其他直接责任人员给予警告，并处罚款，情节严重的，暂停或者取消基金从业资格：

(1) 基金管理人、基金托管人的信息披露管理制度不健全；

(2) 基金管理人、基金托管人未指定专人负责管理信息披露事务；

(3) 基金托管人未按规定对公开披露的基金信息进行复核、审查或者确认；

(4) 基金管理人、基金托管人未按照规定选择中国证监会指定的信息披露报刊。

为基金信息披露义务人公开披露的基金信息出具审计报告、法律意见书等文件的专业机构未勤勉尽责，致使所出具的文件含有虚假记载、误导性陈述或者有重大遗漏的，责令改正，给予警告，并处罚款。

对违反本办法规定的机构及其直接责任人员，依法作诚信档案记载。

## 本章小结

本章主要介绍了证券投资基金的产生、发展、特征、作用、分类、当事人、费用、收入以及风险等内容。

## 自测题

### 一、单项选择题

1. 证券投资基金的特点不包括(　　)。

A. 分散市场　　B. 专业理财　　C. 稳定市场　　D. 集合投资

2. 关于证券投资基金与股票、债券区别的描述错误的是(　　)。

A. 反映的经济关系不同　　B. 投资主体不同

C. 所筹集资金的投向不同　　D. 风险水平不同

3. 按基金的组织形式不同，证券投资基金可分为(　　)。

A. 契约型基金和公司型基金

B. 封闭式基金和开放式基金

C. 国债基金、股票基金和货币市场基金

D. 成长型基金、收入型基金和平衡型基金

4. 我国《证券投资基金法》规定，基金托管人由依法设立并取得基金托管资格的(　　)担任。

A. 证券公司　　B. 信托投资公司　C. 商业银行　　D. 基金公司

5. ETF 是一种在交易所上市交易的、基金份额可变的一种基金运作方式。ETF 结合了(　　)的运作特点。

A. 契约型基金与公司型基金　　　B. 封闭式基金与开放式基金
C. 股票基金与货币基金　　　D. 成长型基金与收入型基金

## 二、多项选择题

1. 证券投资基金的作用包括(　　)。
A. 基金为中小投资者拓宽了投资渠道
B. 基金丰富了大投资者的投资方式
C. 有利于证券市场的稳定和发展
D. 有利于证券市场的国际化
2. 对基金管理人的概念理解正确的是(　　)。
A. 不仅负责基金的投资管理，而且承担着产品设计、基金营销、基金注册登记、基金估值等多方面的职责
B. 由依法设立的基金管理公司担任
C. 基金管理人目标函数是自身利益的最大化
D. 基金管理公司通常由证券公司、信托投资公司或其他机构等发起设立，但不具有独立法人地位
3. 我国基金管理公司的主要业务范围包括(　　)。
A. 证券投资基金业务　　　B. 受托资产管理业务
C. 企业年金管理　　　D. 投资咨询服务
4. 通常情况下，基金所支付的费用主要包括(　　)。
A. 基金管理费　　　B. 基金销售服务费
C. 基金交易费　　　D. 基金运作费用
5. 成长型基金可分为(　　)。
A. 稳健成长型基金　　　B. 一般成长型基金
C. 积极成长型基金　　　D. 专业成长型基金

## 三、简答题

1. 简述证券投资基金与股票、债券的区别。
2. 简述证券投资基金投资存在的风险。
3. 简述封闭式基金与开放式基金的主要区别。

# 第二篇　证券市场基本分析篇

## 第五章　宏观经济分析

【学习目标】

通过学习本章，读者应当了解宏观经济分析在证券市场分析中的作用和地位；了解宏观经济分析的方法；掌握宏观经济分析的指标；学会根据宏观经济指标和宏观经济政策进行宏观经济分析。

【导读案例】

**2011 年第三季度经济运行分析**

2011 年前三季度，我国国内生产总值同比增长 9.4%，虽然仍然运行在较快平稳增长区间，但经济增长降幅有所扩大。从 2011 年第三季度物价走势来看，物价上涨的势头得到初步遏制。居民消费价格指数(CPI) 9 月份进一步回落到 6.1%，连续两个月出现同比指数回落，表明物价调控措施取得了一定成效。由于欧债危机进一步深化，导致外部市场消费者信心不足、需求环境恶化。受此影响，我国第三季度外贸出现回落。2011 年前三季度，我国外贸进出口总值 26 774.4 亿美元，比去年同期增长 24.6%，贸易顺差 1071 亿美元，收窄 10.6%。2011 年前三季度货币信贷继续缩减，2011 年 9 月末，广义货币(M2)余额 78.74 万亿元，同比增长 13.0%；狭义货币(M1)余额 26.72 万亿元，同比增长 8.9%；流通中货币(M0)余额 4.71 万亿元，同比增长 12.7%。前三季度净投放现金 2557 亿元，同比少投放 1045 亿元。

宏观调控政策取向已经开始预微调。为了避免物价产生新的上涨压力，政策总量宽松尚待观察。在复杂的国内外经济环境下，大规模放松银根和降息、全面下调存款准备金率的可能性已经不大，而结构性信贷松动可能成为货币政策微调的举措之一。财政政策在结构性减税方面，一是以财政税收政策鼓励中小企业创新和开发自有品牌和技术，引导企业从低端加工阶段向产业链高端爬升；二是进一步加大对小微企业技术创新和改造的财税支持力度；三是加快落实农产品增值税进项税额核定扣除办法；四是把握物价上涨压力降低的契机，加快扩大资源税改革试点范围，由原油、天然气扩大到煤炭等重要资源品种。

根据上述材料，如何对 2011 年宏观经济运行情况进行分析呢？

(资料来源：国研网宏观经济研究部《宏观经济》第三季度分析报告，2011 年 11 月 16 日)

# 第一节　宏观经济分析概述

## 一、宏观经济分析的意义

基本面分析法是证券市场的主要分析方法之一。基本面分析是指根据经济学、金融学及投资学等基本原理，对决定证券价值及价格的基本因素进行分析，确定证券的内在价值。基本面分析认为证券的价格是由公司的内在价值决定的，公司的内在价值是公司在其经营期内能够产生的全部新增现金流。而公司产生新增现金流的能力与公司的经营水平、行业总体环境以及宏观经济的运行都密不可分。因此出现了一种“自上而下”的分析方法。“自上而下”的分析是指投资者按照宏观层面、中观层面和微观层面的顺序进行分析，做出投资决策的过程。首先，在宏观层面上投资者需要考虑影响证券市场的各类因素，分析国际经济形势，评价及预测国内宏观经济市场和走势；其次，在中观层面上进行行业和区域分析，分析各行业的风险收益状况和区域发展动态与竞争力；最后，在微观层面上投资者要重点进行公司分析。

在影响证券市场价格的诸多因素中，宏观经济是一个非常重要的因素。因为证券市场的波动与整个宏观经济的变化是紧密联系的，因而证券市场素有“宏观经济晴雨表”之称。在证券市场分析中，只有把握经济发展的大方向，才能作出正确的长期决策。宏观经济因素主要包括国民经济总体发展状况、经济周期、国际收支、宏观经济政策以及通货膨胀等因素，这些宏观经济因素对证券市场价格的影响既是根本性的，也是全局性和长期性的。因此宏观经济分析无论是对投资者、投资对象，还是对证券业本身，乃至整个国民经济的健康发展都具有非常重要的意义。

### (一)判断证券市场的总体趋势

证券市场是国民经济大系统的一个重要组成部分，证券市场的总体趋势是由国民经济总体运行趋势决定的。宏观经济运行决定了证券市场的长期趋势，其他因素可能暂时改变证券市场的中期或短期趋势，但改变不了证券市场的长期趋势。因而在证券投资分析中，只有把握住宏观经济发展的大方向，才能把握证券市场的总体变动趋势，作出正确的投资决策；只有密切关注宏观经济因素的变化，尤其是货币政策和财政政策的变化，才能抓住证券投资的市场时机。

### (二)评估证券市场的投资价值

证券市场的投资价值是指整个市场的平均投资价值。证券市场的投资价值与国民经济整体素质及其结构变动密切相关，反映了整个国民经济的规模和增长速度。宏观经济是个体经济的总和，企业的投资价值必然在宏观经济的总体中综合反映出来。如果证券市场的价值和增长速度远远超过实体经济的规模和增长速度，则表明市场存在泡沫。所以，宏观经济分析是判断整个证券市场投资价值的关键。

### (三)研究宏观经济政策对证券市场的影响

宏观经济政策是指国家或政府有意识有计划地运用一定的政策工具，调节控制宏观经济的运行，以调控国民经济的发展速度和发展方向，主要包括财政政策、货币政策和产业政策等。在市场经济条件下，这些宏观经济政策会影响到经济增长速度和企业经济效益，影响到不同行业、不同区域及不同企业的经济效益，从而改变经济运行的周期和投资者对未来经济发展的预期，进一步对证券市场产生影响。

## 二、宏观经济分析的方法

### (一)经济指标分析

经济指标是反映经济活动结果的一系列数据和比例关系。宏观经济分析可以通过一系列经济指标的计算、分析和对比来进行，如对国内生产总值、总消费、总投资、银行贷款总额及物价水平变动规律的分析可以掌握整个经济的状态和全貌。这些反映整个社会经济活动状态的经济变量往往通过一系列的经济指标反映出来。一般的，可将经济指标分为三类：一是先行指标，先行指标指对将来的经济状况提供预示性的信息指标，主要有货币供应量、股票价格指数等；二是同步指标，通过同步指标算出的国民经济转折点大致与总的经济活动的转变时间同时发生，同步指标主要包括失业率、国民生产总值等；三是滞后指标，滞后指标主要有银行短期商业贷款利率、工商业未还贷款等。

### (二)计量经济模型

计量经济模型是一个或一组反映经济指标、因素、宏观经济之间数量关系的方程式，即表示经济现象及其主要因素之间数量关系的方程式。通过计量经济模型，可以简洁有效地描述、概括某个真实经济系统的数量特征，深刻地揭示出该经济系统的数量变化规律，描述国民经济各部门和社会再生产各环节之间的联系，预见政策变化、行业调整、经济波动的方向甚至范围。

为证券投资而进行宏观经济分析，主要运用宏观计量经济模型。所谓宏观计量经济模型是指用计量经济学方法建立宏观经济模型。通过宏观计量经济模型揭示宏观经济的行为理论和运行规律，解释经济现象中的因果关系，分析宏观经济主要指标间的相互依存关系，可用于宏观经济结构分析、政策模拟、决策研究以及发展预测等。

### (三)概率预测

概率论是一门研究随机现象的数量规律的学科。目前，越来越多的概率论方法被运用于经济、金融和管理科学。虽说国民经济的领域广阔、关系错综复杂，但从时间序列上看，却是必然的前后继承关系。因为过去的经济活动都反映在大量的统计数字和资料上，根据这些数据，运用概率预测的方法，就可以推算出以后若干时期各种相关的经济变量状况。概率预测方法运用得比较多也比较成功的是对宏观经济的短期预测。宏观经济短期预测是指对实际国民生产总值及其增长率、通货膨胀率、失业率、利息率、个人收入、个人消费、企业投资、企业利润及对外贸易差额等指标的下一时期水平或变动率的预测，其中最重要的是对前三项指标的预测。

# 第二节 宏观经济指标

进行宏观经济分析，必须了解反映宏观经济形势的指标。宏观经济指标犹如经济发展的指示器，从不同层面显示了社会经济发展的速度、水平、结构与规模。评价宏观经济形势的指标主要有以下五大类。

## 一、国民经济的总体指标

### (一)国内生产总值

国内生产总值(Gross Domestic Product，GDP)是指在一定时期内(一个季度或一年)，一个国家或地区的经济中所生产出的全部最终商品和劳务的价值，常被公认为衡量国家经济状况的最佳指标。它不但可反映一个国家的经济表现，更可以反映一国的国力与财富。国内生产总值一般有四个组成部分，其中包括消费、投资、政府支出和净出口额。一般而言，国内生产总值(GDP)公布的形式有两种，即以总额和百分比率为计算单位。当 GDP 的增长数字处于正数时，即显示该地区经济处于扩张阶段；反之，如果处于负数，即表示该地区的经济进入衰退时期。

一般公布的国内生产总值是指名义 GDP，名义 GDP 增长率等于实际国内生产总值增长率与通货膨胀率之和。因此，即使总产量没有增加，仅价格水平上升，名义 GDP 仍然是会上升的。在价格上涨的情况下，国内生产总值的上升只是一种假象，有实质性影响的还是实际 GDP 变化率，所以使用 GDP 这个指标时，还必须通过 GDP 缩减指数，对名义 GDP 做出调整，从而精确地反映产出的实际变动。GDP 的增长速度一般用来衡量经济增长率(也称经济增长速度)，它是反映一定时期经济发展水平变化程度的动态指标，也是反映一个国家经济是否具有活力的基本指标，它从根本上影响着证券市场的发展方向与速度。因此，在宏观经济分析中，国内生产总值指标占有非常重要的地位。

## (二)失业率

失业率(Unemployment Rate)是评价一个国家或地区就业状况的主要指标。国际上通用的失业率概念是指失业人数同从业人数与失业人数之和的比例关系，即一定时期全部就业人口中有工作意愿但仍未有工作的劳动力人数占总劳动力人口的比例，反映了一定时期内可以参加社会劳动的人数中实际失业人数所占的比重。

过去我国统计部门公布的失业率为城镇登记失业率，即城镇登记失业人数占城镇从业人数与城镇登记失业人数之和的百分比。城镇登记失业人数是指拥有非农业户口，在一定的劳动年龄内(16 岁以上及男 60 岁以下、女 55 岁以下)，有劳动能力，无业而要求就业，并在当地就业服务机构进行求职登记的人员数。但从 2011(“十二五”期间)开始，不再使用城镇登记失业率这一指标，而采用调查失业率。调查失业率是通过城镇劳动力情况抽样调查所取得的城镇就业与失业汇总数据进行计算的，是指城镇调查失业人数占城镇调查从业人数与城镇调查失业人数之和的比。具体而言，调查失业率将不仅仅有涵盖城乡的全口径调查失业率，也会有城镇和农村的分项调查失业率。

失业率是资本市场的重要指标，属滞后指标范畴。失业率增加是经济疲软的信号，可导致政府放松银根，刺激经济增长；相反失业率下降，将形成通货膨胀，使央行收紧银根，减少货币投放。

## (三)通货膨胀率

通货膨胀(Inflation)是因货币供给大于货币实际需求，即现实购买力大于产出供给，导致货币贬值，而引起的一段时间内物价持续而普遍的上涨现象。通货膨胀率测量的是价格全面上涨的程度。但实际上这种上涨程度很难测量，因此各国往往通过价格指数的增长率来间接表示。由于消费者价格是反映商品经过流通各环节形成的最终价格，它最全面地反映了商品流通对货币的需要量。因此，消费者价格指数是最能充分、全面反映通货膨胀率的价格指数。目前，世界各国基本上均用消费者价格指数(我国称居民消费价格指数，即 CPI)来反映通货膨胀的程度。居民消费价格指数是反映一定时期内城乡居民所购买的生活消费品价格和服务项目价格变动趋势和程度的相对数，是对城市居民消费价格指数和农村居民消费价格指数进行综合汇总计算的结果。值得注意的是，通货膨胀率不是价格指数，而是价格指数的上升率。

通货膨胀对社会经济产生的影响主要有：引起收入和财富的再分配，扭曲商品相对价格，降低资源配置效率，引发泡沫经济乃至损害一国的经济基础和政权基础。通货膨胀从程度上分则有温和的、严重的和恶性的三种。温和的通货膨胀是指年通胀率低于 10%的通货膨胀；严重的通货膨胀是指两位数的通货膨胀；恶性的通货膨胀则是指三位数以上的通货膨胀。各个国家往往不会长期容忍高通货膨胀率，但为抑制通货膨胀而采取的货币政策

和财政政策通常会导致高失业和国民生产总值(GNP)的低增。

### (四)国际收支

国际收支(Balance of Payments)是指一定时期内一个经济体(通常指一个国家或者地区)与世界其他经济体之间发生的各项经济活动的货币价值之和，即一个国家在一定时期，从国外收进的全部货币资金和向国外支付的全部货币资金之间的比例关系。收支相等称为国际收支平衡；否则为不平衡。收入总额大于支出总额称为国际收支顺差(或国际收支盈余)；支出总额大于收入总额称为国际收支逆差(或国际收支赤字)。

国际收支平衡表是用来记录一国对外全部经济交易，不仅包括纯粹经济交易引起的货币收支，还包括政治、文化、军事引起的货币收支。国际收支平衡表包括经常项目、资本和金融项目、误差和遗漏项目。经常项目主要反映一国的贸易和劳务往来状况，是国际收支平衡表中最主要的项目，包括对外贸易收支、非贸易往来和无偿转让三个项目。资本和金融项目则集中反映一国同国外资金往来的情况，即记录因为资产买卖活动发生的外汇收支。资本账户包括资本转移和非金融资产的收买和放弃。金融账户包括“直接投资”、“证券投资”与“其他投资(如贸易信贷)”三个子项目。误差与遗漏项目是指编制国际收支平衡表时，因资料不完整、统计时间和计价标准不一致以及货币换算等因素所造成的差错和遗漏，它是为使国际收支核算保持平衡而设置的平衡项目。

对一个开放型的国家而言，国际收支反映一国经济活动的范围及经济发展的趋势；反映该国在世界经济中所处的地位和发挥的作用。因此，国际收支会直接影响一国的国内经济发展，是世界各国国民经济的重要组成部分。

## 二、投资指标

投资指标是衡量一定时期间在国民经济管理部门、各行业再生产中投入资金的数量、速度、比例关系和使用方向等的综合性指标。一般的，按照投资主体可分为政府投资、企业投资和外商投资三大类。

### (一)政府投资

政府投资是指政府为了实现其职能，满足社会公共需要，以财政资金投资于经济建设，其目的是改变长期失衡的经济结构，完成私人部门不能或不愿从事的，但对国民经济发展却至关重要的投资项目，如大型水利设施、公路建设和生态保护等。同时，政府投资是国家宏观经济调控的必要手段，在社会投资和资源配置中起着重要的宏观导向作用。政府投资可以弥补市场失灵，协调全社会的重大投资比例关系，进而推动经济发展和结构优化；政府投资也是扩大投资需求，促进经济增长的重要手段。

### (二)企业投资

企业投资是指企业投入财力，以期望在未来获取收益的一种行为。企业投资是企业发展生产和经营的必要手段，是提升企业核心价值和自主创新的必经之路。企业对内投资主要是固定资产投资。由于投资风险处处存在，因而，企业能否把资金投资于收益高、收效快、风险小的项目对企业的生产和发展十分重要。随着我国市场化改革的不断深入，企业投资需求将成为国内投资需求的主要部分，企业投资的规模和方向影响着一国经济未来的走向。

### (三)外商投资

外商投资包括外商直接投资和外商间接投资。外商直接投资是指外国企业和经济组织或个人(包括华侨、港澳台胞以及我国在境外注册的企业)按我国有关政策、法规，用现汇、实物、技术等在我国境内开办外商独资企业，与我国境内的企业或经济组织共同建立中外合资经营企业、合作经营企业或合作开发资源的投资(包括外商投资收益的再投资)以及经政府有关部门批准的项目投资总额内企业从境外借入的资金等。

目前，外商直接投资主要有 4 种形式：一是收购或兼并国内的企业；二是外商在国内独自开办新企业或建立独资子公司；三是通过投入资本或技术与国内投资者建立合资企业；四是通过购买国内企业的股票，获得一定的控制权。外商间接投资是指除对外借款(外国政府贷款、国际金融组织贷款、商业银行商业贷款、出口信贷以及对外发行债券等)和外商直接投资以外的各种利用外资的形式，包括企业在境内外股票市场公开发行的以外币计价的股票发行总额，国际租赁进口设备的应付款，补偿贸易中外商提供的进口设备、技术、物料的价款，加工装配贸易中外商提供的进口设备、物料的价款等。

## 三、消费指标

### (一)社会消费品零售总额

社会消费品零售总额是指批发和零售业、住宿和餐饮业以及其他行业直接售给城乡居民和社会集团的消费品总额，其大小和增长速度也反映了城乡居民与社会集团消费水平的高低、居民消费意愿的强弱。社会消费品零售总额是研究国内零售市场变动情况、反映经济景气程度的重要指标。社会消费品零售总额由社会商品供给和有支付能力的商品需求的规模所决定，是研究居民生活水平、社会零售商品购买力、社会生产、货币流通和物价发展变化趋势的重要资料。

社会消费品零售总额按消费形态可划分为商品零售和餐饮收入两部分。其中，商品零售是指售卖非生产、非经营用实物商品的金额，包括批发和零售业零售额、限额以上住宿和餐饮业商品销售额；餐饮收入是指提供餐饮服务所取得的收入金额，包括限额以下住宿和餐饮业零售额、限额以上住宿和餐饮业餐费收入；在商业统计中，社会商品零售总额按行业可分为商业零售额、饮食业零售额、工业零售额等；社会商品零售总额按经济类型可分为全民所有制经济零售额、集体所有制经济零售额、个体经济零售额、中外合资和外资独资经济零售额等；社会商品零售总额按商品类别可分为食品类零售额、日用品类零售额、文化娱乐品类零售额、衣着类零售额、医药类零售额、燃料类零售额、农业生产资料类零售额等。

### (二)城乡居民储蓄存款余额

城乡居民储蓄存款余额是指某一时点城乡居民存入银行及农村信用社的储蓄金额，包括城镇居民储蓄存款和农民个人储蓄存款，不包括居民的手持现金和工矿企业、部队、机关、团体等单位存款。城乡居民储蓄存款是居民可支配收入与消费支出之间的差额，因而城乡居民储蓄的多少同时取决于居民可支配收入和居民的消费支出，及消费支出在居民可支配收入中所占的比例。当市场上人们的消费意愿加强时，储蓄相应减少；市场消费意愿减弱时，储蓄相应增加。城乡居民储蓄存款是商业银行资金的主要来源，借助于银行的中介作用，可以把城乡居民的储蓄集中起来，从而为社会再生产提供所需的资金。但城乡居民储蓄的增加会导致当前的消费需求下降，而消费需求是总需求中重要的组成部分。如果居民没有很强的消费需求，就会导致企业生产的产品大量积压，企业经济效益下降，投资需求就不能迅速增长，从而造成经济增长的减速。

## 四、金融指标

### (一)总量指标

#### 1. 货币供应量

货币供应量是指一国在某一时期内为社会经济运转服务的货币存量，它由包括中央银行在内的金融机构供应的存款货币和现金货币两部分构成，其变化反映了中央银行货币政策的变化，对企业生产经营、金融市场尤其是证券市场的运行和居民个人的投资行为有着重大的影响。

中央银行根据流动性的大小将货币供应量划分为不同的层次。参照国际通用原则，根据我国实际情况，我国现行货币统计制度将我国货币供应量指标分为以下四个层次：①流通中的现金(用符号 M0 表示)，指银行体系以外各个单位的库存现金和居民的手持现金之和；②狭义货币供应量(用符号 M1 表示)，指 M0 加上企业、机关、团体、部队、学校等单位在银行的活期存款等；③广义货币供应量(用符号 M2 表示)，指 M1 加上企业、机关、团体、部队、学校等单位在银行的定期存款和信托类存款。M2 与 M1 的差额，即单位的定期存款和个人的储蓄存款之和，通常称作准货币；④M3，指 M2 加上金融债券、商业票据和大额可转让存单等，M3 是考虑到金融创新的现状而设立的，暂未测算。自 2011 年 10 月起，我国货币供应量已包括住房公积金中心存款和非存款类金融机构在存款类金融机构的存款。

货币供应量是中央银行重要的货币政策操作目标，它的变化反映了中央银行货币政策的变化。中央银行可以通过增加和减少货币供应量调节货币市场，实现对经济的干预。货币供应量的变动会影响利率，中央银行可以通过对货币供应量的管理来调节信贷供给和利率，从而影响货币需求并使其与货币供给相一致。因而货币供给量对企业生产经营、金融市场，尤其是证券市场的运行和居民个人的投资行为有重大的影响。当货币供应不足时，市场商品价格下跌，生产减少，经济紧缩；当货币供应过量时，市场商品价格上涨，生产扩大，经济繁荣。

### 2. 金融资产总量

金融资产总量是指手持现金、银行存款、有价证券、保险等其他资产的总和，即一切可以在有组织的金融市场上进行交易、具有现实价格和未来估价的金融工具的总称。金融资产的最大特征是能够在市场交易中为其所有者提供即期或远期的货币收入流量。

金融资产可分为现金与现金等价物和其他金融资产两类。前者是指个人拥有的以现金或高流动性资产形式存在的资产；其他金融资产是指个人由于投资行为而形成的资产，如各类股票和债券等。我国居民的金融资产中，银行储蓄存款占绝大部分，而有价证券和其他金融资产所占的比例很小。从世界主要国家金融资产发展的经验看，金融资产的增长与结构调整通常与该国经济的发展水平息息相关。但目前我国金融资产规模虽然增长较快，但很大程度上是在原有金融结构和金融制度下进行简单扩张，金融资产的结构失衡问题仍然存在。

## (二)利率

利率(或称利息率)是指在借贷期内所形成的利息额与本金的比率。利率直接反映的是信用关系中债务人使用资金的代价，也是债权人出让资金使用权的报酬。当前，所有国家都把利率作为宏观经济调控的重要工具之一。从宏观经济分析的角度看，利率的波动反映出市场资金供求的变动状况。在经济持续繁荣增长时期，资金供不应求，利率上升；当经济萧条市场疲软时，利率会随着资金需求的减少而下降。除了与整体经济状况密切相关之外，利率影响着人们的储蓄、投资和消费行为，利率结构也影响着居民金融资产的选择，影响着证券的持有结构。随着市场经济的不断发展和政府宏观调控能力的不断加强，利率，特别是基准利率已经成为中央银行一项行之有效的货币政策工具。

利率有存款利率、贷款利率、国债利率、回购利率、同业拆借利率之分，再贴现率和同业拆借利率是基准利率。

1．贴现率和再贴现率

贴现是将未来支付改变为现值所使用的利率，或指持票人以没有到期的票据向银行要求兑现，银行将利息先行扣除所使用的利率。再贴现率是指商业银行由于资金周转的需要，以未到期的合格票据再向中央银行贴现时所使用的利率。对中央银行而言，再贴现是买进票据，让渡资金；对商业银行而言，再贴现是卖出票据，获得资金。

再贴现是中央银行的一项主要的货币政策工具。中央银行通过变动再贴现率来调节货币供给量和利息率，从而促使经济扩张或收缩。如果中央银行提高再贴现率，就意味着商业银行向中央银行再融资的成本提高了，因此它们调高对客户的贴现率或提高放款利率，从而带动整个市场利率上涨，市场货币供应量减少；反之，如果中央银行降低再贴现率，就可以起到扩大信用的作用。所以再贴现率的变动直接对货币供应量起作用，进而对国内总需求发生影响。当再贴现率提高时，就会降低总需求；当再贴现率降低时，就会扩大总需求。

2．同业拆借利率

同业拆借利率是指银行同业之间的短期资金借贷利率。同业拆借有两个利率，拆进利率与拆出利率。其中，拆进利率表示银行愿意借款的利率，拆出利率表示银行愿意贷款的利率。一家银行的拆进(借款)实际上也是另一家银行的拆出(贷款)。同一家银行的拆进和拆出利率相比较，拆进利率永远小于拆出利率，其差额就是银行的收益。同业拆借利率是拆借市场的资金价格，是货币市场的核心利率，也是整个金融市场上具有代表性的利率，它能够及时、灵敏、准确地反映货币市场乃至整个金融市场短期资金供求关系。当同业拆借率持续上升时，反映资金需求大于供给，预示市场流动性可能下降；当同业拆借利率下降时，情况相反。同业拆进中大量使用的利率是伦敦同业拆借利率(LIBOR)。LIBOR是指在伦敦的第一流银行借款给伦敦的另一家第一流银行资金的利率。现在LIBOR已经作为国际金融市场中大多数浮动利率的基础利率，并作为银行从市场上筹集资金进行转贷的融资成本。

3．回购利率

回购是交易双方在全国统一同业拆借中心进行的以债券(包括国债、政策性金融债和中央银行融资券)为权利质押的一种短期资金融通业务，是指资金融入方(正回购方)在将债券出质给资金融出方(逆回购方)融入资金的同时，双方约定在将来某一日期由正回购方按某一约定利率计算的资金额向逆回购方返还资金，逆回购方向正回购方返还原出质债权的融资行为，该约定的利率即回购利率。

全国银行间债券市场的回购交易是以国家主权级的债券作为质押品的交易，其回购利率可以准确反映市场资金成本和短期收益水平，比较真实地反映中国金融市场的资金供求状况，已成为中央银行制定货币政策、财政部和其他债券发行人制定发行策略，以及市场参与者进行资产管理的重要参考指标。

### (三)汇率

汇率是一国货币兑换另一国货币的比率，即以一种货币表示另一种货币的价格。一般来说，国际金融市场上的外汇汇率是由一国货币所代表的实际社会购买力平价和自由市场对外汇的供求关系决定的。

汇率变动是国际市场商品和货币供求关系的综合反映。一国的汇率会因该国的国际收支状况、通货膨胀率、利率、经济增长率等的变化而波动；同样，汇率波动又会影响一国的进出口额和资本流动，并影响一国的经济发展。特别是在当前国际贸易和国际投资带动下的国际分工的加剧、各国间经济联系十分密切的情况下，汇率的变动对一国的国内经济、对外经济以及国际间的经济联系都产生着重大影响。

### (四)外汇储备

外汇储备指一国政府所持有的国际储备资产中的外汇部分，即一国政府保有的以外币表示的债权，用于偿还外债和支付进口，是国际储备的一种。一国当前持有的外汇储备是以前各时期一直到现期为止的国际收支顺差的累计结果。狭义而言，外汇储备是一个国家经济实力的重要组成部分，是一国用于平衡国际收支，稳定汇率，偿还对外债务的外汇积累。广义而言，外汇储备是指以外汇计价的资产，包括现钞、国外银行存款、国外有价证券等。外汇储备是一个国家国际清偿力的重要组成部分，同时对于平衡国际收支、稳定汇率有重要的影响。

一国的国际储备除了外汇储备外，还包括黄金储备、特别提款权和在国际货币基金组织(IMF)的储备头寸。我国由于后两者所占比例较低，国际储备主要由黄金和外汇储备构成。当国际收支发生顺差时，流入国内的外汇量大于流出的外汇量，外汇储备就会增加；当发生逆差时，外汇储备减少。当外汇流入国内的时候，拥有外汇的企业或其他单位可能会把它兑换成本币，比如用来在国内市场购买原材料等，这样就形成了对国内市场的需求。

## 五、财政指标

### (一)财政收入

财政收入是指国家财政参与社会产品分配所取得的收入，是实现国家职能的财力保证。我国财政收入包括预算收入和预算外收入。根据《预算法》规定，预算收入包括税收收入、依照规定应当上缴的国有资产收益、专项收入和其他收入；除预算收入外，按照我国财政管理体制的规定，各地方、部门、各单位还有一部分不纳入国家预算，自行管理使用的财政性资金，称为预算外资金，如各种附加和其他不纳入预算的基金收入等。这些基金是国家预算资金的补充，是国家财政资金来源的组成部分。具体而言，目前财政收入主要包括：

(1) 各项税收：包括增值税、营业税、消费税、土地增值税、城市维护建筑税、资源税、

城市土地使用税、印花税、个人所得税、企业所得税、关税、农牧业税和耕地占用税等；

(2) 专项收入：包括征收排污费收入、征收城市水资源费收入、教育费附加收入等；

(3) 其他收入：包括基本建设贷款归还收入、基本建设收入、捐赠收入等；

(4) 国有企业计划亏损补贴：这项为负收入，冲减财政收入。

### (二)财政支出

财政支出是指国家财政将筹集起来的资金进行分配使用，以满足经济建设和各项事业需要的支出。我国财政支出也包括预算支出和预算外支出两部分。预算支出包括：经济建设支出；教育、科学、文化、卫生、体育等事业发展支出；国家管理费用支出；国防支出；各项补贴支出和其他支出。预算外支出是指财政性预算外资金的支出，如地方、各部门、各单位自行管理使用的、不纳入国家预算的部门财政性资金的支出。

在财政支出平衡条件下，财政支出的总量并不能扩大和缩小总需求。但财政支出的结构会改变消费需求和投资需求的结构。经常性支出的扩大可以扩大消费需求，其中既有个人消费需求，也有公共物品的消费需求。资本性支出的扩大则扩大投资需求。在总量不变的条件下，两者是此多彼少的关系。扩大了投资，消费就必须减少；扩大了消费，投资就必须减少。所以在需求结构调整时，适当调整财政的支出结构就能很显著地产生效应。

### (三)赤字或结余

财政收入与财政支出的差额即为赤字(差值为负时)或结余(差值为正时)。财政赤字或结余是宏观调控中应用最普遍的一个经济变量。如果财政赤字过大，就会引起社会总需求的膨胀和社会总供求的失衡。财政发生赤字的时候有两种弥补方式：一是通过举债即发行国债来弥补；二是通过向银行借款来弥补。发行国债对国内需求总量是不会产生影响的。财政对银行借款弥补赤字，如果银行不因此而增发货币，只是把本来应该增加贷款的数量借给财政使用，那么财政赤字同样不会使需求总量财政政策增加。这是由债务本身的性质所决定的。只有在银行因为财政的借款而增加货币发行量时，财政赤字才会扩大国内需求。

# 第三节 宏观经济运行分析

## 一、宏观经济运行对证券市场的影响

证券市场是资金的供给方和资金的需求方通过竞争决定证券价格的场所，因而证券市场是市场经济体系的重要内容，证券投资活动是国民经济活动的有效组成部分。因此有必要将证券市场和证券投资活动放到整个宏观经济运行的过程中去考察，从全局的角度找出影响证券市场价格的因素，揭示宏观经济运行与证券投资间的关系。

### (一)国内生产总值(GDP)变动对证券市场的影响

GDP 变动是一国经济成就的根本反映，GDP 的持续上升表明国民经济良好发展，制约经济的各种矛盾趋于或达到协调，人们对未来经济的预期良好；相反，如果 GDP 处于不稳定的非均衡增长状态，暂时的高产出水平并不表明一个好的经济形势，不均衡的发展可能激发各种矛盾，从而可能孕育一个新的经济衰退。因而研究分析 GDP 对证券市场的影响需要将 GDP 与经济形势结合起来进行考察，特别是 GDP 的变动是否将导致各种经济因素(或经济条件)的恶化，下面分几种基本情况进行阐述。

#### 1．持续、稳定、高速的 GDP 增长

在这种情况下，社会总需求与总供给协调增长，经济结构逐步合理趋于平衡，经济增长来源于需求刺激并使得闲置的或利用率不高的资源得以更充分的利用，从而表明经济发展的良好势头，这时证券市场会呈现上升走势。首先随着经济持续增长，上市公司利润不断上升，股息和红利持续增长，企业经营环境不断改善，投资风险逐步减小，因而公司的股票和债券会持续升值，促使其价格上涨。其次，人们对经济形势形成了良好的预期，投资积极性得以提高，从而增加了对证券的需求，促使证券价格上涨。最后，随着国内生产总值(GDP)的持续增长，国民收入和居民收入水平将不断提高，从而增加证券投资的需求，引起证券价格上涨。

#### 2．高通胀下的 GDP 增长

当经济处于严重失衡下的高速增长时，总需求大大超过总供给，这将表现为高的通货膨胀率。这是经济形势恶化的征兆，必须采取调控措施，否则导致未来的“滞涨”(通货膨胀与增长停滞并存)。这时经济发展中的矛盾逐渐表现出来，企业经营将面临困境，居民实际收入也将降低，最终因失衡的经济增长而导致证券市场下跌。但政府如能采取有效的宏观调整措施维持经济的稳定增长，经济矛盾会逐渐缓解，经济环境得以改善，证券市场也将可能呈现平稳上升的趋势。

#### 3．宏观调控下的 GDP 增长

当 GDP 呈失衡的高速增长时，政府可能采用宏观调控措施以维持经济的稳定增长，这样必然减缓 GDP 的增长速度。如果调控目标得以顺利实现，GDP 仍以适当的速度增长，而未导致 GDP 的负增长或低增长，说明宏观调控措施十分有效，经济矛盾逐步得以缓解，为下一步的增长创造了有利条件，这时证券市场将反映这种好的形势而呈平稳渐升的态势。

#### 4．转折性的 GDP 变动

如果 GDP 一定时期以来呈负增长，当负增长速度逐渐减缓并呈现向正增长转变的趋势时，表明恶化的经济环境逐步得到改善，证券市场走势也将由下跌转为上升。此时，若 GDP

由低速增长转为高速增长时，表明经济环境逐步改善，各类经济矛盾得以解决，证券市场价格将出现上涨之势。

### (二)经济周期变动对证券市场的影响

#### 1. 经济周期的含义

经济周期是指经济活动沿着经济发展的总体趋势所经历的有规律的扩张和收缩。理论研究和经济发展的实证均证明，由于受多种因素的影响，宏观经济的运行总是呈现出周期性变化。这种周期性变化表现在许多宏观经济统计数据的周期性波动上，如国民生产总值(GNP)、消费总量、投资总量、工业生产指数、失业率等。这种宏观经济的周而复始的变化即为经济周期。研究表明，宏观经济周期一般要经历 4 个阶段：即萧条、复苏、繁荣、衰退。经济周期作为宏观经济运行的一种规律存在于经济活动中，它的存在并不依赖于国家、制度等的不同。国家宏观经济政策只能在一定程度上削弱经济周期的振幅，却不能根除经济周期，且经济周期也不像数学的“周期”那样具有严格的波长和振幅，这也给经济周期的阶段性判断带来困难。

#### 2. 经济周期与证券市场波动

经济周期的时间有长有短，形态也多种多样，可以说没有完全相同的经济周期。但从证券市场的情况来看，证券价格的变动大体上与经济周期相一致。与经济发展周期相适应，证券市场价格也呈周期性变化，每一个变化周期大致可分为上升、高涨、下降和停滞 4 个阶段。一般是，经济繁荣，证券价格上涨；经济衰退，证券价格下跌。

虽然证券市场价格的变动周期与经济周期大体一致，但在时间上并不完全吻合。从实践上来看，证券市场走势比经济周期提前，也就是说证券市场走势对宏观经济运行有预示作用。

### (三)通货膨胀对证券市场的影响

通货膨胀、通货紧缩一直是困扰各国政府的主要经济问题。通货膨胀与证券市场间的关联性也一直是宏观经济学研究的核心问题。一般而言，在经济处在通货膨胀初期特别是低通胀时期，通货膨胀通过货币供给量和利率等渠道正向作用于证券市场；随着通货膨胀的加剧甚至出现恶性通货膨胀时，由于未来通货膨胀的不确定性加大，宏观经济政策调控和未来经济紧缩，特别是高利率和企业盈利下降的预期，通货膨胀对证券市场往往负向作用。

#### 1. 通货膨胀对股票市场的影响

通货膨胀的不同成因、不同程度、不同的宏观调控政策对证券市场的影响是不同的：如温和的、稳定的通货膨胀在一定程度上能刺激经济增长，扩大就业，因而被认为对股票市场是有利的；如通货膨胀在一定的可容忍范围内增长，经济处于景气(扩张)阶段，产量和就业都持续增长，那么股价也将可能持续上升；如严重的通货膨胀是很危险的，经济将被严重扭曲，货币贬值，社会不稳定因素增加，这时人们将会囤积商品，购买房屋以期对资金保值。这可能从两个方面影响股价：其一，资金流出金融市场，引起股价下跌；其二，经济扭曲和失去效率，企业一方面筹集不到必需的生产资金，同时，原材料、劳务价格等成本飞涨，使企业经营严重受挫，盈利水平下降，甚至破产倒闭。当然政府往往不会长期容忍通货膨胀存在，因而必然会动用某些宏观经济工具来抑制通胀，政府反通货膨胀的一个重要的手段就是采取紧缩的货币政策，提高利率，减少对资金的需求，从而抑制投资需求，降低物价水平。而紧缩的货币政策必然对经济运行造成影响，这种影响将改变资金流向和企业的经营利润，对证券市场十分不利。

另外通货膨胀时期，并不是所有价格和工资都按同一比率变动，也就是相对价格发生变化。这种相对价格变化导致财富和收入的再分配，产量和就业的扭曲，因而某些公司可能从中获利，而另一些公司可能蒙受损失。与之相应的是获利公司的股票上涨；相反，受损失的公司股票下跌。通货膨胀对企业(公司)的微观影响可以从“税收效应”、“负债效应”、“存货效应”等对公司作具体的分析。但长期的通货膨胀，必然恶化经济环境、社会环境，股价必受大环境影响下跌。而且通货膨胀使得各种商品价格具有更大的不确定性，也使得企业未来经营状况具有更大的不确定性，从而影响市场对股息的预期，并增大获得预期股息的风险，从而导致股价下跌。通货膨胀不仅产生经济影响，还可能产生社会影响，并影响公众的心理和预期，从而对股价产生影响。

#### 2．通货膨胀对债券市场的影响

通货膨胀对债券市场的影响主要有：通货膨胀提高了投资者对债券的收益率的要求，从而引起债券价格下跌；未预期到的通货膨胀增加了企业经营的不确定性，提高了还本付息风险，从而债券价格下跌；过度通货膨胀，将使企业经营困难甚至倒闭；同时投资者将资金转移到实物资产和交易上寻求保值，债券需求减少，债券价格下降。

### (四)国际收支状况对证券市场的影响

国际收支状况与一国的总需求的增加或减少有着密切联系。国际收支余额为零，则总需求与总供给相等；当国际手收支顺差，则总需求增加，反之，国际收支逆差时则总需求减少。总需求的增减变化最终体现在对国内商品和劳务需求的增加或减少，从而影响到产品市场、资本市场的均衡，具体如下。

#### 1．贸易顺差的影响

持续的贸易顺差可以增加国民生产总值，居民收入增长，从而带动证券市场价格上扬。20 世纪 90 年代初期，东南亚出口顺差，经济增长快，收入增长促进证券市场高涨，出口优

良的企业的证券价格表现优异。

### 2．贸易逆差的影响

一国出口贸易逆差，生产出口山坡的企业收益将下降，其价格在证券市场上表现差。一国若持续贸易逆差，外汇储备减少，进口支付能力恶化，经济受其影响而不景气，证券市场将受到负面影响。

### 3．汇率对证券市场的影响

汇率对证券市场的影响是多方面的，一般来讲，一国的经济越开放，证券市场的国际化程度越高，证券市场受汇率的影响越大。汇率上升，本币贬值，本国产品竞争力强，出口型企业将受益，因而出口型企业的股票价格将上涨；相反，依赖于进口的企业成本增加，利润下降，股票和债券价格将下跌；汇率上升，本币贬值，将导致资本流出本国，资本的流失将使得本国证券市场需求减少，从而市场价格下跌。汇率上升，本币贬值，本币表示的进口商品价格提高，进而带动国内物价水平上涨，引起通货膨胀，通货膨胀对证券市场的影响需根据当时的经济形势和具体企业以及政策的对策行为进行分析；汇率上升，为维持汇率稳定，政府可能动用外汇储备，抛售外汇，从而将减少本币的供应量，使得证券市场价格持续下跌，直到汇率水平回落恢复均衡；当然相反的操作可能使证券价格回升。

## 二、宏观经济政策分析

宏观经济政策指的是政府有意识、有计划地运用政策工具，调节控制宏观经济运行。宏观经济政策的目标有经济持续稳定增长、物价稳定、充分就业和国际收支平衡。由于宏观经济政策会影响到经济运行，因而对证券市场也会产生深远的影响。下面从财政政策和货币政策分析其对证券市场的影响。

### (一)财政政策对证券市场的影响

财政政策是国家根据一定时期政治、经济、社会发展的任务而规定的财政工作的指导原则，通过财政支出与税收政策来调节总需求，它主要包括财政收入(主要是税收)、财政支出、国债和政府投资。财政政策是需求管理的一部分，是刺激和减缓经济增长的最直接方式。财政政策实施的主要手段主要有税收、财政预算、国债。按照政策目标的不同可将财政政策分为扩张性的财政政策和紧缩性的财政政策。总的来说，实施扩张性财政政策，会增加财政支出，减少财政收入，从而增加总需求，使公司业绩上升，经营分享下降，国民收入增加，从而使证券价格上涨；反之，实行紧缩性财政政策，会减少财政支出，增加财政收入，减少总需求，使经济过热受到抑制，从而使公司业绩下滑，国民收入减少，证券价格下跌。具体而言，实施积极的财政政策手段对证券市场的影响如下。

1．减少税收，降低税率，扩大减免税范围

税收调节经济的首要功能是调节收入分配，通过设置个人和企业所得税来实现；税收也可根据消费需求和投资需求的不同对象设置税种或在同一税种中实行差别税率，以控制需求数量和调节结构。那么实施积极的财政政策采取的减少税收、降低税率，扩大减免税范围减少了国民和公司的支出，增加了国民的可支配收入和公司利润，从而增加了消费和投资需求。这将对证券市场的影响表现为将增加经济主体的收入，同时增加了他们的投资需求和消费支出。前者直接引起证券市场价格上涨；后者则使得社会总需求增加，总需求增加反过来刺激投资需求，企业扩大生产规模，企业利润增加。同时，企业税后利润增加，也将刺激企业扩大生产规模的积极性，进一步增加利润总额，从而促进股票价格上涨。另一方面因市场需求活跃，企业经营环境改善，盈利能力增强，进而降低了还本付息风险，债券价格也将上涨。

2．扩大财政支出，加大财政赤字

政府购买是社会总需求的一个重要组成部分。政府通过购买和公共支出增加了对商品和劳务的需求，一方面可直接增加对相关产业的产品需求；另一方面这些产业的发展又形成对其他产业的需求，以乘数的方式促进经济发展。这样公司的利润增加，进一步激励企业增加投入，国民收入水平也得到提高，促进证券价格上扬。特别是与政府购买和支出相关的企业将最先最直接从财政政策中获益，因而有关企业的股价和债券价格将率先上涨。

3．减少国债发行(或回购部分短期国债)

国债是国家按照有偿信用原则筹集财政资金的一种形式，同时也是实现政府财政政策，进行宏观调控的重要工具。国债可以调节资金供求和货币流通量，还可以调节国民收入的使用结构以及产业产业。减少国债或回购部分短期国债的政策效应是扩大货币流通量，扩大了社会总需求，从而刺激生产，推动证券市场价格上升。另外国债是债券市场的主要交易对象，国债发行规模的缩减使市场供给量减少，从而使得证券市场的供求平衡发生变动，导致资金向股票市场流动，推动证券市场上扬。

4．增加财政补贴

财政补贴往往使财政支出扩大，其政策效应是，扩大社会总需求和刺激供给增加，从而使得证券市场的总体价格水平趋于上涨。

紧缩性财政政策对证券市场的影响与上述分析相反。总而言之，政府通过财政预算、税收、转移支付除了通过预算安排的松紧、课税的轻重影响到财政收支的多少，进而影响到整个经济的景气外，更重要的是对某些行业、某些企业带来不同的影响。同样，如果国家对某些行业、某些企业实施税收优惠政策，诸如减税、提高出口退税率等措施，那么这些行业及其企业就会处于有利的经营环境，其税后利润增加，该行业及其企业的股票价格

也会随之上扬。另外，针对证券投资收入的所得税的征收情况则对证券市场具有更直接的影响。一些新兴市场国家为了加快发展证券市场，在一个时期内免征证券交易所得税，这将加速证券市场的发展和完善。

## (二)货币政策对证券市场的影响

货币政策是中央银行为实现一定的宏观经济调控目标运用各种货币政策工具调节货币供求的方针和策略的总称，是国家宏观经济政策的重要组成部分。更具体地说，货币政策是指调控货币的供给量而影响宏观经济的政策。货币政策的目标主要是通过影响利率而实现的，货币供应量的加大会使短期利率下降，进而刺激投资需求和消费需求。中央银行主要通过三大货币政策工具来实现对宏观经济的调控，即存款准备金率、再贴现率和公开市场操作。

### 1. 存款准备金率对证券市场的影响

存款准备金全称为法定存款准备金，指金融机构为保证客户提取存款和资金清算需要而准备的在中央银行的存款，中央银行要求的存款准备金占其存款总额的比例就是存款准备金率。中央银行控制的商业银行的准备金的多少和准备率的高低影响着银行的信贷规模。这一货币政策工具通常被认为是最猛烈的宏观调控工具之一。因为存款准备金率的小幅调整，会通过货币乘数关系引起货币供应量的巨大波动。当中央银行上调存款准备率时，货币乘数变小，会有更多的存款从商业银行流向中央银行，商业银行的资金来源减少，放款能力降低，货币供应就会紧缩，社会资金供应紧张，股票价格有下跌的趋势；反之，下调存款准备率，利于股票价格上涨。

### 2. 再贴现率对证券市场的影响

再贴现作为一种货币政策工具，其调控作用：一是通过再贴现率的调整，影响商业银行的准备金及社会的资金需求；二是通过规定贴现票据的资格，影响商业银行及全社会的资金投向。再贴现率的高低不仅直接决定再贴现额的高低，而且会间接影响商业银行的再贴现需求，从而影响整体的再贴现规模，即中央银行通过调高或降低再贴现利率以影响商业银行的信用量。如果提高贴现率，商业银行的借入资金成本增大，就会迫使其提高再贷款利率，从而起到减少贷款量和货币供应量的作用；反之，就会刺激贷款的扩大和货币供应规模。总而言之，再贴现率提高会使减少商业银行的贴现行为，从而减少流通到市场中的货币数量，流通货币数量减少，因而投入到证券市场的货币也会减少，证券市场价格降低。

### 3. 公开市场业务对证券市场的影响

公开市场业务是指中央银行通过买进或卖出有价证券，调整基础货币，从而调节货币供应量的活动。与一般金融机构所从事的证券买卖不同，中央银行买卖证券的目的不是为了盈利目的，而是为了调节货币供应量。根据经济形势的发展，当中央银行认为需要收缩银根时，便卖出证券，相应地收回一部分基础货币，减少金融机构可用资金的数量；相反，当中央银行认为需要放松银根时，便买进证券，扩大基础货币供应，直接增加金融机构可用资金的数量。政府如果通过公开市场购回债券来达到增大货币供应量，则一方面减少了国债的供给，从而减少证券市场的总供给，使得证券价格上扬，特别是被政府购买的国债品种(通常是短期国债)首先上扬；另一方面，政府回购国债相当于向证券市场提供了一笔资金，这笔资金最直接的效应是提高对证券的需求，从而使整个证券市场价格上扬，然后增加的货币供应量将对经济产生影响。可见公开市场业务的调控工具最直接地对证券市场产生了影响。

4．利率对我国证券市场的影响

利率政策在各国存在差异，有的采用浮动利率制，此时利率是作为一个货币政策的中介目标，直接对货币供应量做出反应；有的实行固定汇率制，利率作为一个货币政策工具受政府(央行)直接控制。无论如何利率对证券市场的影响是十分直接的。当利率上升时，公司借款成本增加，利润率下降，股票价格将下跌。特别是那些负债率比较高，而且主要靠银行贷款从事生产经营的企业，这种影响将较为显著；同时利率上升会使债券和股票投资机会成本增大，从而价值评估降低，导致价格下跌；另外利率上升会吸引部分资金从债市特别是股市转向储蓄，导致证券需求下降，证券价格下跌。相反的利率降低将对证券市场产生完全相反的作用。

货币政策的变动方向主要有两种：宽松的货币政策和紧缩的货币政策。当国家为了防止经济衰退、刺激经济发展而实行扩张性货币政策时，中央银行会通过降低法定存款准备金率、降低中央银行的再贴现率或在公开市场上买入有价证券的方式来增加货币供应量，扩大有效需求和投资。当经济增长过快，通货膨胀压力较大时，则会采取适当紧缩的货币政策，即中央银行通过提高法定存款准备金率与再贴现率，或在公开市场上卖出有价证券来减少货币供应量，收缩银根，以实现总需求和总供给的平衡。对投资者来说，当增加货币供给量时，一方面证券市场的资金增多，另一方面通货膨胀也使人们为了保值而购买证券，从而推动证券价格上扬；相反，当减少货币供应量时，会使证券价格呈下降趋势。对于上市公司而言，宽松的货币政策一方面为公司发展提供了充足的资金，另一方面扩大了社会总需求，刺激了生产发展，提高了上市公司的业绩，证券价格将上涨；反之，紧缩的货币政策使上市公司的运营成本上升，总需求不足，上市公司的业绩下降，证券价格随之下跌。

### (三)收入政策对证券市场的影响

收入政策是指政府为了影响货币收入或物价水平而采取的措施，其目的通常是为了降低物价的上涨速度。与财政政策、货币政策相比，收入政策具有更高层次的调节功能，它制约着财政政策和货币政策的作用方向和作用力度，而且收入政策最终也要通过财政政策和货币政策来实现。

收入政策主要从两个方面对证券市场产生作用：一是消费者方面，收入政策的调整能改变整体消费结构，从而扩大有效内需，改善上市企业的发展和总体经济环境，另一方面，税率政策调整影响下，消费者会追加消费，与企业资本化形成长期良性循环。二是企业生产者方面，收入政策的调节会抑制企业进行不良或者过度竞争的欲望，从而使证券市场与实体市场均衡发展。而且有效的、合理的收入分配会提高总体研发和创新的积极性，这对于企业的发展和创新会起到积极的作用，从而从实体面上支持着证券市场的发展。收入总量调控政策主要通过财政、货币机制来实施，还可以通过行政干预和法律调整等机制来实施。财政机制通过预算控制、税收控制、补贴调控和国债调控等手段贯彻收入政策。货币机制通过调控货币供应量、调控货币流通量、调控信贷方向和数量、调控利息率等贯彻收入政策。

## 本章小结

本章主要介绍了宏观经济分析的意义和方法、宏观经济分析的国民经济的总体指标、投资指标、消费指标、金融指标、财政指标、宏观经济运行和宏观经济政策对证券市场的影响。

## 自测题

### 一、单项选择题

1. 高通胀下的 GDP 增长，将促使证券价格(　　)。

A. 快速上涨　　B. 呈蛮牛趋势
C. 平稳波动　　D. 下跌

2. 下列不属于宏观经济分析的是(　　)。

A. 价格总水平分析　　B. 银行信贷总额分析
C. 经济结构分析　　D. 区位分析

3. 一个完整的经济周期变动过程是(　　)。

A. 繁荣—衰退—萧条—复苏　　B. 复苏—上升—繁荣—萧条
C. 上升—繁荣—下降—萧条　　D. 繁荣—萧条—衰退—复苏

4. 如果利率上升，商业投资的支出将可能会(　　)，耐用消费品花费将可能会(　　)。

A. 增长，增长　　B. 增长，减少
C. 减少，增长　　D. 减少，减少

5. 财政政策比货币政策对经济有(　　)的直接作用，财政政策的制定和实施比货币政策(　　)。

A. 更大，更快　　B. 更大，更慢

C. 更小，更快　　D. 更小，更慢

6. 关于汇率上升(如果用直接标价加法来表示汇率)的影响，说法不正确的是(　　)。

A. 本币贬值，本国产品竞争力强

B. 出口型企业将降低收益，因而企业的股票和债券价格将下降

C. 导致资本流出本国，资本的流失将使得本国证券市场需求减少，从而使市场价格下跌

D. 本币表示的进口商品价格提高，进而带动国内物价水平上涨，引起通货膨胀

7. 当社会总需求小于总供给时，为增加需求，中央银行通常会采取(　　)。

A. 宽松的货币政策　　B. 紧缩的货币政策

C. 紧缩的财政政策　　D. 宽松的财政政策

8. 就我国情况而言，(　　)会促使部分资金由银行储蓄转为股票投资，从而对证券市场的走势产生积极影响。

A. 提高利率　　B. 征收利息税

C. 加征股票收益税　　D. 加征股票交易印花税

9. (　　)是衡量社会投资规模的主要变量。

A. 企业投资　　B. 政府投资

C. 全社会固定资产投资　　D. 外商投资

10. 收入政策的总量目标着眼于近期的(　　)。

A. 产业结构优化　　B. 经济和社会协调发展

C. 宏观经济总量平衡　　D. 国民收入公平分配

## 二、多项选择题

1. 宏观经济分析的意义包括(　　)。

A. 把握证券市场的总体变化趋势

B. 判断整个证券市场的投资价值

C. 掌握宏观经济政策对证券市场的影响

D. 个别证券的价值与走势

2. 下列(　　)行为会推动股票价格的上涨。

A. 降低法定存款准备金率　　B. 降低再贴现率

C. 央行大量购买国债　　D. 控制信贷规模

3. 通货膨胀对社会经济产生的影响主要有(　　)。

A. 引起收入和财务的再分配　　B. 扭曲商品相对价格

C. 降低资源配置效率　　　　D. 可能引发泡沫经济

4. 货币政策对证券市场的影响是(　　)。

A. 中央银行降低法定存款准备金率或降低再贴现率，通常都会导致证券市场上扬

B. 中国银行提高法定存款准备金率，通过货币乘数的作用，使货币供应量更大幅度的减少，证券市场趋于下跌

C. 中央银行减低存款准备金率或减低贴现率，通常都会导致证券市场行情下跌

D. 中央银行提高再贴现率，商业银行资金成本增加，市场贴现利率上升，社会信用收缩，证券市场的资金供应减少，使证券市场走势趋软

5. 宏观经济运行对证券市场的影响通常通过(　　)途径实现。

A. 企业经济效益　　　　B. 居民收入水平

C. 资金成本　　　　D. 投资者对股价的预期

## 三、简答题

1. 宏观经济分析包括哪些方面？宏观经济发展对证券投资有何影响？

2. 货币政策工具调控的手段有哪些，其对证券市场的影响如何？

# 第六章　行业及区域分析

【学习目标】

通过学习本章，读者应当了解行业分析的意义和主要的行业分类方法；掌握行业的市场结构分析、竞争环境分析和行业生命周期分析；理解影响行业发展的四大因素；学会行业投资的策略选择；了解我国上市公司的区域特征。

【导读案例】

2010 年中国电子信息业的行业状况

2010 年,全国规模以上电子信息制造业增加值同比增长 16.9%;实现销售产值 63395 亿元，同比增长 25.5%；软件产业收入 1.3 万亿元，增长 30%左右，实现出口交货值 36661 亿元，同比增长 26.2%。全年生产呈现前高后稳态势。内外销共同推动行业增长。全年规模以上电子信息制造业完成内销产值 26733 亿元，同比增长 24.7%。外销呈现恢复性增长，实现出口交货值 36662 亿元，同比增长 26.2%。行业结构调整趋势加快。电子元器件行业销售产值分别增长 29.4%、39%，软件产业保持 30%左右的速度增长，基础行业成为推动产业增长的重要力量；集成电路 909 升级工程启动，为产业链延伸和完善奠定坚实基础。整机产品升级加快，平板电视、笔记本电脑在相关产品中占比超过七成，LED 电视、智能手机渗透率达到 20%以上，平板电脑、3D 电视、3G 手机日益成为市场的热点。

内外资企业出现新的趋向。内资企业销售产值 29.3%，占行业比重(27.7%)；企业调整步伐加快，一是积极向上游延伸，二是积极实施战略重组，三是加快网络化服务化战略转型。外资企业销售产值增长 22.7%，低于行业增速 2.8 个百分点；企业更加注重价值链高端，一是增加基础行业在华布局，二是加快研发机构转移，三是委托加工趋势明显。沿海周边和川渝地区正在成为新的增长极。产业转移趋势加快，安徽、江西、河南、湖南、广西等沿海周边省份产值增速均超过 35%。

进出口呈平稳发展态势。2010 年，我国电子信息产品全年进出口总额达到 10128 亿美元，同比增长 31.2%，占全国外贸进出口总额 34.1%。2010 年电信产业的进出口如下特征：外贸规模持续增长，贡献不断加大；进出口呈恢复性增长，外贸进入平稳发展期；出口增速逐季回落，前高后低态势明显；产品结构不断优化，基础行业比重提升；贸易结构逐步改善，加工贸易比重下滑；企业结构发生转变，内资企业比重提高；贸易伙伴日趋多元，新兴市场快速增长；产业转移步伐加快，中西部地区出口比重提升。

那么如何运用产业经济学原理对电子信息行业进行客观分析呢?

(资料来源：中经网统计数据库《中国行业分析报告—电子信息行业》，2011 年 2 月)

# 第一节　行业分析概述

上一章的宏观经济分析能够帮助投资者了解国民经济运行的总体状况和发展趋势。但由于构成国民经济的各行业有着自身发展的内在规律和行业特点，不同行业的发展与国民经济的发展并不同步，往往出现一些行业的增长快于国民经济的增长；而另一些行业的增长慢于国民经济的增长。宏观经济分析为证券市场分析提供了背景资料，但没能解决投资者投资选择与决策的问题。要准确选择投资对象，还必须进行行业分析和公司分析。行业分析的目的在于确定值得投资的行业，即通过比较不同行业，把握各个行业的风险和收益，从而为正确的证券市场分析提供依据。

## 一、行业分析的意义

### (一)行业的定义

行业是指具有某些相同特征的企业群体。在这个群体中，各成员由于产品在很大程度上可相互替代而处于一种彼此紧密联系的状态，并且由于产品可替代性的差异而与其他企业群体相区别，如建筑业、汽车业、银行业等。在我国，行业和产业两个概念相互替代，但严格地说，两者之间有一定区别。而在证券市场分析时关注的是具有相当规模的行业，所以一般将行业分析等同于产业分析。

### (二)行业分析的目的与意义

如宏观经济分析一样，行业分析的目的在于寻找更好的投资机会。具体的，行业分析的目的在于分析行业本身所处的发展阶段及其在国民经济中的地位，分析影响行业发展的各种因素以及判断对行业的影响力度，预测并应引导行业的未来发展趋势，判断行业投资价值，揭示行业风险，为各组织机构提供投资决策和投资依据。

由于各行业所处的经济周期不同，不同行业公司的经营业绩存在着较大差异，这就意味着同一时期内不同行业的收益率表现出较大的差异，因而选择具有发展前景的高收益率行业十分重要。首先，行业分析可为投资者提供详细的行业投资资料。各行业的发展与整个宏观经济发展并不完全一致，它们之间存在着一定差异。因此投资者除了解宏观政治经济背景之外，还需要对各个行业的一般特征、经营状况和发展前景进行了解，这样才能更好地进行投资抉择。其次，行业分析有助于投资者准确确定行业投资重点。国家在不同时期，其经济政策尤其是产业政策有很大的不同，它对不同的行业的发展状况有着不同的影响。因此不管投资者是为了避免损失还是寻找更好的行业投资机会，行业分析都是十分有用的，特别是在获得行业间收益率差异信息和寻找投资机会是十分重要的。

## 二、行业的划分

### (一)按照行业的要素集约度的分类

按照行业的要素集约度可分为资本密集型、技术密集型、资源密集型和劳动密集型行业。资本密集型行业是指需要大量的资本投入的行业；技术密集型行业的技术含量较高；资源密集型行业对资源的依赖程度比较高；而劳动密集型行业则主要依赖于劳动力。由于行业投入要素之间并没有严格的界限，往往会出现有些行业既要投入大量的资本，又要投入大量的技术，因而这些行业同时是资本密集型和技术密集型，如汽车行业、电力行业等。

### (二)我国国民经济行业标准的分类

为国家宏观管理、各级政府部门和行业协会的经济管理以及进行科研、教学、新闻宣传、信息咨询服务等提供统一的行业分类和编码，《中华人民共和国国家标准(GB/T4754—94)》中对我国国民经济行业分类进行了详细的划分。新行业分类采用经济活动的同质性原则，将社会经济活动划分为门类、大类、中类和小类四级。小类是国民经济行业分类的核心层，其活动性质的同质性最高；中类是活动性质相近的小类行业的综合类别；大类构成了国民经济重要的经济部门；门类是国民经济行业分类中活动性质相近的经济部门的综合类别。新标准行业分类共有行业门类 20 个，行业大类 95 个，行业中类 396 个，行业小类 913 个，基本反映了我国目前行业结构状况。其中，大类的门类从 A 到 T 分别为：

A. 农、林、牧、渔业
B. 采掘业
C. 制造业
D. 电力、煤气及水的生产和供应业
E. 建筑业
F. 交通运输、仓储及邮电通信业
G. 信息传输、计算机服务和软件业
H. 批发和零售业
I. 住宿和餐饮业
J. 金融业
K. 房地产业
L. 租赁和商务服务业
M. 科学研究、技术服务与地质勘查业
N. 水利、环境和公共设施管理业
O. 居民服务和其他服务业
P. 教育

Q. 卫生、社会保障和社会福利业
R. 文化、体育和娱乐业
S. 公共管理和社会组织
T. 国际组织

## (三)我国上市公司行业分类

2001 年证监会公布了《上市公司行业分类指引》。《上市公司行业分类指引》是以国家统计局《国民经济行业分类与代码》(国家标准 GB/T 475—94)为主要依据，借鉴联合国国际标准产业分类、北美行业分类体系的基础上制定而成的。

### 1. 分类对象与使用范围

《上市公司行业分类指引》以在中国境内证券交易所挂牌交易的上市公司为基本分类单位，规定了上市公司分类的原则、编码方法、框架及其运行与维护制度。《上市公司行业分类指引》为非强制性标准，适用于证券行业内的各有关单位、部门，对上市公司分类信息进行统计、分析及其他相关工作。

### 2. 编码方法

《上市公司行业分类指引》将上市公司的经济活动分为门类、大类两级，中类作为支持性分类参考。由于上市公司集中于制造业，《上市公司行业分类指引》在制造业的门类和大类之间增设辅助性类别(次类)。与此对应，总体编码采用了层次编码法；类别编码采取顺序编码法：门类为单字母升序编码；制造业下次类为单字母加一位数字编码；大类为单字母加两位数字编码；中类为单字母加四位数字编码。各类中带有“其他”字样的收容类，以所属大类的相应代码加两位数字“99”表示。大类、中类均采取跳跃增码，以适应今后增加或调整类属的需要。

### 3. 分类结构与代码

A 农、林、牧、渔业
A01 农业
A03 林业
A05 畜牧业
A07 渔业
A09 农、林、牧、渔服务业
B 采掘业
B01 煤炭采选业
B03 石油和天然气开采业

B05 黑色金属矿采选业
B07 有色金属矿采选业
B09 非金属矿采选业
B49 其他矿采选业
B50 采掘服务业
C 制造业
C0 食品、饮料
C1 纺织、服装、皮毛
C2 木材、家具
C3 造纸、印刷
C4 石油、化学、塑胶、塑料
C5 电子
C6 金属、非金属
C7 机械、设备、仪表
C8 医药、生物制品
C9 其他制造业
D 电力、煤气及水的生产和供应业
D01 电力、蒸汽、热水的生产和供应业
D03 煤气生产和供应业
D05 自来水的生产和供应业
E 建筑业
E01 土木工程建筑业
E05 装修装饰业
F 交通运输、仓储业
F01 铁路运输业
F03 公路运输业
F05 管道运输业
F07 水上运输业
F09 航空运输业
F11 交通运输辅助业
F19 其他交通运输业
F21 仓储业
G 信息技术业
G81 通信及相关设备制造业
G83 计算机及相关设备制造业

G85 通信服务业
G87 计算机应用服务业
H 批发和零售贸易
H01 食品、饮料、烟草和家庭用品批发业
H03 能源、材料和机械电子设备批发业
H09 其他批发业
H11 零售业
H21 商业经纪与代理业
I 金融、保险业
I01 银行业
I11 保险业
I21 证券、期货业
I31 金融信托业
I41 基金业
I99 其他金融业
J 房地产业
J01 房地产开发与经营业
J05 房地产管理业
J09 房地产中介服务业
K 社会服务业
K01 公共设施服务业
K10 邮政服务业
K20 专业、科研服务业
K30 餐饮业
K99 其他社会服务业
L 传播与文化产业
L01 出版业
L05 声像业
L10 广播电影电视业
L15 艺术业
L20 信息传播服务业
L99 其他传播、文化产业
M 综合类

## 第二节　行业的一般特征分析

投资者进行行业分类的目的是发现和选择收益率较高、发展前景较好的行业，从而为投资组合决策提供依据。因此行业的盈利能力及未来成长性的预测是行业分析的主要内容。

### 一、行业的市场结构分析

在市场上，进行商品交换的主体是具有独立或相对独立经济利益的集团、企业和个人。这些市场主体在市场中的作用、位置和相互关系，以及他们市场交换的商品的特点，形成了行业的不同市场结构。市场结构是指某一市场中各种要素之间的内在联系及其特征，反映市场竞争和垄断的关系。根据行业中企业数量的多少、进入限制程度和产品差别，行业的市场结构可分为四大类：完全竞争、完全垄断、寡头垄断和垄断竞争。

#### (一)完全竞争市场

完全竞争市场是不存在垄断，竞争程度最高的市场。它的主要特征是：

(1) 产业集中度很低。市场上有大量相互独立的买方和卖方，以致不能影响市场价格。

(2) 产品同一性很高。所有企业都提供同质的标准化产品，产品具有无差异性。

(3) 不存在任何进入与退出壁垒。企业能自由进入退出市场，没有任何资源流动的限制。

(4) 完全信息。所有买方和卖方都能获得完备信息，不存在由信息产生的交易成本。

从上述特点可以看出，完全竞争是一个理论上的假设，其根本特点在于企业的产品无差异，所有的企业都无法控制产品的市场价格。在现实经济中，完全竞争的市场类型是少见的，只有初级产品的市场类型较类似于完全竞争。

#### (二)完全垄断市场

完全垄断市场是指不存在任何竞争的市场，主要特征是：

(1) 产业绝对集中度为100%，市场上只有一家企业提供产品。

(2) 没有可替代产品。

(3) 资本壁垒，技术性壁垒等进入壁垒非常高，其他企业难以进入完全垄断产业与垄断企业竞争。

在现实生活中，公用事业(如发电厂、煤气公司、自来水公司和邮电通信等)和某些资本、技术高度密集型或稀有金属矿藏的开采等行业属于接近完全垄断的市场类型。

#### (三)寡头垄断市场

寡头垄断是一种很普遍的市场结构形式，许多国家的电子设备和计算机行业、汽车、钢铁、有色金属、石油化工等都属于这种结构。其主要特征是：

(1) 产业集中度较高，产业市场被少数大企业控制。企业之间既相互竞争又相互依赖。

(2) 产品基本同质或差别较大。存在两种情况：一种是几个大企业提供产品基本同质，相互之间依存度很高；另一种是产品有较大差别，彼此相关度较低。

(3) 进入和退出壁垒较高。产业为少数大厂商在资金、技术、知名度等方面占有绝对优势所控制，新企业很难进入。

因此在这个市场上，通常存在着一个起领导作用的企业，其他企业跟随该企业定价与经营方式的变化而相应进行调整。资本密集型、技术密集型产品因为生产这些产品所必需的投资、复杂的技术或产品储量的分布限制了新企业对这个市场的侵入，多属这种类型。

### (四)垄断竞争市场

垄断竞争市场是一种介于完全竞争和完全垄断之间，比较接近现实经济状况的市场结构。主要特征是：

(1) 产业集中度较低。市场上有很多企业，他们对市场施加有限影响，但不能控制价格。

(2) 产品有差别，不同企业生产的产品是异质的，它们销售在质量、外观、商标等方面有差异的产品，使得企业能够在一定程度上排斥其他产品。

(3) 进入和退出壁垒较低。企业能自由进入退出市场。

可以看出，垄断竞争行业中有大量企业，但没有一个企业能有效影响其他企业的行为。

## 二、行业的竞争环境分析

行业的竞争环境决定了该行业的利润水平。一般地，可采用迈克尔·波特教授提出的“五力分析模型”对行业的竞争环境进行分析。即竞争的五种力量的主要来源为：供应商的讨价还价能力、购买者的讨价还价能力、潜在竞争者进入的能力、替代品的替代能力、行业内竞争者的竞争能力，见图 6-1。不同力量的特性和重要性因行业和公司的不同而变化与行业分析。

### (一)供应商的议价能力

供应商主要通过其提高投入要素价格来影响行业中现有企业的盈利能力与产品竞争力。如果关键供应商在行业中处于垄断地位，它将对供应产品索取高价，进而影响需求方行业的利润。决定供应商的讨价还价能力的关键因素是需求方能否得到相关的替代品。如果替代品存在而且可以被需求者获得，供应商就失去了讨价还价的资本，因此很难向需求方索取高价；反之，供应方会有很强的议价能力。

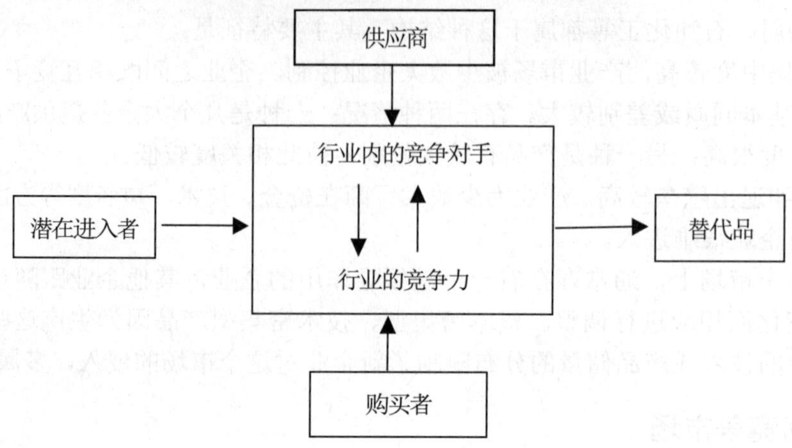


图 6-1 行业竞争环境分析

## (二)购买者的议价能力

如果购买者购买了某一行业的大部分产品，那么它就会掌握很大的谈判主动权，进而压低购买价格，要求提供较高的产品或服务质量的能力，这些行为都会降低行业中现有企业的盈利能力。

## (三)新进入者的威胁

新进入者在给行业带来新生产能力的同时，也会在该行业的市场中占有一定的份额，这对市场价格和利润形成压力，最终导致行业中现有企业盈利水平降低，甚至危及这些企业的生存。竞争性进入威胁的严重程度取决于两方面的因素：进入新领域的障碍程度与现有企业对于进入者的反应情况。高盈利低壁垒的行业将吸引大量的新进入者，从而加剧了市场竞争程度，最终将影响行业利润率和投资回报率。

## (四)替代品的威胁

如果一个行业的产品存在替代品，那么它将面临与相关行业形成竞争的格局。替代品的存在无形地降低了原行业向消费者索取高价的能力。两个处于同行业或不同行业中的企业，可能会由于所生产的产品是互为替代品，从而产生了相互竞争行为。根据替代程度的不同，替代品的范围也由差别，替代程度越大的产品对行业的威胁越大。

## (五)同业竞争者的竞争程度

当某行业中存在一些竞争者时，由于它们都力图扩大各自的市场份额，因而行业内的竞争者常常出现在价格、广告、产品介绍、售后服务等方面的竞争，其竞争强度与很多因素相关。特别是随着行业增长率趋缓，行业内的竞争程度将可能更加激烈。

行业的竞争环境的“五种力量”决定了行业的盈利能力，因为它们影响了行业内的价格、成本和企业所需要的投资。如买方力量影响着企业能够索取的价格，替代品的威胁也是如此；购买者的势力可能影响到成本和投资，因为有市场势力的购买者需要成本高昂的服务；供应商的讨价还价能力决定了原材料和其他各种投入的成本；竞争强度影响了产品价格，也影响了在诸如厂房设施、产品开发、广告宣传和营销等各方面展开竞争的成本；新的竞争厂商进入市场的威胁限制了价格，并增加了为防御进入所需的投资。从静态来看，这五种竞争力量的状况及其综合强度决定着行业内的竞争激烈程度，并最终决定行业内企业的获利程度。从动态来看，这五种竞争力量共同作用的结果决定了行业竞争的强度和行业的发展方向。通过对行业的竞争环境的分析可使得投资者准确获得行业的竞争状况，并识别那些最能提高行业及公司盈利能力的企业战略。

## 三、行业的生命周期分析

通常每个行业都要经历由成长到衰退的演变过程，这个过程即为行业的生命周期。对行业生命周期的分析预测是行业分析的重要内容。一般的，行业的生命周期可分为幼稚期、成长期、成熟期和衰退期。

### (一)幼稚期

处在幼稚期的创业公司的研发费用较高，而且消费者对其产品尚缺乏全面了解，致使产品市场需求小，销售收入低，因而这些创业公司可能不但没有盈利，反而出现较大亏损。同时，较高的产品成本和价格与较小的市场需求之间的矛盾使得创业公司面临很大的市场风险。但是高风险往往孕育着高收益，在幼稚期后期，随着行业生产技术的成熟、生产成本的降低和市场需求的扩大，新行业逐步由高风险、低收益的幼稚期迈入高风险、高收益的成长期。

### (二)成长期

行业的成长实际上就是行业的扩大再生产的过程。成长期的行业主要体现在生产能力和规模的扩张。在成长初期，企业的生产技术逐渐成熟，市场认可度的逐步提高，产品的销量迅速增长，市场规模逐步扩大。在这一时期，一方面拥有一定市场营销能力、雄厚的资本实力和畅通的融资渠道的企业逐渐占领市场；另一方面，由于高额的利润，大量潜在竞争者将进入该行业，行业的竞争程度将逐步增强，行业由高增长逐步过渡为稳定增长，并进入到成熟阶段。成长期的行业增长非常迅猛，部分优势企业脱颖而出，投资于这些企业的投资者往往获得较高的投资回报，所以成长期阶段被称为投资机会时期。

### (三)成熟期

在成熟期，产品的基本性能、式样、功能、规格、结构都将趋于成熟，产品和服务已达到基本饱和，产品变得标准化。进入成熟期的行业市场被通过市场竞争而生存下来的少数资本雄厚、技术先进的大企业所控制。进入成熟期后，各厂商之间的竞争手段逐渐从价格手段转向各种非价格手段，如提高质量、改善性能和加强售后服务等。行业的利润由于垄断而达到较高的水平，而风险却因市场比例比较稳定。在行业成熟期，行业增长速度降到一个适度的水平。甚至整个行业的增长可能会完全停止。

### (四)衰退期

在衰退期，由于对原产品需求的转移和大量新产品或替代品的出现，该行业的市场需求逐步减少，产品的销售量逐步降低，利润率下降，一些企业开始出现亏损。一些厂商开始向其他更有利可图的行业转移资金，因而原行业出现了厂商数目减少、利润水平停滞不前或下降的萧条局面。至此，整个行业便进入了衰退期。

以上的行业生命周期分析可以帮助投资者确定其投资的行业所处的行业生命周期阶段，跟踪考察该行业的发展的趋势，分析行业的投资价值和投资风险，评估该行业的销售增长率和利润率。当然行业的实际生命周期由于受到多种因素的影响而更为复杂。

# 第三节　影响行业发展的主要因素

行业生命周期勾勒出了一个行业发展的基本轨迹。但是一个行业的发展很大程度上更取决于其所处的环境。通常分析影响行业生命周期的因素，主要有市场需求、技术进步、产业政策等，这些因素对行业的发展有着深刻的影响。

## 一、技术进步

当今社会科技发展迅速，技术进步为经济的发展提供了强大的基础，也促进了行业的加速更新和升级。可以说，行业生命周期在这样的环境下已变成了技术生命周期的更替。狭义上的技术进步是指生产工艺、中间投入品以及生产技能等方面的革新和改进。从广义上讲，技术进步是指技术所涵盖的各种形式知识的积累与改进。技术是推动经济增长的决定性因素之一，因而技术进步是影响行业发展的最主要因素。它一方面推动现有行业的技术升级，甚至可以使处于衰退期的行业获得新的竞争力；另一方面，技术进步也决定了新行业的兴起和旧行业的衰亡，即它往往催生了一个新的行业，同时迫使一个旧的行业加速进入衰退期。未来优势行业将伴随新的技术创新而到来，处于技术尖端的基因技术、纳米技术等将催生新的优势行业。当然，新旧行业并存是未来全球行业发展的基本规律和特点，

大部分行业都是国民经济不可缺少的。

## 二、产业政策

产业政策是国家指导、协调、规划产业发展的经济政策，是一个国家的中央或地区政府为了其全局和长远利益而主动干预产业活动的各种政策的总和。其目的在于引导社会资源在产业部门之间以及产业内部优化配置，提高效益，促进经济持续稳定发展。依据不功能定位的不同，产业政策可分为产业组织政策、产业结构政策、产业布局政策和产业技术政策。

### (一)产业组织政策

产业组织政策是指为了获得理想的市场绩效，由政府根据产业的特点和发展方向，优化产业组织而制定的干预和调整市场结构和市场行为，调节企业间关系的政策措施总和。产业组织政策的实质是协调竞争与规模经济之间的矛盾，以维持正常的市场秩序，促进有效竞争态势的形成。产业组织政策是市场经济实践的产物，其产生的依据在于：市场力量本身并不能自发地避免过度竞争，也不能防止大规模企业凭借其垄断地位，采用共谋、卡特尔和价格歧视等不正当手段来获取高额利润、抑制竞争。在这种情况下，政府有必要以立法形式制定市场规则、规范企业的市场行为，从而提高市场绩效。

从政策取向看，各国已有的产业组织政策可分为两大类：一类是鼓励竞争、限制垄断的竞争促进政策；另一类是鼓励专业化和规模经济的产业合理化政策，它着眼于限制过度竞争的作用。这两类政策虽然取向不同，但它们都有法律依据。从政策对象看，产业组织政策可分为市场结构控制政策和市场行为控制政策两大类。前者是从市场结构方面禁止或限制垄断的政策，如降低市场进入壁垒，控制市场集中度等；后者是从市场行为角度控制各种妨碍竞争和不公正交易行为的发生。实施产业组织政策，可达到促进市场的有效竞争，提高产业内部的资源配置效率。

### (二)产业结构政策

产业结构政策是指政府制定的通过影响与推动产业结构的调整和优化来促进经济增长的产业政策。产业结构政策的核心内容是产业发展的重点顺序选择问题，即依照一定的基准，确定若干有限发展的产业，再施以政府的各种支持，使之得到较为迅速的发展，进而推动经济增长。产业结构政策会改变行业的成本、行业的投资规模，进而对行业的发展起到指导性和决定性的影响。

从具体内容看，产业结构政策通常包括幼小产业保护政策、主导产业选择政策、战略产业扶植政策和衰退产业调整政策等。其中战略产业扶植政策和衰退产业调整政策是最基本的产业结构政策内容。战略产业扶植政策是产业结构政策中的主导和关键部分。它着眼于未来的产业优势，直接服务于产业结构的高度化。随着国际竞争越激烈，战略产业的扶植政策就越重要。衰退产业调整政策是产业结构高度化过程中具有重大现实意义的基本政策，其立足点是帮助衰退产业实行有秩序的收缩、撤让，并引导其资本存量向高增长率产业部门转移。

### (三)产业布局政策

产业布局政策是指政府机构根据产业的经济技术特性、国情国力状况和各地区的综合条件，对若干重要产业的空间分布进行科学引导和合理调整的相关措施。从本质上讲，产业布局合理化的过程也就是建立合理的地区分工关系的过程。需要特别指出的是，产业布局政策既是产业政策体系中不可或缺的重要内容，同时又是区域政策体系中非常重要的组成部分，而且后者更加侧重于建立和完善地区间的产业分工关系。

从产业布局政策的内容上看，主要包括地区发展重点的选择和产业集中发展战略。从产业布局政策的实施手段上看，产业布局政策主要是规划性的，同时也包括一定意义上的政府直接干预。在地区发展重点的选择上，产业布局手段主要有：制定国家产业布局战略，规定战略期内国家重点支持发展的地区，同时设计重点发展地区的经济发展模式和基本思路；以国家直接投资方式，支持重点发展地区的交通、能源和通信等基础设施，及以直接投资融入当地产业的发展；利用各种经济杠杆形式，对重点地区的发展进行刺激，以加强该地区经济自我积累能力；通过判别性的地区经济政策，使重点发展地区的投资环境显示出一定的优越性，进而引导更多的资金和劳动力等生产要素投入该地区的发展。在产业集中发展战略方面，可通过政府规划的形式，确立有关具体产业的集中布局区域，以推动产业的地区分工，并在一定意义上发挥由产业集中所产生的集聚效应；建立有关产业开发区，将产业结构政策重点发展的产业集中于开发区，既使其取得规模集聚效应，也有利于政府扶持政策的执行。

### (四)产业技术政策

产业技术政策是指国家对产业技术发展实施指导、选择、促进与控制的政策总和。它以产业技术为政策对象，是保障产业技术适度和有效发展的重要手段。产业技术政策是产业政策体系的重要组成部分。对特定产业而言，产业技术政策在产业的幼稚期和衰退期具有决定性作用。它主要包括两方面内容：

(1) 产业技术结构的选择和技术发展政策，涉及制定具体的技术标准，规定各产业的技术发展方向，鼓励采用先进技术等方面，主要是通过政府直接或间接的经济制度对民间科研、企业的研发工作进行诱导。

(2) 促进资源向技术开发领域投入的政策，包括技术引进政策、促进技术开发政策和基础技术研究的资助政策，主要是由政府通过各种途径对产业技术进步的目标和各技术进步主体的行为进行指导。

## 三、社会环境

对行业发展产生影响的社会环境变化主要来自人口结构的变化和社会习惯的改变。人口结构是指各年龄层次人口的比例情况。处于不同年龄层次的人有着不同的消费需求、储蓄习惯和业务爱好。20～40 岁是消费高峰期，这一年龄层次的人群对房产、汽车这些生活必须耐用品有着很强的需求；40～60 岁是储蓄高峰期，这一年龄层次的人群的增长为金融服务行业提供稳定资金来源。60 岁以后的老龄人口对医疗服务的需求最大。通过社会人口结构及人口结构变化趋势的分析，对预测不同行业的市场容量有很大帮助。

社会习惯对国民经济构成中的消费、储蓄、投资、贸易等方面都有较大影响。随着人们生活水平和受教育程度的提高，消费心理、消费习惯、文明程度和社会责任感会逐渐改变，从而引起对某些商品的需求变化并进一步影响行业的发展和行业结构的变化。在基本温饱解决后，人们更注重生活的质量；对健康投资从注重保健品转向健身器材；在物质生活丰富后注重智力投资和丰富的精神生活；快节奏的现代生活使人们更偏好便捷的交通和通信工具；高度工业化和生活现代化又使人们认识到保护生存环境的重要性，发达国家的工业部门每年都要花费几十亿美元的经费来研制和生产与环境保护有关的各种设备，以便使工业排放的废渣、废水和废气能够符合规定的标准。所有这些社会观念、社会习惯、社会趋势的变化对企业的经营活动、生产成本和收益等方面都会产生一定的影响，促使一些不再适应社会需要的行业衰退而又激发新兴行业的发展。

## 四、经济全球化

经济全球化(Economic Globalization)是指世界经济活动超越国界，通过对外贸易、资本流动、技术转移、提供服务、相互联系而形成的全球范围的有机经济整体，即商品、服务、生产要素与信息跨国界流动的规模与形式不断增加。通过国际分工，在世界市场范围内提高资源配置效率，从而使各国经济相互依赖程度有日益加深的趋势。它是全球生产力发展的结果，其推动力是追求利润和取得竞争优势。经济全球化有利于资源和生产要素在全球的合理配置，有利于促进资本和产品全球性的流动，有利于科技的全球性扩张，有利于促进不发达地区经济的发展，是世界经济发展的必然结果。但它对每个国家来说，都是一柄双刃剑，既是机遇，也是挑战。特别是对经济实力薄弱和科学技术比较落后的发展中国家，面对全球性的激烈竞争，所遇到的风险、挑战将更加严峻。

### (一)经济全球化的主要表现

#### 1. 贸易自由化

贸易自由化是指一国对外国商品和服务的进口所采取的限制逐步减少，为进口商品和服务提供贸易优惠待遇的过程或结果。随着全球货物贸易、服务贸易，技术贸易的加速发展，经济全球化促进了世界多边贸易体制的形成，从而加快了国际贸易的增长速度，促进了全球贸易自由化的发展。贸易全球化通过贸易规模的扩大、贸易结构的变化、贸易范围的扩大以及贸易自由化进程的加快等变量表现出来。

### 2．生产全球化

由于贸易管制的放松，关税和运输成本的下降以及国际产业分工的日益深化，生产要素跨国流动不仅对生产超越国界提出了内在要求，也为全球化生产准备了条件，是推动经济全球化的根本动力。经济全球化的日益膨胀使得国际贸易正经历着巨大的变化。国际分工专业化的增长成为国际经济中的主要特点。发达国家企业正通过整合利用其专业化资源来寻找最适合的价值链环节，将除此之外的生产活动进行跨国外包，并且在逐步的扩大外包的范围，从产品生产到设计，从营销到R&D。在这样的背景下，跨国外包活动得以在全球化范围内兴起。以全球国际分工为特征的生产全球化使各国成为世界生产的一部分，成为全球价值链中的一个环节。全球价值链的构建有利于世界各国充分发挥优势，节约社会劳动，使生产要素达到合理配置，提高经济效益，促进世界经济的发展。

### 3．金融全球化

金融全球化是金融自由化和放宽金融管制的必然结果。它由发达国家所主导，由跨国金融机构担任主角，其发展建立在金融各类市场融合的基础上，并紧密依托于多种科技化的创新的结果。金融全球化的基本特征是，随着国际资本的大量迅速流动，各国相互开放金融领域，许多国家的金融机构和金融业务跨国发展，巨额国际资本通过国际金融中心在全球范围内迅速运转。世界各主要金融市场在时间上相互接续、价格上相互联动，尤其是外汇市场已经成为世界上最具流动性和全天候的市场。

### 4．跨国公司的作用逐步增强

跨国公司的数目加剧，以发达国家和发展中国家为基地的跨国公司日益全球化，跨国公司开始结成“战略联盟”，全球跨国兼并与收购总额上升，跨国公司国际生产的规模和重要性日益增加。跨国公司产品内贸易在其他国家贸易中的比重提高，出现了无国界经济。

## (二)经济全球化对各国产业发展的重大影响

### 1．经济全球化导致全球性的产业转移

根据产品生命周期理论，新产品的研发、生产往往发生在发达国家，随着产品技术的标准，生产活动逐步扩大，市场需求膨胀。这是发达国家逐步将低端制造技术生产环节向发展中国家转移，形成全球价值链网络：发达国家进行新的高端技术产品的研发和生产，因而高新技术行业是发达国家的主导产业，传统的劳动密集型(如纺织服装、消费类电子产

品)甚至是低端技术的资本密集型行业(如中低档汽车制造)集中转移到发展中国家。发达国家在将发展中国家变成它的加工组装基地和制造工厂的同时，仍然可以掌握传统行业的核心技术，并通过向发展中国家转让技术专利取得市场收益。例如，中国虽然是世界鞋业的“全球性工厂”，但是美国 NIKE 公司却拥有最先进的运动鞋设计制造技术。其他还有诸如 VCD、DVD、移动电话等行业都存在这种情况，也就是说发达国家因为技术或市场优势占据全球价值链的核心环节和高利润环节；而发展中国家往往占据的是价值链的低附加值环节。

因为一个国家受技术水平、资源潜力的限制，不可能在所有领域都取得领先优势。战略性产业发展思路成为许多国家的战略，比如美国的信息技术和生物技术行业，日本的机器行业，印度的计算机软件业等。因而选择性发展将是未来各国(特别是发展中国家)形成优势行业的重要途径。产业全球化导致的国际竞争和国际投资因素，将会影响行业结构发生很大变化。

**2．国际分工出现重大的变化**

(1) 国际分工的基础出现了重大变化。传统的国际分工理论认为，国家间分工的基础是各国的资源禀赋。各国自然禀赋的差异，导致各国产业结构的不同，通过不同商品的贸易可以增进各国的福利。经济全球化的不断深化，使生产要素与商品、服务跨国界流动的障碍与成本大大降低，一个国家的优势行业不再取决于资源禀赋。随着产业结构的高度化，在决定各国比较优势的因素中，资源禀赋作用(初级生产要素)在减弱，后天因素(高级生产要素)的作用在增强。所谓后天因素(高级生产要素)，包括政府的效率、市场机制完善的程度、劳动者掌握知识与信息的能力、受到政策影响的市场规模等。高级生产要素的改善，可以弥补资源禀赋方面的劣势；而高级生产要素的劣势，则可能使资源禀赋方面的比较优势难以发挥。

(2) 国际分工的模式出现了重大变化。以往的国际分工是各国从其比较优势出发，用具有比较优势行业的商品交换比较劣势行业的商品，表现在贸易结构上主要是产业间贸易。20 世纪 70 年代以来随着科技发展、国际分工的深化，发达国家的产业内分工、产业内贸易比重逐渐增加。它主要发生在同一产业部门内部，产品的投入要素比例、最终用途基本相近。伴随着经济全球化过程中的贸易与投资一体化，国际贸易格局又进一步发生了变化：虽然产业内贸易继续发展，但其贸易的对象、贸易的主体已与以前大不相同，跨国公司公司内贸易迅速增加，一些原来在跨国公司之间进行的产业内贸易也将有一部分转为在跨国公司内部进行。因而随着经济全球化的日益加深，跨国公司在全球范围内寻求资源的最佳配置，将全球价值链的不同环节布局在不同的国家，即越来越多的国家加入到跨国公司的全球生产与服务网络之中。这种新的国际分工表现在贸易结构上就是产业内贸易和公司内贸易。产业内贸易和公司内贸易相比较产业间贸易而言的主要特征是国际分工的模式进一步细化和深化。

3．经济全球化导致贸易投资一体化

当今世界，国际贸易和国际直接投资之间的关系越来越密切，贸易和投资作为企业特别是跨国公司的活动日趋一体化。这种现象可以被称为“贸易投资一体化”现象。贸易投资一体化从本质上讲是国际分工深化的结果，贸易投资一体化的基础是要素分工。贸易投资一体化的发展，使得国际贸易、国际直接投资、国际利益分配和国际产业转移等国际经济活动都出现了许多新的变化。在贸易投资一体化环境中，动态利益应成为发展中国家的主要追求。一国是否从国际贸易、国际投资以及国际产业转移中获益，主要看这三者对该国产业结构的升级、技术和管理水平的提高、社会的现代化等是否作出了贡献。贸易投资一体化的发展，使得国际贸易分工基础由比较优势转变为以跨国公司数量和在国际范围内整合资源的能力为主的竞争优势。贸易投资一体化的发展，使得国际贸易格局由目前的公司间产业内贸易向巨型跨国公司内产业内贸易发展，公司内贸易中高科技精密零部件的比重不断增加。贸易投资一体化的发展使得国际贸易利益中的动态利益地位将日益突出。

# 第四节　行业投资的选择

结合经济周期的不同阶段确定相应的行业投资策略，是规避投资风险、稳定投资收益的一条有效途径。

## 一、行业投资选择的目的

一般来说，投资者投资选择的期望是以最小的投资风险获得最大的投资回报，因此在投资决策中，应选择增长型行业和在行业生命周期中处于成长期和稳定期的行业，这就要求投资者应仔细研究欲投资公司所处的行业生命周期及行业特征。在对处于生命周期不同阶段的行业选择上，投资者应选择处于成长期和稳定期的行业，这些行业有较大的发展潜力，基础逐渐稳定，赢利逐年增加，股息红利相应提高，有望得到丰厚而稳定的收益。一般来说，投资者应避免选择初创期和衰退期的行业，因为，这些行业的发展前景难以预料，投资风险太大。

需要说明的是对处于不同发展水平的不同国家的经济，以及处于不同发展阶段的同一国家的经济而言，同一行业可能生命周期也不同。

## 二、行业投资选择的方法

随着我国证券市场的发展，投资者如何在众多行业中选择呢？通常用两种方法来衡量：一是将行业的增长情况与国民经济的增长速度进行比较，从中找出增长型行业；二是利用

行业历年的销售业绩、赢利能力等历史资料分析过去的增长情况，并预测行业未来的发展趋势。

### (一)行业增长比较分析

判定某行业是否属于增长型行业，可用该行业历年的统计资料与国民经济综合指标相对比来判断。首先取得该行业历年销售额或营业收入的可靠数据并计算出年变动率，与国民生产总值增长率、国内生产总值增长率进行比较，确定该行业是否属于周期性行业。如果国民生产总值或国内生产总值连续几年逐年上升，说明国民经济正处于繁荣阶段；反之，则说明国民经济正处于衰退阶段。观察同一时期该行业的销售额是否与国民生产总值或国内生产总值呈同向变化，如果国民经济繁荣时期该行业的销售额逐年同步增长，或国民经济衰退时期该行业的销售额也逐年同步下降，则该行业属于周期性行业。其次，比较该行业销售额的年增长率与国民生产总值或国内生产总值的年增长率。若该行业大多数年份的增长率均大于国民生产综合指标的增长率，则该行业属于增长型行业；反之，该行业的年增长率与国民经济综合指标的增长率持平甚至偏低，则说明这一行业与国民经济同步增长或增长过缓。通过以上分析，基本上可以判断某行业的增长性。但需要注意的是观察期不能太短，否则可能会引起判断失误。

在分析了行业过去的情况之后，投资者还需预测行业未来的增长变化，从而对其未来的发展趋势作出判定。下面分析如何预测行业的未来增长。

### (二)行业未来增长率的预测

进行行业投资选择的核心问题是投资者必须了解和分析行业未来的增长，即对行业未来的发展趋势做出预测。预测的方法有很多，如回归分析、时间序列分析等。目前经常被使用的方法有两种：一种是描绘出行业历年销售额与国民生产总值的关系曲线，即行业增长的趋势线，根据国民生产的计划指标或预计值可以预测行业的未来销售额。另一种方法是利用行业自身历年增长率计算历史的平均增长率和标准差，从而在一定置信区间内估计出未来增长率。如果某一行业与居民基本生活资料相关，也可以利用历史资料计算人均消费量及人均消费增长率，再利用人口增长预测资料行业的未来增长。

## 三、行业投资的策略

### (一)增长型行业、周期型行业和防守型行业

各行业变动时往往呈现出明显的、可测的增长或衰退的格局。这些变动往往又与国民经济总体的周期变动有关。根据行业变动与国民经济总体周期间的关系可将行业分为增长型行业、周期型行业和防守型行业。增长型行业的运动状态与经济活动总水平的周期及其

振幅无关，因为增长型行业主要依靠技术的进步、新产品推出及更优的服务，从而使其呈现出增长态势。周期型行业的运动状态直接与经济周期相关。当经济处于上升时期，周期型行业会紧随其扩张；当经济萧条时，周期型行业也相应衰退。防守型行业的产品需求相对稳定，不受经济周期衰退的影响。有时经济萧条时防守型行业或许会有实际增加。

### (二)投资策略的选择

通过对行业的一般特性的分析，投资者可做出选择某一行业的投资决策。一般的，行业投资决策的原则主要有：顺应产业结构演进的趋势，选择有潜力的行业进行投资；根据投资者自身的实际情况，选择不同生命周期行业进行投资；正确理解国家的产业政策，把握适宜的投资机会。

结合经济周期性的波动，行业投资策略选择的关键在于依据对经济周期各阶段的预测，当对经济前景持乐观态度时，选择周期型行业，以获取更大的回报率；而当对经济前景持悲观态度时，选择投资防守型行业以稳定投资收益；同时选择一些增长型的行业加以投资。同时，投资者在进行投资决策之前，只有借助对欲投资企业所属行业的考察，才能判断市场是否高估或低估了其证券及该行业的潜力和发展潜力，进而确定该证券的价格是否合理。当然对个别投资者来说，商业性投资公司或证券公司公布的行业分析或调查资料及具有投资观点和建议的补充资料是极有价值的。因为个别投资者往往无法对必要的大量资料作出准确的计算，而这些投资机构的专业分析人员专长于各行业，能够提供以行业和经济分析为基础的报告，这些信息是十分有益的。首先，它包含了对某一未来的展望，并描述了其规模和经济重要性，从而概括出了一个行业经营模式、现期困难及发展的可能性和它们对行业在未来若干年中业绩的影响。其次，这些调查报告也讨论了行业的作为、获利程度及其未来最有可能的增长潜力。所以投资者在投资时应充分利用这些调查报告的投资导向作用。

另外，一般来说，股票的价格与其真实价值不会有太大的偏差，但投资者要确定某一行业证券的投资价值，必须辨别现实价格与其真实价值的差异及其所反映的未来收入的机会和投机需求程度有多大。当然，一个行业在过去某段时间的业绩并不能完全代表未来表现的趋势，因而投资者还应考虑其他因素，结合其他影响进行综合分析，即通过广泛收集信息、系统地评估该行业，投资者才能进行正确的行业分析，从而最终作出明智的行业投资选择。

## 第五节 区 域 分 析

众所周知，由于历史、地理、经济原因，我国东、中、西部的经济发展极不平衡。正由于经济区域发展的不平衡，处于不同区域的产业发展速度和基本特点都会有所不同。投

资者在选择上市公司进行证券投资时就有必要考虑到这一因素对于投资者收益的影响。

## 一、区域分析的含义及内容

### (一)区域分析的含义

由于经济发展的不平衡，不同区域经济发达程度不同，各区域的行业布局不同。同一区域内企业的股票价格存在着关联性，因而需要对证券市场进行区域分析。区域分析主要是对区域发展的自然条件和社会经济背景特征及其对区域社会经济发展的影响进行分析。探讨区域内部各自然及人文要素间和区域间相互联系的规律，为有关学科研究区域问题和为进行区域规划提供了理论基础和研究方法。

经济区域是指具有某种经济特征的经济地理区域。国内的经济区域通常是跨越几个行政区的经济区域，如“长三角经济区”、“珠江三角洲经济区”、“环渤海经济区”等。由于自然资源和条件、社会发展、区位因素、市场化程度和政策环境的差异，各经济区域的经济发展是不平衡的，处于不同区域内的经济结构和产业发展也会受区域环境的影响而不同。因此，投资者进行证券市场分析时必须考虑区域环境对投资收益的影响。

### (二)区域分析的主要内容

#### 1. 区域发展条件分析

区域发展的自然条件及社会经济背景条件主要指区域自然条件和自然资源、人口与劳动力、科学技术条件、基础设施条件及政策、管理、法制等社会因素。对这些条件的分析主要目的是明确区域发展的基础，评估潜力，为选择区域发展的方向、调整区域产业结构和空间结构提供依据。

#### 2. 区域经济分析

区域经济分析主要是从经济发展的角度对区域经济发展的水平及所处的发展阶段、区域产业结构和空间结构进行分析。它是在区域自然条件分析基础上，进一步对区域经济发展的现状作一个全面的考察、评估，为下一步区域发展分析打下基础。

#### 3. 区域发展分析

区域发展分析是在区域发展的自然条件和经济分析的基础上，通过发展预测、结构优化和方案比较，确定区域发展的方向，制定区域发展的政策并分析预测其实施效应。由于区域发展是一个综合性的问题，它不仅涉及经济发展，而且还涉及社会发展和生态保护，因此，区域发展的分析也应包括经济、社会和生态环境三个方面，并以三者综合效益作为区域发展分析中判断是非的标准。

## 二、我国经济发展的区域特征

改革开放以来，随着经济的快速发展，各区域经济发展的差距被拉大了。目前，我国经济的“四大板块”分别为东部率先、西部开发、中部崛起和东北振兴。总体上讲，我国区域经济发展呈以下趋势：各地区经济均有较快增长的情况下，东部与中、西部经济发展的绝对差距将继续扩大。但从增长速度来看，中部地区会有所加快，尤其是武汉及其周边地区，可能成为新的经济增长点。从政府政策来看，中央仍将坚持综合协调的策略，在保证东部沿海地区高速发展的同时，大力支持中、西部的经济开发。但是吸取历史上把大量人力、物力、财力机械地从东部移向西部的教训，将采用增加重大基础性工程投资政策来给予西部经济以扶持，同时在投资和贷款、扩大自主权等方面将给予一些优惠政策。

东部将逐步和更大规模地参与中、西部的经济开发；中、西部的廉价劳动力、丰富的资源和广大的产品需求市场将为东部的投资提供美好的前景。中、西部将加大开放力度，努力提高自身发展能力。具体的措施有：①加快经济体制改革，以市场原则来管理经济，发展经济，建立公平、公正、公开的市场竞争体制；②加强交通、通讯等基础设施建设，改善投资环境；③广泛吸收海内外资金，共同开发，共同发展；④搞好三线企业的调整与改进，带动地区经济发展；⑤发挥沿边、沿江优势，努力培育新的经济增长点；⑥加快国有企业的改革，鼓励各种非国有经济的发展，形成多种所有制经济相互竞争、共同发展的良好局面；⑦增加投入，开发耕地资源，创建国内现代化的粮棉果品生产基地。

## 三、证券市场上市公司的区域格局

我国国内资金的流向一直有从北向南和从西向东的趋势，国内的大部分资金都集中在以上海为中心的东部地区和以深圳为中心的南部地区。国际资本的流向也不例外，1000 多亿美元的国际资本大都集中在上海和广东地区。如此明显的资本流向对证券市场当然有着十分重要的影响。

截止到 2011 年 12 月 31 日，我国发行 A 股、H 股和 B 股的上市公司共有 2475 家。其中广东 165 家，上海 190 家，江苏 209 家，北京 190 家，山东 142 家，浙江 221 家。这 6 个地区上市公司合计占总数近 45%。因而我国证券市场表现出明显的地域特征，即资本流向主要是以上海为首的“长三角”和以广东为首的“珠三角”及沿海地区。这种格局与这些地区经济发展状况相一致，因而上市公司的区域格局对证券市场分析时十分重要的。

另外，沪、深两地上市公司区域分布的不同点很明显。深圳证券市场上市公司以华南为主，而上海证券市场上市公司则以华东为主。由于这一区域格局的不同，造成沪、深两市市场表现的差异。

# 本章小结

本章主要介绍了行业分析的意义、行业几种主要的划分、从行业的市场结构、行业的竞争环境和行业的生命周期对行业进行一般特征进行了分析、影响行业发展的主要因素、行业投资的选择及区域分析。

# 自测题

## 一、单项选择题

1. 分析某行业是否属于增长型汗液，可采用的方法有( )。
   A. 用该行业的历年统计资料来分析
   B. 用该行业的历年统计资料与一个增长型行业进行比较
   C. 用该行业的历年统计资料与一个成熟型行业进行比较
   D. 用该行业的历年统计资料与国民经济综合指标进行比较
2. 周期型行业的运动状态与经济周期的相关性呈现( )。
   A. 正相关　　B. 负相关
   C. 同步　　D. 领先或滞后
3. 中国证监会公布的《上市公司行业分类指引》是以( )为主要依据。
   A. 道·琼斯分类法　　B. 联合国的《国际标准产业分类》
   C. 北美行业分类体系　　D. 中国国家统计局《国民经济行业分类与代码》
4. 行业是指从事国民经济中 ( )的经营单位和个体等构成的组织结构体系。
   A. 同类型产品生产　　B. 同性质的经济社会活动
   C. 同性质的生产活动　　D. 同性质的生产或其他经济社会活动
5. 从作用上看，政府限制行业发展的措施是( )。
   A. 对国内纺织行业实施压锭措施　　B. 对铁路运输部门实行补贴
   C. 对出口型行业实行出口退税政策　　D. 提高汽车整车产品的进口关税
6. 某一行业有如下特征：企业的利润增长很快，但竞争风险较大，破产率与被兼并率相当高，那么这一行业最有可能处于生命周期的( )。
   A. 成长期　　B. 成熟期　　C. 幼稚期　　D. 衰退期
7. 在现实经济中，最为少见的市场结构类型是( )。
   A. 完全竞争　　B. 不完全竞争　　C. 寡头垄断　　D. 完全垄断
8. 行业的成长实际上是指( )。

A. 行业的扩大再生产　　B. 行业中的企业越来越多
C. 行业的风险越来越小　　D. 行业的竞争力很强

## 二、多项选择题

1. 产业组织政策是调节市场结构和规范市场行为的政策，其主要核心是（　　）。
A. 反对垄断，促进竞争　　B. 规范大型企业集团
C. 巩固国有企业地位　　D. 扶持中小企业发展
2. 行业分析的主要任务包括(　　)。
A. 预测行业的未来发展趋势，判断行业投资价值
B. 分析影响行业发展的各种因素及其影响力度
C. 解释行业本身所处的发展阶段及其在国民经济中的地位
D. 揭示行业投资风险
3. 影响行业发展的主要因素有(　　)。
A. 技术进步　　B. 社会习惯的变化
C. 产业政策　　D. 经济全球化
4. 根据行业的竞争环境分析，对于钢铁冶炼厂来说，其需求方包括（　　）。
A. 铁矿石厂　　B. 建筑公司　　C. 商业银行　　D. 汽车厂
5. 分析行业的一般特征通常考虑的主要内容有(　　)。
A.行业的市场结构　　B. 行业的文化
C. 行业的生命周期　　D. 行业与经济周期的关联程度
6. 一个行业竞争环境分析主要包括(　　)。
A.潜在进入者　　B. 替代品　　C. 需求方　　D. 行业内现有竞争者

## 三、简答题

1. 行业分析的意义是什么？
2. 行业生命周期可分为哪几个阶段，各阶段的特点是什么？
3. 我国经济区域发展的基本特征是什么？

# 第七章　公 司 分 析

【学习目标】

通过学习本章，读者应当了解公司竞争地位的概念、类型，理解衡量公司竞争地位分析的主要内容；熟练掌握财务报表分析的基本方法和财务比率分析的基本内容；了解财务报表造假的动机、虚假财务报表产生的条件、虚假财务报表的种类，理解财务报表做假的手段，掌握虚假财务报表的识别方法。

【导读案例】

1994 年 6 月 17 日，广夏(银川)实业股份有限公司以“银广夏 A”的名字在深圳交易所上市。银广夏上市之后，表现一直平平。银广夏业绩的奇迹性转折，是从 1998 年发端的。这一年，银广夏传出了来自天津的“好消息”。

天津广夏成立于 1994 年，原名“天津保洁制品有限公司”，1997 年 12 月 31 日更名为天津广夏(集团)有限公司(下称天津广夏)，是银广夏的控股子公司。该公司曾经在 1996 年通过德国西·伊利斯公司(C.ILLES6&CO.)进口了一套泵式牙膏生产设备，这是可查证的银广夏与西·伊利斯公司最早的往来；此后，银广夏又从西·伊利斯公司订购了一套由德国伍德公司(Krupp Uhde)生产的 500 立升×3 的二氧化碳超临界萃取设备。1998 年 10 月 19 日，银广夏发布的公告称，天津广夏与德国诚信公司(Fidclity Trading GmBH)签订出口供货协议，天津广夏将每年向这家德国公司提供利用二氧化碳超临界萃取技术所生产的蛋黄卵磷脂 50 吨，及桂皮精油、桂皮含油树脂和生姜精油、生姜含油树脂等产品 80 吨，金额超过 5000 万马克。2000 年初，银广夏公布了 1999 年年报，每股盈利 0.51 元(其中利润的 75%来自于天津广夏)，并提出公司历史上首次 10 股转增 10 股的分红方案。银广夏的股价更是先知先觉，从 1999 年 12 月 30 日的 13.97 元启动，一路狂升，至 2000 年 4 月 19 日上涨至 35.83 元。2001 年 3 月 1 日，银广夏发布公告，称与德国诚信公司签订连续三年总金额为 60 亿元的萃取产品订货总协议。仅仅依此合同推算，2001 年银广夏每股收益就将达到 2～3 元。

“天有不测风云”，2001 年 8 月，《财经》杂志发表封面文章“银广夏陷阱”，其虚构财务报表事件被曝光。2001 年 8 月 3 日，中国证监会对银广夏正式立案稽查。经查明，银广夏自 1998 年至 2001 年期间累计虚构销售收入 104 962.60 万元，少计费用 4945.34 万元，导致虚增利润 77 156.70 万元。其中，1998 年虚增利润 1776.1 万元，由于公司主要控股子公司天津广夏 1998 年及以前年度的财务资料丢失，公司 1998 年度利润的真实性无法确定；1999 年、2000 年、2001 年 1～6 月分别虚增利润 17 781.86 万元、56 704.74 万元、894 万元。此外，公司还存在隐瞒下属公司的设立、关停情况，虚假披露配股资金使用情况及对外投资情况等违规事实。

本案例中，调查组应该从哪入手来审查银广夏公司的财务情况？

(资料来源：根据《财经》2001年8月7日“银广夏陷阱” 编辑整理)

# 第一节　公司基本素质分析

## 一、公司竞争地位分析

### (一)竞争地位的概念

竞争地位是指企业在目标市场中所占据的位置，它是企业规划竞争战略的重要依据。

企业的竞争地位不同，其竞争战略也不同。竞争地位并不是一成不变的，今日的市场主宰者不一定是明天的行业老大，因此，市场主宰者竭力维护自己的领导地位，其他竞争者则拼命往前赶，努力改变自己的地位。正是这种激烈的市场竞争，促使企业争创竞争优势，占据市场有利位置，从而推动行业和社会的发展。企业在目标市场中的竞争地位主要取决于其所拥有的竞争优势和劣势，对竞争优势和劣势进行衡量和评价后，探求原因、寻找发挥优势的对策，可以促进企业在市场中竞争地位的提高。

### (二)竞争地位的类型

根据阿瑟·D.利特尔咨询公司的观点，一个公司在其目标市场中有六种竞争地位：

(1) 主宰型。这类公司控制着整个目标市场，可以选择多种竞争战略。

(2) 强壮型。这类公司可以单独行动，而且能稳定其长期地位。

(3) 优势型。这类公司在一定的战略中能利用较多的力量，并有较多机会改善其竞争地位。

(4) 防守型。这类公司经营现状较好，能继续经营，但发展机会不多。

(5) 虚弱型。这类公司经营现状不佳，但仍有机会改善其不利地位。

(6) 难以生存型。这类公司经营现状差，而且没有机会改变被淘汰的命运。

行业地位分析的目的在于找出公司在所处行业中的竞争地位，如是否是行业中的“排头兵”，在价格上是否具有影响力，有无竞争力，等等。一般来说，在大多数行业中，无论其行业平均盈利能力如何，总有部分公司比其他公司具有较强的竞争优势和更强的获利能力。公司的行业地位决定了其获利能力是高于还是低于同行业平均水平，决定了其行业内的竞争地位。

### (三)衡量公司竞争地位的主要内容

#### 1. 技术优势分析

公司的技术优势是指公司拥有的比同行业其他竞争对手更强的技术实力及其研究与开

发新产品的能力。这种能力主要体现在生产的技术水平和产品的技术含量上。技术具有十分广泛的内涵，通常有以下三种表现形式：①“硬件”，如设备、零部件以及原材料等有形资产；②“软件”，如专利、专有技术、设计图纸、工序说明、计算机程序和营销方案等无形资产；③“服务”，即由技术专家为提高产品质量、管理水平和营销技巧提供的服务。随着信息技术的发展，“软件”和“服务”在技术中的份额日益增大。在现代经济中，公司新产品的研究与开发能力是决定公司竞争成败的关键，因此，任何公司一般都确定一定比例的研究开发费用，这一比例的高低能决定公司的新产品开发能力。产品的创新包括研制出新的核心技术，开发出新一代产品；研究出新的工艺，降低现有的生产成本；根据细分市场进行产品细分。技术创新，不仅包括产品技术，还包括创新人才，因为技术资源本身就包括人才资源。在激烈的市场竞争中，谁先抢占智力资本的制高点，谁就具有决胜的把握。技术创新的主体是高智能、高创造力的高级创新人才。

对公司技术水平的评价可分为硬件部分和软件部分。硬件部分如机械设备、单机或成套设备；软件部分如生产工艺技术、工业产权、专利设备制造技术，生产能力如何以及新产品的研究与开发能力怎样等。

### 2. 产品质量分析

质量优势是指公司的产品以高于其他公司同类产品的质量赢得市场，从而取得竞争优势。由于公司技术能力及管理等诸多因素的差别，不同公司间相同产品的质量是有差别的。消费者在进行购买选择时，虽然有很多因素会影响他们的购买倾向，但是产品的质量始终是影响他们购买倾向的一个重要因素。质量是产品的保证，质量好的产品会给消费者带来信任感。严格管理，不断提高公司产品的质量是提升公司产品竞争力行之有效的方法。具有产品质量优势的公司往往在该行业占据领先地位。

### 3. 市场开拓能力和市场占有率分析

市场占有率是指一个公司的产品销售量占该类产品整个市场销售总量的比例。根据不同的目标市场，可以把市场占有率划分为：①国内市场占有率和国际市场占有率。国内市场占有率是公司某种产品销售额占市场上同类产品总销售额的比重；国际市场占有率是某种国产产品出口额占全世界该类产品出口总额的比重，某种国产产品出口额占该产品的主要进口国该类产品进口总额的比重。国内(际)市场占有率的大小能大致地估计一个公司的经营能力和实力。②总的市场占有率和服务市场占有率。公司总的市场占有率是指其销售在行业(产业)总销售中所占的比例。公司的服务市场占有率是指其销售额占其所服务市场的总销售额的比例。服务市场是指对公司产品发生兴趣并为公司市场营销努力所触及的市场。比如，某公司仅在东部沿海地区销售产品，那么该公司的服务市场占有率就是指其销售额在东部沿海地区该产品总销售额中所占的比例。一个公司的服务市场占有率总是大于其总的市场占有率。市场占有率越高，表示公司的经营能力和竞争力越强，公司的销售和利润水平越好、越稳定。

公司的市场占有率是利润之源。效益好并能长期存在的公司市场占有率必然是长期稳定并呈增长趋势的。不断地开拓进取挖掘现有市场潜力并不断进军新的市场，是扩大市场占有份额和提高市场占有率的主要手段。

4. 品牌战略分析

品牌是一个商品名称和商标的总称，它可以用来辨别一个卖者或卖者集团的货物或劳务，以便同竞争者的产品相区别。一个品牌不仅是一种产品的标识，而且是产品质量、性能、满足消费者效用的可靠程度的综合体现。品牌竞争是产品竞争的深化和延伸，当产业发展进入成熟阶段，产业竞争充分展开时，品牌就成为产品及公司竞争力的一个越来越重要的因素。品牌具有产品所不具有的开拓市场的多种功能：一是品牌具有创造市场的功能；二是品牌具有联合市场的功能；三是品牌具有巩固市场的功能。以品牌为开路先锋实现公司迅猛发展的目标，是国内外很多知名大公司行之有效的措施。效益好的公司，大多都有自己的品牌和品牌战略。品牌战略不仅能提升产品的竞争力，而且能够利用品牌进行收购兼并。

5. 区位分析

区位或者说经济区位，是指地理范畴上的经济增长点及其辐射范围。上市公司的投资价值与区位经济的发展密切相关，处在经济区位内的上市公司，一般具有较高的投资价值。对上市公司进行区位分析，就是把上市公司的价值分析与区位经济的发展联系起来，以便分析上市公司未来发展的前景，确定上市公司的投资价值。具体来讲，可以通过以下几个方面进行上市公司的区位分析。①区位内的自然条件与基础条件。自然条件和基础条件包括矿产资源、水资源、能源、交通、通讯设施、可利用土地资源、气候资源，以及劳动力供给状况等，它们在区位经济发展中起着重要作用，也对所在地区上市公司的发展起着重要的限制或促进作用。可以设想，如果一家公司连最基本的自然和基础条件都不具备或者很差，也没有高素质的劳动力供给，如何指望它在未来有比较乐观的发展前景。我国地域辽阔，地形地貌复杂，地理差异较大，各地的资源禀赋、比较优势差别较大，尤其是东部地区、中部地区和西部地区的差别更大。位于不同地区内的上市公司，其外部经营环境千差万别，不能不对上市公司的业绩产生重要的影响。②区位内政府的产业政策。一般来说，为了促进区位经济的发展，当地政府一般都会制定相应的经济发展规划，提出相关的产业政策，确定地区内优先发展和扶持的产业，并给予相应的财政、信贷及税收等诸多方面的优惠措施。这些措施有利于引导和推动相关产业的发展，相关产业的上市公司将因此受益。如果区位内的上市公司的主营业务符合当地政府的产业政策，一般都会获得诸多的政府支持，对上市公司的进一步发展有利。③区位内的经济特色。所谓经济特色，是指区位内经济与区位外经济的联系和互补性、龙头作用及其发展活力与潜力的比较优势。它包括区位的经济发展环境、条件与水平、经济发展现状等有别于其他区位的特色。特色在某种意义

上意味着优势，利用自身优势发挥本区位内的经济，无疑在经济发展中找到了很好的切入点。比如，某区位在电脑软件或硬件方面或在汽车工业方面已经形成了优势和特色，那么该区位内的相关上市公司，在同等条件下比其他区位主营相同的上市公司具有更大的竞争优势和发展空间。

6. 成本优势

成本优势是指公司的产品依靠低成本获得高于同行业其他公司的盈利能力。在很多行业中，成本优势是决定竞争优势的关键因素。公司一般通过规模经济、专有技术、优惠的原材料和低廉的劳动力实现成本优势。成本优势是在一个行业中最容易成功的竞争战略。低成本可以使自己在同样的销售价格下获得高于竞争对手的利润率，并通过价格竞争的方式将高成本的公司挤出市场，从而相应地提高自己的市场占有率。最近几年来，在我国家电领域先后爆发的彩电大战、空调大战等，给一些成本比较高的公司带来了致命的杀伤力。相反，一些成本相对较低的公司则获得了巨大的成功，市场占有率显著上升。以格兰仕公司为例，最近几年通过大规模的价格战，挤占了国内外微波炉厂家的市场份额，一举成为中国最大的微波炉厂家，其市场占有率一度达到国内市场份额的50%。 投资者在对上市公司进行成本分析时，要特别注意其在规模经济、原料来源以及生产组织过程中各环节效率变化，以确定它在未来的竞争中能否继续保持这种优势。

## 二、公司经营管理素质分析

### (一)公司管理风格及经营理念分析

管理风格是企业在管理过程中所一贯坚持的原则、目标及方式等方面的总称。经营理念是企业发展一贯坚持的一种核心思想，是公司员工坚守的基本信条，也是企业制定战略目标及实施战术的前提条件和基本依据。一个企业不必追求“宏伟的”理念，而应建立一个切合自身实际的，并能贯彻渗透下去的理念体系。经营理念往往是管理风格形成的前提。一般而言，公司的管理风格和经营理念有稳健型和创新型两种。稳健型公司的特点是在管理风格和经营理念上以稳健原则为核心，一般不会轻易改变业已形成的管理和经营模式。奉行稳健型原则的公司，其发展一般较为平稳，大起大落的情况较少，但是由于不太愿意从事风险较高的经营活动，公司较难获得超额利润，跳跃式增长的可能性较小，而且有时由于过于稳健，会丧失大发展的良机。稳健并不排斥创新，由于企业面临的生存发展环境在不断变化之中，企业也需要在坚持稳健的原则下不断调整自己的管理方式和经营策略以适应外部环境的变化。创新型公司的特点是管理风格和经营理念上以创新为核心，公司在经营活动中的开拓能力较强。创新型的管理风格是此类公司获得持续竞争力的关键。管理创新应贯穿于企业管理系统的各环节，包括经营理念、战略决策、组织结构、业务流程、管理技术和人力资源开发等各方面，这些也是管理创新的主要内容。创新型企业依靠自己的开拓创造，有可能在行业中率先崛起，获得超常规的发展；但创新并不意味着企业的发展一定能够获得成功，有时实行的一些冒进式的发展战略也有可能迅速导致企业的失败。分析公司的管理风格可以跳过现有的财务指标来预测公司是否具有可持续发展的能力，而分析公司的经营理念则可据以判断公司管理层制定何种公司发展战略。

### (二)公司管理人员的素质分析

所谓素质，是指一个人的品质、性格、学识、能力、体质等方面特性的总和。在现代企业里，管理人员不仅担负着对企业生产经营活动进行计划、组织、指挥、控制等管理职能，而且从不同角度和方面负责或参与对各类非管理人员的选择、使用与培训工作。因此，管理人员的素质是决定企业能否取得成功的一个重要因素。在现代市场经济条件下，企业面临的内外环境日益复杂，对公司管理人员的要求也不断提高。在一定意义上，是否有卓越的企业管理人员和管理人员集团，直接决定着企业的经营成败。显然，才智平庸、软弱无能者是无法担当起有效管理企业的重任的。所以，现代企业管理职能客观上要求企业管理人员具有相应的良好素质。换言之，良好的管理人员的素质是提高管理的不可或缺的重要条件。管理人员的素质要求是指从事企业管理工作的人员应当具备的基本品质、素养和能力，它是选拔管理人员担任相应职务的依据和标准，也是决定管理者工作效能的先决条件。对管理人员的素质分析是公司分析的重要组成部分。

一般而言，企业的管理人员应该具备如下素质：①从事管理工作的愿望。企业管理是组织、引导和影响他人为实现组织目标而努力的专业性工作，胜任这一工作的前提条件是必须具有从事管理工作的愿望。只有那些具有影响他人的强烈愿望，并能从管理工作中获得乐趣、真正得到满足的人，才可能成为一个有效的管理者。②专业技术能力。管理人员应当具备处理专门业务技术问题的能力，包括掌握必要的专业知识，能够从事专业问题的分析研究，能够熟练运用专业工具和方法等。这是由于企业的各项管理工作，不论是综合性管理抑或职能管理，都有其特定的技术要求。③良好的道德品质修养。管理人员能否有效影响和激发他人的工作动机，不仅决定于企业组织赋予管理者个人的职权大小，而且在很大程度上取决于个人的影响力。而构成影响力的主要因素是管理者的道德品质修养，包括思想品德、工作作风、生活作风、性格气质等方面。④人际关系协调能力。这是从事管理工作必须具备的基本能力。在企业组织中，管理人员通常担负着带领和推动某一部门、环节的若干个人或群体共同从事生产经营活动的职责，因此，需要管理人员具有较强的组织能力，能够按照分工协作的要求合理分配人员，布置工作任务，调节工作进程，将计划目标转化为每个员工的实际行动，促进生产经营过程连续有序地稳定进行。⑤综合能力。现代市场经济条件下，企业作为不断与外部环境进行信息、物质与人才转换的开放系统，生产经营过程具有明显的动态性质，即需要随时根据市场环境的变化做出反应和调整。与这一状况相适应，管理工作经常面对大量的新情况、新问题。在一定意义上，管理过程就是不断发现问题、解决问题的过程。为此，管理人员必须具备较强的解决问题的能力，要

能够敏锐地发现问题之所在，迅速提出解决问题的各种措施和途径，善于讲求方式方法和处理技巧，使得问题得到及时、妥善的解决。在解决问题的过程中，决策能力具有至关重要的作用。

### (三)公司业务人员素质分析

公司业务人员的素质也会对公司的发展起到很重要的作用。作为公司的员工，公司业务人员应该具有如下的素质：熟悉自己从事的业务，必要的专业技术能力，对企业的忠诚度，对本职工作的责任感，具有团队合作精神，等等。具有以上这些基本素质的公司业务人员，才有可能做好自己的本职工作，才有可能贯彻落实公司的各项管理措施以及完成公司的各项经营业务，才有可能把自身的发展和企业的发展紧密地联系在一起。在进取型的公司管理风格下，需要具有创新能力的公司业务人员，如技术创新、新产品的开发必须要由技术开发人员来完成，而市场创新的信息获得和创新方式则不可缺少市场营销人员的努力。因此，公司业务人员的素质，包括进取意识和业务技能也是公司发展不可或缺的要素。公司业务人员的素质直接决定了公司的创新能力。

# 第二节　公司财务分析

公司财务分析是以公司财务报告为主要依据，对公司的财务状况和经营成果进行评价和分析，反映公司在运营中的得失，从而为公司的管理提供重要依据。

## 一、公司的主要财务报表

公司财务报表是反映公司经营活动的重要原始资料来源。上市公司必须遵守财务公开的原则定期公开财务报表。财务报表主要有资产负债表、利润表和现金流量表。

### (一)资产负债表

资产负债是基本财务报表之一。它根据“资产=负债+所有者权益”的恒等式编制。资产负债表的“资产”部分，反映企业的各类财产、物资、债权和权利，一般按变现先后顺序表示。负债部分包括负债和股东权益两项。其中，负债表示公司所应支付的所有债务；股东权益表示公司的净值，即在偿清各种债务之后，公司股东所拥有的资产价值。资产负债表是公司的财务状况，对公司特定时刻的相对静止的反映。通过分析资产负债表，可以了解公司的财务状况。对公司的偿债能力、资本结构是否合理，流动资金是否充足作出判断。

【财务报表之一】ABC 公司资产负债表(见表 7-1)。

表 7-1 资产负债表

会企 01 表

编制单位：ABC 公司　　2010 年 12 月 31 日　　元

| 资　产 | 期末余额 | 年初余额 | 负债和所有者权益 | 期末余额 | 年初余额 |
|---|---|---|---|---|---|
| 流动资产： | | | 流动负债： | | |
| 货币资金 | 815 131 | | 短期借款 | 50 000 | |
| 交易性金融资产 | 0 | | 交易性金融负债 | 0 | |
| 应收票据 | 66 000 | | 应付票据 | 100 000 | |
| 应收账款 | 598 200 | | 应付账款 | 953 800 | |
| 预付款项 | 100 000 | | 预收款项 | 0 | |
| 应收利息 | 0 | | 应付职工薪酬 | 180 000 | |
| 应收股利 | 0 | | 应交税费 | 226 731 | |
| 其他应收款 | 5 000 | | 应付利息 | 0 | |
| 存货 | 248 470 | | 应付股利 | 32 215.85 | |
| 一年内到期的非流动资产 | 0 | | 其他应付款 | 50 000 | |
| 其他流动资产 | 100 000 | | 一年内到期的非流动负债 | 0 | |
| 流动资产合计 | 4 169 031 | | 其他流动负债 | 0 | |
| 非流动资产： | | | 流动负债合计 | 1 592 746.85 | |
| 可供出售金融资产 | 0 | | 非流动负债： | | |
| 持有至到期投资 | 0 | | 长期借款 | 1 160 000 | |
| 长期应收款 | 0 | | 应付债券 | 0 | |
| 长期股权投资 | 250 000 | | 长期应付款 | 0 | |
| 投资性房地产 | 0 | | 专项应付款 | 0 | |
| 固定资产 | 2 201 000 | | 预计负债 | 0 | |
| 在建工程 | 428 000 | | 递延所得税负债 | 0 | |
| 工程物资 | 300 000 | | 其他非流动负债 | 0 | |
| 固定资产清理 | 0 | | 非流动负债合计 | 1 160 000 | |
| 生产性生物资产 | 0 | | 负债合计 | 2 752 746.85 | |
| 油气资产 | 0 | | 所有者权益(或股东权益)： | | |
| 无形资产 | 540 000 | | 实收资本(或股本) | 5 000 000 | |
| 开发支出 | 0 | | 资本公积 | 0 | |

续表

| 资　产 | 期末余额 | 年初余额 | 负债和所有者权益 | 期末余额 | 年初余额 |
|---|---|---|---|---|---|
| 商誉 | 0 | | 减：库存股 | 0 | |
| 长期待摊费用 | 0 | | 盈余公积 | 124 020.4 | |
| 递延所得税资产 | 0 | | 未分配利润 | 211 263.75 | |
| 其他非流动资产 | 200 000 | | 所有者权益合计 | 5335 284.15 | |
| 非流动资产合计 | 3 919 000 | | | | |
| 资产总计 | 8 088 031 | | 负债和所有者权益总计 | 8 088 031 | |

### (二)利润表

利润表，也被称为损益表，是总括地反映企业一定期间内经营成果的实现及其分配情况的报表。与资产负债表不同，利润表是一种动态的时期报表。

利润表的主要内容是一定时期(月、季、年)的收入、成本、费用和损失，以及由此计算出来的企业利润(或亏损)及利润分配情况。利润分配的有关内容，也可以另行编制利润分配表。

按照我国现行的会计制度规定，企业每月都要编制利润表。

利润表的结构：利润表一般由表首、表身和补充资料三部分构成，利润表的表首，主要填制编制单位、报表日期、数量单位等。由于利润表说明某一时期的经营成果，因而利润表的表首必须写明某一时期的起讫日期。如“某年某月份”、“某年某月某日结束的会计年度”。

表身是利润表的主体部分，主要反映收入、费用和利润各项目的具体内容及其相互关系。此外，为了使报表使用者通过比较不同期间利润的实现情况，判断企业经营成果的未来发展趋势，企业需要提供比较利润表，利润表还就各项目再分为“本期金额”和“上期金额”两栏分别填列。

常见的利润表结构主要有单步式和多步式两种。在我国，企业利润表采用的基本上是多步式结构，即通过对当期的收入、费用、支出项目按性质加以归类，按利润形成的主要环节列示一些中间性利润指标，分步计算当期损益。

【财务报表之二】ABC 公司利润表(见表 7-2)。

表 7-2 利润表

会企 02 表

编制单位：ABC 公司　　2010 年　　元

| 项　目 | 本期金额 | 上期金额 |
| --- | --- | --- |
| 一、营业收入 | 1 250 000 | |
| 减：营业成本 | 750 000 | |
| 营业税金及附加 | 2 000 | |
| 销售费用 | 20 000 | |
| 管理费用 | 187 100 | |
| 财务费用 | 41 500 | |
| 资产减值损失 | 900 | |
| 加：公允价值变动收益(损失以“-”号填列) | 0 | |
| 投资收益(损失以“-”号填列) | 31 500 | |
| 其中：对联营企业和合营企业的投资收益 | 0 | |
| 二、营业利润(亏损以“-”号填列) | 280 000 | |
| 加：营业外收入 | 50 000 | |
| 减：营业外支出 | 19 700 | |
| 其中：非流动资产处置损失 | (略) | |
| 三、利润总额(亏损总额以“-”号填列) | 310 300 | |
| 减：所得税费用 | 92 800 | |
| 四、净利润(净亏损以“-”号填列) | 217 500 | |
| 五、每股收益： | (略) | |
| (一)基本每股收益 | | |
| (二)稀释每股收益 | | |
| 六、其他综合收益 | | |
| 七、综合收益总额 | | |

利润表主要反映以下 7 个方面的内容：

(1) 构成营业收入的各项要素。营业收入由主营业务收入和其他业务收入组成。

(2) 构成营业利润的各项要素。营业收入减去营业成本(主营业务成本、其他业务成本)、营业税金及附加、销售费用、管理费用、财务费用、资产减值损失，加上公允价值变动收益、投资收益，即为营业利润。

(3) 构成利润总额(或亏损总额)的各项要素。利润总额(或亏损总额)在营业利润的基础

上加营业外收入，减营业外支出后得到。

(4) 构成净利润(净亏损)的各项要素。净利润(净亏损)在利润总额(或亏损总额)的基础上，减去本期计入损益的所得税费用后得出。

(5) 每股收益。普通股和潜在普通股已公开交易的企业以及处于公开发行普通股或潜在普通股过程中的企业，还应在利润表中列示每股收益的信息，包括基本每股收益和稀释每股收益两项指标。

(6) 其他综合收益。该项目反映企业根据企业会计准则规定未在损益中确认的各项利得和损失扣除所得税影响后的净额。

(7) 综合收益总额。该项目反映企业净利润与其他综合收益的合计金额。

### (三)现金流量表

现金流量表，是反映企业会计期间内经营活动、投资活动和筹资活动等对现金及现金等价物产生影响的会计报表，其主要目的是为报表使用者提供企业一定会计期间内现金流入与流出的有关信息。现金流量表是反映一家公司在一定时期现金流入和现金流出动态状况的报表。其组成内容与资产负债表和损益表相一致。通过现金流量表，可以概括反映经营活动、投资活动和筹资活动对企业现金流入流出的影响，对于评价企业的实现利润、财务状况及财务管理，要比传统的损益表提供更好的基础。现金流量表的现金是广义的概念，由现金和现金等价物构成：现金是指企业库存现金以及可以随时用于支付的存款；现金等价物是指企业持有的期限短(一般在 3 个月以内)、流动性强、易于转换为已知金额现金、价值变动风险很小的投资。

【财务报表之三】ABC 公司现金流量表(见表 7-3)。

**表 7-3　现金流量表**

会企 03 表

编制单位：　ABC 公司　　　　2010 年　　　　元

| 项　目 | 本期金额 | 上期金额 |
|---|---|---|
| 一、经营活动产生的现金流量： | | |
| 销售商品、提供劳务收到的现金 | 1 312 500 | |
| 收到的税费返还 | 0 | |
| 收到其他与经营活动有关的现金 | 0 | |
| 经营活动现金流入小计 | 1 312 500 | |
| 购买商品、接受劳务支付的现金 | 392 266 | |
| 支付给职工以及为职工支付的现金 | 300 000 | |
| 支付的各项税费 | 174 703 | |

续表

| 项　目 | 本期金额 | 上期金额 |
| --- | --- | --- |
| 支付其他与经营活动有关的现金 | 80 000 | |
| 经营活动现金流出小计 | 946 969 | |
| 经营活动产生的现金流量净额 | 365 531 | |
| 二、投资活动产生的现金流量： | | |
| 收回投资收到的现金 | 16 500 | |
| 取得投资收益收到的现金 | 30 000 | |
| 处置固定资产、无形资产和其他长期资产收回的现金净额 | 300 300 | |
| 处置子公司及其他营业单位收到的现金净额 | 0 | |
| 收到其他与投资活动有关的现金 | 0 | |
| 投资活动现金流入小计 | 346 800 | |
| 购建固定资产、无形资产和其他长期资产支付的现金 | 601 000 | |
| 投资支付的现金 | 0 | |
| 取得子公司及其他营业单位支付的现金净额 | 0 | |
| 支付其他与投资活动有关的现金 | 0 | |
| 投资活动现金流出小计 | 601 000 | |
| 投资活动产生的现金流量净额 | −254 200 | |
| 三、筹资活动产生的现金流量： | | |
| 吸收投资收到的现金 | 0 | |
| 取得借款收到的现金 | 560 000 | |
| 收到其他与筹资活动有关的现金 | 0 | |
| 筹资活动现金流入小计 | 560 000 | |
| 偿还债务支付的现金 | 1 250 000 | |
| 分配股利、利润或偿付利息支付的现金 | 12 500 | |
| 支付其他与筹资活动有关的现金 | 0 | |
| 筹资活动现金流出小计 | 1 262 500 | |
| 筹资活动产生的现金流量净额 | −702 500 | |
| 四、汇率变动对现金及现金等价物的影响 | 0 | |
| 五、现金及现金等价物净增加额 | −591 169 | |
| 加：期初现金及现金等价物余额 | 1 406 300 | |
| 六、期末现金及现金等价物余额 | 815 131 | |

## 二、财务报表分析方法

财务报表分析是相关信息用户以企业财务报告为主要依据。结合环境信息，对企业财务状况、经营业绩和财务状况变动的合理性与有效性进行客观确认，并分析企业内在财务能力和财务潜力，预测企业未来财务趋势和发展前景，评估企业的预期收益和风险，据以为特定决策提供有用的财务信息的经济活动。财务报表分析方法主要有比较分析法、比率分析法和因素分析法。

### (一)比较分析法

比较分析法是财务分析普遍使用的重要的分析方法。它是通过对经济指标在数据上的比较，揭示经济指标之间数量关系和差异的一种分析方法。对经济指标的对比，主要有以下三种形式。

#### 1. 水平分析法

水平分析法是将企业报告期财务状况的信息与企业某一历史时期财务状况的信息进行对比，研究其发展变动情况的一种财务分析方法，主要应用于会计报表的分析。其基本要点是将不同时期的同项数据和指标进行对比，对比的方式如下。

(1) 变动绝对值。变动绝对值是将不同时期、相同项目的绝对金额进行比较，以观察其绝对额的变化趋势。其计算公式是：

$$变动绝对值 = 分析期某项指标实际数 - 基期该项指标实际数$$

(2) 增减变动率。其计算公式是

$$变动率 = \frac{变动绝对值}{基期该项指标实际数} \times 100\%$$

需要注意的是，进行水平分析时，应将变动量与变动率两种对比方式结合运用，仅用单独一种方法得出的结论往往是片面的，甚至是错误的。

#### 2. 趋势分析法

趋势分析法是根据企业两期或者连续几个时期的分析资料，运用指数或完成率的计算，确定分析期各有关项目的变动情况和趋势的一种财务分析方法。趋势分析法的主要方式有：

(1) 定基分析法：定基分析是以分析期间某一固定时期的报表数据作为基数，其他各期与之对比，计算百分比，以观察各期相对于基数的变化趋势。趋势分析法通常采用定基分析法。

(2) 环比分析法：环比分析是以某一期的数据和上期的数据进行比较，计算趋势百分比，以观察每期的增减变化情况。

## (二)比率分析法

比率分析法是根据财务报告中相互关联的两个项目，或多个项目的绝对数进行对比，通过计算经济指标的比率来考察、计量和评价经济活动变动程度的一种分析方法。比率分析法是财务分析最基本最重要的方法。

### 1. 比率的分类

根据分析的不同内容和要求，可以计算出各种不同的比率进行比较，主要有：

(1) 相关指标比率。是根据经济活动客观存在的相互依存相互联系的关系，将两个性质不同但又相关的指标加以对比，求出比率，然后进行各种形式的比较，以便从经济活动的客观联系中更深刻的认识经济活动，更合理的评价经济效益的高低。例如，通过计算，比较资产负债率、流动比率、速动比率等相关指标比率，便可以了解企业的偿债能力及其变动情况，或与先进水平的差距等。

(2) 构成比率。又称结构比率，通过计算某项经济指标各个组成部分占总体的比重来探讨各个部分在结构上的变化规律，反映报表中的项目与总体关系情况及其变动情况的财务分析方法。其计算公式是：

$$构成比率=\frac{某个组成部分数额}{该总体总额}\times 100\%$$

通过对各项目的占比分析，可以了解各项目在企业生产经营中的重要性。一般来说，项目比重越大，说明其重要程度越高，对总体的影响越大。计算、比较构成比率、可以了解某项经济指标的构成情况，以便考察总体部分的变化情况。例如，计算、比较资产构成比例、负债构成比率、所有者权益构成比率等，就可以一般了解这些构成比率是否合理；其发展变化是否更加有效，等等。通常情况下，在计算出某项目的比重后，需要与前期同项目比重进行对比，研究各项目的比重变动情况。

(3) 动态比率。将某项经济指标不同时期的数额对比求出动态比率，然后进行各种形式的比较，以便考察该项经济指标的发展变化趋势和增减速度。

### 2. 比率分析法应遵循的原则

在财务分析中，比率分析用途最广，但也有局限性，突出表现在：比率分析属于静态分析，对于预测未来并非绝对合理可靠。比率分析所使用的数据为账面价值，难以反映物价水准的影响。运用比率分析法，必须遵循以下原则：

(1) 相关性：所分析的项目要具有可比性、相关性,将不相关的项目进行对比是没有意义的；

(2) 一致性：即比率的分子项与分母项必须在时间、范围等方面保持口径一致；

(3) 科学性：选择比较的标准要注意行业因素、生产经营情况差异性等因素；

(4) 全面性：要注意将各种比率有机联系起来进行全面分析，不可孤立地看某种或某类

比率，同时要结合其他分析方法，这样才能对企业的历史、现状和将来有一个详尽的分析和了解，达到财务分析的目的。

### (三)因素分析法

因素分析法是依据财务分析指标与其影响因素之间的关系，按照一定的程序和方法，从数量上确定各因素对分析指标差异影响程度的一种技术方法。一个经济指标往往是由多种因素造成的。它们各自对某一个经济指标都有不同程度的影响，只有将这一综合性的指标分解成各个构成因素，才能从数量上把握每一个因素的影响程度。因素分析法既可以全面分析各因素对某一经济指标的影响，又可以单独分析某个因素对经济指标的影响，在财务分析中应用颇为广泛。因素分析法根据其分析特点可分为连环替代法和差额分析法两种。

#### 1. 连环替代法

连环替代法是指在多种因素对某一指标综合发生作用的情况下,将分析指标分解为各个可以计量的因素，并根据因素之间的内在依存关系，顺次用各因素的比较值(通常即实际值)替代基准值(通常为标准值或计划值)，据以测定经济指标变动的原因及其各因素的影响程度。

1) 连环替代法的一般程序

(1) 确定分析指标与其影响因素之间的关系。即将财务指标在计算公式的基础上进行分解或扩展，从而得出各影响因素与分析指标之间的关系式。

(2) 根据分析指标的报告期数值与基期数值列出两个关系式，确定分析对象。

(3) 连环顺序替代，计算替代结果。即以基期指标体系为计算基础，用实际指标体系中的每一因素的实际数顺序地替代其相应的基期数，每次替代一个因素，替代后的因素被保留下来不再返回为基期数。

(4) 比较各因素的替代结果，确定各因素对分析指标的影响程度。每个因素替换以后，均会得出一个综合指标的结果，将每个因素替换以后的结果与替换以前的结果相减，即可得出该替换因素变动对综合指标的影响数额。

(5) 检验分析结果。将各因素的影响额汇总相加与综合指标变动的总差异比较，确定其计算的正确性。即将各因素对分析指标的影响额相加，其代数和应等于分析对象。如果二者相等，说明分析结果可能是正确的，但是如果二者不相等，则说明分析结果一定是错误的。

设某一分析指标 P 是由相互联系的 A、B、C 三个因素相乘得到，报告期(实际)指标和基期(计划)指标为：报告期(实际)指标 $Po = Ao \times Bo \times Co$ ，基期(计划)指标 $Ps = As \times Bs \times Cs$ ；在测定各因素变动对指标 P 的影响程度后按顺序进行：

分析对象： $\Delta P = Po - Ps$

基期(计划)指标 $Ps = As \times Bs \times Cs$ ；(1)

第一次替代：$Ao \times Bs \times Cs$；(2)

第二次替代：$Ao \times Bo \times Cs$；(3)

第三次替代：$Ao \times Bo \times Co$；(4)

(2)式－(1)式得：A 变动对 P 的影响。

(3)式－(2)式得：B 变动对 P 的影响。

(4)式－(3)式得：C 变动对 P 的影响。

把各因素变动综合起来，总影响：$\Delta P = Po - Ps$。

2) 应用连环替代法过程中必须注意以下几个问题

(1) 因素分解的相关性。构成经济指标的因素要能够反映形成该指标差异的内在构成原因。经济指标与它的构成因素之间不仅能够构成一种代数式，而且必须存在真正的因果关系。

(2) 分析前提的假定性。连环替代法计算的各因素变动的影响数，会因替代计算的顺序不同而有差别，即其计算结果只是在某种假定前提下的结果，为此，财务分析人员在具体运用此方法时，应注意力求使这种假定是合乎逻辑的假定，是具有实际经济意义的假定，这样才不会妨碍分析的有效性。

(3) 因素替代的顺序性。连环替代法是严格按照各因素的排列顺序逐次以一个因素的实际数替换其基数。替换的顺序不一样则计算结果就不一样。在实际工作中，一般将各因素区分为数量指标和质量指标，替换顺序的确定原则是：先换量的因素，再换质的因素，并按照影响指标的重要性程度来安排各因素的替换顺序，如果同时出现几个数量指标或几个质量指标，应先替换数量指标，后替换质量指标。除此之外，还可按照先替换基本因素、后替换从属因素的方法，确定连环替代法的因素替换顺序。

(4) 顺序替代的连环性：即计算每一个因素变动时，都是在前一次计算的基础上进行，并采用连环比较的方法确定因素变化影响结果。只有保持这一连环性，才能使所计算出来的各因素的影响等于所要分析的综合经济指标的总差异。

### 2. 差额分析法

差额分析法也称绝对分析法，它是连环替代法的一种简化形式，即利用各个因素的比较值与基准值之间的差额，在其他因素不变的假定条件下，来计算各因素对分析指标的影响。 仍以连环替代法使用的财务指标为例：实际与基期的总差异为 $Po - Ps$，这一总差异同时受到 A、B、C 三个因素的影响，它们各自的影响程度可分别由以下式子计算求得：

A 因素变动的影响 $(Ao - As) \times Bs \times Cs$；

B 因素变动的影响：$Ao \times (Bo - Bs) \times Cs$；

C 因素变动的影响：$Ao \times Bo \times (Co - Cs)$。

最后，可以将以上三大因素各自的影响数相加就应该等于总差异 $Po - Ps$。

需要注意的是，并非所有的连环替代法都可以运用差额分析法进行简化，尤其在各影

响因素之间不是连乘的情况下，运用差额分析法必须格外慎重。

在证券市场分析实务中，比率分析法是最常见的财务报表分析方法。主要运用比率分析法分析上市公司的三类财务指标，分别为：偿债能力指标(包括流动比率、速动比率、资产负债率等)；营运能力指标(包括应收账款周转率、存货周转率等)；盈利能力指标(包括营业利润率、成本费用利润率等)。

## 三、财务比率分析

### (一)偿债能力指标

偿债能力是指企业偿还到期债务的能力。偿债能力分析包括短期偿债能力分析和长期偿债能力分析两个方面。

#### 1．短期偿债能力分析

短期偿债能力，也称支付能力，是指企业以流动资产的变现偿还流动负债的能力。它反映企业偿付日常到期债务的实力。企业能否及时偿付到期的流动负债，是反映企业财务状况好坏的重要标志。影响企业短期偿债能力的因素主要有：企业的流动资产结构、流动负债结构、融资能力、经营现金流量水平等。反映企业短期偿债能力的财务指标主要有：流动比率、速动比率、现金流量比率。

1) 流动比率

流动比率也称银行家比率，是企业在某一时点上可以动用的流动资产与流动负债的比率，它表明企业每一元流动负债有多少流动资产作为偿还的保证，流动比率反映企业承受流动资产贬值的能力和企业用可在短期内转变为现金的流动资产偿还到期的流动负债的能力。其计算公式是：

$$流动比率=\frac{流动资产}{流动负债}$$

流动比率越高，表明企业流动资产占用资金来源于结构性负债的越多，企业投入生产经营的营运资本越多，而且表明企业可以变现的资产数额大，企业偿还短期债务的能力就越强，债权人的权益越有保证。如果流动比率过低，则表示企业可能难以如期偿还债务。但是，流动比率也不能过高，过高则表明企业流动资产占用较多，会影响资金的使用效率和企业的获利能力。按照西方企业的长期经验，一般认为流动比率的下限为 1∶1，适当比例为 2∶1，达到 2∶1 的比例时，企业财务状况稳定可靠，除了满足日常生产经营的流动资金需要外，还有足够的财力偿付到期短期债务。但这一比例对大多数中国企业是不实际的，近年来，流动比率呈现出下降的趋势。正常情况下，部分行业的流动比率参考如表 7-4 所示。

表 7-4　部分行业的流动比率经验数值表

| 行　业 | 经验数值 | 行　业 | 经验数值 |
|---|---|---|---|
| 汽车 | 1.1 | 电子 | 1.45 |
| 化工 | 1.20 | 商业 | 1.65 |
| 制药 | 1.25 | 玻璃 | 1.30 |
| 建材 | 1.25 | 机械 | 1.80 |
| 啤酒 | 1.75 | 餐饮 | >2 |
| 房地产 | 1.2 | 计算机 | 2.0 |

使用流动比率进行分析时，需要注意几个问题：①企业短期偿债能力取决于流动资产对于流动负债的相互关系，而与企业规模无关。企业规模大，流动资产多，并不代表企业短期偿债能力强；②对企业短期偿债能力的判断必须结合所在行业的平均标准。例如工业企业有较多存货，应收账款占比较大，所以流动资产规模较大，流动比率较高；③一般来说，流动比率越高，企业的短期偿债能力越强。但流动比率高还可能是由于应收账款占用过多，在产品、产成品呆滞、积压的结果，因此，分析流动比率还需注意流动资产的结构、流动资产的周转情况、流动负债的数量与结构等情况；④要注意人为因素的影响。由于流动比率是根据资产负债表的资料进行计算的，体现的仅仅是账面上的支付能力，使用流动比率进行短期偿债能力评价时，要注意企业管理人员是否出于一定目的进行了调整。

2) 速动比率

速动比率，也称酸性实验比率，是企业速动资产与流动负债的比率。速动资产包括货币资金、短期投资、应收票据、应收账款、其他应收款项等流动资产。存货、预付账款、待摊费用、一年内到期的非流动资产和其他流动资产等则不应计入。这一比率用以衡量企业流动资产中可以立即用于偿付流动负债的财力。其计算公式是：

$$速动比率=\frac{速动资产}{流动负债}$$

其中：速动资产 = 货币资金 + 短期投资 + 应收账款 + 应收

= 流动资产 − 存货 − 预付账款 − 待摊费用 − 待处理流动资产损失

$$保守速动比率=\frac{现金+证券+应收账款}{流动负债}$$

速动比率可用作流动比率的辅助指标。有时企业流动比率虽然较高，但流动资产中易于变现、可用于立即支付的资产很少，则企业的短期偿债能力仍然较差。因此，速动比率能更准确地反映企业的短期偿债能力。根据经验，一般认为速动比率 1∶1 较为合适。它表明企业的每一元短期负债，都有一元易于变现的资产作为抵偿。如果速动比率过低，说明企业的偿债能力存在问题；但如速动比率过高，则又说明企业因拥有过多的货币性资产，而可能失去一些有利的投资和获利机会。部分行业的速动比率参考如表 7-5 所示。

表 7-5　部分行业的速动比率经验数值表

| 行　业 | 经验数值 | 行　业 | 经验数值 |
|---|---|---|---|
| 汽车 | 0.85 | 电子 | 0.95 |
| 化工 | 0.90 | 商业 | 0.45 |
| 制药 | 0.90 | 玻璃 | 0.45 |
| 建材 | 0.90 | 机械 | 0.90 |
| 啤酒 | 0.90 | 餐饮 | >2 |
| 房地产 | 0.65 | 计算机 | 1.25 |

使用流(速)动比率的几点不足，表现在：①各行业的存货流动性和变现性有较大差别，流动比率指标不能反映由于流动资产中存货不等造成的偿债能力差别，因此需要用存货周转天数指标补充说明；②在计算流动比率时包括了变现能力较差的存货和无法变现的待摊费用，影响了该指标用来评价短期偿债能力的可靠性，需要用速动比率指标作补充；③流(速)动比率不能反映企业的日现金流量；④流(速)动比率只反映报告日期的静态状况，企业很容易通过一些临时措施或账面处理，形成账面指标不实，如通过虚列应收账款，少提准备，提前确认销售或将下一年度赊销提前列账，少转销售成本增加存款金额等；⑤流(速)比率不能量化地反映潜在的变现能力因素和短期债务。

3) 现金流量比率

现金流量比率，是企业一定时期的净额同流动负债的比率，该指标从现金流入和流出的动态角度对企业的实际偿债能力进行考察，反映本期经营活动所产生的现金净流量足以抵付流动负债的倍数。其计算公式是：

$$现金流量比率=\frac{经营现金净流量}{年末流动负债}\times 100\%$$

式中年经营现金净流量是指一定时期内，有企业经营活动所产生的现金及现金等价物的流入量与流出量的差额。该指标是从现金流入和流出的动态角度对企业实际偿债能力进行考察。

现金流量比率越大，表明企业经营活动产生的现金净流量越多，越能保障企业按期偿还到期债务。当该指标大于或者等于 1 时，表示企业流动负债的偿还有可靠保证。该指标越大，表明企业经营活动产生的现金净流量越多，越能保障企业按期偿还到期债务，但也并不是越大越好，该指标过大则表明企业流动资金未能得到充分的运用，盈利能力不强。

使用现金流量比率进行分析时需要注意的两点：①本期经营活动现金流量净额是当前会计年度的经营结果，而流动负债是年初和年末需要偿还债务的平均余额，二者的会计期间不同，使用该比率，需要考虑未来一个会计年度影响经营活动现金流量变动的因素；②由于净利润与经营活动产生的现金净流量有可能背离，有利润的年份不一定有足够的现金(含现金等价物)来偿还债务，所以利用以收付实现制为基础计量的现金流量比率指标，能充分体现企业经营活动所产生的现金净流量，可以在多大程度上保证当期流动负债的偿还，直观地反映出企业偿还流动负债的实际能力。

### 2．长期偿债能力分析

长期偿债能力，指企业偿还长期负债的能力。影响长期偿债能力的因素主要有：企业的盈利能力、投资效果、权益资金的增长和稳定程度、权益资金的实际价值以及企业经营现金流量等。企业的长期负债，包括长期借款、应付长期债券等。

1) 负债比率

负债比率，又称资产负债率，是企业负债总额对资产总额的比率。它表明企业资产总额中，债权人提供资金所占的比重，以及企业资产对债权人权益的保障程度。这一比率越小，表明企业的长期偿债能力越强。其计算公式如下：

$$负债比率=\frac{负债总额}{资产总额}\times 100\%$$

负债比率也表示企业对债权人资金的利用程度。从企业所有者来说。如果此项比率较大，表明利用较少的自有资本投资，形成较多的生产经营用资产，不仅扩大了生产经营规模，而且在经营状况良好的情况下，还可以利用财务杠杆的原理，得到较多的投资利润。但如果这一比率过大，则表明企业的债务负担重，企业的资金实力不强，债务能力就缺乏保证，债权人蒙受损失的可能性越大，也会影响企业的筹资能力。该指标的保守比例为不高于 50%，适当比例为 60%～70%，一旦资产负债率超过 100%，则说明企业资不抵债，有濒临倒闭的危险，视为达到破产的警戒线。因此，任何企业都必须根据自身的实际情况，确定一个适度的标准。

2) 股东权益比率和权益总资产率

股东权益比率是所有者权益同资产总额的比率。该比率是企业长期偿债能力保证程度的重要指标，反映企业资产中有多少是所有者投资形成的。其计算公式是：

$$股东权益比率=\frac{股东权益}{总资产}$$

股东权益比率应当适中。如果权益比率过小，表明企业过度负债，容易削弱公司抵御外部冲击的能力。而权益比率过大意味着企业没有积极地利用财务杠杆作用来扩大经营规模。股东权益比率与负债比率之和按同口径计算应等于 1。股东权益比率能从另一个侧面来反映企业长期财务状况和长期偿债能力。当债权人将资金借给股东权益比率较高的企业，由于有较多的企业以自有资产作偿债保障，债权人全额收回债权就不会有问题，即使企业清算时资产不能按账面价值收回，债权人也不会有太大损失。

股东权益比率的倒数，称为权益总资产率，又称业主权益乘数，说明企业资产总额是股东权益的多少倍，即企业的股东权益支撑着多大规模的投资。其计算公式是：

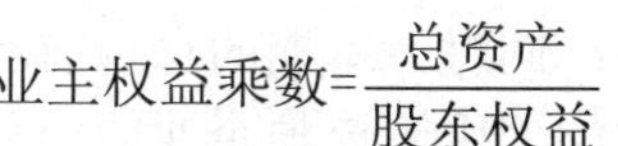

$$业主权益乘数=\frac{总资产}{股东权益}$$

该项比率越大，表明股东投入的资本在资产总额中所占的比重越小，企业对负债经营利用得越充分，财务风险越大。

3) 产权比率

产权比率又称负债与股东权益比率，是负债总额与所有者权益之间的比率。它通过债务负担与偿债保证程度的相对关系来反映企业投资者权益对债权人权益的保障程度。这一比率越低，表明企业的长期偿债能力越强，债权人权益的保障程度越高，承担的风险越小，但企业不能充分地发挥负债的财务杠杆效应。其计算公式是：

$$产权比率=\frac{负债总额}{股东权益}$$

产权比率指标反映了由债权人提供的资本与股东提供的资本的相对关系，反映企业基本财务结构是否稳定。从股东来看，在通货膨胀加剧时期，企业多借债可以把损失和风险转嫁给债权人；在经济繁荣时期，多借债可以获得额外的利润；在经济萎缩时期，少借债可以减少利息负担和财务风险。比率高，是高风险、高报酬的财务结构；比率低，是低风险、低报酬的财务结构。该比率与资产负债率的区别是：资产负债率侧重于分析债务偿付安全性的物质保障程度，负债与股东权益比率侧重于揭示财务结构的稳健程度以及自有资金对偿债风险的承受能力。企业设置的产权比率标准值通常为 1.2。

4) 利息保障倍数

利息保障倍数又称已获利息倍数，是指企业生产经营所获得的息税前利润与利息费用的比率。它是测定企业以获取的利润偿付负债利息能力的指标。企业生产经营所获得的息税前利润对于利息费用的倍数越多，说明企业支付利息费用的能力越强。其计算公式是：

$$利息保障倍数=\frac{息税前利润总额}{利息支出}$$

其中：息税前利润总额=利润总额+利息

$$=净利润+所得税+利息$$

利息保障倍数不仅反映了企业获利能力的大小，而且反映了获利能力对偿还到期债务的保证程度，它既是企业举债经营的前提依据，也是衡量企业长期偿债能力大小的重要标志。国际经验标准通常认为该指标为 3 时较为适当。并且要维持正常偿债能力，利息保障倍数至少应大于 1，比值越高，企业长期偿债能力越强。如果利息保障倍数过低，企业将面临亏损、偿债的安全性与稳定性下降的风险。现实经济中，该指标达到什么水平并没有具体的标准，应根据历史的经验结合行业特点或行业标准进行评价。企业设置的利息保障倍数的标准值通常为 2.5。

需要说明的是，在利用利息保障倍数指标时应该注意到会计上是采用权责发生制来核算收入和费用的。这样，本期的利息费用未必就是本期的实际利息支出，而本期的实际利息支出也未必是本期的利息费用；同时，本期的息税前利润与本期经营活动所获得的现金也未必相等。因此已获利息倍数的使用应该与企业的经营活动现金流量结合起来；另外最好比较本企业连续几年的该项指标，并选择最低指标年度的数据作为标准。

**【例 7-1】**根据 ABC 公司各报表中的数据(参见表 7-1～表 7-3)，分析该公司的偿债能力。

(1) $流动比率=\dfrac{流动资产}{流动负债}=\dfrac{4169031}{1592746.85}=2.62$

(2) $速动比率=\dfrac{速动资产}{流动负债}=\dfrac{815131+66000+598200+5000+100000}{1592746.85}=0.99$

(3) $现金流量比率=\dfrac{经营现金净流量}{年末流动负债}\times 100\%=\dfrac{365531}{1592746.85}\times 100\%=22.95\%$

(4) $负债比率=\dfrac{负债总额}{资产总额}\times 100\%=\dfrac{2752746.85}{8088031}\times 100\%=34.03\%$

(5) $股东权益比率=\dfrac{股东权益}{总资产}=\dfrac{5335284.15}{8088031}=65.97\%$

(6) $业主权益乘数=\dfrac{总资产}{股东权益}=\dfrac{8088031}{5335284.15}=1.52$

(7) $产权比率=\dfrac{负债总额}{股东权益}=\dfrac{2752746.85}{5335284.15}=0.52$

(8) $利息保障倍数=\dfrac{息税前利润总额}{利息支出}=\dfrac{利润总额+利息支出}{利息支出}=\dfrac{310300+41500}{41500}=8.5$

注：假定财务费用全部为利息支出。

## (二)营运能力指标

营运能力是指企业利用资金运营的效率和效益。资产运用效率高，企业就可以以较少的投入获取比较多的收益，反之亦然。营运能力分析包括流动资产周转情况分析、固定资产周转情况分析和总资产周转情况分析。

### 1. 流动资产周转情况分析

反映流动资产周转情况的指标主要有应收账款周转率，存货周转率和流动资产周转率。

1) 应收账款周转率

应收账款周转率是反映应收账款周转速度的指标，它是一定时期内赊销收入净额与应收账款平均余额的比率。应收账款周转率有两种表示方法：一种是应收账款在一定时期内(通常为一年)的周转次数；另一种是应收账款的周转天数即所谓应收账款账龄。应收账款周转次数的计算公式如下：

$$\text{应收账款周转率(次)} = \frac{\text{赊销收入净额}}{\text{应收账款平均余额}}$$

其中：赊销收入净额＝销售收入－现销收入－销售退回－销售

$$\text{应收账款平均余额} = \frac{\text{期初应收账款} + \text{期末应收账款}}{2}$$

在一定时期内应收账款周转的次数越多，表明应收账款的变现能力越强，企业管理工作的效率越高。这不仅有利于企业及时收回贷款，减少或避免发生坏账损失的可能性而且有利于提高企业资产的流动性，提高企业短期债务的偿还能力。在进行应收账款分析时，还要注意企业是否存在由于过度提高应收账款周转次数而没有充分利用赊销来扩大销售规模，提高盈利水平。

应收账款周转天数的计算公式如下：

$$\text{应收账款周转期(天)} = \frac{360}{\text{应收账款周转次数}}$$

应收账款周转天数，反映了年度内应收账款平均变现一次所需要的天数。周转天数越少，说明应收账款变现的速度越快。企业资金被外单位占用的时间越短，管理工作的效率越高。

通过以上方式计算的应收账款周转速度，不仅能反映企业的营运能力而且由于应收账款是企业流动资产的重要组成部分，其变现速度和变现程度是企业流动比率的重要补充，它也反映着企业的短期偿债能力，通过应收账款账龄指标，与原定的赊销期限进行对比，还可以评价购买单位的信用程度，以及企业原订的信用条件是否恰当。

运用该指标时，需要注意的两点：①应收账款是因商品购销关系而产生的债权资产，而不是单指会计核算上的应收账款科目，一般包括应收账款和应收票据；②应收账款周转次数计算公式中的分子，从理论上说应为赊销收入净额，但赊销收入净额属于企业的商业机密，因此，这里用营业收入净额代替赊销收入净额。

2) 存货周转率

存货周转率是一定时期内企业销货成本与存货平均余额间的比率．它是反映企业销售能力和流动资产流动性的一个指标，也是衡量企业生产经营各个环节中存货运营效率的一个综合性指标。在流动资产中，存货所占比重较大，存货的流动性将直接影响企业的流动比率。因此，必须特别重视对存货的分析。其计算公式如下：

$$\text{存货周转率(次)} = \frac{\text{营业成本}}{\text{平均存货余额}}$$

其中：

$$\text{平均存货余额} = \frac{\text{期初存货} + \text{期末存货}}{2}$$

存货周转率依产业差异而有不同表现。但就同一产业而言，存货周转率是一个充分反映公司经营管理水平的指标。加快存货周转可以增强偿债能力，即减少资金占用，压缩负债规模，而且可以增强盈利能力。存货周转速度越快，存货的占用水平越低，流动性越强，存货转换为现金或应收账款的速度越快，企业的短期偿债能力及获利能力越强，反之亦然。企业通常设置的标准值为3。

存货周转率还可以衡量存货的储存是否适当，是否能保证生产不间断地进行和产品有秩序的销售。存货既不能储存过少，造成生产中断或销售紧张；又不能储存过多形成呆滞、积压。值得一提的是，假如经济处于通货膨胀状况，存货增加不一定是坏事。存货周转率也反映存贷结构合理与质量合格的状况。因为只有结构合理，才能保证生产和销售任务正常、顺利地进行只有质量合格，才能有效地流动，从而达到存货周转率提高的目的。存货是流动资产中最重要的组成部分，往往达到流动资产总额的一半以上。因此，在货的质量和流动性对企业的流动比率具有举足轻重的影响并进而影响企业的短期偿债能力。存货周转率的这些重要作用，使其成为综合评价企业营运能力的一项重要的财务比率。

存货周转率也可以用周转天数表示，其计算公式如下：

$$存货周转期(天)=\frac{360}{存货周转次数}$$

企业通常设置的存货周转天数的标准值为120。

3) 流动资产周转率

流动资产周转率是指一定时期内流动资产的周转次数或周转一次所需要的天数，是销售收入与流动资产平均余额的比率。它是衡量流动资产周转速度的重要指标，可以反映全部流动资产的利用效率。计算公式如下：

$$流动资产周转率=\frac{营业收入}{平均流动资产总额}$$

一般情况下，周转速度快，会相对节约流动资产，等于相对扩大资产投入，增强企业盈利能力；周转速度慢，则需要补充流动资产参与周转，形成资金浪费，降低企业盈利能力。流动资产周转率用周转天数表示时，周转一次所需要的天数越少，表明流动资产在经历生产和销售各阶段时占用的时间越短，周转越快。生产经营任何一个环节上的工作得到改善，都会反映到周转天数的缩短上来。按天数表示的流动资产周转率能更直接地反映生产经营状况的改善。便于比较不同时期的流动资产周转率，应用较为普遍。

### 2. 固定资产周转情况分析

固定资产周转率也称固定资产利用率，是指企业年销售收入净额与固定资产平均净值的比率。它是反映企业固定资产周转情况，从而衡量固定资产利用效率的一项指标、其计算公式为：

$$固定资产周转率=\frac{营业收入}{固定资产平均净值}$$

固定资产周转率高，表明企业固定资产利用充分，同时也能表明企业固定资产投资得当，固定资产结构合理，能够充分发挥效率。反之，如果固定资产周转率不高，则表明固定资产使用效率不高，提供的生产成果不多，企业的营运能力不强。

使用固定资产周转率进行分时，需要注意的事项：①这一指标的分母采用固定资产净值，因此指标的比较将受到折旧方法和折旧年限的影响，应注意其可比性问题。具体来说，运用固定资产周转率时，需要考虑固定资产净值因计提折旧而逐年减少因更新重置而突然增加的影响；在不同企业间进行分析比较时，还要考虑采用不同折旧方法对净值的影响等。②当企业固定资产净值率过低(如因资产陈旧或过度计提折旧)，或者当企业属于劳动密集型企业时，这一比率就可能没有太大的意义。

### 3. 总资产周转情况的分析

总资产周转率是指企业在一定时期主营业务收入净额同平均资产总额的比率。总资产周转率是综合评价企业全部资产经营质量和利用效率的重要指标，其计算公式为：

$$总资产周转率(次)=\frac{营业收入}{平均资产总额}$$

总资产周转率是考察企业资产运营效率的一项重要指标，体现了企业经营期间全部资产从投入到产出的流转速度，反映了企业全部资产的管理质量和利用效率。通过该指标的对比分析，可以反映企业本年度以及以前年度总资产的运营效率和变化，发现企业与同类企业在资产利用上的差距，促进企业挖掘潜力、积极创收、提高产品市场占有率、提高资产利用效率。一般情况下，该数值越高，表明企业总资产周转速度越快。销售能力越强，资产利用效率越高。企业通常设置的标准值为0.8。

总资产周转率在应用中存在一定的缺陷：总资产周转率公式中的分子是指扣除折扣和折让后的销售净额，是企业从事经营活动所取得的收入净额；而分母是指企业各项资产的总和，包括流动资产，长期股权投资，固定资产，无形资产等。众所周知，总资产中的对外投资，给企业带来的应该是投资损益，不能形成销售收入。可见公式中的分子，分母口径不一致，进而导致这一指标前后各期及不同企业之间会因资产结构的不同失去可比性。

**【例 7-2】**根据 ABC 公司各报表中的数据，对该公司进行流动资产周转情况和固定资产周转情况分析。

(1) $$应收账款周转率(次)=\frac{赊销收入净额}{应收账款平均余额}=\frac{1250000}{(662400+664200)/2}=\frac{1250000}{663300}=1.88$$

$$应收账款周转期(天)=\frac{360}{应收账款周转次数}=\frac{360}{1.88}=191.5$$

(2) $$存货周转次数=\frac{营业成本}{平均存货余额}=\frac{750000}{(249260+248740)/2}=\frac{750000}{2488650}=3$$

$$存货周转期(天)=\frac{360}{存货周转次数}=\frac{360}{3}=120$$

(3) 流动资产周转率 $=\dfrac{\text{营业收入}}{\text{平均流动资产总额}}=\dfrac{1250000}{(4168565+4169031)/2}=\dfrac{1250000}{4168798}=0.3$

(4) 固定资产周转率 $=\dfrac{\text{营业收入}}{\text{固定资产平均净值}}=\dfrac{1250000}{(2201000+2201000)/2}=\dfrac{1250000}{2201000}=0.57$

## (三)盈利能力指标

盈利能力就是企业资金增值的能力，通常表现为企业收益数额的大小与水平的高低。由于企业会计的六大要素有机统一于企业资金运动过程，并通过筹资、投资活动取得收入，补偿成本费用，从而实现利润目标。因此，可以按照会计基本要素设置营业利润、成本费用利润率、总资产报酬率和净资产收益率四项指标，借以评价企业各要素的获利能力及资本保值的情况。另外，上市公司经常使用的获利能力指标还有每股股利和普通股权益报酬率等(详见本章第一节)。

### 1. 营业利润率

营业利润是企业一定时期营业利率与营业收入的利率。

营业利润率=营业利润÷营业收入

营业利润率越高，表明企业市场竞争力越强，发展潜力越大，盈利能力越强。

从利润表来看，公司的利润包括营业利润、利润总额和净利润三种形式。而营业收入包括主营业务收入和其他业务收入，收入的来源有商品销售收入、提供劳务收入等。所以，在实务中也经常使用营业净利润、营业毛利率等指标来分析企业经营业务的获利水平。

营业净利率=净利润÷营业收入

营业毛利率=(营业收入−营业成本)÷营业收入

### 2. 成本费用利润率

成本费用利润率也称经济效益指标，是反映企业生产经营过程中发生的耗费与获得的收益之间关系的指标。主要用于评价公司在报告期的投入产出情况，以及对成本的控制水平等。

成本费用利润率=利润总额÷成本费用总额

(成本费用总额=营业成本+营业税金及附加+销售费用+管理费用+财务费)

成本费用利润率是一个能直接反映增收节支、增产节约效益的指标，该比率越高，表明企业耗费所取得的收益越高，成本费用控制得越好，盈利能力越强。企业生产销售的增加和费用开支的节约，都能使这一比率提高。

### 3. 资产净利率

资产净利率指标反映的是公司运用全部资产所获得利润的水平，即公司每占用 1 元的

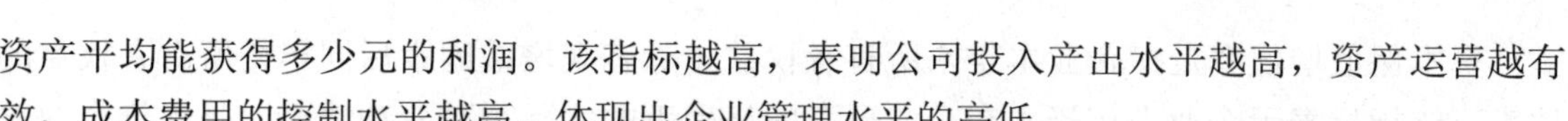


资产平均能获得多少元的利润。该指标越高，表明公司投入产出水平越高，资产运营越有效，成本费用的控制水平越高。体现出企业管理水平的高低。

资产净利率=净利润÷平均资产总额

4. 净资产收益率

净资产收益率又称股东权益收益率，它是反映公司自有资金投资收益水平的指标，是净利润与平均股东权益的百分比，该指标反映股东权益的收益水平，用以衡量公司运用自有资本的效率。指标值越高，说明给投资带来的收益越高，指标值越低，说明给投资者带来的收益越少。

净资产收益率=净利润÷平均净资产

净资产收益率可衡量公司对股东投入资本的利用效率。它弥补了每股税后利润指标的不足。例如。在公司对原有股东送红股后，每股盈利将会下降，从而在投资者中造成错觉，以为公司的获利能力下降了，而事实上，公司的获利能力并没有发生变化，用净资产收益率来分析公司获利能力就比较适宜。

5. 总资产报酬率

总资产报酬率是企业本年总资产增长额同年初资产总额的比率，它反映企业本期资产规模的增长值情况。表示企业全部资产获取收益的水平，全面反映了企业的获利能力和投入产出状况。通过对该指标的深入分析，可以增强各方面对企业资产经营的关注，促进企业提高单位资产的收益水平。

总资产报酬率=息税前利润总额÷平均资产总额

息税前利润总额=利润总额+利息支出=净利润+所得税费用+利息支出

一般情况下，企业可据此指标与市场资本利率进行比较，如果该指标大于市场利率，则表明企业可以充分利用财务杠杆，进行负债经营，获取尽可能多的收益。

## (四)发展能力指标

1. 营业收入增长率

营业收入增长率是企业本年营业收入增长额与上年营业收入总额的比率，反映企业营业收入的增减变动情况。营业收入增长率大于零，表明企业本年营业收入有所增长。该指标值越高，表明企业营业收入的增长速度越快，企业市场前景越好。

营业收入增长率=本年营业收入增长额÷上年营业收入总额

2. 资本保值增值率

资本保值增值率=期末所有者权益÷期初所有者权益（扣除客观因素后）

资本保值增值率是指企业本年末所有者权益扣除客观增减因素后同年初所有者权益的比率。该指标表示企业当年资本在企业自身的努力下的实际增减变动情况，是评价企业财务效益状况的辅助指标。反映了投资者投入企业资本的保全性和增长性，该指标越高，表明企业的资本保全状况越好，所有者权益增长越快，债权人的债务越有保障，企业发展后劲越强。

#### 3. 总资产增长率

总资产增长率又名总资产扩张率，是企业本年总资产增长额同年初资产总额的比率，反映企业本期资产规模的增长情况。

总资产增长率=本年总资产增长额÷年初资产总额

其中：本年总资产增长额=年末资产总额-年初资产总额

总资产增长率越高，表明企业一定时期内资产经营规模扩张的速度越快。但在分析时，需要关注资产规模扩张的质和量的关系，以及企业的后续发展能力，避免盲目扩张。

#### 4. 营业利润增长率

营业利润增长率又称销售利润增长率，是企业本年营业利润增长额与上年营业利润总额的比率，反映企业营业利润的增减变动情况。

营业利润增长率=本年营业利润增长额÷上年营业利润

增长额=本年数-上年数(年初数)

### (五)综合指标分析

企业的各种财务活动、各项财务指标是相互联系、相互影响的。单独分析任何一项财务指标或一张会计报表，可以就企业某一方面的财务活动做出评价，但是难以全面评价企业的财务状况和经营成果。因此，必须采用适当的标准将相互依存、相互作用的各种因素结合起来进行综合性的评价。综合评价的主要方法有杜邦分析法和财务比率综合评价法。

#### 1. 杜邦分析法

杜邦分析法是利用各个主要财务比率指标之间的内在联系，建立财务比率分析的综合模型来综合分析企业财务状况的方法。这种方法是由美国杜邦公司最先设计和采用的，故称杜邦分析法。利用这种方法可以把各种财务指标间的关系绘制成杜邦分析系统图，如图 7-1 所示。

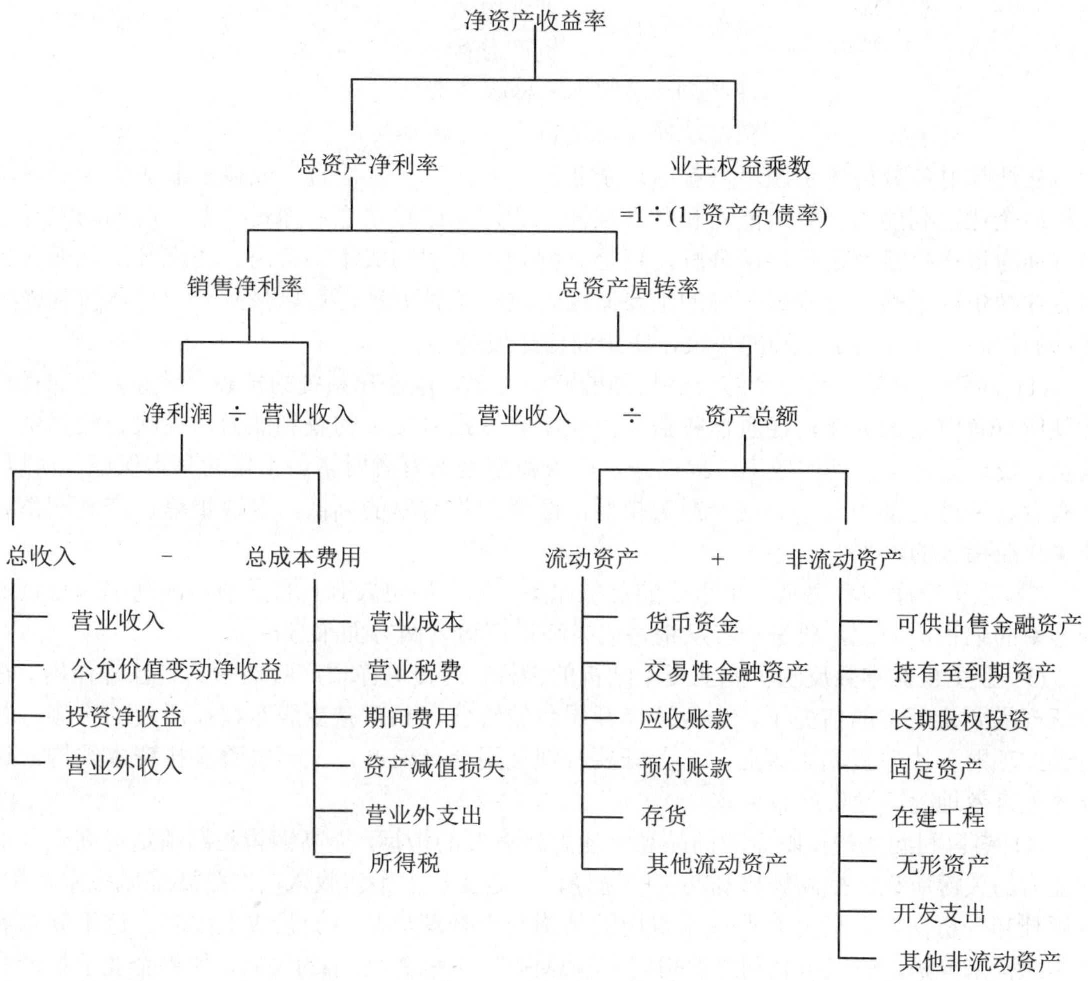

**图 7-1　杜邦分析系统图**

杜邦分析图中，包含以下几种主要的指标关系如下：

$$净资产收益率 = 总资产净利率 \times 权益乘数$$
$$= 销售净利率 \times 总资产周转率 \times 权益$$

其中：$权益乘数 = \dfrac{资产}{权益} = \dfrac{1}{1 - 资产负债率}$

进行层层分解可得：

$$总资产净利率 = 销售净利率 \times 总资产周转率$$

$$销售净利率 = \frac{净利润}{营业收入}$$

$$总资产周转率=\frac{营业收入}{资产总额}$$

$$净利润=总收入-总成本费用$$

$$资产总额=流动资产+非流动资产$$

从杜邦财务分析体系图可以看出，企业的核心比率——净资产收益率取决于企业三项指标：企业盈利能力、营运能力和财务杠杆。通过先比较本企业净资产率与前期的差异，将各期净资产报酬率进行层层分解，直至分解到各项明细成本、费用、资产等，从而分析出企业净资产报酬率上升或下降的主要原因。运用这种方法，可以找到企业总体盈利能力变动的根源，从而制定正确的决策，使企业健康发展。

(1) 净资产收益率是一个综合性最强的财务比率，是杜邦系统的核心。财务管理的目标是使所有者财富最大化，净资产收益率反映所有者投入资金的获利能力，反映企业筹资、投资、资产运营等活动的效率，提高净资产收益率是所有者财富最大化的基本保证。所以，所有者、经营者都十分关心这一财务指标，净资产收益率的高低，取决于总资产利润率和业主权益指数的水平。

(2) 总资产净利率也是一个重要的财务比率，综合性也较强。它是销售净利率和总资产周转率的乘积，因此，要进一步从销售成果和资产运营两方面来分析。

(3) 业主权益乘数反映了企业资本结构的指标，对提高净资产收益率具有杠杆作用。在总资产需要量既定的前提下，企业适当开展负债经营，相对减少股东权益所占的份额，就可使此项财务比率提高。因此，企业既要合理使用全部资产，又要妥善安排资本结构，这样才能有效地提高净资产收益率。

(4) 销售利润率是反映企业商品经营能力最重要的指标，提高销售利润率是提高企业盈利能力的关键所在。提高销售利润率的途径，一是要扩大销售收入，二是要降低成本费用。利用杜邦分析图可以研究企业成本费用的结构是否合理，从而加强成本控制。这里联系到资本结构来分析，还应研究利息费用同利润总额(或息税前利润)的关系，如果企业承担的利息费用太多，就需要查明企业的负债比率是否过高，防止资本结构不合理影响企业所有者的收益。

(5) 总资产周转率是反映企业营运能力的最重要指标，企业资产的营运能力和流动性，既关系到企业的获利能力，又关系到企业的偿债能力．如果企业持有的现金超过业务需要，就可能影响企业的获利能力；如果企业占用过多的存货和应收账款，则既要影响获利能力，又会影响偿债能力。为此，分析企业资产的使用是否合理、营运效率高低、流动资产和非流动资产的比例安排是否恰当是企业资产经营的核心问题。

杜邦财务分析的局限性：杜邦财务分析系统偏重于企业所有者的利益。在其他因素不变的情况下，资产负债率越高，权益报酬率就越高，这是因为利用较多负债，从而利用财务杠杆作用的结果，但是杜邦财务分析系统没有考虑财务风险的因素，负债越多，财务风险越大，偿债压力越大。因此还要结合其他指标综合分析。

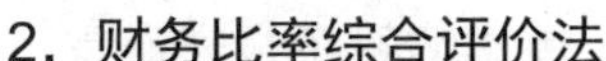

2. 财务比率综合评价法

各种财务比率分别反映了企业会计报表中各项目之间的对比关系，但是，每项财务比率只能反映某一方面的情况。为了获得一个总的认识，可以运用指数法计算一个综合指数。

运用指数法编制综合分析表的程序如下。

(1) 选定评价企业财务状况的比率指标。通常要选择能够说明问题的重要指标。由于偿债能力、营运能力和获利能力三类比率指标能从不同侧面反映财务状况，故应分别从中选择若干具有代表性的重要比率。

(2) 根据各项比率指标的重要程度，确定其重要性系数。各项比率指标的重要性系数之和应等于 1。重要程度的判断，需根据企业经营状况，一定时期的管理要求，企业所有者、债权人和经营者的意向而定。

(3) 确定各项比率指标的标准值。财务比率指标的标准位是指各该指标在本企业现时条件下的最理想的数值，即最优值。

(4) 计算企业在一定时期各项比率指标的实际值。

(5) 求出各指标实际值与标准值的比率，称为关系比率。

(6) 求得各项比率指标的综合指数及其合计数。各项比率指标的综合指数，是关系比率和重要性系数的乘积，其合计数可作为综合评价企业财务状况的依据。一般而言，综合指数会计数如果为 1 或接近于 1，表明企业财务状况基本上符合标准要求；如果与 1 有较大的差距，则表明企业财务状况偏离标准要求。

采用指数法综合评价企业财务状况，关键在于正确确定重要性系数和标准值这两项重要因素。这两项因素的确定，常有较大的主观性，所以要根据历史经验和现时情况，合理加以确定，才能得出正确的结果。

## 第三节　虚假财务报表鉴别

虚假财务会计报告，是指违反《会计法》和国家统一的会计制度的规定，根据虚假的会计账簿记录编制财务会计报告以及对财务会计报告擅自进行没有依据的修改的行为。

在证券市场的三大违法行为——虚假陈述、操纵股价、内幕交易中，虚假陈述是后两种违法行为发生的基础。国内外一系列因虚假会计信息造成的触目惊心的恶果不胜枚举。几乎所有的研究机构都认为，如果能够得到及时、可靠的会计信息，尤其是关于众多微观层次问题和衍生金融工具情况的披露和分析，那么银行、公司、投资人、市场监管当局，就可以及早地察觉和防范这种潜在的、不可接受的金融风险。

### 一、财务报表作假的动机

一般来说，会计信息的质量与会计信息的生成过程有着极为密切的联系。虚假财务报

表的产生机理包括内在(主观)动因和外部(客观)环境两个方面。就虚假财务报表而言，内在动因是其主观基础，外部环境是其客观条件，只有这两方面共同发挥作用，才会导致虚假财务报表的产生。财务报表作假的动机主要包括以下几个。

### (一)公司业绩考核的需要

考核公司的经营业绩，一般总是要求以财务指标为基础，例如利润(或扭亏)计划的完成情况、投资回报率、产值、销售收入、资产保值增值率、资产周转率、销售利润率等，这些都是经营业绩的重要考核指标。而这些财务指标的计算，都要涉及会计数据。除了内部考核以外，外部考核(例如行业排行榜)主要也是根据销售收入、资产总额、利润总额来加以确定的。

更为重要的是，经营业绩的考核，不仅涉及公司总体经营情况的评价，还影响到管理层的提升、奖金福利等方面。为了在经营业绩上多得分，公司就有可能对其会计报表进行包装、粉饰。

### (二)获取信贷资金或提高商业信用的需要

从事企业经营的人都知道，目前的企业外部环境，仍然是热衷于“锦上添花”，而不愿意“雪中送炭”。而企业需要的则恰恰相反，锦上添花可有可无，雪中送炭则大受欢迎。这样，企业为了获得外界的资助，就需要通过粉饰会计报表来欺骗舆论和外界。对于这些企业来说，对会计报表进行造假，实在是不得已而为之。另外，在市场经济条件下，银行等金融机构出于风险考虑和自我保护的原因，一般也不会贷款给亏损企业和缺乏资信的企业。这就必然导致企业为了获得金融机构的信贷资金或者其他供应商的商业信用，即使是经营业绩欠佳、财务状况不健全，也要对其会计报表进行修饰打扮，力图使其符合银行的“需求”。

### (三)首次发行股票(IPO)或再发行的需要

股票发行分为首次发行(IPO)和后续发行(配股、增发)两种情况。根据《公司法》等法律规定，如果企业要发行股票，就必须连续 3 年盈利，而且要经营业绩比较突出，这样才有可能通过证监会的审批。除此以外，股票发行的价格高低也与盈利能力有关。这样，准备上市的企业为了能够多募集资金，就必须“塑造”优良业绩的形象，其主要手段就是在设计股份制改变方案的时候，对会计报表进行造假。

另外一种情况是，上市企业希望能够后续发行，比如配股。这首先需要符合配股条件，那就是企业最近 3 年的净资产收益率，每年平均必须在 6%以上。这样，6%的配股就成了上市企业的“生命线”。特别是在有些企业里，3 年时间中只有一两年达到要求，“功亏一篑”，他们迫切需要粉饰报表，以求达到配股要求。

### (四)偷逃税款或者操纵股价的需要

所得税的上交，是在会计利润的基础上，通过纳税调整来进行计划的。具体方法是，将会计利润调整为应纳税所得额，再乘以企业所适用的所得税率。企业为了达到偷税、漏税、减少或者推迟纳税的目的，就往往会对会计报表进行造假。当然，也有的企业愿意虚增利润“多交税”。当然，这些企业并不是“学雷锋”而是另有目的，是为了造成一种假象，表明自己的“盈利能力”不错，同时也为了操纵股价。

### (五)推卸企业和个人责任的需要

这种情形主要表现在以下几个方面：①企业在调动高级管理人员的时候，一般要进行离任审计。离任审计的时候，会计报表会根据“需要”进行调节，暴露或者不暴露业已存在的许多问题。等到新任领导上台以后，为了明确责任或者推卸责任，往往要大刀阔斧地对陈年老账进行清理，这时候同样也会在会计报表上造假。②把责任推给会计准则和会计制度的变化。这几年会计准则、会计制度变化比较频繁，而每当会计制度发生重大变化的时候，就会根据新制度的要求，重新编制和调整会计报表。这时候也是会计报表造假的好机会。因为可以通过这种方式，提前消化潜亏，并将责任归咎于新的会计准则和会计制度。③当企业发生天灾人祸的时候，具体地说是发生了自然灾害，或者是高级管理人员卷入经济案件的时候，企业很可能利用这种机会对会计报表进行造假，以便推卸责任。

### (六)其他需要

公司财务造假的动因很多，除了上面所述，还有一些列举如下：①为了大股东自身的利益，大股东通常会通过其在董事会中的地位和影响，要求上市公司按照其意愿进行一些不合规的关联交易，并以虚假的形式在财务报表中出现。②改制或重组过程中的需要。企业的改制和重组，往往涉及很多人的利益，为了满足不同的利益的需要，企业通常会借改制和重组之机制造虚假的财务报表。③政治企图的需要。有些企业的会计报表，主要是应付主管部门和政府部门的。换句话说，是给上级部门看的，是为了某种政治企图。④特定业务的需要。一些特殊行业如设计、施工等企业，为了获得特定资格或承接特定的项目(投标)等需要，会为此虚报企业规模和营运状况。⑤上市公司为避免“戴帽”、退市需要。我国上市公司中还有一部分是为了避免戴帽(“ST”、“*ST”)以及退市等原因，人为地使财务报表扭亏为盈等。随着我国证券市场的发展、国家对市场的监管力度不断加大，上市公司发布虚假财务报表所需要承担的风险也逐渐加大。

## 二、虚假财务报表产生的条件

### (一)虚假财务报表产生的内部条件

#### 1. 会计信息生产者自身的利益，是产生虚假财务报告的内在动因

会计信息生产者与会计信息之间存在着一定的利益关系。这里所讲的“会计信息生产者”，包括会计人员、企业负责人及其他可以对会计信息施加影响的人员。这里所讲的“利益”，既包括企业利益，也包括企业负责人、会计人员及其他相关人员的个人利益，既包括直接利益，也包括间接利益。在与会计信息相关的利益中，处在首位的是企业利益。企业通过提供虚假会计信息可骗取投资者、债权人及国家有关管理机关的信任，并因此获得投资、贷款或减少税金支出等经济利益。其次，是个人利益。企业负责人他们有能力、也有条件影响会计人员，通过制造虚假会计信息；骗取投资者的信任，并因此获得职务、薪金、股票升值等方面的利益；会计人员作为会计信息的直接生产者，他们对会计信息质量的影响也发挥着重要作用，他们既要遵守国家法律以避免因违反法规而影响自身的利益，又要接受企业负责人领导，并由此获得薪金、升迁、奖励等利益。

#### 2. 会计工作内容需要的主观判断为虚假财务报告的产生提供了工作上的方便

会计核算工作就其内容而言，虽然具有客观的一面，但也不能完全脱离会计人员的主观判断。在日趋复杂的经济活动中，会计核算方法、会计核算程序的选择及财产价值的评估等，都需要会计人员客观、公正的主观判断。如果会计人员不能完全排除利益的干扰，其主观判断就会失去客观和公正，这就为会计人员制造虚假财务报告提供了职务上的便利。

#### 3. 会计信息生产过程的内部操作性，进一步强化了虚假财务报告产生的内部动因

我国会计法规规定，企业应设置会计机构并配备会计人员。现实生活中除了部分小企业采用代理记账外，多数企业都设置了专门的会计机构，并配备了相应的会计人员，这样就把整个会计信息的生产过程置于企业内部，由企业控制会计信息的整个生产过程。当会计信息的整个生产过程完全由会计信息的生产者控制时，就为会计人员制造虚假财务报告提供了方便条件。如果企业负责人主观上想通过制造虚假表的信息获取相应的利益，就可以充分利用全部会计工作被企业控制的有利条件有针对性地制造虚假会计信息。显然，这也是虚假财务报告难于发现和治理的根本原因。

### (二)虚假财务报表产生的外部条件

内部动因是虚假财务报表产生的决定因素，但往往需要与一定的外部条件相结合。归纳起来，虚假财务报表产生的外部条件主要包括：政治和经济环境缺陷、法律环境缺陷、制度安排缺陷、社会诚信缺失等因素。

### 1. 政治和经济环境缺陷是虚假会计信息产生的重要条件

我国当前的法制建设尚不健全，经济管理工作还必须依靠各种行政手段。如果行政管理部门不能很好地发挥其工作职能，甚至袒护和纵容各种会计工作中的不法行为，就会提供虚假会计信息产生的温床。另外，如果社会上的各种造假行为都极为严重，虚假会计信息泛滥成灾也就不足为怪了。若从反腐倡廉的角度来说，虚假会计信息的产生与腐败现象也有着极为密切的关系，如果腐败现象不能被根除，虚假会计信息也就难以彻底治理。

### 2. 法律环境缺陷是虚假财务报表产生的关键因素

一般来说，要想通过法律手段治理虚假会计信息，必须以法律形式明确虚假财务报表的非法性。虚假财务报表的产生，在很大程度上取决于一定时期法律环境的具体情况。会计工作除了受法律制度的科学性以及会计法规的可操作性制约，还受到人们的法律意识以及对违法行为的处罚力度和执行情况的制约。对会计法规违法行为的处罚力度和处罚的执行情况是影响会计信息质量的关键。

## 三、虚假财务报表的类型

研究虚假财务报表，我们可以从不同的角度对其进行分类。

从内容上看，虚假财务报表可以分为财务数据虚假型和非财务数据虚假型两种。财务数据虚假型财务报表是最常见的，如多计资产，少列负债，虚增利润，少计费用等。非财务数据虚假型财务报表是指对非财务数据进行虚假陈述，在上市公司中对公司成立时间的虚假披露，对关联方关系的虚假陈述等。

从所反映的信息来看，虚假财务报表可以分为经营业绩虚假、财务状况虚假和现金流量虚假。

从形成的性质看，虚假财务报表可以分为错误型虚假财务报表和舞弊型虚假财务报表。错误型虚假财务报表是指无意识地对企业经营活动状况进行了虚假陈述，在主观上并不愿意使财务报表歪曲地反映企业经营状况。这主要是由于会计人员素质较低引起的错误，比如经济业务的遗漏，对会计政策的误解等。而舞弊型财务报表是指为了实现特定的经济目的而有意识地偏离会计准则和其他会计法规对企业财务状况、经营成果和现金流量情况进行虚假陈述的财务报表，它是利益集团或个人为了经济利益而进行的一种有意作为，是一种损人利己的行径。

从造假策略来看，虚假财务报表可以分为夸张式虚假、缩小式虚假和均衡式虚假。夸张式虚假是指通过提前确认收入、推迟结转成本、潜亏挂账、少提各项准备等来增加利润，通过资产评估、虚构交易、虚增利润等来高估资产，通过账外账、特殊目的实体(SPE)等来低估负债等。缩小式虚假是指通过推迟确认收入、多转成本、多提各项准备等使利润最小化，通过对某些资产一次性处理为损失等方法“清洗利润”。均衡式虚假是指通过对上述方法的综合利用来使利润平滑，以制造企业利润呈现稳定增长的假象。

## 四、财务报表作假的手段

从虚假财务报表的表现形式来看，无论什么单位，在什么时候，以什么方式，用何种方法编制和提供虚假财务报表，总是要在资产、负债、所有者权益、收入、成本、费用、投资收益、税金、利润以及财务报表附注等财务数据与非财务数据等上面做文章。虚假财务报表从性质上看是恶意的、不合法的，因而必须从执法上严厉打击，从制度上加以防范。

### (一)资产项目虚假

资产项目包括流动资产、固定资产、无形资产和其他资产。造假主要表现为多计资产或少计资产，现实中大量的是多计资产，又称虚估、虚列资产。如：

(1) 改变资产确认的条件，将不是企业拥有或控制的，不能给企业带来经济利益流入的、不能可靠地计量的资产确认为企业的资产入账，故意提前或推迟确认时间和结账时间，将资产提前或推迟入账，虚列或漏列资产价值。

(2) 修改资产计量的标准，以计划成本、预计成本代替实际成本，高估或低估资产的入账价值，不遵循稳健性、公允性原则，任意少摊资产的使用损耗价值，资产的账面价值大于或小于实际价值或者可实现净值。

(3) 虚构交易事项，虚增资产，同时虚增负债或所有者权益，扩大资产总额，随意改变存货成本计价方法、固定资产折旧计提方法和无形资产及其他资产的摊销方法。

(4) 不按规定计提资产减值准备；不按公允价值反映资产的账面价值，坏账准备、短期投资跌价准备、存货跌价准备、长期投资减值准备、固定资产减值准备、在建工程减值准备、委托贷款减值准备、无形资产减值准备等不予提足或者不予计提，或者计提秘密准备。

(5) 资产的损失不予转销而挂账。在会计期末，对存货、固定资产、货币资金及各项投资和债权不进行清理，已发现的潜亏、报废、损毁和短缺的资产价值未予转销或不全部转销，待摊费用、待处理财产损益挂账，有确凿证据证明应收债权和对外投资发生损失以及或有损失不予以预计，致使资产账面价值大于资产实际价值。

### (二)负债项目虚假

负债项目包括流动负债、长期负债，造假主要表现为：漏列负债或虚列负债，侧重于漏列负债，又称低估负债。如：

(1) 改变负债确认的条件，对已经发生的应当履行的现时义务不列为负债，或者将不属于企业的债务列入负债，将债务作为接受投资，或将接受的投资作为债务入账，故意推迟或者提前确认负债时间或者结账日期，将负债推迟或提前入账，因而漏列、少列负债或多列负债。

(2) 变更负债计量的标准，不以实际发生的应付金额入账，故意低估、少列或高估、虚列负债项目账面价值。

(3) 违背负债的形成、偿还的会计核算原则。对交易事项应付款、预收款和借款不按实际发生的时间和金额入账，对已经发生而尚未支付的工资、福利费、劳动保险费、利息、大修理费、税金等未预计负债，或者虽已预计但未计入负债项目。虚假还债，凭空转销负债或者增加负债。

(4) 通过关联方交易，滥用债务重组政策，冲销负债。

### (三)所有者权益项目虚假

所有者权益项目包括实收资本(股本)、资本公积、盈余公积及留存收益，造假主要表现在虚增或者少计所有者权益。如：

(1) 实收资本虚假。投资者投入的注册资本未按章程规定缴足；未按规定的比例计入实收资本；现金投入资本并未存入银行；非现金资产投入资本不以经过评估且双方确认的价值入账；外币投入的资本不按规定汇率折合；中外合作企业已归还投资不作为实收资本的减项反映；发行股票募集资本不按面值计入实收资本；资本公积、盈余公积、未分配利润转增资本以及减少注册资本不经过批准。违规将国有股转为法人股和个人股，随意虚增注册资本或抽逃注册资本。

(2) 资本公积虚假。通过虚增应收债权、无形资产及存货等而虚增资本公积，或者通过虚假债务豁免将债务转增资本公积，通过虚假评估增值和虚增受赠资产价值扩大资本公积。虚增或虚构投入资产价值而虚增资本(股本)溢价。在采用权益法核算时，无根据地加大被投资企业的资本公积而虚增企业的资本公积，或将其他项目转入资本公积

(3) 盈余公积虚假。法定盈余公积、任意盈余公积、法定公益金的提取、转入不符合制度规定或不经过审批。已经发生盈余公积的支出或减少不列账冲销。外商投资企业依照规定该提取的储备基金、发展基金等不按规定计提。用盈余公积弥补亏损不作转销。

### (四)收入项目虚假

收入项目包括主营业务收入、其他业务收入、投资收益、营业外收入等；其造假表现形式主要为虚列收入或隐瞒收入，侧重于虚列收入。如：

(1) 修改收入确认的条件，将不符合收入确认条件的经济业务(如企业销售商品的所有权的主要风险和报酬尚未转移给购货方、仍然保留对已售出商品的所有权实施继续管理和控制、与交易相关的经济利益不能流人企业、不能可靠地计量等情况)确认为销售收入；不按权责发生制原则，故意提前或推迟确认时间和结账日期，将收入提前或推迟入账，造成虚列收入或者少列收入。

(2) 改变收入的计量标准，不按企业与购货方或接受劳务方签订的合同或协议金额，也不是按实际交易发生的收入金额确定销售收入，擅自高估收入金额或者随意用红字冲减收

入，应按收入净额反映收入而按总额反映收入等。

(3) 违反收入约会计核算原则，虚构交易或事项，或利用代购代销进行虚构虚销。虚增主营业务收入，同时虚增主营业务成本；将预收账款等负债作为收入或者将收入作为负债列示；发生销售退回、销售折让不冲减营业收入，建造合同和提供劳务不按合同金额和实际完工进度百分比确认收入，将为第三方收取的款项作为业务收入，将收入直接抵减支出。

## (五)成本费用项目虚假

成本费用项目包括存货或本(采购成本、在产品成本、库存产品或商品成本等)、销售成本、销售税金及附加、销售费用、管理费用、财务费用、其他业务支出、营业外支出、所得税费用等。造假的主要表现为少列费用或者虚列费用，主要是少列费用。如：

(1) 改变费用的确认原则，混淆收益性支出与资本性支出的界限。将收益性支出作为资本性支出，不按权责发生制原则，将当期费用留待以后分摊。不按配比原则，当期实现的收入不结转与其相关的成本和费用，或者人为调节成本费用，少计或多计当期费用。

(2) 修改成本费用的计量标准。不以实际发生的成本费用入账，不按规定的年限折旧率和原值计提固定资产折旧，不摊或少摊无形资产价值及债券折、溢价，待摊费用不按规定期限摊销，对已发生但尚未支付的费用不预提。

(3) 违反成本的计算规定，不按规定的成本对象归集和分配成本费用，混淆各种产品成本、完工产品与在产品成本、制造成本与期间费用、盈利分部与亏损分部之间的成本费用界限，随意改变成本计算方法、成本对象、成本计算期和存货成本的摊销及结转方法，少摊当期成本和费用或者多摊成本和费用。

(4) 违反成本费用的会计处理原则，应当在当期列支或摊销的费用不列支、期末不结转，而悬挂于资产项目，应当于当期预提的支出、费用、营业税金、所得税等不予计提或不予提足；将费用直接抵冲收入，随意压低或提高产品或商品销售成本，混淆成本费用各项目之间的费用界限，将对外投资费用随意计入投资的初始成本；汇兑损失长期不列账，或者损失和费用不预计充分，造成隐瞒、少计当期费用或者虚列、多计当期费用。

(5) 利用母子公司进行费用分担与费用转嫁。由于企业与关联方之间存在千丝万缕的联系，关联方之间往往利用转嫁费用的方式在关联方之间转移利润，进行盈利管理。这一点在母子公司之间发生得最为明显。在我国，由于上市公司和母公司之间存在着天然的联系，很多时候都有费用支付和分摊的问题。严格地说，处理这类问题时，有关各方应本着客观、公正、公平的原则，制定合理的费用分摊标准，各自负担应负担的部分。但在有些情况下，当企业利润水平不理想时；可能会通过改变费用分摊标准的方式，例如母公司调低上市公司应缴纳的管理费标准或免交应交的管理费，母公司承担上市公司的管理费用、广告费用、宣传费用、离退休人员的费用甚至退回以前年度收缴的有关费用等，将费用从上市公司转移，提高上市公司盈利水平，达到操纵利润的目的。

(6) 滥用借款费用资本化，将应计入当期损益的财务费用计入固定资产或在建工程，按

照我国《企业会计准则——借款费用》规定，借款费用，指企业因借款而发生的利息、折价或溢价的摊销和辅助费用，以及因外币借款而发生的汇兑差额。借款费用的会计处理可以采取两种方法：一是费用化，即于发生时直接将借款费用确认为当期费用；二是资本化，即将借款费用计入所购置、建造或生产的相关资产的成本。

### (六)投资收益与利润等项目直接造假

直接通过虚增营业利润、投资收益、补贴收入、其他业务利润和营业外收支净额而虚增利润总额．或者以隐瞒收入、虚列支出的方式隐瞒利润总额。如：

(1) 随意改变长期投资核算的成本法与权益法。典型的做法是：对于盈利的被投资企业，年度合并会计报表时，采用权益法，将被投资企业的利润纳入本企业；对于亏损的被投资企业，倾向于采用成本法核算。如一些公司迫于压力，经常在会计年度即将结束之际，与关联公司签订股权转让协议，按权益法核算或合并会计报表，将被收购公司全年的利润纳入该公司会计报表。

(2) 利用资产重组调节利润。资产重组往往具有使上市公司一夜扭亏为盈的神奇功效，其“秘方”是：由上市公司将一些闲置资产高价出售给非上市的国有企业，确认暴利；由非上市国有企业将盈利能力较高的下属企业廉价出售给上市公司；借助关联交易，由非上市公司的国有企业以优质资产置换上公司的劣质资产，进行以“垃圾换取黄金”的利润转移。

(3) 假借托管经营调节利润。托管经营，通常包括两种基本形式：一种是企业将自己的资产委托给他人经营，按一定标准计算收取一定的托管费作为委托人收益；一种是企业受托经营他人的资产，所获收益扣除交付给委托方的托管费后的净额，作为受死人的收益。正常地说，托管经营作为资本经营的一种形式，能充分发挥优势，实现资源最优配置，快速扩大生产经营规模，提高经营效益，对委托方、受托方和整个社会都有好处。问题是在上市公司中以托管为名、行调节利润之实的公司太多了。

(4) 计收资金占用费。关联方交易的一种表现形式是计收资金占用费。

(5) 利用母子公司之间的不正常的资产购销、资金往来行为以及利用当地政府滥用补贴与减免等非市场行为，调节公司利润。

## 五、虚假财务报表的识别方法

虚假财务报表的识别实际上是审计的一种特殊审计程序与方法，识别过程中所用的具体方法也与一般的审计方法相类似，如查询法、审阅法、核对法、调节法、盘存法、估计法、分析法，等等。只是因为它们在服务的目标有所不同，所以在使用过程中的侧重点、内容和效果也不相同。在此，主要结合虚假财务报表审计的特殊性，列举一些相对重要的识别方法。

虚假财务报表识别，其一般的程序是：执行环境分析、深入了解客户状况、进行风险评估、执行分析性复核、保持应有的职业谨慎、深入现场调研、积极利用专家工作、执行延伸审计等。

## (一)执行环境分析

环境分析包括外部环境分析和内部环境分析。

### 1．外部环境分析

外部环境包括宏观环境和经营环境两个层次。宏观环境因素包括：政治、法律、经济、技术、社会和文化；经营环境因素包括：政府、投资者、银行、供应商、顾客、竞争对手和社会公众。从一般意义上来说，这些因素属于企业不能控制的因素，因此在审计过程中给予关注得比较少。但是，新的会计造假手段涉及的面较广，使得其中的一些因素由不可控变为可控，例如：由于利益关系，企业可以利用供应商或顾客成为其费用或利润的调节手段。另外，有些外部因素会间接地作用于企业的财务报表的真实性，例如：法律的某些规定(如对上市公司进行 ST、*ST 处理的标准)会影响企业财务报表的动机，影响企业采取相应的对策。因此外部环境分析在虚假财务报表侦查中应该作为一个重要的程序。

对外部环境进行分析可以采用的传统审计方法包括：调查法、审阅法和分析法。以因素分析法为例，该方法在操作中主要是围绕虚假财务报表的审计目标和外部环境因素具体分析，找出其中一个因素作为标准，其他因素按照重要性赋予权重(又被称为“风险系数”)，采用列表打分的办法，审计人员对不同得分的因素给予的审计关注不同，具体的审计计划也不同。例如，某企业的造假动机中，利润是其关注的焦点，那么在外部经营环境因素中，客户的权重就比政府的权重要大。如果某企业要进行改制，那么政府的权重就比客户的权重大。

### 2．内部环境分析

内部环境主要包括企业可以控制的一些因素，有企业的组织结构、人员、企业战略、系统、技术和企业文化。这些是影响财务报表真实性的直接因素，对这些因素的分析，有助于审计人员充分认识企业的过去、现状和发展趋势，有助于发现“红旗”，从而对审计风险做出正确的评估，同时也为分析性复核提供比较准确的对比标准。

对控制环境的研究表明：①大多数的财务报表舞弊行为都有高管人员参与。②审计委员会的实质效果并不明显。③董事会的内部性较强且管理经验明显不足。④样本公司中高管人员之间的相互牵制作用不明显。⑤高管人员承认进行财务报表舞弊的最主要动机是避免体现亏损或获取其他财务支持、为牟取内幕交易利益或者吸引更多的资金而提高股票价格、掩盖资产被个人占用、为了获得上市资格或者为了不被摘牌。⑥一些公司中还存在着其他值得关注的情况，如高管人员或董事曾经或正面临法律指控、在舞弊被曝光前至少有一名高管人员或董事辞职、CFO 曾是外部审计师且直接跳槽到被审计单位。

内部环境分析是虚假财务报表侦查中一个必不可少的程序。内部环境分析可以采用传统审计中对企业内部控制进行分析和评价的方法，只是分析的面更广，不局限于直接对财务信息产生影响的那些因素。

## (二)深入了解客户经营现状

客户的经济状况不佳，可能影响管理阶层的诚信，进而影响到财务报表的可靠性。评估客户的经济状况，有赖于审计人员对客户的经营及其产业的了解。经济状况包括内在及外在两个因素，外在因素包括经济景气及竞争情况，内在因素包括财务结构及经营绩效。外在经济景气及竞争情况可能说明客户经济活动及经营结果的变化或发现某些个别问题，例如经济衰退可能造成催收困难，科技改变可能导致存货呆滞、陈旧，同行激烈竞争结果可能使营业额(市场占有率)减少或毛利率降低。了解这些因素，有助于审计人员评估客户财务报表有无遭受重大错误或舞弊的可能性，判断在侦查过程中可能遭遇的困难程度。

银广夏萃取产品神话之所以骗过审计师，是因为审计师对生物萃取一无所知，可见审计师对客户业务经营了解不够是导致审计失败的一个重要原因。

任何企业在发布虚假财务报表之前总是有些迹象或征兆的。在审计职业界通常将这些征兆称为“红旗”或“警讯”。

原国际六大会计师事务所之一的 Coopers & Lybrand 列举了 29 个警讯，提醒审计人员注意，下面列举的是其中比较重要的 17 条：

(1) 现金短缺、负的现金流量、营运资金及/或信用短缺，影响营运周转。

(2) 融资能力(包括借款及增资)减低，营业扩充的资金来源只能依赖盈余。

(3) 为维持现有债务的需要必须获得额外的担保品。

(4) 订单显著减少，预示未来销售收入的下降。

(5) 成本增长超过收入或遭受低价进口品的竞争。

(6) 对遭受严重经济压力的顾客，收回欠账有困难。

(7) 发展中或竞争产业对新资金的大量需求。

(8) 对单一或少数产品、顾客或交易的依赖。

(9) 夕阳工业或濒临倒闭的产业。

(10) 因经济或其他情况导致的产能过剩。

(11) 现有借款合约对流动比率、额外借款及偿还时间的规定缺乏弹性。

(12) 管理阶层严格要求主管达成预算的倾向。

(13) 迫切需要维持有利的盈余记录以维持股价。

(14) 管理阶层不提供审计人员为澄清及了解财务报表所需的额外资料。

(15) 主管有不法前科记录。

(16) 存货大量增加超过销售所需，尤其是高科技产业的产品过时的严重风险。

(17) 盈余品质逐渐恶化，例如折旧由年数总和法改为直线法而欠正当理由。

《中国注册会计师审计准则第 1211 号——了解被审计单位及其环境并评估重大错报风险》第九十八条也认为："注册会计师应当关注下列事项和情况可能表明被升级单位存在重大错报风险：

(1) 在经济不稳定的国家或地区开展业务；

(2) 在高度波动的市场开展业务；

(3) 在严厉、复杂的监管环绕中开展业务；

(4) 持续经营和资产流动性出现问题，包括：融资能力受到限制；行业环境发生变化；供应商发生变化；

(5) 开发新产品或提供新服务；

(6) 开辟新的经营场所；

(7) 发生重大收购、重组或其他非经常性事项；

(8) 拟出售分支机构或业务分部；

(9) 复杂的联营或合资：运用表外融资、特殊目的实体以及其他复杂的融资协议重大的关联方交易；

(10) 缺乏具备胜任能力的合计人员；

(11) 关键人员变动；

(12) 内部制度薄弱；

(13) 信息技术战略与经营战略不协调；

(14) 信息技术环境发生变化；

(15) 安装新的与财务报表有关的重大信息技术系统；

(16) 经营活动或财务报表受到监管机构的调查；

(17) 以往存在重大错报或本期期末出现重大会计调整；

(18) 发生重大的非常规交易；

(19) 按照管理层特定意图记录的交易；

(20) 应用新颁布的会计准则或相关会计制度；

(21) 会计计量过程复杂；

(22) 事项或交易在计量时存在重大不确定性；

(23) 存在未解决诉讼或有负债。

以上这些迹象都是可以通过分析发现的，一旦发现这些情况，即应予以关注。另外，在我国，如果上市公司的资本运作和关联交易频繁，业绩和股份波动异常，或者是新上市的公司，其财务报表虚假的可能性就很大。

我国的研究者通过大量的统计研究，也总结出了极有可能采取会计造假的公司的特征：①前两年连续亏损，今年经营业绩没有得到根本改善的公司(为了避免被 ST 处理)；②前两年平均净资产报酬率达到 10%，今年行业不景气的公司(为了争取配股的资格)；③资本运作和关联交易频繁的上市公司；④业绩和股价波动厉害的上市公司；⑤全行业亏损或行业过

度竞争的上市公司。

### (三)进行风险评估

虚假财务报告侦查采用风险基础审计方法，风险评估贯穿于侦查的全过程。正如美国注册舞弊审核师协会(Association of Certified Fraud Examiners，ACFE)的创始人兼主席 Joseph T.Wells 指出的，财务报告舞弊“不是始于管理层的不诚实，而是发端于某种环境——这种环境中存在两个特征：①激进的财务业绩目标；②目标未实现将被视为不可宽恕的氛围。换言之，财务报告舞弊缘于压力。”

美国审计准则公告第 82 号(SAS No.82)列举了一些与管理当局舞弊有关的典型风险因素，当存在这些风险的因素时，说明公司出现财务报告舞弊的可能性大大增加：①切合实际的、过于激进的盈利目标，以及基于这些盈利目标的管理当局奖金计划；②管理当局过分感兴趣，通过运用非常激进的会计手段来维持公司股价或者盈利趋势；③管理当局给公司经营人员设定过分激进的财务目标和期望；④虽然实现盈利以及盈利的增长，公司经营当中却不能创造充足的现金流量；⑤资产、负债、收入或者费用的确认涉及非常主观的职业判断，例如金融工具的可靠性；⑥重大的关联交易。

### (四)执行分析性程序

企业由盛转衰，最终导致财务失败或者经营失败是一个逐渐累积的过程，上市公司从非 ST 变为 ST 乃至*ST 同样有一个长期积累的过程，在这一过程中表现出来的是某些财务指标的逐步恶化。财务、经营正常的企业，它的财务指标总在某个特定范围波动，超出这个波动范围就属不正常，当然并不是某一个指标值超出波动范围就能导致企业财务失败，但是当多个财务指标都超出正常波动范围时就可能产生由量变到质变的转换，即企业发生财务失败。

同样，一个健康、真实(没有造假)的企业，经过一年的融资、投资和经营活动，从年初的状态转换为年末状态，各项财务指标之间总是存在着一系列的均衡。年初的资金加上本期融资所增加的额外资金与本期的投资活动相匹配，本期的投资加上年初的资产总是与本期的经营活动相适应，按照财务学的观点，企业的各项财务指标之间存在勾稽关系。如果这种惯常的勾稽、均衡关系被打破，例如公司销售收入的大幅增长没有引起销售费用的上升，或者没有伴随着应收款项的巨额增加，则可能预示着会计造假的存在。为了能够简单、有效地识破财务报告陷阱，科学合理地运用分析性程序能够取得良好的效果。

大量研究证实，分析性程序是一种应用十分广泛而且颇为有效的审计方法，尤其在发现和检查财务报告舞弊方面的作用相当明显，相当比例的财务报告舞弊的曝光最初源于分析性程序中发现的线索，而且大量财务报告舞弊案件，事后看，只要实施简单的分析性程序就可以察觉舞弊的端倪。

如果企业的偿债能力指标、营运能力指标、盈利能力指标和发展能力指标以及它们之间出现异常变动，则表明企业“健康”状况可能出现问题、或者存在舞弊的可能。在分析企业财务报告时，应当关注以下趋势：存货上升幅度超过销售收入；存货周转率下降；运输费用(销售费用) / 存货比率下降；主营业务毛利率上升，这些都可能预示企业管理当局虚增利润。

归纳起来，虚假财务报表经常具有以下八个主要特征：①报告的主要项目金额前后各期发生异常；②报告反映的主要财务指标严重不合理；③会计报表反映的会计利润与现金流量表反映的现金流量严重不平衡；④财务报表中与再融资资格相关的财务指标各年度正好达到有关规定；⑤非经常性损益占利润总额的比重较大；⑥不良资产数额较大，资产质量低下；⑦会计利润与应纳税所得额差别过大；⑧期后事项异常，出现经常性的第四季度调整。

实际上，舞弊案大多都可以通过上述分析性复核发现业绩异常，如果审计师能注意到这些异常，并确定这些异常为侦查重点，顺藤摸瓜发现舞弊事实应该说是不难的。沿用导读案例来加以分析。

[案例分析]银广夏

银广夏在会计报表附注中对公司的货币资金2000年年末比1999年同期增加2.27亿元，增加69.39%的原因表述为“公司本年度的销售增加，且回笼现金较多所致”。但是从公司的资产负债表和现金流量表中可以知道：

1. 公司2000年比1999年增加短期借款5.86亿元。

2. 公司的现金净流量主要来源于公司的借款。即公司的净现金流量增加2.27亿元，来自于公司经营活动的为1.24亿元，来自于公司筹资活动(借款)的为3.45亿元，公司的汇率变动使货币资金增加0.14亿元，公司的投资活动(主要是购买固定资产、在建工程等)等使现金流量减少2.56亿元。

3. 公司2000年度的经营和其他活动，使公司的应收款项增加4.4亿元，增加96.5%。

因此，我们可以判断，公司2000年度的销售及销售货款回笼并不理想，公司资产负债表货币资金的增加绝不是主要来自于公司的销售而是来自于借款，公司希望以巨额的货币资金的囤积来显示销售及销售回款情况。

此外，银广夏的主营业务是中药材的种植加工、葡萄种植酿酒。中草药种植加工业与葡萄种植酿酒业在眼下的市场环境下，极少有暴利机会。不管是生产领域还是流通领域，净利润能做到10%就算相当优秀了。银广夏主业按产业划分，一部分属于典型的第一产业即传统农业范畴，一部分属于典型的第二产业即加工业。这两类产业由于劳动程度简单、对自然环境和气候高度依赖、技术含量低、竞争激烈，决定了其获利能力极其有限。深、沪两市农业类、中草药类、葡萄酿酒类上市公司大多业绩平平。而翻开银广夏2000年的年报，其主营业务收入9.09亿元，净利润达到4.18亿元，利润率高达46%。

再有，运转正常、健康的企业，它的利润增长应当与现金流量之间存在正向变动关系，如果这种正向关系被打破，则表明企业不是销售政策出现了问题，就是存在舞弊的可能。分析银广夏的报表可以发现，公司利润增长与现金流量之间存在严重的脱节。1999 年银广夏净利润增长 43%，2000 年更是达到 277%，与此不相协调的是，经营活动产生的现金净流量 1999 年不增反而减少 16.57%，2000 年该指标仅比上年增加 37%。这导致营业活动收益质量指标(经营活动产生的现金净流量/营业利润)持续走低，1999 年为-0.048，2000 年也仅为 0.278。利润高速膨胀没有伴随着盈利质量的改善，不是表明公司存在造假的可能，就是说明公司的销售政策出现了严重问题。

对所得税占利润总额的比例的分析，也可以揭示出许多潜在的问题。在应付税款法下，企业所得税费用是根据税法计算而得，由于税法与企业会计制度在收入与成本的计算口径和确认时间上存在差异，根据利润表中的“利润总额”与“所得税”计算的账面税率通常不等于法定税率。如果账面税率显著小于法定税率，则说明企业的会计利润质量可能存在问题。例如，银广夏 1999 年利润总额 1.76 亿元，所得税仅 508 万元，账面税率为 4%; 2000 年实现利润 4.23 亿元，所得税 719 万元，账面税率不到 1.7%; 以公司交纳的所得税为基数，即使按照 15%优惠税率，推算出银广夏 1999 年应税利润 3387 万元、2000 年应税利润 4793 万元，应税利润与账面利润两年累计相差 51720 万元。这么大一块差额(占账面利润的 86%)，早就应该检查出来。

### (五)保持应有的职业谨慎

职业谨慎是防范舞弊风险应持有的工作态度。目前公司造假已经成为一个普遍的问题。大部分上市公司的业绩不可信，都不同程度地存在舞弊嫌疑。为此，审计人员必须保持应有的职业谨慎，要对审计事项重要性和审计风险水平进行合理的判断，选派合格的审计人员，制订合理的审计侦查方案，并在工作过程中遵守审计规范，客观地评估所观察的情况及所收集的证据，对于任何潜在的异常经济招标或迹象，需要认真分析，多方查证，避免因工作疏忽而遗漏重要审计事项或造成审计结论错误，提高审查结论的可靠性。

在所有的审计过失中，最主要的是由于缺乏认真而谨慎的职业态度引起的。在执行审计业务的过程中，有些审计工作人员未严格遵守独立审计准则，不执行适当的审计程序，对有关被审计单位的问题未持应有的职业谨慎，或为节省时间而缩小审计范围和简化审计程序，都会导致重大错报、漏报不被发现，从而承担相应的审计风险引发的法律责任。可见，作为一个优秀的审计人员，必须要有好奇心及敏锐的观察力，对于看似无关的问题或线索，能锲而不舍。

### (六)深入现场调研

目前，我国许多注册会计师在审计财务报告是否真实、合法时，主要是看报表金额与总账、明细账、记账凭证以及原始凭证是否相符，这种单纯地从报表向总账、明细账、记账凭证以及原始凭证追索审查的方法，需要一个假设条件：即必须保障原始凭证与经济业务的事实真相一致。如果公司采取伪造原始凭证(如伪造销售合同、销售发票等)的方法进行舞弊或恶意欺诈，那么这种以查账和对账为基础的审计方法必定遭到失败。如果管理当局提供的重要的会计资料都是有意伪造的，这时再一味强调实质性审计岂不是正中了被审计单位为审计师设下的圈套。相反，如果审计人员能在审计之初多花点时间到生产、管理现场进行符合性测试，与相关的工作人员(如操作工、质检员、库管员、统计员、业务员等)交谈询问，许多管理漏洞、真实的生产经营及销售情况是不难被发现的。另外，如果有必要，还应该对相关的供应商、代理商、消费者、类似产品的市场竞争者等外部环境进行调查。通过全面的调查取证，即使像 ST 黎明那样通过虚开增值税发票以虚增收入的造假行为亦不难发现。目前，我们审计工作中的一个重要缺陷就是到生产、管理现场的时间太少，而把大量的时间花费在对会计数据的整理和复核上，这样做的一个重大隐患是：如果被审计单位提供的会计资料严重失真，所有基于这些资料的实质性审计就都没有意义了。

### (七)积极利用专家的专业智慧

审计工作不仅是一个审计问题，它涉及许多具体的专业知识。“银广夏事件”中有充分迹象说明天津广夏萃取产品出口收入可疑，由于该事项对会计报表影响重大，审计师应当获取充分、适当的审计证据，以证实舞弊存在或排除合理怀疑。由于审计师对萃取产品有关的知识一无所知，也没有聘请相关专家协助审计师工作，最终导致审计失败。“银广夏事件”发生后，《财经》记者采访了几位萃取专家和业内人士，得出三个结论：第一，以天津广夏萃取设备的产能，即使通宵达旦运作，也生产不出其所宣称的数量；第二，天津广夏萃取产品出口价格高到近乎荒谬；第三，银广夏对德出口合同中的某些产品，根本不能用二氧化碳超临界萃取设备提取；审计师不是万能的，对一些自己没有把握且对会计报表有重大影响的事项一定要向专家请教或聘请专家协助工作，这是银广夏审计失败案所带来的深刻教训。

### (八)执行延伸审计

延伸审计也是虚假财务报告审计中一项非常重要的程序。通常认为，期后事项审计也是延伸审计的一种，但深入分析两者还是有着很大的差别。期后事项审计只是财务报告时间上的常规的延伸。而延伸审计是指在审计对象的时间范围、空间范围和深度上均可以延伸的审计，而且通常情况下不是常规的，是有目标的追踪审计。常言所说的“拔萝卜带出泥”，就是指审计人员在审计过程中根据已经掌握的线索，延伸开来或深挖下去查找根源。延伸审计可以延伸到多年以前，可以延伸到其他单位、其他事件。延伸审计主要缺陷是要受到审计成本的限制。财务报告的造假者通常也是基于这一点而造假，比如造假的时间拉得很长，或者将费用等转移到不相干的一方，其目的就是增加审计的难度。

舞弊行为在通过复核、观察、比较、询问、账户分析和内部控制测试这些审计技术仔细追踪之后，是可以被揭露出来的。只要审计师敏感地抓住各种舞弊特征，并且紧紧追踪这些线索，不断追查下去。

## 本章小结

本章首先介绍了公司基本素质分析的主要内容，包括行业竞争地位分析、公司经营管理素质分析等，然后介绍了公司财务报表分析的基本方法，以及财务比率分析的基本内容，最后详细介绍了财务报表造假的动机、虚假财务报表产生的条件、虚假财务报表的种类、财务报表作假的手段以及虚假财务报表的识别方法。

## 自测题

### 一、判断题

1. 公司的竞争地位一般是不变的，一旦成为市场的主宰者，就成了行业的老大。（　）

2. 公司的市场占有率是利润之源，不断地开拓进取挖掘现有市场潜力并不断进军新的市场，是扩大市场占有份额和提高市场占有率的主要手段。（　）

3. 盈利能力的大小是一个绝对的概念，一般情况下，利润越高，盈利能力越强；利润越低，盈利能力越差。（　）

4. 股利发放率，是指净利润扣除应发放的优先股股息后的余额与普通股权益之比。（　）

5. 流动比率越高，表明企业流动资产占用资金来源于结构性负债的越多，企业投入生产经营的营运资本越多，而且表明企业可以变现的资产数额大，企业偿还短期债务的能力就越强，债权人的权益越有保证。（　）

6. 进行水平分析时，应将变动量与变动率两种对比方式结合运用，仅用单独一种方法得出的结论往往是片面的，甚至是错误的。（　）

7. 资产运用效率低，企业就需要以较多的投入获取比较少的收益，反之亦然。（　）

8. 企业的各种财务活动、各项财务指标是相互独立的、彼此之间没有太大的影响。（　）

9. 内幕交易是证券市场上其他各种违法行为发生的基础。（　）

10. 在所有的审计过失中，最主要的是由于审计方法运用不当引起的。（　）

## 二、单项选择题

1. 有助于提升企业竞争力的是(　　)。

A. 提高产品质量　B. 提高市场占有率　C. 提高产品价格　D. 实施品牌战略

2. 下列事项中，有助于提高企业短期偿债能力的是(　　)。

A. 利用短期借款增加对流动资产的投资

B. 为扩大营业面积，与租赁公司签订一项新的长期房屋租赁合同

C. 补充长期资本，使长期资本的增加量超过长期资产的增加量

D. 提高流动负债中的无息负债比率

3. 如果企业速动比率很小，下列结论成立的是(　　)。

A. 企业流动资产占用过多　B. 企业短期偿债能力很强

C. 企业短期偿债风险很大　D. 企业资产流动性很强

4. 某公司总资产净利率为10%，若产权比率为1.5，则权益净利率为(　　)。

A. 15%　B. 6.67%　C. 10%　D. 25%

5. 下列各项中，可能导致企业资产负债率变化的经济业务是(　　)。

A. 收回应收账款　B. 用现金购买债券

C. 接受所有者投资转入的固定资产　D. 以固定资产对外投资

6. 杜邦分析法主要用于(　　)。

A. 变现能力分析　B. 资产管理能力分析

C. 财务状况综合分析　D. 长期偿债能力分析

7. 某公司2006年销售净收入315 000元，应收账款年末数为18 000元，年初数为16 000元，其应收账款周转次数是(　　)次。

A. 10　B. 15　C. 18.5　D. 20

8. 可用于企业财务状况趋势分析的方法是(　　)。

A. 比率分析法　B. 比较分析法　C. 杜邦分析法　D. 因素分析法

9. 以下(　　)不是虚假财务报表的识别方法。

A. 查询法　B. 审阅法　C. 核对法　D. 调查法

10. (　　)不是虚假财务报表的特征。

A. 报告反映的主要财务指标严重不合理

B. 财务报表中与再融资资格相关的财务指标各年度正好达到有关规定

C. 企业会计计量方法发生变化

D. 非经常性损益占利润总额的比重较大

## 三、多项选择题

1. 某公司当年的税后经营净利润很多，却不能偿还到期债务。为查清其原因，应检查的财务比率包括(　　)。

A. 资产负债率　　B. 流动比率　　C. 存货周转率
D. 应收账款周转率　　E. 已获利息倍数

2. 影响速动比率的因素有( )。
A. 应收账款　　B. 存货　　C. 短期借款
D. 应收票据　　E. 预付账款

3. 假设其他情况相同，下列说法中正确的有( )。
A. 权益乘数大则财务风险大　　B. 权益乘数大则产权比率大
C. 权益乘数等于资产权益率的倒数　　D. 权益乘数大则总资产净利率大
E. 权益乘数大则资产负债率大

4. 衡量上市公司盈利能力的指标，一般包括( )。
A. 每股收益　　B. 普通股权益报酬率　　C. 股利发放率
D. 市盈率　　E. 存货周转率

5. 一般而言，企业的管理人员应该具备的素质包括( )。
A. 从事管理工作的愿望　　B. 专业技术能力
C. 良好的道德品质修养　　D. 助人为乐的精神
E. 人际关系协调能力

6. 以下属于短期偿债能力衡量指标的有( )。
A. 流动比率　　B. 速动比率　　C. 现金流量比率
D. 市盈率　　E. 应收账款周转率

7. 以下属于营运能力衡量指标的有( )。
A. 存货周转率　　B. 总资产报酬率　　C. 资产负债率
D. 总资产周转率　　E. 应收账款周转率

8. 在执行环境因素分析时，宏观环境因素一般包括( )。
A. 政治　　B. 法律　　C. 政府
D. 经济　　E. 社会和文化

9. 一般情况下，极有可能采取会计造假的公司的特征有( )。
A. 前两年连续亏损，今年经营业绩没有得到根本改善的公司
B. 前两年平均净资产报酬率达到10%，今年行业不景气的公司
C. 资本运作和关联交易频繁的上市公司
D. 业绩和股价波动厉害的上市公司
E. 全行业亏损或行业过度竞争的上市公司

10. 成本费用一般包括以下项目( )。
A. 存货成本　　B. 销售成本　　C. 销售税金及附加
D. 招待费用　　E. 财务费用

[案例]刘姝威与蓝田股份

**刘姝威为何"关心"蓝田？**

因为"关心蓝田"(注：瞿兆玉语)，刘姝威招致了一场噩梦般的经历。如果能预料到这种后果，也许她就不会在蓝田身上花这番"功夫"了。毕竟，在刘姝威看来，选中蓝田作为案例、研究对象，显得是那么偶然。

1月20日下午，即在得到"1月23日暂不开庭"通知后的第三天，刘姝威向记者说起"关心蓝田"的原因。这要从2001年刘姝威应编辑之约写作一本名为《上市公司虚假会计报表识别技术》的书说起。因为刘一直从事银行信贷研究，并且经常给银行讲课。此书主要是在原来的讲稿基础上进行写作。在写作过程中，刘姝威先是选取了十几家上市公司作为案例，其中并没有蓝田。后来编辑建议说，与其选十几个案例，还不如选一两个新的，有代表性的，举一反三，听了编辑的这番建议后，刘想要选就选新一点的。本来刘选中的是另一家上市公司，但因该公司所属行业非常特殊加之上市时间较短，很难做趋势分析和同业比较分析。恰逢此时，即在2001年10月8日，蓝田股份发表一个公告说，公司正在接受证监会调查。正是在这个公告的"点拨"下，刘才开始关注蓝田，通过查寻该公司资料，刘了解到，它是1996年上市的，这样就可以做趋势分析了，其主营业务是水产品和饮料，同行业上市公司还有几家，也满足做同业比较的条件。于是，刘姝威决定选蓝田作为该书的案例。

刘姝威说："我完全是在一种偶然的情况下选到了蓝田。对其分析研究所依据的材料是从蓝田股份的招股说明书到2001年中期财务报告的全部公司公开材料，其中并没有一点内部资料。"尽管是这样一些公开资料，经过分析后，刘姝威承认，自己在做完蓝田股份的一系列分析之后吓呆了。她说："虽然我没去过蓝田，但我已经能看出这么多的毛病。这真是秃子头上的虱子，事后瞿兆玉说我好像是故意的，好像有什么阴谋诡计，其实这完全是偶然的"。

**刘姝威解剖蓝田的"法宝"。**

经过研究，刘姝威发现，蓝田有一个奇怪的财务组合。无论是按渔业还是食品饮料业，蓝田股份的应收账款回收期明显低于同业平均水平，公司水产品收入异常高于渔业同行业平均水平，而短期偿债能力在两个行业中的同业企业中又都是最低的。从蓝田的资产结构来看，从1997开始，其资产拼命往上涨，与之相对应的流动资产却逐年下降，这说明其整个资产规模是由固定资产来带动的，公司在产品占存货百分比和固定资产占资产百分比异常高于同业平均水平。刘说，这些对银行来说，并不是一个好现象。根据分析，她研究推理：蓝田股份的偿债能力越来越恶化；扣除各项成本和费用后，蓝田股份没有净收入来源；蓝田股份不能创造足够的现金流量以便维持正常经营活动和保证按时偿还银行贷款的本金和利息；银行应该立即停止对蓝田股份发放贷款。

对蓝田股份得出这种结论，刘姝威说自己并没有用过于复杂的分析方法，无非就是那些常用的 20 多个财务指标。

当瞿兆玉在电话中质问她，为什么得出结论应立即停止对蓝田的贷款时，刘回答说："将我使用的这些财务分析方法，交给我们学校的大学本科生，根本不用交给研究生，然后再将蓝田股份和蓝田总公司所有公开的数据资料交给学生，这些学生得出的结论必然就是这个。这种方法不是我独创的，不是什么高深的东西，是国际通用的基本的 ABC 的分析方法，都是最基础的，连模型、预测都不用"。刘姝威向记者解释道，她所说的基本分析方法主要包括静态分析、趋势分析和同业比较。还包括一些财务比例，她只用了最基本的 20 个比例。比如流动比率、速动比率、现金负债比率等。

**"蓝田"是怎么"结识"刘姝威的？**

对蓝田这个案例的研究基本完成后，刘姝威觉得这不是一个小事，最起码应该提示一下银行。因与《金融内参》早年就有合作，她知道，内参发行范围非常窄，原来只有人民银行司局长以上的干部才能看到，她打算就有关问题撰文发给《金融内参》。考虑到内参的规定，文章字数不能超过 1000 字，刘姝威就写了一篇题为《应立即停止对蓝田股份发放贷款》的 600 字短文。内容主要涉及：蓝田股份已经成为一个空壳，已经没有任何创造现金流量的能力，也没有收入来源……，蓝田股份完全依靠银行的贷款维持运转，而且用拆西墙补东墙的办法，支付银行利息。只要银行减少对蓝田股份的贷款，蓝田股份会立即垮掉。为了避免遭受严重的坏账损失，建议银行尽快收回蓝田股份的贷款。刘清楚地记得 2001 年 10 月 26 日，她将这篇 600 字的短文以传真方式交给了《金融内参》编辑。然后再也没过问此事，接着写她的书。

直到 11 月 20 日，中国蓝田(集团)总公司总裁瞿兆玉手持《金融内参》复印件亲自来到刘姝威工作地——中央财经大学研究所会议室，刘才知道所发生的事。刘姝威见到瞿兆玉来找自己，觉得很奇怪，便问对方："你怎么找到我的？"瞿说："因为你关心蓝田啊。"从瞿的口中刘才知道，全国银行都停止了对蓝田的贷款。

那天在中央财大研究所的会议室，瞿兆玉大喊大叫道："都是因为你在《金融内参》的文章，全国银行都停了我们的贷款。我们的资金链都断了，我们快死了。"此后刘与蓝田开始了交锋。

▲蓝田股份已无力还债

2000 年蓝田股份的流动比率是 0.77，这说明短期可转换成现金的流动资产，不足以偿还到期流动负债；速动比率是 0.35，这说明，扣除存货后，流动资产只能偿还 35%的到期流动负债；净营运资金是-1.3 亿元，这说明蓝田股份将不能按时偿还 1.3 亿元的到期流动负债。

▲12.7 亿销售额有作假嫌疑

2000 年蓝田股份的农副水产品收入占主营业务收入的 69%，饮料收入占主营业务收入的 29%，二者合计占主营业务收入的 98%。

蓝田股份发布公告称：占公司产品 70%的水产品在养殖基地现场成交，"钱货两清"成为惯例。

蓝田股份的生产基地位于湖北洪湖市，武昌鱼公司位于湖北鄂州市，洞庭水殖位于湖南常德市，距洪湖的直线距离 200 公里左右，主营业务都是淡水鱼类及其他水产品养殖。武昌鱼应收账款回收期是 577 天，洞庭水殖应收账款回收期是 178 天，但是其水产品收入只是蓝田股份水产品收入的 8%和 4%。

在方圆 200 公里以内，他们的生产成本不会存在巨大差异，这不能支持蓝田股份水产品收入异常高于同业企业。

此外，如果此言当真，各家银行会争先恐后地在瞿家湾设立分支机构，绝不会让“12.7 亿元销售水产品收到的现金”游离于银行系统之外。

因此，蓝田股份不可能以“钱货两清”和客户上门提货的销售方式，一年销售 12.7 亿元水产品，2000 年蓝田股份的农副水产品收入 12.7 亿元的数据是虚假的。

▲蓝田股份的资产结构是虚假的

2000 年蓝田股份的流动资产占资产百分比是同业平均值的约 1/3；而存货占流动资产百分比高于同业平均值约 3 倍；固定资产占资产百分比高于同业平均值 1 倍多；在产品占存货百分比高于同业平均值 1 倍；在产品绝对值高于同业平均值 3 倍；存货占流动资产百分比高于同业平均值 1 倍。

蓝田股份的在产品占存货百分比和固定资产占资产百分比异常高于同业平均水平，蓝田股份的在产品和固定资产的数据是虚假的。

▲蓝田股份已经成为提款机

金农网称，中国蓝田总公司在全国建立了六大生产基地：湖北洪湖 30 万亩水产品种植、养殖和绿色食品加工基地，湖北随州 10 万亩银杏和 200 吨黄酮、500 公斤萜内酯生产加工基地，湖南临湘 10 万亩黄姜及 500 吨皂素生产基地，湖南常德奶牛、乳制品生产加工基地，广东珠海优化农业试验基地，北京昌平国际高科技农业基地。

2001 年 10 月 26 日湖北蓝田股份有限公司发布公告称：“……蓝田园公司(即北京昌平国际高科技农业基地)成立时间较短，到目前为止未有盈利。”

《广东省 2001 年重点建设项目计划表》列示，项目建设时间为 2000—2005 年，也就是说，广东蓝田优化农业试验基地最早是 2000 年开始投资建设的。

随州 10 万亩银杏基地之说，与《随州信息港》网《中华银杏第一镇——洛阳》相违。而三九健康网报道：2001 年 6 月 26 日，占地 500 亩的“湖北蓝田银杏高科技产业园”在随州奠基。

蓝田金农网没有介绍湖南临湘 10 万亩黄姜及 500 吨皂素生产基地。

在湖南省临湘市政府网站，也没有有关湖南临湘 10 万亩黄姜及 500 吨皂素生产基地的任何信息。

在湖南省常德市政府网站及相关网站，没有有关湖南常德奶牛、乳制品生产加工基地的任何信息。

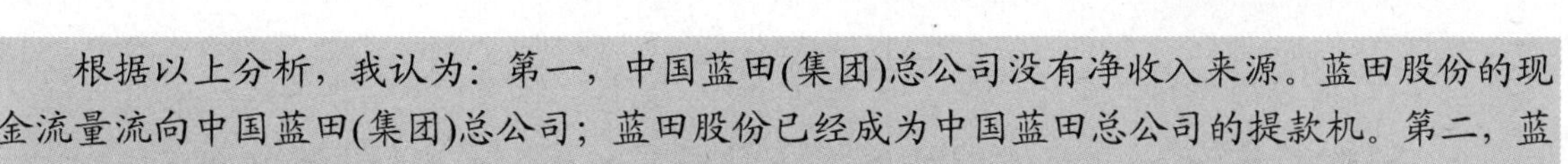

根据以上分析，我认为：第一，中国蓝田(集团)总公司没有净收入来源。蓝田股份的现金流量流向中国蓝田(集团)总公司；蓝田股份已经成为中国蓝田总公司的提款机。第二，蓝田股份没有足以维持其正常经营和按时偿还银行贷款本息的现金流量来源。

(资料来源：《南方周末》2002 年 1 月 18 日，罗锋)

讨论：

(1) 刘姝威是借助什么分析方法，发现“蓝田之谜”的？

(2) 同样利用比率分析，为什么会对蓝田股份前后产生截然相反的判断？仅仅依靠孤立的比率分析所得出的结论可信吗？

(3) 你眼中的蓝田股份，其财务状况如何？

(4) 一份依据公开信息披露和媒体报道的发表于《金融内参》的文章，给刘姝威带来了大麻烦。你认为她的代价值得吗？

# 第三篇　证券市场技术分析篇

## 第八章　技术分析概论

**【学习目标】**

通过学习本章，读者应当了解证券市场技术分析的基本概念、特点以及技术分析与基本面分析的关系；熟悉技术分析的三大假设；掌握技术分析的基本要素；认识技术分析的应用范畴和局限性。

**【导读案例】**

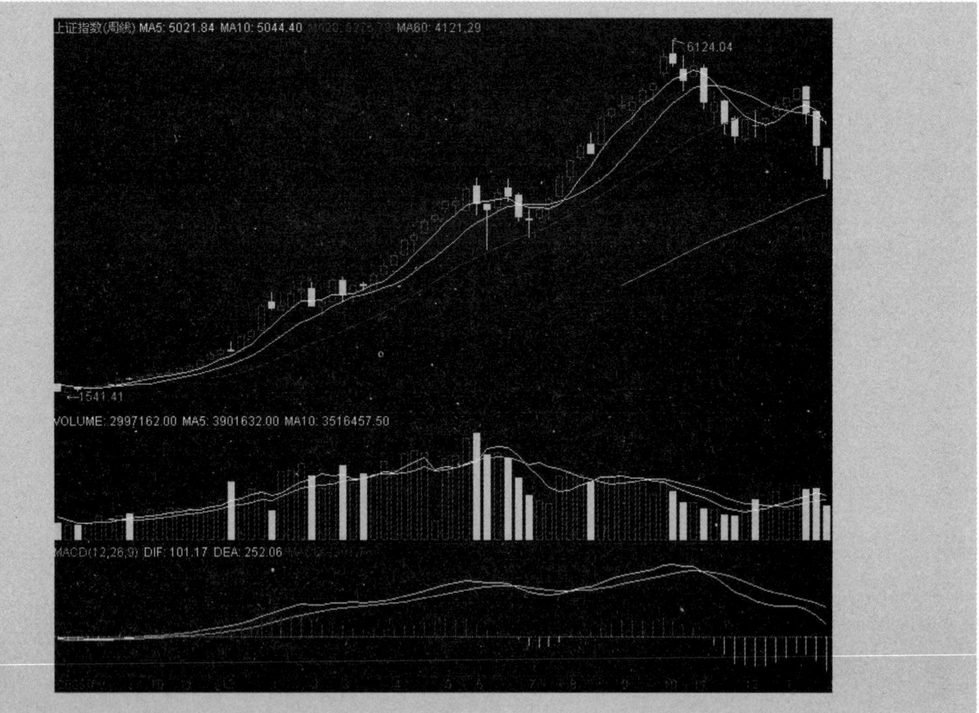


参与中国股票市场的投资者都知道从 2006 年 8 月 7 日上证指数 1541.41 点起步，上涨到 2007 年 10 月 17 日上证指数 6124.04 点这一波澜壮阔的行情。虽然，从基本面分析已经

知道行情要上涨了，但是，究竟涨多少？如何上涨？基本面分析并不能回答，这就是技术分析所能解决的问题。比如本案例，可以用技术分析的波浪理论预测上涨幅度。从 K 线图中，明显可以看出，这一波行情上涨五浪：第 1 浪上证指数从 1541.41 点上涨到 2994.28 点；第 2 浪上证指数从 2994.28 点回调到 2541.52 点；第 3 浪上证指数从 2541.52 点上涨到 4335.96 点；第 4 浪上证指数从 4335.96 点回调到 3404.15 点；第 5 浪上证指数从 3404.15 点上涨到 6124.04 点。当然，这五浪走势都是事后看出的，能不能事先预测呢？技术分析的波浪理论很好地解释了行情的走势。

从案例中，给我们这样一个启示：我们运用基本面、政策面、资金面、心理面分析得到行情将要上涨的判断，但是，我们并不知道行情如何上涨，上涨幅度多少，怎样判断行情结束，这就是证券市场技术分析所要解决的问题。

# 第一节　技术分析概述

## 一、技术分析概念

自从有了证券市场，有了证券交易，人们一直在绞尽脑汁，并将继续不断地探索安全、可靠的评定市场状态及趋势的方法，找出正确的证券并在合适的时间购买。有许多成功的投资者与投机者，他们采用这种或那种方法已经获得必要市场洞察力，以及能给他们带来盈利的市场判断、预见能力与所有重要的自我约束规则。

经历了数十年证券市场的研究，产生了两种截然不同的思想流派，他们使用两种截然不同的方法来回答交易者提出的“何种证券”及“何时买卖”的问题。一种是被普遍称之为基本统计分析法、另一种则是技术分析。

证券市场基本分析人士依靠各种统计数据，他们不断地翻阅审计师的报表、损益报告、季节资产负债表、红利记录以及他们所关注的企业经营策略，分析销售数据、管理状况、生产能力及竞争能力，他们还关注银行及财政报告，生产指标、价格统计及收成预测，以评定总体业务状况、他们经常仔细阅读报刊新闻以对今后业务状况做出评估。综合所有这些因素，他们对其证券市场做出评估，如果其当前售价低于其评定的价值，他们将认为可以购买。

事实上，除了那些第一次触及证券市场投资的新手，在最初毫无经验的时期，以及在其经验不十分丰富的时期，其他任何观点不仅是不合理的，也是不可理解的。这些纯粹的基本分析人士实际上是凤毛麟角。即使那些市场权威人士，尽管它们装着对图表和图表分析人士不屑一顾，但并不是漠不关心证券市场的价格变化、同时也不隐藏他们对技术分析理论的敬意，而不管他们是否意识到技术分析理论在其本质上则是纯粹技术性的。

技术分析是相对于基本分析而言的。基本分析法着重于对一般经济情况以及个别公司的经营管理状况、行业动态等因素进行分析，以此来研究证券的价值，衡量证券价格的高低。而技术分析则是透过图表或技术指标的记录，研究市场过去及现在的行为反应，以推测未来价格的变动趋势。其依据的技术指标的主要内容是由证券价格、成交量或指数涨跌等数据计算而得的，我们也由此可知技术分析只关心证券市场本身的变化，而不考虑会对其产生某种影响的经济方面、政治方面的等各种外部的因素。

最推崇技术分析的是美国著名经济学家凯恩斯。凯恩斯于 1936 年提出技术分析的空中楼阁理论，该理论完全抛开证券的内在价值，强调心理构造出来的空中楼阁。投资者之所以要以一定的价格购买某种证券，是因为他相信有人将以更高的价格向他购买这种证券。至于证券价格的高低，这并不重要，重要的是存在更大的“笨蛋”愿以更高的价格向你购买。精明的投资者无需去计算证券的内在价值，他所需做的只是抢在最大“笨蛋”之前成交，即证券价格达到最高点之前买进证券，而在证券价格达到最高点之后将其卖出。

## 二、技术分析与基本面分析的关系

技术面分析与基本面分析是金融市场分析的两种经典分析方法，他们有各自的分析理念。技术分析是透过图表或指标的记录，研究市场过去及现在的行为反映，以推测未来价格变动的趋势。基本面分析是宏观的经济分析。基本面能够影响技术面，可以预测宏观的一个趋势，技术面可以预测基本面的一个趋势，还能预测基本的时机决策，在市场分析中，技术面和基本面各占 50%，证券价格走势渗透着基本面，市场的好消息或坏消息已经包含在价格的走势之中了。基本面又能影响价格，技术面又能预测出基本面，许多时候消息还没有发布但是价格已经走出基本面消息的形态。举一个例子，基本面已经分析出美元要贬值，次贷危机以及各个基本面消息数据，基本面已经预测出来了，但是具体在什么时间，什么价格我们进场呢，什么时候行情开始启动了呢？必须通过技术分析来判断。这就是技术面与基本面的关系，他俩就是硬币的两个面，正面和反面谁也离不开谁，你中有我，我中有你，没有高低之分，必须相互参照。我们有很多朋友都研究技术面，不关注基本面，因为基本面比较长的宏观的预期。我们要这样运用基本面：第一，将消息进行分级，比如将利率等重要消息分成级别，每一年消息的作用都是不一样的，通过网上公布的数据进行分级；第二，时间，这个消息要在什么时间发布，应该产生什么样的预期，这个预期就是市场的感觉，如果预期不好可能就下跌，预期好可能就上升，然后根据技术分析判断时机抉择。如果我们进行外汇交易，千万不要只关心技术面，一定要把当天的消息搞清楚，它应该有什么样的预期，用一个例子说明：通过技术面我们不能解释星期三为什么总是涨得特别凶，只有通过基本面才知道，星期三是三倍的利息套息交易所以涨得凶，这样可以找到原因。但是我们技术面不在乎原因，只注重结果，下单后设好止损，任凭行情发展，我们一定要坚定立场。

## 三、技术分析的特点与分类

在历史价、成交量资料基础上进行的统计、数学计算、绘制图表方法是技术分析方法主要的手段。从这个意义上讲，技术分析方法可以有多种。不管技术分析方法是如何产生的，人们最关心的是它的实用性，因为我们的目的是用它来预测未来的价格走势，从而为投资决策服务，所以，本书介绍的仅仅是比较常用的(当然也是比较实用的)一些技术分析方法。

一般说来，可以按约定俗成，将技术分析主要分为如下五类：指标派、切线派、形态学派、K 线派、波浪派，如图 8-1 所示。

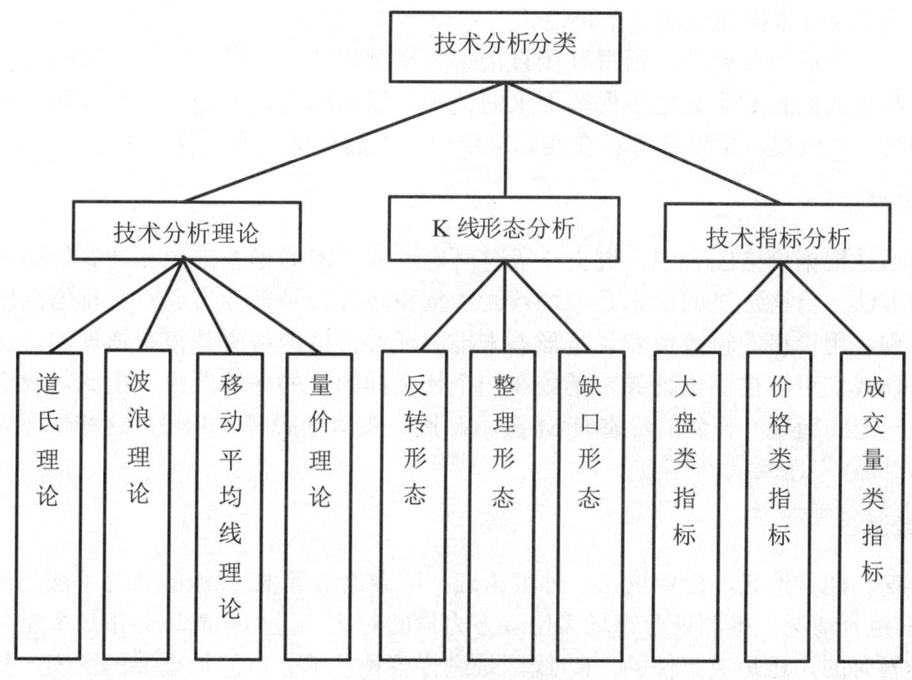


图 8-1　技术分析分类

### 1．指标派

指标派是要考虑市场行为的各个方面，建立一个数学模型，给出数学上的计算公式，得到一个体现证券市场的某个方面内在实质的数字。这个数字叫做指标值。指标值的具体数值和相互间关系直接反映证券市场所处的状态，为我们的操作行为提供指导的方向。

目前，世界上用在证券市场上的各种名称的技术指标，数不胜数，至少在一千以上。例如，相对强弱指标(RSI)、随机指标(KDJ)、趋向指标(DMI)、平滑异同平均线(MACD)、能量潮(OBV)、心理线、乖离率等。这些都是很著名的技术指标，在证券市场中长盛不衰。

而且，随着时间的推移，新的技术指标还在不断涌现。充实和扩大这个大家族。

### 2．切线派

切线派是指按一定方法和原则在由证券价格的数据所绘制的图表中画一些直线。然后根据这些直线的情况推测证券价格的未来趋势，这些直线就叫切线。切线的作用主要是起支撑和压力的作用。支撑线和压力线往后的延伸位置对价格的趋势起一定的制约作用。一般说来，证券价格在从下向上抬升的过程中，触及压力线，甚至远未触及到压力线，就会调头向下；同样，证券从上向下跌的过程中，在支撑线附近就会转头向上。另外，如果触及切线后没有转向，而是继续向上或向下，这就叫突破。突破之后，这条直线仍然有实际作用，只是名称变了。原来的支撑线变成了压力线，原来的压力线将变成支撑线。切线派分析证券市场主要是依据切线的这个特性。

切线的画法是最为重要的，画得好坏直接影响预测的结果。目前，画切线的方法有很多种，它们都是人们长期研究之后保留下来的精华。著名的有趋势线、通道线等。此外还有黄金分割线、甘氏线、角度线等。在实际应用中，人们从这些线上获益不少。

### 3．形态学派

形态学派是根据价格图表中，过去一段时间走过的轨迹的形态来预测证券价格未来的趋势情况的方法。价格走过的形态是市场行为的重要部分，是证券市场对各种信息感受之后的具体表现，用价格的轨迹或者说是形态来推测证券价格的将来是很有道理的。从价格轨迹的形态，我们可以推测出证券市场处在一个什么样的大的环境之中，由此对我们今后的行为给予一定的指导。著名的形态有 M 头、W 底、头肩顶底等十几种，这些形态同样是人们智慧的结晶。

### 4．K 线派

股票论坛、期货论坛、投资论坛、外汇论坛、证券论坛等 K 线派的研究手法是侧重若干天 K 线的组合情况，推测证券市场多空双方力量的对比，进而判断证券市场多空双方谁占优势，是暂时的，还是决定性的。K 线图是进行各种技术分析的最重要的图表，我们将在后面详细介绍。单独一天的 K 线的形态有十几种，若干天 K 线的组合种类就无法数清了。人们经过不断地总结经验，发现了一些对证券买卖有指导意义的组合，而且，新的结果正不断地被发现，被运用。K 线在东亚地区很流行，广大证券投资人进入证券市场后，进行技术分析时往往首先接触 K 线图。

### 5．波浪派

波浪理论起源于 1978 年美国人查尔斯・J.柯林斯发表的专著《波浪理论》。波浪理论的实际发明者和奠基人是艾略特，他在 30 年代有了波浪理论最初的想法。

波浪理论把证券价格的上下变动和不同时期的持续上涨下降看成是波浪的上下起伏一

样。波浪的起伏遵循自然界的规律，按一定之规进行，证券的价格也就遵循波浪起伏所遵循的规律。

简单地说，上升是 5 浪下跌是 3 浪。数清楚了各个浪就能准确地预见到跌势已接近尾声，牛市即将来临，或是牛市已到了强弩之末，熊市将来到。波浪理论与技术分析流派最大的区别就是能提前很长的时间预测到底和顶。别的流派往往要等到新的趋势已经确立之后才能看到。但是，波浪理论又是公认的最难掌握的技术分析方法。大浪套小浪，浪中有浪，在数浪的时候极容易发生偏差。事情过了以后，回过头来数这些浪，发现均满足波浪理论所陈述的，都能数对。一旦身处在现实，真正能够正确数浪的人是很少的。

以上五类技术分析方法是从不同的方面理解和考虑证券市场。有些有相当坚实的理论基础，有的就没有很明确的理论基础，很难说清楚为什么。它们都有一个共同的特点，那就是都是经过证券市场的实际战火的考验，最终没有被淘汰而被保留下来的，它们都是前人的经验、智慧的精华。

这五类技术分析方法尽管考虑的方式不同，目的是相同的，彼此并不排斥，在使用上相互借鉴。比如，在指标分析时，经常用到切线和形态学派中的一些结论和手法。

这五类技术分析方法考虑的方式不同，这样就导致它们在操作指导时，所使用的方式不同，有的注重长线，有的注重短线；有的注重价格的相对位置，有的注重绝对位置；有的注重时间，有的注重价格。不管注重什么，最终殊途同归。只要能有收益，用什么方法是不重要的。

## 四、技术分析的一般步骤

我们打开一个证券价格的图表，我们应该如何去分析呢？首先，我们要明白无论做什么事情都要有一个顺序，再有一个层次，一个是横向的，一个是纵向的，技术分析具体步骤如下。

第一步你要知道你要用什么时间周期的图表为中心交易基准；第二步要确定当前的趋势；第三步要找出阻力线和支持线；第四步看时机；第五步要判断形态；第六步要测量斐波纳契回调比；第七步写出交易计划。这七步是进行交易之前必须要做的准备分析工作，就像打仗之前，我方要侦察敌方的兵力部署、火力配备、战线长短、主力位置等，做到知己知彼。

以下以 30 分钟的周期图表为例，分别说明这七步的分析工作。

第一步你要知道你要用什么时间周期的图表为中心交易基准，用和它相邻的小周期找入场点，和它相邻的大周期用来控制平仓的时机。比如你喜欢日内短线，用 30 分钟的时间周期为中心交易基础，在与它相邻的小周期 15 分图里等待寻找入场点，以小时图的走势作为平仓信号。也就是说，在小一点的时间周期里选入场点，在长一点的时间周期定方向趋势，根据更长的时间周期考虑平仓。

第二步要确定当前的趋势，确定当前的趋势是上升，下降，盘整。上升趋势中又包括持续上涨——买，回调上涨——买，背离上涨——卖，上涨反转——卖，如果你判断当前的趋势是上涨趋势，就证明多头操作的正确率是 75%，空头操作的正确率是 25%。下跌趋势也是如此。判断趋势要用到趋势性指标，以移动平均线为例子，以某一周期的移动平均线为重要的分界线，来确定当前的趋势，价格运行在该周期移动平均线之上为上升趋势，价格运行在该周期移动平均线之下为下降趋势，在小周期图表中汇价没有突破该周期移动平均线，均属于持续原有趋势。一个趋势的反转，一定是先由小周期到大周期的汇价逐个突破各个周期移动平均线，趋势的反转是走出来的，这需要时间。

第三步要找出阻力线和支撑线，如果上升趋势 30 分图中某一位置，就是强有力的支撑，下跌趋势该位置就是压力位，汇价从下向上突破时不同周期的移动平均线，移动平均线对其造成的压力作用。

第四步看时机，在上面三步做好以后，就要判断时机，更准确地说应该是等待时机，这里要用到摆动指标，以 RSI 为例，还是看 30 分的 RSI，在判断出上升趋势以及支撑位以后，观察 RSI 的位置每一次进入超卖都是我们买进的时机，利用 RSI 逃顶和抄底。

第五步要判断形态，形态的判断是方法最多、最难学的一步，它包括价格创新高新低、M 头、W 底、趋势线突破、头肩反转、三角形、旗形等，看它是整理形态还是突破形态，这些知识以后会有一个章节来单独详细讲解。

第六步要测量斐波纳契回调比，俗称黄金分割比例线，测量斐波纳契不能在小的周期测量，没有多大意义，做 30 分钟的趋势就要到 1 小时的图里测量一个完整的趋势回调比，我们的买入策略是回调 23.6 买入胜率在 70%，回调 38.2 买入胜率在 60%，回调 61.8 买入胜率在 40%，回调 100 就是 2 倍形态，具体回调到哪里呢，如果加上回调时遇到重要支撑和出现形态，这样就出现指标的共振。

不要以你心目中的价格的高和低，无论是哪个周期，反转形态是走出来的，在形态没走出来之前，不能判定该位置是底部或顶部的结论，这是不客观，不尊重事实的判定，价格预测永远都是预测，它不能代替时机抉择，计划归计划，实施归实施，在下单的一瞬间才是你最后的决定。

第七步写出交易计划，好的第七步是个总结，我们看技术分析列表第一件事是选择周期，第二确定趋势，第三找出阻力与支撑位，第四看有没有到时机，第五形态分析，第六测量斐波纳契回调，图表分析完毕在我们心中已经有了一个思路，这个思路让我们做一个决定，目前是观望还是在什么价位买进，是市价单买进，还是回调买进，还是突破下单，挂单等，写出一个交易计划，交易计划包括操作理由、进场理由、止损位置。技术分析图表帮我们有步骤的预测行情未来的走势。

## 五、技术分析的局限性

基本分析的目的是为了判断证券现行证券价格的价位是否合理并描绘出它长远的发展空间，而技术分析主要是预测短期内证券价格涨跌的趋势。通过基本分析我们可以了解应购买何种证券，而技术分析则让我们把握具体购买的时机。在时间上，技术分析法注重短期分析，在预测旧趋势结束和新趋势开始方面优于基本分析法，但在预测较长期趋势方面则不如后者。大多数成功的证券投资者都是把两种分析方法结合起来加以运用。他们用基本分析法预测长期趋势，而用技术分析法判断短期走势和确定买卖的时机。

证券价格技术分析和基本分析都认为证券价格是由供求关系所决定。基本分析主要是根据对影响供需关系种种因素的分析来预测证券价格走势，而技术分析则是根据证券价格本身的变化来预测证券价格走势。技术分析的基本观点：所有证券的实际供需量及其背后起引导作用的种种因素，包括证券市场上每个人对未来的希望、担心、恐惧等，都集中反映在证券的价格和交易量上。

证券价格指数和平均数仅仅为人们提供了一种衡量证券价格变动历史的工具，然而，人们更关心的是如何预测证券价格的未来趋势，以及买卖证券的适当时机。多少年来，人们不断地对证券价格走势进行研究，产生了种种方法。现在大多数人采用技术分析法或基本分析法预测证券市场的走势。

# 第二节　技术分析的三大假设

技术分析的理论基础是基于三个合理的市场假设：市场行为涵盖一切信息；价格沿着趋势移动；历史会重演。

## 一、市场行为涵盖一切信息

第一个假设是进行技术分析的基础，其主要的思想是认为影响证券价格的每一个因素(包括内在的和外在的)都反映在市场行为中，不必对影响证券价格的因素具体是什么过多的关心。如果不承认这一前提条件，技术分析所作的任何结论都是无效的。

这条假设是有一定合理性的。任何一个因素对证券市场的影响最终都必然表现在证券价格的变动上。如果某一消息一公布，证券价格同以前一样没有大的变动，说明这个消息不是影响证券价格的因素。如果有一天看到，价格向上跳空开盘，成交量急剧增加，不用问，一定是出了利多消息，具体是什么消息，完全没有必要过问，它已经体现在市场行为中了。再比如，某一天，别的证券大多持平或下跌，唯有少数几支证券上涨，这时，我们自然要打听这几支证券出了什么好消息。这说明，我们已经意识到外部的消息已经在价格的变动和反常的趋势中得到了体现。外在的、内在的、基础的、政策的和心理的因素，以及其他影响证券价格的所有因素，都已经在市场的行为中得到了反映。作为技术分析人员，只关心这些因素对市场行为的影响效果，而不关心具体导致这些变化的原因究竟是什么。

## 二、价格沿着趋势移动

第二个假设是进行技术分析最根本、核心的因素，其主要思想是证券价格的变动是按一定规律进行的，证券价格有保持原来方向运动的惯性。正是由于这一条，技术分析师们才花费大量心血，试图找出证券价格变动的规律。

一般来说，一段时间内证券价格一直是持续上涨或下跌，那么，今后一段时间，如果不出现意外，证券价格也会按这一方向继续运动，没有理由改变这一既定的运动方向。“顺势而为”是证券市场上的一条名言，如果证券价格没有调头的内部和外部因素，没有必要逆大势而为。

一个证券投资者之所以要卖掉手中的证券，是因为他认为目前的价格已经到顶，马上将往下跌，或者即使上涨，涨的幅度也有限，不会太多了。他的这种悲观的观点是不会立刻改变的。一小时前认为要跌，一小时后，没有任何外在影响就改变自己的看法，认为会涨，这种现象是不多见的，也是不合情理的。这种悲观的观点会一直影响这个人，直到悲观的观点得到改变。众多的悲观者就会影响证券价格的趋势，使其继续下跌。这是第二个假设合理的又一理由。

否认了第二个假设，即认为即使没有外部因素的影响，证券价格也可以改变原来的运动方向，技术分析就没有了立根之本。证券价格的变动是遵循一定规律的，我们运用技术分析这个工具找到这些规律，才能对今后的证券买卖活动进行有效的指导。

## 三、历史会重演

第三个假设是从人的心理因素方面考虑的，市场上进行具体买卖的是人，是由人决定最终的操作行为。人必然要受到心理学中某些规律的制约。一个人在某一场合，得到某种结果，那么，下一次碰到相同或相似的场合，这个人就认为会得到相同的结果。证券市场也一样。在某种情况下，按一种方法进行操作取得成功，那么以后遇到相同或相似的情况，就会按同一方法进行操作；如果前一次失败了，后一次就不会按前一次的方法操作。

证券市场的某个市场行为给投资者留下的阴影或快乐是会长期存在的。在进行技术分析时，一旦遇到与过去某一时间相同或相似的情况，应该与过去的结果比较。过去的结果是已知的，应该是现在对未来作预测的参考。

在三大假设之下，技术分析有了自己的理论基础。第一个假设肯定了研究市场行为就意味着全面考虑了影响证券价格的所有因素；第二和第三个使得我们找到的规律能够应用于证券市场的实际操作之中。

当然，对这三大假设本身的合理性一直存在争论，不同的人有不同的看法。例如，第一个假设说市场行为包括了一切信息，但市场行为反映的信息只体现在证券价格的变动之中，同原始的信息毕竟有差异，损失信息是必然的。正因为如此，在进行技术分析的同时，还应该适当进行一些基本分析和别的方面分析，以弥补不足。再如，第三个假设为历史会重演，但证券市场的市场行为是千变万化的，不可能有完全相同的情况重复出现，差异总是或多或少地存在。

## 第三节　技术分析的基本要素

证券市场中，价、量、时、空是进行技术分析的基本要素。分析这几个要素的具体情况和相互关系是进行正确技术分析的基础。

### 一、价

价就是指证券价格。可以从排序中看出，“价”是四大要素之首，它包括如下含义。

#### 1．证券所具备的价值

这一点涉及基本面分析了，因为证券的价格归根结底是由其基本面决定的。但这里要强调一点，证券的价值投资并不能简单以现在的业绩论英雄，业绩只能说明过去，而不能说明将来，价格和价值也是不同的两个概念。而证券投资正好就是投资未来的艺术。当证券业绩很好的时候，往往市场早已经提前炒作，是它价格达到历史高点的时候，而它的业绩能一直这样维持吗？这需要好好斟酌，仔细进行行业分析、财务分析，一般来说，能够维持长期高增长的证券是非常少的，大多聚集在垄断行业、特殊资源行业之中。在目前国内外上市公司财务造假屡见不鲜的情况下，进行财务分析要具有专业水准才行。

#### 2．证券目前价格在市场价格体系中的位置

我们可以把市场所有的证券价格大致分成高价区、中价区和低价区。看看我们的目标证券目前处于什么位置，从概率上来说，目标证券目前价位越低，它的上涨空间也就越大了。

#### 3．同行业及相关行业证券的比价

对照目标证券同行业及相关行业证券的价格分布，看看目标证券所处位置，这是瞄准比价效应，当然，即使是同行业证券的自身情况往往差别很大，要具体情况具体分析。

#### 4．对照目标证券自身的历史价位

对照目标证券自身的历史价位分析证券目前的位置，这一条可以说才是最重要的，技

术分析本身就是依据历史经验，得出一个关于概率而不是必然的推论，而最重要的历史经验当然来源于证券本身。一般来说，证券目前价位距离其本身历史高点、近期高点越遥远，它上涨的概率自然越大，而一旦突破历史高点，那么也说明这一证券或者市场环境发生根本变化，到了调整对该证券的固有认识的时候了。

## 二、量

量就是指成交量以及持仓量。对成交量的分析是仅次于价格分析的，其实作为对市场价格短期运动的分析，成交量分析的价值更甚于价格分析，为什么这么说呢？因为很多时候市场的行为并非完全理性的，证券价格的波动是围绕证券本身的价值进行波动，但又并不限于证券本身的价值，证券买卖的并不仅仅是现在，还有未来，正因这一特性，证券才有了如此动人的魅力。特别是在我们这样的新兴证券市场，人为控制证券价格的色彩浓厚，更需要我们提高对成交量分析的重视。因为对一个证券价格的认同与否，需要以成交来体现。

首先，当市场对证券价格认同度越高时，往往成交量越小。而成交量越小的时候，越容易成为底部的先兆，但这需要观察证券最近的调整幅度才能判定，当然是调整幅度越大时成交量缩小越可靠，不过这里还有一个前提，此时价格必须停止创新低。

其次，当市场对价格分歧越大时，成交量往往会持续放大或突然放大。成交量大幅放大一般会出现在三个位置：市场价格经历低位缩量横盘后反转时；对重要价格进行向上突破时；经过一定上涨后引发市场抛售时。以上三个位置的放量是标志性的、易于把握的，而其他位置的放量骗线居多，要慎重对待。一般来说，成交量越大，越能说明市场主力活跃其中，而我们的任务，就是观察成交量放大后的价格运动方向和力度，分析其中利弊，做出对我们有利的抉择。

第三，对成交量的研判，必须以其他三大要素为基础，研究成交量的价值，主要在于对中短期的价格波动，可以比较清晰地判断出较佳的介入时机。介入前，要以较为严苛的条件相配合。

## 三、时

时就是时间。时间也是技术分析必须考虑的重要因素，这是因为：

(1) 当市场价格在一个区域维持运动越久，那么市场成本会越集中于这个价格区域，当向上或向下有效突破该价格区间的时候，其所具有的意义也就越大。所谓“横有多长，竖有多高”就是这个意思，同样，横有多长，向下的话，也会有多深。

(2) 当证券下跌所花的时间越少，而跌幅越大时，说明该证券下跌动力充足，在短暂反弹后还会继续探底。但这里又要结合具体情况进行分析，观察该证券下跌所处阶段，如果该快速下跌处于下跌初期，那么要以回避为主；但如果是在该证券已经经历绵绵阴跌之后，

再出现的加速度大跌，则往往是重要底部将要出现的征兆，这个时候如果出现成交量巨幅放大反转的现象，多半情况下是短期黑马无疑。

(3) 当证券上涨所花的时间越少，而涨幅越大时，它将来的调整幅度越大；如果证券大幅上涨后始终没有出现大幅度的成交量，或者在大成交量之后仍能常以不高的换手率创新高，则该股成为长期牛股的希望很大。

(4) 证券在上涨或下跌途中，所花的时间越长，而价格波动幅度越小，则往往是该证券不活跃的象征，其在后来的下跌或上涨过程多数情况下也会相对缓慢，而且涨、跌幅度小，要改变这一局面几乎只有成交量发生突增才能实现。

(5) 价格运动过程中会形成一些规律性的周期，我们要善于利用这种周期运动对证券价格的影响。可以参考《江恩时间法则》。

## 四、空

空也就是指价格可能上涨或下跌的空间。

(1) 分析证券价格的上涨或下跌空间首先要参考历史最高价和历史最低价，并以黄金分割理论相互印证。

(2) 当证券价格创出历史新高或新低时，需要对该证券进行重新认识。

(3) 证券短期涨跌空间可以参考该证券近期形态，并以形态理论为依据进行分析。一般来说重要高点和低点会构成阻力和支撑。

(4) 成交量的堆积位置也对证券价格影响很大，要特别关注成交量突增的位置及其对证券价格的推动方向以及推动速度。

(5) 移动平均线系统对于证券价格有吸引、支撑和阻力作用，吸引作用在证券价格距离均线系统越远时发生越有效，而支撑、阻力作用则在证券价格调整幅度越大时越有效。这也是判断证券价格涨跌空间的一个重要工具。

## 五、价格与成交量的关系

### 1. 价和量是市场行为最基本的表现

市场行为最基本的表现就是成交价和成交量。过去和现在的成交价、成交量涵盖了过去和现在的市场行为。技术分析就是利用过去和现在的成交量、成交价资料，以图形分析和指标分析工具来分析、预测未来的市场走势。这里，成交价、成交量就成为技术分析的要素。在某一时点上的价和量反映的是买卖双方在这一时点上共同的市场行为，是双方的暂时均势点。随着时间的变化，均势会不断发生变化，这就是价量关系的变化。一般说来，买卖双方对价格的认同程度通过成交量的大小得到确认。认同程度小，分歧大，成交量大；认同程度大，分歧小，成交量小。双方的这种市场行为反映在价、量上就往往呈现出这样一种趋势规律：价升量增，价跌量减。根据这一趋势规律，当价格上升时，成交量不再增加，意味着价格得不到买方确认，价格的上升趋势就将会改变；反之，当价格下跌时，成交量萎缩到一定程度就不再萎缩，意味着卖方不再认同价格继续往下降了，价格下跌趋势就将会改变。成交价、成交量的这种规律关系是技术分析的合理性所在。因此，价、量是技术分析的基本要素，一切技术分析方法都是以价、量关系为研究对象的，目的就是分析、预测未来价格趋势，为投资决策提供服务。

**2．成交量与价格趋势的关系**

(1) 证券价格随着成交量的递增而上涨，为市场行情的正常特性，此种量增价涨关系，表示证券价格将继续上升。

(2) 在一段的涨势中，证券价格随着递增的成交量而上涨，突破前一波的高峰，创下新高后继续上涨，然而此波段证券价格上涨的整个成交量水准却低于前一波段上涨的成交量水准，价创新高，量却没突破创新水准量，则此波段证券价格涨势令人怀疑，同时也是证券价格趋势潜在的反转信号。

(3) 证券价格随着成交量的递减而回升，即证券价格上涨，成交量却逐渐萎缩。成交量是证券价格上涨的原动力，原动力不足是证券价格趋势潜在反转的信号。

(4) 有时证券价格随着缓慢递增的成交量而逐渐上涨，逐渐上升的走势突然成为垂直上升的喷发行情，成交量急剧增加，证券价格暴涨。紧随着此波走势，继之而来的是成交量大幅度萎缩，同时证券价格急速下跌。这种现象表示涨势已到末期，上升乏力，走势力竭，显示趋势反转的现象。反转所具有的意义将视前一波证券价格上涨幅度的大小及成交量扩增的程度而定。

(5) 在一段的长期下跌，形成谷底后证券价格回升，成交量并没有因证券价格上涨而递增，证券价格上涨欲振乏力，然后再度跌落至先前谷底附近，或高于谷底。当第二谷底的成交量低于第一谷底时，是证券价格上涨的信号。

(6) 证券价格下跌，向下跌破证券价格形态趋势线或移动平均线，同时出现大成交量，是证券价格下跌的信号，表明趋势反转形成空头市场。

(7) 证券价格下跌相当长的时间，出现恐慌性卖出，随着日益扩大的成交量，证券价格大幅度下跌；继恐慌性卖出之后，预期证券价格可能上涨，同时恐慌性卖出所创的低价，将不可能在极短的时间内跌破。恐慌性大量卖出之后，往往是空头的结束。

(8) 当市场行情持续上涨很久，出现急剧增加的成交量，而证券价格却上涨乏力，在高位盘旋，无法再向上大幅上涨，显示证券价格在高位大幅震荡，卖压沉重，从而形成证券价格下跌的因素。证券价格连续下跌之后，在低位出现大成交量，证券价格却没有进一步下跌，价格仅小幅变动，是进货的信号。

(9) 成交量作为价格形态的确认。在以后的形态学讲解中，如果没有成交量的确认，价格形态将是虚的，其可靠性也就差一些。

(10) 成交量是证券价格的先行指标。关于价和量的趋势，一般说来，量是价的先行者。当量增时，价迟早会跟上来；当价升而量不增时，价迟早会掉下来。从这个意义上，我们往往说“价是虚的，而只有量才是真实的”。

## 六、时间与空间的关系

无论是任何形式的投资，我们所注重的是一种变化，并且希望找到由小到大、由坏变好的变化。而每一个变化，都同时带有两个因素：时间和空间，也即是一个变化持续的时间，以及这个变化发生的范围。

在我们做具体的投资中，常常会考虑到时间的因素，比如，我们会想何时出手，何时收手。我们投资者可以根据不同的依据，来判断目前的时间下，需要采取何种投资策略。同时，时间又具有自己不同的周期。你可以从小时的时间周期来看一个变化，也可以从日的时间周期，也可以从月的时间周期，甚至可以从几年、几十年的时间周期来看待投资。

在各种不同时间周期来看待时间方面，透露出来的是一种对“时间”的智慧，更高层次的投资者，能够明白时间的力量，并且善于借助它来进行自己的投资。目光短浅者，关注变化的时间周期很小，距离现在很近，急切的想达到目的。目光长远者，关注变化的时间周期很长，距离现在很远，他们明白时间的力量，是用时间去完成投资。

时间的面前，尤其是长时间的力量的面前，人的能力非常有限。更重要的是，我们无法选择时间，既无法选择我们喜欢的某个时间，也无法回避我们不喜欢的某个时间。所以，在进行投资的时候，面对时间的力量，我们显得极其渺小。我们只有顺应现在的时间，等待未来的时间，认清目前所处的无法改变的这一刻的状况。

但是，空间却不一样，空间允许我们去选择。我们可以选择是投资于房地产，投资于证券，抑或是投资于商品，或者投资于实业，我们也可以选择是投资于不同的地区、国家，不同的行业和企业。

虽然容许了我们自己进行选择，但“空间”却面临了一个巨大的难题，这就是我们自身的局限。比如，一家企业可能只专注于某一个行业，它就不可能在这个行业调整时，迅速地调整为另一个行业。这与商业精神相违背，因为，好企业正是能够专注、在调整时生存下来的企业。

同样，对于投资者来说，他可能只熟悉这一片空间，而对另外一片空间陌生。以至于当这片空间出现问题，我们可以选择更换空间的时候，往往会因为盲目地进入另一片空间而造成投资失败。这也类似于我们的职业生涯，每个人身上都挂上一个职业，也许可以在这个职业领域做到顶尖，换成另一个职业却可能一无是处。

这就留给了投资者一个问题：在容许选择的“空间”面前，我们是继续坚守熟悉的这片空间，哪怕它已经或暂时不适合投资，去承受时间的成本和风险；还是拓展另外的新的投资空间，去承受新空间的成本和风险？

如果说“时间”是一个智慧的问题，那么可以说“空间”是一种视野的问题。在投资领域，大的视野，可以是向横向的广度方向，也可以是向纵向的深度方向。也即是，空间大视野，既可以是拓展新的投资空间，也可以是深化原有的投资空间。很难去判定广度和深度两者之间谁会对投资更有帮助，而且，这两者也是相互转换的，我们可以把深度理解为细化的广度，也可以把广度理解为更大层次的深度。

我们思考了这么多关于投资中的“空间”的问题，虽然没有一个结果，但至少基本有了一种认识。现在，我们在考虑下，投资中时间与空间之间的关系。

最完美的投资情况是，在最佳的时间中，我们在最佳的空间进行投资。这样，时间的力量和空间的力量，就会形成一股巨大的合力，这种合力是一个乘法，而不是一个加法。当时间的力量和空间的力量一致爆发时，其能量是非常惊人的。我们在做投资时，最希望能够出现这种情况，用句俗话说，是碰上了好时代，选中了好职业。

大多数的投资者，都能够感受到最佳的时间和最佳的空间，只是往往太迟了。对于做单一行业的实业投资或单一品种的金融投资来说，因为时间和空间都无法选择，所以，那种最佳时间、最佳空间的最完美情况，只能是“巧遇”，遇上了是皆大欢喜，变成一个群体的狂欢。比如，2006～2007 年投资中国股市的那群投资者，刚好是在一个最佳的时间，出现在了一个最佳的空间。

既然投资中有这样的最完美情况，那么，我们是否可以考虑：在不可改变的时间基础上，寻找到最理想的空间呢？这种寻找有两种方式：其一，当一个空间中的时间力量不属于最佳情况时，我们不一定要向上面所说的那样，去寻找空间来弥补时间，我们可以跳出来，去寻找另外的空间，一个时间力量仍处于最佳情况的另外空间。比如，在预感到今年小企业的投资困境时，就可以考虑抽身出来，去寻找另外的投资机会。又比如，在一种金融产品的时间力量不佳时，可以去寻找时间力量最佳的另一种金融产品。其二，在原来的空间上，基于不可改变的时间事实，去寻找最佳的空间。比如，在证券市场整体市场长周期下跌、中周期上升的不完美时间力量下，我们可以找到当时稍微好些的行业和证券，以空间去弥补时间。这就是，我们在做长期力量向下的专业中线操盘时，虽然同期大盘中期行情很小甚至失败，但因为空间选择的弥补，我们还能获得较好收益，或者控制最小损失的原因。

可是，无论如何用空间去弥补时间，即使是最好的情况都会形成一种力量的冲突：时间力量与空间力量的冲突。我们知道，只有所有的力量达到一致时，才有可能将投资收益最大化、将投资风险最小化。而我们在时间力量不佳时，用空间力量去弥补，只是一种差强人意的行为。此时，我们不得不调低投资的预期，并且把风险控制提到更重要的地位。

传统的方式，是在某一片空间出现问题，进入调整时，处身其中的投资者希望该空间的监管层能够通过努力去拯救。比如，在房地产市场的时间周期出现调整时，房地产投资者就希望能够出来拯救房价下跌的政策。在证券市场的时间周期出现调整时，证券投资者也希望有救市的利好。在中小企业面临经营危险时，这些实业投资者也盼望有转好的经济政策。

在我看来，在时间力量的面前，人的力量很渺小，而人试图通过努力去改变时间力量，大多数时候都是无功而返。我们投资者是非常弱小的，我宁愿选择在时间力量的面前低头，而不会寄希望于监管层去改变它。

时间与空间共同运行着变化，它们实际上是一种“自然”。人类曾经以为自己可以战胜自然，但其结果，却是自然反过来对人类更大的伤害。在今天，似乎人类的能力无可限制，欲望极度膨胀，一切都想去控制。

人们对投资也是如此，以为投资成功是单纯凭借自身的能力，同时又把投资失败怪责到监管层上。却不知，我们曾经的成功，不过是碰巧遇上了最佳时间、最佳空间，是刚好顺应了自然。

尽人事，安天命。上善若水，顺势而为。投资中的智者，是像水一样顺应自然，而不是试图用人力去战胜自然。当然，许许多多成功的投资者，也可以是一个像山一样坚韧的仁者：不管风云变幻，它自岿然不动，用数十年的坚持去塑造一座山的灵魂。也许你可以选择做个仁者，但是我，希望能是个智者。

## 第四节　技术分析的应用范畴

由技术分析定义得知，其主要内容有图表解析与技术指标两大类。事实上早期的技术分析只是单纯的图表解析，亦即透过市场行为所构成的图表形态，来推测未来的证券价格变动趋势。但因这种方法在实际运用上，易受个人主观意识影响，而有不同的判断。这也就是为什么许多人戏称图表解析是一项艺术工作，九个人可能产生十种结论的原因。

为减少图表判断的主观性，市场逐渐发展一些可运用数据计算的方式，来辅助个人对图表形态的知觉与辨认，使分析更具客观性。

从事技术分析时，有下述 11 项基本操作原则可供遵循：

(1) 证券价格的涨跌情况呈一种不规则的变化，但整个走势却有明显的趋势，也就是说，虽然在图表上看不出第二天或下周的证券价格是涨是跌，但在整个长期的趋势上，仍有明显的轨迹可循。

(2) 一旦一种趋势开始后，即难以制止或转变。这个原则是指当一种证券呈现上涨或下跌趋势后，不会于短期内产生一百八十度的转弯，但须注意，这个原则是指纯粹的市场心理而言，并不适用于重大利空或利多消息出现时。

(3) 除非有肯定的技术确认指标出现，否则应认为原来趋势仍会持续发展。

(4) 未来的趋势可由线本身推论出来。基于这个原则，我们可在走势图上依照整个头部或底部的延伸线明确画出往后行情可能发展的趋势。

(5) 任何特定方向的主要趋势经常遭反方向力量阻挡而改变，但 1/3 或 2/3 幅度的波动对整个延伸趋势的预测影响不会太大。也就是说，假设个别证券在一段上涨幅度为三元的

行情中，回档 1 元甚至 2 元时，仍不应视为上涨趋势已经反转，只要不超过 2/3 的幅度，仍应认为整个趋势属于上升行情中。

(6) 证券价格横向发展数天甚至数周时，可能有效地抵消反方向的力量。这种持续横向整理的形态有可辨认的特性。

(7) 趋势线的背离现象伴随走势的正式反转而产生，但这并不具有必然性。换句话说，这个原则具有相当的可靠性，但并非没有例外。

(8) 依据道氏理论的推断，证券价格趋势产生关键性变化之前，必然有可资辨认的形态出现。例如，头肩顶出现时，行情可能反转；头肩底形成时，走势会向上突破。

(9) 在走势产生变化的关键时刻，个别证券的成交量必定含有特定意义。例如，走势向上挺升的最初一段时间，成交量必定配合扩增；走势反转时，成交量必定随着萎缩。

(10)市场上的强势证券有可能有持续的优良表现，而弱势证券的疲态也可能持续一段时间。我们不必从是否有主力介入的因素来探讨这个问题，只从最单纯的追涨心理即可印证此项原则。

(11) 在个别证券的日线图或周线图中，可清楚分辨出支撑区及抵抗区。这两种区域可用来确认趋势将持续发展或是完全反转。假设走势已向上突破抵抗区，那么证券价格可能继续上扬，一旦向下突破支撑区，则证券价格可能再现低潮。

由此可以看出证券市场技术分析的优点和缺点。技术分析的优点是同市场接近，考虑问题比较直接。与基本分析相比，技术分析进行证券买卖的见效快，获得利益的周期短。此外，技术分析对市场的反应比较直接，分析的结果也更接近实际市场的局部现象。技术分析的缺点是考虑问题的范围相对较窄，对市场长远的趋势不能进行有益的判断。基本分析主要适用于周期相对比较长的证券价格预测、相对成熟的证券市场以及预测精确度要求不高的领域。技术分析适用于短期的行情预测，要进行周期较长的分析必须依靠别的因素，这是应用技术分析最应该注意的问题。技术分析所得到的结论仅仅具有一种建议的性质，并应该是以概率的形式出现。

## 本章小结

本章介绍了证券市场技术分析的基本概念、流派、理论基础和基本要素。

## 自 测 题

### 一、判断题

1. 技术分析为证券定价的方法主要是预测持有该证券的现金流，并将现金流贴现。

（　　）

2. 技术分析与基本分析结合才能更加有效。（　　）
3. 技术分析只是分析证券走势图形。（　　）
4. 技术分析的一个重要基础就是证券走势的趋势。（　　）

## 二、单项选择题

1. 技术分析的优点是(　　)。
   A. 同市场接近，考虑问题比较直接
   B. 能够比较全面地把握证券价格的基本走势
   C. 应用起来相对简单
   D. 进行证券买卖见效慢、获得利益的周期长
2. 技术分析的理论基础是(　　)。
   A. 经济分析、行业分析、公司分析
   B. 公司产品与市场分析、公司财务报表分析、公司证券投资价值及投资风险分析
   C. 市场的行为包含一切信息、价格沿着趋势移动、历史会重复
   D. 经济学、财政金融学、财务管理学、投资学
3. 技术分析流派对待市场的态度是(　　)。
   A. 市场有时是对的，有时是错的
   B. 市场永远是对的
   C. 市场永远是错的
   D. 不置可否
4. 技术分析流派对股票价格波动原因的解释是(　　)。
   A. 对价格与所反映信息内容偏离的调整
   B. 对价格与价值偏离的调整
   C. 对市场心理平衡状态偏离的调整
   D. 对市场供求均衡状态偏离的调整

## 三、多项选择题

1. 属于技术分析理论的有(　　)。
   A. 随机漫步理论　B. 切线理论　C. 相反理论　D. 道琼斯理论
2. 按道氏理论的分类，趋势分为(　　)等类型。
   A. 主要趋势　B. 次要趋势　C. 短暂趋势　D. 无趋势
3. 技术分析的基本假设有(　　)。
   A. 市场行为涵盖一切信息　B. 证券价格沿着趋势移动
   C. 市场参与者都是理性的　D. 历史会重演

4. 关于技术分析和基本分析的比较，下面说法正确的是(　　)。

A. 技术分析法和基本分析法分析股价趋势的基本点是不同的

B. 基本分析法的基点是事后分析，技术分析法的基点是事先分析

C. 基本分析很大程度上依赖于经验判断，其对证券市场的影响力难以数量化、程式化，受投资者主观能力的制约较大，所以基本分析劣于技术分析

D. 为了提高技术分析的可靠性，投资者只有将技术分析法与基本分析法结合起来进行分析，才能既保留技术分析的优点，又考虑基本因素的影响，提高测试的准确程度

# 第九章　常用技术分析理论

【学习目标】

通过学习本章，读者应当了解证券市场技术分析的道氏理论、波浪理论、移动平均线理论、量价理论；掌握这些理论的基本要点、特性、本质属性、分析要诀；认识这些理论的缺陷。

【导读案例】

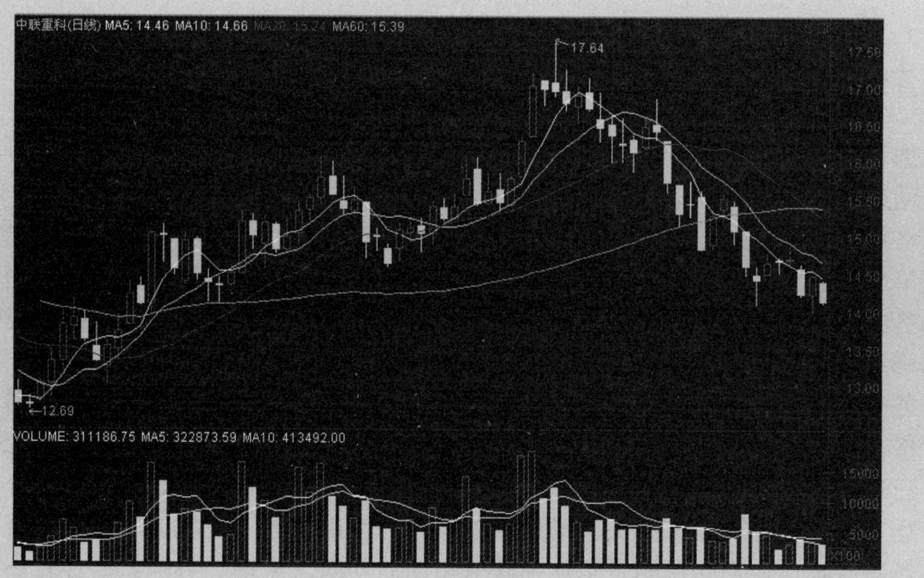


2011 年 4 月 11 日中联重科股价创了新高后，一位投资者咨询中联重科的未来走势，撇开中联重科的基本面情况，我们仅仅从技术分析理论对中联重科的走势进行了分析。分析以后基本结论如下：中联重科即将回调。技术分析的主要理由是：①虽然中联重科股价创了新高，但是成交量并没有配合，反而下降，依据证券投资的量价理论，是价涨量缩，价量背离；②中联重科 5 日均线先后下穿 10 日、20 日均线，形成死亡交叉，均线系统形成空头排列；③中联重科成交量也是 5 日均量下穿 10 日均量，形成死亡交叉。从证券市场技术分析的移动平均线理论和量价理论分析，预示股价将下跌，此后的走势也证实这一点。

从以上案例中，我们可以得到这样一个启示：虽然我们并未注重中联重科的公司基本面情况，我们仅仅运用技术分析也能判断出证券价格走势。

证券价格在证券市场中的波动起伏是扑朔迷离的和令人激动的。每个从市场中暴富的例子都会成为众多后人追求的目标。但是，证券市场如同战场，失败和成功是并存的。发财的欢喜，赔钱的沮丧。造成这样巨大差异的原因是多方面的，包括个人素质和外部国际国内环境，而对证券市场的认识和了解程度及对其未来趋势的判断能力对投资者来说是至关重要的，这种能力的培养除了前面讲的基本分析和后面要讲的心理分析之外，还有就是技术分析。俗话说："三分手艺，七分工具。"证券市场的工具就是指技术分析理论。常用的技术分析理论有：道氏理论、波浪理论、移动平均线理论、量价理论、K 线理论和技术指标理论。本章主要介绍道氏理论、波浪理论、移动平均线理论、量价理论。K 线理论和技术指标理论将在后面分别分两章另行介绍。

## 第一节 道 氏 理 论

### 一、道氏理论的基本要点

根据道氏理论，证券价格运动有三种趋势，其中最主要的是证券的基本趋势，即证券价格广泛或全面性上升或下降的变动情形。这种变动持续的时间通常为一年或一年以上，证券价格总升(降)的幅度超过 20%。对投资者来说，基本趋势持续上升就形成了多头市场，持续下降就形成了空头市场。证券价格运动的第二种趋势称为证券价格的次级趋势。因为次级趋势经常与基本趋势的运动方向相反，并对其产生一定的牵制作用，因而也称为证券价格的修正趋势。这种趋势持续的时间从 3 周至数月不等，其证券价格上升或下降的幅度一般为证券价格基本趋势的 1/3 或 2/3。证券价格运动的第三种趋势称为短期趋势，反映了证券价格在几天之内的变动情况。修正趋势通常由 3 个或 3 个以上的短期趋势所组成。

在三种趋势中，长期投资者最关心的是证券价格的基本趋势，其目的是想尽可能地在多头市场上买入证券，而在空头市场形成前及时地卖出证券。投机者则对证券价格的修正趋势比较感兴趣。他们的目的是想从中获取短期的利润。短期趋势的重要性较小，且易受人为操纵，因而不便作为趋势分析的对象。人们一般无法操纵证券价格的基本趋势和修正趋势，只有国家的财政部门才有可能进行有限的调节。

#### 1. 基本趋势

即从大的角度来看的上涨和下跌的变动。其中，只要下一个上涨的水准超过前一个高点。而每一个次级的下跌其波底都较前一个下跌的波底高，那么，主要趋势是上升的。这被称为多头市场。相反地，当每一个中级下跌将价位带至更低的水准，而接着的弹升不能将价位带至前面弹升的高点，主要趋势是下跌的，这称之为空头市场。通常(至少理论上以此作为讨论的对象)主要趋势是长期投资人在三种趋势中唯一考虑的目标，其做法是在多头市场中尽早买进证券，只要他可以确定多头市场已经开始发动了，一直持有到确定空头市场已经形成了。对于所有在整个大趋势中的次级下跌和短期变动，他们是不会去理会的。

当然，对于那些作经常性交易的人来说，次级变动是非常重要的机会。

2．次级趋势

它是主要趋势运动方向相反的一种逆动行情，干扰了主要趋势。在多头市场里，它是中级的下跌或“调整”行情；在空头市场里，它是中级的上升或反弹行情。通常，在多头市场里，它会跌落主要趋势涨升部分的1/3至2/3。属于调整行情可能是回落不少于10%，不多于61.8%。然而，需要注意的是：1/3到2/3的原则并非是一成不变的。它只是概率的简单说明。大部分的次级趋势的涨落幅度在这个范围里。它们之中的大部分停在非常接近半途的位置。回落原先主要涨幅的50%：这种回落达不到1/3者很少，同时也有一些是将前面的涨幅几乎都跌掉了。因此，我们有两项判断一个次级趋势的标准，任何和主要趋势相反方向的行情，通常情况下至少持续三个星期左右；回落主要趋势涨升的1/3，然而，除了这个标准外，次级趋势通常是混淆不清的。它的确认，对它发展的正确评价及它的进行的全过程的断定，始终是理论描述中的一个难题。

3．短期变动

它们是短暂的波动。很少超过三个星期，通常少于6天。它们本身尽管是没有什么意义，但是使得主要趋势的发展全过程富于了神秘多变的色彩。通常，不管是次级趋势或两个次级趋势所夹的主要趋势部分都是由一连串的三个或更多可区分的短期变动所组成。由这些短期变化所得出的推论很容易导致错误的方向。在一个无论成熟与否的证券市场中，短期变动都是唯一可以操纵的。而主要趋势和次要趋势却是无法被操纵的。

上述证券市场波动的三种趋势，与海浪的波动极其相似。在证券市场里，主要趋势就像海潮的每一次涨(落)的整个过程。其中，多头市场好比涨潮，一个接一个的海浪不断地涌来拍打海岸，直到最后到达标示的最高点。而后逐渐退去。逐渐退去的落潮可以和空头市场相比较。在涨潮期间，每个接下来的波浪其水位都比前一波涨升的多而退的却比前一波要少，进而使水位逐渐升高。在退潮期间，每个接下来的波浪比先前的更低，后一波者不能恢复前一波所达到的高度。涨潮(退潮)期的这些波浪就好比是次级趋势。同样，海水的表面被微波涟漪所覆盖，这和市场的短期变动相比较它们是不重要的日常变动。潮汐，波浪，涟漪代表着市场的主要趋势，次级趋势，短期变动。

## 二、道氏理论的缺陷

(1) 道氏理论主要目标是探讨证券市场的基本趋势。一旦基本趋势确立，道氏理论假设这种趋势会一路持续，直到趋势遇到外来因素破坏而改变为止。好像物理学里牛顿定律所说，所有物体移动时都会以直线发展，除非有额外因素力量加诸其上。但有一点要注意的是，道氏理论只推断证券市场的大势所趋，却不能推动大趋势里面的升幅或者跌幅将会达到那个程度。

(2) 道氏理论每次都要两种指数互相确认，这样做已经慢了半拍，丧失了最好的入货和出货机会。

(3) 道氏理论对选股没有帮助。

(4) 道氏理论注重长期趋势，对中期趋势，特别是在不知是牛还是熊的情况下，不能带给投资者明确启示。

## 第二节 波浪理论

“做大势者赚大钱，做小势者赚小钱，逆势而行者亏老本”，这是在资本市场投资操作中的经典之言。证券市场的证券价格起伏跌宕，往往会使许多小利就开溜的投资者丈二和尚摸不着头脑，于是乎在实际操作中只能浮躁地追涨杀跌、闻风而动，错失许多本该做一波行情的绝好良机。证券价格的波动乍看似乎毫无规律可循，其实证券价格的运动如同大自然中的海浪潮汐，有其不可抗拒的自然规律，大自然中的海浪潮汐有潮涨潮平潮落。潮涨时虽然时时会夹杂浪尖浪底，但随着时间的推移，每一个浪底都会超过前一波的浪底；潮落时，虽然亦会时时夹杂着许许多多的浪尖浪底，但随着时间的推移，每一个浪尖都会低于前一波的浪尖。证券价格的波动与在自然中的潮汐现象极其相似，在多头市况下，每一个高价都会是后一波的垫底价，在空头市况下，每一个底价都会是后一波的天价。如果投资者能审时度势，把握证券价格的波动大势趋向的话，不必老围着证券价格的小小波动而忙出忙进，而随着大势一路做多或一路做空，这样既能抓住有利时机赚取大钱，又能规避不测之险及时停损，艾略特的波浪理论为投资者很好地提供了判别证券价格波动大势的有效工具。

许多从事过波浪理论研究并在实际操作中付诸实施的投资者都曾会感到波浪理论不易领会，甚至望而生畏。波浪理论的基本原则其实很简单，读者在不久将会发现波浪理论涵盖的许多要点。看起来似曾相识，这是因为波浪理论的许多架构，相当符合道氏理论的原理和传统的图形技术。不过，波浪理论已超越传统的图形分析技术，能够针对市场的波动，提供全盘性的分析角度、得以解释特定的图形形态发展的原因与时机，以及图形本身所代表的意义，波浪理论同时也能够帮助市场分析师，找出市场循环周期的所在。曾经有人说过，多数的技术分析，在本质上是属于趋势分析。道氏理论，且不谈其所有的优点，也是在趋势形成之后，才出现确认的信号，波浪理论则能更进一步的对头部与底部做出预警信号，而且能以较传统的分析方法加以确认。

### 一、波浪的特性

波浪理论在具体运用中，常常会遇到较为难以分辨的市况，发现几个同时可以成立的数浪方式。所以，投资者有必要了解各个波浪的特性。

第 1 浪。在整个波浪循环开始后，一般市场上大多数投资者并不会马上就意识到上升波段已经开始。所以，在实际走势中，大约半数以上的第 1 浪属于修筑底部形态的一部分。由于第 1 浪的走出一般产生于空头市场后的末期，所以，市场上的空头气氛以及习惯于空头市场操作的手法未变，因此，跟随着属于筑底一类的第 1 浪而出现的第 2 浪的下调幅度，通常都较大。

第 2 浪。上面已经提过，通常第 2 浪在实际走势中调整幅度较大，而且还具有较大的杀伤力，这主要是因为市场人士常常误以为熊市尚未结束，第 2 浪的特点是成交量逐渐萎缩，波动幅度渐渐变窄，反映出抛盘压力逐渐衰竭，出现传统图形中的转向形态，例如常见的头肩底、双底等。

第 3 浪。第 3 浪在绝大多数走势中，属于主升段的一大浪，因此，通常第 3 浪属于最具有爆炸性的一浪。它的最主要的特点是：第 3 浪的运行时间通常会是整个循环浪中的最长的一浪，其上升的空间和幅度亦常常最大；第 3 浪的运行轨迹，大多数都会发展成为一涨再涨的延升浪；在成交量方面，成交量急剧放大，体现出具有上升潜力的量能；在图形上，常常会以势不可挡的跳空缺口向上突破，给人一种突破向上的强烈讯号。

第 4 浪。从形态的结构来看，第 4 浪经常是以三角形等调整形态进行运行。第 4 浪的运行结束点，一般都较难预见。同时，投资者应记住，第 4 浪的浪底不允许低于第 1 浪的浪顶。

第 5 浪。在证券市场中，第 5 浪是三大推动浪之一，但其涨幅在大多数情况下比第三浪小。第 5 浪的特点是市场人气较为高涨，往往乐观情绪充斥整个市场。从其完成的形态和幅度来看，经常会以失败的形态而告终。在第 5 上升浪的运行中，二、三线股会突发奇想，普遍上升，而常常会升幅极其可观。

A 浪。在上升循环中，A 浪的调整是紧随着第 5 浪而产生的，所以，市场上大多数人士会认为市势仍未逆转，毫无防备之心，只看作为一个短暂的调整。A 浪的调整形态通常以两种形式出现，平坦型形态与 Z 字形形态，它与 B 浪经常以交叉形式进行形态交换。

B 浪。B 浪的上升常常会作为多方的单相思，升势较为情绪化，这主要是市场上大多数人仍未从牛市冲天的市道中醒悟过来，还以为上一个上升尚未结束，在图表上常常出现牛市陷阱，从成交量上看，成交稀疏，出现明显的价量背离现象，上升量能已接济不上。

C 浪。紧随着 B 浪而后的是 C 浪，由于 B 浪的完成顿使许多市场人士醒悟，一轮多头行情已经结束，期望继续上涨的希望彻底破灭，所以，大盘开始全面下跌，从性质上看，其破坏力较强。

## 二、波浪等级划分

艾略特波浪理论中的基本信条之一是“时间的长短不会改变波浪的形态，因为市场仍会依照其基本的形态发展。波浪在其运行中可以拉长，亦可以缩短，但其根本的形态则永恒不变。”根据上述理论，一个超级循环的波浪，与一个极短线的波浪(例如分时价格走势)比较，其基本的形态还会依照一定的模式进行。分析的方法亦大同小异。所不同者，仅仅涉及的波浪级数高低有异而已。

在艾略特的波浪理论中，他将证券市场运动中的波浪级数分为九级，从他那时研究所得到的资料将最小至最大的波浪给予不同的名称。不过名称对于波浪分析者工作实际上并不重要。通常而言，一个超级循环的波浪可包含数年甚至数十年的走势。至于微波和最细波，则属于短期的波浪，需要利用每小时走势图方能加以分析。

由以上的论述，我们可以对证券市场的波浪划分情况做个总结：

(1) 证券价格的运动方式不是单纯的呈一条直线，而是如波浪起伏而变化的。

(2) 推动波或主要趋势行进方向相关的波浪，可细分为 5 个小级波浪，修正波或者和主要趋势行进方向相反的波浪，可细分三个更小等级的波浪。

(3) 当一个完整证券市场的八浪运动构成一个周期(五升三跌)后，这个周期便又成为另一个更大等级的证券市场周期中的一部分。

(4) 波浪的形状会成为扩张或紧缩式行进，但其基本形态并不因时间而改变。

## 三、波浪理论的基本特点

波浪理论的四个基本特点：

(1) 证券价格指数的上升和下跌将会交替进行；

(2) 推动浪和调整浪是价格波动两个最基本形态，而推动浪(即与大市走向一致的波浪)可以再分割成 5 个小浪，一般用第 1 浪、第 2 浪、第 3 浪、第 4 浪、第 5 浪来表示，调整浪也可以划分成三个小浪，通常用 A 浪、B 浪、C 浪表示；

(3) 在上述八个波浪(五上三落)完毕之后，一个循环即告完成，走势将进入下一个八波浪循环；

(4) 时间的长短不会改变波浪的形态，因为市场仍会依照其基本形态发展。波浪可以拉长，也可以缩短，但其基本形态永恒不变。

总之，波浪理论可以用一句话来概括，即“八浪循环”。

## 四、数浪的基本规则

投资者应了解，艾略特的波浪理论其关键主要包括三个部分：第一，波浪的形态；第二，浪与浪之间的比例关系；第三，浪间的时间间距，而这三者之间，浪的形态最为重要。

波浪的形态是艾略特波浪理论的立论基础，所以，数浪的正确与否，对成功运用波浪理论进行投资时机的掌握至关重要。

所谓数浪的基本规则，只有两条。如果投资者能对这两条基本数浪规则在平时运用中坚守不移，可以说已经成功了一半。

### 1. 数浪的两条基本规则

(1) 第 3 浪(第三推动)永远不允许是第 1～5 浪中最短的一个浪。在证券价格的实际走势中，通常第 3 浪是最具有爆炸性的一浪，也经常会成为最长的一个浪。

(2) 第 4 浪的底部，不可以低于第一个浪的浪顶。

### 2. 数浪的补充规则

除了以上两个在数浪时的铁律外，还有两个补充规则，这两个补充规则并非是牢不可破的铁律，它主要是帮助投资者能更好地判别浪形，协助正确数浪工作。

补充规则一：交替规则，如果在整个浪形循环中，第 2 个浪以简单的形态出现，则第 4 浪多数会以较为复杂的形态出现。第 2 浪和第 4 浪就性质而言，都属于逆流行走的调整浪，而调整浪的形态有许许多多种类型。这条补充规则，能较好地帮助投资者分析和推测市场价格的未来发展和变化，从而把握住出入的时机。

补充规则二：证券市场在上升一段后进入调整期，尤其是当调整浪乃属于第 4 浪的时候，多数会在较低一级的第 4 浪内完成。通常性情况下，会在接近终点附近完结。这条补充规则主要是为投资者提供调整的终结点，从而使投资者了解在调整临近终结时，应注意做多、做空时的策略。不使投资者操作犯方向性的大错，铸成不可逆转的局面。

## 五、波浪理论的缺陷

波浪理论虽然具有一定的优势，但是和其他技术分析理论一样，也具有一定的缺陷，主要有以下几个缺陷：

(1) 波浪理论家对现象的看法并不统一。每一个波浪理论家，包括艾略特本人，很多时都会受一个问题的困扰，就是一个浪是否已经完成而开始了另外一个浪呢？有时甲看是第一浪，乙看是第二浪。差之毫厘，失之千里。看错的后果却可能十分严重。一套不能确定的理论用在风险奇高的证券市场，运作错误足以使人损失惨重。

(2) 甚至怎样才算是一个完整的浪，也无明确定义，在证券市场的升跌次数绝大多数不按五升三跌这个机械模式出现。但波浪理论家却曲解说有些升跌不应该计算入浪里面。数浪完全是随意主观。

(3) 波浪理论有所谓伸展浪，有时五个浪可以伸展成九个浪。但在什么时候或者在什么准则之下波浪可以伸展呢？艾略特却没有明言，使数浪这回事变成各自启发，自己去想。

(4) 波浪理论的浪中有浪，可以无限伸延，亦即是升市时可以无限上升，都是在上升浪之中，一个巨型浪，一百几十年都可能。下跌浪也可以跌到无影无踪都仍然是在下跌浪。只要是升势未完就仍然是上升浪，跌势未完就仍然在下跌浪。这样的理论有什么作用？能否推测浪顶浪底的运行时间甚属可疑，纯属猜测。

(5) 艾略特的波浪理论是一套主观分析工具，毫无客观准则。市场运行却是受情绪影响而并非机械运行。波浪理论套用在变化万千的证券市场会十分危险，出错机会大于一切。

(6) 波浪理论不能运用于个股的选择上。有些时候，市场的证券价格趋势会依据波浪理论的原理模型展开，而个股走势则并不是顺势行走。虽然，有时候因波浪理论亦可以较好的分析个股证券价格走势，但用波浪理论来对众多的每一个个股去进行分析则显得有点过于琐碎。简而言之，波浪理论主要的功用就是用来对后市大势进行研判。对于个股的判断，一些技术分析中的划线原理和技术指标较为有用，因此，投资者不应过于勉强地运用波浪理论中的波浪阶段定位的原则，来处理和分析个股的走势。艾略特认为在市场中，个人的行动是以大众心理为出发点，波浪理论对于个股的表现，或者某类证券的表现，亦可反映出这种特点。在较大程度的波动现象中，个股之间的差异则显得不太重要。总体而言，波浪理论显现出的是投资大众心理的现象，而非诠释个别投资者的心理。虽然在某一个时期，个别上市公司会逆境向前发展，但是，总体经济的行进与发展可以由波浪理论的原理来证实，而个别经济体有着它自己的特质，所以我们可以了解个别股，如同个人，所表现出的是总体的一部分。

根据观察，在多头市场中 75%以上的个股会呈多头趋向，而在空头市场中，则有 90%以上的个股会随势而下。艾略特认为：关于波浪理论的适用性，应避免用来分析个股，除非大势极为明朗，以及易于控制个股时。

# 第三节　移动平均线理论

## 一、移动平均线基本概念

### 1．移动平均线定义

移动平均线(MA)是以道·琼斯的“平均成本概念”为理论基础，采用统计学中“移动平均”的原理，将一段时期内的证券价格平均值连成曲线，用来显示证券价格的历史波动情况，进而反映证券价格指数未来发展趋势的技术分析方法。它是道氏理论的形象化表述。

移动平均线定义：“平均”是指最近 $n$ 天收市价格的算术平均线；“移动”是指我们在计算中，始终采用最近 $n$ 天的价格数据。因此，被平均的数组(最近 $n$ 天的收市价格)随着新的交易日的更迭，逐日向前推移。在我们计算移动平均值时，通常采用最近 $n$ 天的收市价格。我们把新的收市价格逐日地加入数组，而往前倒数的第 $n$+1 个收市价则被剔去。然后，再把新的总和除以 $n$，就得到了新的一天的平均值($n$ 天平均值)。

### 2．移动平均线的计算方法

$$MA=(C1+C2+C3+\ldots+Cn)/N$$

式中：C$n$：某日收盘价；N：移动平均周期。

移动平均线依计算周期分为短期(如 5 日、10 日)、中期(如 30 日) 和长期(如 60 日、120 日)移动平均线。

移动平均线依算法分为算术移动平均线、线型加权移动平均线、阶梯形移动平均线、平滑移动平均线等多种，最为常用的是下面介绍的算术移动平均线。

所谓移动平均，首先是算术平均数，如 1～10 十个数字，其平均数便是 5.5；而移动则意味着这十个数字的变动。假如第一组是 1～10，第二组变动成 2～11，第三组又变为 3～12，那么，这三组平均数各不相同。而这些不同的平均数的集合，便统称为移动平均数。

### 3．移动平均线的意义

如何使用移动平均线了解证券市场的动态？最基本的方法，便是以某一周期的证券价格平均数为根据，将证券价格平均数进行连贯比较，就能洞悉趋势的发展，对日后的操作预做准备。

移动平均线实质上是一种追踪趋势的工具。其目的在于识别和显示旧趋势已经终结或反转、新趋势正在萌生的关键契机。它以跟踪趋势的进程为己任。我们也可以把它看成弯曲的趋势线。然而，这里必须明确，正统的图表分析从不企图领先于市场。移动平均线也不例外，它也不超前市场行为，它追随着市场。仅当事实发生之后，它才能告诉我们，新的趋势已经启动了。

移动平均线是一种平滑工具。通过计算价格数据的平均值，我们求得一条起伏较为平缓的曲线。从这条较平滑的曲线上，我们大大地简化了探究潜在趋势的工作。不过，就其本质来说，移动平均线滞后于市场变化。较短期的移动平均线，比如 5 天或 10 天的平均线，比 30 天的平均线更贴近价格变化。可是，尽管较短期的平均线能减少滞后的程度，但绝不能彻底地消除。短期平均线对价格变化更加敏感，而长期移动平均线则迟钝些。在某些市况下，采用短期移动平均线更有利。而在另外的场合，长期平均线虽然迟钝，也能发挥所长。

### 4．移动平均线的特点

(1) 追踪趋势。移动平均线能表示趋势的方向，并追随趋势，不轻易放弃。它把证券价格的变动连续起来看，从而消除了价格运动当中，由于偶然因素影响所导致的价格起伏；

(2) 滞后性。这是由其追踪趋势的特性决定的。与价格趋势相比，当价格趋势反转时，移动平均线的行动迟缓，掉头速度落后于价格方向，这是移动平均线的弱点。不过技术分析者从来不企图领先于价格的变化，对于顺应趋势者来说，移动平均线仍不失为良好的追踪趋势的技术指标；

(3) 稳定性。从计算方法的角度来看，移动平均线的数值变化取决于整体价格的数值，而不是某一天的数值，目的是为了消除价格变动的偶然性，因而，其方向的变化不易发生突变；

(4) 助涨助跌性。当证券价格突破移动平均线时，无论方向如何，都有持续性；

(5) 支撑与压力作用。与趋势线一样，当移动平均线的方向向上，且证券价格运行于移动平均线之上时，对证券价格有支撑作用；相反，移动平均线向下，则对运行于其下方的证券价格起阻挡作用。而且，当价格突破移动平均线之后，支撑与压力意义也会相互转换。

### 5. 不同期间的移动平均线

不同期间的移动平均线具有不同的特点，移动平均线涵盖的期间越短，也就越敏感，所给出的买卖信号也越频繁，出错的几率也越大；同样，移动平均线的期间越长，对价格的反应就越迟钝，相应的买卖信号也较少，并且更加准确和稳定。

通常，当价格处于横向延伸的区间中时，短期移动平均线的效果较佳。因为在这类环境下，价格基本上无趋势可循，短期的较敏感的平均线能捕捉更多的短线价格波动。然而，一旦价格趋势形成了，无论是上升还是下降，长期移动平均线就更为有力了。较不敏感的移动平均线在跟踪趋势时，距离价格较远，这样，就不会在市场出现临时性调整的时候产生错误信号，从而，我们可以更长久地利用主要趋势。

可见，对于移动平均线的参数选择，应根据市场的具体情况而定，具体来说：第一，参数值取决于所观察的趋势规模的大小，趋势的不同规模具有不同的特性，短期趋势、中期趋势、长期趋势都应建立适合其特性的移动平均线；第二，不同证券由于特性不同，参数选择也会有所不同；第三，同一市场或同一证券过去适用的参数，不一定未来也适用，即不存在完美的和固定不变的移动平均线；第四，长期移动平均线的效果最好。因它不易受人为操纵，也不易受消息面的随机性反应所影响。此外，移动平均线不仅可以在日线图上使用，而且在周线、月线和年线上都有很好的应用价值。

### 6. 价格对移动平均线的穿越

判断穿越的有效性没有绝对可靠的方法，只能使用过滤的技巧，排除某些错误的穿越信号。过滤方法取决于时间的长度以及个人的经验。通常我们所说的连续三天收盘价或者3%穿越幅度原则是有效的，但对于不同的期间效果会有差异，例如，短期移动平均线使用3%穿越幅度原则可能会因价格的波幅较小而使交易受损，此时就应把百分比降低，以适应短期交易的需要。同样对于使用较长期的移动平均线来说，就应根据价格趋势的运行状况，确定是否把有效突破的百分比适当调高。

## 二、葛兰维尔买卖法则

### 1. 买入信号

(1) 移动平均线从下降开始走平，证券价格从下向上穿越移动平均线。

当价格在移动平均线之下时，说明买方的需求较低，卖方的抛售意味较重，以至于证券价格受到下降当中的移动平均线的压制。当证券价格的下降趋势减缓并向上运动后，并不能肯定上升趋势的确立，而当 MA 走平后，证券价格向上突破了移动平均线，则说明市场需求的增长，意味着买方力量的增强，因此是买入的信号和时机。

(2) 移动平均线上升状态，证券价格跌至移动平均线以下后(急速下跌)。

移动平均线的上升趋势表明了价格的运动方向，由于它消除了日常价格波动中偶然因素的影响，因此当价格向下突破 MA 时，并不意味着价格趋势的反转，更大的可能只是价格上升中的调整，因此可作为买入的信号。当然，在价格上升的幅度很大时，此信号只能作为参考，还需要其他的技术分析方法验证。

(3) 证券价格在移动平均线之上，且向下跌至移动平均线附近，再度上扬时。

移动平均线在上升趋势中具有支撑作用，证券价格在上升的过程中会出现正常的调整，但每次回落的低点却在逐级抬高。虽然价格的回落并不一定能到达移动平均线的位置，但在此附近上扬时却是较好的买入时机。

(4) 移动平均线下降证券价格向下大幅下降，远离移动移动平均线时。

证券价格在移动平均线之下大幅下降，意味着出现恐慌性的抛售行为，当价格大幅度下降之后，这种抛售行为通常会因超卖现象导致的价格过低而终止，由此会导致价格的暂时性反弹，对于短线交易者来说，是为买入时机。不过，由于证券价格远离移动平均线没有明确的距离标准，交易者可以参考反映超买超卖现象的技术指标作为交易的依据。

**2. 卖出信号**

(1) 移动平均线由上升开始走平，证券价格向下跌破移动平均线时。

移动平均线追踪价格趋势，当移动平均线由上升转为平缓时，表明价格趋势有下降倾向，当价格向下有效穿越移动平均线后，即已确认价格的反转，是为卖出依据。

(2) 移动平均线下降，证券价格向上突破移动平均线，又回到移动平均线之下。

移动平均线反映了价格的下降趋势，虽然证券价格向上穿越了移动平均线，但并不能就此说明趋势的反转，更大的可能则是较强的价格反弹。因此当价格回落时构成卖出信号。

(3) 移动平均线向下，证券价格在移动平均线下方向上，到达移动平均线遇阻回落。

下降的移动平均线具有阻力作用，当价格向上到达移动平均线的附近时，通常会遇阻回落，形成卖出时机。

(4) 移动平均线向上，证券价格在移动平均线之上暴涨远离移动平均线时。

移动平均线追踪并反映价格趋势，当价格快速上扬并远离移动平均线时，意味着因上升的势头过快而不能持久，证券价格会有回归移动平均线的倾向，因此是卖出时机。同样，证券价格远离移动平均线的距离在判断上具有主观性，可参考超买超卖指标作为依据。

**3. 信号的过滤**

事实上穿越是否有效没有固定的标准，下面几种情况可以提供参考：

(1) 不仅收盘价穿越移动平均线，而且当日全部价格穿越移动平均线。 对于谨慎的交易者来说，要提高警惕；

(2) 收盘价对移动平均线的穿越达到一定幅度；

(3) 两日收盘价的穿越移动平均线；

(4) 利用其他分析工具对移动平均线信号验证，如不与移动平均线同步，则可忽略该信号。

## 三、移动平均线的交叉

### 1. 不同期间移动平均线的作用

(1) 长期移动平均线：识别基本走势。任何类型的交易者都必须清楚地认识主要趋势的发展状况，移动平均线作为移动的趋势线或弯曲的趋势线，可以更加贴近价格趋势，从而可以随时了解和识别价格的基本走势。当然移动平均线的期间越长，可以过滤掉更多的、相对较短期的、且不妨碍基本走势的价格波动。但由于它通常不会贴近价格趋势，对目前的趋势状况无法描述，对大趋势反转的反应也较迟缓。因此对于想把握趋势现状的中期交易者来说，需要调整移动平均线的期间，以使移动平均线更加贴近价格趋势，从而观察到中期价格走势的变化状况。

(2) 短期移动平均线：选择买卖时机。短期移动平均线可以紧贴价格趋势，牢牢追踪当前的价格变化。但由于所反映的价格波动期间较短，容易造成价格对移动平均线的频繁穿越，从而会反复给出买卖的交易信号，其中的错误信号与中长期的移动平均线相比必定大大增加，对于从事短期交易的投资者来说，仅仅根据短期移动平均线进行交易是不够的。而对于中长期的投资者来说，短期移动平均线的意义就在于对买卖时机的选择。即是说在对中长期的价格趋势得出分析结果并准备进行交易时，就可以在短期移动平均线给出信号后采取行动，从而可以达到降低交易成本的目的。不同期间 MA 结合使用，再结合证券价格，给出趋势运动方向的指示信号。

### 2. 黄金交叉

(1) 表现形式。短期移动平均线向上穿越长期移动平均线，形成金叉。

(2) 与证券价格结合使用。证券价格上穿短期移动平均线，又上穿长期移动平均线为买入信号。

(3) 伪信号识别。证券价格上穿长期移动平均线之后，又回到短期移动平均线与长期移动平均线之间的地带，说明趋势不明朗，看涨信号取消。

### 3. 死亡交叉

(1) 表现形式。短期移动平均线向下穿越长期移动平均线，形成死叉。

(2) 与证券价格结合使用。证券价格向下穿越短期和长期移动平均线，卖出信号。

(3) 伪信号过滤。证券价格下穿长期移动平均线，又回到长期和短期移动平均线之间地带。

#### 4．三重交叉法

(1) 买入信号。短期移动平均线上穿中期移动平均线；短期移动平均线上穿长期移动平均线；短、中、长期移动平均线由上至下依次排列。

(2) 卖出信号。短期移动平均线下穿中期移动平均线；短期移动平均线下穿长期移动平均线；短、中、长期移动平均线由下至上依次排列。

#### 5．应用移动平均线应注意的问题

(1) 参数的选择。不同证券特性不同，参数的适用性不同。原则：多试验，尽量找到与证券价格贴近，能追踪趋势的移动平均线。

(2) 注意移动平均线的盲点。①横盘整理阶段。当价格趋势出现横向运动时，会出现价格对移动平均线的反复穿越，从而频繁发出错误的买卖信号；②趋势的中途休整阶段。趋势运行的中途通常会出现局部的调整或横向整理，较容易发出错误信号；③局部的反弹或回档。这种情况往往会造成对原有移动平均线的穿越，从而形成原有趋势改变的假象。

(3) 不要把移动平均线的作用绝对化。其主要作用是追踪趋势，其助涨助跌作用不是绝对的；支撑和压力也有被突破的时候，即便是长期移动平均线也是如此，仍会有伪信号的出现。

#### 6．移动平均线与趋势线比较

(1) 移动平均线比趋势线更贴近证券价格，更易追踪趋势方向。

(2) 趋势线比移动平均线更可靠，其信号的准确性更高。

(3) 移动平均线更灵活，但也由此更易出现伪信号。

(4) 趋势线的稳定性也导致其对反转的反应相对较迟。

(5) 比较而言，趋势线在大趋势上的作用更强，移动平均线在趋势反转中的作用更大，更敏锐。

## 第四节　量 价 理 论

证券市场中的技术分析虽然千变万化，但其根源却只来自两种元素，那就是成交量和价格。几乎所有的技术分析方法、技巧、指标等都是从这两个元素派生出来的。这两个元素就像是计算机里的“1”和“0”，或者类似太极中的两仪，可以从中产生千万变化。由于证券市场中所有的技术分析都建立价格和成交量这两大要素的基础上，掌握了量价分析

实际上就是掌握了技术分析的根本。在证券市场投资过程中，只有从量价分析入手，才能认清行情的本质，了解市场的趋势和准确把握市场的机会。

## 一、量价的本质属性

市场趋势最基本的元素就是成交量和成交价，量价分析就是通过对成交量与成交价的关系变化进行相关的研究，从而预测证券的未来趋势。量价分析的属性就是量价分析最本质的特性，量价分析主要有三个重要的属性，即量价的功能性、相互性和市场性。

### 1. 量价的功能性

量价的功能性主要表现在：通过成交量和成交价的相互关系的变化进行相关性分析研究，从而揭示市场行为的内在本质，从而预测市场的未来趋势。

### 2. 量价的相互性

量价的相互性只要表现在因果性和对应性两个方面。量价因果性是指成交量决定成交价，量价的运动形成了市场趋势运动的因果循环，一般而言，成交量和成交价在同一趋势方向成正比关系，量价同步是趋势运动的内在本质之一。而在破坏量价关系因果性的同时，也为技术分析提供了一个研究的视角。量价的对应性是指成交价对应着成交量的变化。有什么样的成交价就有什么样的成交量。成交价与成交量的对应性，与成交量对成交价的决定性都具有同步与背离两种状态，都是技术分析关注的研究视角。必须指出：量价的因果性与对应性具有相同的表现形式，但存在着本质性的区别，这主要是指量对价是因果关系，价对量非因果关系，仅为对应关系。

### 3. 量价的市场性

量价的市场性表现在量价关系充分反映了多空双方对市场的认可程度和交易心理状态。一般而言，交易双方对证券价格趋势的认同程度通过其反向交易来确认。交易双方反向认可程度越大，成交量越大，成交呈现增量状态，意味着多空分歧的力度增大，趋势波动增大，趋势行情延续的可能性增大。交易双方反向认可程度越小，成交量越小，成交呈减量状态，意味着多空分歧力度减小，趋势多动减小，多空能量也趋于平衡，市场转势随时可能发生。

## 二、古典量价理论

量价理论，最早见于美国股市分析家葛兰碧(Joe Granville)所著的《股票市场指标》。葛兰碧认为成交量是证券市场的元气与动力，成交量的变动，直接表现证券市场交易是否活跃，人气是否旺盛，而且体现了市场运作过程中供给与需求间的动态实况，没有成交量的发生，市场价格就不可能变动，也就无证券价格趋势可言，成交量的增加或萎缩都表现出一定的证券价格趋势。

### 1. 古典量价理论

将一个圆形的圆周八等分，依次直线连接圆周上的 8 个点，将最下面的一根线段标记 1，然后再逆时针依次将线段标记 2～8，加上横坐标“成交量”纵坐标“股价”，这样我们就得到一个完整的成交量变化，8 个阶段的规律图。现在有些股票软件，也带有动态的成交量“逆时针曲线图”指标，原理即是这个“八阶律”。如果依股价运行变化轨迹的四阶段来看：

第一阶段为吸货筑底阶段，相当于成交量变化 8 个阶段中的①价持平量巨增；股价运行轨迹第二阶段为拉升阶段，相当于成交量变化 8 个阶段中的②价稍涨量稍增，③价突涨量持平和④价稍涨量萎缩的拉升段；股价运行轨迹第三阶段为高位筑头阶段，相当于成交量变化 8 个阶段中的⑤量巨减价持平；股价运行轨迹第四阶段为打压出货阶段，相当于成交量变化 8 个阶段中的⑥量萎缩价稍降，⑦量持平价突降和⑧量稍增价稍降的放量暴跌阶段。

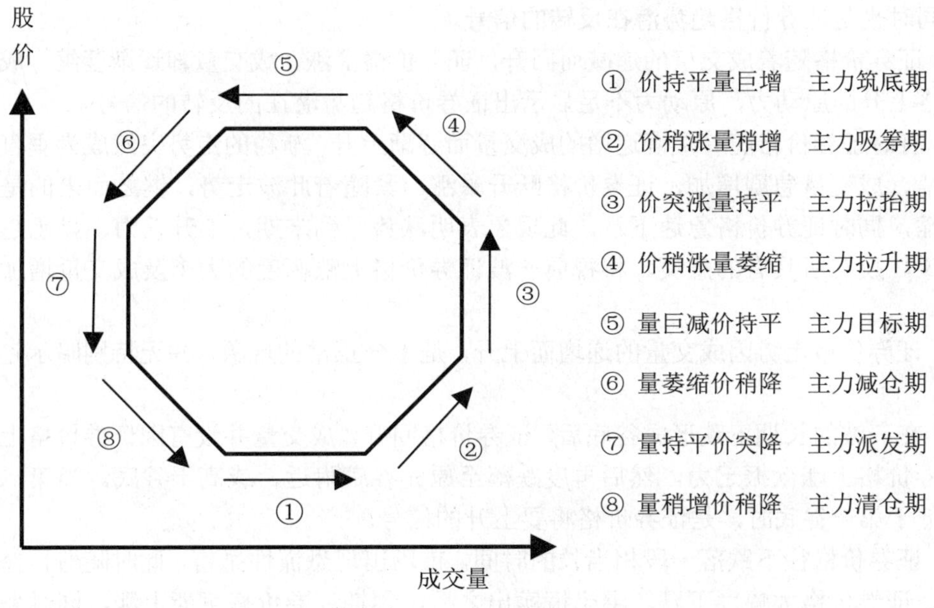


### 2. 古典量价理论的不足

古典量价理论存在如下不足：

(1) 尽管逆时钟曲线简单易懂，但对于复杂的 K 线量价关系无法作出有效诠释。

(2) 股价剧烈波动，时常发生单日反转，若刻板地应用，会有慢半拍之感，不易掌握良好的买卖点。

(3) 高位时价跌量增、量价背离形态未能呈现出来，无法掌握绝佳卖点；低位时的价稳量缩也无法呈现出来，不易抓住最佳买点。

(4) 上述第 8 项的观望阶段，极易与高位的价跌量增、杀盘沉重观念相互混淆。必须注意。

尽管逆时钟曲线法有诸多缺点，但仍有其易于应用的正面价值，可以加以运用，但切勿陷入教条，需结合实际情况。

## 三、葛兰碧九大法则

葛兰碧在对成交量与证券价格趋势关系研究之后，总结出下列九大法则：

(1) 价格随着成交量的递增而上涨，为市场行情的正常特性，此种量增价升的关系，表示证券价格将继续上升。

(2) 在一个波段的涨势中，证券价格随着递增的成交量而上涨，突破前一波的高峰，创下新高价，继续上扬。然而此波段证券价格上涨的整个成交量水平却低于前一个波段上涨的成交量水平。在此时证券价格创出新高，但量却没有突破，则此波段证券价格涨势令人怀疑，同时也是证券价格趋势潜在反转的信号。

(3) 证券价格随着成交量的递减而回升，证券价格上涨，成交量却逐渐萎缩。成交量是证券价格上升的原动力，原动力不足显示出证券价格趋势潜在的反转的信号。

(4) 有时证券价格随着缓慢递增的成交量而逐渐上升，渐稳的走势突然成为垂直上升的喷发行情，成交量急剧增加，证券价格跃升暴涨。紧随着此波走势，继之而来的是成交量大幅萎缩，同时证券价格急速下跌，此现象表明涨势已到末期，上升乏力，显示趋势有反转的迹象。反转所具有的意义，将视前一波证券价格上涨幅度的大小及成交量增加的程度而言。

(5) 证券价格走势因成交量的递增而上升，是十分正常的现象，并无特别暗示趋势反转的信号。

(6) 在一波的长期下跌形成谷底后，证券价格回升，成交量并没有因证券价格上升而递增，证券价格上涨欲振乏力，然后再度跌落至原先谷底附近，或高于谷底。当第二谷底的成交量低于第一谷底时，是证券价格将要上升的信号。

(7) 证券价格往下跌落一段相当长的时间，市场出现恐慌性抛售，此时随着日益放大的成交量，证券价格大幅度下跌，继恐慌卖出之后，预期证券价格可能上涨，同时恐慌卖出所创的低价，将不可能在极短的时间内突破。随着恐慌盘大量卖出之后，往往是(但并非一定是)空头市场的结束。

(8) 证券价格下跌，向下突破证券价格形态、趋势线或移动平均线，同时出现了大成交量，是证券价格下跌的信号，明确表示出下跌的趋势。

(9) 当市场行情持续上涨数月之后，出现急剧增加的成交量而证券价格却上涨无力，在高位整理，无法再次向上大幅上升，显示了证券价格在高位大幅振荡，抛压沉重，上涨遇到强阻力，此为证券价格下跌的先兆，但证券价格并不一定必然下跌。证券价格连续下跌之后，在低位区域出现大成交量，证券价格却没有进一步下跌，证券价格仅出现小幅波动，此即表示进货，通常是上涨的前兆。

## 四、量价关系分析要诀

### 1. 量增价涨

证券价格在多头格局中，成交量会因为证券价格上升跟着放大，属于正常行为，称为量增价涨或量价齐扬。而当证券价格走势能够出现量增价涨，就代表证券价格在上涨过程中，投资人追价意愿强烈，因此量能可以随着增加，所以我们看见的是多头的气势不断被延续，证券的筹码通过良性换手后，证券价格自然就随着垫高。特别注意的是量增幅度不宜过度放大，只能以适当的比率合理而温和地增加，万一突然冲出大量，就必须定位量能结构已经产生变化。因为突然冲出大量有可能是短期出货，也有可能是换手。

一般量增价涨的走势，通常会发生在多头初升段、多头整理结束、多头末升段、空头盘整反弹与空头末期的盘底等 5 种行情结构中。

(1) 多头初升段：当证券价格完成底部，从空头行情转为多头走势时，通常定位此为初升段行情，若证券价格出现上涨信号，宜伺机切入做多，此时出现的新高量，往往会有新高价，可以期待。

(2) 多头整理结束：当证券价格已经从底部翻扬上涨一大段之后，代表证券价格属于回升行情，若利用黄金螺旋测量估计证券价格处于相对高位，应该注意证券价格容易针对上涨波段做拉回修正的行情，当证券价格修正结束后呈现再度上涨的多头走势，仍会伴随量增价涨的现象，只是此时如果出现创新高价的走势，不一定会跟随着出现新高量。

(3) 多头末升段：当证券价格整理后续涨，在相对高位区出现成交量暴增，接着成交量迅速萎缩，价格却略为创高后便迅速拉回，暗示未来有机会将要进入强势修正的征兆。因为证券价格在高位或上涨已久的背景下，正是主力出货的最佳良机，所以量价关系会出现多头最后喷出现象，呈现多头力竭。因此在高位区，且疑为多头末升段的结构时，只要证券价格上涨而成交量异常大增，不论是否留有上影线，都暗示大户可能趁高出货。

(4) 空头盘整反弹：当证券价格趋势转空，进行初跌段结束之后，会接着进行反弹的短期多头行情，反弹过程中，也会出现量增价涨的走势，但是因为上位解套及低位短线买多的获利卖压会在反弹末端出笼，往往会出现短期大量，使走势呈现止涨，并恢复原始下跌走势，根据经验法则，这种反弹行情约为 1/2 的幅度。

(5) 空头末期：当证券价格处于空头下跌末期，证券价格进入打底过程，也会出现量增价涨走势，但是此处走势容易与空头中的反弹行情混淆。为了分辨其中差异，实际操作者往往会利用潮汐理论与波浪理论的特性，搭配测量系统预估走势最有可能的方向。当底部筑底完成，代表趋势将由空转多，操作者宜于底部确认完成时切入做多。

### 2. 量增价平

当某只证券的收盘价与前日或前两日的收盘价比较，出现价格相等或是价差极小的情形称为价平，或是当日为开收同价线，价格涨跌幅度极小时，亦可以称为价平或是价不跌，此时，如果量能稍微增加，就符合量增价平的走势。

一般量增价平的走势，通常会发生在谷底时期、多头初升段、多头主升段、多头回调整理、多头末升段、空头主跌段、空头盘整或反弹等 7 种行情结构中。

(1) 谷底时期：当证券价格下跌很深，量价关系转为量增价平，代表证券价格有可能在此止跌打底的行为，但是证券价格不会立即上涨，因此投资人宜待底部形态确立后再伺机介入。这种量价关系往往是主力开始介入的信号，除非对这种现象能够分辨，否则仍是等待多头明确的攻击信号。

那么在谷底期如何分析打底过程可能正在进行？首先利用种种测量法则估算跌幅可能已经满足，再观察满足点之后是否发生价到新低点后反弹三日不再创低，且价低点相对应的量萎缩到极致后开始量增，那么就可以先假设已经止跌，接着只要再出现量增价涨现象，该波段的止跌就能够确认。

(2) 多头初升段：在证券价格上涨初期，量增价平为筹码良性换手的现象，或是主力介入吃货的迹象，投资人可以在此逢低承接。

(3) 多头主升段：出现在多头主升段的中、末期，应持观望态度，因为这种现象是属于主力换手或是拉高出货的先兆，不容易分辨，但往往是走势回调的征兆，操作者应该注意卖出时机，尤其是证券价格上涨在测量的相对满足点附近，代表卖压已经渐渐转强，行情可能出现止涨，进入盘跌走势。

(4) 多头回调整理：当证券价格进入涨势满足后的回调整理，此阶段的整理有可能使盘势回升，也有可能因为久盘形成头部，使证券价格反转下跌。如果是回升盘，在整理过程中，理应不会破坏多头趋势的支撑关卡，那么在盘整过程中的量增价平，极有可能是主力试单量。相对的，在整理过程中如果破坏多头关卡，那么量增价平就必须怀疑是出货量。

(5) 多头末升段：当证券价格上涨满足测量幅度后走势减缓，并呈现盘整震荡，如果伴随成交量持续涌现，但是价格持平，即所谓的量大不涨，往往是证券价格反转的征兆，此时证券价格将从盘整走入盘跌。当量增价平当日留有长上影线的 K 线形态，如避雷针、十字线之类，后续走势接连几天都无法克服该上影线高点的话，就暗示主力已经出货，那么证券价格将出现重挫。

(6) 空头主跌段：在初跌段及主跌段走势中，表示逢低介入的短线买盘已经出现，有机会酝酿短波段反弹，尤其是证券价格已经进入支撑区，但是这只是短线多头行情而已，有时根本不反弹却再度破底，那么将会杀得更深，所以出现此现象切勿认为已经转成回升，

不妨等进入谷底期之后再开始注意是否打出底部形态。

(7)空头盘整或反弹：当证券价格进入空头的盘整或是反弹走势，出现量增价平，尤其是量增幅度较大时，往往是反弹尾声，大量往往就是相对高点，宜趁大量时将短线多单顺势出脱。

### 3．量增价跌

量增价跌为量价背离走势的典型之一。此种现象最常于高位满足后的初跌段中出现，暗示主力进行压低出货的行为，由于呈现的走势卖压相当沉重，未来下跌趋势将会持续进行。但是当大股东申报转让持股，或是主力将现股转换成融资时，就不能以压低出货看待，分辨的主要方法是观察证券价格的相对位置。

一般量增价跌的走势，通常会发生在多头主升段、多头末升段、空头主跌段、多空盘整反弹与空头末跌段等五种行情结构中。

(1) 多头主升段：证券价格在初升段与主升段中，出现量增价跌为主力进货迹象，但是在主升段中必在延伸过程中的初升段才会进行此手法吃货。

(2) 多头末升段：证券价格上涨满足上涨幅度后止涨回调，但成交量却呈现小幅度增加的情形，此为追价买盘意愿不足的表现，亦即买进的量能无法消化卖出的量能。但是不能以此判断行情立刻会反转下跌，如果对于实际操作经验不足者，不妨以移动平均线作为多空分析与止损、止盈的准则。

当出现量大增且价跌，随后成交量萎缩，暗示买盘缩手，卖方力道无处宣泄，后势必跌无疑。尤其当价格跌破重要支撑关卡时，若伴随成交量大增则更确立反转信号，因为这是大家急着跑的表现，也代表高位卖压相对沉重。

标准的主力出货盘之一，会利用急涨走势创下高点后止涨，随即出现下跌并伴随成交量大幅度增加，当止跌后证券价格再度拉高并穿越前波高点，应开始将持股减量，进行获利出场的动作，如果当时开盘后证券价格就一路下滑，呈现开平走低或是开高走低，应立即出清持股。

(3) 空头主跌段：证券价格在初跌段或是主跌段，量增价跌代表卖压相当沉重，表明证券价格会持续下跌，短线不宜贸然因跌深而抢进。

(4) 多空盘整反弹：在确定为空头时期的反弹波动时，通常为反弹结束的现象，属于空头的放空良机。在多头市场中，通常发生在回调整理或是平台整理失败，结果使证券价格向下跌破重要支撑，并使下跌幅度扩大，或是改变原本的调整形态。

(5) 空头末跌段：证券价格下跌幅度已经很大，通常会超过预期幅度，此时成交量忽然大增，表示有特定人士进场承接，如果大量当日留有很长的上影线时，表示拉抬证券价格过程遭遇空方卖压，因此定位成介入拉抬失败，唯一化解的方法是尽快将证券价格再度拉高，超越过大量成交这一天的最高点之上，否则证券价格将会继续下跌，而且下跌的幅度和速度将会加剧。

另外一种模式是主力认输，就是破底之后出现大量收中红棒线，但是证券价格没有出现反弹，反而持续向下杀多，通常这种是出现消息面或是基本面的利空所导致的现象。

正常而言，这是代表低位有买盘介入，盘势将有机会止跌走稳，属于底部不远的信号，可以注意恰当的买进时机。但是为防止实际操作经验不够熟练者，无法分辨上述主力拉抬失败的现象，反而蒙受被杀多的损失，仍建议等待底部完成信号再介入无妨。

#### 4．量平价涨

证券价格如果处于长期空头走势，筹码经过长时间沉淀，底部只要出现稍微放大的量能就可以让盘势出现止跌反弹，反弹的过程中因套牢的筹码早已认赔出场，或是套牢者已有长期抗战的心理准备，所以证券价格从底部反弹的过程不需太大的量能就可以止跌反弹，这是量平价涨的特性。

证券价格如果处于中期多头走势，证券价格上涨已经到达相对高位区，量平价涨则暗示量能无法随证券价格同步放大，该股如果股本过大，或是股性不够活泼，那么投资人应当心控盘主力是否因为资金部位准备不足，导致后续上攻力道减弱，甚至攻击失败。

一般量平价涨的走势，通常会发生在多头初升段、多头主升段、多头回调整理、多头末升段与空头末跌段等五种行情结构中。

(1) 多头初升段：代表攻击力道不足，证券价格维持在盘整的结构。此即代表主力或大户尚未积极进场试单或是承接，为散户盘，所以对应的涨势不会持久。

(2) 多头主升段：代表行情可能持续，不会立刻产生反转向下，然而这也是量能不继的表现，所以仍需随时注意卖点。如果是因为锁住涨停，那么可以视为持股者惜售，隔天理应有更高价可以期待，继续持股无妨。

正常而言，在证券价格往上推升的过程，量平价涨代表的是动能不足，如果当日出现收高中红 K 线，量与昨日相当，宜防主力未大幅度买进，并以打带跑方式，利用盘中震荡幅度较大的过程，以之前先购入的筹码利用震荡区间做差价，这种模式在尾盘往往会出现虚攻的拉抬，因此涨势难以持久，只有利用次日开高增量再收高化解，如果开平盘宜防短线顺势压回。

(3) 多头回调整理：当证券价格在多头格局中回调做底反弹，第一波的目标往往为前波下跌的最后反转高点附近，出现量平价涨，暗示回升有限，该反转高点将成为重要观察点。最好是回调整理过程中，出现底部完成的信号，并在突破底部颈线时能够带量上涨，且量能逐渐增温，如此才有机会突破前波反转高点。

(4) 多头末升段：证券价格上涨一段时间后，当有机会形成末升段走势时，出现量平价涨代表多空的力道进入均衡，上涨过程出现多空力道均衡不是一件好事，因为只要空头稍微转强，行情就有可能止涨下跌。

另外是证券价格在多头回调之后，突破前波高点再创新高时，可能需要量能克服前波高点压力，但是在压力突破之后，再续涨的过程所需的量能就会比较小，所以在此部分的

走势也会出现量平价涨的现象。

(5) 空头末跌段：证券价格处于长期空头下跌之后，量平价涨代表投资人处于观望居多，可能只是反弹而已，如果是在底部区出现连续几日出现上涨，但是量却持平，没有明显放大的迹象，亦有可能是主力趁投资人尚未开始注意时，尝试进场试单拉抬，并测试下跌中套牢筹码卖压是否仍大。最常见的是在V形反转或是W底的打底过程，因此只要补量并出现日红K上涨，就有机会完成底部形态。

### 5．量平价平

量平价平的格局比较少见，通常会看见21日均量线呈现持平走势，如果此现象维持超过一星期，形成一种常态，代表目前的趋势将不会有重大转变，此格局发生在盘跌走势的证券居多，另外一种常见的现象发生在窄幅盘整过程的证券，因为量平价平为多空不明的暗示，投资人宜保守观望，等待量能增温的现象出现再做考虑。

比较特殊的现象是证券价格在连续急涨或连续急跌之后，突然出现量平价平的现象，暗示未来有可能出现变盘，此时短线投资人宜准备进行逆向操作，也就是急涨后出现量平价平时，短线多单准备卖出；连续急跌后出现量平价平时，短线空单准备回补。

一般量平价平的走势，通常会发生在谷底区、多头回调整理与空头盘整反弹等三种行情结构中。

(1) 谷底区：当证券价格下跌已经有一段时间之后，出现量平价平的形态，暗示证券价格行为已经进入盘底期，但是这里仍属于多空不明的状况，没有信号不适合进场。

(2) 多头回调整理：当证券价格在多头中进入回调修正，格局为盘跌走势时，只要出现量平价平的形态，暗示修正行为已经暂时告一段落，宜等待买进时机，买进前需先出现明确的止跌信号。

(3) 空头盘整反弹：当证券价格处于空头的盘整或是反弹结构，根据经验法则，以出现反转的几率最高，亦即证券价格将在近期出现盘整或是反弹结束的信号。

### 6．量平价跌

正常而言，量平价跌代表当时的趋势为盘跌走势，且盘跌的走势将暂时不会产生变化。若是发生在较高层级的趋势上涨过程中，出现量平价跌的形态代表散户退出，所以回档幅度不会太深，在散户退出后，主力补量就可以延续原级数的上涨趋势。反之，原本趋势就在下跌中，再出现价跌，代表散户持续卖出，证券价格将持续盘跌，这种现象通常发生于主力出货结束后，只有散户交易的散户盘。

一般量平价跌的走势，通常会发生在多头主升段、多头回调整理、空头初跌段、空头主跌段、空头盘整反弹与空头末跌段等6种行情结构中。

(1) 多头主升段：当此现象发生在证券价格涨幅相当大后，先观察有无特别大量出现，导致证券价格回调。如果没有，代表主力并未完全出货，那么拉回幅度不会太大，正常还有再度上涨的机会，此时的卖压可以视为散户卖单。如果有其他的大量出现，那么就有可能是主力获利回吐卖压，此时警戒心较高的散户也会在压回过程中将持股卖出。

(2) 多头回调整理：此时代表盘软，亦即证券价格震荡幅度不大，走势与气氛均相当低迷。假设回档幅度不超过上涨整个波段的 0.382(指弱势回调)，证券价格仍然可以利用攻击形态的模式，回归到原本的多头上涨趋势。

(3) 空头初跌段：代表卖压不大，下跌幅度有限，同时也暗示下跌趋势在短期内将不容易有所改变。

(4) 空头主跌段：在主跌段末期出现，代表卖压已经缩小，盘势将有机会出现反弹，但是没有出现攻击信号以前，下跌趋势将不容易产生改变。

(5) 空头盘整反弹：暗示当时属于低位的打底时期，且为盘跌走势。

(6) 空头末跌段：代表证券价格持续探底，但是因为卖压渐小，暗示低位已经有限。此时如果行情出现止跌，建议观察底部支撑量、试单量或是攻击量等对多头有利的量能信号。在价的方面，最好是连续三日内不创新低，或是三日见低点，并出现带有长下影线的 K 线，或者是属于多头反攻的 K 线形态组合。

### 7. 量缩价涨

当证券价格上涨，量能反而萎缩，无法同步放大时，称为量缩价涨，此为量价背离走势的典型之一。在正常的情况下，代表证券价格上涨过程中，多头往上推升的力道不足，可以视为反弹走势或是涨势末端，证券价格可能出现反转下跌，但是证券市场中往往出现非正常的走势。例如，投机股因为作手已经将筹码锁定，积极介入拉抬时也会出现无量上涨的走势。除此之外，有几种特殊情况会出现量缩价涨走势：①多头涨势的末升段；②出现消息面、政策面或基本面的利多；③除权前，强迫短空回补的轧空走势；④证券价格暴跌之后，强势止跌的 V 形反转上涨。

除了特殊的上涨走势，出现量缩价涨都应该提防证券价格产生反转的信号，为了破除反转的疑虑，多头应该在量缩价涨之后，做出补量盘，亦即成交量增加并使证券价格同步上涨，此时多头危机便可以解除，接着只要以量增价涨的原则做分析即可。假设量缩价涨现象是因为涨停板锁死，导致成交量萎缩，宜视为持股者惜售，证券价格将会出现轧空走势，此时就不能以正常方法分析，必须采用逆向思考，当出现量增时就不是补量盘了。

一般量缩价涨的走势，通常会发生在多头初升段、多头主升段、多头回调整理、多头末升段、空头盘整反弹与空头末跌段等 6 种行情结构中。

(1) 多头初升段：代表涨势有限。当时既然是定位成初升段，应是下跌趋势后的上涨走势，而成交量的不足，将不容易使证券价格持续推升，此时就必须注意这是否为一个反弹走势而已。

(2) 多头主升段：如果确定证券价格已经在回升行情中，通常出现此现象是惜售或筹码被锁定，因此证券价格的走势往往为无量飙涨。投资人只要继续持股，当出现量增价平、量增价跌或是先量增再量减的价涨走势，证券价格就有可能已经进入止涨周期，未来有极

高机会进入回调走势。

(3) 多头回调整理：暗示的是回升有限。当证券价格进入高位并开始回调，理论中的多头格局应该呈现价跌量缩的走势，若该条件成立，并出现短期初步止跌现象后，整理过程中的反弹应该呈现量增价涨的多头盘态。如果反弹过程中却是量缩价涨，那么投资人必须提高警觉，当证券价格未来高点无法再创新高时，观察的重点转变为未来是否产生头部。

(4) 多头末升段：代表涨势已弱，证券价格将进行回调或是反转而下。当证券价格突破前波相对高点，但是量能无法跟进，为技术面背离的现象，暗示涨势转弱，将构成潜在的反转信号。一般散户操作时经常于上涨过程中因为恐惧，将持股太早卖出，在涨幅相当大之后又因为贪念，死抱证券不放，主力往往利用这些心理，在低位让人误以为还会杀盘而进行洗盘的动作，在高位则让人希望还有更高点，进行拉高出货，所以此处必然会出现高位诱多盘走势。

(5) 空头盘整反弹：原趋势为下跌，当下跌到某一个幅度之后进行反弹，为证券价格的正常现象。当证券价格到此位置出现上涨走势，成交量未能配合增加反而减少，视为套牢者拉高解套或是短空进行回补所导致的反弹现象。

(6) 空头末跌段：证券价格重挫之后，低位遇到特定人士介入撑盘而做出强势止跌线形，甚至部分个股由跌停拉至涨停锁死，隔日正常会持续再度创高，短线想抢反弹者除非止跌当天就介入，不然连续创高点时会比较谨慎，套牢者则不甘心在此低位赔本杀出，希望多反弹一点价差再行减持，所以量能反而会急速萎缩。

### 8. 量缩价平

当证券价格上涨一段时间之后，处于相对高位位置中的回档调整时，往往会利用量缩价平测试支撑。或是证券价格在谷底之后翻转上扬并处于短期高位，行情有机会转变成为对多头有利，但是市场上还有一些杂音，致使一般投资人仍处于观望状态，因此是等待变盘的先兆。

假设投资人手中持有短期高位的证券，且持股成本为中值水平以下，那么可以随盘势观望，暂不宜有所动作。但是也可以先顺势退出观望，不过空手者在此却不宜追高，未来如果没有出现多头的攻击线形，这一个浪潮将会转变成为反弹浪潮，低成本的持有者还可以利用小段反弹走势先行退出，故当量缩价平后，最忌讳出现量增长阴跌破前波谷底。

一般量缩价平的走势，通常会发生在谷底时期、多头初升段、多头主升段、多头末升段、空头主跌段与空头末跌段等 6 种行情结构中。

(1) 谷底时期：代表证券价格将继续往下探底，或是量已经见底将有机会反转。当出现 K 线止跌现象时，反弹的初期如果就呈现量缩价平的现象，代表涨势尚未确立，多头必须设法补量上攻，否则涨幅不会太大。

(2) 多头初升段：在初升段中，出现量缩价平代表追价买盘不足，行情可能止涨下跌，故视为涨势尚未确立。而能确认涨势的为 V 形反转走势，因为下跌急杀后的末跌段，没有先做打底行为，即一鼓作气完成 V 形反转的多头攻击走势，投资人往往无法适时切入，当反转走势告一段落之后，证券价格处于窄幅震荡盘整，没有明显下跌，此时量缩价平代表的意义是低位买进者已经大幅获利，开始出现惜售心态并准备随时可以停利卖出，空仓者却因涨幅过大导致不敢追价。

(3) 多头主升段：此情况暗示大多数人保持观望的态度，代表积极追价的意愿已经降低，为买气不足的象征，未来行情将有可能下跌进入回调整理的走势。尤其是逢前波压力时，这种现象将更为明显。在拉回过程中，正常的操作策略仍是等待恰当时机介入。

(4) 多头末升段：证券价格上涨波幅已大，代表证券价格于高位区，当遇到压力区或是创新高后出现量缩价平，证券价格将进入盘头走势，量增价涨却不容易再创新高。

(5) 空头主跌段：表示卖压已经减缓，行情有可能出现反弹，但是反弹的幅度不会太大，尤其是反弹过程中再度出现量缩价平，代表支撑力道较小会再续跌，因此不需要积极买进，反而可以趁高出手放空。

(6) 空头末跌段：代表持续探底中，但是卖压已经减缓，下探有限。最好在此开始进入盘底期，并出现多头攻击线形，止跌才有办法宣告确立。止跌后的分析重点在于末跌段高点是否能被突破，假设无法顺利突破，则视为反弹结束证券价格将再持续破底。

### 9. 量缩价跌

量缩价跌是量价关系的常态，代表证券价格与量能的方向同步，买进力道减弱且人气涣散，做多者暂时不宜介入，最好是等待下跌趋势被改变之后再做考虑。如果在低位出现散兵坑这些特殊的量能行为，并紧接着出现盘底形态，才可以考虑逢低介入布局。

假设量缩价跌过程中，K 线是留有较长的上影线或是以长黑实体收低，不论证券价格的原趋势是上升还是下跌，都代表近期的行情难以乐观看好，但如果是留有较长的下影线收盘或是阳线，之后证券价格又能涨过前几日长黑线的高点，意味着行情可望止跌回升。

一般量缩价跌的走势，通常会发生在谷底时期、多头主升段、空头初跌段、空头主跌段与空头末跌段等 5 种行情结构中。

(1) 谷底时期：当证券价格处于中期空头趋势，21 日移动平均线仍然持续下滑，通常会呈现量能跟随证券价格萎缩的情形。等到成交量不再创新低并维持 3 日以上，再出现量增价涨走势时，证券价格就进入谷底时期，此时证券价格反弹触及前波颈线或末跌段高点理应回调，在回调过程中，也会出现量缩价跌走势，这也是谷底时期的特殊现象。

(2) 多头主升段：暗示证券价格上涨遭逢压力区，短线呈现拉回的走势，当量价关系启稳后，只要出现量增走势证券价格将会持续上涨。

(3) 空头初跌段：代表多方承接力道减弱，属于跌势的开始。反弹注意量价背离或是呈现大量不涨的迹象。

(4) 空头主跌段：代表证券价格将持续下跌，为探底杀多的走势。正常而言，长期多头的中期回调走势中，证券价格与量能的走势几乎呈现同步的状态，当量能出现极度萎缩，

且 21 日均量亦呈现走平，如果证券价格又不再下跌创新低，就可以说卖压减轻，未来将会进入反弹的周期。

(5) 空头末跌段：当证券价格下跌走势已多，经过测量已经满足下跌幅度的可能，且近期跌幅或是与均线的乖离已经缩小，而成交量同步萎缩到低点时，暗示证券价格底部已近。此时虽然仍属于买盘裹足不前，但也同时有持股者开始有惜售迹象，因此行情可望于近期进入谷底期。

## 五、涨跌停板制度下量价关系分析

由于涨跌停板制度限制了证券一天的涨跌幅度，使多空的能量得不到彻底的宣泄，容易形成单边势，且涨跌停板的幅度越小，助涨助跌现象就越明显。而大涨(涨停)和大跌(跌停)的趋势继续下去，则是以成交量大幅萎缩为条件的。

由此，涨跌停板制度下的量价分析基本判断为：

(1) 涨停量小，将继续上扬；跌停量小，将继续下跌。

(2) 涨停中途被打开次数越多、时间越久、成交量越大，则反转下跌的可能性越大；同样，跌停中途被打开的次数越多、时间越久、成交量越大，则反转上升的可能性越大。

(3) 涨停关门时间越早，次日上涨可能性越大；跌停关门时间越早，次日下跌可能性越大。

(4) 封住涨停板的买盘数量大小和封住跌停板时卖盘数量大小说明买卖盘力量大小。这个数量越大，继续当前走势的概率越大，后续涨跌幅度也越大。

不过，要注意庄家大户借涨停板制度反向操作。也就是说，涨停板或跌停板上的巨额买卖单并不一定是真正买卖意愿的表示，很可能是被用来引诱跟风或制造恐慌。在这种情况下，根据上述规则判断后市走势很可能会犯错。判断真假的一个方法是观察涨停板和跌停板上是否存在频繁挂单、撤单行为，涨跌停是否经常被打开，当日成交量是否很大。如果上述回答都为是，则应谨慎操作。

## 六、中国证券市场的量价关系特点

### 1．低位突破放量应及时跟进

经过大幅下跌和长时间低位横盘后的突破，主力没有获利时，即使对倒也不是出货，而是为了拉升，表明突破时散户的斩仓盘，解套盘和短线客的获利盘在低位涌出，主力拉升阻力会更小。如遇到底部形态和重要阻力位的放量突破可及时跟进。

### 2．低位放量下跌值得关注

长期下跌后出现放量下跌，无论从量价关系还是从操盘过程为看，都是反常现象，此时的主力，或者被套，或者货已出的差不多，或者正在暗中吸货，缺乏压低倒货的理由，这种情况下，主力会用手中的货进行砸盘振仓，吓出散户的低价筹码，如果在长期低位横盘的末期出现这种走势就更值得关注，因为这往往预示着主力吸筹已近尾声，此时是最后一跌，随时反转向上。

3. 高位放量应谨慎对待

经典理论认为，成交量代表了上攻的动能，不出现放量滞涨就可以放心持有或介入，随着主力对倒做量，拉高出货现象越来越普遍，高位放量上攻引起了股民的警惕。即使没有出现放量滞涨，也不是好事，庄家会趁这种表面热闹出货。随着股民对放量滞涨代表反转，天量之后见天价认同程度越来越高，主力也会利用对倒放量制造空头陷阱，借机洗盘。

标准量价关系认为指数涨升已多，高位滑落时成交量突然大增，此时不论当天是否有长上影线，均可视为主力出货，次日不论是否上穿高点，均趁机出货，于是主力在洗盘过程中，常做出这种形态。还应注意另一现象，在高位整理时，成交量减少不明显，总换手率较高，在移动成本图上形成一个高位单峰密集。如果证券价格能够迅速上涨并创新高，可看作上涨途中的洗盘，后市仍可看好；若近日证券价格继续盘软，主力出货的嫌疑较大。

## 本章小结

本章介绍了证券市场技术分析的道氏理论、波浪理论、移动平均线理论、量价理论。

## 自测题

### 一、判断题

1. 股价随着成交量的递增而上涨，为市场行情的正常特性，此种量增价涨关系，表示股价将继续上升。（　）
2. 道氏理论对选股有帮助。（　）
3. 一个完整股市的八浪运动构成一个周期。（　）
4. 移动平均线(MA)是以道·琼斯的“平均成本概念”为理论基础。（　）

### 二、单项选择题

1. 量价分析重要的属性(　　)。

A. 功能性　B. 完整性　C. 统一性　D. 异同性

2. 一般量增价涨的走势，通常不会发生在(　　)行情结构中。

A. 多头初升段　B. 空头初跌段

C. 多头整理结束　D. 空头盘整反弹

3. 一般量增价平的走势，通常不会发生在(　　)行情结构中。

A. 空头初跌段　B. 多头初升段　C. 多头主升段　D. 空头主跌段

4. 一般量增价跌的走势，通常不会发生在(　　)行情结构中。

A. 多头主升段　B. 空头主跌段　C. 多头初升段　D. 空头末跌段

**三、多项选择题**

1. 通常，当上升行情开始调头向下时，起支撑作用的黄金分割线所对应的数字有(　　)。

A. 1.191　B. 0.191　C. 0.809　D. 0.418

2. 一般说来，技术分析认为买卖双方对价格的认同程度通过成交量的大小得到确认。具体表现是(　　)。

A. 认同程度小，成交量大　B. 认同程度小，成交量小

C. 价升量增，价跌量减　D. 价升量减，价跌量增

3. 按道氏理论的分类，趋势分为(　　)等类型。

A. 主要趋势　B. 次要趋势　C. 短暂趋势　D. 无趋势

4. 关于道氏理论，以下内容正确的是(　　)。

A. 道氏理论认为，工业平均指数和运输业平均指数必须在同一方向上运行才可确认某一市场趋势的形成

B. 道氏理论对大形势的判断有较大的作用，对于每日每时发生的小波动则显得无能为力

C. 道氏理论认为收盘价是最重要的价格，并利用收盘价计算平均价格指数

D. 在确定趋势时，交易量是重要的附加信息，交易量应在主要趋势的方向上放大

# 第十章　K 线形态分析

**【学习目标】**

通过学习本章，读者应当不仅了解单根K线的意义，而且要了解常见K线组合所代表的意义；熟悉反转形态、整理形态、缺口形态、趋势线的市场含义和分析要点；掌握反转形态、整理形态、缺口形态、趋势线的应用要领。

**【导读案例】**

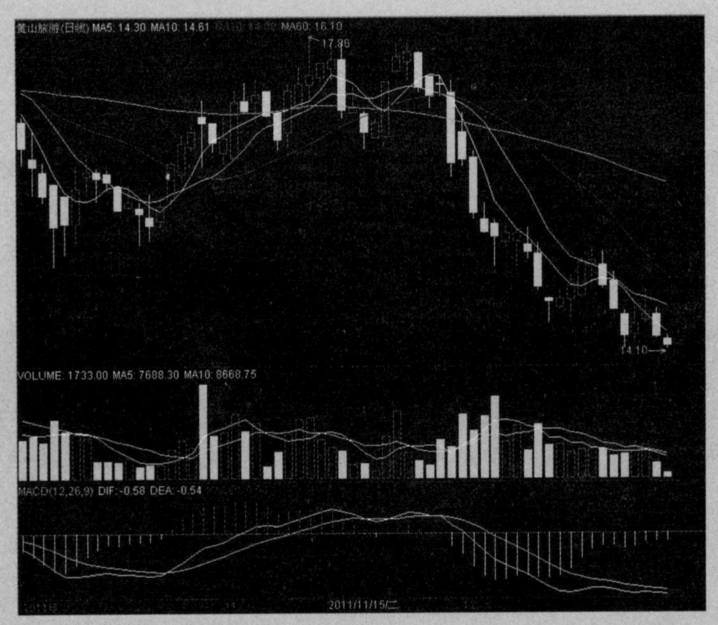


K 线图能够把每日或某一周期的市况完全记录下来，股价经过一段时间的盘档后，在图上即形成一种特殊区域或形态，不同的形态显示出不同意义。在K线组合中，有一种叫做“M”头。它是一个非常重要且较为常见的看跌反转信号，市场已转为空头行情，卖方已控制大局。

黄山旅游(600054)在 2011 年 11 月 30 日构成了“M”头形态，一位股友前来咨询我该如何操作，经过K线分析，我认为是典型的“M”头形态，应该马上卖出股票。

从中我们得到启示，虽然我们不知道黄山旅游这只股票的基本面发生了什么变化，但是，从股票的K线组合就可以得出股票走势已经反转。所以，只要掌握K线组合，我们就可以预测证券走势。

# 第一节 K线理论概述

## 一、K线图特点

K线图这种图表源于日本德川幕府时代(1603—1867年)，被当时日本米市的商人用来记录米市的行情与价格波动，后因其细腻独到的标画方式而被引入到股市及期货市场。目前，这种图表分析法在我国以至整个东南亚地区均尤为流行。由于用这种方法绘制出来的图表形状颇似一根根蜡烛，加上这些蜡烛有黑白之分，因而也叫阴阳线图表。通过K线图，我们能够把每日或某一周期的市况表现完全记录下来，股价经过一段时间的盘档后，在图上即形成一种特殊区域或形态，不同的形态显示出不同意义。我们可以从这些形态的变化中摸索出一些有规律的东西出来。K线图形态可分为反转形态、整理形态及缺口和趋向线等。

### 1. 绘制方法

首先我们找到该日或某一周期的最高和最低价，垂直地连成一条直线；然后再找出当日或某一周期的开市和收市价，把这两个价位连接成一条狭长的长方柱体。假如当日或某一周期的收盘价较开盘价为高(即低开高收)，我们便以红色来表示，或是在柱体上留白，这种柱体就称之为“阳线”。如果当日或某一周期的收盘价较开盘价为低(即高开低收)，我们则以蓝色表示，又或是在往柱上涂黑色，这柱体就是“阴线”了。

K线(见图10-1)从时间上分为日K线、周K线、月K线、年K线，以及将一日内交易时间分成若干等分，如5分钟K线、15分钟K线、30分钟K线、60分钟K线等。这些K线各有不同的作用。周K线、月K线、年K线反映的是市场价格中长期趋势。5分钟K线、15分钟K线、30分钟K线、60分钟K线反映的是市场价格超短期趋势。

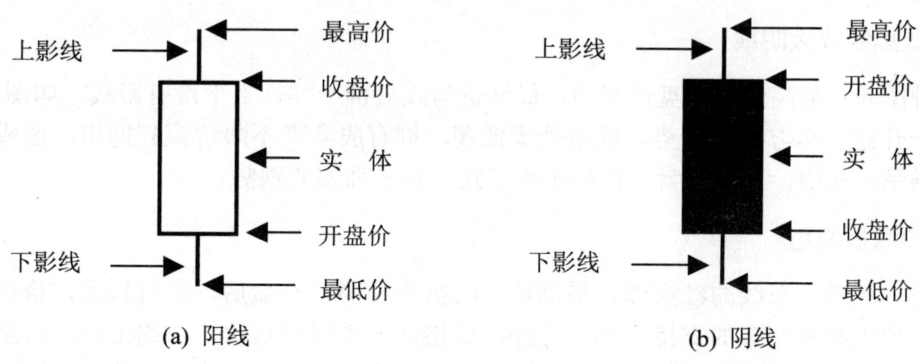

图10-1 K线

K线所包含的信息是极为丰富的。以单根K线而言，一般上影线和阴线的实体表示市

场价格的下压力量，下影线和阳线的实体表示市场价格的上升力量；上影线和阴线实体比较长就说明市场价格的下跌动能比较大，下影线和阳线实体较长则说明市场价格的扬升动力比较强。如果将多根 K 线按不同规则组合在一直，又会形成不同的 K 线组合。这样的 K 线形态所包含的信息就更丰富。如在涨势中出现乌云盖顶就说明可能升势已尽，多头就尽早离场；在跌势中出现曙光初现 K 线组合，说明市场价格可能见底回升，可逢低建多仓头寸。

2．K 线分析的优点

能够全面透彻地观察到市场的真正变化。我们从 K 线图中，既可看到证券价格(或大市)的趋势，也同时可以了解到每日市况的波动情形。

3．K 线分析的缺点

阴线与阳线的变化繁多，对初学者来说，在掌握分析方面会有相当的困难。

## 二、单根 K 线分析

要进行 K 线分析，首先必须先分析单根 K 的市场意义。证券市场单根 K 线一共有 28 种，如表 10-1 所示。

1. 长红线或大阳线

此种图表示最高价与收盘价相同，最低价与开盘价一样，上下没有影线，如图 10-2 所示。从一开盘，买方就积极进攻，中间也可能出现买方与卖方的斗争，但买方发挥最大力量，一直到收盘。买方始终占优势，使价格一路上扬，直至收盘。表示强烈的涨势，股市呈现高潮，买方疯狂涌进，不限价买进。握有股票者，因看到买气的旺盛，不愿抛售，出现供不应求的状况。

2. 长黑线或大阴线

此种图表示最高价与开盘价相同，最低价与收盘价一样，上下没有影线，如图 10-3 所示。从一开始，卖方就占优势。股市处于低潮。握有股票者不限价疯狂抛出，造成恐慌心理。市场呈一面倒，直到收盘、价格始终下跌，表示强烈的跌势。

3. 先跌后涨型

这是一种带下影线的红实体。最高价与收盘价相同，开盘后，卖气较足，价格下跌。但在低价位上得到买方的支撑，卖方受挫，价格向上推过开盘价，一路上扬，直至收盘，收在最高价上。总体来讲，出现先跌后涨型，买方力量较大，但实体部分与下影线长短不同，买方与卖方力量对比不同。

表 10-1　28 种 K 线

| | | | | | | | | | | | | | | | | |
|---|---|---|---|---|---|---|---|---|---|---|---|---|---|---|---|---|
| 阳线 | 大阳线 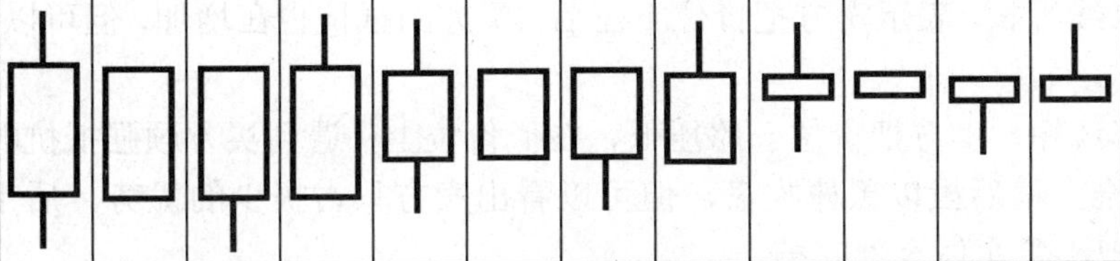 | 光头光脚大阳线 | 光头大阳线 | 光脚大阳线 | 中阳线 | 光头光脚中阳线 | 光头中阳线 | 光脚中阳线 | 小阳线 | 光头光脚小阳线 | 光头小阳线 | 光脚小阳线 | 十字星 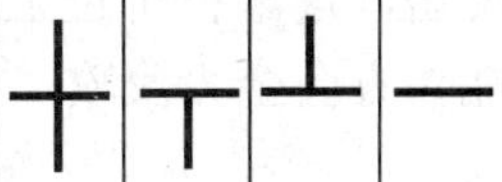 | T形线 | 倒T形线 | 一字线 |
| 阴线 | 大阴线 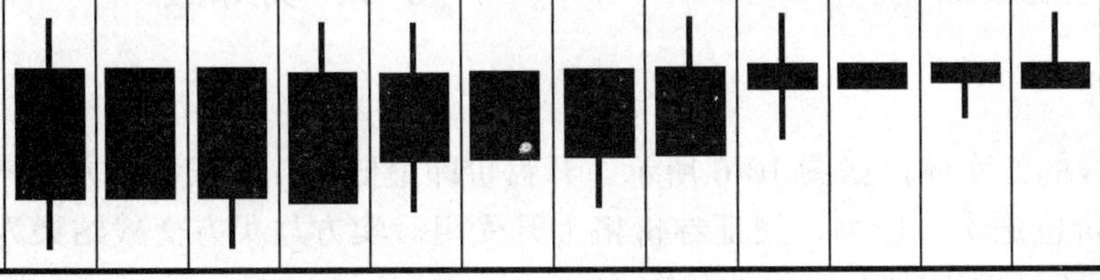 | 光头光脚大阴线 | 光头大阴线 | 光脚大阴线 | 中阴线 | 光头光脚中阴线 | 光头中阴线 | 光脚中阴线 | 小阴线 | 光头光脚小阴线 | 光头小阴线 | 光脚小阴线 | | | | |

图 10-2　光头光脚阳线　　　　图 10-3　光头光脚阴线

实体部分比下影线长。价位下跌不多，即受到买方支撑，价格上推。破了开盘价之后，还大幅度推进，买方实力很大。

实体部分与下影线相等，买卖双方交战激烈，但大体上，买方占主导地位，对买方有利。

实体部分比下影线短。买卖双方在低价位上发生激战。遇买方支撑逐步将价位上推。但从图 10-4 中可发现，上面实体部分较小，说明买方所占据的优势不太大，如卖方次日全力反攻，则买方的实体很容易被攻占。

### 4. 下跌抵抗型

这是一种带下影线的黑实体，如图 10-5 所示，开盘价是最高价。一开盘卖方力量就特别大，价位一种下跌，但在低价位上遇到买方的支撑。后市可能会反弹。实体部分与下影线的长短不同也可分为三种情况：

(1) 实体部分比影线长。卖压比较大，一开盘，大幅度下压，在低点遇到买方抵抗，买方与卖方发生激战，影线部分较短，说明买方把价位上推不多，从总体上看，卖方占了比较大的优势。

(2) 实体部分与影线等长。表示卖方把价位下压后，买方的抵抗也在增加，但可以看出，卖方仍占优势。

(3) 实体部分比影线短。卖方把价位一路压低，在低价位上，遇到买方顽强抵抗并组织反击，逐渐把价位上推，最后虽以黑棒收盘，但可以看出卖方只占极少的优势。后市很可能买方会全力反攻，把小黑实体全部吃掉。

图 10-4　光头阳线　　　　图 10-5　光头阴线

### 5. 上升阻力

这是一种带上影线的红实体，如图 10-6 所示。开盘价即最低价。一开盘买方强盛，价位一路上推，但在高价位遇卖方压力，使证券价格上升受阻。卖方与买方交战结果为买方略胜一筹。具体情况仍应观察实体与影线的长短。

(1) 红实体比影线长。表示买方在高价位是遇到阻力，部分多头获利回吐。但买方仍是市场的主导力量，后市继续看涨。

(2) 实体与影线等长。买方把价位上推，但卖方压力也在增加。二者交战结果，卖方把价位压回一半，买方虽占优势。但显然不如其优势大。

(3) 实体比影线短。在高价位遇卖方的压力、卖方全面反击，买方受到严重考验。大多短线投资者纷纷获利回吐，在当日交战结束后，卖方已收回大部分失地。买方一块小小的堡垒(实体部分)将很快被消灭，这种 K 线如出现在高价区，则后市看跌。

### 6. 先涨后跌型

这是一种带上影线的黑实体，如图 10-7 所示。收盘价即是最低价。一开盘，买方与卖方进行交战。买方占上风，价格一路上升。但在高价位遇卖压阻力，卖方组织力量反攻，买方节节败退，最后在最低价收盘，卖方占优势，并充分发挥力量，使买方陷入“套牢”

的困境。

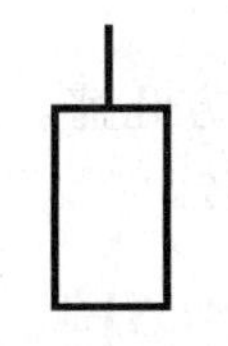

图 10-6　光脚阳线

图 10-7　光脚阴线

具体情况仍有以下三种：

(1) 黑实体比影线长。表示买方把价位上推不多，立即遇到卖方强有力的反击，把价位压破开盘价后乘胜追击，再把价位下推很大的一段。卖方力量特别强大，局势对卖方有利。

(2) 黑实体与影线等长。买方把价位上推；但卖方力量更强，占据主动地位。卖方具有优势。

(3) 黑实体比影线短。卖方虽将价格下压，但优势较少，明日入市，买方力量可能再次反攻，黑实体很可能被攻占。

### 7. 反转试探型

这是一种上下都带影线的红实体，如图 10-8 所示。开盘后价位下跌，遇买方支撑，双方争斗之后，买方增强，价格一路上推，临收盘前，部分买者获利回吐，在最高价之下收盘。这是一种反转信号。如在大涨之后出现，表示高档震荡，如成交量大增，后市可能会下跌。如在大跌后出现，后市可能会反弹。这里上下影线及实体的不同又可分为多种情况：

(1) 上影线长于下影线之红实体。影线部分长于红实体表示买方力量受挫折；红实体长于影线部分表示买方虽受挫折，但仍占优势。

(2) 下影线长于上影线之红实体。红实体长于影线部分表示买方虽受挫折，但仍居于主动地位；影线部分长于红实体表示买方尚需接受考验。

### 8. 弹升试探型

这是一种上下都带影线的黑实体(见图 10-9)，在交易过程中，证券价格在开盘后，有时会力争上游，随着卖方力量的增加，买方不愿追逐高价，卖方渐居主动，证券价格逆转，在开盘价下交易，证券价格下跌。在低价位遇买方支撑，买气转强，不至于以最低价收盘。有时证券价格在上半场以低于开盘价成交，下半场买意增强，证券价格回至高于开盘价成交，临收盘前卖方又占优势，而以低于开盘价之价格收盘。这也是一种反转试探。如在大跌之后出现，表示低档承接，行情可能反弹。如大涨之后出现，后市可能下跌。

### 9. 十字星

这是一种只有上下影线，没有实体的图形，如图 10-10 所示。开盘价即是收盘价，表示在交易中，证券价格出现高于或低于开盘价成交，但收盘价与开盘价相等。买方与卖方几乎势均力敌。

其中：上影线越长，表示卖压越重。下影线越长，表示买方旺盛。上下影线看似等长的十字线，可称为转机线，在高价位或低价位，意味着出现反转。

图 10-8　阳线　　　　图 10-9　阴线

10. “T”形

“T”图形又称多胜线(见图 10-11)，开盘价与收盘价相同，当日交易以开盘价以下之价位成交，又以当日最高价(即开盘价)收盘。卖方虽强，但买方实力更大，局势对买方有利，如在低价区，行情将会回升。

图 10-10　十字星　　　　图 10-11　“T”形线

11. 倒“T”形

又称空胜线(见图 10-12)，开盘价与收盘价相同。当日交易都在开盘价以上之价位成交，并以当日最低价(即开盘价)收盘，表示买方虽强，但卖方更强，买方无力再挺升，总体看卖方稍占优势，如在高价区，行情可能会下跌。

12. “一”图形

此形较不常见(见图 10-13)，即开盘价、收盘价、最高价、最低价在同一价位。只出现于交易非常冷清，全日交易只有一档价位成交。冷门股此类情形较易发生。还有在涨跌停板制度下，也经常出现这种图形。

图 10-12　倒“T”形线　　　　图 10-13　“一”字线

## 三、K 线组合分析

对单个 K 线的分析只能理解其含义，对于投资实践并无太大指导意义，所以在实践中还需要分析不同 K 线组合的含义，一般 K 线组合都是由若干条单个 K 线组成，至于多少根 K 线才能有代表性，学术界并无定论。下面我们分析常见的 K 线组合的代表意义。常见的 K 线组合的指导意义分为两种，即买进信号的 K 线组合和卖出信号的 K 线组合。

### (一)常见买进信号的 K 线组合分析

#### 1．反弹线

在底价圈内，行情出现长长的下影线时，往往即为买进时机，出现买进信号之后，投资人即可买进，或为了安全起见，可等候行情反弹回升之后再买进，若无重大利空出现，行情必定反弹，见图 10-14。

#### 2．二颗星

上涨行情中出现极线的情形即称为二颗星(见图 10-15)，此时价格上涨若再配合成交量放大，即为可信度极高的买进时机，价格必再出现另一波涨升行情。

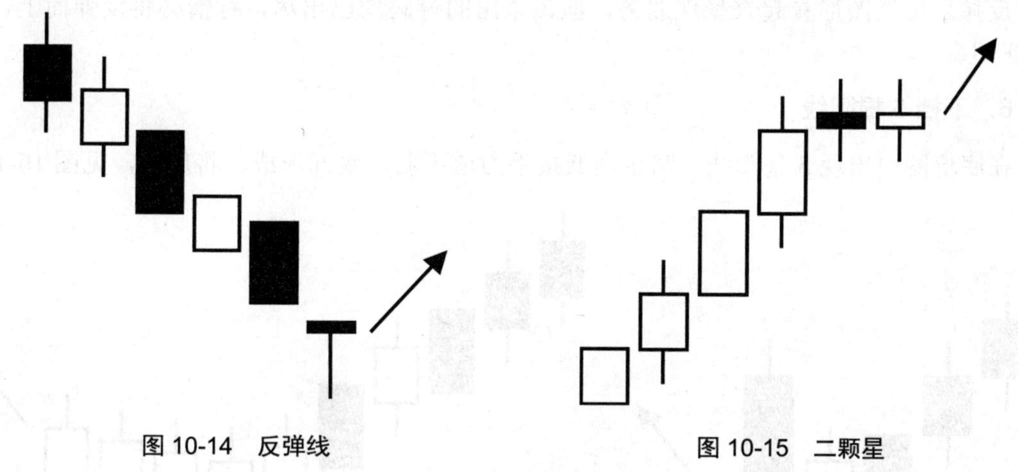

图 10-14　反弹线　　　　图 10-15　二颗星

#### 3．舍子线

在大跌行情中，跳空出现十字线，这暗示着筑底已经完成，为反弹之征兆，见图 10-16。

#### 4．跳空上扬

在上涨行情中，某日跳空拉出一条阳线后，即刻出现一条下降阴线，此为加速价格上涨的前兆，投资人无需惊慌做空，价格必将持续前一波涨势继续上升，见图 10-17。

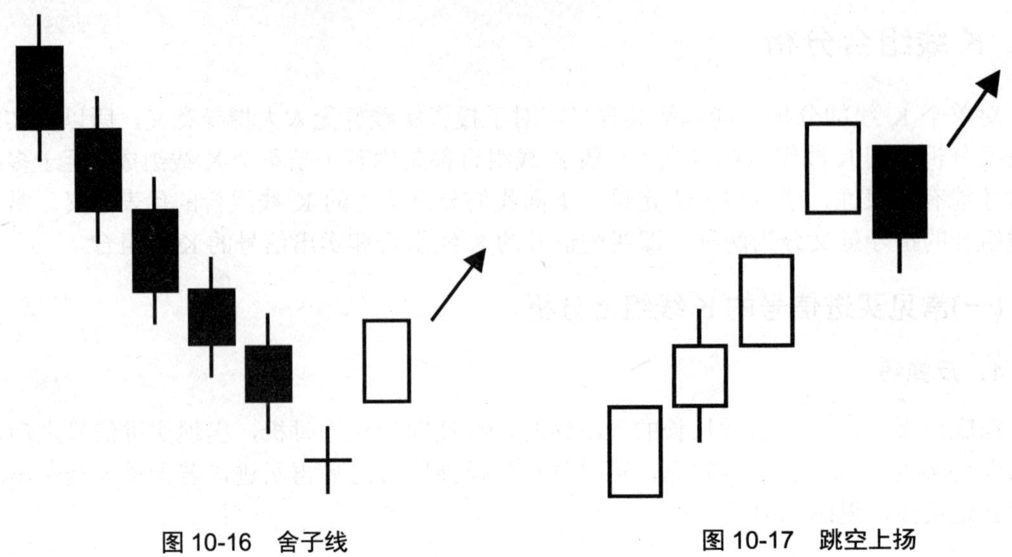

图 10-16　舍子线　　　　图 10-17　跳空上扬

5．最后包容线

在连续的下跌行情中出现小阳线，隔日即刻出现包容的大阴线，代表筑底完成，行情即将反弹。虽然图形看起来呈现弱势，但该杀出的筹码均已出尽，行情必将反弹而上，见图 10-18。

6．下档 5 根阳线

在底价圈内出现 5 条阳线，暗示逢低接手力道不弱，底部形成，将反弹，见图 10-19。

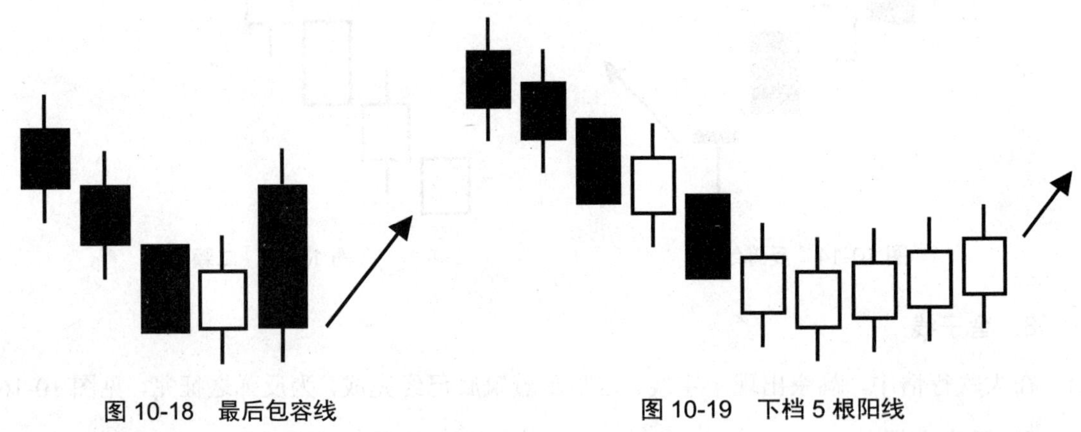

图 10-18　最后包容线　　　　图 10-19　下档 5 根阳线

7．下降阴线

在涨升的途中，出现如下图般的三条连续下跌阴线，为逢低承接的大好时机。当第 4

天阳线超越前一天的开盘价时，表示买盘强于卖盘，应立刻买进以期价格扬升，见图 10-20。

8. 反弹阳线

确认行情已经跌得很深，某一天，行情出现阳线，即“反弹阳线”时，即为买进信号，若反弹阳线附带着长长的下影线，表示低档已有主力大量承接，行情将反弹而上，见图 10-21。

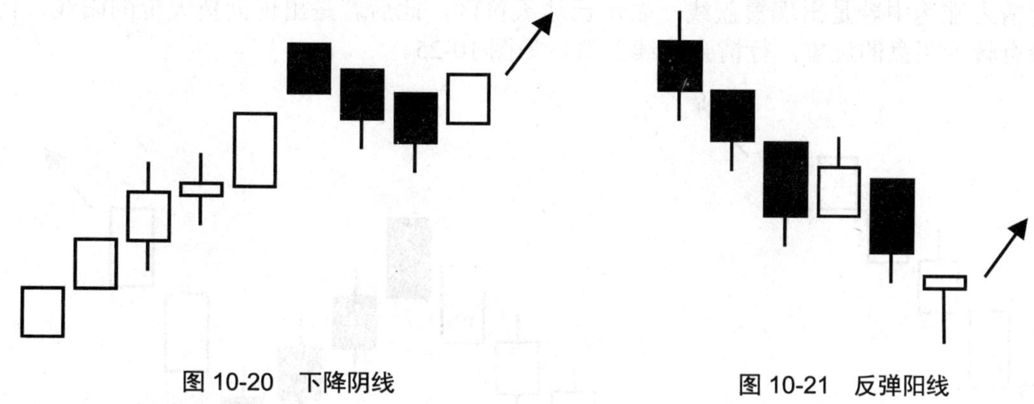

图 10-20　下降阴线　　　　图 10-21　反弹阳线

9. 上档盘旋

行情随着强而有力的大阳线往上涨升，在高档将稍做整理，也就是等待大量换手，随着成交量的扩大，即可判断另一波涨势的出现。上档盘整期间约 6～11 日，若上档盘整期间过长则表示上涨无力，见图 10-22。

10. 阴线孕育阴线

在下跌行情中，出现大阴线的次日行情呈现一条完全包容在大阴线内的小阴线，显示卖盘出尽，有转盘的迹象，将反弹，见图 10-23。

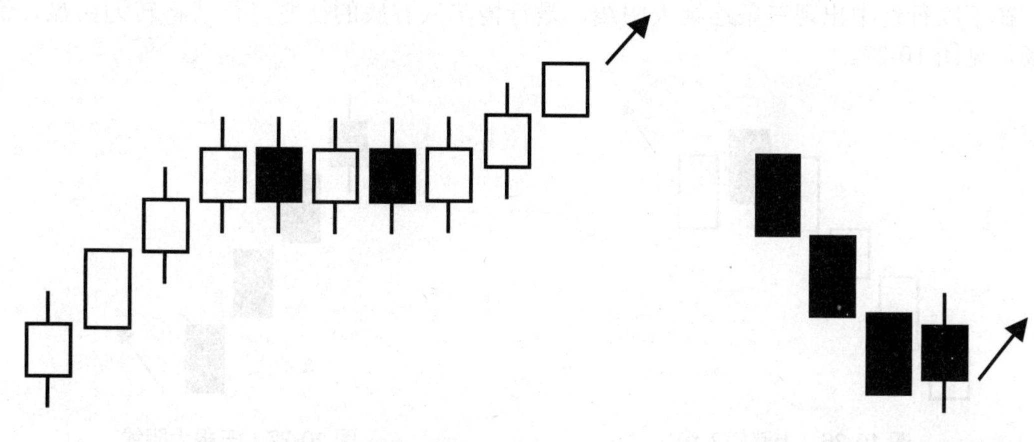

图 10-22　上档盘旋　　　　图 10-23　阴线孕育阴线

11．并排阳线

持续涨势中，某日跳空出现阳线，隔日又出现一条与其几乎并排的阳线，如果隔日开高盘，则可期待大行情的出现，见图 10-24。

12．超越覆盖线

行情上涨途中若是出现覆盖线，表示已达天价区，此后若是出现创新天价的阳线，代表行情有转为买盘的迹象，行情会继续上涨，见图 10-25。

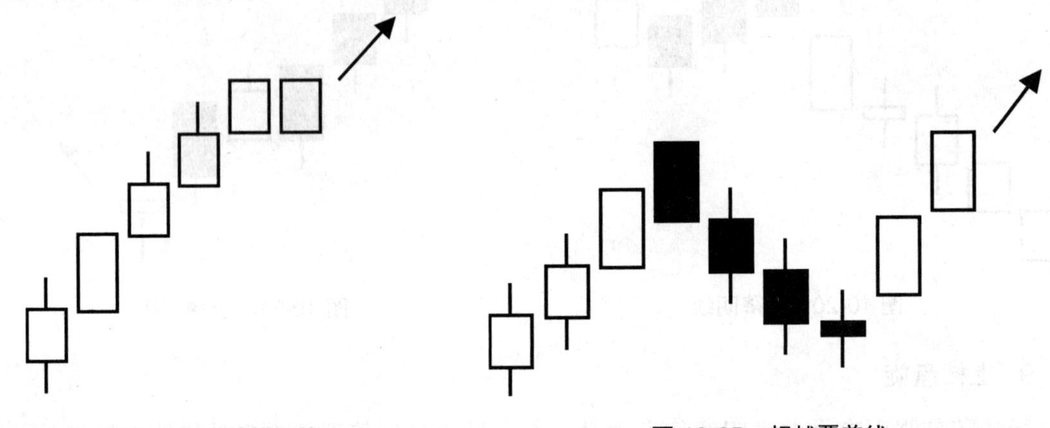

图 10-24　并排阳线　　图 10-25　超越覆盖线

13．上涨插入线

在行情震荡走高之际，出现覆盖阴线的隔日，拉出一条下降阳线，这是短期的回档，行情上涨，见图 10-26。

14．三根大阴线

在下跌行情中出现三条连续大阴线，是行情陷入谷底的征兆，行情将转为买盘，价格上扬，见图 10-27。

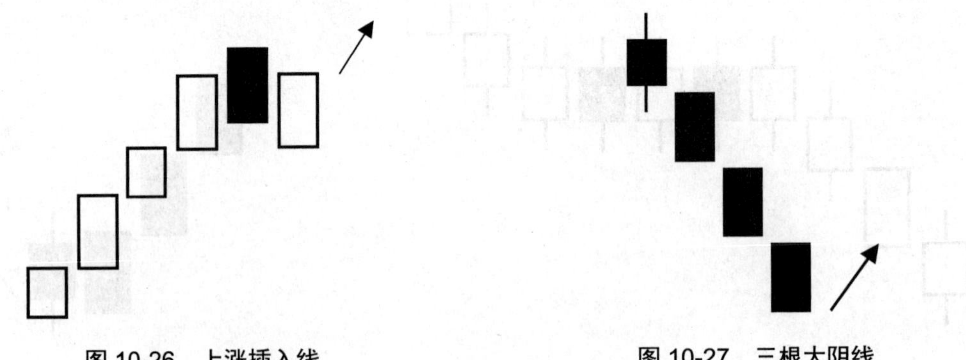

图 10-26　上涨插入线　　图 10-27　三根大阴线

### 15. 五根阴阳交错的 K 线后一根大阴线

当阴阳交错拉出五条 K 线后，出现一条长长的大阴线，可判断“已到底部”，如果隔日高开，即可视为反弹的开始，见图 10-28。

### 16. 上升三法

行情上涨中，大阳线之后出现三根连续小阴线，这是蓄势待发的征兆，价格将进一步上升，见图 10-29。

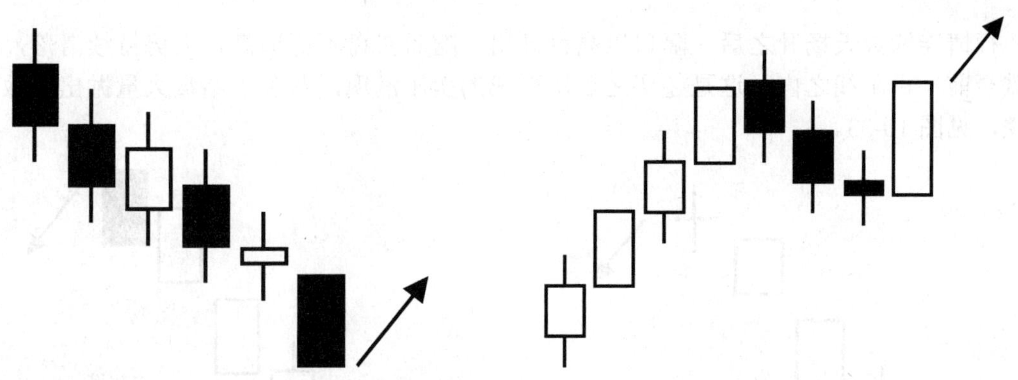

图 10-28　五根阴阳交错的 K 线后一根大阴线　　　图 10-29　上升三法

### 17. 连续下降三颗星

确认价格已跌深，于低档盘整跳空出现连续三条小阴线(极线)，这是探底的前兆，如果第四天出现十字线，第五天出现大阳线，则可确认底部已筑成，价格反转直上，见图 10-30。

### 18. 三空阴线

当行情出现连续三根跳空下降阴线，则为强烈的买进信号，行情即将反弹，见图 10-31。

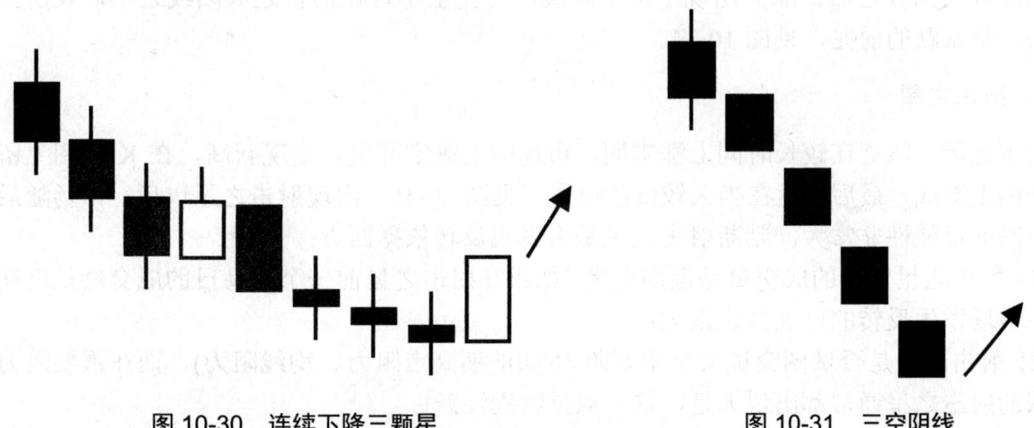

图 10-30　连续下降三颗星　　　图 10-31　三空阴线

## (二)常见卖出信号的K线组合分析

### 1. 十字线

在高价圈出现十字线(开盘收盘等价线)，并留下上下影线，其中上影线较长。此情形表示股票价格经过一段时日后，已涨得相当高，欲振乏力，开始要走下坡，这是明显的卖出信号，见图10-32。

### 2. 覆盖线

行情连续数天扬升之后，隔日以高盘开出，随后买盘不愿追高，大势持续滑落，收盘价跌至前一日阳线之内。这是超买之后所形成的卖压涌现，获利了结盘大量抛出之故，将下跌，见图10-33。

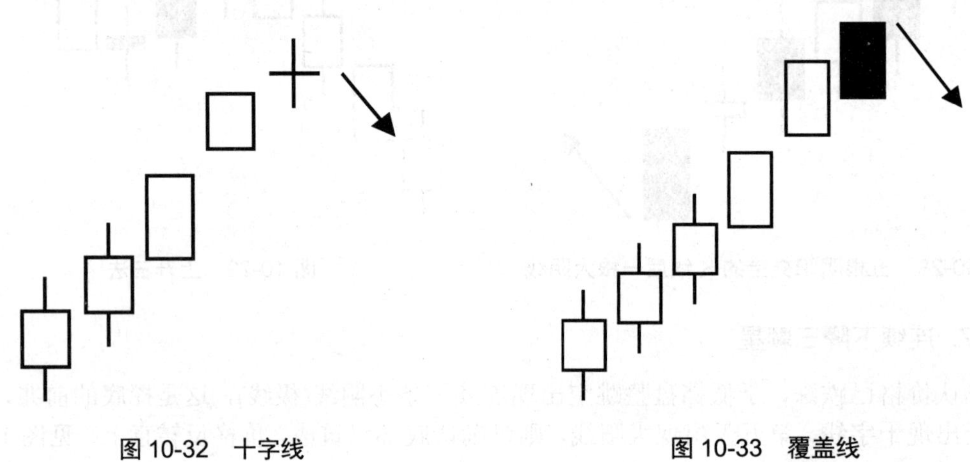

图10-32　十字线　　　图10-33　覆盖线

### 3. 孕育线

连续数天扬升之后，隔天出现一根小阳线，并完全孕育在前日之大阳线之中，表示上升乏力，是暴跌的前兆，见图10-34。

### 4. 射击之星

射击之星一般处在较长时间上涨末期，市场向上跳空开盘，出现新高，在K线图上留下长长的上影线，最后收盘在当天较低的位置，见图10-35。出现射击之星以后，市场随后反转下跌的可能性非常大，判断射击之星是否真正反转依据四点：

(1) 射击之星伴随的成交量是近期天量，如果在射击之星前一个交易日的成交量是近期天量，市场发生反转的可能性也很大；

(2) 射击之星是否试图突破某个重要阻力(如前期高点阻力、均线阻力)，而在重要阻力位出现的射击之星通常都出现天量，这一点须特别注意；

(3) 射击之星与前一根 K 线之间有跳空；

(4) 射击之星形成以后价格重心下移，则反转形成。

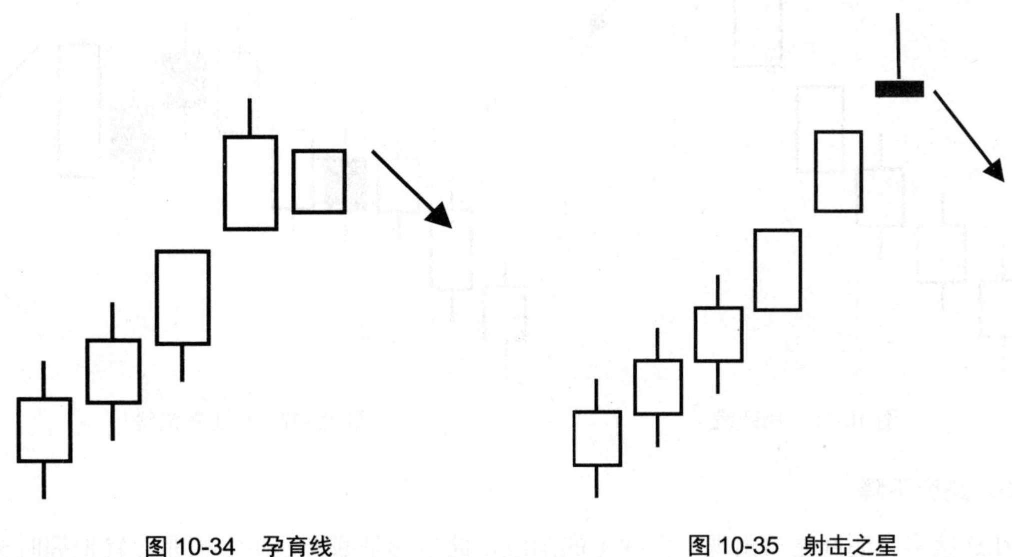

图 10-34 孕育线　　　　图 10-35 射击之星

### 5. 吊颈线

吊顶一般出现在较长时间上涨的末期，它的出现预示上涨行情的结束，行情将发生反转，见图 10-36。判断吊顶是否真正反转依据三点：

(1) 吊顶实体部分与前一根 K 线形成向上跳空缺口，说明追高一族的成本高于前一天，此时多为散户行为；

(2) 吊顶之后的第二根 K 线是阴线，阴线实体越长，反转的概率越大；

(3) 吊顶伴随的成交量是近期天量。

### 6. 反击顺沿线

此处所称的顺沿线是指自高档顺次而下出现的二根阴线，见图 10-37。为了打击此二根阴线所出现的一大根阳线，看起来似乎买盘力道增强了，但投资人须留意这只不过是根“障眼线”，主力正在拉高出货，也是投资人难得的逃命线，宜做空。

### 7. 舍子线

行情跳空上涨形成一条十字线，隔日却又跳空拉出一根阴线，暗示行情即将暴跌，见图 10-38。此时价格涨幅已经相当大，无力再往上冲，以致跳空而下，为卖出信号，在此情况下，成交量往往也会随之减少。

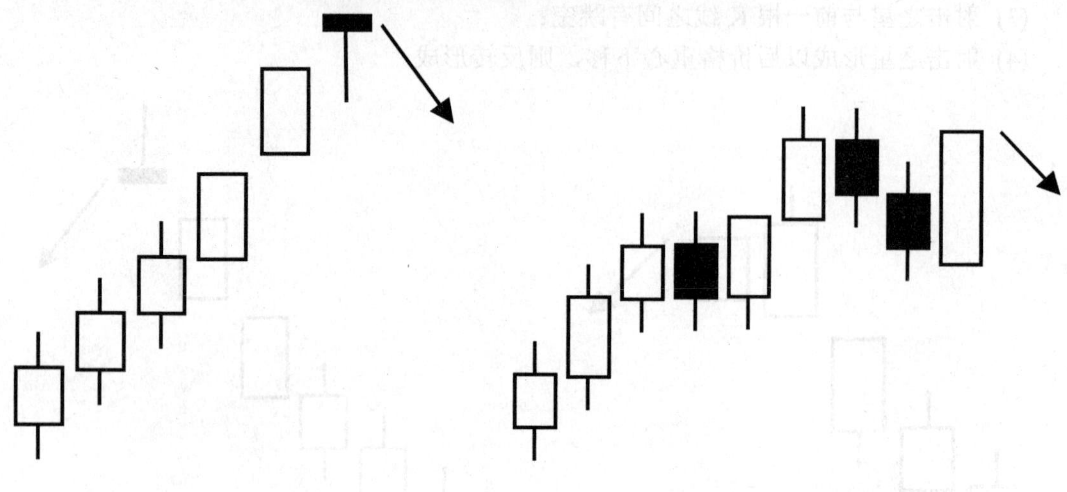

图 10-36　吊颈线　　　　图 10-37　反击顺沿线

8．跳空下降

在连续多日阴线之后出现一根往上的阳线，此情形是回光返照之征兆，宜把握时机卖出，否则价格会继续下跌，见图 10-39。

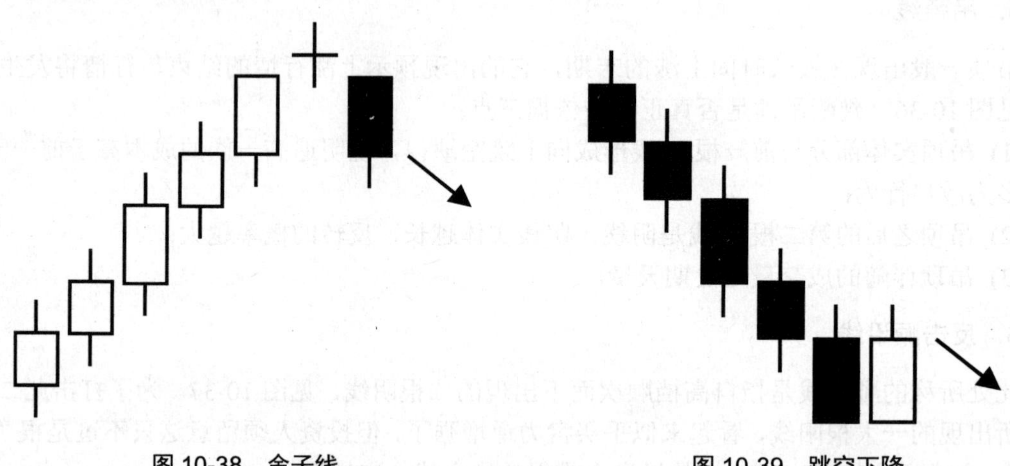

图 10-38　舍子线　　　　图 10-39　跳空下降

9．三颗星

下跌行情中出现极线，这是平仓的好机会，价格将再往下探底，见图 10-40。

10．平顶

(1) 出现在上涨趋势中。

(2) 由两根或两根以上的 K 线组成。

(3) 最高价处在同一水平位置上，技术含义。
见顶信号，后市看跌，见图 10-41。

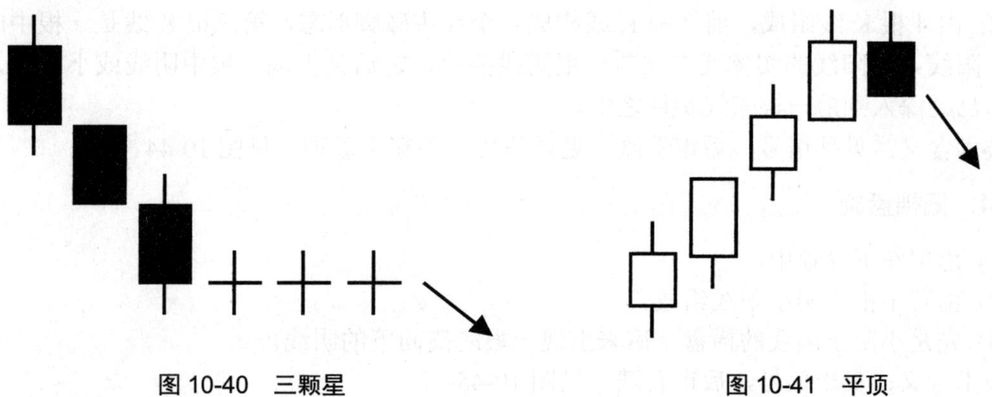

图 10-40　三颗星　　　　图 10-41　平顶

### 11. 三只乌鸦

(1) 出现在涨势中。
(2) 由 3 根阴线组成，阴线多为大阴线或者中阴线。
(3) 每次均以跳高开盘，最后以下跌收盘。
技术含义：见顶信号，后市看跌见图 10-42。

### 12. 上档五连阴

(1) 出现在涨势中。
(2) 由 5 根阴线组成，但大多为小阴线。
(3) 先是拉出一根较有力度的阳线，接着连续出现 5 根并排阴线。

技术含义：见顶信号，后市看跌。高档五阴线并不一定都是 5 根阴线，有时也可能是 6-8 根，见图 10-43。

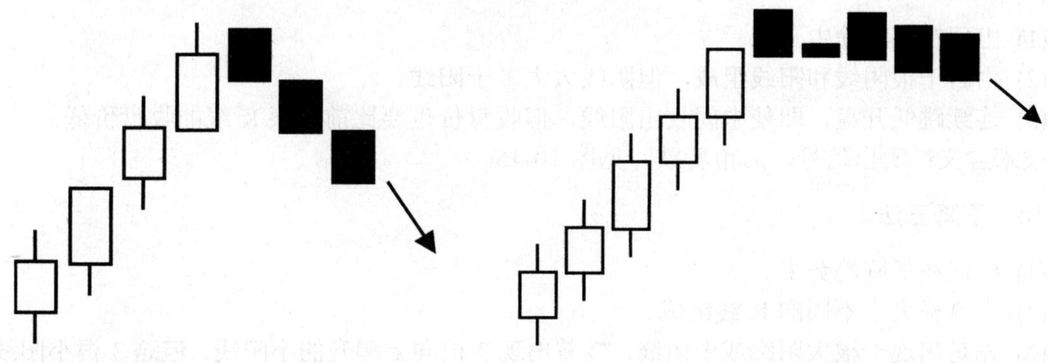

图 10-42　三只乌鸦　　　　图 10-43　上档五连阴

### 13．下降覆盖线

(1) 在上涨的行情中出现。

(2) 由 4 根 K 线组成，前 2 根 K 线构成一个穿头破脚形态，第三根 K 线是一根中阳线或者小阳线，但阳线的实体通常比前一根阴线要短，之后又出现一根中阴线或小阴线，阴线实体已经深入到前一根阳线实体之中。

技术含义：见顶信号，后市看跌，见顶信号强于穿头破脚，见图 10-44。

### 14．低档盘旋

(1) 出现在下跌途中。

(2) 由若干根小阴小阳线组成。

(3) 先是小阴小阳线的横盘，后来出现一根跳高向下的阴线。

技术含义：卖出信号，后市看跌，见图 10-45。

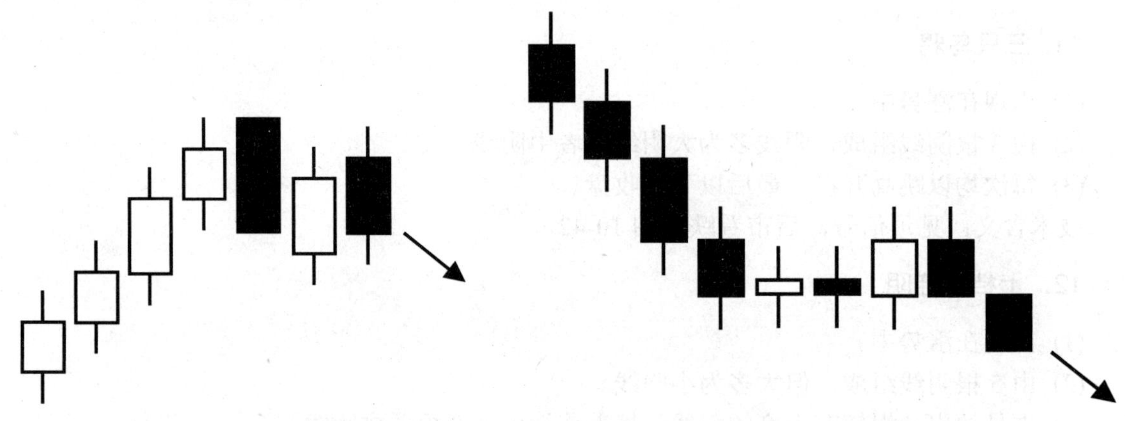

图 10-44　下降覆盖线　　　　图 10-45　低档盘旋

### 15．下跌抵抗

(1) 出现在下跌途中。

(2) 由若干根阴线和阳线组成，但阴线大大多于阳线。

(3) 连续跳低开盘，即使中间收出阳线，但收盘价也要比前一根 K 线的收盘价低。

技术含义：卖出信号，后市看跌，见图 10-46。

### 16．下降三法

(1) 出现在下降趋势中。

(2) 由 5 根大小不同的 K 线组成。

(3) 先是出现一根大阴线或中阴线，接着出现 3 根向上爬升的小阳线，但这 3 根小阳线没有突破第一根阴线的开盘价，最后一根大阴线或者中阴线又一下子全部或者大部分吞掉

了前 3 根小阳线。

技术含义：卖出信号，后市看跌，见图 10-47。

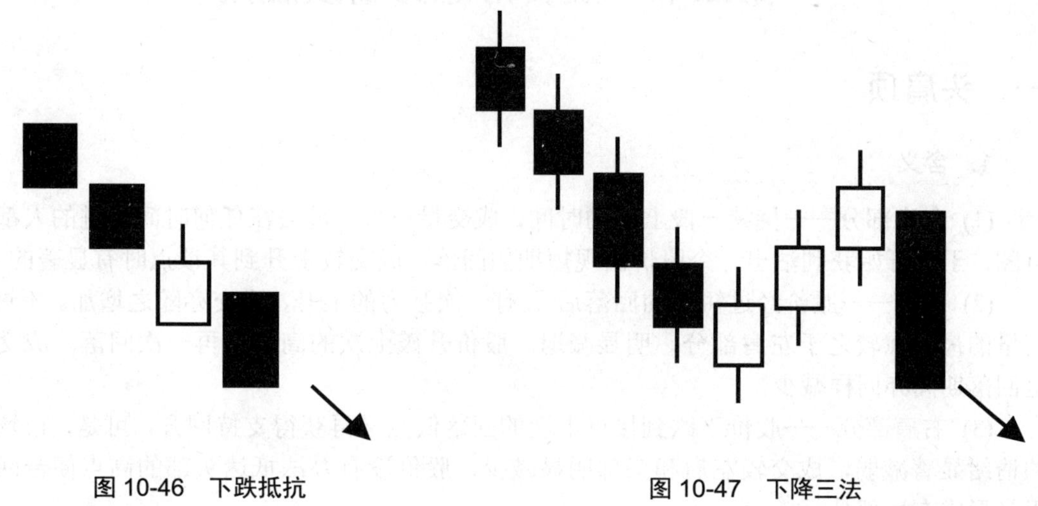

图 10-46　下跌抵抗　　　　图 10-47　下降三法

### 17. 倒三阳

(1) 出现在下跌初期。

(2) 由 3 根 K 线组成。

(3) 每日都是低开高走，第一根 K 线以跌势收盘，后 2 根 K 线的收盘价低于或接近前一天的阳线开盘价，因此虽然连续收了 3 根阳线，但图形上却出现类似连续 3 根阴线的跌势。

技术含义：卖出信号，后市看跌，见图 10-48。

### 18. 三空阳线

(1) 出现在涨势行情中。

(2) 连续出现 3 根向上跳空高开的阳线。

技术含义：滞涨信号，后市看淡，见图 10-49。

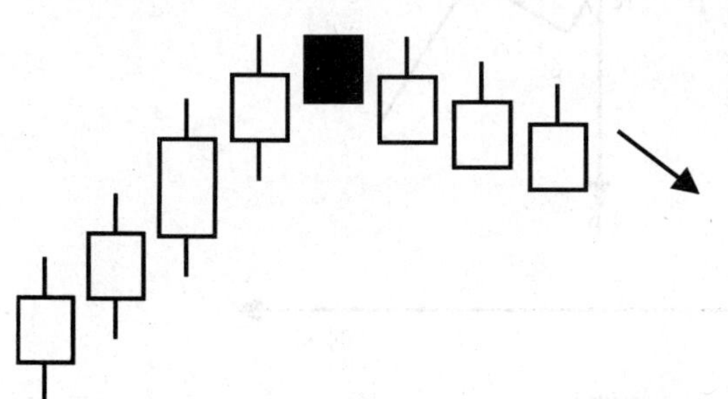

图 10-48　倒三阳

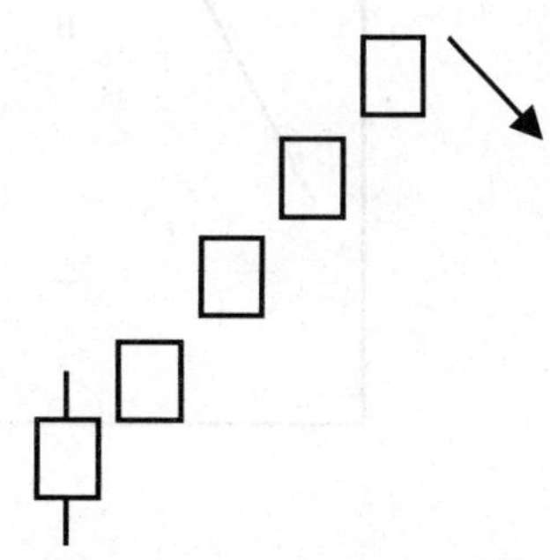

图 10-49　三空阳线

## 第二节　反转形态分析及应用

### 一、头肩顶

1. 含义

(1) 左肩部分——持续一段上升的时间，成交量很大，过去在任何时间买进的人都有利可图，于是开始获利沽出，令股价出现短期的回落，成交较上升到其顶点时有显著的减少。

(2) 头部——股价经过短暂的回落后,又有一次强力的上升，成交亦随之增加。不过，成交量的最高点较之于左肩部分，明显减退。股价升破上次的高点后再一次回落。成交量在这回落期间亦同样减少。

(3) 右肩部分——股价下跌到接近上次的回落低点又再获得支持回升，可是，市场投资的情绪显著减弱，成交较左肩和头部明显减少，股价没有办法抵达头部的高点便告回落，于是形成右肩部分。

(4) 突破——从右肩顶下跌穿破由左肩底和头部底所连接的底部颈线，其突破颈线的幅度要超过市价的3%以上。

头肩顶如 10-50 所示。

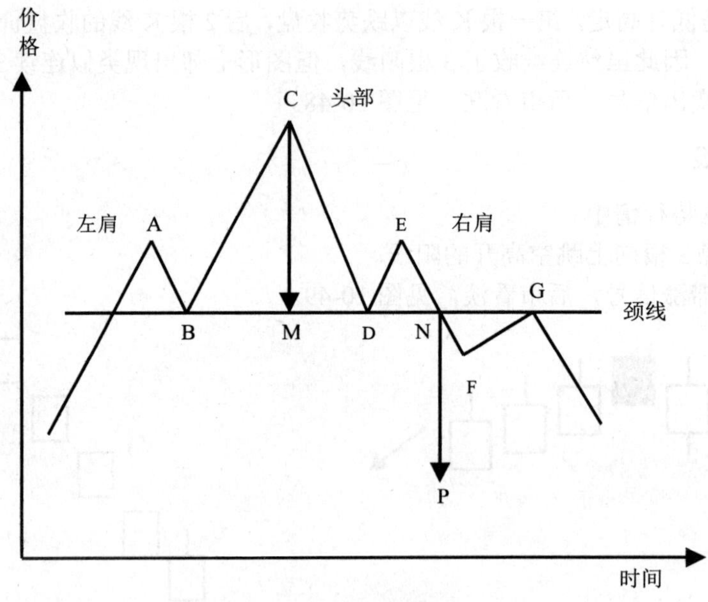


图 10-50　头肩顶

2．应用

(1) 这是一个长期性趋势的转向形态，通常会在牛市的尽头出现。

(2) 当最近的一个高点的成交量较前一个高点为低时，就暗示了头肩顶出现的可能性；当第三次回升股价没法升抵上次的高点，成交继续下降时，有经验的投资者就会把握机会沽出。

(3) 当头肩顶颈线击破时，就是一个真正的沽出信号，虽然股价和最高点比较， 已回落了相当的幅度，但跌势只是刚刚开始，未出货的投资者继续沽出。

(4) 当颈线跌破后，我们可根据这种形态的最少跌幅量度方法预测股价会跌至哪一水平。这量度的方法是：从头部的最高点画一条垂直线到颈线，然后在完成右肩突破颈线的一点开始，向下量出同样的长度，由此量出的价格就是该股将下跌的最小幅度。

3．头肩顶应注意的问题

(1) 一般来说左肩和右肩的高点大致相等，部分头肩顶的右肩较左肩为低。 但如果右肩的高点较头部还要高，形态便不能成立。

(2) 如果其颈线向下倾斜，显示市场非常疲乏无力。

(3) 成交量方面，左肩最大，头部次之，而右肩最少。不过， 根据有些统计所得，大约有三分之一的头肩顶左肩成交量较头部为多，三分之一的成交量大致相等，其余的三分之一是头部的成交大于左肩的。

(4) 当颈线跌破时，成交没有增加也该信赖，倘若成交在跌破时激增， 显示市场的抛售力量十分庞大，股价会在成交量增加的情形下加速下跌。

(5) 在跌破颈线后可能会出现暂时性的回升(后抽)，这情形通常会在低成交量的跌破时出现。不过，暂时回升应该不超越颈线水平。

(6) 头肩顶是一个杀伤力十分强大的形态，通常其跌幅大于量度出来的最少跌幅。

(7) 假如股价最后在颈线水平回升，而且高于头部， 又或是股价于跌破颈线后回升高于颈线，这可能是一个失败的头肩顶，不宜信赖。

## 二、头肩底

1．含义

(1) 和头肩顶的形状一样，只是整个形态倒转过来而已，又称“倒转头肩式”。形成左肩时，股价下跌，成交量相对增加，接着为一次成交量较小的次级上升。接着股价又再下跌且跌破上次的最低点，成交量再次随着下跌而增加，较左肩反弹阶段时的交投为多——形成头部；从头部最低点回升时，成交量有可能增加。整个头部的成交量来说，较左肩为多。

(2) 当股价回升到上次的反弹高点时，出现第三次的回落，这时的成交量很明显少于左肩和头部，股价在跌至左肩的水平，跌势便稳定下来，形成右肩。

(3) 最后，股价正式策动一次升势，且伴随成交大量增加，当其颈线阻力冲破时，成交更显著上升，整个形态便告成立。

头肩底如图 10-51 所示。

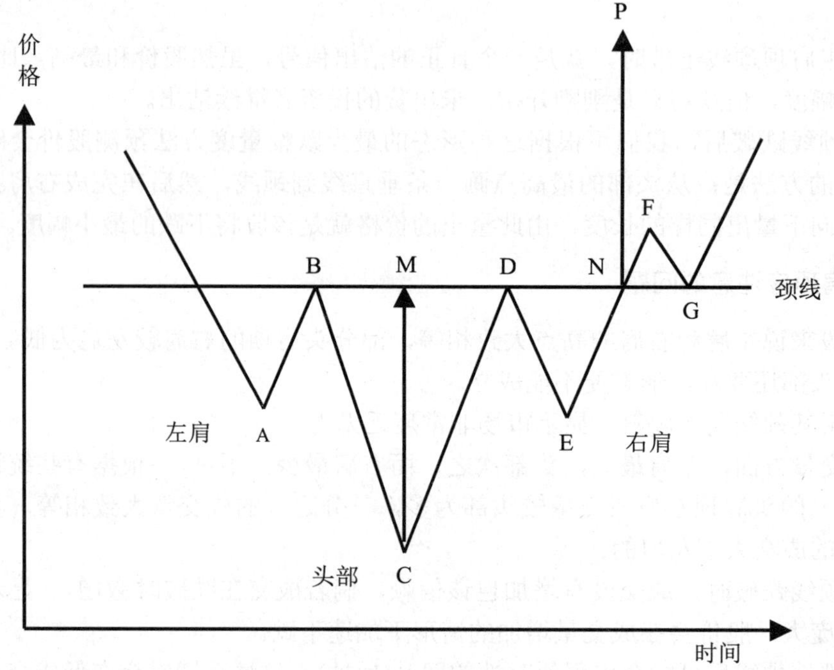


图 10-51 头肩底

2. 应用

头肩底的分析意义和头肩顶没有两样，它告诉我们过去的长期性趋势已扭转过来，股价一次再一次的下跌，第二次的低点(头部)显然较先前的一个低点为低，但很快地掉头弹升，接下来的一次下跌股价未跌到上次的低点水平已获得支持而回升，反映出看好的力量正逐步改变市场过去向淡的形势。当两次反弹的高点阻力线(颈线)打破后，显示看好的一方已完全把空方击倒，买方代替卖方完全控制整个市场。

3. 头肩底应注意的问题

(1) 头肩顶和头肩底的形状差不多，主要的区别在于成交量方面。

(2) 一般来说，头肩底形态较为平坦，因此需要较长的时间来完成。

(3) 头肩底是极具预测威力的形态之一，一旦获得确认，升幅大多会多于其最少升幅的。

(4) 当头肩底颈线突破时，就是一个真正的买入信号，升势只是刚刚开始，尚未买入的

投资者应该继续追入。其最少升幅的量度方法是从头部的最低点画一条垂直线相交于颈线，然后在右肩突破颈线的一点开始，向上量度出同样的高度，所量出的价格就是该股将会上升的最小幅度。

另外，当颈线阻力突破时，必须要有成交量激增的配合，否则这可能是一个错误的突破。不过，如果在突破后成交逐渐增加，形态也可确认。

(5) 在升破颈线后可能会出现暂时性的回跌，但回不应低于颈线。如果回跌低于颈线，又或是股价在颈线水平回落，没法突破颈线阻力，而且还跌低于头部，这可能是一个失败的头肩底形态。

## 三、复合头肩型

### 1. 形态分析

复合头肩型是头肩式(头肩顶或头肩底)的变形走势，其形状和头肩式十分相似，只是肩部、头部、或两者同时出现多于一次，大致来说可划分为以下几大类。

(1) 一头双肩式形态：一个头分别有两个大小相同的左肩和右肩，左右双肩大致平衡。比较多的是一头双右肩，在形成第一个右肩时，股价并不马上跌破颈线，反而掉头回升，不过回升却止于右肩高点之下，最后股价继续沿着原来的趋势向下，如图 10-52、图 10-53 所示。

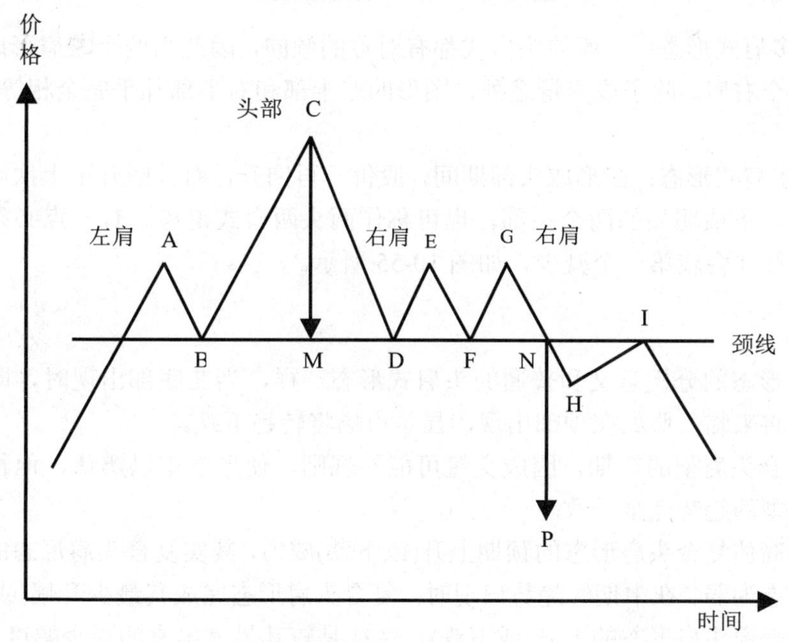


图 10-52 一头双右肩头肩顶

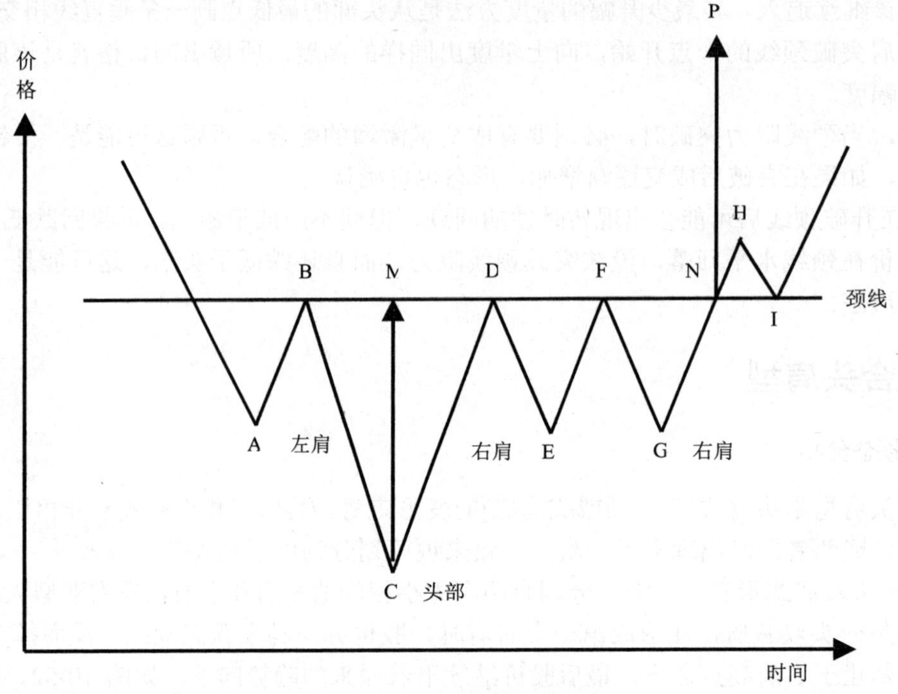


**图 10-53　一头双右肩头肩底**

(2) 一头多肩式形态：一般的头肩式都有对称的倾向，因此当两个左肩形成后，很有可能也会形成一个右肩。除了成交量之外，图形的左半部和右半部几乎完全相等，如图 10-54 所示。

(3) 多头多肩式形态：在形成头部期间，股价一再回升，而且回升至上次同样的高点水平才向下回落，形成明显的两个头部，也可称作两头两肩式走势。有一点必须留意：成交量在第二个头往往会较第一个减少，如图 10-55 所示。

### 2．含义

复合头肩形态的分析意义和普通的头肩式形态一样，当在底部出现时，即表示一次较长期的升市即将来临；假如在顶部出现，显示市场将转趋下跌。

在形成复合头肩型的初期，因成交量可能不规则，使形态难以辨认，但稍久就很容易看出它和头肩型的趋势完全一致。

许多人都高估复合头肩形态的预期上升(或下跌)威力，其实复合头肩形态的力量往往较普通的头肩形态为弱。在中期性趋势出现时，复合头肩形态完成其最少升幅(或跌幅)便不再继续下去，而普通头肩形态的上升(或下跌)，往往是较其量度出来的最少幅度为大的。

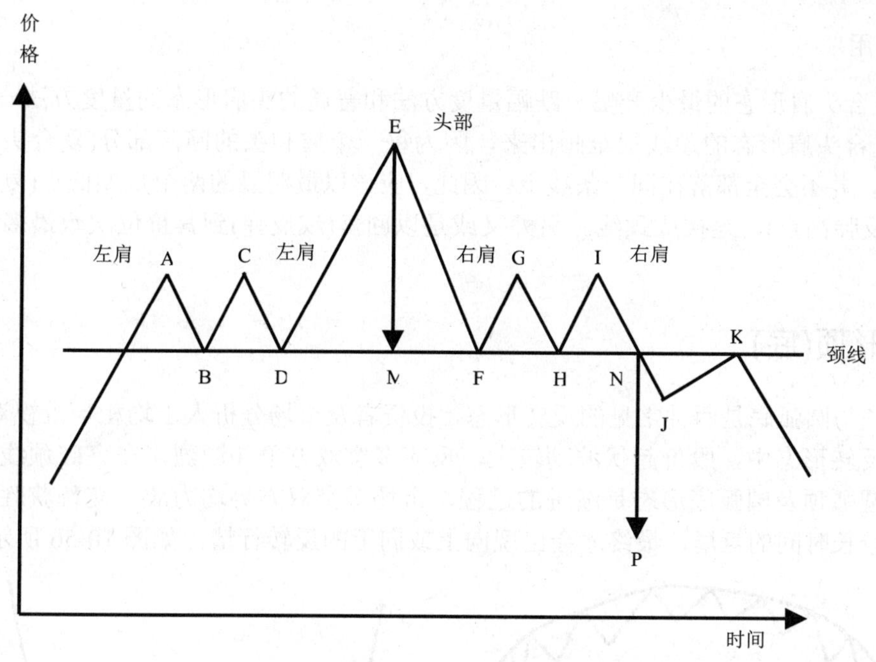


图 10-54　一头多肩头肩顶

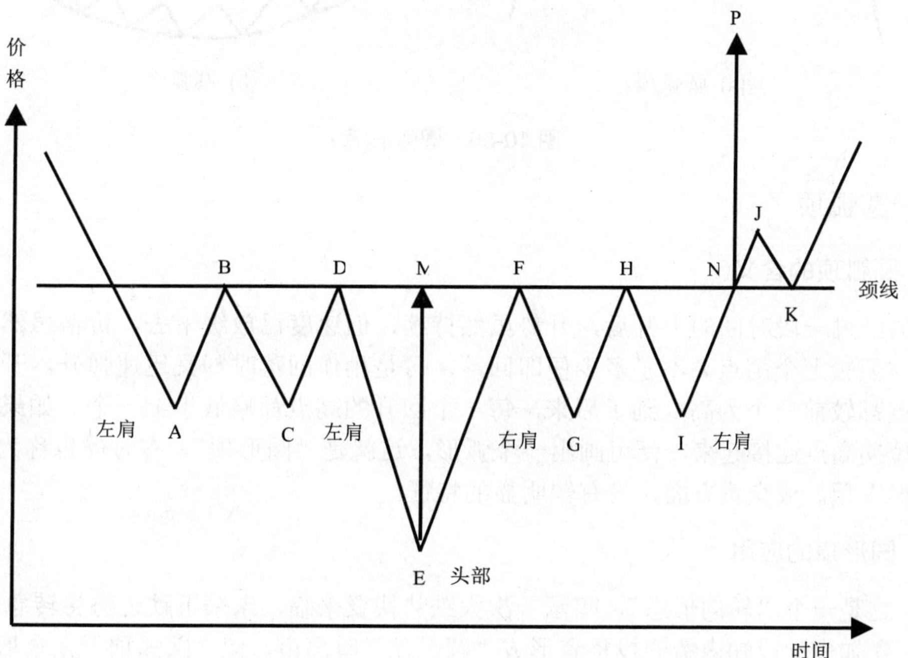


图 10-55　一头多肩头肩底

3．应用

(1) 复合头肩形态的最少升幅／跌幅量度方法和普通的头肩形态的量度方法一样。

(2) 复合头肩形态的颈线很难画出来，因为每一个肩和头的回落部分(复合头肩底则是回升部分)，并不会全都落在同一条线上。因此，应该以最明显的两个短期低点(复合头肩底则是短期反弹高点)，连接成颈线。另外又或是以回落(或反弹)到其价位次数最多的水平接连成颈线。

## 四、圆形顶(底)

圆弧顶与圆弧底是两种常见的反转形态，投资者及市场分析人士均相当重视对其研判，在头肩形反转形态中，股价起伏波动较大，反应多空双方争斗激烈，在突破颈线后，形态成立。而圆弧顶及圆弧底形态是渐进的过程，市场多空双方势均力敌，交替获胜。使股价维持一段较长时间的盘局，最终才会出现向上或向下的反转行情，如图 10-56 所示。

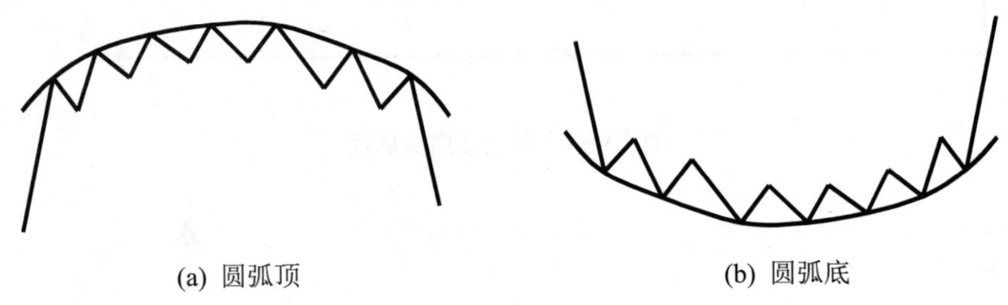

(a) 圆弧顶　　(b) 圆弧底

图 10-56　圆弧顶(底)

### (一)圆弧顶

1．圆弧顶的含义

行情经过一段时间的上升后，升势虽然持续，但速度已放缓下去，价格虽然不断地升向新高，但较上个高点高不了多少便即回落，可是稍作回落时却又迅速弹升。开始，每一个新高点都较前一个为高，到了后来，每一个回升的高点都略低于上一个。如果把这区域每一个短期高点连接起来，便可画出一个弧形，这就是“圆形顶”。有时候也称为“碟形”或“碗形”顶。成交量方面，没有较明显的特征。

2．圆形顶的应用

(1) 这是一个“转向形态”，暗示一次大跌势快要来临，未来下跌之势将转急和转大。

(2) 先知先觉或知内情的投资者形成“圆弧顶”时离市，但“圆弧顶”完全形成后，那些尚未来得及撤离的也该马上沽出。

(3) 有时当圆弧顶形成后，股价并不立刻下跌，而是反复横向发展，形成徘徊区域，称作碗柄。一般来说碗柄很快便会被突破，股价会继续朝着预期中的下跌方向发展，但却提供给了投资者在下跌之前的一个退出机会。

(4) 圆弧顶突破后的最小跌幅一般是圆弧颈线到圆弧顶最高点之间的垂直距离。

(5) 由于圆弧顶的颈线比较难确定，所以，圆弧顶的理论下跌目标位很难确定，一般只有通过支撑位、百分比、黄金分割等方法来预测。

(6) 圆弧顶形成时的成交量没有固定特征，一般呈逐级递减，在开始股价上升时成交量增加，在升至顶部时显著减少。在股价下滑时，成交量又开始稍放大，有时也出现巨大而不规则的成交量。有时也会呈圆顶形状或V形。

(7) 圆弧顶多出现于绩优股或者大盘走势中，由于绩优股持股者心态稳定，多空双方力量很难出现急剧变化，主力在高位慢慢派发，K线容易形成圆弧顶。

#### 3．操作策略

(1) 由于圆弧顶形态耗时较长，没有像其他图形有着明显的卖出点。但其有足够的时间让投资者依照趋势线，重要均线系统及其他指标在形成之前及早退出。

(2) 圆弧顶最小跌幅为圆弧顶至颈线的垂直距离，在跌破颈线3%或者连续三天收盘在颈线以下，确认圆弧顶向下突破。圆弧顶向下突破确立后，可采取卖出策略。

(3) 在圆弧顶末期，股价跌到一定程度时，会引起持股者恐慌，会使跌幅加剧，常出现跳空缺口或大阴线，此时是一个强烈的出货信号，应果断离场。

(4) 圆弧顶成交量多呈现不规则状。一旦圆弧顶右侧量小于左侧量甚为明显时，圆弧顶形成的概率就高。随时关注圆弧顶的形状和成交量的变化，当感觉有风险时，可考虑提前卖出。

### (二)圆弧底

#### 1．圆弧底的含义

和“圆弧顶”走势刚好相反，行情回落到低水平时渐渐稳定下来，这时跌势虽然持续，但速度已放缓下去，价格虽然不断地创新低，但较上个低点低不了多少便即回升，可是稍作回升时却又迅速回落。开始，每一个新低点都较前一个为低，到了后来，每一个回落的低点都略高于上一个低点。如果把这区域每一个短期低点连接起来，便可画出一个弧形，这就是“圆弧底”。这时候成交量很少，投资者不会不计价地抢高，只有耐性地限价收集。初时成交量缓慢地减少到一个水平，然后又逐渐增加。在整个碟形底中，成交也像一个碟状。

#### 2．圆形底的应用

(1) 圆弧底是一个“反转形态”，显示一次巨大的升市即将来临。

(2) 投资者可以在“圆弧底”升势转急之初追入。

(3) 假如“圆弧底”出现时，成交量并不是随着价格作弧形的增加，该形态不宜信赖，应该等待进一步的变化再作决定。

#### 3．操作策略

(1) 有时当圆弧底部形成后，股价并不随即上涨，而是先走出一个来回窄幅拉锯的平台即锅柄，也称进货平台，此处买进较佳。

(2) 在圆弧底形成中，由于多空双方皆不愿意积极参与，成交量极小，价格显得异常沉闷，这段时间显得很漫长，所以不要过早介入，可选择在突破颈线时买入。

(3) 圆弧底形态通常是机构庄家吸货区域，由于其炒作周期长，故在完成圆弧底形态后，其涨升的幅度也是很大的，投资者如在圆弧底形态内买进，则要注意在启动前的震仓洗盘。因为在涨升初期，会吸引大量散户买进，给机构庄家后期拉抬增加负担。清扫出局一批浮动筹码与短线客后，机构才会大幅拉抬股价格，在上涨途中，还会不断地利用旗形、楔形等多种整理形态调整上升角度，延续涨升，所以，圆弧底形态从某种角度上也可说是黎明前的黑暗，在形态内价格貌似平静如水，实际上是在酝酿着一波滔天巨浪。

(4) 圆弧底的最终上涨高度往往是弧底最低点到颈线距离的 3 至 4 倍，但是圆弧底如果距离前期的成交密集区太近，尽管底部形成的时间足够长了，后市上涨高度也有限，因为原有的股票持有者没有经历一个极度绝望的过程，导致底部的换手率不高，限制了未来的涨升空间。

(5) 圆弧底常见于低价股中，呈现一种平底延伸状，通常需要数月才能完成。在圆弧底形成期间，有时还常伴随蝶形底。

(6) 在所有的底部技术形态中，圆弧底形成的概率较低，这是因为形成圆弧底的条件严格，首先它要求股价处于低价区。其次，低价区的平均价格应该至少低于最高价的 50%以上，距离前期成交密集区要尽可能的远。最后在形成圆弧底之前，股价应该是处于连续下跌状态。

## 五、双重顶(底)

#### 1．含义

一只股票上升到某一价格水平时，出现大成交量，股价随之下跌，成交量减少。接着股价又升至与前一个价格几乎相等之顶点，成交量再随之增加却不能达到上一个高峰的成交量，再第二次下跌，股价的移动轨迹就像 M 字。这就是双重顶，又称 M 头走势。

一只股票持续下跌到某水平后出现技术性反弹，但回升幅度不大，时间亦不长，股价又再下跌，当跌至上次低点时却获得支持，再一次回升，这次回升时成交量要大于前次反弹时成交量。股价在这段时间的移动轨迹就像 W 字，这就双重底，又称 W 底走势，如

图 10-57 所示。

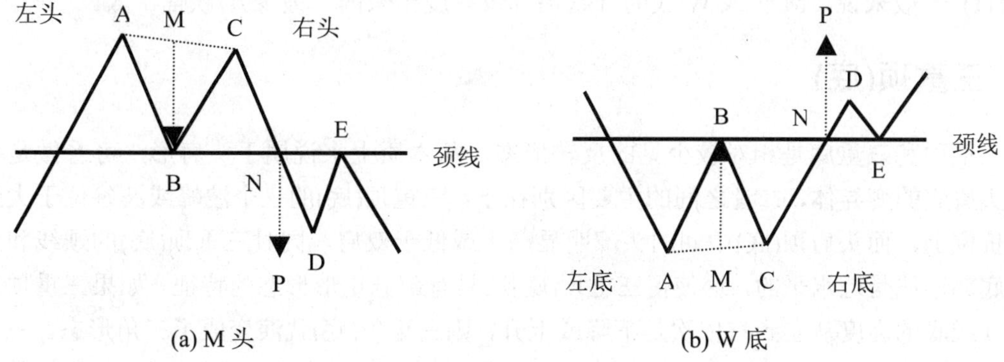


图 10-57 双重顶(底)

2．M 顶、W 底的分析应用

(1) 这是一个“反转形态”。当出现 M 头时，即表示行情的升势已经终结，在可见的一段时间里转为下跌。当出现 W 底时，即表示跌势告一段落，在未来的一段时间里转为上升。

(2) 通常这些形态出现在长期性趋势的顶部或底部，所以当 M 头形成时，我们可以肯定双头的最高点就是顶点。而 W 底的最低点就是底部了。

(3) 当 M 头的颈线跌破，就是一个可靠的出货信号。而 W 底的颈线冲破，则是一个入货的信号。

(4) M 头最少跌幅的量度方法，是由颈线开始计起，至少会再下跌从双头最高点至颈线之间的差价距离。W 底最少升幅的量度方法也是一样。

(5) M 头的两个高点并不一定在同一水平，二者相差少于 3%是可接受的。通常来说，第二个头可能较第一个头高出一些，原因是看好的力量企图推动价格继续再升，可是却没法使价格上升超过 3%的差距。

(6) 一般 W 底的第二底点都较第一个底点稍高，原因是先知先觉的投资者在第二次回落时已开始买入，令价格没法再次跌回上次的低点。

(7) 形成第一个头部(或底部)，其回落的低点约是最高点的 10%～20%(底部回升的幅度也类似)。

(8) 两个高点(两个低点)形成的时间超过一个月。

(9) 通常突破“颈线”后，会出现短暂的反方向移动，通常我们称之为“后抽”。W 底只要后抽不低于颈线(M 头的反抽则不能高于颈线)，形态依然有效。

(10) M 头的两个高峰都有明显的高成交量，这两个高峰的成交量同样尖锐和突出，但第二个头部的成交较第一个头部显著为少，反映出市场的购买力量已在转弱。W 底第二底部成交量十分低沉，但在突破颈线时，必须得到成交量激增的配合方可确认。M 头跌破颈线时，不需成交量的上升也应该信赖。

(11) 一般来说，M 头或 W 底的升跌幅都较量度出来的“最少升/跌幅”大。

## 六、三重顶(底)

三重顶和三重底是相对较少见的反转形态，从本质上来说属于头肩形，可看做是头肩顶于头肩底的变异体，二者之间的主要区别在于：三重顶(底)的三个波峰或波谷位于大致相近的价位上，而头肩顶(底)中间的头部明显高于或低于双肩。同时三重顶(底)的颈线和顶部或者底部连线是近水平的，这使得三重顶(底)还具有部分矩形形态的特征。如果三重顶底的三个顶或底的高度从左到右依次是下降或上升，则三重顶(底)就演变成了三角形态。三重顶(底)和双重顶(底)也十分相似，只是多了一个顶(底)，而且分得更开、更深，这些都是我们在应用三重顶(底)时应该注意的地方，如图 10-58 所示。

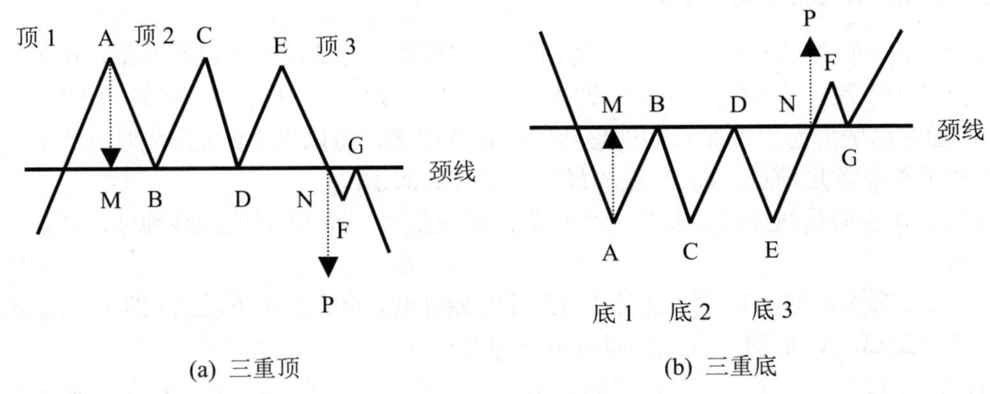


图 10-58 三重顶(底)

### (一)三重顶

#### 1. 含义

三重顶又称为三尊头，是指股价上升到一定的高度后，先后出现了三个高点相近顶部的反转图形。通常出现在升势后期，是预示即将下跌的信号。当头肩顶的头部超过肩部不够多时，就可形成三重顶。

股价上升一段时间后，投资者开始获利回吐，在他们的沽售下，股价从第一个峰顶回落，当跌落至某一区域，吸引了一些看好后市的投资者兴趣，加上前期在高位沽出的投资者逢低回补，于是行情再度回升，但市场买气不够旺盛，在股价回升至前一高位附近时，遇到减仓盘的抛售，股价再度走软，在前一次低点附近，被新加入投资者及短线买盘再度拉起，由于在高点二次都受阻而回，令大多数的投资者在股价第三次接近前两次高点时都

纷纷减仓，股价逐步下滑，当跌至前两次低点，一些短线客开始止损出局，随后越来越多的投资者意识到大势已去，随即沽出，股价跌破颈线，于是整个三重顶形态便告成立。

### 2. 要点提示

(1) 三重顶的三个顶点和低点，价格不必相等，相差 3%以内就行。间隔距离与时间不致也行，相近即可。

(2) 三重顶理论最小跌幅是指三个顶部高点的连线到颈线的垂直距离。顶部越宽，下跌力量越强。

(3) 在三重顶中，三个波峰相对应的成交量是相继减少的，反映出随市况的发展，看多的投资者在逐步减少，是市场即将发生逆转的一种迹象。

(4) 三重顶形态的三个顶部之间应有一定的间隔，一般来讲两顶间应有 5 根 K 线以上，过少则会影响判断的准确性。

(5) 只有处在高位的三重顶形态才是有效的下跌信号。如果出现在低位或是上升途中，多数情况下，经过一段横盘整理，价格会向上突破。如果按三重顶形态抛出，就有踏空的可能。

(6) 三重顶形成后，持仓的投资者大多会在第三个顶部附近卖出，价格会向下跌落，第四个顶部是较少见到的。

(7) 由于三重顶形成时产生了成交密集区，当跌破颈线位时，使得近期买入的投资者全线被套，常会出现后期反复杀跌的局面。

### 3. 操作策略

(1) 当三重顶的第二个波峰形成时，如成交量出现顶背驰现象，持股的投资者可考虑适当减仓。

(2) 当三重顶形成第三个顶时，如果上升时成交量非常小，显示出即将下跌的征兆，要引起投资者的警觉，可果断离场观望。

(3) 当三重顶向下跌破颈线时，要及时退出。后市实际跌幅不好估量，此时发出的卖出信号，有时则显得稍迟，极端的情况，在后市连续跌停的过程中投资者根本无法出局。

## (二)三重底

三重底可说是三重顶形态的倒影，由三个相近低点而形成，是即将上涨的反转形态。相对于双重底和头肩底而言比较少见，但却比两者具有更加坚实的底部形态，突破后的上攻力度也更强。与双重底相比，三重底形成时间较长，有时拖延数月时间，当向上穿破阻力线时形态才被确认，多发生在波段行情的底部。

### 1. 含义

股价连绵下挫，持股者普遍亏损严重，抛盘很轻，当跌至低位时，一些试探性买盘介入，推动股价回升。当反弹一段后，遭遇前期套牢止损盘和短线抄底获利盘抛压，股价快速回落，当跌到前次低点时，看好后市而错过在上次低点买入者，随即买进，股价返身向上。当回升到前次高点附近时，遇到减仓盘的抛售，股价再度走软。由于二次在相近低点买入者都获利，令大多数的投资者在股价第三次接近前两次低点时都纷纷买进，股价逐级上升，随后越来越多的投资者意识到涨势已成，加码买入，股价带量向上突破颈线，于是整个三重顶形态便告成立。

2. 要点提示

(1) 三重底的三个底部与颈线的距离大致相当，相差在 3%以内就行。

(2) 三重底向上突破后的最小涨幅为底部至颈线的距离。

(3) 三重底形态的三次低点形成时间，通常要保持在 10 到 15 个交易日以上，如果间隔过小，底部形态构筑基础不牢，后市上攻力度有限。

(4) 三重底中成交量要呈现出逐次放大的态势，尤其在形成第三个底时的成交量要明显放大，股价必须带量突破颈线位才能最终确认形态成立，才有望展开新一轮升势。否则极有可能导致形态构筑失败。

(5) 三重底的低点到颈线位的距离越宽，形成突破后的上攻力度越强。

3. 操作策略

(1) 三重底理论涨幅将大于或等于最小涨幅，即使在形态确立后介入，仍有较大的获利空间。当放量向上突破颈线 3%或者连续三天收盘在颈线以上后，可采取买进策略。

(2) 在实际操作中不能仅仅看到有三次探底动作就认定是三重底而盲目买入，有时即使在走势上完成了形态的构造，但如果不能最终放量突破其颈线位，三重底仍有功败垂成的可能。过早介入虽有可能获取超额利润，但从风险和收益比率衡量，反而得不偿失。

(3) 在股价有效突破颈线位后，如有回抽确认动作，可果断买入。

## 七、潜伏底

潜伏底形成的时间比圆形底耗时更长，股价经过一段幅度的跌势后，长期在一个极狭窄的范围区间内横向波动，并且每日股价的高低波幅极少，成交量亦十分稀疏，图表上形成一条横线带状般的形状，这种形态称之为潜伏底。

经过一段长时间的潜伏静止后，股价和成交量同时摆脱沉闷的盘整，大幅向上突破暴升，盘整越久爆发的力度和高度越高，市场常谓之“横起来有多长竖起来有多高”，如图 10-59 所示。

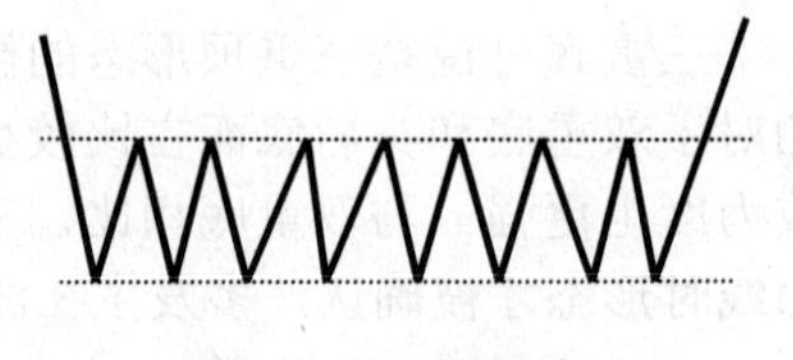

图 10-59 潜伏底

### 1. 形成机理

潜伏底大多出现在市场平淡之时或冷门股上。

一般这些股票公司不太注重宣传，前景题材模糊缺乏吸引力，结果受到投资者的忽视，稀少的买卖使股票的供求关系比较平衡，持有股票的人找不到急于沽售的理由，有意买进的也找不到急于追入的原因，于是股价就在一个狭窄的区域里窄幅波动，既没有上升的趋势，也没有下跌的迹象，表现走势相当淡漠沉闷。最后该股突然出现不寻常的大成交量，股价亦脱离潜伏底大幅向上扬。

在这潜伏底中先知先觉的投资者，在潜伏底形成期间不断在暗中吸纳，众多的投资者却忍受不了潜伏底的长时间折磨低位让筹斩仓，所以由于潜伏底筑底时间长浮筹较少，主力启动拉升时就会十分轻松，往往走出连续逼空的走势。

### 2. 形态特征

(1) 通常潜伏底时间应较长，几个月到几年的都有。

(2) 突破的特征是成交量激增，股价在突破后的上升途中，应继续维持高成交量，一旦突破后很少有回抛发生。

(3) 潜伏顶的分析含义同潜伏底形态类似。

### 3. 操作策略

与圆形底一样，潜伏底最应避免的就是过早买入，以免长期锁定资金，最佳的买入点是放大量向上突破之时，当形态突破后，未来的上升趋势将会强而有力，而且股价的升幅甚大。所以，当潜伏底明显向上突破时，值得投资者马上跟进，跟进这些股票利润十分可观，但风险却是很低。

### 4. 要点提示

(1) 通常潜伏底时间应较长。整体换手率不会超过 300%。股市中有句话：横有多长，竖有多高。就是指横盘期越长的股票，涨幅度就越高。说明主力资金吸筹准备充分。

(2) 投资者必须在长期性底部出现明显突破时方可跟进。突破的特征是成交量激增。前期吸筹形态出现时，并不代表马上就要拉升，当吸筹充分以后，配合着大盘需要各股才会突破拉升。

(3) 在突破后的上升途中，必须继续维持高成交量。

## 八、V 形

V 形反转是实战中比较常见的、力度极强的反转形态，往往出现在市场剧烈波动之时，在价格底部或者顶部区域只出现一次低点或高点，随后就改变原来的运行趋势，股价呈现出相反方向的剧烈变动。

V 形反转在投资品种的 K 线组合里是很多见的。V 形反转是一种强烈的上涨信号。它的出现一般都是 K 线趋势经过一段较长时间的下跌后(下跌按某个角度下行)一般是在利空后，极度发泄后，突发较大的利好消息(股票)，这时 K 线拐头向上而且有相当一段的持续性。因此在 K 线图形上形成了一个 V 字，如图 10-60 所示。

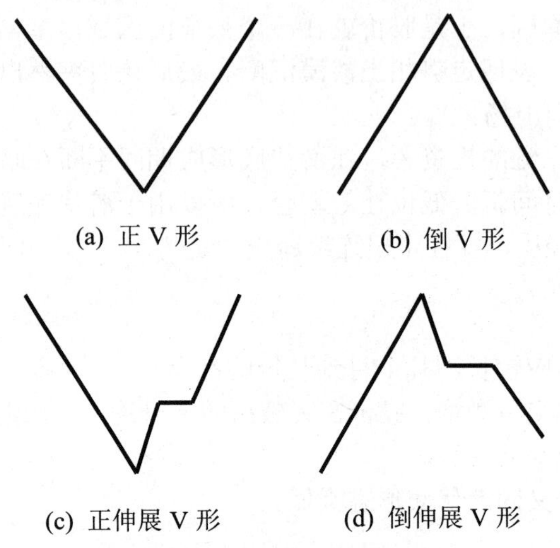


图 10-60 V 形

## 1. V 形反转的特征

(1) 出现在(股票、期货……)急速下跌之后。

(2) 在急速恐慌性下跌末期，空头能量得到了彻底的宣泄，这时做多的力量已开始堆积，如股市有利好，股票(黄金、期货等品种)会迅速反转，掉头向上。反应敏捷者蜂拥而入，很快把价格推了上去。

(3) V 形反转启动速度很快，在底部停留的时间极短，反应慢的投资者容易踏空。可操作性差些。下单速度慢都不易成交，这时如果对后市判断正确可追高买进，否则机会稍纵即逝。非要介入可及早撤单更新买入。做黄金和期货的投资人，短期 K 线经常出现这些 K 线图形，及时“挡板法”介入，短线效果很佳。

## 2. V 形的类型

V 形可分为三类：

(1) 正 V 形，是指在持续下跌到相对低位后，突然急速回升，在图形上出现一个“V”字，如 1994 年 7 月的 325 点反转、2003 年 1 月 1311 点开始的反弹，皆为正 V 形反转。

(2) 倒转 V 形，是指与正 V 形走势相反的形态，当股价一路上升到达相对高位后，突然呈 180 度大转变掉头急速下跌，在图形上形成一个倒转“V”形，如大亚科技(000910)在

2001 年 6 月见顶后的暴挫就是倒转 V 形。

(3) 伸展 V 形，是指正 V 形或倒转 V 形走势形成之后，横向波动一段时间，然后再继续其 V 形走势，伸展 V 形又分正伸展 V 形和倒伸展 V 形两种，实战中通常所指的 V 形大多是这两种，如时代新材(600458)在 2003 年 1 月 6 日以锤头见底后出现的上攻就是伸展 V 形。

### 3．V 形反转的征兆

V 形反转的出现一般没有事先的征兆，并且是一种失控的形态，在应用时要特别小心。不过形态完成后潜能相当惊人，所达到的上升或下跌幅度也不可测算，但转势一经形成，可确认性较高，具有十分重要的实战意义。

如何把握 V 形反转机会呢？要注意以下几点：

(1) 涨跌幅度，一般来讲短期内涨跌幅度越大、动力越强，出现 V 形反转的可能性也越强，超过 5%以上的巨阳或巨阴往往成为很好的配合证据。

(2) 价量配合，正 V 形反转在转势时成交量要明显放大，价量配合好，尤其转势前后交投的放大，实际上是最后一批杀跌盘的涌出和先知先觉接货造成的；倒转 V 形反转对成交量没有强制要求，不过其转势前成交量往往也会暴增，实际上意味着多头力量已成强弩之末，买盘后继无力了；而伸展 V 形的价量要求则与伸展前的 V 形性质相同。

(3) 结合中长期均线进行研判。均线具有显著的判断趋势运行的功能，借助 20 日、30 日和 120 日均线，可较准确把握 V 形反转的两次大机会，一般可采用 20 日均线。当股价第一次突破 20 日均线时，虽不能明确 V 形反转能否确立，但这却是激进的做多或做空信号，一旦出现第二次突破 20 日均线，基本上可以确认反转趋势的确立，这是稳健的做多或做空信号。

(4) 实战中正伸展 V 形的横向波动为较好的介入时机，既安全又有效，股价第二次突破 20 日均线为较好的短线介入点。同时股价横向波动的相对位置也十分重要，如在前期高点之上横盘，预示主力有极强的控盘能力，向上动力强；如在前期高点附近上下波动，则向上动力相对较弱。此外横盘持续时间也十分重要，一般而言横盘越久，向上力度也越小。实战中要加以品味与区分。

## 九、喇叭形

### 1．形态分析

股价经过一段时间的上升后下跌，然后再上升再下跌，上升的高点较上次为高，下跌的低点亦较上次的低点为低。整个形态以狭窄的波动开始，然后和上下两方扩大，如果我们把上下的高点和低点分别连接起来，就可以画出一个镜中反照的三角形状，这便是喇叭形。

成交量方面，喇叭形在整个形态形成的过程中，保持着高而且不规则的成交。喇叭形分为上升型和下降型，其含义一样，如图 10-61 所示。

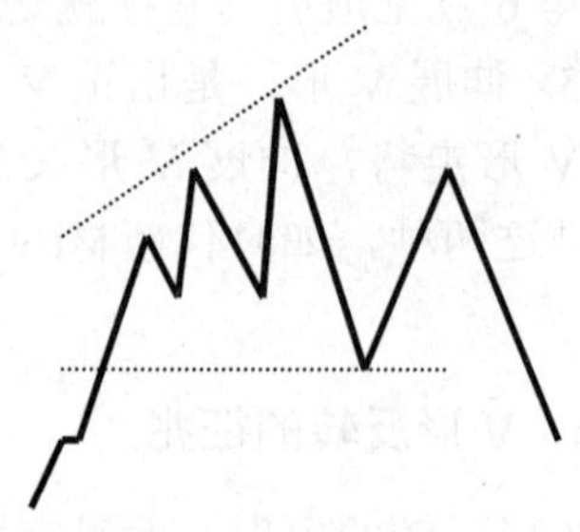

图 10-61 喇叭形

2. 市场含义

整个形态是因为投资者冲动的投资情绪所造成，通常在长期性上升的最后阶段出现，这是一个缺乏理性和失去控制的市场，投资者受到市场炽烈的投机风气或传言所感染，当股价上升时便疯狂追上，但他们对市场的前景(或公司前景)却一无所知，又或是没有信心，所以当股价下跌时又盲目地加入抛售行列。他们冲动和杂乱无章的行动，使得股价不正常地大起大落，形成上升时，高点较上次为高，低点则较上次为低。至于不规则而巨额的成交，正反映出投资激动的买卖情绪。这种形态是大跌市来临前的先兆，因此喇叭形可说是一个下跌形态，暗示升势将到尽头，可是形态却没有明确指出跌市出现的时间。只有当下限跌破时，形态才可确定，未离市的投资者就该马上沽出撤离了。

3. 要点提示

(1) 一个标准的喇叭形应该有三个高点，二个低点。这三个高点一个比一个高，中间的两个低点则一个较一个低；当股价从第三个高点回跌，其回落的低点较前一个低点为低时，可以假设形态的成立。和头肩顶一样，喇叭形属于“五点转向”形态，故此一个较平缓的喇叭形也可视之为一个有较高右肩和下倾颈线的头肩式走势。

(2) 这种形态并没有最少跌幅的量度公式估计未来跌势，但一般来说，振幅都很大。

(3) 这种形态也有可能会向上突破，尤其在喇叭形的顶部是由两个同一水平的高点连成，如果股价以高成交量向上突破(收市价超越阻力水平百分之三)，那么这种形态最初预期的分析意义就要修正，它显示前面上升的趋势仍会持续，未来的升幅将十分可观。这是因为当喇叭形向上冲破时，理论上是一次消耗性上升的开始，显示市场激动的投资情绪进一步扩大，投资者已完全失去理性的控制，疯狂地不计价追入。当购买力消耗完结后，股价最终便大幅跌下来。喇叭形是由投资者冲动和不理性的情绪造成的，因此它绝少在跌市的底部出现，是因股价经过一段时间的下跌之后，投资意愿薄弱，因此它在低沉的市场气氛中，不可能形成这种形态。

## 十、菱形

1. 形态分析

菱形的形态犹如钻石，其颈线为 V 字状。成交量如同三角状，渐次减少。菱形实际是喇叭形和对称三角形的结合。左半部和喇叭形一样，第二个上升点较前一个高，回落低点

亦较前一个为低，当第三次回升时，高点却不能升越第二个高点水平，接着的下跌回落点却又较上一个为高，股价的波动从不断地向外扩散转为向内收窄，右半部的变化类似于对称三角形，如图 10-62 所示。

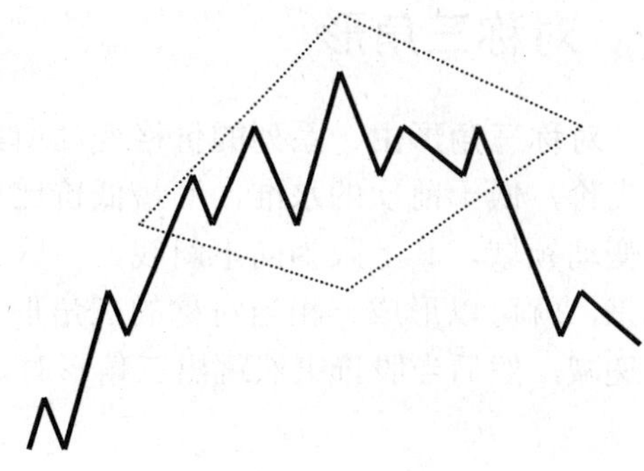

图 10-62　菱形

### 2. 市场含义

当股价愈升愈高之际，投资者显得冲动和失去理智，因此价格波动增大，成交亦大量增加，但很快地投资情绪渐渐冷静下来，成交减少，股价波幅收窄，市场从高涨的投资意愿转为观望，投资者等待市场进一步的变化再作新投资决定。

### 3. 要点提示

(1) 菱形很少为底部反转，通常它在中级下跌前的顶部或大量成交的顶点出现，是个转向形态。

(2) 当菱形右下方支持跌破后，就是一个沽出信号；但如果股价向上突破右方阻力时，而且成交量激增，那就是一个买入信号。

(3) 其最小跌幅的量度方法是从股价向下跌破菱形右下线开始，量度出形态内最高点和最低点的垂直距离，这距离就是未来股价将会下跌的最少幅度。

## 第三节　整理形态分析及应用

整理形态是一种暂时方向连续的状态，这是一种过渡形态，一旦完成主力目的(比如基本出货完毕)，随之而来的就是转折。通常，出货完毕主力常常会用剩余的筹码砸盘，于是形成破位。当然，如果你幸运的话，主力也可能向上做假突破引诱你上当。不过，这种假突破出货常常出现在那些形态构筑较好，技术面基本面较好的股票，往往较难分辨。

整理形态的幅度、位置、成交量决定了可操作性。基本上，大多数的整理形态波动较小，没有操作价值，因此不宜在整理期介入。等待整理结束重新选择方向之后操作都是较安全的。在整理过程中，越接近整理末期越要少参与，因为一旦整理结束，下跌将会给你带来迅速的亏损。而那些迟迟整理不向上突破的则越接近末端越要考虑止损，因为迟迟不突破表明主力在做空。

整理形态主要包括：对称三角形、上升三角形、下降三角形、上升楔形、下降楔形、上升矩形、下降矩形、上升旗形和下降旗形。

## 一、对称三角形

对称三角形由一系列的价格变动所组成，其变动幅度逐渐缩小，亦就是说每次变动的最高价，低于前次的水准，而最低价比前次水准为高，呈一压缩图形，如从横的方向看股价变动领域，其上限为向下斜线，下限为向上倾线，把短期高点和低点，分别以直线连接起来，就可以形成一相当对称的三角形。对称三角形成交量，因越来越小幅度的股价变动而递减，然后当股价突然跳出三角形时，成交量随之变大，如图 10-63 所示。

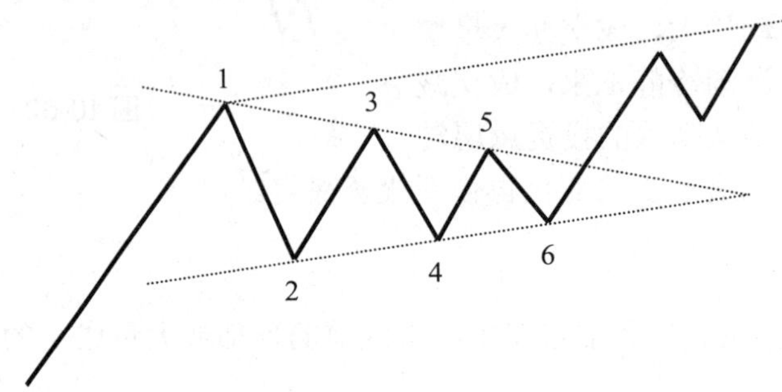


图 10-63　对称三角形

### 1. 形成机理

对称三角形是因为多空双方的力量在该段价格区域内势均力敌，暂时达到平衡状态所形成的。股价从第一个短期性高点回落后，但很快便被买方所推动价格回升，但多方的力量对后市没有太大的信心，或是对前景有点犹疑，因此股价未能回升至上次高点已告掉头再一次下跌；在下跌的阶段中，那些沽售的投资者不愿意太低价贱售或是对前景仍存有希望，所以回落的主动性卖压不强，股价未跌到上次的低点便告回升，多空双方犹豫性的争持，使得股价的上下波动范围日渐缩窄，所以形成了此形态。

### 2. 应用

(1) 颈线。对称三角形必须有两条聚拢的直线，即颈线。上面的颈线向下倾斜，起压力作用；下面的颈线向上倾斜，起支撑作用。要求股价在两条直线内应有至少四个以上的转折点，即两个短期高点和短期低点，股价向上遇到颈线掉头向下，遇到下面的颈线掉头向上。

(2) 突破。对称三角形的突破不一定发生在顶点位置，实际上越接近顶点位置，突破的力量越小，股价将来的力度也越弱。通常突破压力和支撑的两条颈线的位置一般应在三角形横向宽度的 1/2 到 3/4 的位置，这种突破后的力度较大；否则在三角形尾端才突破时，其力度会消失。

(3) 成交量。在对称三角形成的过程中成交量不断减少，反映出多空力量对后市犹疑不

决的观望态度，使得市场暂时沉寂。一般向上突破必须有成交量的配合，即带量突破、快速上升，突破后的回抽确认是买进时机；向下突破不需要成交量的配合，但突破之后要有补量的过程，这是后知后觉者在大势已去时被动斩仓所致。有一点必须注意，假如对称三角形向下跌破时有极大的成交量，可能是一个错误的跌破信号，股价在跌破后并不会出现快速回落；倘若股价在三角形的顶端跌破，且有高成交的伴随，情形尤为准确，股价仅下跌一、二个交易日后便会迅速回升。

(4) 假突破。与其他形态一样，对称三角形也存在假突破的问题。虽对称三角形大部分是属于整理形态，不过亦有可能在升市的顶部或跌市的底部中出现。根据统计，对称三角形中大约 3/4 属整理形态，而余下的 1/4 则属于转势形态。一般情形下，对称三角形股价会继续原来的趋势移动。只有在股价朝其中一方明显突破后，才可以采取相应的买卖行动。如向上放量冲破阻力，是一个短期买入信号；反之缩量往下跌破，是一个短期沽出信号。

(5) 回抽。在突破后可能会出现短暂的回抽确认，上升的回抽止于高点相连而成的颈线，下跌的回抽则受阻于低点相连的颈线之下，倘若股价的回抽大于上述的位置，则说明形态突破的可能有误。

(6) 量度升(跌)幅。对称三角形突破后量度升跌幅一般有两种方法：一是测出三角形最宽部分的高度，然后从突破点算起，量出相等的距离，即最小的升跌幅；二是从三角形转折点中找到那个最高的波峰或最低的波谷，画一条平行于三角形下或上颈线，突破点到这条平行线的垂直高度就是最小价格目标。两者的量度幅度是不相等的，前者是固定数字，后者是不断变动的数字，一般使用前者较多。

(7) 谨防主力骗线。当投资者都掌握了投资技巧后，主力有时会逆向操作，先来假突破，在你卖出或买进股票时，股价却又向相反的方向快速发展。有经验的投资者一般是在突破时买进或卖出，这样做虽然减少一部分利润，但成功率却大大提高了。主力骗线主要有：向下跌破颈线时成交量放大，可能为假突破；对称三角形形态内的成交量呈现忽大忽小的不规则状时，其如向上突破往往也为假突破。

## 二、上升三角形

上升三角形顾名思义，其趋势为上升势态，从形态上看，多方占优，空方较弱，多方的强大买盘逐步将价格的底部抬高，而空方能量不足，只是在一水平颈线位做抵抗。从 K 线图中可绘制低点与低点相连，出现由左至右上方倾斜的支撑线，而高点与高点相连，基本呈水平位置。单纯从图形看，让人感觉价格随时会向上突破，形成一波涨势。但技术分析不能带有单一性，一般形态派人士将价格形态作为一个重点，但他也不会忽视形态内成交量的变化。在上升三角形形态内的成交量也是从左至右呈递减状态，但当它向上突破水平颈线时的那一刻，必须要有大成交量的配合，否则成交量太小的话，价格将会出现盘整的格局，从图形上走出失败形态。如果在上升三角形形态内的成交量呈不规则分布，则维持盘整的概率要大。由于上升三角形属于强势整理，价格的底部在逐步抬高，多头买盘踊跃，上升三角形突破成功的话，突破位为最佳买点，后市则会有一波不俗的涨幅。如果上升三角形突破失败的话，则会承接形态内的强势整理而出现矩形整理，形成头部形态的概率也不会太大，如图 10-64 所示。

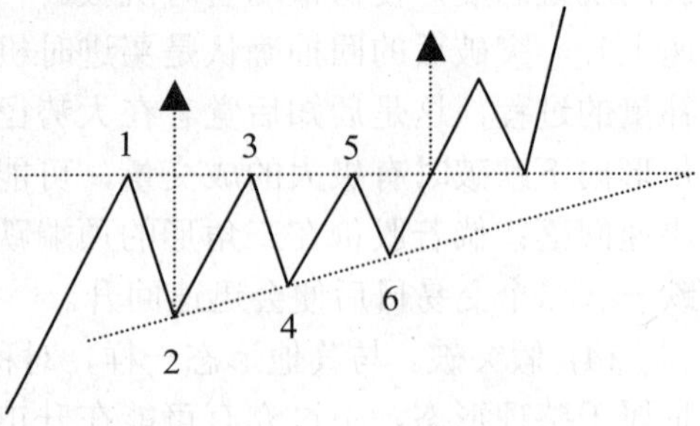

1
3
5
6
4
2

图 10-64　上升三角形

1. 形成机理

和对称三角形一样，上升三角形也是因为多空双方的力量在该段价格区域内较力形成的，只不过上升三角形在该段价格区域内多方力量稍微比空方力量强一点，使得走势有利于多方，但是仍然暂时维持平衡状态。股价从第一个短期性高点回落后，但很快便被买方所推动价格回升，虽然多方力量强于空方，但多方的力量对后市仍没有太大的信心，或是对前景有点犹疑，因此股价未能超过上次高点已告掉头再一次下跌；在下跌的阶段中，那些沽售的投资者不愿意太低价贱售或是对前景仍存有希望，所以回落的主动性卖压不强，股价未跌到上次的低点便告回升，多空双方犹豫性的争持，使得股价的上下波动范围日渐缩窄，所以形成了此形态。

2. 应用

(1) 颈线。和对称三角形一样，上升三角形也必须有两条聚拢的直线，即颈线。上面的颈线近似水平，起压力作用；下面的颈线向上倾斜，起支撑作用。要求股价在两条直线内应有至少四个以上的转折点，即两个短期高点和短期低点，股价向上遇到颈线掉头向下，遇到下面的颈线掉头向上。

(2) 突破。和对称三角形不一样，上升三角形的突破不发生在顶点位置，通常突破压力和支撑的两条颈线的位置一般应在三角形横向宽度的 1/2 到 3/4 的位置，这是因为上升三角形在该段价格区域内多方力量稍微比空方力量强一点，所以，上升三角形突破后的力度较大。

(3) 成交量。上升三角形成交量的分析和对称三角形一样，在上升三角形成的过程中成交量不断减少，反映出多空力量对后市犹疑不决的观望态度，使得市场暂时沉寂。一般向上突破必须有成交量的配合，即带量突破、快速上升，突破后的回抽确认是买进时机。上升三角形很少向下突破，这是因为上升三角形在该段价格区域内多方力量稍微比空方力量强一点，除非突发利空才向下突破。

(4) 假突破。上升三角形属于整理形态，很少是转势形态。与对称三角形一样，上升三角形也存在假突破的问题。上升三角形即使是假突破也不要紧，回到区域内以后一般会演变成矩形整理，所以，上升三角形比对称三角形对多方有利，可以采取比较积极的操作策略，只要突破了就可以买入，即使是假突破，损失也不大。

(5) 回抽。在突破后可能会出现短暂的回抽确认，上升的回抽止于高点相连而成的颈线，倘若股价的回抽大于上述的位置，则说明形态突破的可能有误。

(6) 量度升(跌)幅。上升三角形突破后量度升跌幅一般只有一种方法：就是测出三角形最宽部分的高度，然后从突破点算起，量出相等的距离，即最小的升跌幅。

(7) 谨防主力骗线。当投资者都掌握了投资技巧后，主力有时会逆向操作，先来假突破，在你卖出或买进股票时，股价却又向相反的方向快速发展。有经验的投资者一般是在突破时买进或卖出，这样做虽然减少一部分利润，但成功率却大大提高了。主力骗线主要有向下跌破颈线时成交量放大，可能为假突破。在上升三角形形态中，主力一般不做向上突破的骗线，因为向上突破的骗线很难成功，主力说不定会弄巧成拙。

## 三、下降三角形

下降三角形是对称三角形的变形，与上升三角形恰好相反，空头显得相当急迫，但由于多头在某特定的水平出现稳定的购买力，因此每回落至该水平便告回升，造成颈线支撑线成一水平线；同时由于市场的沽售力量在不断加强，空头要求卖出的意愿越来越高涨，不断降低卖出委托的价格，如图10-65所示。

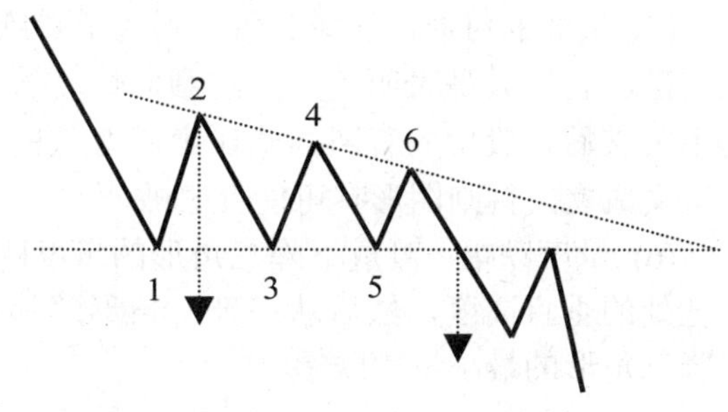


图 10-65 下降三角形

### 1. 形成机理

下降三角形是多空双方在某价格区域内的较量表现，然而多空力量却与上升三角形所显示的情形相反。看空的一方不断地增强沽售压力，股价还没回升到上次高点便再沽出，而看多的一方坚守着某一价格的防线，使股价每回落到该水平便获得支持。从这个角度来看，此形态的形成亦可能是主力在托价出货，直到货源沽清为止。目前市场中有许多投资者往往持有股价多次触底不破且交投缩小为较佳买股时机的观点，其实在空头市场中，这种观点相当可怕，雪上加霜的下降三角形正是说明这一点。事实上下降三角形在多空较量中形成构成买方的股票需求支撑带，即一旦股价从上回落到这一价位便会产生反弹，而股价反弹后便又遇卖盘打压，再度回落至买方支撑带，再次反弹高点不会超前一高点，卖方的抛压一次比一次快地压向买方阵地。这种打压——反弹——再打压的向下蓄势姿态，逐渐瓦解多方斗志，产生多杀多情况，预示多方阵线的最终崩溃。

### 2. 应用

(1) 颈线。下降三角形必须有两条聚拢的直线，即颈线。上面的由左向右下方倾斜的颈线起压力作用；下面的水平颈线起支撑作用。股价在两条直线内应有至少四个以上的转折点，即两个短期高点和短期低点，股价向上遇到颈线掉头向下，遇到水平颈线转身向上。

(2) 突破。下降三角形的突破不一定发生在顶点位置，与对称三角形与上升三角形有区别的是，不要求突破支撑颈线的位置在三角形的横向宽度的 1/2 到 3/4 的位置。当发展到下降三角形尾端才向下突破时，股价仍然会向下突破，因为空头市场中由于多头无法有效凝聚做多力量，股价可以毫无理由地下跌。

(3) 性质。下降三角形属于整理形态，其走势的最终方向将是股价下降。根据有关资料统计，与此相反的例外现象不到 15%。因此下降三角形的准确度极高，很少出现失败的情况，在实战中不能因为其暂时止跌的效应，而贸然认定底部形成，从而错失逃命战机。

(4) 成交量。在完成下降三角形过程中，成交量一般是由左向右逐步递减。与上升三角形明显不同的是下降三角形向下突破时，不需要成交量的配合，即可以无量空跌，当然若成交量放大则下降动量增大。下降三角形在突破下部水平线的支撑颈线时，应为卖出股票时机，投资者要充分抓住时机离场出局。

(5) 失败的可能。下降三角形则属于看跌的走势形态，但有时下降三角形完成后也会向上突破，它们只是表明了一定的倾向性。若相反向上突破，则必须以大成交量来验证。而向下突破后，股价应有回抽确认突破有效的过程，若回升受阻于水平颈线之下则下降三角形意义成立，否则图形有可能会失败。

(6) 量度跌幅。测量下降三角形的量度跌幅，同对称三角形一样，即先量出下降三角形最宽处的垂直高度，然后从突破三角形的那点开始，加上三角形最宽处的垂直高度，就是下降三角形的最小量度跌幅。

## 四、楔形

所谓“楔形”，一般是由两条同向倾斜、相互收敛的直线组成，分别构成股价变动的上限和下限，其中上限与下限的交点称为端点。楔形形态属于短期调整形态，通常分为上升楔形和下降楔形。楔形的与众不同之处是它明显倾斜。楔形向上或向下明显倾斜。通常，楔形如同旗形一样与当前趋势反向倾斜，如图 10-66 所示。

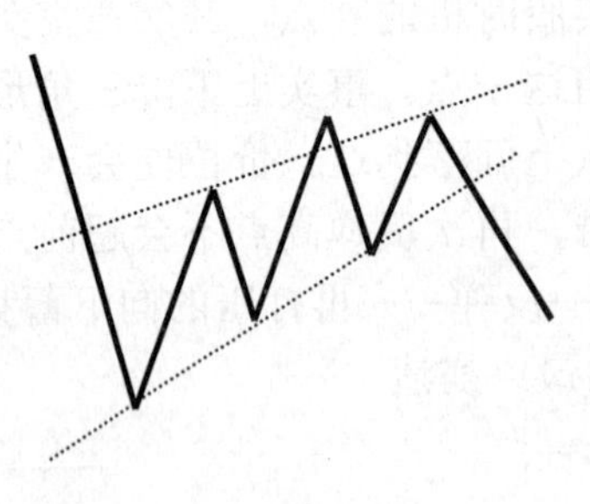

(a) 上升楔形

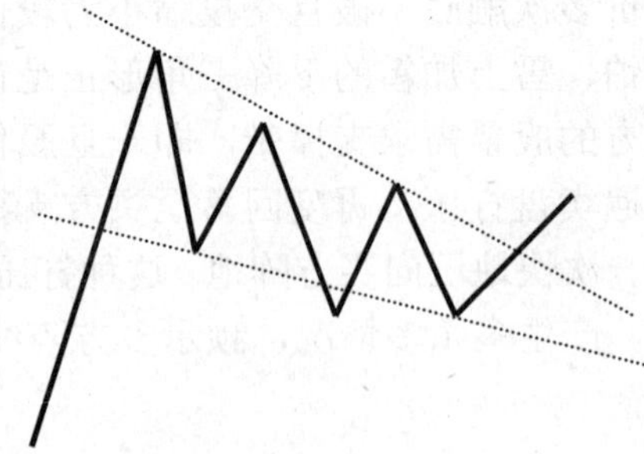

(b) 下降楔形

图 10-66　楔形

### 1. 形成机理

“楔形”态势能够清晰地显示多空双方力量变化的全过程：在上升楔形中，股价上升，卖出压力并未相应增大，但投资人的兴趣却逐渐趋减，股价虽上扬，可是每一次新的上升波幅都较前一次弱，最后当需求完全消失时，股价便反转回跌。因此，上升楔形表示的是一种技术性意义上的渐次减弱的情况。一般而言，上升楔形常在跌市中回升阶段出现，属于整理形态，显示目前股价尚未见底，上升楔形的出现，显示只是一次下跌之后技术性反弹，当其下限跌破后，就是沽出信号。

下降楔形则和上升楔形恰好相反。股价经过一段时间上升后，出现了获利回吐，虽然下降楔形的底线往下倾斜，似乎说明市场的承接力量不强，但新的回落波幅都较上一次回落波幅小，说明沽售力量趋于减弱中，加上成交量在这阶段中的减少，也证明市场卖压的减弱。下降楔形也属于整理形态，通常在中、长期升市的回落调整阶段出现。下降楔形的出现，显示目前升市尚未见顶，只是一波升势后的正常调整。一般来说，形态大多会选择向上突破，当其上限阻力突破时，就是一个买入信号。

### 2. 应用

(1) 无论上升楔形或是下降楔形，其形态中的上下两条线必须较明显地收敛于一点，如果形态过于宽松，形成楔形整理的可能性就该怀疑。一般来说楔形需要两个星期以上的时间才能完成。上升楔形两线延长所形成的交叉点是未来涨升的压力点，

(2) 虽然跌市中出现的上升或下降楔形往下跌破所占的比例大，但如果相反是往上带量升破，那么就可能开始一轮新的升势了。这时候我们应该改变原来偏淡的看法，及时跟进。总之一句话，先要有对后市的看法，同时还要随着市场的变化做出适时修正，计划加变化才可能会成功。

(3) 上升楔形股价或股指在形态内移动，最后终会选择突破方向，如果向下突破，其理想的跌破点是由第一个低点开始，直到上升楔形尖端之间距离的 2/3 处。还有可能会出现的另一种情况，就是股价一直整理到楔形的尖端，还稍作上升，然后才大幅下跌。这时主要看量能的变化，向上升破需要有大量配合，否则就可能是骗线。

(4) 上升楔形和下降楔形有一明显不同之处，上升楔形在跌破下档支撑后经常会出现急跌。反之，出现带量向上突破后一般是快涨。但下降楔形向上突破阻力位后，可能会横向盘升。成交依然清淡，随后价格才会缓慢上升，这时的成交量亦随之而逐级增加。如出现这种情形，大家可在打破盘局后才考虑跟进，可节省时间。

## 五、矩形

矩形是股价由在二条水平的上下界线区间波动而成的盘局形态。股价在某个范围之内波动，当上升到某一水平时，遇到阻力抛压掉头回落，但在下方某处便获得支持而回升，

但是回升到前次同一高点时再次受阻，而挫落到上次低点时则又获得支持，将这些短期高点和低点分别以直线连接起来，便可以绘出一条水平通道，通道既非上倾，亦非下降，而是平行发展，这就是矩形形态，简称箱体。然而，就其广义而言，所有股价变动范围都可以看作是由不同的箱体组成，所以实战时也有着其一套体系操作理论，俗称“箱体理论”，如图 10-67 所示。

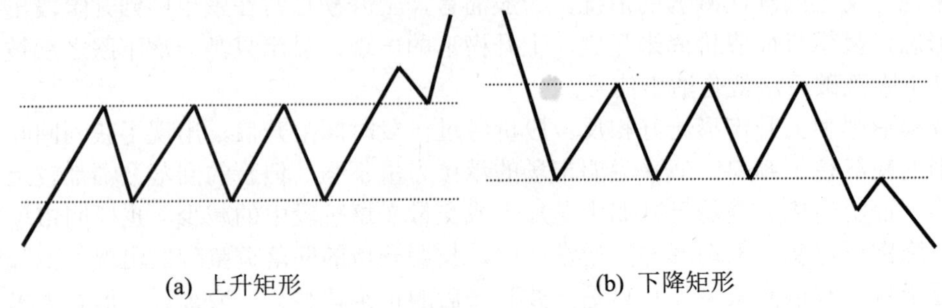


图 10-67　矩形

1. 形成机理

矩形为冲突均衡整理形态，是多空双方实力相当的斗争结果，多空双方的力量在箱体范围间完全达到均衡状态，在这段运动期间谁也占不了上风。看多的一方认为其回落价位是很理想的买入点，于是股价每回落到该水平即买入，形成了一条水平的支撑线，但另一批看空的投资者对股价上行缺乏信心，认为股价难以升越其箱体上轨，于是股价回升至该价位水平便即沽售，形成一条平行的压力线。所以当股价回升一定高度时，一批对后市缺乏信心的投资者退出；而当股价回落到一定价位时，一批憧憬着未来前景的投资者买进，由于多空双方实力相当，于是股价就来回在这一段区域内波动。当然有时也是主力庄家控制幅度，进行吸货出货的结果。

2. 应用

(1) 长方矩形的上轨和下轨大体呈现水平和平行状态，这是与楔形的主要区别。

(2) 矩形一般是中继形态，即经过整理后一般股价运行的轨迹趋势不会改变。

(3) 矩形的成交量一般是呈递减状态，如果成交量较大，则要提防主力出货形成顶部，向上突破时需要放大成交量来配合，向下突破则不必要。

(4) 矩形整理的时间越长，则形态的意义越可靠。

(5) 长方矩形的最小理论升跌幅为箱体的垂直高度。

(6) 长方矩形最佳的买卖点为箱体突破和回抽确认之时，日常亦可在接近箱体上下轨时做做差价，但需注意设立止损点。

## 六、旗形

旗形走势的形态就像一面挂在旗杆顶上的旗帜，这种形态通常在急速而又大幅的市场波动中出现，股价经过一连串紧密的短期波动后，形成一个稍微与原来趋势呈相反方向倾斜的长方形，这就是旗形走势。旗形走势又可分作上升旗形和下降旗形。如果上下两条线相交时称为尖旗形。尖旗形和旗形显得很相似，不同处在于旗形的持续时间较长，如图 10-68 所示。

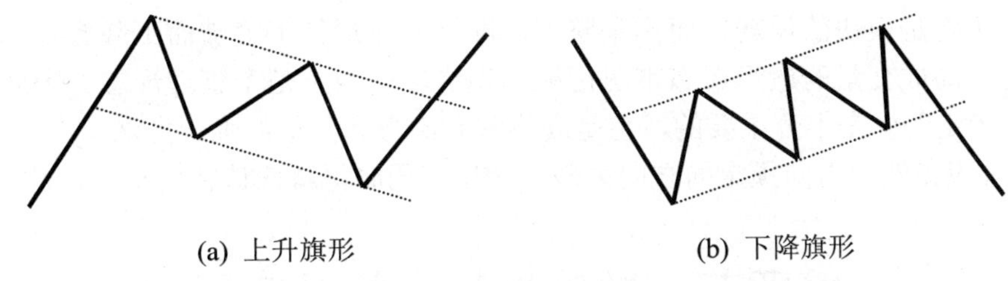

(a) 上升旗形　　(b) 下降旗形

图 10-68　旗形

### 1. 形成机理

旗型经常出现于急速上升或下降的行情中途，在急速的直线上升中，成交量逐渐增加，最后达到一个短期最高纪录，早先持有股票者，已获利而卖出，上升趋势亦遇到大的阻力，股价开始小幅下跌，形成旗形。不过大部分投资者对后市依然充满信心，所以回落的速度不快，幅度也十分轻微，成交量不断减少，反映出市场的沽售力量在回落中不断地减轻。经过一段时间整理，到了旗形末端股价突然上升，成交量亦大增，而且几乎形成一条直线。股价又像形成旗形时移动速度一样急速上升。这就是上升形成的旗形。

在下跌时所形成的旗形，其形状为上升时图形恰好相反，在急速的直线下跌中，成交量增加达到一个高点，然后有支撑反弹，不过反弹幅度不大，成交量减少，股价小幅上升，形成旗形，经过一段时间整理，到达旗形末端，股价突然下跌，成交量大增，股价续跌。股价又像形成旗形时移动速度一样急速下跌。这就是下跌形成的旗形。

### 2. 应用

(1) 旗形是个整理形态。即形态完成后股价将继续原来的趋势方向移动，上升旗形将有向上突破，而下降旗形则是往下突破。

(2) 升旗形大部分在牛市第三期中出现，因此形态暗示升市可能进入尾声阶段。

(3) 下降旗形大多在熊市第一期出现，这形态显示大市可能作垂直式的下跌。因此这阶段中形成的旗形十分细小，可能在三四个交易日内已经完成，如果在熊市第三期中出现，旗形形成的时间需要较长，而且跌破后只作有限度的下跌。

(4) 旗形形态可量度出最少升/跌幅。其量度的方法是突破旗形(上升旗形和下降旗形相同)后最少升/跌幅度，相等于整个旗杆的长度。至于旗杆的长度是形成旗杆的突破点开始，直到旗形的顶点为止。

(5) 旗形必须在急速上升或下跌之后出现，成交量则必须在形成形态期间不断地显著减少。

(6) 当上升旗形往上突破时，必须要有成交量激增的配合；当下降旗形向下跌破时，成交也是大量增加的。

(7) 在形态形成中，若股价趋势形成旗形而其成交量为不规则或很多又非渐次减少的情况时，下一步将是很快的反转，而不是整理。即上升旗形往下突破而下降旗形则是向上升破。换言之，高成交量的旗形形态市况可能出现逆转，而不是个整理形态。因此，成交量的变化在旗形走势中是十分重要的，它是观察和判断形态真伪的唯一方法。

(8) 股价应在四周内向预定的方向突破，超出三周时，就应该特别小心，注意其变化。

# 第四节　缺口形态分析及应用

## 一、缺口的概念

缺口是指在 K 线图上没有发生交易的区域。如在上升趋势中，某天最低价高于前一日的最高价，从而在 K 线图上留下一段当时价格不能覆盖的缺口或空白，这称之为向上跳空缺口。在下降趋势中，情况相反，俗称为向下跳空缺口。向上跳空缺口表明市场趋势大步向上，向下跳空缺口则表明市场趋势大步向下。

## 二、缺口的类型

### 1. 普通缺口

普通缺口常发生在交易量很小的市场情况下，或者是在横向盘整区间的中间阶段及在诸多价格形态的内部。发生原因是市场参与者毫无兴趣，市场清淡，相对较小的成交量便足以导致价格跳空。一般而言，普通缺口可忽略不计。

### 2. 突破缺口

突破缺口通常发生在重要价格区，如横向整理到需要一举突破支撑线(或阻力线)的时候，或者头肩顶(底)形成之后需要对颈线进行突破的时候，或者对重要趋势线及移动平均线进行跨越式突破的时候，就常常会出现跳空缺口。它反映着群体的一致思维和意愿，也预示着后市的价格运动会更大、更快。

由于突破缺口是在突破重要价格区间发生的，所以此处不看好突破的抛盘将全被吃掉，而看好突破的抛盘则高价待售(上升突破时)，因此买盘不得不高价成交，由此形成向上缺口(这里常常伴随着较大的交易量)。这种重要区域的突破一旦成功，其跳空缺口往往不易被完全封闭(指价格又回到了突破之前)。如果该缺口被完全封闭，价格重新回到了缺口下方，那么说明原先的突破并不成立。

**3．持续缺口**

在突破缺口发生之后，如果市场前进趋势依然明显，一方推动热情高涨，那么价格会再度跳跃前进，形成一个跳空缺口或一系列跳空缺口，此为持续缺口。此类缺口常常是以中等的交易量来完成的，它说明趋势发展顺利。在上升趋势中，它的出现表明市场坚挺；在下降趋势中，则显示市场疲软。如同突破缺口一样，持续缺口点将成为此后市场调整中的支撑区，它们通常也不会马上被封闭。如果价格重新回到持续缺口之下，则对原有趋势不利。

一般说来，在突破缺口发生之后，第二个明显的缺口往往是持续缺口而不是衰竭缺口。持续缺口的出现，意味着行情将会突飞猛进，其运动空间至少为从被突破的地方到这个缺口之间的距离。如果出现了几个持续缺口，则价格运动空间的预测变得困难，但也意味着衰竭缺口会随时来临，或本身最后一个“持续缺口”就是衰竭缺口。

**4．衰竭缺口**

这类缺口常常出现在趋势将要结束的末端。在突破缺口和持续缺口均已清晰可辨，同时测量的价格目标已经到达后，很多人就开始预期衰竭缺口的降临。在上升趋势的最后阶段，价格往往会随着盲从者的疯狂进入另一个喷发期，但清醒的交易者则开始平仓了结了。随着主力的平仓动作，衰竭缺口后往往会出现一段时间的价格滑落，并伴随着巨大的成交量。当后续的价格低于这个最后的缺口时，则意味着衰竭缺口已经形成，后市开始回撤。但衰竭缺口出现后，价格不一定就在当日反向，往往还会继续走高，但它预示价格将在最近一段时期内要回撤了，最后的疯狂该结束了。

但是，当缺口达到三个或三个以上时，在没有出现回撤并对前一缺口进行封闭前，很难知道哪一个缺口是衰竭缺口。只有可能从测量目标中获得一点答案，即：如果在第二个缺口来临后，其后的价格运动空间没有达到从被突破的地方到这个缺口之间的距离，那么，在此阶段出现的第三个缺口就很有可能是持续缺口，直至所测量的目标达到为止。

## 三、缺口的意义

缺口如同多、空双方挖的战壕，争斗双方会在这里对峙一段时间；但一方一旦发力突破并稳住了阵脚，就会乘胜追击，而败者或且战且退，或败如山倒；但胜利的一方若追击过远，则往往会面临严重的补给问题，要么主动后退，要么其前线防御被对方攻破；当曾经的胜方退至该战壕时，往往又会建立据点，严防死守，期望重新夺回阵地。所以，跳空缺口处往往是曾经的胜方回撤时的重要支撑位，一旦被对方突破，这个支撑位就会变成阻力位，使曾经的胜方难以逾越，这就是跳空缺口处为什么常常会出现激烈争夺的原因。可见，一个缺口在成为一方的支撑位时，就必然是另一方的阻力位；同理，一个缺口在成为一方的阻力位时，也必然是另一方的支撑位。

每发生一个缺口都令进攻方雀跃，但每回填一个缺口则令退回方恐惧，缺口是很多技术分析者极其关心的部位。短期内缺口即被封闭，表示原先取得优势的一方缺乏后劲，未能继续向前推进，由进攻改为防守，处境不利；长期存在的缺口若被封闭，则表示价格趋势已经反转，原先主动的一方已经变成被动的一方，原先被动的一方则控制了大局。根据日本文献里的记载，如果缺口在 3 个交易日内没有被封闭，那么在随后的 13 个交易日内，市场有力量朝缺口产生的方向发展。这说明缺口不一定会立即封闭，但是，它如果没有被下一个小回调封闭，就可能会被其后的中级回调封闭，如果仍然没有，则极可能会被更远一些的反转大趋势封闭，正所谓有涨必有跌。

一般谈到的缺口是在日 K 线图上的反应，但缺口更频繁的是出现在分钟 K 线图上，当然，也会出现在周 K 线图和月 K 线图上，只是随着时间的周期越长，缺口就越不易表现出来。但是在周期长的 K 线图上，缺口一旦表现出来了，其意义就更加重大，且加剧了长期趋势的判断。有些时候，日内分钟 K 线图上(如 30 分钟 K 线图)的缺口往往比日间缺口更为重要，是它们的出现，才带动了日内重要趋势线的突破，形成了重要的价格形态，并造就了中期趋势的持续或反转。因此，日内分钟 K 线图里的缺口也是交易者关注的对象。但是要记住一点：过于频繁的缺口出现，会降低缺口的有效性。

## 四、缺口的研判

### 1. 从时间上来说

普通缺口经常产生，也最易被封闭；衰竭缺口的封闭需要一点时间；持续缺口的封闭需要更多的时间；突破缺口则要等到衰竭缺口和持续缺口都被封闭后才会被封闭。

### 2. 从形态上来说

普通缺口往往是在整理形态内发生的；突破缺口则是在要超越形态时发生的；持续缺口是在超越形态之后、持续拉升的行情中产生的；衰竭缺口则是在行情末端出现的。

### 3. 从阶段性来说

突破缺口意味着价格终于突破了整理形态而开始移动；持续缺口是快速移动至行情中点的讯号；衰竭缺口则表示行情将至终点。

#### 4. 从成交量来说

普通缺口没有什么量；突破缺口往往有大量；持续缺口有适当的量；衰竭缺口产生的当天或次日也往往会有大量。

由此可见，当汇价以猛烈的方式向上跳空突破原有整理区、并在次日没有回头时，交易者就应该开始建仓，并在回跌没有破缺口时可加码买进，直至衰竭缺口来临或者市场出现回撤迹象时罢手。一般而言，在连续出现三个缺口后，我们就要准备减仓了，但在最近一个缺口没有被封闭之前，不适合卖出中线交易的所有仓位。

要注意的是，不仅是缺口具有强烈的支撑或压力作用，单根大阳线或大阴线的开盘价、收盘价、中点价格这三部分，往往也具有一定的支撑或压力作用，特别是当单根大阳线或大阴线曾经起到过重要的突破作用时，这三处位置的支撑或压力作用尤为明显。

## 本 章 小 结

本章介绍了证券市场技术分析 K 线的基本概念、组合分析、反转形态、整理形态、缺口形态分析及其应用。

## 自 测 题

### 一、判断题

1. 只有在下跌行情中才有支撑线，只有在上升行情中才有压力线。 ( )
2. 衰竭缺口常常出现在趋势将要结束的末端。 ( )
3. 头肩顶只要从右肩顶下跌穿破由左肩底和头肩底所连接的底部颈线就说明头肩顶成立。 ( )
4. 上升三角形是一种整理形态。 ( )

### 二、单项选择题

1. 属于持续整理形态的有( )。
   A. 菱形　B. 钻石形　C. 旗形　D. W 形态
2. 根据技术分析理论，不能独立存在的切线是( )。
   A. 扇形线　B. 百分比线　C. 通道线　D. 速度线
3. 属于持续整理形态的有( )。
   A. 菱形　B. 钻石形　C. 圆弧形　D. 三角形
4. 出现在顶部的看跌的形态是( )。

A. 菱形　B. 旗形　C. 楔形　D. 三角形

5. 与头肩顶形态相比，三重顶形态更容易演变成(　　)。
A. 反转突破形态　B. 圆弧顶形态
C. 持续整理形态　D. 其他各种形态

## 三、多项选择题

1. 下列形态属反转突破形态的是(　　)。
A. 双重顶(底)　B. 三重顶(底)
C. 头肩顶(底)　D. 圆弧顶(底)

2. 大多出现在顶部，而且都是看跌的两个形态是(　　)。
A. 喇叭形　B. 菱形　C. 旗形　D. 楔形

3. 三角形态是属于持续整理形态的一类形态。三角形主要分为(　　)。
A. 对称三角形　B. 等边三角形　C. 上升三角形　D. 下降三角形

4. (　　)属于持续整理形态。
A. 菱形　B. 旗形　C. 楔形　D. 三角形

5. 在某一价位附近之所以形成对股价运动的支撑和压力，主要由(　　)决定。
A. 投资者的筹码分布　B. 投资者的持有成本
C. 投资者的持仓量　D. 投资者的心理因素

6. 关于趋势线，下列说法不正确的是(　　)。
A. 描述价格变动的趋势线分为长期趋势线、中期趋势线与短期趋势线三种
B. 反映价格变动的趋势线不可能一成不变，而是要随着价格波动的实际情况进行调整
C. 在任一发展方向上的趋势线只有一条
D. 在上升趋势中，将两个高点连成一条直线，就得到上升趋势线

7. 关于头肩顶型，下列说法错误的是(　　)。
A. 头肩顶形态是一个可靠的买入时机
B. 在头肩顶形态中，颈线是支撑线，起支撑作用
C. 头肩顶形态走到了右肩顶点并调头向下，就可以说头肩顶反转形态已经形成
D. 头肩顶形态是一个长期趋势的转向形态，一般出现在一段升势的尽头

8. 缺口可以划分为(　　)。
A. 普通缺口　B. 突破缺口　C. 持续性缺口　D. 消耗性缺口

# 第十一章　常用技术指标

**【学习目标】**

通过学习本章，读者应当了解技术指标法的定义、方法；熟悉大盘类技术指标、价格类技术指标、成交量类技术指标的原理；掌握这些技术指标的应用法则。

**【导读案例】**

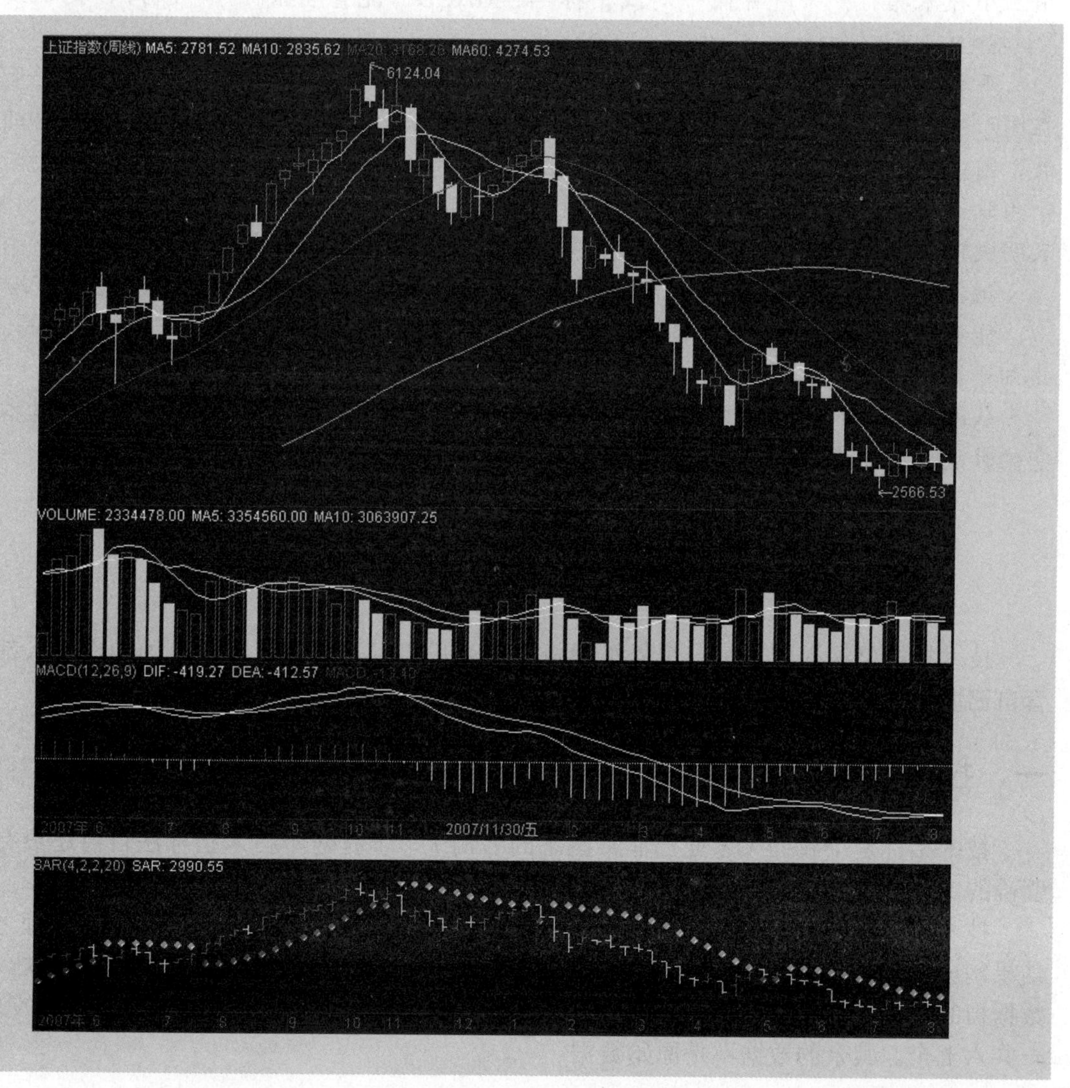

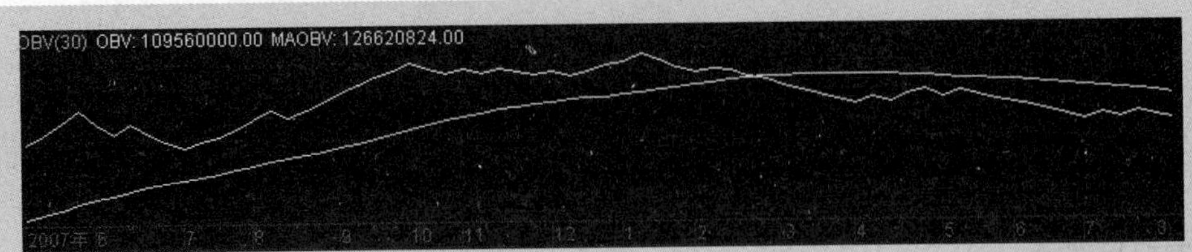


凡是投资中国股票市场的人现在都经历2007年10月16日上证综合指数创出的6124.04点的“空中楼阁”。但当时的市场却有很多人蜂拥而至，丝毫没有感到股市风险的悄然降临。我们仅从三个基本的技术指标就能看出，上证指数6124.04点肯定是一个高点。下面我们仅用三个技术指标：平滑异同平均线指标——MACD、能量潮指标——OBV、抛物线指标——SAR来予以分析。

平滑异同平均线指标——MACD分析可以得知：①图中在DIF和MACD均大于0(即在图形上表示为它们处于零线以上)但都向下移动时，表示为上证指数既将下跌；②随后发展，图中DIF和MACD均小于0(即在图形上表示为它们处于零线以下)并向下移动时，表示为股市处于空头行情中；③图中DIF与MACD都在零线以上，而DIF却向下突破MACD，表明股市即将由强势转为弱势，上证指数既将下跌。

抛物线指标——SAR分析可以得知：行情已经明显显示从多头市场转向空头市场。

能量潮——OBV分析可以得知：上证指数经过前期一段较大的上涨行情后，而OBV线却开始掉头向下，表明高档买盘乏力，是卖出的信号。

从这个案例中我们得到启示：应用技术指标分析能够判断行情走势。当然，技术指标有的时候还需要其他分析配合运用。

## 第一节　技术指标分析概述

技术指标已深入到了每一个外汇投资者的心里，真正要进行证券市场操作的人都有一套自己惯用的技术指标体系。这个体系经过长期的检验，会给我们以极大的帮助。

### 一、技术指标法的定义

技术指标是个我们大家业已非常熟悉的名词了，但是对于技术指标法目前还没有一个明确的定义。我们根据自己的理解，提供以下的定义，供读者参考。

技术指标法的定义为：按事先规定好的固定方法对原始数据进行处理，将处理之后的结果制成图表，并用制成的图表对股市进行行情研制，这样的方法就是技术指标法。原始数据指的是开盘价、最高价、最低价、收盘价、成交量和成交金额，有时还包括成交笔数，一共六七个。其余的数据不是原始数据。

对原始数据进行处理指的是将这些数据的部分或全部进行整理加工，使之成为我们希望得到的东西。不同的处理方就产生不同的技术指标。从这个意义上讲，我们知道，有多少技术指标，就会产生多少种处理原始数据的方法；反过来，有多少种处理原始数据的方法就会产生多少种技术指标。

产生了技术指标之后，最终都会在图表上得到体现。处理原始数据，不仅是把一些数字变成另一些数字，而且可能是放弃一些数字，或加入一些数字。

## 二、产生技术指标的方法

从大的方面看有两类产生技术指标的方法。第一类是按严格明确的数学公式，产生新的数字。这一类是技术指标中极为广泛的一类。著名的 KD 指标、RSI 指标、MA 指标和动向指标都属于这类。

第二类是没有明确的数学公式，只有处理数据的文字叙述的方法。这一类指标相对较少。本章只介绍第一类，第二类可参考有关书籍。

## 三、技术指标的应用法则

技术分析的应用法则主要通过以下几方面进行：①指标背离；②指标的交叉；③指标的高位和低位；④指标的徘徊；⑤指标的转折；⑥指标的盲点。指标背离是指技术指标的走向与股价走向不一致。指标的交叉是指技术指标中的两条线发生了相交现象，常说的金叉和死叉就属这类情况。高位和低位是指技术指标进入超买区和超卖区。指标的徘徊是指技术指标处在进退都可的状态，没有明确的对未来方向的判断。指标的转折是指技术指标的图形发生了掉头，这种掉头有时是一个趋势的结束和另一个趋势的开始。指标的盲点是指技术指标无能为力的时候。

## 四、技术指标的本质

每一个技术指标都是从一个特定的方面对股市进行观察。通过一定的数学公式产生技术指标，这个指标就反映股市的某一方面深层的内涵，这些内涵仅仅通过原始数据是很难看出来的。

另外，有些基本的思想我们很早就知道，但只停留在定性的程度，没有进行定量的分析。技术指标可以进行定量的分析，这样使具体操作时的精确度得以大大提高。例如我们都知道，股价不断地下跌时，跌得多了总有一个反弹的时候和到底的时候。那么跌到什么程度，我们就可以买进了呢？仅凭前面定性方面的知识是不能回答这个问题的，乖离率等技术指标在很大程度上能帮助我们解决这一问题。尽管不是百分之百地解决问题，但至少能在我们采取行动前从数量方面给我们以帮助。

## 五、技术指标法同其他技术分析方法的关系

其他技术分析方法都有一个共同点，那就是只重视价格，不重视成交量。如果单纯从技术的角度看，没有成交量的信息，别的方法都能正常运转，照样进行分析研究，照样进行行情预测。我们只是很笼统地说一句：要有成交量的配合。技术指标由于种类繁多，所以考虑的方面就很多，人们能够想到的，几乎都能在技术指标中得到体现，这一点是其他的技术分析方法无法比拟的。

在进行技术指标的分析和判断时，也经常用到其他的技术分析方法的基本结论。例如，在使用 KDJ 等指标时，我们要用到形态学中的头肩形、颈线和双重顶之类的结果以及切线理论中支撑线和压力线的分析手法。由此可以看出全面学习技术分析的各种方法是很重要的，只注重一种方法，对别的方法无知是很不好的。

## 六、应用技术指标应注意的问题

技术指标说到底是一批工具，我们利用这些工具对股市进行预测。

每种工具都有自己的适应范围和适用的环境。有时有些工具的效果很差，有时效果就好。人们在使用技术指标时，常犯的错误是机械地照搬结论，而不问这些结论成立的条件和可能发生的意外。首先是盲目地绝对相信技术指标，出了错误以后，又走向另一个极端，认为技术分析指标一点用也没有。这显然是错误的认识，只能说是不会使用指标。作个比方，一把刀落在武林高手的手中，这把刀就能杀死对手，还是这把刀，落在没有武功的人的手里，就可能被别人所杀，出现了与前一种截然相反的结果。我们不能说刀没有用，刀是有用的，就看会不会用。

每种指标都有自己的盲点，也就是指标失效的时候。在实际中应该不断地总结，并找到盲点所在。这对在技术指标的使用少犯错误是很有益处的。遇到了技术指标失效，就把它放置在一边，去考虑其他的技术指标。一般说来，东方不亮西方亮，黑了南方有北方，众多的技术指标，在任何时候都会有几个能对我们行有益的指导和帮助。尽管有时这种帮助可能不大，但总比没强，至少心里有点底，操作起来有目的性。

了解每一种技术指标是很必要的，但是，众多的技术指标我们不可能都考虑到，每个指标在预测大势方面也有能力大小和准确程度的区别。通常使用的手法是以四五个技术指标为主，别的指标为辅。这四五个技术指标的选择各人有各人的习惯，不好事先规定，但是，随着实战效果的好坏，这几个指标应该不断地进行变更。

# 第二节　大盘类技术指标及应用

## 一、腾落指标——ADL

ADL 指标又叫腾落指数或涨跌线指标，其英文全称是 Advance Decline Line，缩写为 ADL。它是专门研究股票指数走势的技术分析工具。

### (一)ADL 指标的原理和计算方法

#### 1. ADL 指标的原理

ADL 指标是以股票每天上涨和下跌的家数作为计算和观察的对象，借此了解股市的人气的兴衰，探测大势内在的动量是强势还是弱势，从而研判股市未来动向的技术指标。它是将在该市场上上市交易的所有股票家数中，每日上涨的股票家数减去下跌股票家数所得到的余额的累计。即将第一天上涨股票的家数减去第二天股票上涨的家数所得到的差数为第一天的 ADL，第二天也是将上涨股票的家数减去下跌股票的家数，然后将所得到的差数与第一天的 ADL 值相加，所得到的累计额即为第二天的 ADL 值，依次类推。因此，我们可以知道，ADL 指标是利用简单的加减法计算每天股票上涨家数和下跌家数的累计结果，与股市大势综合指数相互对比，对股票大势未来进行预测。

在正常情况下，股市大势指数上升，上涨股票的家数必然较多；相反，股市大势指数指数下跌，下降股票的家数较多。两者之间的关系往往成正比，而股市大势的升降与市场的人气的强弱情形也是相同的。但是，当股市大势指数接近高位或低位时，也常有例外发生。这主要是由于股市大势指数的计算一般都是以股市大势高低和股本总额的大小来选样加权计算的，这就使得市场上的高价股和股本流通盘大的股票(即指标股或成分股)，其上升或下跌在指数运算中所占的比例甚重，对指数的涨跌影响较大。而市场上的主力为了吸引买盘的兴趣，或诱逼卖方抛售，达到有效控制市场的目的，经常利用股本大个股占股市大势指数的特性，刻意拉抬或者打压指标股，从而间接地影响大盘走势的涨跌。

#### 2. ADL 指标的计算方法

ADL 指标的计算比较简单。日 ADL 是每日上涨股票总数与下跌股票总数的差值的累计。一般为了准确反映大势走向，都采用一段时间内 ADL 的累计值为当天的 ADL 值。具体过程如下：

先假设知道了上一交易日的 ADL 值，然后，来计算当日的 ADL 值。

如果当日所有股票中上涨的共有 A 家，下降的共有 F 家，持平的为 B 家，当日的 ADL 值的计算公式为

当日 ADL=上一日 ADL+A−F

由上式推出：

$$当日\ ADL=\sum A-\sum F$$

式中：$\sum A$——从开始交易的第一天算起，每一个交易日的上涨家数的总和；

$\sum F$——从开始交易的第一天算起，每一个交易日的下跌家数的总和。

这里需要强调的是，和其他指标完全不同的，ADL 指标既没有周 ADL 指标、月 ADL 指标、年 ADL 指标，也没有分钟 ADL 指标等各种类型指标，它只有日 ADL 这一种指标。在实际运用中，由于股市技术分析软件的日益普及，因此，日 ADL 值的计算都会由计算机快速完成，投资者无需自己动手计算 ADL 值，主要是要了解日 ADL 的计算原理和方法，从而熟悉掌握 ADL 指标的各种分析方法和技巧。

### (二)ADL 指标的一般研判标准

与其他技术指标不同的是，一般情况下，ADL 指标不仅只能用于大盘走势、不能用于个股分析，而且，ADL 指标只能用于大盘的日走势这一种分析。

ADL 的应用重在研判其曲线的走势，并不看重取值的大小。ADL 指标的一般研判标准主要集中在 ADL 曲线与股市大势指数曲线的同步走势及相反走势等的配合使用上。

#### 1. ADL 曲线与股市大势指数曲线的同步走势

(1) ADL 曲线与股市大势指数曲线同步上升，并创新高，则可以判断大势的上升趋势将继续，大势短期内向下反转的可能性不大。

(2) ADL 曲线与股市大势指数曲线同步下跌，并创新低，则可以判断大势的下降趋势将继续，大势短期内向上反转的可能性不大。

(3) 在长期上涨的多头市场里，当 ADL 曲线呈长期上升趋势，其间如果突然出现急速下跌的现象，接着又立即掉头向上，并创下新高，同时股市大势指数曲线也呈相似走势时，则表示多方力量很强大，行情有可能再次向上，再创新高。

(4) 在长期下跌的空头市场里，当 ADL 曲线呈长期下跌趋势，其间如果突然出现急速上升的现象，接着又立即掉头向下，并创下新低，同时股市大势指数曲线也呈相似走势时，则表示空方力量很强大，行情又可能再次向下，再创新低。

#### 2. ADL 曲线与股市大势指数曲线的相反走势

(1) 在长期上涨的多头行情里，如果股市大势指数已经进入高位时，而 ADL 曲线并没有同步上升，而是开始走平或下降，这是大势的向上趋势可能将结束的信号。

(2) 在长期下跌的空头行情里，如果股市大势指数已经进入低位时，而 ADL 曲线并没有同步下跌，而是开始走平或调头上升，这是大势的向下趋势可能进入尾声的信号。

(3) 股市大势指数从高点回落，整理后再度上涨，并接近前期高点或创新高后，而 ADL

曲线却盘桓不前或无法冲过前期高点时，说明大势随时有向下反转的可能。

(4) 股市大势指数从低点反弹，反弹后再度下跌，并接近前期低点或创新低后，而 ADL 曲线却无法跌破前期低点并走平或向上掉头时，说明大势的跌势可能已有转机，随时可能向上反弹。

## (三)ADL 指标的特殊分析方法

ADL 指标的特殊分析方法主要集中在 ADL 曲线的背离现象以及当日 ADL 曲线与 N 日 ADL 平均线之间的关系等方面进行研判。

### 1．ADL 指标的背离现象

(1) 顶背离。在多头市场里，主力经常会控制一些指标股的走势来维持市场的上升趋势而达到吸引买盘、拉高出货的目的。当市场主力借控制指标股的大涨小回以维持中长期投资者的信心，而对其余股票则采取轮番上涨的节奏上扬时，股市的上升趋势将十分稳定。当多头市场行情持续数月后，股市大势指数仍在缓慢攀升，而此时 DAL 指标却在高位徘徊不前甚至开始掉头下降时，则表示股市大势指数的上升趋势主要是指标股拉动上升所致，并得不到其他股票得配合，市场主力有拉高出货的迹象。此种走势，就是 ADL 指标的顶背离现象。当 ADL 指标出现顶背离现象时，通常意味着股市的多头行情已接近尾声，股市大势很可能很快会反转向下。

(2) 底背离。在空头市场里，主力经常也会控制一些指标股的走势来延长市场的下跌趋势而达到诱逼卖方抛售、低位吸货的目的。在股市下跌初期，市场上人气涣散，投资者争相抛售手头股票，股市的下降走势一波比一波低。当空头市场行情持续数月后，随着卖盘的逐渐减少，成交量极度萎缩，市场上出现惜售股票的迹象，许多股票开始止跌回稳，而此时市场主力并没有收集到足够的廉价筹码。为了达到能有足够的空间和时间逢低吸纳绩优股的目的，市场主力便借控制指标股的再次下跌打击中长期投资者的信心。当股市大势指数再次下跌并创新低，而 DAL 指标却在低位走平甚至开始调头向上时，这表示股市大势指数的下降趋势主要是市场主力打压指标股，以达到逢低吸货的目的所致。此种走势，就是 ADL 指标的底背离现象。当 ADL 指标出现底背离现象时，通常意味着市场上主力已开始进场建仓，大盘将很快止跌反弹。

### 2．ADL 曲线的形态

和其他技术分析指标一样，ADL 曲线出现的各种形态也是判断行情走势、决定买卖时机的一种分析方法。

(1) 当 ADL 曲线在高位形成 M 头或三重顶等顶部反转形态时，可能预示着股市大势由强势转为弱势，股市大势即将大跌，应及时卖出股票。如果股市大势的曲线也出现同样形态则更可确认，其跌幅可以用 M 头或三重顶等形态理论来研判。

(2) 当 ADL 曲线在低位出现 W 底或三重底等底部反转形态时，可能预示着股市大势由弱势转为强势，股市大势即将反弹向上，可以逢低少量吸纳股票。如果股市大势曲线也出现同样形态更可确认，其涨幅可以用 W 底或三重底形态理论来研判。

(3) ADL 曲线的形态中 M 头和三重顶形态的准确性要大于 W 底和三重底。

3．ADL 线和 MA 线之间的关系

(1) 当 ADL 曲线和 MA 曲线经过长时间的底部整理后，ADL 曲线开始向上运行，MA 曲线也同时走平或小幅上升，说明股市大势整体向上的动能开始增强，股市大势的长期向上运动趋势初步形成，投资者可以开始逢低吸纳股票。

(2) 当 ADL 曲线开始向上突破 MA 曲线时，说明股市大势的上涨动能已经相当充分，股市大势的长期向上趋势已经形成，如果伴随较大的成交量配合则更可确认，投资者应坚决地全仓买入强势领涨股票。

(3) 当 ADL 曲线向上突破 MA 曲线并运行一段时间后，又开始向下回调并靠近或触及 MA 曲线，只要 ADL 曲线没有有效跌破 MA 曲线，都表明股市大势属于强势整理。一旦 ADL 曲线再度返身向上时，表明股市大势的动能再次聚集，股市大势将进入强势拉升阶段，投资者可以及时买入低位放量的股票或持股待涨。

(4) 当 ADL 曲线和 MA 曲线再度同时向上延伸时，表明股市大势的强势依旧，投资者可一路持有强势股票或买入刚开始低位放量的股票。

(5) 当 ADL 曲线和 MA 曲线同时向上运行较长的一段时间后，由于 ADL 曲线运行速度较快从而远离 MA 曲线时，一旦 ADL 曲线掉头向下，说明股市大势上涨的短期动能消耗比较大，股市大势有短线回调的要求，投资者应短线卖出涨幅过大的股票。

(6) 当 ADL 曲线从高位掉头向下运行时，表明股市大势的上升动能已经衰竭，而下降的动能开始积聚，股市大势的中期上升趋势已经结束、中期下降趋势开始形成，投资者应及时地卖出股票。

(7) 当 ADL 曲线从高位向下运行并向下突破 MA 曲线后，MA 曲线也开始向下掉头运行时，表明股市大势的强势上涨行情已经结束，股市大势的长期下降趋势日益明显，投资者应坚决一路持币观望或逢高卖出剩余的股票。

(8) 当 ADL 曲线在 MA 曲线下方一直向下运行时，说明股市大势的弱势特征极为明显，投资者唯一能采取的投资决策就是持币观望。

(9) 当 ADL 曲线在 MA 曲线下方运行很长一段时间后，开始慢慢掉头向上时，说明股市大势的下跌动能暂时减缓，股市大势处于弱势整理格局，投资者还应继续观察，不要轻易采取行动。

(10) 当 ADL 曲线在 MA 曲线下方开始向上突破 MA 曲线时，说明股市大势的反弹动能开始加强，股市大势将止跌反弹，此时，投资者可以少量买入强势股票做短线反弹行情但不可恋战，一旦行情再度向下，及时离场观望，直到股市大势长期下降行情开始形成。

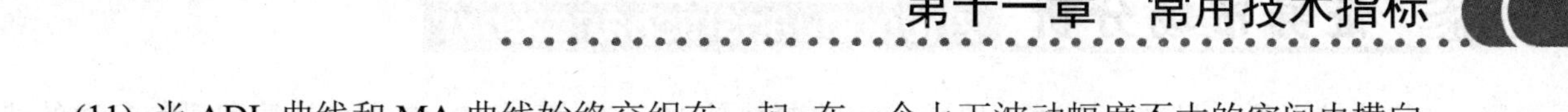


(11) 当 ADL 曲线和 MA 曲线始终交织在一起，在一个上下波动幅度不大的空间内横向运动时，预示着股市大势处于一个长期的横盘整理格局中，投资者还应以观望为主。

## 二、超买超卖指标——OBOS

OBOS 指标又叫超买超卖指标，其英文全称是 Over Bought Over Sold，和 ADR、ADL 一样是专门研究股票指数走势的中长期技术分析工具。

### (一)OBOS 指标的原理和计算方法

#### 1. OBOS 指标的原理

超买超卖指标 OBOS 主要是运用一段时间内整个股票市场中涨跌家数的累积差关系，来测量大盘买卖气势的强弱及未来演变趋势，以作为研判股市呈现超买或超卖区的参考指标。OBOS 指标和 ADR 指标一样，是用一段时间内上涨和下跌股票家数的差距来反映当前股市多空力量的对比和强弱。它的主要用途在于衡量大势涨跌气势，在某种程度上是一种加大 ADL 线振幅的分析方法。

#### 2. OBOS 指标的计算方法

由于选用的计算周期不同，超买超卖 OBOS 指标包括 N 日 OBOS 指标、N 周 OBOS 指标、N 月 OBOS 指标等很多种类型。虽然它们计算时取值有所不同，但基本计算方法是一样的。

以日 OBOS 指标为例，其计算公式为：

$$\text{OBOS(N 日)} = \sum \text{NA} - \sum \text{NB}$$

式中：$\sum$NA——N 日内股票上涨家数之和；

$\sum$NB——N 日内股票下跌家数之和；

N——选择的天数，是日 OBOS 指标的参数。

从上面计算公式中，我们可以看到 OBOS 指标的计算方法和 ADR 指标的计算方法很相似。不同的是 OBOS 指标的计算方法是选择上涨和下跌家数总数的相减，而 ADR 指标是选择两者相除。选择相除还是相减是从两方面描述多空方法的差距，本质上没有大的改变，只是计算方法和侧重不同而已。ADR 指标侧重于多空双方力量的比值变化，而 OBOS 指标是侧重于多空双方力量的差值变化。

和 ADR 指标一样，选择一定参数周期内的股票上涨和下跌家数的总和，其目的也是为了避免由于某一特定的时期内股市的特殊表现而误导判断。但与 ADR 不同的是，OBOS 指标的多空平衡位置是 0 而不是 1，也就是 $\sum \text{NA} = \sum \text{NB}$ 的时候。一般而言，OBOS 指标参数选择的不同，其市场表现也不同。参数选择的小，OBOS 值上下变动的空间就比较大，曲线的起伏就比较剧烈；参数选择的小，OBOS 值上下变动的空间就比较小，曲线的上下起伏就比较平稳。目前，市场上比较常用的参数是10、20等。OBOS指标计算和研判参数的选择在OBOS指标的研判中也同样占有重要的地位，这点在后面的研判功能中将详细介绍。

### (二)OBOS指标的一般研判标准

OBOS指标的一般研判标准主要集中在OBOS数值的取值范围和OBOS指标超买超卖现象等几方面研判。以10日OBOS指标为例，其具体分析方法如下。

#### 1. OBOS指标的取值范围

(1) OBOS指标的多空平衡点是0。当市场处于盘整市场时，OBOS的取值应该在0的上下来回波动；当市场处于多头市场时，OBOS的取值应该是正数；当市场处于空头市场时，OBOS的取值应该是负数。

(2) 当OBOS=0时，说明在一段时期内，多空力量处于平衡，股价指数维持窄幅盘整局面；当OBOS＞0时，说明市场中的多头力量大于空头力量，市场属于强势格局，股价指数处于上涨行情；当OBOS＜0时，说明市场中的空头力量大于多头力量，市场属于弱势格局，股价指数处于下跌行情。

(3) 一般而言，OBOS值距离0的远近说明市场上多空双方中的某一方力量比较强大。当OBOS值为正值且距离0越远，说明市场上的多头力量就越强大，多方占据的优势就越明显；当OBOS值为负值且距离0越远时，说明市场上的空头力量就越强大，空方占据的优势就越明显。

#### 2. OBOS指标的超买超卖现象

(1) 在股票市场上，0BOS值过分的大或者过分的小，都说明市场的涨势或跌势走到了极端。物极必反，当股市走势过于极端时，便会显露出大势超买超卖的现象，这是市场可能将向相反的方向运动、趋势将发生转折的信号。

(2) 至于OBOS指标的超买和超卖区域的确定，在世界各地的股票市场都不一样。它主要取决于上市股票总数、参数的选择的大小和投资者个人的偏好以及分析软件的不同版本来决定。

### (三)OBOS指标的特殊分析方法

OBOS指标的特殊研判主要包括OBOS曲线与股价综合指数曲线的配合、OBOS曲线形态和趋势、OBOS指标参数的修改和均线先行原则等方面。

#### 1. OBOS曲线与股价综合指数曲线的配合

与ADL指标一样，OBOS指标对大势具有领先示警作用，尤其是在中短期回调或反弹方面，能比股价综合指数曲线领先出现征兆。若股价综合指数曲线与ADR曲线之间出现背

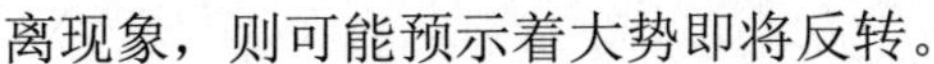

离现象，则可能预示着大势即将反转。

(1) OBOS 曲线持续向上攀升，而股价综合指数曲线也同步上升，则意味着整个股票市场是处于整体上涨的阶段，股市大势将维持向上攀升的态势，市场上人气比较活跃，投资者可积极进行个股的投资决策。

(2) OBOS 曲线持续下跌，而股价综合指数曲线也同步下跌，则意味着整个股票市场是处于整体下跌的阶段，股市大势将维持下跌的态势，市场上人气比较低落，此时，投资者应以持币观望为主。

(3) 当大盘已经经过了一轮比较长时间的上升行情以后，OBOS 曲线开始从高位向下回落，而股价综合指数曲线却还在缓慢向上扬升，则意味着股市大势可能出现“顶背离”现象。当 OBOS 指标出现顶背离现象时，预示着整个市场开始由强势转变为弱势，一轮大跌行情即将开始，投资者应及时卖出个股。

(4) 当大盘已经经过了一轮比较长时间的下跌行情以后，OBOS 曲线从底部开始向上攀升，而股价综合指数曲线却继续下跌，则意味着股市大势可能出现“底背离”现象。当 OBOS 指标出现底背离现象时，预示着整个市场行情开始趋暖，一轮反弹行情可能展开，投资者可分批少量逢低吸纳个股。

#### 2. OBOS 曲线的形态和趋势

1) OBOS 指标趋势线理论的研判

(1) 当 OBOS 曲线由下向上突破其长期压力线时，预示着大盘可能由弱势转为强势，特别是股价综合指数也开始向上突破长期压力线后，即可确认大盘弱势已经结束，即将展开一轮中期上升行情。

(2) 当 OBOS 曲线由上向下跌破其长期支撑线时，预示着大盘可能由强势转为弱势，特别是股价综合指数也开始向下突破其长期支撑线后，即可确认大盘强势已经结束，即将展开一轮中期下跌行情。

2) OBOS 指标形态理论的研判

(1) 当 OBOS 曲线在高位形成 M 头或三重顶等顶部反转形态时，可能预示着大盘由强势转为弱势，大盘即将大跌，如果股价综合指数也出现同样形态则更可确认，其跌幅可以用 M 头或三重顶形态理论来研判。

(2) 当 OBOS 曲线在低位出现 W 底或三重底等底部反转形态时，可能预示着大盘由弱势转为强势，大盘即将反弹向上，如果股价综合指数也出现同样形态更可确认，其涨幅可以用 W 底或三重底等形态来判断。

(3) 相对而言，OBOS 指标的高位 M 头或三重顶的判断的准确性要比其底部的 W 底或三重底要高。

## 三、涨跌比率指标——ADR

ADR 指标又叫涨跌比率指标或上升下降比指标，其英文全称是“Advance Decline Ratio”。与 ADL 指标一样，是专门研究股票指数走势的中长期技术分析工具。

### (一)ADR 指标的原理和计算方法

#### 1．ADR 指标的原理

涨跌比率 ADR 指标是将一定时期内上市交易的全部股票中的上涨家数和下跌家数进行比较，得出上涨和下跌之间的比值并推断市场上多空力量之间的变化，进而判断市场上的实际情况。由于和 ADL 指标存在着一定的联系，ADR 指标又称为回归式腾落指数。该指标集中了股票市场中个股的涨跌信息，可反映股市大盘的强弱趋向，但没有表现个股的具体的强弱态势，因此，它和 ADL 一样，同属于大势指标，是专门研究股票指数的指标，而不能用于选股与研究个股的走势。

#### 2．ADR 指标的计算方法

由于选用的计算周期不同，涨跌比率 ADR 指标包括 N 日 ADR 指标、N 周 ADR 指标、N 月 ADR 指标和 N 年 ADR 指标以及 N 分钟 ADR 指标等很多种类型。经常被用于股市研判的是日 ADR 指标和周 ADR 指标。虽然它们计算时取值有所不同，但基本的计算方法一样。

以日 ADR 为例，其计算公式为：

$$ADR(N\text{日})=P1\div P2$$

式中：$P1=\sum NA$——N 日内股票上涨家数之和；

$P2=\sum NB$——N 日内股票下跌家数之和；

N——选择的天数，是日 ADR 的参数。

选择一定参数周期内的股票上涨和下跌家数的总和，目的是为了避免由于某一特定的时期内股市的特殊表现而误导研判。比如，选择几天的股市的上涨和下跌家数的总和，是为了避免由于某一天行情的特殊表现而使 ADR 数值产生偏差。ADR 图形是在 1 附近来回波动的，波动幅度的大小以 ADR 取值为准。影响 ADR 取值的因素很多，主要是公式中分子、分母之间的取值和参数选择的大小。一般而言，参数选择的小，ADR 值上下变动的空间就比较大，曲线的起伏就比较剧烈；参数选择的大，ADR 值上下变动的空间就比较小，曲线的上下起伏就比较平稳。参数的设定没有统一的标准，可根据市场的变化和投资者的偏好来自由设定。ADR 图形是在 1 附近来回波动的，波动幅度的大小以 ADR 取值为准。目前，市场比较常用的参数为 10、14 等，另外还可以用 5、25、30、60 等。ADR 参数的选择在 ADR 技术指标研判中占有重要的地位，参数的不同选择对行情的研判可能都带来不同

的研判结果，这点在后面特殊研判中将详细介绍。

## (二)ADR 指标的一般研判标准

ADR 指标的是综合一定时期内股市中全部股票的涨跌家数来研判股市总体发展趋势的，其在多头或空头市场中有不同的分析方法。ADR 指标的一般研判标准主要集中在 ADR 数值的取值范围和 ADR 曲线与股价综合指数曲线的配合等方面来考察。

### 1. ADR 数值的取值范围

(1) 从 ADR 指标的计算方法上来看，ADR 的取值范围是在 0 以上。从理论上来说，ADR 数值可以得到很大值。但在实际中，除了在一个股票市场形成的初期，当上市的股票很少而且所有股票都大幅上涨的情况下，ADR 的数值可能比较大。

(2) 一般而言，由 ADR 的数值大小可以把大势分为几个区域。

① ADR 数值在 0.5～1.5 之间是 ADR 处在正常区域内。当 ADR 处在正常区域内时，表明多空双方势均力敌，大盘的走势波动不大、比较平稳，股市大势属于一种盘整行情。这个区域是 ADR 数值经常出现的区域。

② 当 ADR 数值在 0.3～0.5 之间或 1.5～2 之间是 ADR 处在非正常区域内。当 ADR 处在 1.5～2 之间的非正常区域时，表明多头力量占据优势，大盘开始向上一路上涨，股市大势属于一种多头行情；而当 ADR 处在 0.3～0.5 之间的非正常区域时，表明空头力量占据优势，大盘开始一路下跌，股市大势属于一种空头行情。这两个区域是 ADR 数值比较少出现的区域。

③ 当 ADR 值是在 0.3 以下或 2 以上时是 ADR 处在极不正常区域内。当 ADR 处在极不正常区域时，主要是突发的利多、利空消息引起股市暴涨暴跌的情况。此时，股市大势属于一种大空头或大多头行情。

(3) ADR 所处区域的买卖决策。

① 当 ADR 数值小于 0.5 时，表示大势经过长期下跌，已经出现超卖现象，很多股票价格可能会止跌企稳并出现一轮反弹行情，投资者可以短线少量买入超跌股作反弹。

② 当 ADR 数值大于 1.5 时，表示大势经过长期上涨，已经出现超买现象，很多股票价格可能已经上涨过度，将会出现一轮幅度比较大的下跌行情，投资者应该以及时卖出股票或持币观望为主。

③ 当 ADR 数值在 0.5～1.5 之间时，表示大势基本处于整理行情之中，没有出现特殊的超买和超卖现象，这时投资者更重要的在于研判个股行情。

④ 当 ADR 数值在 0.3 以下时，表示大势处在大空头市场的末期，市场上出现了严重的超卖现象，很多股票的价格已经跌无可跌，此时，投资者可以分批逢低吸纳股票，作中长线的建仓投资。

⑤ 当 ADR 数值在 1.5 以上时，表示大势处在大多头市场的末期，市场上出现了严重的

超买现象，很多股票的价格已经涨幅过大，将面临一轮比较大的下跌行情，此时，投资者应及时卖出持有的股票。

2．ADR 曲线与股价综合指数曲线的配合

对大势而言，ADR 指标具有领先示警作用，尤其是在中短期回调或反弹方面，能比股价综合指数曲线领先出现征兆。若股价综合指数曲线与 ADR 曲线之间出现背离现象，则可能预示着大势即将反转。ADR 曲线与股价综合指数曲线的配合使用主要从以下几方面进行的。

(1) ADR 曲线向上攀升，而股价综合指数曲线也同步上升，则意味着整个股票市场是处于整体上涨的阶段，股市大势将维持向上攀升的态势，市场上人气比较活跃，投资者可积极进行个股的投资决策。

(2) ADR 曲线继续下跌，而股价综合指数曲线也同步下跌，则意味着整个股票市场是处于整体下跌的阶段，股市大势将维持下跌的态势，市场上人气比较低落，此时，投资者应以持币观望为主。

(3) ADR 曲线开始从高位向下回落，而股价综合指数曲线却还在缓慢向上扬升，则意味着股市大势可能出现“顶背离”现象，特别是大盘已经经过了一轮比较长时间的上升行情以后。股价综合指数上升而 ADR 值从高位回落，说明股市在一线大盘股领涨，而大多数二三线小盘股却纷纷告跌，上升行情难以持久。

(4) ADR 曲线从底部开始向上攀升，而股价综合指数曲线却继续下跌，则意味着股市大势可能出现“底背离”现象，特别是大盘已经经过了一轮比较长时间的下跌行情以后。股价综合指数下跌而 ADR 值从低位开始向上扬升，说明股价综合指数的下跌是由大盘股下跌引起的，而许多小盘股经过长时间的下跌开始显示出投资价值，已经有主力在开始建仓，整个大势可能将很快止跌反弹。

## (三)ADR 指标的特殊分析方法

ADR 指标的特殊分析方法主要包括 ADR 曲线形态的态势、ADR 指标参数的修改等方面。

1．ADR 曲线的形态

(1) 当 ADR 曲线在高位形成 M 头或三重顶等顶部反转形态时，可能预示着大盘由强势转为弱势，大盘即将大跌，如果股价综合指数也出现同样形态则更可确认，其跌幅可以用 M 头或三重顶形态理论来研判。

(2) 当 ADR 曲线在低位出现 W 底或三重底等底部反转形态时，可能预示着大盘由弱势转为强势，大盘即将反弹向上，如果股价综合指数也出现同样形态更可确认，其涨幅可以用 W 底或三重底等形态来判断。

(3) 相对而言，ADR 指标的高位 M 头或三重顶的判断的准确性要比其底部的 W 底或三重底要高。

### 2．ADR 指标参数的修改

ADR 指标的研判随着选用研判参数的不同会有一定变化。参数越大，ADR 常态区域的上下限就离 1 越近；参数越小，上下限离 1 越远，因此，ADR 指标参数的选择会影响 ADR 曲线与 1 值线之间的关系，从而直接影响对大盘的研判。

# 第三节　价格类技术指标及应用

## 一、平滑异同平均线指标——MACD

MACD 指标又叫指数平滑异同移动平均线，是由查拉尔・阿佩尔(Gerald Apple)所创造的，是一种研判股票买卖时机、跟踪股价运行趋势的技术分析工具。

### (一)MACD 指标的原理和计算方法

#### 1．MACD 指标的原理

MACD 指标是根据均线的构造原理，对股票价格的收盘价进行平滑处理，求出算术平均值以后再进行计算，是一种趋向类指标。

MACD 指标主要是通过 EMA、DIF 和 DEA(或叫 MACD、DEM)这三值之间关系的研判，DIF 和 DEA 连接起来的移动平均线的研判以及 DIF 减去 DEM 值而绘制成的柱状图(BAR)的研判等来分析判断行情，预测股价中短期趋势的主要的股市技术分析指标。其中，DIF 是核心，DEA 是辅助。DIF 是快速平滑移动平均线(EMA1)和慢速平滑移动平均线(EMA2)的差。BAR 柱状图在股市技术软件上是用红柱和绿柱的收缩来研判行情。

#### 2．MACD 指标的计算方法

MACD 在应用上，首先计算出快速移动平均线(即 EMA1)和慢速移动平均线(即 EMA2)，以此两个数值，来作为测量两者(快慢速线)间的离差值(DIF)的依据，然后再求 DIF 的 N 周期的平滑移动平均线 DEA(也叫 MACD、DEM)线。

以 EMA1 的参数为 12 日，EMA2 的参数为 26 日，DIF 的参数为 9 日为例来看看 MACD 的计算过程。

1) 计算移动平均值(EMA)

12 日 EMA 的算式为：

$$EMA(12)=前一日\ EMA(12)\times 11/13+今日收盘价\times 2/13$$

26 日 EMA 的算式为：

EMA(26)=前一日 EMA(26)×25/27+今日收盘价×2/27

2) 计算离差值(DIF)

DIF=今日 EMA(12)−今日 EMA(26)

3) 计算 DIF 的 9 日 EMA

根据离差值计算其 9 日的 EMA，即离差平均值，是所求的 MACD 值。为了不与指标原名相混淆，此值又名 DEA 或 DEM。

今日 DEA(MACD)=前一日 DEA×8/10+今日 DIF×2/10

计算出的 DIF 和 DEA 的数值均为正值或负值。

理论上，在持续的涨势中，12 日 EMA 线在 26 日 EMA 线之上，其间的正离差值(+DIF)会越来越大；反之，在跌势中离差值可能变为负数(−DIF)，也会越来越大，而在行情开始好转时，正负离差值将会缩小。指标 MACD 正是利用正负的离差值(±DIF)与离差值的 N 日平均线(N 日 EMA)的交叉信号作为买卖信号的依据，即再度以快慢速移动线的交叉原理来分析买卖信号。另外，MACD 指标在股市软件上还有个辅助指标——BAR 柱状线，其公式为：BAR=2×(DIF−DEA)，我们还是可以利用 BAR 柱状线的收缩来决定买卖时机。

### (二)MACD 指标的一般研判标准

MACD 指标是市场上绝大多数投资者熟知的分析工具，这里将在介绍 MACD 指标的一般研判技巧和分析方法基础上，详细阐述 MACD 的特殊研判原理和功能。

MACD 指标的一般研判标准主要是围绕快速和慢速两条均线及红、绿柱线状况和它们的形态展开。一般分析方法主要包括 DIF 和 MACD 值及它们所处的位置、DIF 和 MACD 的交叉情况、MACD 指标中的柱状图分析这三个大的方面分析。

#### 1. DIF 和 MACD 值及它们所处的位置

(1) 当 DIF 和 MACD 均大于 0(即在图形上表示为它们处于零线以上)并向上移动时，一般表示为股市处于多头行情中，可以买入或持股。

(2) 当 DIF 和 MACD 均小于 0(即在图形上表示为它们处于零线以下)并向下移动时，一般表示为股市处于空头行情中，可以卖出股票或观望。

(3) 当 DIF 和 MACD 均大于 0(即在图形上表示为它们处于零线以上)但都向下移动时，一般表示为股价既将下跌，可以卖出股票。

(4) 当 DIF 和 MACD 均小于 0(即在图形上表示为它们处于零线以下)但都向上移动时，一般表示为行情即将启动，股票将上涨，可以买进股票或持股待涨。

#### 2. DIF 和 MACD 的交叉情况

(1) 当 DIF 与 MACD 都在零线以上，而 DIF 向上突破 MACD 时，表明股市处于一种强

势之中，股价将再次上涨，可以加码买进股票或持股待涨，这就是 MACD 指标“黄金交叉”的一种形式。

(2) 当 DIF 和 MACD 都在零线以下，而 DIF 向上突破 MACD 时，表明股市即将转强，股价跌势已尽，将止跌朝上，可以开始买进股票或持股，这是 MACD 指标“黄金交叉”的另一种形式。

(3) 当 DIF 与 MACD 都在零线以上，而 DIF 却向下突破 MACD 时，表明股市即将由强势转为弱势，股价将大跌，这时应卖出大部分股票而不能买股票，这就是 MACD 指标的“死亡交叉”的一种形式。

(4) 当 DIF 和 MACD 都在零线以上，而 DIF 向下突破 MACD 时，表明股市将再次进入极度弱市中，股价还将下跌，可以再卖出股票或观望，这是 MACD 指标“死亡交叉”的另一种形式。

#### 3．MACD 指标中的柱状图分析

在股市电脑分析软件中通常采用 DIF 值减去 DEA(即 MACD、DEM)值而绘制成柱状图，用红柱状和绿柱状表示，红柱表示正值，绿柱表示负值。用红绿柱状来分析行情，既直观明了又实用可靠。

(1) 当红柱状持续放大时，表明股市处于牛市行情中，股价将继续上涨，这时应持股待涨或短线买入股票，直到红柱无法再放大时才考虑卖出。

(2) 当绿柱状持续放大时，表明股市处于熊市行情之中，股价将继续下跌，这时应持币观望或卖出股票，直到绿柱开始缩小时才可以考虑少量买入股票。

(3) 当红柱状开始缩小时，表明股市牛市即将结束(或要进入调整期)，股价将大幅下跌，这时应卖出大部分股票而不能买入股票。

(4) 当绿柱状开始收缩时，表明股市的大跌行情即将结束，股价将止跌向上(或进入盘整)，这时可以少量进行长期战略建仓而不要轻易卖出股票。

(5) 当红柱开始消失、绿柱开始放出时，这是股市转市信号之一，表明股市的上涨行情(或高位盘整行情)即将结束，股价将开始加速下跌，这时应开始卖出大部分股票而不能买入股票。

(6) 当绿柱开始消失、红柱开始放出时，这也是股市转市信号之一，表明股市的下跌行情(或低位盘整)已经结束，股价将开始加速上升，这时应开始加码买入股票或持股待涨。

### (三)MACD 的特殊分析方法

#### 1．M 头 W 底等形态

MACD 指标的研判还可以从 MACD 图形的形态来帮助研判行情。

当 MACD 的红柱或绿柱构成的图形双重顶底(即 M 头和 W 底)、三重顶底等形态时，也可以按照形态理论的研判方法来加以分析研判。

2．顶背离和底背离

MACD 指标的背离就是指 MACD 指标的图形的走势正好和 K 线图的走势方向正好相反。MACD 指标的背离有顶背离和底背离两种。

(1) 顶背离。当股价 K 线图上的股票走势一峰比一峰高，股价一直在向上涨，而 MACD 指标图形上的由红柱构成的图形的走势是一峰比一峰低，即当股价的高点比前一次的高点高、而 MACD 指标的高点比指标的前一次高点低，这叫顶背离现象。顶背离现象一般是股价在高位即将反转转势的信号，表明股价短期内即将下跌，是卖出股票的信号。

(2) 底背离。底背离一般出现在股价的低位区。当股价 K 线图上的股票走势，股价还在下跌，而 MACD 指标图形上的由绿柱构成的图形的走势是一个底比一个底高，即当股价的低点比前一次低点底，而指标的低点却比前一次的低点高，这叫底背离现象。底背离现象一般是预示股价在低位可能反转向上的信号，表明股价短期内可能反弹向上，是短期买入股票的信号。

在实践中，MACD 指标的背离一般出现在强势行情中比较可靠，股价在高价位时，通常只要出现一次背离的形态即可确认为股价即将反转，而股价在低位时，一般要反复出现几次背离后才能确认。因此，MACD 指标的顶背离研判的准确性要高于底背离，这点投资者要加以留意。

## 二、随机指标——KDJ

KDJ 指标的中文名称是随机指数。最早起源于期货市场。随机指标是由乔治·莱恩首创的，它在通过当日或最近几日最高价、最低价及收盘价等价格波动的波幅，反映价格趋势的强弱。随机指标在图表上共有三根线，K 线、D 线和 J 线。

### (一)KDJ 的计算

(N 日收盘价 － N 日内最低价) ÷ (N 日内最高价 － N 日内最低价) × 100 = N 日 RSV

当日 K 值 = 2/3 前 1 日 K 值 + 1/3 当日 RSV；

当日 D 值 = 2/3 前 1 日 D 值 + 1/3 当日 K 值；

当日 J 值 = 3 当日 K 值 − 2 当日 D 值；

若无前一日 K 值与 D 值，则可分别用 50 来代替。

以 9 日为周期的 KD 线为例。首先须计算最近 9 日的 RSV 值，即未成熟随机值，计算公式为：

9 日 RSV=(9 日的收盘价−9 日内的最低价)÷(9 日内的最高价−9 日内的最低价)×100 (计算出来的数值为当日的 RSV)

K 值=2/3×前一日 K 值+1/3×当日 RSV

D 值=2/3×前一日 D 值+1/3×当日的 K 值

若无前一日K值与D值，则可以分别用50代替。

J值=3×当日K值−2×当日D值

## (二)KDJ的原理

(1) KDJ以今日收盘价(也即N日以来多空双方的最终言和价格)作为买力与卖力的平衡点，收盘价以下至最低价的价格距离表征买力的大小，而最高价以下至最低价的价格距离表征买卖力的总力。这样，RSV的买力与总力之比，正是用以表征N日以来市场买力的大小比例,反映了市场的多空形势。

(2) KDJ指标的后来修正者，放弃把RSV直接作为K值，而只把RSV作为新K值里面的1/3比例的内容。这是一种权值处理手法，表明更重视(2/3重视)近期趋势的作用。

(3) 在乔治·蓝恩的发明里，D值原来是N日K值的平滑平均值。现直接从算式上可见，D值只把K值作1/3的权重加以考虑，同样表明对近期趋势的重视。同时，D值的变化率也就小于K值的变化率，因此，K线成为随机指标中较敏感的快速线，D线则为较沉稳的慢速线。

(4) J值本意为D值与K值之乖离，系数3和2也表现了权值的处理，表明在KD指标中，D指标应被更重视一些，这与趋势分析中认为慢速线较具趋势的示向性原理是一致的。

## (三)KDJ的应用

(1) 一般而言，D线由下转上为买入信号，由上转下为卖出信号。

(2) KD都在0～100的区间内波动，50为多空均衡线。如果处在多方市场，50是回档的支持线；如果处在空方市场，50是反弹的压力线。

(3) K线在低位上穿D线为买入信号，K线在高位下穿D线为卖出信号。

(4) K线进入90以上为超买区，10以下为超卖区；D线进入80以上为超买区，20以下为超卖区。宜注意把握买卖时机。

(5) 高档区D线的M形走向是常见的顶部形态，第二头部出现时及K线二次下穿D线时是卖出信号。低档区D线的W形走向是常见的底部形态，第二底部出现时及K线二次上穿D线时是买入信号。M形或W形的第二部出现时，若与价格走向发生背离，分别称为“顶背驰”和“底背驰”，买卖信号可信度极高。

(6) J值可以大于100或小于0.J指标为依据KD买卖信号是否可以采取行动提供可信判断。通常，当J值大于100或小于10时被视为采取买卖行动的时机。

(7) KDJ本质上是一个随机性的波动指标，所以，计算公式中的N值通常取值较小，以5～14为宜，可以根据市场或商品的特点选用。不过，将KDJ应用于周线图或月线图上，也可以作为中长期预测的工具。

### (四)KDJ 与布林线的综合运用

KDJ 指标是超买超卖指标，而布林线则是支撑压力类指标。两者结合在一起的好处是：可以使 KDJ 指标的信号更为精准，同时，由于价格日 K 线指标体系中的布林线指标，往往反映的是价格的中期运行趋势，因此利用这两个指标来判定价格到底是短期波动，还是中期波动具有一定作用，尤其适用于判断价格到底是短期见顶(底)，还是进入了中期上涨(下跌)，具有比较好的效果。

我们知道，布林线中的上轨有压力作用，中轨和下轨有支撑(压力)作用，因此当价格下跌到布林线中轨或者下档时，可以不理会 KDJ 指标所发出的信号而采取操作。当然，如果 KDJ 指标也走到了低位，那么应视作短期趋势与中期趋势相互验证的结果，而采取更为积极的操作策略。

但要注意的是，当价格下跌到布林线下轨时，即使受到支撑而出现回稳，KDJ 指标也同步上升，可是趋势转向的信号已经发出，所以至多只能抢一次反弹。而当 KDJ 指标走上 80 高位时，采取卖出行动就较为稳妥，因为当股价跌破布林线中轨后将引发布林线开口变窄，此时要修复指标至少需要进行较长时间的盘整，所以说无论从防范下跌风险，还是从考虑持有的机会成本来看，都不宜继续持有。

最后，总结一下综合运用 KDJ 指标和布林线指标的原则：即以布林线为主，对价格走势进行中线判断，以 KDJ 指标为辅，对价格进行短期走势的判断，KDJ 指标发出的买卖信号需要用布林线来验证配合，如果二者均发出同一指令，则买卖准确率较高。

## 三、相对强弱指标——RSI

### (一)RSI 的原理

RSI 指标的中文名称是相对强弱指数(Relative Strength Index)，是一个非常有用的动能指标。它的原理是假设收盘价是买卖双方力道的最终表现与结果，把上涨视为买方力道，下跌视为卖方力道，通过比较双方的力道转化成双方力道的相对强度，使之成为一个位于 0～100 之间的数值，从而更能方便参考使用。

### (二)RSI 的计算

RSI 的计算一般以 14 天为周期，把上升幅度作为买方力量的总和，将下跌的幅度作为卖方力量的总和，而判断股价的未来动向，则是参看两种力量对比的结果。

强弱指标的计算公式如下：

$$RSI=100\times RS\div(1+RS)$$

或者

$$RSI=100-100\div(1+RS)$$

其中，RS=14 天内收盘价上涨数之和÷14 天内收盘价下跌数之和。

## (三)利用 RSI 背离判断顶部

相对强弱指标(RSI)是技术指标中的一种，强弱指标理论认为，任何市价的大涨或者大跌，均在 0～100 之间波动。根据常态分析，认为 RSI 值在 30～70 之间的变动属正常情况，在 80～90 时，被认为市场已达超买状态，至此市场价格自然面临回落调整；而在 10～20 时，被认为市场已达超卖状态，至此市场价格自然面临企稳回升。但投资者可能会发现：有时 RSI 在 80 以上时，股价仍不断上扬，因此仅仅用是否通过 80 来划分股价是否超买来判断顶部，不太可靠。因此我们就应该寻找其他规律进行判断。

一般来讲，技术指标都有顶背离的走势出现，RSI 指标也不例外。RSI 指标出现顶背离，是指股价在一个上升趋势当中，先创出一个新高点，这时 RSI 指标也相应在 80 以上创出一个新高点，之后股价出现一定幅度回落，RSI 也随着股价的回落走势出现调整。但是如果之后股价再度出现冲高，并且超越前期高点时，而 RSI 虽然随股价继续上扬，但是并没有超过前期高点，这就形成 RSI 的顶背离。RSI 出现顶背离后，股价见顶的可能性较大。

之所以说 RSI 顶背离就是股价见顶的标志，主要是由于当庄家拉高出货的时候，为了出货迅速，其拉高动作必然迅速而猛烈，而出货动作则要延续较长的时间和空间。这种特性就决定了庄家一次又一次地拉高股价，但是由于 RSI 指标主要是反映市场强弱的指标，而这种强势不再的走势无疑将促使 RSI 出现回落走势，因此一旦庄家出货的走势出现，RSI 的回落幅度通常较大，从而形成顶背离的态势。这种现象在 KDJ 等指标上同样也有可能出现，而成交量与股价背离的现象，也是股价见顶的征兆之一。价格上扬成交量趋于减少，说明市场交易活跃程度逐渐减弱，股价可能面临下跌的走势。

发现指标出现顶背离走势后，投资者应结合当时市场气氛和盘面情况进行综合判断。如果市场仍然处于相对看多的阶段，则股价继续上扬的可能性较大，但是幅度和力度都将明显弱于前期，这主要是因为这种上涨，是在市场人气刺激下出现的上涨走势，并不是成交量的实质推动，因而涨势不能长久。

## (四)RSI 的特殊分析方法

### 1．RSI 曲线的形态

当 RSI 指标在高位盘整或低位横盘时所出现的各种形态也是判断行情，决定买卖行动的一种分析方法。

(1) 当 RSI 曲线在高位(50 以上)形成 M 头或三重顶等高位反转形态时，意味着股价的上升动能已经衰竭，股价有可能出现长期反转行情，投资者应及时地卖出股票。如果股价走势曲线也先后出现同样形态则更可确认，股价下跌的幅度和过程可参照 M 头或三重顶等顶部反转形态的研判。

(2) 当 RSI 曲线在低位(50 以下)形成 W 底或三重底等低位反转形态时，意味着股价的下跌动能已经减弱，股价有可能构筑中长期底部，投资者可逢低分批建仓。如果股价走势曲线也先后出现同样形态则更可确认，股价的上涨幅度及过程可参照 W 底或三重底等底部反转形态的研判。

(3) RSI 曲线顶部反转形态对行情判断的准确性要高于底部形态。

### 2. RSI 曲线的背离

RSI 指标的背离是指 RSI 指标的曲线的走势正好和股价 K 线图的走势方向正好相反。RSI 指标的背离分为顶背离和底背离两种。

(1) 顶背离。当 RSI 处于高位，但在创出 RSI 近期新高后，反而形成一峰比一峰低的走势，而此时 K 线图上的股价却再次创出新高，形成一峰比一峰高的走势，这就是顶背离。顶背离现象一般是股价在高位即将反转的信号，表明股价短期内即将下跌，是卖出信号。在实际走势中，RSI 指标出现顶背离是指股价在进入拉升过程中，先创出一个高点，RSI 指标也相应在 80 以上创出新的高点，之后，股价出现一定幅度的回落调整，RSI 也随着股价回落走势出现调整。但是，如果股价再度向上并超越前期高点创出新的高点时，而 RSI 随着股价上扬也反身向上但没有冲过前期高点就开始回落，这就形成 RSI 指标的顶背离。RSI 出现顶背离后，股价见顶回落的可能性较大，是比较强烈的卖出信号。

(2) 底背离。RSI 的底背离一般是出现在 20 以下的低位区。当 K 线图上的股价一路下跌，形成一波比一波低的走势，而 RSI 线在低位却率先止跌企稳，并形成一底比一底高的走势，这就是底背离。底背离现象一般预示着股价短期内可能将反弹，是短期买入的信号。

与 MACD、KDJ 等指标的背离现象研判一样，RSI 的背离中，顶背离的研判准确性要高于底背离。当股价在高位，RSI 在 80 以上出现顶背离时，可以认为股价即将反转向下，投资者可以及时卖出股票；而股价在低位，RSI 也在低位出现底背离时，一般要反复出现几次底背离才能确认，并且投资者只能做战略建仓或做短期投资。

### 3. 极高的 RSI 值和极低 RSI 值

当 RSI 处在极高和极低位时，可以不考虑别的因素而单方面采取行动。比如说上证指数的 RSI 如果达到了 93%以上，则必须出货，RSI 如果低于 5%则一定要买进。当然，这里的 93%和 5%是可能会变化的，它与 RSI 参数有关，与选择的股票有关。

## (五)应用 RSI 极易出错的地方

最易出错的情况是 RSI 第一次进入应该采取行动的区域，而形成单峰或者单谷的时候。这个问题也是 KD 指标中碰到的。这时，只有等到第二峰或第二底形成后才能明确地下结论。遇到这种情况就将 RSI 放在一边，而一门心思地考虑其他的技术分析方法。那些在使用 RSI 时出问题的人，绝大多数是犯了这个错误。将上面介绍的各种 RSI 的使用法则机械地搬到 RSI 的第一峰和第一底上。这是对技术指标不全面了解而招致损失的典型实例。这

里不得不重复早已说过多次的话，技术分析方法本身并没有错，出错的是那些对技术分析认识和理解不深入的人。

RSI 的另一个不足是在顶部和底部的钝化，这一点同 KD 指标有相同的地方，但是两者相比，RSI 的钝化程度比 KD 指标还要强些。正是由于这个原因，RSI 在发出行动信号时，往往提不出采取行动的具体价位。除此之外，还应该说明，以上有关 RSI 的叙述，都是针对日线。别的周期的 RSI 的应用在数字上要进行相应的调整，具体的数字界限和触顶的次数也要作相应的修改。

### (六)RSI 指标的真谛

在指标运用过程中，投资者经常产生困惑，有时指标严重超买，股价却继续上涨，有时指标在超卖区钝化十几周，股价仍未止跌企稳。这里混淆了指标与股价的关系，指标不能决定股价涨跌，股价才决定指标的运行，股价是因，指标是果，由因可推出果，由果来溯因是本末倒置，不一定走得通。那么，指标运用的真谛是什么呢？笔者认为趋势至上，顺势而为，向市场屈服。在涨跌趋势未改变之前，不要试图运用指标的超买、超卖、钝化等来盲目断定该反弹、该回调了，要向市场屈服、向趋势屈服，趋势无招胜指标有招。当然，这并非是完全摒弃了指标，相反是充分地利用其辅助参考作用，当股价趋势继续上涨或下跌时，指标也将继续超买或超卖，而当股价一旦发生转势，指标随后也会发生转势买卖信号，从而为操作提供强有力的技术上的参考，这就是指标运用的真谛。

## 四、乖离率——BIAS

### (一)乖离率简介

乖离率(BIAS)简称 Y 值，它是移动平均原理派生的一项技术指标，其功能主要是通过测算股价在流动过程中与移动平均线出现的偏离程度，从而得出股价在剧烈波动时因偏离移动平均线而造成的可能的回档与反弹，以及股价在波动过程中继续原有趋势的可信度。

当价位距离移动平均线太远时，不论价位在移动平均线上方或下方，都有可能随时返回移动平均线，从而是一个买进或卖出时机。但是，股价距移动平均线多远时才是买卖时机呢？后来人们发现这与行情的强弱有关，在强势多头市场，市场买气旺盛，涨势与涨幅往往出人意料，因此股价远高于移动平均线；同样，在非常弱势的空头市场，市场买意缺乏，跌势与跌幅也往往出人意料，股价远低于移动平均线。乖离率是针对这个问题提出的，是定量地表现当日指数或个别股价与移动平均线之间差距的技术指标。

### (二)乖离率计算公式

$$BIAS=(Ct-Man)/Man$$

其中：Ct——当日指数或收盘价；

Man——N日移动平均价。

N的数值可按自己选用的移动平均线确定，一般有6日、12日、24日；也有10日、30日、75日。在实际运用中，深沪股市短线使用6日乖离率极为有效，中线则一般取12日或10日。

## (三)乖离率的应用法则

(1) 在弱势市场上，股价与6日移动平均线的乖离率达到+6%以上时，为超买现象，是卖出时机；当其达到-6%以下时为超卖现象，是买入时机。而在强势市场上，股价与6日移动平均线乖离率达+8%以上时为超买现象，是卖出时机；当其达到-3%以下时为超卖现象，是买入时机。

(2) 在弱势市场上，股价与12日移动平均线的乖离率达到+5%以上时为超买现象，是卖出时机，当其达到-5%以下时为超卖现象，是买入时机。而在强势市场上，股价与12日移动平均线的乖离率达到+6%以上时为超买现象，是卖出时机，当其达到-4%以下时为超卖现象，是买入时机。

(3) 对于个别股票，由于受多空双方激战的影响，股价和各种平均践的乖离率容易偏高，因此运用中要随之而变。

(4) 当股价与平均线之间的乖离率达到最大百分比时，就会向零值逼近，有时也会低于零或高于零，这都属于正常现象。

(5) 多头市场的暴涨和空头市场的暴跌，都会使乖离率达到意想不到的百分比值，但出现的次数极少，而且持续时间也很短，因此可以将其看作一种例外情形。

(6) 在大势上涨的行情中，如果出现负乖离率，就可以在股价下跌时买进，此时损失的风险较小。

(7) 在大势下跌的行情下，如果出现正乖离率，可以在股价上升时脱手卖出。

## (四)乖离率的缺陷

在分析和预测股价走势时，只用乖离率作为研判依据，有时会出现偏差尤其是在极端行情中，乖离率所给出的逆势操作信号可能会丢失机会或做出错误决策。

涨多了要跌、跌多了要涨，这是股市运行的基本规律，而这个规律直接反映在BIAS(乖离率指标)上。用好这个指标，对把握股价波动的高点和低点附近的转折有着十分理想的参考意义。而且，运用十分简单，有时候对股价波动可以一目了然，甚至可以心算，是一种不需要太多工具和理论的简单、实在、实用的指标。

BIAS实际上是以股价与参考的移动平均线作为参考。对于普通投资者来说，5日BIAS即5日乖离率的实战价值高。对于大盘来说，5日BIAS达到-5以下时，坚决逢低吸纳；5日BIAS达到-8时，坚决买进。在历史上，每当大盘出现低位放量暴跌时候，往往是市场

出现转机的重要时刻。这时候，投资者应该紧紧观察那些率先开始反弹的品种。这些品种有可能是有新主力率先进入的“阵地”。

相反，当5日BIAS达到+5以上时，就应该逢高派发了，而当5日BIAS处于+8以上时，投资者应该冷静回避，因为即使后市有行情，那么5日BIAS表明了市场仍有回调的可能，这样虽然要折损一些手续费，但对于保持良好心态还是有益的。一旦出现5·19行情那样的强势逼空行情，那么投资者应该改用别的指标。

值得注意的是，在大盘运行的不同阶段，对于上述手法的采取也是不同的。根据笔者理解，下面三个阶段的操作供你参考：

第一阶段：当大盘处于下跌起初阶段时候，5日BIAS出现较大的负乖离值时，并不是大举建仓的时机。相反，这是择机出场的良机。比如，上证综指从2245点历史高位下跌初期，曾经出现5日BIAS为-5的情况，这时如果投资者进入市场，显然是不明智的。这里有一个小技巧可以参考，即投资者可以根据30日均线的状况，来分辨市场究竟是处于初跌期，还是处于下跌末期。当大盘急速冲高后30日均线高位拐头时，那大盘一般都处于下跌初期，这时，投资者应该回避，减少持仓量。即便5日BIAS出现较为明显的负乖离率，那其实为投资者提供了一个比较理想的离场时机。

第二阶段：当大盘仍处于下跌通道时，5日BIAS出现较大的负乖离值时，投资者仍不应该买入。这时候，30日均线一般处于陡峭下行状况，表明市场元气尚未恢复，投资者仍应该多看少动。

第三阶段：当大盘下跌了一段时间，而且30日均线由陡峭下行，到缓慢下行并逐渐开始横向整理时，这时候出现股指单日大跌也就是机会开始来临之时。一般情况下，大盘在一年之中总有那么一到两次机会，把握这些机会，心不贪，那么收益也是能够满意的。

### (五)乖离率选股的运用技巧

这里主要从投资者心理角度来分析。因为均线可以代表平均持仓成本，利好利空的刺激，造成股价暴涨暴跌。股价离均线太远，就会随时有短期反转的可能，乖离率的绝对值越大，股价向均线靠近的可能性就越大，这就是乖离率提供的买卖依据形成的原因。从市场经验看，10日平均移动线作为基期效果较好。以下跌为例，10日乖离率通常在-7%～-8%时开始反弹。考虑到这个数值的安全系数不高，一般情况下，更为安全的进场时机应选择在-10%～-11%之间。同样出于稳健，短线在上涨时可以在+8%附近卖出。

### (六)应用乖离率时应区别看待

(1) 对于风险不同的股票应区别对待。有业绩保证且估值水平合理的个股，在下跌时乖离率通常较低时就开始反弹。反之，对绩差股而言，其乖离率通常在跌至绝对值较大时，才开始反弹。

(2) 要考虑流通市值的影响。流通市值较大的股票，不容易被操纵，走势符合一般的市场规律，适宜用乖离率进行分析。而流通市值较小的个股或庄股由于容易被控盘，因此在使用该指标时应谨慎。

(3) 要注意股票所处价格区域。在股价的低位密集成交区，由于筹码分散，运用乖离率指导操作时成功率较高，而在股价经过大幅攀升后，在机构的操纵下容易暴涨暴跌，此时成功率则相对较低。

## 五、心理线指标——PSY

心理线 PSY 指标是从英文 Phycholoigical Line 直译过来的，是研究投资者对股市涨跌产生心理波动的情绪指标，是一种能量类和涨跌类指标，它对股市短期走势的研判具有一定的参考意义。

### (一)PSY 指标的原理和计算方法

#### 1．PSY 指标的原理

心理线 PSY 指标是一种建立在研究投资者心理趋向基础上，分析某段期间内投资者趋向于买方和卖方的心理与事实，做出买卖股票的一项参考技术指标。

作为分析股市的涨跌指标，PSY 指标是在时间的角度上计算 N 日内的多空总力量，来描述股市目前处于强势或弱势，是否处于超买或超卖状态。它主要是通过计算 N 日内股价或指数上涨天数的多少来衡量投资者的心理承受能力，反映股市未来发展趋势及股价是否存在过度的涨跌行为，为投资者买卖股票提供参考。

#### 2．PSY 指标的计算方法

心理线 PSY 指标主要是从股票投资者的买卖趋向的心理方面，对多空双方的力量对比进行探索。它是以一段时间收盘价涨跌天数的多少为依据，其计算方法很简单，计算公式如下：

$$PSY(N)=A\div N\times 100$$

其中：N——周期，是 PSY 的参数，可以为日、周、月、分钟；

A——在这周期之中股价上涨的周期数。

例如：N=20 日时，日之中有 12 日上涨，8 日下跌，则 PSY(20 日)=60。

这里判断上涨和下跌是以收盘价为标准，计算日周期的收盘价如果比上一周期的收盘价高，则定为上涨；比上一周期的收盘价低，则定为下跌。

心理线 PSY 的参数选择是人为的，可以随投资者的喜好和市场的变化来决定，而参数的选择又是 PSY 指标研判行情的一个重要手段。参数选择的越大，PSY 的取值范围越集中、越平稳，但又有迟滞性的缺点；参数选择的小，PSY 取值范围的波动性很大且敏感性太强。

在大部分股市分析技术软件上，PSY 指标的周期范围选择为 0～100。一般而言，日线的设定基准日为 3 日，取值范围为 3～90 日；周线的设定基准周为 3 周，取值范围为 3～50 周；月线的设定基准月为 3 个月，取值范围为 3～50 个月。

和其他指标的计算一样，由于选用的计算周期的不同，PSY 指标也包括日 PSY 指标、周 PSY 指标、月 PSY 指标年 PSY 指标以及分钟 PSY 指标等各种类型。经常被用于股市研判的是日 PSY 指标和周 PSY 指标。虽然它们的计算时的取值有所不同，但基本的计算方法一样。

### (二)PSY 指标的一般研判标准

心理线 PSY 指标是股市技术中一种中短期的研判指标，它主要是反映市场上投资者的心理的超买或超卖。它适用于判断大势，也可以用来研判个股行情。它对投资者的心理承受能力及市场上人气的兴衰有着比较重要的衡量作用，是股市技术分析中一种反映市场能量的一种辅助指标。

在股市技术分析软件上，PSY 指标的一般研判标准主要是围绕 PSY 指标的取值情况、PSY 值的超买超卖情况、PSY 曲线的趋势性情况及 PSY 曲线的形态等方面进行分析的。以日周期标准为例，具体研判如下。

#### 1．PSY 指标的取值情况

(1) PSY 指标的取值始终是处在 0～100 之间，0 值是 PSY 指标的下限极值，100 是 PSY 指标的上限极值。50 值为多空双方的分界线。

(2) PSY 值大于 50 为 PSY 指标的多方区域，说明 N 日内上涨的天数大于下跌的天数，多方占主导地位，投资者可持股待涨。

(3) PSY 值小于 50 为 PSY 指标的空方区域，说明 N 日内上涨的天数小于下跌的天数，空方占主导地位，投资者宜持币观望。

(4) PSY 在 50 左右徘徊，则反映近期股票指数或股价上涨的天数与下跌的天数基本相等，多空力量维持平衡，投资者以观望为主。

#### 2．PSY 值的超买超卖情况

(1) 一般情况下，PSY 值的变化都在 25～75 之间，反映股价处在正常的波动状态，投资者可以按照原有的思路买卖股票。

(2) 在盘整局面中，PSY 指标的值应该在以 50 为中心的附近，上下限一般定为 25 和 75(有的定为 30 和 70)，说明多空双方基本处于平衡状态。如果 PSY 超出了这个平衡状态，就是 PSY 指标的超买超卖。

(3) 当 PSY 达到或超过 75 时。说明在 N 天内，上涨的天数远大于下跌的天数，多方的力量很强大而且持久。但从另外一个方面来看，由于上涨天数多，股票累计的获利盘也多，市场显示出超买的迹象，特别是在涨幅较大的情况下，股价上升的压力就会很大，股价可能很快回落调整，投资者应多加注意。

(4) 当 PSY 达到或低于 25 时，说明在 N 天内，下跌的天数远大于上涨的天数，空方力量比较强大，市场上悲观气氛比较浓，股价一路下跌。但从另一方面看，由于下跌的天数较多，市场上显示超卖的迹象，特别是在跌幅较大的情况下，市场抛盘稀少，抛压较轻，股价可能会反弹向上。

(5) 如果 PSY 值出现大于 90 或小于 10 这种极端超买超卖情况，投资者更要多加注意。

(6) 在多头市场和空头市场开始初期，可将超买、超卖线调整至 85 和 15，到行情发展中后期再调回至 75 和 25，这样更有利于 PSY 指标的研判。

#### 3．PSY 曲线的趋势性情况

PSY 指标在股市分析软件上还能通过它的趋势性情况来判断股市的趋势走向。PSY 指标体现的趋势性主要表现在无趋势、向上趋势及向下趋势等三个方面。

(1) 无趋势。PSY 指标的无趋势性是指 PSY 值在 40～60 之间上下振荡，表明近期多空力量旗鼓相当，股价涨跌基本平衡。反映到 PSY 的曲线图上就是 PSY 曲线在 40～60 线区间里小幅上下运动或成一条横线运动。此时，投资者宜采取观望态度，等趋势形成后再做买入和卖出的决策。

(2) 向上趋势。PSY 指标的向上趋势性有两种情况。一是指 PSY 值大部分时间是处在 50 上，即使偶尔下滑至 50 以下也会很快回升至 50 以上并向上爬升，另一种是指 PSY 值从 50 以下开始向上一举冲过 50 并缓慢向上攀升。表明近期多头力量强于空头力量，股价一路上涨。这两种情况反映到 PSY 曲线图上就是 PSY 曲线在 50 线以上缓慢向上运动或从 50 线以下向上一路攀升的向上倾斜曲线。当 PSY 向上趋势形成后，投资者应积极买入股票或持股待涨，直到向上趋势改变。

(3) 向下趋势。PSY 指标的向下趋势性也有两种情况。一是指 PSY 值大部分时间是处在 50 以下，另一种是 PSY 值从 50 以上开始向下回落跌破 50 线并继续向下滑落。表明空方力量过于强大，股价一路下跌。

## 六、威廉指标——W%R

威廉指标 W%R 又叫威廉超买超卖指标，简称威廉指标，是由拉瑞·威廉(Larry William)在 1973 年发明的，是目前股市技术分析中比较常用的短期研判指标。

### (一)W%R 指标的原理和计算方法

#### 1．威廉指标的原理

威廉指标主要是通过分析一段时间内股价最高价、最低价和收盘价之间的关系，来判断股市的超买超卖现象，预测股价中短期的走势。它主要是利用振荡点来反映市场的超买

超卖行为，分析多空双方力量的对比，从而提出有效的信号来研判市场中短期行为的走势。

威廉指标是属于研究股价波幅的技术分析指标，在公式设计上和随机指标的原理比较相似，两者都是从研究股价波幅出发，通过分析一段时间的股票的最高价、最低价和收盘价等这三者关系，来反映市场的买卖气势的强弱，借以考察阶段性市场气氛、判断价格和理性投资价值标准相背离的程度。

### 2．W%R 指标的计算方法

W%R 指标的计算主要是利用分析周期内的最高价、最低价及周期结束的收盘价等三者之间的关系展开的。以日威廉指标为例，其计算公式为：

$$W\%R=(Hn-C)\div(Hn-Ln)\times100$$

其中，C 为计算日的收盘价，Ln 为 N 周期内的最低价，Hn 为 N 周期内的最高价，n 为选定的计算时间参数，一般为 4 或 14。

威廉指标是表示当天的收盘价在过去一段时间里的全部价格范围内所处的相对位置，因此，计算出的 W%R 值位于 0～100 之间。越接近 0 值，表明目前的价位越接近过去 14 日内的最低价；越接近 100 值，表明目前的价位越接近过去 14 日内的最高价，从这点出发，对于威廉指标的研判可能比较更容易理解。

## (二)W%R 指标的一般研判标准

W%R 指标的一般研判标准主要是围绕 W%R 的数值大小、W%R 曲线形状等方面展开的。

### 1．W%R 数值的大小

和 KDJ 指标一样，W%R 的数值范围为 0～100。不同的是 W%R 指标是以 0 为顶部，以 100 为底部。

(1) 当 W%R 在 20～0 区间时，是 W%R 指标的超买区，表明市场处于超买状态，股票价格已进入顶部，可考虑卖出。W%R=20 这一横线，一般视为卖出线。

(2) 当 W%R 进入 80～100 区间时，是 W%R 指标的超卖区，表明市场处于超卖状态，股票价格已近底部，可考虑买入。W%R=80 这一横线，一般视为买入线。

(3) 当 W%R 在 20～80 区间时，表明市场上多空暂时取得平衡，股票价格处于横盘整理之中，可考虑持股或持币观望。

(4) 在具体实战中，当威廉曲线向上突破 20 超买线而进入超买区运行时，表明股价进入强势拉升行情，这是提醒投资者要密切关注行情的未来走势，只有当 W%R 曲线再次向下突破 20 线时，才为投资者提出预警，为投资者买卖决策提供参考。同样，当威廉曲线向下突破 80 超卖线而进入超卖区运行时，表明股价的强势下跌已经缓和，这也是提醒投资者可以为建仓作准备，而只有当 W%R 曲线再次向上突破 80 线时，投资者才真正短线买入。

2．W%R 曲线的形状

(1) 当 W%R 曲线从超卖区开始向上爬升，超过 80 这条买入线时，说明行情可能向上突破，是开始买入的信号。

(2) 当 W%R 曲线从超买区开始向下回落，跌破 20 这条卖出线时，说明行情可能向下反转，是开始卖出的信号。

(3) 当 W%R 曲线由超卖区向上突破 50 这条多空平衡线时，说明股价涨势较强，可考虑短线加码买入。

(4) 当 W%R 曲线由超买区向下突破 50 这条多空平衡线时，说明股价跌势较强，可考虑短线加码卖出。

## (三)W%R 指标的特殊分析方法

### 1．顶背离和底背离

W%R 指标的背离是指 W%R 指标的曲线的走势正好和股价 K 线图上的走势正好相反。和其他技术分析指标一样，W%R 指标的背离也分为顶背离和底背离两种。

(1) 顶背离。当股价 K 线图上的股票走势一峰比一峰高，股价在一直向上涨，而 W%R 指标图上的 W%R 曲线的走势是在高位一峰比一峰低，这叫顶背离现象。顶背离现象一般是股价将高位反转的信号，表明股价短期内即将下跌，是比较强烈的卖出信号。

(2) 底背离。当股价 K 线图上的股票走势一峰比一峰低，股价在向下跌，而 W%R 指标图上的 W%R 曲线的走势是在低位一底比一底高，这叫底背离现象。底背离现象一般是股价将低位反转的信号，表明股价短期内即将上涨，是比较强烈的买入信号。

指标背离一般出现在强势行情中比较可靠。即股价在高位时，通常只需出现一次顶背离的形态即可确认行情的顶部反转，而股价在低位时，一般要反复出现多次底背离后才可确认行情的底部反转。

### 2．指标的撞顶和撞底

指标撞顶和撞底的研判是威廉指标所独有的分析原则。由于威廉指标能较准确地提示超买超卖和判断强弱转化，可以测量一段时间内的股价高点和低点，提示有效的买卖信号，因此，威廉指标的撞顶和撞底研判有利于投资者进行短线的买卖决策。

在上面威廉指标的一般研判标准中，我们讲到“20～0”和“80～100”是威廉指标的超买超卖区，但这并不意味着当威廉指标曲线进入超买超卖区后就要卖出和买入，只有当威廉曲线从高位向下突破超买线(20 线)或从低位向上突破超卖线(80 线)时，才能作出决策。在具体实战中，为了提高分析预测的准确程度，在此引进并深入诠释威廉指标撞顶和撞底的分析原则。

1) 指标撞顶

(1) 指标撞顶的分析原则。威廉指标撞顶的分析原则是指威廉曲线从低位上升到指标的超买区(20～0)后，经过一段时间的运行，曲线连续几次撞及指标的顶部(0 线)时，会局部形成多重顶的形态，从而构成一个相当好的中短线卖点。这时投资者应密切注意指标的走势，当曲线完成几次撞顶后开始下跌，并向下突破威廉指标的重要买卖线之一的超买线(20 线)时，预示着股价可能短线下跌，投资者应短线及时卖出股票。

(2) 指标撞顶的分析周期。运用分析的威廉指标的参数不同，应采取不同的分析方法。参数越大，撞顶的可能性越小，次数也越少；参数越小，撞顶的可能性越大，次数也越多。具体的选择参数应有不同的分析。一般而言，从实战中来看，威廉指标研究参数可分为：短期日参数、中期日参数和周参数等三种有效研判参数。这三种参数的威廉指标又有不同的分析意义。①短期日参数的分析。威廉指标的短期日参数主要是指 10 日以下的分析参数，如 3 日、6 日、9 日等。短期日参数的威廉指标一般适用于“四次撞顶”的研判。以 6 日威廉参数为例。当威廉曲线在超买区内四次撞及 0 线，并局部形成四重顶的形态以后，如果股价前期累计已经有不少升幅，当威廉曲线向下突破超买线时，投资者应及时短线离场观望。②中期日参数的分析。威廉指标的中期日参数主要是指 20 日以下的分析参数，如 12 日、14 日、20 日等。中期日参数的威廉指标一般适用于“两次撞顶”(最多三次撞顶)的研判。以 14 日威廉参数为例。当威廉曲线在超买区内两次(或三次)撞及 0 线，并局部形成双重顶(或三重顶)后，如果股价前期累计已经有不少升幅，当威廉曲线向下突破超买线时，投资者应及时短线离场观望。③周参数的分析。威廉指标的周参数主要是指 10 周以下的分析参数，如 3 周、6 周、9 周等。威廉指标的周参数不能取的过大，因为一周交易一般包含 5 个交易日，因此，N 周参数就相当于 5N 日参数，如 3 周就是 15 日，而威廉指标的选择参数过大，威廉指标的信号就过于迟钝，就无法起到预示短期顶部的功能。而且，威廉指标的选择参数过大，威廉曲线就存在没撞顶就回头向下的可能，从而，威廉指标的撞顶的研判就失去意义。

2) 指标撞底

(1) 指标撞底的分析原则。威廉指标撞底的分析原则是指威廉曲线从高位回落到指标的超卖区(80～100)后，经过一段时间的运行，曲线连续几次撞及指标的底部(100 线)时，会形成局部的多重底形态，从而构成一个比较好的中短线买点。这时投资者也应及时注意指标的走势，当曲线完成几次撞底后开始上升，并向上突破威廉指标的重要买卖线之一的超卖线(80 线)时，预示着股价短线可能上涨，投资者应及时的买入股票。

(2) 指标撞底的分析周期。和指标撞顶一样，从实战中来看，威廉指标研究参数也分为：短期日参数、中期日参数和周参数等三种有效研判参数。这三种参数的威廉指标又有不同的分析意义。①短期日参数的分析。威廉指标的短期日参数主要是指 10 日以下的分析参数，如 3 日、6 日、9 日等。短期日参数的威廉指标一般适用于“四次撞底”的研判。以 6 日威廉参数为例。当威廉曲线在超买区内四次撞及 0 线，并局部形成四重底以后，如果股价前

期累计跌幅很大，当威廉曲线向上突破超卖线时，投资者应及时买进股票、做反弹行情。②中期日参数的分析。威廉指标的中期日参数主要是指 20 日以下的分析参数，如 12 日、14 日、20 日等。短期日参数的威廉指标适用于“两次撞底”(最多三次撞底)的研判。以 14 日威廉参数为例。当威廉曲线在超卖区内两次(或三次)撞及 0 线，并局部形成双重底(或三重底)以后，如果股价前期累计已经有不少跌幅，当威廉曲线向下突破超买线时，投资者应及时短线买入股票。③周参数的分析。威廉指标的周参数主要是指 10 周以下的分析参数，如 3 周、6 周、9 周等。和威廉指标的撞顶分析一样，用来研判撞底的威廉指标的周参数也不能取的过大，威廉指标的选择参数过大，威廉指标的信号就过于迟钝，就无法起到预示短期底部的功能。而且，威廉指标的选择参数过大，威廉曲线就存在没撞底就掉头向上的可能，从而，威廉指标撞底的研判就失去意义。

威廉指标周参数适用于“一次撞底”的研判，以 6 周威廉参数为例。当威廉曲线在超卖内撞及 0 线并形成一次底后，一直在超买区内运动时，投资者可以观望，而一旦威廉曲线向上突破超卖线时，投资者应及时买入股票。

## 七、抛物线指标——SAR

SAR 指标又叫抛物线指标或停损转向操作点指标，其全称是 Stop and Reveres，缩写为 SAR，是由美国技术分析大师威尔斯·威尔德(Wells Wilder)所创造的，是一种简单易学、比较准确的中短期技术分析工具。

### (一)基本原理

从 SAR 指标英文全称知道它有两层含义。一是“stop”，即停损、止损之意，这就要求投资者在买卖某个股票之前，先要设定一个止损价位，以减少投资风险。而这个止损价位也不是一直不变的，它是随着股价的波动止损位也要不断的随之调整。因此，如何准确地设定止损位是各种技术分析理论和指标所阐述的目的，而 SAR 指标在这方面有其独到的功能。

SAR 指标的英文全称的第二层含义是“reverse”，即反转、反向操作之意，这要求投资者在决定投资股票前先设定个止损位，当价格达到止损价位时，投资者不仅要对前期买入的股票进行平仓，而且在平仓的同时可以进行反向做空操作，以谋求收益的最大化。

### (二)计算公式

和 MACD、DMI 等指标相同的是，SAR 指标的计算公式相当烦琐。SAR 的计算工作主要是针对每个周期不断变化的 SAR 的计算，也就是停损价位的计算。在计算 SAR 之前，先要选定一段周期，比如 $n$ 日或 $n$ 周等，$n$ 天或周的参数一般为 4 日或 4 周。接下来判断这个周期的股价是在上涨还是下跌，然后再按逐步推理方法计算 SAR 值。

计算日 SAR 为例，每日 SAR 的计算公式如下：

$$SAR(n)=SAR(n-1)+AF[EP(n-1)-SAR(n-1)]$$

其中：SAR($n$)——第 $n$ 日的 SAR 值；

SAR($n$-1)——第($n$-1)日的值；

AF——加速因子(或叫加速系数)；

EP——极点价(最高价或最低价)。

在计算 SAR 值时，要注意以下几项原则。

(1) 一次计算 SAR 值时须由近期的明显高低点起的第 n 天开始。

(2) 如果是看涨的行情，则 SAR(0)为近期底部最低价；如果是看跌行情，则 SAR(0)为近期顶部的最高价。

(3) 加速因子 AF 有向上加速因子和向下加速因子的区分。若是看涨行情，则为向上加速因子；若是看跌行情，则为向下加速因子。

(4) 加速因子 AF 的初始值一直是以 0.02 为基数。如果是在看涨行情中买入股票后，某天的最高价比前一天的最高价还要高，则加速因子 AF 递增 0.02，并入计算。但加速因子 AF 最高不超过 0.2。反之，看跌行情中也以此类推。

(5) 如果在看涨行情中，计算出的某日的 SAR 值比当日或前一日的最低价高，则应以当日或前一日的最低价为该日的 SAR 值。如果在看跌行情中，计算出的某日的 SAR 值比当日或前一日的最高价低，则应以当日或前一日的最高价为某日的 SAR 值。总之，SAR 值不得定于当日或前一日的行情价格变动幅度之内。

(6) 任何一次行情的转变，加速因子 AF 都必须重新由 0.02 起算。

(7) SAR 指标周期的计算基准周期的参数为 2，如 2 日、2 周、2 月等，其计算周期的参数变动范围为 2～8。

(8) SAR 指标的计算方法和过程比较烦琐，对于投资者来说只要掌握其演算过程和原理，在实际操作中并不需要投资者自己计算 SAR 值，更重要的是投资者要灵活掌握和运用 SAR 指标的研判方法和功能。

### (三)研判标准

由于 SAR 指标简单易懂、操作方便、稳重可靠等优势，因此，SAR 指标又称为“傻瓜”指标，被广大投资者特别是中小散户普遍运用。

SAR 指标的一般研判标准包括以下四方面：

(1) 当股票股价从 SAR 曲线下方开始向上突破 SAR 曲线时，为买入信号，预示着股价一轮上升行情可能展开，投资者应迅速及时地买进股票。

(2) 当股票股价向上突破 SAR 曲线后继续向上运动而 SAR 曲线也同时向上运动时，表明股价的上涨趋势已经形成，SAR 曲线对股价构成强劲的支撑，投资者应坚决持股待涨或逢低加码买进股票。

(3) 当股票股价从SAR曲线上方开始向下突破SAR曲线时，为卖出信号，预示着股价一轮下跌行情可能展开，投资者应迅速及时地卖出股票。

(4) 当股票股价向下突破SAR曲线后继续向下运动而SAR曲线也同时向下运动，表明股价的下跌趋势已经形成，SAR曲线对股价构成巨大的压力，投资者应坚决持币观望或逢高减磅。

## (四)SAR的相关作用

与其他技术指标相比，SAR指标对于一般投资者对行情研判提供了相当大的帮助作用，具体表现在以下三方面。

### 1．持币观望

当一个股票的股价被SAR指标压制在其下方并一直向下运动时，投资者可一路持币观望，直到股价向上突破SAR指标的压力并发出明确的买入信号时，才可考虑是否买入股票。

### 2．持股待涨

当一个股票的股价在SAR指标上方并依托SAR指标一直向上运动时，投资者可一路持股待涨，直到股价向下突破SAR指标的支撑并发出明确的卖出信号时，才去考虑是否卖出股票。

### 3．明确止损

SAR指标具有极为明确的止损功能，其止损又分为买入止损和卖出止损。买入止损是指当SAR发出明确的买入信号时，不管投资者以前是在什么价位卖出的股票，是否亏损，投资者都应及时买入股票，持股待涨。卖出止损是指当SAR指标发出明确的卖出信号时，不管投资者以前是在什么价位买入股票，是否赢利，投资者都应及时卖出股票，持币观望。

## (五)SAR指标的特殊研判标准

SAR指标的特殊研判主要研判SAR指标的运行角度和运行时间，具体研判标准如下：

(1) 当SAR曲线向下运行的角度大于45度时，说明空方力量比较强大，股价的跌势比较迅猛，股价还将继续下跌。此时，投资者应坚决持币观望，不宜轻易抢反弹。

(2) 当SAR曲线向上运行的角度大于45度时，如果SAR曲线已经向上运行了很长一段时间并且股价短期内涨幅过大时，说明多方力量消耗过大，股价将随时可能反转向下。此时，投资者应密切关注SAR曲线的走势，一旦SAR指标发出明显的卖出信号就应坚决清仓离场。

(3) 当SAR曲线向上运行的角度大于45度时，如果SAR曲线刚刚向上运行，说明多方力量开始积聚，股价将继续向上攀升。此时，投资者应坚决持股待涨。

(4) 当SAR曲线向下运行的角度小于45度时，并且SAR曲线向下持续运行了很长一段时间以后(最少 3 个月以上)，一旦股价向上突破 SAR 曲线，则表明股价的中长期下跌趋势可能结束，投资者可以开始逢低买入股票。

(5) 当 SAR 曲线向上运行的角度小于 45 度时，如果 SAR 曲线已经向下运行了很长一段时间的低位盘整(最少 3 个月以上)时，说明空方的力量已经衰竭、多方的力量开始加强，股价的一轮新的涨升行情已经展开，股价将继续上涨。此时，投资者应坚决持股待涨。

# 第四节 成交量类技术指标及应用

## 一、指数点成交值——TAPI

指数点成交值(TAPI)，又名加权指数成交值，是探讨每日成交量值与指数间的关系。其理论依据是认为成交量是股市运动的泉源，成交量值的变化会反映出投资者购买股票意愿的强弱程度及对未来股价的展望。

### (一)TAPI 简介

指数点成交值即 TAPI 指标，是英文 Total Amount Weighted Stock Index 的缩写，中文译名为“每一加权指数的成交值”，是一种超短期股市分析技术指标。

TAPI 指标是根据股票的每日成交值与指数间的关系，来反映股市买气的强弱程度及未来股价展望的技术指标，其理论分析重点为成交值。

### (二)计算公式

TAPI 指标的计算方法非常简单，主要是利用每个周期成交量与当前周期的加权指数来进行计算的。

以日为周期来计算 TAPI 值为例，其计算公式为：

TAPI=每日成交总值÷当日加权指数

TAPI 和其他指标的计算一样，由于选用的计算周期的不同，TAPI 指标也包括日 TAPI 指标、周 TAPI 指标、月 TAPI 指标年 TAPI 指标以及分钟 TAPI 指标等各种类型。经常被用于股市研判的是日 TAPI 指标和周 TAPI 指标。虽然它们计算时的取值有所不同，但基本的计算方法一样。另外，随着股市软件分析技术的发展，投资者只需掌握 TAPI 形成的基本原理和计算方法，无须去计算指标的数值，更为重要的是利用 TAPI 指标去分析、研判股票行情。

### (三)应用法则

(1) 先界定 TAPI 长期以来经常性的高低极限值，当 TAPI 触及顶端极限时，股价可能形成头部；当 TAPI 触及底端极限时，股价可能形成底部。

(2) 发生背离现象。即指数上涨，TAPI 值下降，此为卖出讯号，可逢高卖出；反之，为买进信号。

(3) 上涨过程，在股价的明显转折处，若 TAPI 值异常缩小，是向下反转讯号，应逢高卖出；连续下跌中，在股价明显转折处，若 TAPI 值异常放大，是向上反转讯号，可逢低买进。

(4) TAPI 指标必须与其他指标结合研判，不能单独作用。

### (四)一般研判标准

TAPI 指标主要是研究股价和大盘的量价关系，它主要是运用 TAPI 线与大盘加权指数的运动方向来判断股市未来的走势。TAPI 的一般研判标准主要表现在以下几方面。

(1) TAPI 的上升和下降与成交量始终是同步的，若发生背离现象，则是提示买卖时机。即指数上涨，TAPI 下降，是卖出时机，投资者可逢高出货；指数下跌，TAPI 上升，是买进时机，投资者可逢低吸纳。

(2) 在连续上涨过程中，股价处于明显转折处时，若 TAPI 异常缩小，是市场即将向下反转信号，持股者应逢高卖出。

(3) 在连续下跌过程中，股价处于明显转折处时。若 TAPI 异常放大，是市场向上反弹或反转的信号，投资者可短线买进。

(4) 在多头市场的最后一段上升行情中，加权指数创新高而 TAPI 值不能随之向上，则大势可能回档。

(5) 在多头市场中，大势回档整理，成交量缩小，此时若加权指数回升，TAPI 反而下降，也是短线买入作反弹的时机。

(6) 在空头市场末期，加权指数已经跌至很低水平，而 TAPI 也无法下降，则提示大势已近阶段性底部。

(7) 当多头市场来临时，TAPI 值创新低的可能性为零，空头市场里 TAPI 值创新高的可能也极小。投资者可根据市场情况灵活划定 TAPI 的高低点。

(8) TAPI 无一定的高点、低点，必须与大势、K 线配合，或与其他指标配合才能发挥其价值。

(9) 对于用 TAPI 指标来研判指数而言，在不同的股市所选用的加权指数各不相同，甚至在同一股市中也存在着各种不同的加权指数，因此，TAPI 的计算在实际运用中最好选择比较有代表性的指数来作标准。

### (五)特殊分析方法

以前 TAPI 指标主要是研究大盘的量价关系，一般不用于个股的研判。随着股市技术的发展，它也开始被运用于个股的研判。TAPI 指标特殊分析方法主要集中在 TAPI 线和股价

运动趋势之间的关系、TAPI 指标的曲线形态以及 TAPI 线和 TAPIMA 线之间的关系等方面。

### 1. TAPI 线与股价运动趋势之间的关系

(1) TAPI 曲线向上攀升，而股价曲线也同步上升，则意味着股票行情是处于上涨的阶段，股价走势将维持向上攀升的态势，市场上人气比较活跃，投资者可积极进行个股的投资决策。

(2) TAPI 曲线继续下跌，而股价曲线也同步下跌，则意味着股票行情是处于下跌的阶段，股价走势将维持下跌的态势，市场上人气比较低落，此时，投资者应以持币观望为主。

(3) TAPI 曲线开始从高位向下回落，而股价曲线却还在缓慢向上扬升，则意味着股价走势可能出现“顶背离”现象，特别是股价已经经过了一轮比较长时间的上升行情以后。

(4) TAPI 曲线从底部开始向上攀升，而股价曲线却继续下跌，则意味着股价走势可能出现“底背离”现象，特别是股价已经经过了一轮比较长时间的下跌行情以后。

### 2. TAPI 指标的曲线形态

当 TAPI 指标在高位盘整或低位横盘时所出现的各种形态也是判断行情，决定买卖行动的一种分析方法。

(1) 当 TAPI 曲线在高位形成 M 头或三重顶等高位反转形态时，意味着股价的上升动能已经衰竭，股价有可能出现长期反转行情，投资者应及时地卖出股票。如果股价走势曲线也先后出现同样形态则更可确认，股价下跌的幅度和过程可参照 M 头或三重顶等顶部反转形态的研判。

(2) 当 TAPI 曲线在低位形成 W 低或三重低等低位反转形态时，意味着股价的下跌动能已经减弱，股价有可能构筑中长期底部，投资者可逢低分批建仓。如果股价走势曲线也先后出现同样形态则更可确认，股价的上涨幅度及过程可参照 W 底或三重底等底部反转形态的研判。

(3) TAPI 曲线顶部反转形态对行情判断的准确性要高于底部形态。

### 3. TAPI 线和 TAPIMA 线之间的关系

(1) 当 TAPI 曲线和 TAPIMA 曲线经过长时间的底部整理后，TAPI 曲线开始向上运行，TAPI 曲线也同时走平或小幅上升，说明股价上涨的动能开始增强，股价的长期向上运动趋势初步形成，投资者可以开始逢低吸纳股票。

(2) 当 TAPI 曲线开始向上突破 TAPIMA 曲线时，说明股价的上涨动能已经相当充分，股价的长期向上趋势已经形成，如果伴随较大的成交量配合则更可确认，投资者应坚决地全仓买入股票。

(3) 当 TAPI 曲线向上突破 TAPIMA 曲线并运行一段时间后，又开始向下回调并靠近或触及 TAPIMA 曲线，只要 TAPI 曲线没有有效跌破 TAPIMA 曲线，都表明股价属于强势整理。一旦 TAPI 曲线再度返身向上时，表明股价的动能再次聚集，股价将进入强势拉升阶段，

投资者可以及时买入股票或持股待涨。

(4) 当 TAPI 曲线和 TAPIMA 曲线再度同时向上延伸时，表明股价的强势依旧，投资者可一路持股待涨。

(5) 当 TAPI 曲线和 TAPIMA 曲线同时向上运行较长的一段时间后，由于 TAPI 曲线运行速度超过 TAPIMA 从而远离 TAPIMA 曲线时，一旦 TAPI 曲线掉头向下，说明股价上涨的短期动能消耗比较大，股价有短线回调的要求，投资者可持股观望或逢低吸纳。

(6) 当 TAPI 曲线从高位掉头向下运行时，表明股价上升动能已经衰竭而下降的动能开始积聚，股价的中期上升趋势已经结束，而中期下降趋势开始形成，投资者应及时地卖出股票。

(7) 当 TAPI 曲线从高位向下运行并向下突破 TAPIMA 曲线后，TAPIMA 曲线也开始向下掉头运行时，表明股价的强势上涨行情已经结束，股价的长期下降趋势日益明显，投资者应坚决一路持币观望或逢高卖出剩余的股票。

(8) 当 TAPI 曲线在 TAPIMA 曲线下方一直向下运行时，说明股价的弱势特征极为明显，投资者唯一能采取的投资决策就是持币观望。

(9) 当 TAPI 曲线在 TAPIMA 曲线下方运行很长一段时间后，开始慢慢掉头向上时，说明股价的下跌动能暂时减缓，股价处于弱势整理格局，投资者还应继续观察，不要轻易采取行动。

(10) 当 TAPI 曲线在 TAPIMA 曲线下方开始向上突破 TAPIMA 曲线时，说明股价的反弹动能开始加强，股价将止跌反弹，此时，投资者可以少量买入股票做短线反弹行情但不可恋战，一旦行情再度向下，及时离场观望，直到股价长期下降行情开始形成。

(11) 当 TAPI 曲线和 TAPIMA 曲线始终交织在一起，在一个上下波动幅度不大的空间内横向运动时，预示着股价处于一个长期的横盘整理的格局中，投资者应以观望为主。

## 二、能量潮——OBV

### (一)OBV 指标的原理

能量潮 OBV 指标是葛兰碧于本世纪 60 年代提出的，并被广泛使用。股市技术分析的四大要素：价、量、时、空。OBV 指标就是从“量”这个要素作为突破口，来发现热门股票、分析股价运动趋势的一种技术指标。它是将股市的人气——成交量与股价的关系数字化、直观化，以股市的成交量变化来衡量股市的推动力，从而研判股价的走势。关于成交量方面的研究，OBV 能量潮指标是一种相当重要的分析指标之一。

### (二)能量潮理论成立的依据

(1) 投资者对股价的评论越不一致，成交量越大；反之，成交量就小。因此，可用成交

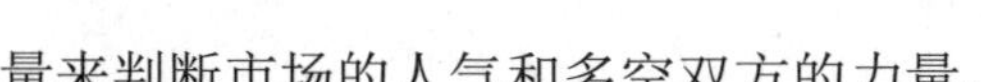

量来判断市场的人气和多空双方的力量。

(2) 重力原理。上升的物体迟早会下跌，而物体上升所需的能量比下跌时多。涉及到股市则可解释为：一方面股价迟早会下跌；另一方面，股价上升时所需的能量大，因此股价的上升特别是上升初期必须有较大的成交量相配合；股价下跌时则不必耗费很大的能量，因此成交量不一定放大，甚至有萎缩趋势。

(3) 惯性原则——动则恒动、静则恒静。只有那些被投资者或主力相中的热门股会在很大一段时间内成交量和股价的波动都比较大，而无人问津的冷门股，则会在一段时间内，成交量和股价波幅都比较小。

### (三)OBV 指标的一般研判标准

(1) 当 OBV 线下降而股价却上升，预示股票上升能量不足，股价可能随时下跌，是卖出股票的信号。

(2) 当 OBV 线上升而股价却小幅下跌，说明市场上人气旺盛，下档承接力较强，股价的下跌只是暂时的技术性回调，股价可能即将止跌回升。

(3) 当 OBV 线呈缓慢上升而股价也同步上涨时，表示行情稳步向上，股市中长期投资形势尚好，股价仍有上升空间，投资者应持股待涨。

(4) 当 OBV 线呈缓慢下降而股价也同步下跌时，表示行情逐步盘跌，股市中长期投资形势不佳，股价仍有下跌空间，投资者应以卖出股票或持币观望为主。

(5) 一般情况下，当 OBV 线出现急速上升的现象时，表明市场上大部分买盘已全力涌进，而买方的能量的爆发不可能持续太久，行情可能将会出现回档，投资者应考虑逢高卖出。尤其在 OBV 线急速上升后不久，而在盘面上出现锯齿状曲线并有掉头向下迹象时，表明行情已经涨升乏力，行情即将转势，为更明显的卖出信号。这点对于短期急升并涨幅较大的股票的研判更为准确。

(6) 一般情况下，当 OBV 线出现急速下跌的现象时，表明市场上大量卖盘汹涌而出，股市行情已经转为跌势，行价将进入一段较长时期的下跌过程中，此时，投资者还是应以持币观望为主，不要轻易抢反弹。只有当 OBV 线经过急跌后，在底部开始形成锯齿状的曲线时，才可以考虑进场介入，作短期反弹行情。

(7) OBV 线经过长期累积后的大波段的高点(即累积高点)，经常成为行情再度上升的大阻力区，股价常在这区域附近遭受强大的上升压力而反转下跌。而一旦股价突破这长期阻力区的话，其后续涨势将更加强劲有力。

(8) OBV 线经过长期累积后的大波段的低点(即累积低点)，则常会形成行情下跌的大支撑区，股价会在这区域附近遇到极强的下跌支撑而止跌企稳。而一旦股价向下跌破这长期支撑区的话，其后续跌势将更猛。

## (四)OBV 指标的特殊分析方法

### 1. OBV 指标的最佳适用范围

(1) OBV 指标对于上市在两年内并从上市之日起一路下跌的次新股的研判，有其独特的优势，这点投资者在以后次新股行情研判中千万加以注意。

(2) OBV 指标对于上市在两年以上并经过前期大幅炒作过的股票的研判已经没有什么实质的参考意义。

### 2. OBV 值(或线)的正负转换

当股市盘局整理时，OBV 值(或线)的变动方向是重要的参考指标。

(1) 当 OBV 线从负的积累值转为正值时，是 OBV 研判行情的一个重要利用点。

(2) 当 OBV 线从正的积累值转为负值时，也是 OBV 研判行情的一个重要利用点。

## (五)OBV 曲线的背离现象和形态特征

### 1. OBV 线与股价发生背离现象的情况，也是判断股市变动是否发生转折的重要参考依据

(1) 如果经过前期一段较大的上涨行情后，股价继续上升，而 OBV 线却开始掉头向下，表明股价高档买盘乏力，是短线卖出的信号。

(2) 如果经过前期一段较大的下跌行情后，股价继续下跌，而 OBV 线却开始掉头向上，表明股票低价位买盘较积极，买方力量开始加大，是短线买入信号。

### 2. OBV 线与股价形态中的 M 头、W 底和三重顶、三重底等形态的关系

(1) 当股价波动形态有可能形成 M 头(或三重顶等顶部形态)时，OBV 线会发出很强的警示信号。当股价经过一段回落调整再次到达前期顶部附近小幅盘整时，而此时的 OBV 线也无力上扬，成交量萎缩，此时股价很容易再次下跌形成 M 头，此时投资者应倍加警惕。如果 OBV 线与股价形态几乎同时形成三重顶形态，更应短线卖出股票。

(2) 当股价波动形态有可能形成 W 底(或三重底等底部形态)时，OBV 线也会发出较强的警示信号。当股价形态即将形成 W 底时，如果与之相对应的 OBV 线领先上扬，成交量放大，是一种股价可能短期见底的信号。如果 OBV 线与股价形态几乎同时形成三重底时，股价阶段性的底部特征将更明显。

## (六)OBV 指标的局限性

由于 OBV 指标根据计算累积成交量的而成的，因此，对于像周 OBV 指标和月 OBV 指标等这些周期比较长的研判指标来说，在实际操作中就失去了研判功能，这点是和其他技术分析指标是有着本质的不同。投资者在实际操作中应注意这点，尽量少用周 OBV 及月

OBV 等指标来研判行情，以免研判失误。

同样道理，OBV 指标没有原始参数值，它不能根据修改参数值来从更多角度和不同周期去对行情进行多方位进行研判，因此，OBV 指标的分析方法比较简单、研判功能比较单一。

另外，由于 OBV 指标计算原理过于简单，并且在 OBV 值的计算公式中，仅用收盘价的涨跌来做依据，则存在着失真的现象，因此，OBV 指标的适用范围仅限于短期操作，而不能用于中长期投资的研判。

### (七)OBV 指标的优点

OBV 指标适用于短期投资的决策，是预测股价短期波动的重要分析方法，它能帮助投资者确定股价突破盘局后的发展趋势。

OBV 指标一个重要的功能在于可以局部显示市场内主力资金的动向。虽然 OBV 指标无法提出资金移动的理由，但是，当突然放大或缩小的成交量出现在低价或高价圈时，可以提醒投资者注意成交量的变化，从而提前研判市场内的多空倾向。

## 三、成交量变异率——VR

VR(Volitility Volumle Ratio)的中文名称：成交量变异率、成交量比率。主要的作用在于以成交量的角度测量股价的热度，不同于 AR、BR、CR 的价格角度，但是却同样基于“反市场操作”的原理为出发点。和 VR 指标同性质的指标还有 PVT、PVI、NVI、A/DVOLUME 等。

### (一)VR 指标原理

成交量比率(简称 VR)，是一项通过分析股价上升日成交额(或成交量，下同)与股价下降日成交额比值，从而掌握市场买卖气势的中期技术指标。主要用于个股分析，其理论基础是“量价同步”及“量须先于价”，以成交量的变化确认低价和高价，从而确定买卖时法。成交量比率是以研究股票量与价格之间的关系为手段的技术指标。

### (二)计算公式

VR 计算步骤如下。

(1) 24 天以来凡是股价上涨那一天的成交量都称为 AV，将 24 天内的 AV 总和相加后称为 AVS。

(2) 24 天以来凡是股价下跌那一天的成交量都称为 BV，将 24 天内的 BV 总和相加后称为 BVS。

(3) 24 天以来凡是股价不涨不跌，则那一天的成交量都称为 CV，将 24 天内的 CV 总和相加后称为 CVS。

(4) 24 天开始计算：

VR=(AVS+1/2CVS)/(BVS+1/2CVS)

计算例参数 24 天可以修改，但是周期不宜小于 12，否则，采样天数不足容易造成偏差。

## (三)使用方法

### 1. VR 之分布

(1) 低价区域：70～40——为可买进区域。

(2) 安全区域：150～80——正常分布区域。

(3) 获利区域：450～160——应考虑获利了结。

(4) 警戒区域：450 以上——股价已过高。

### 2. 在低价区域中，VR 值止跌回升，可买进

### 3. 在 VR>160 时，股价上扬，VR 值见顶，可卖出

## (四)VR 使用心得

(1) VR 指标在低价区域准确度较高，当 VR>160 时有失真可能，特别是在 350～400 高档区，有时会发生将股票卖出后，股价仍续涨的现象，此时可以配合 PSY 心理线指标来化解疑难。

(2) VR 低于 40 的形态，运用在个股走势上，常发生股价无法有效反弹的效应，随后 VR 只维持在 40～60 之间徘徊。因而，此种信号较适宜应用在指数方面，并且配合 ADR、OBOS 等指标使用效果非常好。

## (五)VR 指标的特殊分析方法

### 1. VR 曲线的形态

VR 曲线出现的各种形态也是判断行情走势、决定买卖时机的一种分析方法。

(1) 当 VR 曲线在高位形成 M 头或三重顶等顶部反转形态时，可能预示着股价由强势转为弱势，股价即将大跌，应及时卖出股票。如果股价的曲线也出现同样形态则更可确认，其跌幅可以用 M 头或三重顶等形态理论来研判。

(2) 当 VR 曲线在低位出现 W 底或三重底等底部反转形态时，可能预示着股价由弱势转为强势，股价即将反弹向上，可以逢低少量吸纳股票。如果股价曲线也出现同样形态更可确认，其涨幅可以用 W 底或三重底形态理论来研判。

(3) VR 曲线的形态中 M 头和三重顶形态的准确性要大于 W 底和三重底。

2．VR 曲线的背离

VR 曲线的背离就是指 VR 指标的曲线图的走势方向正好和 K 线图的走势方向相反。VR 指标的背离有顶背离和底背离两种。

当股价 K 线图上的股票走势一峰比一峰高，股价在一直向上涨，而 VR 曲线图上的 VR 指标的走势是在高位一峰比一峰低，这叫顶背离现象。顶背离现象一般是股价将高位反转的信号，表明股价中短期内即将下跌，是卖出的信号。

当股价 K 线图上的股票走势一峰比一峰低，股价在向下跌，而 VR 曲线图上的 VR 指标的走势是在低位一底比一底低，这叫底背离现象。底背离现象一般是股价将低位反转的信号，表明股价中短期内即将上涨，是买入的信号。

与其他技术指标的背离现象研判一样，在 VR 的背离中，顶背离的研判准确性要高于底背离。当股价在高位，VR 也在高位出现顶背离时，可以认为股价即将反转向下，投资者可以及时卖出股票。

总之，VR 指标可以通过研判资金的供需及买卖气势的强弱、设定超买超卖的标准，为投资者确定合理、及时的买卖时机提供正确的参考。

# 本章小结

本章介绍了证券市场技术指标的基本原理、计算方法、应用原则、使用心得和特殊分析方法。

# 自测题

## 一、判断题

1. ADR、ADL 和 OBOS 既可以应用到个股，又可以应用到综合指数。　(　　)
2. ADR、ADL 和 OBOS 既可以应用到个股，又可以应用到综合指数。　(　　)
3. 每种技术指标都有自己的盲点，也就是技术指标失效的时候。　(　　)
4. 每一个技术指标都是从一个特定的方面对股市进行观察。　(　　)

## 二、单项选择题

1. 表示市场处于超买还是超卖状态的技术指标是(　　)。

A. PSY　　B. BIAS　　C. RSI　　D. WMS%

2. (　　)是由股票的上涨家数和下降家数的差额，推断股票市场多空双方力量的对比，进而判断出股票市场的实际情况。

A. ADL　　B. ADR　　C. OBOS　　D. WMS%

3. 描述股价与股价移动平均线相距的远近程度的指标是(　　)。

A. PSY　　B. BIAS　　C. RSI　　D. WMS%

4. 以一特定时期内股价的变动情况推测价格未来的变动方向，并根据股价涨跌幅度显示市场的强弱的指标是(　　)。

A. PSY　　B. BIAS　　C. RSI　　D. WMS%

## 三、多项选择题

1. 以下技术分析指标中只能用于综合指数，而不能应用于个股的是(　　)。

A. ADR　　B. ADL　　C. OBOS　　D. WMS%

2. 在使用技术指标 WMS 的过程中，人们总结出一些经验性的结论。这些结论包括(　　)。

A. WMS 是相对强弱指标的发展

B. WMS 在盘整过程中具有较高的准确性

C. WMS 在高位开始回头而股价还在继续上升，则是卖出的信号

D. 使用 WMS 指标应从 WMS 取值的绝对数值以及 WMS 曲线的形状两方面考虑

3. 下列技术指标中，属于超买超卖技术指标的是(　　)。

A. WMS　　B. PSY　　C. KDJ　　D. RSI

4. 下列技术指标中，属于价格类技术指标的是(　　)。

A. MACD　　B. KDJ　　C. RSI　　D. BIAS

# 第四篇　行为金融和证券投资组合篇

## 第十二章　证券市场心理面分析

【学习目标】

通过学习本章，读者应当了解证券市场心理面分析概念、特点、理论基础；熟悉证券市场个体、群体心理；掌握证券市场逆向心理分析；知道如何培养证券市场投资者的心理素质；认识证券投资者投资心理与证券走势的辩证关系。

【导读案例】

牛顿发现万有引力定律的事众所周知，但他进行股票投资的经历却鲜为人知。牛顿是个大科学家，曾当过英国皇家造币厂的厂长，当时年薪2000英镑，在当时的经济条件下算是高薪阶层。可在他死前却十分窘迫，原因就是股票投资的亏损。1720年的英国股市是大牛市。其中的南海公司算是牛市中的大牛股，1月上市时股价是128英镑，之后一路上扬。4月份，牛顿忍不住投了7000英镑购买该股。两个月后，谨慎的牛顿卖掉股票一次赚了7000英镑。可刚卖掉就踏空了。到了7月股票价格竟达到1000英镑，增值近8倍，牛顿后悔莫及。他经过科学计算，决定借钱增资再次买入。结果刚买就一路狂跌，到12月又跌回128英镑。他没来得及脱身，直接亏损两万英镑——相当于他十年的工资。

从牛顿的股票投资经历中，我们不难发现人类的弱点，那就是恐惧和贪婪。它们就像一对孪生兄弟，恐惧之后必然贪婪，贪婪的结果就是恐惧，二者如影随形。再聪明的人，哪怕他是大科学家也不例外。我们可以看看牛顿的思维过程：一个高收入的人，还在搞科学研究，可看到牛市来了终究起了贪婪之心，决定投资股市；在挣到7000英镑之后，也许是恐惧之心起了作用，担心到手的钱蒸发，把它卖掉了；可在后来的大涨中，他的贪婪毕竟又在作怪，不惜借钱入市，只可惜一买就跌，最终把贪婪之心又变成了恐惧。在经过贪婪和恐惧之后，他总算明白了一个道理："我能算出天体运行的轨迹，但算不出人类的疯狂。"他算不出人类的疯狂，他更不明白人性的弱点。他的失败就是因为贪婪和恐惧造成的。这两个问题不解决，想在股市中赚钱，想在生活中悠闲，想在幸福中享受当然是不可能的。贪心是可惧的，到手的钱才是现得的，只有落袋为安才能算是赚钱，不要因为卖得早了赚得少了而后悔，因为你根本不知道什么是顶！只要赚了就好，不要太过贪心。也不要等到涨了还想让它涨，迟迟不肯卖，等到再次下挫才后悔莫及，因为你根本不知道第二天会是个什么样子，见好就收，去除贪心才是正理；恐惧也是可怕的，因为恐惧，可能会在股价连续下跌中疯狂地割肉，最后割去了自己的血汗，也割了自己的信心。那些被割去的肉到哪里去了？人间蒸发了！有时自己根本就不知道。当你换股看涨后也许还在沾沾自喜，因为你已经忘记了那无端蒸发的部分钱财。你也许不想这样，但你永远不知什么是底，究竟什么股好，所以那种恐惧就永远难以消除，想赚钱也就不太现实了。这玩意可能跟做人一样，人的性格在股市里能得到充分的体现。想在里面赚钱，就要极力克服这两个弱点，这个问题不解决，终究是没有好结果的。要不，那么多人去研究，又有几个人说他赚钱了。赚了的还想赚，亏本的人想捞本，永远在里面恶性循环，到死都解不了套。那被套住的不是钱，是自己的性格，是自己的人性！要用心地研究自己，研究自己的心理和性格，尽量克服人性的弱点。要相信政府、相信群众、相信自己，只要你能克服恐惧和贪婪，也许有所成就。

(资料来源：雨杭之悟的网易博客，由牛顿炒股看人性的弱点(恐惧和贪婪))

# 第一节　证券市场心理面分析概述

国外有这样奇怪的现象，在期货和外汇现汇交易中，MBA 学历的交易员甚至没有心理学学士毕业的交易员的业绩好。曾经有人做过统计，在期货和外汇现汇交易员中，成绩最好的前十名均是学心理学专业的人。由此也可以看出，研究证券市场，大众心理因素远比经济指标更为可靠。这同时也证明了一个观点：经济学不仅仅是统计学，更是大众心理学。

## 一、证券市场心理面分析概念

心理分析法是一种从“市场心理到价格”的分析思路。其定义是：在市场方向即将逆转或维持原方向的临界点时，通过推测市场主导势力控制者的心理价格定位，以此为基础，分析主导资金的流向(资本流向)从而判断未来市场走向的方法。毋庸置疑，市场的大方向决定一切(也就是资本的流向)。在期货市场运用心理分析法的意义重大，因为期货市场是一个人对人的市场，它的参与者是“人”以及受“人”控制的投资机构，而资本流向都是通过参与者的心理预期反映出来的，所以市场方向是受人的心理因素控制的。换个角度考虑，也就是说，资本流向掌握在市场参与主体——“人”的手中。资本受人控制，所以大众的共同心理对市场走向有很大的影响，有时甚至是决定性因素。

运用心理分析法去完成一次操作的原理在于：价格波动始于公众心理价格的不统一，始于基本平衡态的打破。在市场混乱时建仓，价格会在一个新的公众心理“共识”的影响下受到追捧或打压，直到出现一个公众心理可以接受的大众价格。在这个价格上，多空双方的势力再一次基本均衡，市场才又开始基本维持盘整态势，一个上涨(下跌)行情由此结束。我们获利了结，一次操作完成。我们所要把握的就是，公众心理达成新“共识”时的市场方向。

市场方向的控制者“人”本身就同时具有感性和理性两种情态。在参与市场的行为中，投资者总会凭借他们的主观判断和客观基本面因素做出买卖决定，投资者便同时在用感性和理性两种情态来对待市场。由于单纯地运用客观操作或者主观操作，投资者们各持己见，不可能达成市场方向预期的完全统一。笔者时常看到，投资者由于单纯运用一种分析法操作，在下单的一瞬间，脸上仍带有迷茫的神色。这可以从侧面看出，市场参与者在下单的时候心态很不稳定，而这正是因为前两种分析法“偶有冲突”造成的。价格波动的原因也可以因此说成：同时具有两种情态的投资者，依据他们不同的心理预期，不断磨合的过程。

心理分析法的优势正是因为，它既包含主观因素也包含客观因素，是介于客观和主观之间，感性和理性之间的“模糊”分析法。

因同时具备技术面分析法(主观)、基本面分析法(客观)的特点，所以从理论上讲，心理分析法更好地融合了两者的优势，以投资者心理预期为基础，以一个更中立、更平和的态度预测市场方向，提高了预测的准确度。

证券投资心理就是证券投资者在进行证券投资过程中为了获取投资收益所表现出来的相对稳定的心理特征和心理现象。

证券市场心理面分析就是对证券市场各个参与者个体和群体，包括投资者、管理层、上市公司、媒体等各个方面，在证券市场中所表现出来的投资行为和心理活动进行分析和描述，从而找出证券市场参与者心理规律，为证券投资决策提供心理分析依据。

## 二、证券市场心理面分析的特点

### (一)证券市场心理分析法的优势

#### 1．它打破证券市场的三个传统理论依据，抛开旧策略、旧思路

(1) 它打破古典经济学中的平衡概念。

价值不完全决定期市价格，价值规律在期市交易中不为实用。古典经济学理论中的“平衡”说的是一种资源配置和盈利的平衡，但是这个理论在期货市场中不实用。首先，期货是个零和游戏，“平衡”虽然在理论上说得通，但是这种“平衡”的前提从来没有在任何一个期货市场中出现过，这个理论也就不适宜在期货市场中应用。由于买方和卖方都想从市场参与中谋取更多的利益，就必然对市场价格施加影响。再加上期货市场含有较多的投机成分，必然会加剧其价格的波动幅度和波动频率，这样，频繁的大幅度波动往往会歪曲

供求曲线，使得以供求曲线做判断依据的投资者做出歪曲的理解和盲目的市场行为，造成对市场方向判断失误的增多。

因这种“平衡”在现实的期货市场中不存在，那么“等价交换”所依据的价值量就不是一个恒定的数值，所以价格就不完全由价值来决定。期货市场中常常可以看到价格长期飙升不回落，也就是价格围绕价值的波动周期太长，价格长期偏离价值。投资者一次次在自己认为的高点沽出，但总被不断创出的新高一次次挫败。期货市场真正的“顶”只有一个，凭价值规律为预测基础的成功几率很小。在期货市场中运用价值规律作为分析价格的基础是不牢靠的，也是不很实用的。

所以，古典经济学里的平衡概念在期货市场中是行不通的，期市价格不完全由价值决定，价值规律在期货交易中不为实用(短线尤为突出)。

(2) 承认价格在一定程度上决定供求关系。

以往的经济学体系中“供求关系决定价格，价格对供求关系有一定的反作用”似乎已成为真理。但是在期货市场由于其特殊性，运作结构不应该以一般的商品买卖来定论。经济学体系里的所谓“价格对供求关系的反作用”在期货市场理应升级为“价格在一定程度上对供求关系起决定作用”。因为如果一个市场掺杂了较多的投机成分，那么这个市场暂时就不会是一个仅仅由供求关系来决定价格的市场。相反，随着投机势力的强大，价格越来越倾向于决定供求关系。一旦市场价格到了一个关键的点位，人们会综合考虑各种因素，然后依据自己的判断或听取分析师的建议做出买卖决定。

如果更多的投机者倾向于做空某种商品，那么此种商品的价格会不断下降，而价格下降本身也会刺激更多的参与者一起做空，由失望型地抛售变为恐慌型地抛售，价格暴跌，从而形成一个不间断的自我践踏式的下跌。从市场参与者单纯地依据价格做出做空决定，可以侧面地反映价格在影响供求。如果更多的人抛开了一切其他因素，跟随市场大方向盲目疯狂地做空，那么，价格就会在一定程度上决定供求关系。因为那时，部分小散户的跟进对市场也有进一步的推动作用，促使更多的市场参与者单纯地根据价格的高低做出买卖决定。价格由此决定供求(因为那时影响价格的更多的是非理性的人为因素)。

多数参与者参与市场是因为价格不断地下跌，才做出卖出决定的，与其他因素没有太多关联。例如，在外汇期货市场中，1997 年 12 月 7 日的美元兑日元合约遭到史无前例的疯狂抛售，3 小时内从 131.53 泻至 125.80，狂跌 573 点！虽当时日元有基本面的重大消息支撑——日本政府决定实施一次性动用 2 万亿日元的特别减税方案，但是，凭借这条利好消息并不足以让日元在这么短的时间内有如此大的涨幅。这是因为，美元兑日元接近价格的强阻力位，由久攻阻力位不破的“失望型抛售”到接下来在利好消息作用下的“跟进型抛售”，最后就是一发不可收拾的“恐慌型抛售”，导致美元兑日元产生如此巨大的跌幅。由于对价格的恐慌心理市场参与者不由自主地统一行动起来，不间断地对美元进行打压，所以，恐慌型抛售最终使投资者对美元彻底失去了信心。美元兑日元不断暴跌的价格引发了参与者的投机行为，决定了供求，假如是单纯的“供求决定价格”，则不可能产生这种自我践踏式的打压。

再如，以技术面做分析的投资者，是在一种历史价格的基础上推测未来价格。期货市场单纯地按照这种分析方式进行买卖的人，大有人在。按照历史价格操作，这也是一种由价格决定供求关系的表现，否则期货市场就不会出现很规则的双顶(底)形、头肩顶(底)形、上扬(下跌)三角形。参与者参照历史价格操作时感到畏惧或者以此为下单动机和理由，并在每种图形的关键点位上观望，或逆市操作等，这一切都可以很好地说明价格已经在某种程度上决定了买卖，决定了供求关系。

所以，在期货市场中价格的确已在某种程度上决定了供求关系。

(3) 否定期货市场纯理性化，认定市场的运转不单纯受其自身的理性和逻辑性控制。

像埃德温·哈勃提及的“宇宙的产生缘于一次大爆炸”这样的学说，在过去并不会普遍地被常人所接受。原因是人们基于一种心理，即，世界是完美的理性的，导致对现实的解释存在偏向性，并且不由自主地否定自己所恐惧的东西。在经济学里也一样，假如在一个无规律的市场赢利，是绝不会有准确的赢利模式的。这是投资者不愿看到的，不愿承认的，也是他们所恐惧的。这是大多数人更乐意承认“理性市场”理论的原因，并且很多经济学家也是理性市场的支持者、拥护者的原因。而且现在的市场分析也正是基于市场理性化的理论。

如果市场是纯理性化的，就会通过指标把价格预测得天衣无缝，还会导致参与者的意见很统一，价格波动就会趋于一致。但是，由于诸多因素，这种现象从来没有出现过，而且也是不可能出现的。上述现象只能解释为：一个意见不统一的半理性市场在引领参与者做出买卖决定。如果市场是理性的，何以解释价格频繁波动的现象？另外，市场理性化理论也牵扯到一个价格的周期回归问题。以“理性”的周期回归理论来预测市场的大方向也是不准确的。例如，据此周期理论推算，市场人士预期日本中央银行将干预汇市，阻止日元“过度”升值以刺激出口，普遍推测日元期货合约会从年初的价位贬值到年底的 125.00 左右。但是从目前来看，日元长势极佳。日本中央银行无法力挽狂澜，改变市场方向。干预只能是在市场方向大致明确的基础上，减缓日元的升值速度，但却不能主导其方向。遂使得日元步步升值到现价位 108.12。政府不得不出台很多的改革方案，以降低日元过度升值对出口的影响。这对据此理论长线做空日元的人们来说，是一个很好的教训。

再如，众所周知，每年的 3 月和 9 月是日本的一年度结算和半年度结算时期。曾经做外汇期货的人都会在 3 月或 9 月的月初开仓大量买进日元，日本年度结算后再获利平仓。近几年却发现这个机会越来越不容易把握了。原因在于消息普遍被市场提早消化，加上大型的投机基金的兴风作浪，夹杂了过度的投机成分，市场也就不太容易受其自身的理性和逻辑性控制。一切理论的适用性都是在市场中体现的，是市场在引领我们期货投资者，指引我们该怎么去做。任何太过偏信“理性化周期理论”的操作行为都是违背市场本意的。而与市场“做对”的人也无疑是自取灭亡。由此可见，市场的运转不单纯受其自身的理性和逻辑性控制。

2．以全新、独特的理论作为市场分析的基础

心理分析法否定了诸多传统理论有其新的理论依据，就是：追踪市场行为的动机，谋求动机中的共性，把握市场方向，顺势而为，博取利益。由于市场心理先行于市场行为，所以，以市场心理预期为基础，可以更快速、更准确地反映出市场的未来动向。单纯地依靠技术分析往往达不到很好的效果，例如，去年 12 月 5 日星期五晚间接近 22 点的时候，欧元的 5 分钟均线一次大幅上涨后做出一个类似双顶的形态。因为北京时间晚上 21:30 分要公布美国的 11 月份非农业就业人数(预期是 12.6 万)，在数据公布以前市场有传言，就业人数要大幅减少，所以在 21:30 分之前的十几分钟走出欧元的一波上涨行情。数据公布后(5.7 万)，受获利回吐和“传闻时买入、证实时卖出”的影响，美元/欧元开始完成双顶的另一半。很多分析师就技术分析的图形来看建议“做空欧元”。许多人就盲目地加入做空的队伍。试想一下，受利好消息影响，汇价大幅走高后所出现的获利回吐，会将汇价压低到利好消息出台前的价位吗?几乎是不可能的，否则就不叫“获利回吐”了。所以，欧元汇价在 M 头的腰部稍做盘整，随即大幅上扬，收盘时再创 1.2179 历史新高。有些人埋怨说市场与自己作对，其实，根本就是他自己不跟着市场走。这也说明，太过单纯地使用技术面分析，忽视市场心理价格是不可取的。

心理分析法打破传统的预测模式，不过分看重历史价格所形成的“规律”，亦不太看重消息面带来的影响，其出发点就是“市场心理”。心理分析法追踪到的是未来涨跌的根本原因，而不是一个靠历史价格猜测的传统模式。

3．表现形式独特

心理分析其表现形式有很多种，在此我只举一例：通过 K 线图看心理分析法。有人一定会说，那不就是技术面分析吗！这种想法是错误的。技术面分析着重看的是图形，历史价格所留下的图形，用观察图形得来的专业感觉勾勒出另一半“即将出现”的图形，着重于图。而心理分析法则是，当价格接近关键点位时，一根 K 线从开始到这根 K 线收完的全过程，透过此过程窥视多空双方的力量对比、阻力(或支撑)位的强度，等等。心理分析法也看连续的几根 K 线收完后的形态，但不是图形。

## (二)证券市场心理分析法的不足

证券市场心理分析法的主要不足是不能量化地预测证券市场的走势。比如巴菲特有一句名言“在别人恐惧时我贪婪，在别人贪婪时我恐惧。”理是这个理，但在实际操作中却没有什么实际价值，你看在中国，在全世界这么多学老巴的人却鲜有成功者，因为你怎么判断别人是恐惧还是贪婪呢？到底要人家贪婪到怎样的程度后你才恐惧呢？到底要人家恐惧到怎么的程度后你才贪婪呢？还有，这里的人家指谁呢，如果是真正的高手呢？你岂不是完全做反？

# 第二节　证券市场个体心理分析

证券市场个体心理面分析就是对证券市场各个参与者个体，包括投资者、管理层、上市公司、媒体等各个方面，在证券市场中所表现出来的投资行为和心理活动进行分析和描述，从而找出证券市场参与者心理规律，为证券投资决策提供心理分析依据。

## 一、证券市场投资者的心理分析

证券市场个体投资者包括中小散户、大户、机构投资者。虽然机构投资者看似是一个群体，但是他们实际操作证券的仍然是个别人，所以机构投资者仍然可以作为一个个体心理分析。证券市场投资者主要出现以下几种心理现象。

### 1. 贪婪

贪婪是人类对财物、金钱、美人等充满非同寻常的强烈欲望。是人类对财物、金钱、美人的渴求而不知满足的一种心理现象。

贪婪是心理情绪反应的另一种极端，它在股市上最典型的表现就是想在最短的时间内，赚到最多的钱。是一种想求得一夜暴富的心理现象。从进化的角度上讲，贪婪是动物在争夺生存资源和配偶中的一种自然的反应。所以，贪婪的心理是天生的一种动物的本能。在一个资源有限的时代里，强者才有资格说贪婪，有利于种群和部落的延续。但人类是一个特殊的群体，和其他的动物竞争的过程中更讲究人多力量大的集体的力量，此时群体内部的贪婪就成为了贬义词，不利于合作。自从人类的文明进入了信息社会高科技时代，知识经济的人类更需要分工与合作，更讲究团队精神。贪婪和通吃就会引来反垄断法。自从人类发明了枪，体力在竞争中已经退居二线，由于男女比例大致是一比一，原先谁的体力、智力强，谁的武功强，不怕死，谁就拥有更多的资源，包括女人，比如皇帝可以有三宫六院。自从人类有了枪，谁怕谁？没有人会因为贪婪而不怕死，于是一夫一妻制达成了妥协。

另一方面，人类贪婪的本性已经写在遗传物质里。钱财资源，哪里有够的？人类无论得到什么，得到多少，总会编出理由来证明自己应该得到的更多。这正是出自人这种动物对争夺生存资源的一种自然的反应。另一方面，源自对自己周围环境的无知，对现代社会进步的无知，所谓缺乏自知之明。这种本性体现在股票的投资上，特别是在牛尾熊初，就是一种极其有害的心理缺陷。

其次，贪婪会使你在股市里失去理性判断的能力，他会不顾股市的具体环境，甚至不惜借钱勉强入市。贪婪会使他忘记了入市的资金也可能亏掉的风险。有不少短线客，他不顾股市的环境条件，马不停蹄地在股市里跳进跳出，这正是一种不能控制自己贪婪情绪的股市中新手的典型症状。

最后，贪婪会使人忘记了量力而行。入市总想自己能赚多少钱，忽略了股票下跌了怎么办？新手的另外一个典型表现就是越跌越买，越套越深。这时输钱就会使他失去正常的思考能力，从希望开始由于贪婪，到失败结束。由于贪婪使自己未量力而行，博得太大，看到亏损或赢利一天天地增加，心理负担非常大，他每天都睡不好觉。以至于损害了健康，就算赚再多的钱，不快乐，不健康，赚了钱又有何用？特别值得一提的是 2007 年入市的新股民，因为 2007 年上半年的牛市取得了部分的胜利而引发贪婪，和轻敌，情绪化地用贪婪指导了他的操作，最终遇到 2008 年熊市将盈利变成了深度的套牢。

2. 恐惧

恐惧，是一种人类及生物心理活动状态；通常称为情绪的一种。

从心理学的角度来讲，恐惧是一种有机体企图摆脱、逃避某种情景而又无能为力的情绪体验。

因受到威胁而产生并伴随着逃避愿望的情绪反应。人类的大多数恐惧情绪是后天获的。恐惧反应的特点是对发生的威胁表现出高度的警觉。

恐怖症是恐惧的一种病态形式。患者对某些事物(如高楼，狗、黑暗、马路，股市的下跌等)体验到一种极度的和非理性的害怕，所产生的恐惧与现实刺激的危险性不相协调。

人类所有动物所具有的恐惧感，大部分恐惧来自于体验是后天学习所得，这是理论上讲的，比如初生牛犊不怕虎。没见过虎吃牛，所以它才会不惧。我个人的观点和心理学的理论略有不同，我认为恐惧既有遗传进化天生的部分，也有后天学习所得。比如说怕死就是动物天生的。死的体验只有一次，死人也不会告诉你他死的感受。但我们天生怕死。再比如一个从未见过火车的人，当火车将要压到他的时候，我相信他第一个反应就是逃避。当然，我也同意其他的大部分恐惧都是后天学习体验所得。就如孩子被火烫过以后，恐惧会使孩童不敢再去玩火。还有的恐惧不一定需要亲身经历，而是大人把自己的体验告诉孩子。或受到媒体对我们的教育，比如我们害怕战争，地震，并不一定需要亲身的经历。

回到股市，股民恐惧亏钱，有的是看到别人炒股亏钱，有的是自己的亲身经历。而亲身经历会使股民终生难忘。所以我们在股市谁也不愿意亏钱，恐惧亏钱使我们不愿意止损。

恐惧既然是一种心理现象，它就是一种情绪，有一定的相互感染性的。比如我们听到手足口病的时候，人人都充满着恐惧，虽然只是一种婴儿幼童所得的疾病。成人受到伤害的可能性其实很小，但因大家都恐惧，所以我们也会恐惧。同理，在股市上，当大家认识到熊市终于来了，股民们就开始恐惧，我们也随其他股民的恐惧而恐惧。而事实上，当感染到每一个普通股民感到恐惧的时候，熊市通常已接近到它的尾声。恐惧有很强的记忆能力。当绝大部分股民都没有胆量在这个时候，敢于逆大众的心理而动，恐惧使我们在应该进场的时候反而割肉出场了。可见股市里的这个少数派可真的是不那么好当的。他要能够众人皆醉他独醒，还要顶住舆论，股民，家人对他行为的蔑视和反对，在大家怕死的时候他不怕死，能够做到我不入地狱谁下地狱的心态才能成为抄底的大师。

相反，在股市牛市的末端，大家都在赚钱，全国股民都显现出贪婪的时候，当股市出现了热门股的时候，人人都在追捧，你有能力抵住诱惑吗？你能顶住随大流赚大钱的机会说恐惧吗？人的贪婪常使股民在股票的最高点买入股票，成为世纪大套。

### 3．焦虑

进行证券投资的大多数人都经常处于焦虑之中，这种焦虑和急躁的主要原因在于每个人都具有的“比较心态”，由于有了“比较心态”，投资就不再简单，不是简单地在研究这次投资，总结经验教训，而是大部分时间处于焦虑、急躁、懊恼之中！这样的心态就严重影响证券投资！

由于进行股票投资有指数,有其他股票,而且你可以迅速了结然后再开始,这些都是实业投资所不具备的,而魔鬼也正是藏在这些“大量的机会”当中!

我们每一笔投资实施后，都会出现什么样的比较呢？

(1) 和指数比较：指数上涨5%，自己的股票上升2%，于是懊恼，没有打败指数！

(2) 和其他股票比较：有个股票连续上涨，自己的股票纹丝不动，于是懊恼，为什么没买那个？

(3) 和其他人比较：最近自己只赚了10%，听说老张赚了30%，还有某大师翻倍了，于是懊恼，为什么我赚得这么少？

(4) 和没有发生的事情比较：这个最离谱，但是却最常见。想买没买的股票猛涨，后悔！想卖没卖结果跌了，懊恼！如果早买几分钟可以多赚多少，如果早卖可以少赔多少，如果买了那个将多好，如果没有买这个该多好……

由于存在大量这样那样的比较，于是人的心理不再平静，不能理性地研究这个市场，而是被急躁和懊恼的情绪所左右。而且自己每天大部分处于焦虑急躁之中，严重影响情绪和对市场的正常判断！这样将失去机会！！因此，要杜绝比较心态！永远着眼于目前的操作，永远准备着今后的行动！

### 4．犹豫

一些投资人事先已经订好了投资的计划和策略，但步入现实的股票市场时，却被外界的环境所左右。例如，预先决定当某种股价继续下跌时就立即买进，但一看市场，众人都在抛售，他买股票的手又缩了回来。也有人根本就没有计划买入那种股票，只是当众人抢购时，他也经不住诱惑。

还有些人又是一直要等到更便宜、更实惠的股票，似乎认为目前所有的股票(即使是在大势上涨时)也不值得购入。

应更廉价才可以入市。于是乎，越等价越高，越等越不敢入市。结果是股价翻了几倍，他却白等了全过程。

错误地分析形势和错过买卖时机，这两种错误是密切相关的。正由于错误地估计了形势，投资者往往会坐失良机。政治、经济形势的变化以及企业经营成果经常会给股市带来影响。因此，在投资股市时，不能光重视股市动态，而且还要密切注视当地和国际政治和经济形势以及企业经营成果的动向。把对形势的估计和对股价走势的技术分析结合起来。这样才能及时捕捉买入或卖出信号。作出该买时买，该卖时卖的实际行动。

人当然还有其他缺点，但以上几点在想靠炒股致富的人中更突出,如果不注意约束、克服,则对您终身炒股非常不利。实际上您也可以通过炒股发现自己的人性缺点，然后逐一克服，不断提高自己的修养。

## 二、证券市场管理层的心理分析

分析证券市场管理层的心理要从国家证券管理层面、当地政府管理层面、证券交易所管理层面来分析。

### 1．国家证券管理层的心理分析

国家证券管理层对股市的心理常常处于深深的矛盾之中，一方面需要运用股市来解救国有企业，运用股市来为国企与地方融资，振兴经济，拉动投资与消费需求(尤其在亚洲金融危机之后，这种心情十分明显)；而另一方面又对中国股市抱有深深的戒心，认为股市确定有泡沫，而且对这些泡沫抱有深深的警觉。这就使得他们在对待股市的处理上，在大政方针的制定上经常处于一种矛盾之中，时而坚定支持，时而又听任股市大跌，心理即复杂又微妙。

### 2．地方政府管理层的心理分析

由于经济发展不平衡，我国区域差别很大，致使形成当地政府对上市公司的支持有很大的差别。例如，少数民族地区的上市公司能获得当地政府的支持和保护。在有重大资产重组行为发生时，一般都要涉及地方或行业的利益，有些地方政府本身还保留着上市公司大股东的位置，因此，地方政府管理层的心理是妥善处理相关各方的利益，尽量维护上市公司的利益。这样地方政府对于庄家的坐庄活动也是睁一只眼闭一只眼，这有利于庄家的坐庄活动，也有利于庄家逃避监管、推卸责任。

### 3．证券交易所的心理分析

我国证券市场除了《证券法》、《公司法》之外，还有一系列针对上市公司规范运作的规定和规则，有些直接由证监会授权证券交易所把关或执行。从证券交易所的主要职能维护交易秩序来分析，证券交易所的心理是保持证券市场的稳定，使用它对庄家的一些活动必然监管，比如二级市场的对敲、倒仓行为，交易所电脑主机撮合成交时，所有席位及账户的成交数量、成交方向一目了然，若严格按《证券法》细究起来，很多庄家根本没法做下去。然而，为了保持证券市场的相对活跃，对不是特别猖獗的行为，交易所不过分追究就是了。因为《证券法》本身也没有对这些行为有严格的司法解释以划定界限。

## 三、证券市场上市公司的心理分析

上市公司在证券市场中主要是为了筹资和资源整合，分析上市公司的心理应该从这两方面出发。所以，上市公司主要的心理就是为了圈钱。分析上市公司心理的时候，还要分析上市公司管理人员特别是董事长的心理。上市公司管理人员一方面想把这个企业搞好，更多的是想从中得到利益，因为中国的上市公司一般董事长并不是大股东，所以，他们对公司的忠诚度比较低，特别是到董事长即将退休了，那个时候董事长会想方设法从上市公司中捞好处，这就是所谓"58 岁现象"。他们会和庄家勾结，一套完整的坐庄消息配合计划就会产生。根据计划，上市公司在庄家吸筹阶段开始出利空消息，在庄家的拉升阶段限量出利好消息，在其出货阶段发出大量的利好，以利于庄家的出货。公司管理层从中得到好处。有的时候上市公司会把资金通过其他的渠道参与到股票的买卖中，用资金直接参与到坐庄。为逃避监管，上市公司最常用的模式就是通过母公司向股份公司借款，由母公司出面与庄家进行合作，然后把赚来的钱以其他的名义，比如母公司向股份公司高价包销某种产品，这样通过产生利润的方式把钱注入股份公司，做好业绩。这样，管理层名利双收。当然，股市总是在规范、在发展。随着相关法规的进一步完善，上述互相勾结的丑陋行为已经越来越少。

## 四、证券市场媒体的心理分析

现代信息的高度发达，使传媒发挥的作用越来越重要。证券市场媒体的心理分析要从不同层面分析。对于中央媒体，他们的职责是为股市的发展服务，为经济建设服务，为安定团结服务，为和谐社会服务，也是为中小投资者服务。所以，中央媒体的心理是为了股市好，所发布的消息真实可靠。但是，并不是所有媒体都像中央媒体那样，他们往往和庄家勾结，庄家在传播信息时，得到传媒的支持与配合，至少不至于作对或拆台。另外还可以借助媒体传播、发布利好或利空等各种消息和题材，在市场中起到推波助澜的作用。比如，可以假手传播有关利好或利空的小道消息，借权威之口夸张某种题材的意义，需要唱多时让各种媒体唱多；反之，让他们一致唱空，以此操纵股民心理和行为，配合各阶段炒作行动，以此来迷惑投资者扰乱投资者的行为，这样有利于庄家很好地按自己的规划布置市场。

# 第三节 证券市场群体心理分析

群体心理学，一般称为"大众心理学"，系"社会心理学"的一个组成部分，其奠基人是 19 世纪法国学者古斯塔夫·勒庞。美国社会心理学大师奥尔波特曾断言："在社会心理

学这个领域已经写出的著作当中，最有影响者，也许非勒庞的《乌合之众》莫属。” 这里以勒庞的群体心理理论为主分析证券市场群体心理。

## 一、群体与群体心理学

从通常的含义上说，“群体”一词是指聚集在一起的个人，无论他们属于什么民族、职业或性别，也不管是什么事情让他们走到了一起。但是从心理学的角度看，“群体”一词却有着完全不同的重要含义。

勒庞认为：“在某些既定的条件下，并且只有在这些条件下，一群人会表现出一些新的特点，它非常不同于组成这一群体的个人所具有的特点。聚集成群的人，他们的感情和思想全都转到同一个方向，他们自觉的个性消失了，形成了一种集体心理……姑且把它称为一个组织化的群体，或换个也许更为可取的说法，一个心理群体。”

群体心理学的研究对象并不是人类的“客观群体”，而是人类的“心理群体”。人类的客观群体是指人群在某一时间和空间上的集合体，而人类的心理群体则是指具有相同心理活动特征的人群的集合体。对于人类的心理群体而言，他们具有心理活动特征上的一致性，但是不一定具有空间活动的一致性。

在证券市场中，“心理群体”的例子比比皆是，比如在“停止国有股减持”这一“重大利好”的刺激下，不同背景、不同个性、来自不同地域的众多投资者立即形成了一个心理群体。与此同时，部分借利好大肆派货的机构投资者则形成了另外一个心理群体。

## 二、证券市场群体心理分析

这里主要用勒庞的群体心理理论对证券市场群体心理进行分析，勒庞的群体心理理论中与证券投资密切相关的内容主要如下。

### (一)勒庞理论观点之一：心理群体的精神统一性定律

群体中的个人会表现出明显的从众心理，勒庞称之为“群体精神统一性的心理学规律”。这种精神统一性的倾向，造成了一些重要的后果，如教条主义、偏执、人多势众不可战胜的感觉，以及责任意识的放弃。

勒庞认为：从心理学的意义上说，任何人都同时具有两种不同的个性成分，即理性的个性(Conscious Personality)与非理性的个性(Unconscious Personality)。人的理性的个性成分是不可能被统一的，这是人的创造性的源泉。只有人的非理性的个性才可能达到相互统一。当人的非理性的个性被统一之后，心理群体所形成的合力将远远大于理性个人的力量之和。而且，这种合力主要带有破坏性的本质，而不是建设性的。

用勒庞的心理群体理论来看待历史发展和社会现实，很多令人困惑不解的现象可以得

到合理的解释。远的如二战期间纳粹德国的种族灭绝行为，中国的“大跃进”和“文革”；近的如1988年席卷全国的“抢购风”、邓老太集资案、传销狂潮等。

在历史和现实中，这些表面矛盾的现象只能用勒庞的群体心理理论来解释。按照群体心理学说，当人们由某种目标而统一，并由某种情绪而支配成一个心理群体时，人就完全丧失了理性个体，而只剩下非理性的个体。而这种非理性的个体就成为这一群体的共同个性，并降为人的最初的原始性。

### (二)勒庞理论观点之二：心理群体的整体智能低下定律

勒庞的群体的整体智能低下定律认为：当人群组成一个心理群体时，该群体总体在决策或行为时所表现出的智能水准，将远远低于该群体成员在作为个体决策或行为时所能表现出的智能水准。换句话说，心理群体的智能要远远低于组成心理群体成员的个体智能。

勒庞认为，心理群体永远也无法完成需要高智能的任务。当人群构成心理群体时，由于理性个体的丧失，群体成员无法把由理性个性所支配的智能相叠加或组合；同时，由于非理性个性的加强，群体成员只能把由非理性个性所支配的愚笨相叠加或组合。

勒庞这一定律所揭示的现象也是屡见不鲜。比如，1988年的“抢购风”，对于大多数参与者来说，他们并不是被外在地强迫，而是不由自主地投身于抢购狂潮。曾经有个笑话，说以前某地人爱排队购买紧俏商品或便宜货，只要看到排长队的，不管三七二十一先排上再说。结果，有一回几位老大爷排了半天队才发现原来商家在处理女式内衣。

勒庞这一定律对证券投资者也有着特别重要的警示作用。

首先，投资者应当特别警觉由心理群体所形成的决策方向和行为方向。

如果我们承认心理群体的群体智能要远远低于个体所能达到的智能水准，那么我们就应当预见到由心理群体所形成的决策或行为应当指向错误的方向。在证券市场的情绪极度兴奋或情绪极度压抑阶段，往往就是市场的重大转折阶段。这时的投资者往往被情绪所控制而形成了心理群体。这时该心理群体所达成的共识不可能是建立在理性判断基础之上，因此不可能是正确的决策。

其次，投资者应该特别警觉“集体决策机制”。

“集体决策”中的“集体”不一定就是心理群体，但是集体比个人更容易转变成心理群体。美国心理学家所做的多项心理实验表明，由于心理因素的作用，集体决断非常容易导致更高的差错率。

对于一般的个人投资者来说，“集体决策”的典型表现就是“讨论行情”。无论是在交易场所还是在时下流行的证券论坛，由于心理因素使然，讨论行情的现象屡见不鲜。美国一些著名投资家都对“讨论行情”的行为深恶痛绝，认为其有百害而无一利。讨论行情的过程不但是一种集体决策的过程，而且也是一种情绪相互传染的过程。

在证券论坛有一种常见的现象，众人喜欢“暴炒”某论坛名人的帖子，纷纷表示赞同帖主的观点。此即为“英雄所见略同”。话说回来，一个人可能是英雄(个人更容易冷静客观

地分析、决策)，两个人可能还是英雄，如果一下子冒出一大堆“英雄”算怎么回事？毕竟“金字塔形结构”广泛存在于自然界和人类社会。

人是社会性的动物，渴望他人的交流和认同是人类的天性。我们需要不断提醒自己的是，切莫将自己迷失在人群中。

### (三)勒庞理论观点之三：心理群体的形成机理

人群中的个体在形成心理群体的过程中，通常需要三个主要外因的刺激。这三个外部因素通常构成心理群体形成过程的三个阶段。

这三个外因是：①情绪激发——人群中的个体由某一情绪所激发并最终被该情绪所控制。②情绪传递——人群中的情绪由激发进而相互传递(相互感染)并最终控制了整个群体。③建议接受——当人群被某一情绪控制后，人群便极易受到外部建议的控制并受其指挥参与某一激烈的行动。

在证券市场中，人群比在其他社会生活中更加容易形成心理群体。这是因为证券价格的信息传输网络非常容易地把广大投资者联系在一起。而证券价格的变动以及市场相关事件信息的迅速传播功能可以轻易地起到“情绪激发”和“情绪传递”的作用。

从勒庞的心理群体的形成机制，我们可以发现，投资者的自我情绪(即心态)控制显得尤为重要。为了避免成为任何一个投资心理群体中的一员，我们需要从控制这三个外因着手。其中，最关键的环节就是避免自己的情绪波动，也就是对“情绪激发”环节的控制。只有很好地控制住自己的情绪，才能进一步避免人群的情绪对自己的感染，也才能进一步避免被动接受外来建议的暗示或控制。反过来，投资者注意对“情绪传递”环节和“建议接受”环节的控制，也有助于加强对自己情绪波动程度的控制。

当然，良好的情绪控制不是一朝一夕之功。这需要不断地自我磨炼，更重要的是不断提高对市场的认识，并在此基础上树立信心、建立严明的操作纪律。一波大行情前后是研究心理群体形成机制，反省自我情绪控制的绝佳时间，读者不妨自己回味一下。

### (四)勒庞理论观点之四：心理群体的整体心理特征

当心理群体形成之后，心理群体的整体心理状态将具有以下三项基本特征。

(1) 冲动性，是指心理群体的整体行动可以在某一外界强刺激因素的激发下迅速发动，并且这种行动的方向可以在外界强刺激因素的作用下迅速向相反方向逆转。因此，心理群体由其情绪的高度不稳定性必然导致其行动方向的极度不确定性。

(2) 服从性，是指心理群体具有自愿服从外来指挥的心理特征。由于在心理群体的形成过程中，群体中的个体已经丧失了个性，因此他们具有自愿伺服别人意愿的强烈愿望。

(3) 极端化，是指心理群体的实际行动往往常常明显超过必要的程度，因此常常会导致过激的后果。

勒庞对心理群体整体心理特征的概括，具有极高的准确性，对证券投资者而言也有重要的警示作用。

首先，由心理群体的“冲动性”特征，我们可以更清楚地理解并警惕证券市场中价格急速变动的情况(超出常态)，从而更加有效地防范投资风险。投资者必须对“小概率事件”采取有效的防范措施。1998 年美国由著名诺贝尔经济学奖得主领导的长期资本管理公司在投资中遭受重创以至几乎破产的事例，就是由于这些专家学者习惯于经典数学研究中的常态思维模式，而对市场心理的冲动性所带来的巨大破坏力完全估计不足所致。

其次，心理群体的“服从性”特征在证券市场上主要表现为投资者对“权威”的崇拜，以及由此带来的投资者在投资行为上的一致性。投资者对心理群体“服从性”特征的警觉，应该特别表现为对所谓市场“权威”及其观点的警觉。

说到这里，有必要剖析一下证券论坛中的“高手”现象。一些投资者热衷于寻找“高手”，迷信权威，实质上采用的是一种博大概率事件的投资策略(如果能称之为投资策略的话)。所谓“高手”，无非是此人历史上预测的成功率较高或者操作的赢利率较高。对于那些对市场认识较浅，交易技术不精的投资者，采纳“高手”的意见，无疑会提高自己的胜算。话虽是这么说，实际上这里面存在很大的认识误区。其一，“高手”的成功率是相对的。也许他对了九次你都没听，第十次你听了他的意见，偏偏这回他出现了重大失误；其二，“高手”是人而不是神仙。即使某高手百发百中，试想，在一个利益博弈的场所，如果大家都认同该高手的观点，采取相同的市场行为，市场最终将证明所有这些人都是错误的；其三，“高手”会被众多的拥护者“宠坏”，某些“高手”就会飘飘然，忘乎所以；其四，利益场上不排除某些别有用心者混迹于“高手”之列，这一点已经为许多事实所证明。所以，“高手”爱好者需要认清上述事实，在面对自己的偶像时保持一份清醒。

再次，心理群体的“极端化”特征，导致证券市场上很难看到固定波长的周期现象，而最常见的是不规则周期。在投资历史上，这种由心理群体“极端化”特征导致的不规则周期现象，往往会给不警觉的投资者造成极为严重的损失。比如，中国股市于 2007 年开始走熊，几年过去了，投资者期盼的牛市始终没有到来。市场中常见的一个词是“最后的疯狂”，这便是心理群体“极端化”特征的一个重要表现。

### (五)勒庞理论观点之五：心理群体的思维模式定律

按照勒庞的观点，心理群体的思维模式的最基本特征是：①表象化：心理群体几乎不具备逻辑推理能力，也不接受任何逻辑思维方式的影响。这一特征表现为“肤浅”和表面化；②形象化：心理群体具有极高的形象想象力，也极易接受形象思维方式的影响。心理群体善于理解“图像化”的建议，并以此作为自己的行动目标。

勒庞这一定律在证券市场中得到深刻体现。市场常以形象思维的方式激发起心理群体的情绪冲动，这就是我们通常所说的“煽情”。看看每日见诸证券报刊的股评术语，诸如“大盘有调整的要求” (拟人化)，“黑色星期一”(色彩渲染)，“空方突破防线”(某某大规模进犯？)，“重大利好”、“重大利空”(典型的煽情！)等，不胜枚举。

如果你已经被这些语言打动，小心，你要成为某个心理群体的一员了！

研究群体心理，可以更好地认识市场，趋利避害，也可以更好地认识自我，克服人性的弱点。我们需要经常反省的一个问题是：何时该与群众保持一致，何时又该与群众分道扬镳，做到独善其身。相信，我们对群体心理知之越多，我们对市场的认识就会越深刻。

## 第四节　证券市场逆向心理分析

相反意见理论和逆向思考方法是投资者最熟悉，也最常用到的一种心理学理论。其创始人是美国的投资专家汉弗莱·B.尼尔，源于勒庞等人的群体心理理论。

在证券市场中，从最初的数人头、数自行车，到近年来刚刚出现于一些报刊的证券专版和证券网站的多空情绪指标，投资者在自觉不自觉地应用着相反意见理论和逆向思考方法。

也许有人要就上述逆向思考的现象进行“逆向思考”：如果大家都掌握了“数人头”的方法，这种方法还会有效吗？不错，这是个尖锐的问题。我们知道，在一个博弈的市场中，一种分析方法一旦被众人掌握就会失效。但是，对于相反意见理论和逆向思考方法，如果我们深入了解其起源和内涵，我们就不会怀疑其应用于证券市场，乃至应用于经济和社会领域的有效性。

此外，尽管有不少人在应用相反意见理论，但是又有多少人深入研究过其内涵及其适用性？还是让我们从尼尔的理论开始，一起来研究这种理论和方法。

### 一、尼尔的相反意见理论与逆向思考方法

逆向思考方法来自于相反意见理论。所谓逆向思考方法，是一种深刻的反思方法，应用范围广泛，包括政治、经济和社会各方面。逆向思考方法的目的就是要挑战当前流行的政治、社会、经济趋势中为人们普遍接受的观念。总之，目的就是和大众观念竞争。

关于相反意见理论和逆向思考方法，尼尔的主要观点是：

(1) 逆向思考的经验告诉我们，下面这些说法值得我们注意：

当所有人都想的一样时，每个人都可能是错的。

太多的人发出同样的预言，预言反而不会应验。

在同一种预言上层层加码，预言就会不攻自破。(原因在于，太多的人预料同样的事，必定会导致相应的预防措施，结果就抵消或绕开了当初的预言)

(2) 相反意见理论只是一种思维方法。它主要是对大众普遍预期的一种矫正方法，而不是一种预测系统。

(3) 人类的本性决定了相反意见理论是成立的，这些本性包括以下几个方面：

习惯、情绪、急躁、习俗、贪婪、刚愎自用、模仿他人、一厢情愿、如意算盘、相互

感染、轻信、冲动、恐惧、过敏、造作。

(4) 相反意见理论建立在社会学和心理学的法则之上，在这些法则之间存在着下列逻辑关系：

① 群体往往受制于人类的本性，而个体往往会抑制此类人性的弱点；

② 人是合群的，人类具有本能的“从众”冲动；

③ 人们具有接受少数成员的感染，模仿少数成员的言行举止的本性，这使得人们容易受到各种暗示、命令、习俗、煽动的影响；

④ 群体丧失了理性思维的能力，而只接受情绪的控制。群体用“心”(情绪)思考，而个体则用大脑思考。

总之，尼尔认为：“所谓逆向思考的艺术，一方面是要训练您的头脑习惯于深思熟虑，选择同普通大众相反的意见；另一方面，您还需要根据当前事件的具体情况，以及人类行为模式的当前表现来推敲自己的结论。”

此外，尼尔一再强调应用相反意见理论进行逆向思考的目的是为了理解社会经济与政治运动的宏观趋势，而不是为了把握证券市场的细微波动。这是我们在应用相反意见理论时首先应该注意的一点。

## 二、对逆向思考方法的再思考

### (一)逆向思考方法的基石：资源的稀缺性

自然资源和社会资源是稀缺的、有限的，资源的稀缺性是一条自然界和人类社会的“公理”，对此我们已有深刻的认识。在资源与经济发展和社会进步之间存在着以下的逻辑关系：自然资源、社会资源的稀缺性导致经济增长、社会发展速度的有限性，而这种增长速度的有限性又反过来强化了资源的稀缺性。

在人类经济史上曾经爆发过许多次经济危机和社会动乱，并且，这种危机呈现周期性地重复。历史的不断重演，说明了人性中有不可克服的缺陷。而正是人性的弱点，又导致经济增长、社会发展呈现出周期性。

因此，只要资源是稀缺和有限的，则竞争就是不可避免的；只要竞争不可避免，则人生就是一场博弈。人类社会的博弈本质，决定了满足多数人的利益和需求是不现实的。由此，在这场博弈中，做一个特立独行的人，采用大众的相反意见就是一种胜率较大的思维方法。

### (二)逆向思考方法并非是一种预测体系

逆向思考方法，或相反意见理论，并非是一种预测体系。这是尼尔一再强调的另外一个问题。尼尔认为，“相反意见理论的价值更多地体现在帮助我们在预测中避免犯错误，而不是运用它作为预测的主要手段，这才是正确的态度。”

关于预测，有个著名的“墨菲定律”：一项预测越是被广泛接受，它就越可能变得不准确。由此可以推论，权威的预测者的预言永远不可能应验，因为大众接受了他们的预测，而每个相信他们的预言的人都会采取相应的措施保护自己，从而导致了预言的落空。这个原理在投资实践中已得到多次验证。

承认相反意见理论不是一种预测体系，并不否认相反意见理论和逆向思考方法的实用性。相反意见理论不是预测体系，但应用它可以对他人的预测进行核查和过滤。而且，在把握大众行为和市场趋势方面，相反意见理论和逆向思考方法更有其独到之处。

尼尔认为：“当所有人都想的一样时，每个人都可能是错的。”对于这个断言需要注意两点：其一，“所有人的想法一致”指的是一种极端的情况；其二，在这种情况下，每个人都“可能”是错的，并不是说大众一定就是错的，或者说大众总是错的。

根据相反意见理论，大众通常在主要趋势上是正确的。趋势是由大众推动的，正因为大多数人看好市场，市场才会因为这些看好情绪不断转变为实质性的购买力而上升，而且此上升过程有可能持续很久，直到市场中所有人的看好情绪趋于一致时，市场就会发生逆转——原因在于供求的失衡。

所以，在应用相反意见理论判断市场趋势时，请记住：“在趋势发展过程中大众通常是正确的，但是在趋势的转折处大众却总是错误的。”

由于人性的弱点，本该小心翼翼和深思熟虑的时候，大众总显得热情而乐观；本该大胆进取的时候，大众却显得胆怯。趋势的转折总是出现在大众明显发现这种转折之前，使用逆向思考方法可以使我们洞烛先机，先人一步采取行动。

### (三)对主流观点的认识是应用逆向思考方法的关键

先来看几个问题：①什么是目前流行的大众观点？②如何了解目前流行的大众观点？③如何评估其流行的程度和意见的强度？

这三个问题归结为一点，就是如何发现社会政治经济生活或证券市场的主流观点。这是应用相反意见理论的关键，也是最困难的工作。

尼尔认为，主流观点往往具有以下特点：

(1) 媒体的观点往往代表主流观点；

(2) 证券分析师一致同意的观点往往代表主流观点；

(3) 一般投资者常常议论的观点往往代表主流观点。

在证券市场上，当某一观点同时兼有以上特点时，投资者往往可以比较有把握确认该观点就代表着当前市场上的主流观点。如1999年6月，当时的人民日报评论员文章刚刚发表，行情正在“恢复”之中，投资者一致看好后市，场外资金源源不断地进场。然而，到了6月30日，市场却戛然而止，给投资者当头一棒。当时的主流观点是看好后市，与之相对的就是对后市看淡的观点。其后的市场走势，证明了逆向思考方法的正确性。

在市场中，有不少人骂股评。实际上，“存在即合理”。整体上看，股评往往代表了主

流观点。也就是说，了解股评家(包括证券论坛的“业余”股评家)的普遍看法，大大有助于我们把握当前的主流观点。

另外，还有一个值得注意的问题。众所周知，中国股市是政策市，在政策市下，宣传手段已经成为一种有力的调控工具。那么，政策的取向是否代表了主流观点？就本人的理解，重大政策出台之际市场往往会出现重大分歧，最终市场的运行方向不能简单地用政策的“利好”或“利空”来判断。不幸的是，很多时候政策是与市场相悖的。也就是说，大众在更多的时候趋于迷信政策，从而形成当时的主流观点。我们不妨回忆一下 1999 年 6 月《人民日报》刊登特约评论员社论前后的市况，以及 2001 年 6 月国有股减持暂行方案出台后的市场情况，相信会对这个问题有深刻的认识。

## 三、相反理论与数量化测市

“何时采取相反的立场？如何评估大众意见？我们应当寻找何种强烈程度的普遍意见？”这些问题涉及将相反意见理论数量化的问题。

在运用相反意见理论时，理论上，我们可以构造一个指标，比如“多空情绪指标”。数据来源可以是各大券商、基金、专业咨询机构、专业报刊等主要媒体，以及主要证券论坛等，在采样的基础上计算出看多和看空的比例。

以多空情绪指标为例。该指数从 0 开始(代表所有人都绝对看空)，到 100%为止(表示所有人都看多)。如果多空指数在 50%左右，则表示看多看空情绪参半。多空指数一般在 20～80 之间震荡。如果市场一边倒地看多或看空，表示牛市或熊市已经走到尽头，市场即将转势。当然，这种极端情况很少出现。

多空指数的数值范围为 0～100，不同的区域有不同的含义，详见下面的说明。

多空指标(%) 指标含义及操作提示：

- 0～5%：一个主要的上升趋势近在眼前。物极必反，大势跌无可跌之际，即是转势之时。此时应把握时机，大胆做多。
- 5%～20%：在该区域大多数人看空，只有少部分人看多。空头居于压倒性优势，大势随时可能见底。对于大势是否已经见底，需要以其他技术指标和成交量等辅助判断。
- 20%～40%：看空比例仍高于看多比例。一般来说，投资者顺应趋势，继续看空为上。如果在该区域大势不再向下，则大势会变得十分不明朗，此时以观望为上。如果在该区域大势反转向上，一般来说升势会十分凌厉。因为市场选择了明确的方向。一般，当大家看空时出现上涨，会出现急速的上涨行情。
- 40%～60%：市场趋势不明。在该区域，因为市势不明，投资者保持观望，保证资金安全为上策。
- 60%～80%：看多者占多数，但又并非绝大多数。市场的发展有很大的上升余地。但是，如果此时大势不涨反跌，则几乎会是急跌行情，且会造成投资者心理恐慌。

通常，在大家看好时出现下跌行情，一般会出现近期的低点。

- 80%～95%：多头处于明显优势。很多时候，市场都会在这个区域转势向下，但是有时也会在大众普遍看好的情绪下，继续上涨行情，直至所有人看好为止。此时，应利用技术分析手段作为辅助工具进行判断。
- 95%～100%：大众全面看多，该投入的资金已经悉数入市，已经是弹尽粮绝，强弩之末。转势就在眼前，此时不可恋战，迅速清仓出局！

说明：

(1) 以上只是一个理论上的模型，实际上由于采样等因素限制很难做到。

(2) 统计数字的采样应力求全面，即覆盖面要广，涵盖各类投资者；样本应该力求相互独立；样本容量应该足够大。

(3) 本人曾经就一个 40 个样本的数据做过统计分析，但测试结果与上述模型之间存在着较大的差异。如果谁有好的数据和测试结果，请让我学习学习。

(4) 对于缺少做空机制的中国股市，唯有做多才能赢利。因此，多头思维始终占据上风，即使在空头市场多方也只是暂时蛰伏而已。因此，在设计该指标时，可以根据实际情况做些适当的调整。例如，把区域划分为 0～5、5～20、20～55、55～75、75～95、95～100。

个人认为，对于心理层面的东西，还须“用心”去体会和感悟，此类指标只能是用于辅助判断。毕竟冰冷冷的数据无法确切地反映活生生的人的心理。

再说一点个人体会：在证券市场中应用逆向思考方法，应该考虑不同的市场情况，而不能生搬硬套。遇到迷惑之处，不妨在高一级的市场趋势中进行判断。总之，这只是一种思维方式，如此而已。

让我们用一段大家耳熟能详的话结束关于相反意见理论的研究：股市——在绝望中新生，在犹豫中上涨，在欢乐中死亡，在大众满怀希望中暴跌。

马克·吐温说过：70%的人宁可死也不愿意思考，20%认为自己在思考，10%的人真正在思考，这和平常期货里的 7 赔 2 平 1 赚有异曲同工之处。真正赚钱的人是独立思考的人。

## 第五节　证券市场投资者的心理素质和投资行为

### 一、证券市场投资者要具有一点佛心

坊间盛传一个和尚炒股赚钱的故事：说股票价格节节上涨，人们都在抢购，唯恐慢一步得不到筹码。和尚悲天悯人道：我不施舍谁施舍？于是把股票卖了，结果躲过了一场大跌。后来因为大跌不断，股民恐慌性抛盘，许多股价被拦腰截断，股民许多被套，和尚看到又心生怜悯道：我不下地狱谁下地狱？你们不要就给我吧！结果反倒买到了最低点，接着大盘强劲反弹，和尚大赚。

这是一个初看上去很滑稽的故事，想赚钱的铩羽而归，不想赚的盆满钵满。但当我们深入玩味的时候，会发现这个故事一定程度上道出了投资的本质。

市场上近乎所有失败的投资都是源于人性中的贪婪和恐惧，以及在贪婪和恐惧驱使下试图低买高卖的尝试。和尚投资获利，恰恰是因为他的行为超越了人性的缺陷。那么，在震荡的市场中，有没有一种可以帮助我们超越人性局限而且可持续的盈利模式呢？答案是肯定的，那就是基金定投。

股市中的每个人几乎都有烦恼，赚钱的既嫌赚得太少，又怕何时赔了；赔钱的既怕赔的太多，又想着何时能赚。当然炒股都想赚钱，可纵观世界股市，能常赚不赔者几乎没有，能保持多年少赔多赚者都屈指可数，难怪人们把巴菲特这样的人称为“股神”。

股民和股神之间的差距简直和人与神之间的差距一样大，谁都想成神、成仙、成佛，可这又谈何容易？不过佛也是人来当的，只要我们勤于修炼，即便不成佛，能成的菩萨金刚什么的也好过当小股民永受股市轮回之苦。可问题是如何修炼呢？

想成佛就要先当和尚，股民要想成股神也就要先向和尚学习。当和尚讲究很多，但首先要远离“三毒”，何谓“三毒”？贪、嗔、痴也。这“三毒”不仅是和尚的大敌，对广大股民的毒害也同样深重。首先说这“贪”，凡进股市的可以说没有人没有贪心的，不为赚钱谁跑这来混，可问题是贪也要有个度，不要想一口吃个胖子，不要认为树能一直长到天上，没有只涨不跌的股票，下回谁要是再向您推销什么“三年翻十倍，天天涨停板”什么的，先给他几个耳光再说，他这是存心把您往沟里带呢，这么对他都是轻的。

再说这“嗔”，我几乎是天天都能碰到它。自己买的股票不涨我来气，别人买的涨了我也来气，自己本来看好的可没等买它就疯涨就更来气了，最让人气不打一处来的就是这只股票握了半年不涨你一抛它就疯涨你说急不急人。不过你急可有人高兴，庄家就很高兴，你要是不气不急可就断了他的财路了，于是他会想方设法让你气让你急，因为他知道能急中生智的人毕竟没几个，多数人早晚都会被折磨得急火攻心，丧失理智，于是不该买的也买了，不该卖的也卖了，不该赔的也赔了，不该赚的当然也就赚不着了。

最后再说这“痴”，此病的典型特征就是痴心妄想，入市时痴心妄想能一夜暴富，买入后痴心妄想能连拉涨停，涨到一百多还痴心妄想能再创新高，跌了一半又认为痴心妄想这是底了满仓杀入，痴心妄想证监会能扫清股市一切牛鬼蛇神救万民于水火，痴心妄想上市公司能全心全意为人民服务为全体股东造福，痴心妄想庄家能以慈悲为怀网开一面，那些被亿安科技锁在百元高峰上的股民，那些被ＰＴ水仙搞的血本无归的股民都是被这“痴”害的，这血的教训我们永远都不应该忘记。

这“三毒”并不是独来独往的，而是结伴而行的，入市之初多为贪，贪而不得化为嗔，嗔不得解，瘀结为痴，痴迷心窍导致身陷股市苦海轮回而不可自拔。股民与股神的差别不在于能不能看懂指标，读懂年报，而在于心态，很多人看指标、读年报的本领不比巴菲特、索罗斯差，特别是一些专业人士可能解释起来比他们两位更详细、更全面，可真炒起股来却和高手有天壤之别，关键就是心态上有天壤之别，人最难战胜的就是自我，最难克服的就是心魔，很多人虽有满腹经纶，却被困于“三毒”而不自知，空有一腔抱负却无从施展。

好在博大精深的佛教已经给了我们根除这“三毒”的良方，就是“戒、定、慧”。

谁都知道和尚不好当，不好当之处就是要持戒，也就是要守戒律，和尚的戒律很多，多到很多大庙都得有个戒律院来专门管理此事，看来犯戒的和尚可能也不少，可要没有这些戒律肯定每个庙都得爆满。不过股民也不好当，也有很多戒律要遵守，而且戒律好像不比和尚少，多到出了很多专门的书来谈论这个问题。和尚犯了戒，会影响修行，影响成佛，股民犯了戒，当然是影响赚钱了。和尚的戒律虽然很多，但最重要的一条就是杀生，股民的戒律也很多，哪条最重要呢？

众所周知，炒股要赚钱就得低吸高抛，要赔钱当然就要高吸低抛了，所以股民的第一戒律就是戒高吸低抛，再简单就是戒高吸，因为没有高吸又哪来的低抛呢？同等条件的要买最便宜的，同样便宜的要买没涨过的，同样又便宜又没涨过的，要买业绩最好的，同样是又便宜又没涨过，业绩又好的要买盘子最小的，如果发现这样的股票请马上告诉我。其他的戒律还有很多，这里就不再一一啰嗦，专门的书有的是，但第一戒律千万不可违反，就像和尚别的戒都好说，就别犯杀生大戒一样。

“定”很好理解，就是要大盘崩于前而面不改色，不以涨喜，不以跌悲，咬定庄家不放松，任尔东南西北风，只要你坚决贯彻执行了第一戒律，做到“定”就很容易了，反正你的股票不会从一百多块钱跌的只剩下个零头，也不会因被摘牌血本无归却告状无门。当然，庄家也不会让你老老实实，舒舒服服地在那“定”着，那他们可就不舒服了，于是他们会用小利引诱你，用大跌来威胁你，很多股票在成为黑马之前往往都是野马，上窜下跳，让你定不下来，这时能不能“定”住就看你的本事了。当然如果你已经骑在黑马上狂奔了很久，就不要再“定”了，股价没涨的时候要静若处子，股价涨起来就一定要动如脱兔了，否则被“定”在山峰上就没什么意思了，至于什么时候该如处子，什么时候又该如脱兔，就要靠“慧”了。

如果说大盘崩于前而面不改色是“定”，那么大盘崩于前而喜形于色就是“慧”了，因为你已经在此之前如脱兔般逃走了，大盘崩于前就意味着另一次赚钱良机的到来。不过这只是“慧”的一小部分，远非其全部，而且“慧”也是最难的和最重要的，没有“慧”，“戒”和“定”简直就无从谈起，如果没有“慧”，教条主义也可以称为“戒”，死猪不怕开水烫也能算是“定”。虽然我们不能拥有佛陀的大智慧，但只要有慧根，再通过勤学苦练得到一双慧眼，能看清上市公司的丑恶嘴脸，能看清庄家的险恶用心，就足以在股市上立于不败之地了。

股市是人生的浓缩，人生的喜怒哀乐，悲欢离合都在这屏幕上滚动着，虽说股海无边，可我还不想回头是岸，既然没有指点迷津的佛陀，只好靠自己去度尽劫波了……

## 二、证券市场投资心理技巧

在各种投资市场中，了解人类行为的心理基础是为了更好地认识自我，战胜自我，这

是投资成功必须经过的一道门槛。尽管不同的人有着不同的风险偏好，但作为一个整体，人类的风险偏好具有某些共性，导致某些共有的行为特征和决策偏差。

有关实验揭示了人们风险偏好的规律，人们在做出选择时并非是理性的。在赢利和亏损的不同情况下，人们同样有着不同的风险偏好：当股票价格高于买入价(即主观上处于盈利)时，投资者是风险厌恶者，希望卖掉锁定收益；而当股票价格低于买入价(即主观上处于亏损)时，投资者就会转变为风险喜好者，不愿意认识到自己的亏损，进而拒绝卖掉实现亏损。在投资组合中，也存在着较早卖出盈利股票，而将亏损股票保留的现象。回避现实损失，这就是所谓的“处置效应”，机构投资者也不例外。

“处置效应”违背了股市中“顺势而为”的原则，是投资的大敌，针对处置效应的唯一有力武器就是：“斩断亏损，留下利润奔跑！”“斩断亏损”就是及时止损，学会止损是投资者必修的一课，应该从以下几个方面来做好心理准备。

1. 自律

很多人在股市里一再犯错误，其原因主要在于缺乏严格的自律控制，很容易被市场假象所迷惑，最终落得一败涂地。所以在入股市前，应当培养自律的性格。使你在别人不敢投资时仍有勇气买进。自律也可使你在大家企盼更高价来临时卖出，自律还可以帮助投资者除去贪念，让别人去抢上涨的最后 1/8 和下跌的 1/8，自己则轻松自如地保持赢家的头衔。

2. 愉快

身心不平衡的人从事证券投资十分危险，轻松的投资才能轻松地获利。保持身心在一个愉快的状态上，精、气、神、脑力保持良好的状态，使你的判断更准确。大凡会因股市下挫而示威游行，怨天尤人的投资者，基本上不适合股票操作。对股市的运用未有基本了解的投资，保持愉悦的身心不失为良策。

3. 果断

成功在于决断之中，许多投资者心智锻炼不够，在刚上升的行情中不愿追价，而眼睁睁地看着股票大涨特涨，到最后才又迷迷糊糊地追涨，结果被“套牢”，叫苦不迭。因此，投资人心中应该有一把“剑”，该买就按照市价买入，该卖就按照市价卖出，免得吃后悔药。

4. 谦逊、不自负

在股票市场中，不要过于自负，千万不要认为自己了解任何事情，实际上，对于任何股票商品，没有人能够彻底地了解。任何价格的决定，都依赖于百万投资者的实际行动，都将会反映到市场中。如果因一时的小赢而趾高气扬，漠视其他的竞争者存在，则祸害常会在不自觉中来临。在股市中，没有绝对的赢家，也没有百分之百的输家。因此，投资者要懂得骄兵必败的道理。

5. 认错的勇气

心中常放一把刀，一旦证明投资方向错误时，应尽快放弃原先的看法，保持实力，握有资本，伺机再入，不要为着面子而苦挣，最终毁掉了自己的资本，到那时，就没有东山再起的机会了。所以失败并不是世界末日的来临，而是经由适当的整理和复原，可以使人振作和获取经验。在山重水复的时候，一定要有认错的勇气，这样就会出现柳暗花明。因为留得青山在，不愁没柴烧。

6. 独立

别人的补品，往往是自己的毒药，刚开始投资股票的投资大众往往是盲从者，跟着“瞎眼”的后面不会有什么好结果，了解主力所在，跟随主力有时是上策，有时却是陷阱，试着把自己作为主力去分析行情的走势往往有极大的帮助，真正能成为巨富的人，他的投资计划往往特别独行，做出别人不敢做的决定，并默默地贯彻到底。请记住，在股市中求人不如求己，路要靠自己去探索。

7. 灵感

股票市场中的高手常常能够通过观察、感觉产生预测未来的想象力。人类拥有视、味、触、嗅、听五种感觉，均是可以实体感觉到，唯有灵感来自不断地学习知识，积累经验，从而达到领悟到预测股市走势的能力。灵感也称为第六感。譬如某人专门绘 K 线图及指标，久而久之，心有灵犀一点通，对未来的走势常能抓准。又如运用中泰 JTC 投资人专家系统观察长期走势，许多使用者能确实了解股性，并以此作为买卖的依据，因而常能稳操胜券。由此看来，长期实践经验，理论知识的不断积累，到一定的时候，常常会产生灵感。

## 三、如何掌握投资大众的心理

1. 分析股评组织的舆论动态

我国股市是一个新兴的证券市场，法律法规还不健全，各种股评总体水平低，有些股评还充当市场主力庄家诱多或诱空的工具，分析股评组织的舆论动态就可以分析市场主力庄家的心理。投资者在实际操作中对这些股评要加强警惕，有时还要做相反操作。

2. 了解证券投资基金现金持有比率的变化

证券投资基金是当前我国证券市场的主要机构投资者，了解他们的持仓情况，可以在一定程度上了解主力机构对证券市场的心理反应，从来把握他们对证券市场的预期态度。

3. 掌握基金和券商融资情况的变化

证券市场在低位启稳，然后上行，如果基金和券商融资余额增加，显示他们对后市看

好，投资者也可跟进市场。相反，在市场经历一段上行行情后，基金和券商融资余额不增反降，意味着他们对后市看淡，投资者也应谨慎操作，逢高派发。

4. 观察证券公司的人气

若证券公司的投资者数量明显减少，市场人气低迷，意味着多数投资者对后市的心理预期看淡，但此时往往是谷底，成功的投资者恰恰应该有勇气在此时买进股票并持有；相反，股市人气极度高涨时，牛市行情往往已接近尾声，先知先觉的投资者往往在此时出售手中股票。

## 第六节　证券投资者投资心理与证券走势的辩证关系

证券市场有其运行的自然规律，但市场参与者，由于身处证券市场之内，难以客观地根据完整的信息做出判断，会有不同的心理反应，因而往往出现决策偏差。这种偏差一旦形成市场合力，这就是所谓的三人成虎，就会使证券行情大幅度偏离自然规律。愈演愈烈，从而造成大起的群羊效应，而市场参与者迟早会发现这样的偏差，于是同样的“三人成虎”和“群羊效应”的故事又会在反方向上上演，又使这种大起必然回归，出现大落，这种规律不但适合证券市场世界，也适合于整个经济运行甚至于社会发展分析。

### 一、索罗斯的反射理论

乔治索罗斯提出了“反射理论”(Theory of Reflexivity)。这个理论的简单解释便是：想法改变了事件，事件的改变又反过来改变想法。

比如说投机者们认为美元会升，他们入场买美元，其结果使美元利息降低，刺激了经济，带来美元应该升得更高的想法。

用这个理论来解释股市的走势，大家看好某股票，捧的结果使股票升高，升高使更多的人追捧，这就是为何股票走势一旦开始，不会马上结束的原因。

1. 反射理论

所谓“反射”就是指经济活动的参与者的动机，期望或认识与他们参与的事件，情况之间的一种双向联系，这种双向联系可以表述为：一方面，参与者总期望了解、预见事件的未来情况，并根据这些预见、期望采取行动；另一方面，当预见和期望付诸实践时，反过来又会影响，改变事件发展进程和原来可能的未来情况。

通过这种双向联系，参与者的思想与他们所处的境况，所经历的事件相互影响，相互塑造，形成一种变幻莫测的动态关系。

### 2. 反射理念的双向效应

反射互动是偶然的，而反射结构则是经常的。在所谓正常情况下，思想和现实之间的差别并不是非常大，其间也有别的力量在起作用，使两者的距离更趋接近。其中部分原因是人从经验中学习，另一原因则是人可以按照自己的意志改变或塑造社会情形，这就是所谓的近乎平衡状况。但有时人的想法和现实距离很近，而且并不会互相趋近，这就是所谓的极不平衡状况。这种状况可以分成两类：

一类是所谓动态不平衡，动态不平衡出现时，流行的偏见和主导的潮流会相互补强，直至两者之间距离大到非引起大灾难不可。

另一类是所谓静态不平衡，但事实上静态不平衡在证券市场非常罕见。静态不平衡的特色是极端僵化，极端教条的一场思考方式，加上极端僵化的社会状况，但双方都不会改变，于是教条与现实之间的距离一直都很大，假如社会改变了而教条不针对这些改变做调整。那么，即使这些改变和速度非常慢，思想和现实之间的鸿沟也会愈来愈大。

把动态不平衡和静态不平衡视为两个极端，而近乎平衡则是介乎两者之间的一种状况，把这种状态，比拟为物质的三态："气态，固态，液态"。这三态性质很不一样，以水为例，水在这种状态中都有不同的特点，同一原理也可应用在市场参与者的思考身上，在所谓正常状态中，称为"反射"的双向反射回馈机制并不重要，是可以不予与理会的，但当这些市场参与者趋近，或达到所谓不平衡状态时，反射就变得重要了，大起大落就会接踵出现。

### 3. 反射理论的前提条件

任何理论都有其自身的假设或前提条件，反射理论也不例外，这些前提条件是：

1) 反射理论的前提条件之一

市场参与者对市场的认识是有限的，这是因为所处的世界在不断地变化，没有人可以对这个不断变化的世界有完全的认识。由于受时间，知识水平，获取渠道和经济实力等方面的限制，对有关市场信息的获取能力有差异，对市场现状和未来趋势的认识更是千差万别。事实上大部分人对市场认识是有偏见的。

"偏见"是反射理论的一个重要概念，是指市场参与者的期望，认识与事件的实际进程之间存在着差异。换言之，"偏见"就是市场参与者的感觉，认识或信息等总是有缺陷，不足之处，不能达到与实际完全符合的理想状态。

市场参与者的偏见，不仅仅来自参与者自身对所有市场信息不能全部获得，更主要的是来自参与者的认识，与他的认识对象之间的反射联系，单个参与者的活动对市场情况的作用还不明显，但众多的参与者的活动就不一样了。不同参与者的偏见会发生相互结合，判断彼此抵消，多数人形成的"公共选择"会汇合成一种占主导地位的观念。

2) 反射理论的前提条件之二

市场运行并非都是有效率且理性的。而且市场的价格也往往是错误的，并不能反映其

本身价值。人们对市场的认识是有偏见的，他们不仅仅带着偏见操作，他们的偏见所造成的“群羊效应”还影响着市场的发展趋势。而发展趋势不外乎两种：一种是向上，一种是向下。这种发展趋势又反过来进一步加重人们的偏见，使市场价格更偏离其本身价值，市场参与者的偏见与带有偏见的操作和市场的趋势之间是互动的，相互影响。因此，市场价格往往是错误的，是在人们的错误认识和错误操作下形成的。

3) 反射理论的前提条件之三

市场有其内在规律性，最终决定市场走势的是它内在的客观性。如影响股票市场大势的是政治形势，经济形势和市场资金的供求关系。影响某一只股票走势的是上市公司的业绩和它未来的发展前景。正如一句话“在混沌中寻找秩序”所表达的。在基本层面上承认市场无理性，而在具体的操作上则应该找出投资对象的内在规律性，这是宏观与微观的两种不同的观察和思考的角度。这样，市场参与者的主要偏见，市场的实际价格和市场走势的内在规律性三者交织影响，就决定了市场的趋势。

市场的真正价值在于它给人们提供了一个标准，使市场的参与者据此认识，发现自己的错误。从而相对说来比较及时地做出调整，或者说，市场提供了评价参与者的期望，决策。并使之有机会比较及时地调整的反馈机制。

反射理论的中心思想是：人从不能正确认识市场，总有偏见。要么看空，要么看多，因此市场决无均衡，只有波动，但价格的波动受人们的偏见所左右，价格反过来又成为左右市场的基本因素。

### 4. 反射理论的实践性

反射理论在证券市场最具有代表意义，在证券市场上，市场参与者的意见永远是不一致的，有的看多，有的看空，市场参与者不仅有自己对市场的认知，同时在这种认知的指导下进行操作。当看空者与看多者的力量均衡时，市场也不会有起伏，但是基本上这样的特例是不会出现，更多的情况则是两者不均衡。

市场上看空者与看多者的差额决定这个市场价格的走势，也就是说，市场参与者不仅经常对市场有错误的认知，而且在这种错误认知的诱导下会影响市场的走势，这种错误认知被称为“市场参与者的偏见，而两方面不同偏见的力量之差就被称为“流行偏见”。这种“流行偏见”以及据此采取的行动会改变整个市场的形势，“流行偏见”是市场走势的决定因素。

市场参与者的思考并不是困于事实，他也要考虑其他人和他自己的思考，因此就会出现不肯定因素。换句话说，此时参与者的思考就不再和事实完全相符。但却可以在影响和塑造事实方面起某种作用，思考和事实不但不符，而且参与者的知觉和实际情况之间总会有差距，参与者的算盘和实际结果也会有出入。这就是了解历史过程以及证券市场动力的关键所在。

因此，证券市场的本质之一就是市场参与者的知觉本来就和实际情况不相符，有时这种分歧是可以不予理会的，但有时必须考虑到这种分歧，才会明白事情到底是怎样发生的。

## 二、荣枯相生理论

反射理论的前提条件是能够通过“群羊效应”自我巩固加强，当这种自我巩固和加强的过程延续了够长的时间，平衡状态就难以维持，不是因为思想和现实之间的鸿沟愈深，就是因为市场参与者之间的偏见愈烈。

当感觉与现实差距太大，事态就会失去控制，出现证券市场上比较典型的“荣枯相生”现象，这种局面是一种过度狂热，开始是自我推进，继而难以维持，最终物极必反。

“荣枯相生”的出现给市场的发展提供了机遇，因为它使得市场总是处于流动和不定的状态。投资之道其实就是在不稳定态上压注，搜寻超出预期的发展趋势。

### 1. 荣枯相生的形成

“荣枯相生”现象并不经常发生，但一旦发生，由于其能量对经济的基本面产生影响，所以具有分裂效果，只有当市场被“群羊效应”行为主导时，才有可能爆发“荣枯相生”现象。“群羊效应”是指人们在价格上涨时买进，在价格下跌时卖出，因此而形成一种自我推进的共振效应。单方面“群羊效应”的趋势共振行为是市场剧烈波动的必要条件，但还不是充分条件。

只有当一个市场被这种共振行为主宰时，才有可能发生“荣枯相生”现象，那么究竟是什么导致了“群羊效应”的趋势共振行为：是观念有缺陷的市场参与者，使市场对他们的情绪起到推波助澜的作用，也就是说参与者使自己陷入了某种盲目的狂躁或类似于兽性的情绪之中。纵容狂躁情绪的市场往往充斥了过度行为，并容易走向极端。这种过度行为——极端现象的推动力——导致了“荣枯相生”的发生。

投资成功的关键就是认准市场开始对自身的发展势头产生推动力的一刻，一旦这个关键时刻得到确认，就能洞察一切，“荣枯相生”现象是正在开始抑或是已然进行之中。

### 2. 荣枯相生的形成特征

股票市场常常以发展的趋势未被认定的时候开始，趋势被市场参与者认识之后，又很快得到强化并加强趋势的发展，导致一个自我推进过程的开始。在这一过程中，对趋势的正确认识和偏见同时存在。随着过程的发展，趋势变得越来越依赖偏见，当这一过程发展到一定阶段，“极不平衡态”的条件即告成熟。

等到信念和实际情况之间的差距变得很大时，就使市场参与者的偏见受到极度重视。这时，就会出现一个高点，这个高点叫做考验期。偏见和对趋势的正确认识，会同时受到外在力量的考验，市场趋势和市场参与者的偏见都可以通过各种外界的冲击面一遍一遍地受到测试。

如果偏见和趋势都能在经受各种冲击之后依然如故，并且是不可动摇的，这一阶段称之为“加速过程”，这时一个镜面反射型的，能自我推进的过程向着相反方向，终于出现。

此时，趋势已经形成惯性，在惯性的作用下，趋势继续维持。仅内部因素即可保持这种自我推进的延续，但是当市场参与者对市场的看法一旦不再起到推进作用时，原有趋势的发展将停滞不前，这是趋势的停滞期。这时趋势更加依赖于偏见，因而对市场走势信心的丧失，使得趋势本身就会不可避免地发生反转，发生逆转的点叫做临界点。相反的趋势会在相反的方向促成一种偏见的形成，从而导致一种灾难性加速状态的出现，从而走向市场的崩溃，这就是崩盘的加速阶段。

总而言之，当某一趋势延续的时候，为投机交易提供的机遇大增，市场参与者的种种偏见与市场的走势相互作用。只要原有趋势一直得以保持，偏见将愈发偏离真相，市场趋势一旦产生，就将按其自己的规律开始发展。

反射理论是“金融大鳄”索罗斯征战证券市场的理论依据。该理论认为，金融市场是一个正反馈系统，投资决策和市场走势是互相影响的。

由于偏见是无法量化的，市场的变化结果也是无法量化或精确预期的。从事态发生的原因分析到发生具体事件的过程判断，索罗斯得出这样的结论：证券市场实际上是一个历史进程，是偶然事件，既不可逆又不可量化。他预测市场的方法是为适应这样的市场特征而设计的，他不相信在证券市场中存在一个像卡尔·波普 D－N 模式那样的普遍有效的预测模式。在一个不可逆、不确定、不可量化的市场面前，索罗斯称他的预测是尝试性的，所进行的投机活动是一种实验，因此他的预测活动几乎是定性的和互为因果的，而他的投机活动总处于根据变化所作的动态调整中。

从注意市场中的反射现象到运用反射性原理分析市场，索罗斯经历了思想认识上从不成熟到成熟的过程。事实上，历时实验的成功证明了反射性理念的有效性。在总结历时实验取得的绩效时，索罗斯认为，理论的指导作用和杠杆作用的发挥功不可没。运用反射理论预测市场是尝试性的，正确与否在于市场，这种理论能保证预测正确时获利最大化，而错误时损失最小甚至还能获利。同时就对市场的解释而言，他所运用的知识可能没有经济学家们那样专业，但却不至于像经济学家那样运用丰富的知识提出两种截然不同的观点让人无所适从，坚持反射理论可以走出认识困境，见常人所未见、获得投机成功，这正是金融投机家的优势。反射理论有一个特点就是从相互关联因素分析市场，关联因素包括某一市场内在关系也包括市场之间的关联，因此反射理论分析市场有两方面内容即微观经济的和宏观经济的。索罗斯充分运用了市场之间的关联性，当市场间反射关联性被确认时，市场趋势将形成，投机于这些关联市场的风险较集中，以此认识为基础，索罗斯将资金杠杆作用发挥得淋漓尽致，大胆地在金融衍生品市场进行投机。由于反射理论分析市场具有运用金融衍生品，即发挥杠杆作用的优势，所以索罗斯时常夸大这种理论对一个成功投机家的重要作用。事实上，只有将这种理论与当代金融衍生品市场有机结合，我们才能完整地认识到一个像索罗斯那样成功的投机家是如何产生的。

# 本章小结

本章介绍了证券市场心理分析的基本概念、个体心理、群体心理、逆向心理、投资者心理素质以及投资心理与证券市场走势的辩证关系。

# 自测题

## 一、判断题

1. 证券市场心理分析法不能量化地预测证券市场的走势。（ ）
2. 证券市场心理分析的理论基础是西方经济学。（ ）
3. 证券市场个体心理分析就是分析参与证券市场的中小散户的心理活动。（ ）
4. 中国有句俗话“三个臭皮匠，顶个诸葛亮”，所以心理群体的智能要远远高于组成心理群体成员的个体智能。（ ）

## 二、单项选择题

1. 心理分析流派对股票价格波动原因的解释是( )。
   A. 对价格与所反映信息内容偏离的调整
   B. 对价格与价值偏离的调整
   C. 对市场心理平衡状态偏离的调整
   D. 对市场供求均衡状态偏离的调整
2. 心理分析流派所使用的数据具有( )的性质。
   A. 只使用市场外数据　　B. 只使用市场内数据
   C. 兼用市场内外数据　　D. 只使用现场访查数据
3. 逆向思考方法的基石是( )。
   A. 预测性　B. 稀缺性　C. 经济性　D. 一致性
4. 心理群体的整体心理状态将具有( )的基本特征。
   A. 新鲜性　B. 冲动性　C. 好奇性　D. 懒惰性

## 三、多项选择题

1. 证券市场投资者主要出现( )的心理现象。
   A. 贪婪　B. 恐惧　C. 焦虑　D. 犹豫
2. 人群中的个体在形成心理群体的过程中，通常需要外因的刺激。这些外部因素是( )。

A. 情绪激发　　B. 情绪传递　　C. 建议接受　　D. 情绪发泄

3. 心理群体的思维模式的最基本特征是(　　)。

A. 表象化　　B. 机械化　　C. 形象化　　D. 模糊化

4. 证券投资者要做好(　　)的心理准备。

A. 自律　　B. 犹豫　　C. 果断　　D. 愉快

# 第十三章　证券市场投资组合理论

【学习目标】

通过学习本章，读者应当了解证券组合的含义、类型以及证券组合管理的意义、特点、基本步骤；熟悉现代证券组合理论对传统证券组合理论的改进和该理论体系形成与发展进程，最小方差投资组合的含义，套利定价理论的基本原理，熟悉套利定价模型的应用；掌握有效组合和有效前沿的含义和特征，最优证券组合的含义和选择原理，资本市场线和证券市场线的定义及其经济意义，证券贝塔系数的含义；认识詹森指数、特雷诺指数、夏普指数的含义以及作用。

【导读案例】

2010 年以来，欧债危机和美国经济复苏无望一直是全球投资者关注的焦点。在 2011 年 9 月的最后一周里，道琼斯工业股票平均价格指数暴跌 6.4%，是 2008 年 10 月以来跌幅最大的一周，该指数2011 年以来累计跌了近 7%。标普 500 指数 2011 年以来累计已下跌了 9.6%。在投资者几乎对亏损习以为常之时，也有一些机构投资者给我们提供了略带安慰的消息。耶鲁捐赠基金(Yale Endowment)在经历了两年的惨淡光景之后，它最新公布的上一财年业绩令人眼前一亮。该基金发言人汤姆·康罗伊 2011 年 9 月 29 日称，在截至 6 月 30 日的 2010 财政年度里，耶鲁捐赠基金实现盈利 36 亿美元，收益率达 21.9%，是美国名校“常春藤联盟”(Ivy League)中迄今公布的最好业绩之一。康罗伊在给媒体的电子邮件中称，截至 2011 年 6 月 30 日，耶鲁捐赠基金的资产总额已达 194 亿美元，比一年前同期的 167 亿美元增加了约 27 亿美元，这主要得益于该基金在外国股票和私募股权投资方面的收益，其中包括投资收益 36 亿美元，它还向耶鲁大学上交了约 10 亿美元的分红。

耶鲁捐赠基金投资总监戴维 • 斯文森掌管耶鲁捐赠基金已达 26 年之久，他也是美国大学捐赠基金掌舵人中倡导另类投资的急先锋，在他的带领下，耶鲁捐赠基金进军包括林产、对冲基金和私募股权投资等另类资产领域。他说：“真正的多样性要容纳相悖的选择，预期高回报的资产分为国内证券、国外的成熟证券、新兴市场证券以及不动产……，这些为我们提供了提高收益、降低风险的自由搭配的丰盛午餐。”

康罗伊称，耶鲁捐赠基金目前最大投资在私募股权方面，占该基金总资产的 34%左右，这部分投资在经历了前两年的低迷行情之后，目前的收益率已经达到 30.3%。耶鲁捐赠基金的第二大类投资为房地产，占该基金总资产的 20%。康罗伊称，耶鲁捐赠基金今年将对其投资组合进行重大调整，其在房地产方面的投资比重将从去年的 28%削减至 20%左右，绝对回报类资产将从 19%微调至 17%，私募股权投资从 34%减至 33%。该基金在外国股票、

美国股票、债券与现金等三类资产的投资比例仍分别维持在9%、7%和4%不变。这种多元资产组合证券的投资方式，与传统的公司、大学或者教会捐赠基金的投资方式简直有天壤之别。他坚信这种非传统的投资方式可以战胜股市，而且风险比较小，因为组合里的各种资产是“不相关的”。亦即，当市场出现波动的时候，各种资产的变化趋势是各不相同的。例如，如果发生通货膨胀，国内的股票可能会下跌，但是不动产和自然资源大家都知道他们是通货膨胀的阻挡器，可能会平衡一下股票的损失，使资产组合不致遭受重创。

(资料来源：2011 年 9 月 26 日搜狐财经《耶鲁捐赠基金：不惧熊市“日进斗金”》；马克·史库森，《当生活遇见经济学》，中信出版社，2009 年 12 月)

# 第一节　证券市场投资组合概述

## 一、证券市场投资组合的含义和类型

投资学中的“组合”一词通常是指个人或机构投资者所拥有的各种资产的总和。特别地，证券市场投资组合是指个人或机构投资者所持有的各种有价证券的总称，通常包括各种类型的债券、股票及存款单等。

证券市场投资组合的投资对象是各种类型的证券。目前在全球范围内以美国市场上的证券种类最为齐全。在美国，证券组合按照不同的投资目标分为避税型、收入型、增长型、收入和增长混合型、货币市场型、国际型及指数化型等。

避税型证券组合以避税为首要目的，主要服务于处于高税率档次的高收入人群。大多数西方国家的税制是以所得税为主体的，而且所得税实行累进制，即高收入者要缴纳高比例的所得税，最高比例可达 50%以上。另一方面，政府债券在大多数国家是免税的，而投资购买股权证券则需要缴纳所得税。因此，这类投资组合通常投资于政府债券，这种债券免交联邦税，也常常免交州税和地方税。

收入型证券组合追求低风险和基本收益(即利息、股息收益)的最大化。能够带来基本收益的证券有：附息债券、优先股及一些避税债券。这类型的投资组合主要为年纪较大的投资者、需要负担家庭生活及教育费用的投资者以及有定期支出的机构投资者(如养老基金等)所运用。

增长型证券组合以资本升值(即未来价格上升带来的价差收益)为目标，投资者往往愿意通过延迟获得基本收益来求得未来收益的增长，投资风险较大。主要为年轻投资者以及处于高税收档次的投资者所运用。在形成增长性投资组合时，着重考虑的是资产的升值潜力，普通股票是这类投资组合的重要工具。

收入和增长混合型证券组合试图在基本收入与资本增长之间达到某种均衡，因此也称为均衡组合。二者的均衡可以通过两种组合方式获得，一种是使组合中的收入型证券和增长型证券达到均衡，另一种是选择那些既能带来收益，又具有增长潜力的证券进行组合。

货币市场型证券组合是由各种货币市场工具构成的，如国库券、高信用等级的商业票据等，安全性极强。

国际型证券组合投资于海外不同国家，是组合管理的时代潮流。实证研究结果表明，这种证券组合的业绩总体上强于只在本土投资的组合。因为它可以减弱国家或地区的特定风险，在全球范围内追求效益最大化。

指数化证券组合模拟某种市场指数，以求获得市场平均的收益水平，信奉有效市场的机构投资者倾向选择这种组合。根据模拟指数的不同，指数化型证券组合可以分成两类：一类是模拟内涵广大的市场指数；另一类是模拟某种专业化的指数，如道琼斯公用事业指数。

## 二、证券组合投资的意义和特点

### (一)证券组合投资的意义

#### 1. 降低风险

证券组合投资采用适当的方法，选择多种证券作为投资对象，可以有效降低投资风险。投资界常用篮子装鸡蛋的例子来说明：如果我们把鸡蛋放在同一只篮子里，万一这个篮子不小心掉在地上，所有的鸡蛋就可能都被摔碎。如果把鸡蛋分放在不同的篮子里，一个篮子掉了，不会影响到其他篮子里的鸡蛋。将投资分散到不同种类、不同收益和风险特性的证券上可以降低投资风险。即使是在同一类型的证券如股票上投资，如果能将投资分散到不同股票上，股票的收益之间存在的负相关性也能有效分散投资风险，在一只股票上的亏损可能能够在另一只股票的收益中得到弥补。

#### 2. 实现收益最大化

证券组合投资可以在保证预定收益的前提下使投资风险最小化或在控制风险的前提下使投资收益最大化。理性投资者的基本行为特征是厌恶风险和追求收益最大化。投资者力求在这一对矛盾中达到可能的最佳平衡。如果投资者仅投资于单个证券，他只有有限的选择。当投资者将各种证券按不同比例进行组合时，其选择就会有无限多种。这为投资者在给定风险水平的条件下获取更高收益提供了机会。当投资者对证券组合的风险和收益作出权衡时，他能够得到比投资单个资产更为满意的收益与风险的平衡。

### (二) 证券组合投资的特点

证券组合投资的特点主要表现在以下两方面。

#### 1. 投资的分散性

证券组合理论认为，证券组合的风险随着组合所包含证券数量的增加而降低，只要证

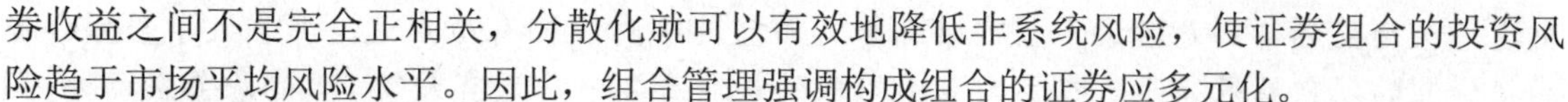

券收益之间不是完全正相关，分散化就可以有效地降低非系统风险，使证券组合的投资风险趋于市场平均风险水平。因此，组合管理强调构成组合的证券应多元化。

2．风险与收益的匹配性

证券组合理论认为，投资收益是对承担风险的补偿。承担风险越大，收益越高。承担风险越小，收益越低。因此，组合管理强调投资的收益目标应与风险的承受能力相适应。

## 三、证券组合管理的方法和步骤

### (一)证券组合管理的方法

根据证券组合管理者对证券市场效率的不同看法，证券组合管理方法可以分为被动管理和主动管理。

1．被动管理

被动管理方法指长期稳定持有模拟市场指数的证券组合以获得市场平均收益的管理方法。采用此种方法的管理者认为，证券市场是有效率的市场，凡是能够影响证券价格的信息均已在当前证券价格中得到反映。也就是说，证券价格的未来变化是无法估计的，以至于任何企图预测市场行情或挖掘定价错误的证券，并藉此频繁调整持有证券的行为无助于提高期望收益，而只会浪费大量的经纪佣金和精力。因此，他们坚持“买入并长期持有(Buy and Hold)”的投资策略。但这并不意味着他们无视投资风险而随便选择某些证券进行长期投资，恰恰相反，正是由于承认存在投资风险并认为组合投资能够有效降低公司的特定风险，因此他们通常购买分散化程度较高的投资组合，如市场指数基金或类似的证券组合。

2．主动管理

主动管理方法指经常预测市场行情或寻找定价错误的证券，并藉此频繁调整证券组合以获得尽可能高的收益的管理方法。采用此种方法的管理者认为，证券市场并不总是有效的，市场上某些证券的价格并未真实反映那些影响其价格的信息，加工和分析某些信息可以预测市场行情趋势和发现定价过高或过低的证券，进而对买卖证券的时机和种类作出选择，以实现尽可能高的收益。

**【小贴士】忘记时机　忘记选股　长期持有指数基金**

贪婪是人性数百年来难以克服的弱点，回到历史的长河中，伟人或者普通老百姓一样都没有逃出过这个魔咒。回到资本市场也是一样，贪婪同样体现在职业投资者和广大普通投资者中间。为了追求短期的收益，不断的追涨杀跌，可是一年或者数年过去了，回过头来看，通常持有不动效果或许更佳；为了追求超越市场平均的收益，不断挖掘所谓的“黑马”， 可是一年或者数年过去了，回过头来看，通常并没有跑赢指数。我们可以参考一下

拥有悠久历史的美国基金的一些统计结果，希望能够对我们有所启迪。耶鲁大学基金会首席投资官的研究结果显示：在美国多如蚂蚁的众多基金中，只有大约 4%的基金在过去 20 年扣除交易费用之后能够跑赢大市，而且平均起来也只是比大市的回报率多了 0.6%而已，而 96%的基金跑输大市，而且输得很厉害：平均每年跑输 4.8%。职业投资经理人尚且如此，更不用说缺乏必要专业知识的普通投资者，能够在这个市场生存几十年的已经凤毛麟角了，能够取得成功的就更少了，可能这也是巴菲特以及彼得·林奇为什么到今天还在被我们认为是投资传奇和神话的原因。

历史的长河已经证明，从长期来看，无论是作为个人投资者还是主动型基金，跑赢大市的概率极低，那我们为何不忘记市场每天的波动，忘记时机，忘记选股，长期持有指数基金呢？不用理会市场如何波动，不用理会行业、公司如何变化，也不用白了少年头的不断遭受"观察、分析、判断、博弈、纠错"的折磨，人生苦短，与其把时间空耗在这种赌博里面，不如去做点更有意义的事情。

既然大多数投资者无法挑选个股跑赢市场，而且交易成本非常高，投资者购买指数基金长期持有就可以避免这个问题，特别是那些以与中国经济息息相关的蓝筹股为标的的指数基金，比如中证 100、上证 180 成长等以蓝筹股为主要标的的指数。

最后以巴菲特在 2011 年伯克希尔·哈撒韦股东大会上给中国投资者的投资建议与大家共勉："投资他们自己能够理解的东西，如果他们不理解整体市场或者具体行业，他们应该投资指数基金。"

(资料来源：《金融投资报》，2011 年 8 月 27 日)

### (二)证券组合管理的基本步骤

证券组合管理的基本目标是实现投资收益的最大化，也就是在某一特定的收益水平上将风险降到最低，或者在某一个风险水平上将收益提到最高。这种目标的实现有赖于组合管理有效的内部控制，具体的步骤如下。

#### 1. 确定证券投资政策

证券投资政策是投资者为实现投资目标应遵循的基本方针和基本准则，包括确定投资目标、投资规模和投资对象三方面的内容以及应采取的投资策略和措施等。投资目标是指投资者在承担一定风险的前提下，期望获得的投资收益率。由于证券投资属于风险投资，而且风险和收益之间呈现出一种正相关关系，因此证券组合管理者应该确立一个客观和合适的投资目标，在盈利的同时也承认可能发生的亏损，因此投资目标的确定应包括风险和收益两项内容。投资规模是指用于证券投资的资金数额。投资对象是指证券组合管理者准备投资的证券品种，它是根据投资目标而确定的。确定证券投资策略和措施是证券组合的重要内容，它是在投资政策的指导下，具体确定投资金融资产的类型的方略。

2. 进行证券投资分析

证券投资分析是证券组合管理的第二步，指对证券组合管理第一步所确定的金融资产类型中个别证券或证券组合的具体特征进行的考察分析。考察分析的目的是明确这些证券的价格形成机制和影响证券价格波动的诸多因素及其作用机制，发现那些价格偏离价值的证券。

3. 组建证券投资组合

组建证券投资组合是证券组合管理的第三步，主要是确定具体的证券投资品种和在各证券上的投资比例。在构建证券投资组合时，投资者需要注意个别证券选择、投资时机选择和多元化三个问题。个别证券选择，主要是预测个别证券的价格走势及其波动情况；投资时机选择，涉及预测和比较各种不同类型证券的价格走势和波动情况；多元化，则是指在一定的现实条件下，组建一个在一定收益条件下风险最小的投资组合。

4. 投资组合的修正

投资组合的修订实际上是定期重温前三步的过程。随着时间的推移，过去构建的证券组合对投资者来说，可能不再是最优组合，这可能是因为投资者改变了对风险和回报的态度，或者是其预测发生了变化。作为这种变化的一种反映，投资者可能会对现有的组合进行必要的调整，以确定一个新的最佳组合。然而进行任何调整都将支付交易成本，因此投资者应该对证券组合在某种范围内进行个别调整，使得在剔除交易成本后，在总体上能够最大限度地改善现有证券组合的风险回报特征。

5. 投资组合业绩评估

证券组合管理的第五步是通过定期对投资组合进行业绩评估，来评价投资的表现。可以将投资组合业绩评估看成证券组合管理过程中的一种反馈与控制机制。由于投资者在投资过程汇总获得收益的同时，还将承担相应的风险，较高收益的获得可能是建立在承担较高风险的基础之上，因此，在对证券投资组合业绩进行评估时，不能仅仅比较投资活动所获得的收益，而应该综合衡量投资收益和所承担的风险情况。

## 四、证券投资组合理论发展概述

证券投资组合理论可以分为传统投资组合理论和现代投资组合理论。

### (一)传统投资组合理论

传统投资组合理论是一种来源于实践的朴素的思想，是对金融投资进行经验上的描述性总结。传统理论仅仅从定性的方面来分析，依赖于非数量化的方法即基础分析和技术分析来选择证券，构建和调整证券组合。这一理论分析的着眼点大都仍然是个体证券，即依据对个体证券资产投资收益和风险的分析和比较，在投资者可支配资源的范围内，选择那些个体投资收益较高而风险较低的证券资产，从而构成一个证券资产组合。这种管理总体上看还只是个体证券投资管理的外延扩张，而没有质的变化。本章第二节将对传统证券投资组合理论进行详细讨论。

### (二)现代投资组合理论

现代投资组合理论从实现证券资产组合总体的预期收益最大化或风险最小化出发，不仅关心个体证券资产的预期收益和风险，更重视所选证券资产投资收益和风险的相互关系，即依据对证券资产组合总体收益和风险的分析评价，在投资者可支配资源的范围内，选择那些能使证券资产组合总体投资收益最大化或风险最小化的证券资产，从而构成一个证券资产组合。这种管理已不再是个体证券投资管理的简单外延，其出发点、目标以及分析手段等都不同于对个体证券的投资分析。现代证券投资组合理论有狭义和广义之分。

#### 1. 狭义的证券投资组合理论

狭义的证券投资组合理论是指 1952 年哈里·马科维茨(Harry Markowitz)提出的投资组合理论，是现代组合投资理论的开端。马科维茨在其发表在著名的《金融杂志》(《Journal of Finance》)上的论文《投资组合选择》(《Portfolio Selection》)中阐述了证券收益和风险水平确定的主要原理和方法，建立了均值-方差证券组合模型的基本框架。在马科维茨的理论模型中，以均值来代表证券组合的预期收益，以方差来代表证券组合收益的变动性，即风险，投资者可以根据原有单个资产的均值和方差，对证券组合的收益和风险进行简化的分析。马科维茨是第一个将“投资分散化”思想进行定量分析的经济学家，他认为通过投资分散化，可以在不改变投资组合预期收益的情况下降低风险，也可以在不改变投资组合风险的情况下增加收益。该理论的主要目的是通过一定的理论和实践方法，帮助投资者从证券投资组合的可行域中挑选出若干证券作为其投资组合，从而使投资者在一定的风险水平上获得最大的收益，或者在一定的收益水平承担最低的风险。在马科维茨的投资组合理论中，各种风险水平上最高收益的证券组合，或者各种收益水平上风险最低的证券组合被称为有效边界，狭义的证券投资组合理论主要研究的就是在投资组合的可行域中确定投资者的有效边界。

**【小贴士】马科维茨与资产组合选择理论**

在现代金融学的开端，微观方法和宏观方法的张力就显而易见。这一开端，也就是金融学的“大爆炸(Big Bang)”始于 1952 年，是年马科维茨的论文《投资组合选择》在《金融杂志》上发表，我想这是今天人们都一致认同的。在这篇著名论文中，马科维茨第一次给出了风险和收益的精确定义，而此前它们只是些含义模糊的时髦词汇。具体地说，马科维茨把投资的收益或回报定义为其可能结果的期望值或概率加权平均值，把风险定义为其

可能结果对于平均值的方差或离差的平方。将收益和风险定义为均值和方差，对今天的金融界来说几乎已成为本能，在当时却远非显然。甚至在今天，对风险的一般理解仍集中于损失的可能性——即公众所认为的“下跌风险”(Downside Risk)，不只是收益的可能变化。马科维茨选择方差作为对风险的测量，尽管在当时对于许多人来说是违背直觉的，结果却证明深具启发性。它不仅引入了对于风险的更符合直觉的看法(因为在正态分布或至少是对称分布中，我们通常采用的 Downside Risk 正是 Upside Risk 的镜像反映)，还拥有一项对于该领域的发展可能更为重要的性质。通过把收益和风险定义为均值和方差，马科维茨将强有力的数理统计方法引入了投资组合选择的研究之中。

数学方法的直接贡献是一个著名公式，即诸随机变量之和的方差，等于各个随机变量方差的加权和，加上 2 倍的随机变量协方差的加权和。说实在的，我们金融学界正是靠这项公式而生存的，40 多年来一直如此。这项公式表明，首先，对于个人投资者来说，分析的相关单位必须总是整个资产组合，而非单只股票。单只股票的价值，脱离了其与整个资产组合的联系，以及特别的、与其他单项资产的协方差，就不能被确定。协方差，而不仅是持有证券的种类，决定了分散化投资所具有的降低风险的益处。

马科维茨的均值-方差模型是我称之为金融学中“商学院方法”或微观规范方法的一个典型例子。有点讽刺意味的是，当初马科维茨的论文却是提交给芝加哥大学经济系的。事实上，米尔顿·弗里德曼一开始对这篇论文投的是反对票，理由是它不是真正的经济学论文。的确，均值-方差模型，如马科维茨所具体化的，实际上不是经济学。马科维茨眼中的投资者，正是通过综合运用以往数据和个人判断力以选择合意的均值、方差和协方差，应用该模型选择其资产组合的。对于方差和协方差，以往的数据也许能提供至少一个合理的起点。通过把时间间隔划分为越来越小的单位，这类估计值的精确度总可以提高。但是，均值怎样呢？仅仅将过去数年的收益率求平均，按照马科维茨论文中几个例子所采用的方法，无法产生对未来预期收益的可靠估计。而且，运用计算机算法来计算这些不可靠的均值的估计值，以此来指导投资决策，将导致怪诞的投资组合，难以实现推测中的分散化的好处。任何一位曾把投资组合模型作为课堂训练的金融课教师都能证明这一点。既然马科维茨的均值-方差模型无助于最优资产组合的选择，那么我为什么将它的诞生视为现代金融学的起点呢？原因在于，马科维茨的本质上是商学院风格的模型已经被 J.林特纳和 J.莫辛转化为经济系风格的模型，后者不仅强而有力而且产生了广泛影响。

(资料来源：1990 年度诺贝尔经济学奖获得者 默顿·米勒(Merton Miller)在德国金融学会第五届年会上的演讲《现代金融学的历史——一位目击者的叙述》，载于《经济导刊》第 46 期)

### 2. 广义的证券投资组合理论

广义的证券投资组合理论是在狭义的证券投资组合理论的基础上发展起来的，它不仅包括上述所说的马科维茨的投资组合理论，还包括与马科维茨理论密切相关的其他资本市场理论，比如资本资产定价模型(CAPM)、因素模型(单因素模型和多因素模型)、套利定价理论(APT)等。

马科维茨的“均值-方差”模型进行证券组合投资的核心在于计算各种证券之间的协方差，当证券数目较多时，这一方法存在运算上的复杂性。针对“均值-方差”模型存在的这一问题，1963 年，夏普(Sharpe)提出了可以对协方差矩阵加以简化估计的单因素模型，极大地推动了投资组合理论的实际应用。随后，夏普(Sharpe)、林特纳(Lintner)和莫辛(Mossin)分别于 1964、1965 和 1966 年提出了资本资产定价模型(CAPM)。资本资产定价模型以马科维茨的证券投资组合理论为基础，并大大简化了证券投资组合理论的模型公式，认为当市场出清时，所有的投资者只在市场组合和无风险资产之间进行组合。资本资产定价模型是一个单因素模型，认为资产的收益仅取决于市场组合的收益。单因素模型依据的基本假设是证券的价格或收益随着市场指数的变化而同步运动，即证券收益仅与市场指数单一因素有关。这显然与实际情况不太相符。1976 年，针对 CAPM 模型所存在的缺陷，罗斯(Ross)在多因素模型的基础上提出了一种替代性的资本资产定价模型，即套利定价理论(APT)。该模型直接导致了多指数投资组合分析方法在投资实践上的广泛应用。本章的第三节将对马科维茨投资组合理论、资本资产定价模型和套利定价模型进行详细讨论。

**【小贴士】威廉·夏普和资本资产定价模型**

在将马科维茨的“商学院模型”转化为“经济系模型”的过程中，W.夏普起到了举足轻重的作用，这同样具有讽刺意味。马科维茨当初是把论文提交给经济系的；而夏普一直是商学院教员，他早期著作的大部分属于管理科学或运作研究领域。此外，夏普还一直从事着积极的咨询实践，帮助养老基金解决证券组合选择问题。然而，他的资本资产定价模型是我所描述的经济学宏观规范模型中的一个最完美的例子。

作为起点，夏普假设这样一个世界，其中每一位投资者都依据马科维茨均值-方差方法来选择资产组合。进一步，他假定所有投资者对于收益、方差和协方差都拥有相同的预期。但是，如果资产组合选择的输入端相同的话，那么每位投资者都必将持有相同的风险资产组合。进而，由于所有的风险资产都必然为某人持有，因此一个直接的含义就是每位投资者都持有“市场资产组合(Market Portfolio)”，它由所有风险资产组成，单项资产的份额分配取决于流通量的相对大小。当然，乍看起来，这一定理即每个人都持有相同的资产组合，是相当不现实的，根本不值得追随。不过，首先一点，该定理仅是针对风险资产而言的。它并没有假定每位投资者的风险厌恶程度是相同的。投资者总可以在持有“市场资产组合”中的风险资产的同时，通过持有无风险债券来降低风险程度；他们也可以通过持有负数量的无风险资产来增加其资产组合的风险，即通过借贷提高“市场资产组合”的杠杆率。其次，投资于“市场资产组合”的思想也并不奇怪。在某种意义上，自然模仿艺术。夏普的著作出现后不久，共同基金就从市场中诞生了，它旨在按照流通比例持有市场上的所有资产。此类指数基金也常被称作“消极的”投资战略，目前正受到越来越多的投资者的欢迎，特别是在美国。

科学的目标就是要用尽可能少的理论来解释尽可能多的问题或现象，在金融或经济学中，没有其他模型能比 CAPM 更显著地做到这一点。CAPM 不仅对风险的性质提供了新的强有力的理论洞见，作为基础它还激发了深入全面的经验调查与研究，后者对于像金融学这类新领域的发展来说是相当必要的。而且，其有益影响并没有局限于金融领域。从检验 CAPM 的大量经验研究中，产生了许多重要的理论上和应用经济计量方法上的新成果。

(资料来源：1990 年度诺贝尔经济学奖获得者 默顿·米勒(Merton Miller)在德国金融学会第五届年会上的演讲《现代金融学的历史——一位目击者的叙述》，载于《经济导刊》第 46 期)

# 第二节　传统证券市场投资组合理论

## 一、传统投资组合管理的基本步骤

### (一)设立目标

投资者在建立组合投资之前，首先需要确立投资目标。在投资的资金来源、投资者资产状况、相关政策和投资者的偏好等多种因素的影响下，组合投资的目标有所不同。投资目标反映投资组合的风格和类型，也将进一步影响投资组合对象的选择范围。一般来说，组合投资的目标有以下几种。

#### 1. 获得稳定的经常性收入

建立这样的证券组合是为了获得稳定的现金流，以满足自身经营对流动资金的需求。这种组合不刻意地讲究投资收益的高低，而是更注重风险的防范。因此这类组合主要包括一部分中期或长期国债、信誉优良的大公司所发行的债券，以及信用等级高、股息发放稳定的某些股票。

#### 2. 实现资产价值的上升

以这一目标建立的组合注重追求尽可能高的收益。这类组合具有很强的进攻性，一般投资于具有高成长性和很强发展潜力的股票，或者进行风险资本投资，或者投资于信用等级低但收益高的债券等。

#### 3. 保证自身的流通性

构建这类组合是为了保证足够的流动性以适应随时可能发生的资金需求。这类组合往往主要是由短期国债和一些信用等级高的短期票据组成，特别重视变现的难易和风险的大小因而收益率一般较低。

## (二)构建组合

建立组合是证券投资成功的关键。这一环节细分为确定投资范围、分析选择证券、分散投资风险三个步骤。

### 1. 确定投资范围

根据已确定的目标，确定哪些类型的证券应当包含在组合中。例如稳定收入型的组合应当将投资的重点放在风险小、现金流稳定的债券或优先股上。

### 2. 分析选择证券

确定好投资范围后的第二步工作是进行分析研究，选择合适的时间和具体的证券。传统理论中对证券投资分析的方法为基本分析和技术分析。基本分析方法以价值决定价格为理论基础，认为金融资产的内在价值等于资产拥有者可望收到的现金流的折现值。就股票来说，基本分析是对影响公司股价的内外部因素进行剖析，考察每一种证券的优劣，并预测证券价格的未来走势。基本分析包括微观、中观和宏观三个层次。微观分析是对单个或某一类公司进行分析；中观分析是对公司所在行业的分析；宏观分析是对影响整个证券市场的因素进行分析。技术分析方法则是以供求决定价格为基础理论依据，对证券市场的历史资料(价格、成交量、技术指标、价格组合形态等)进行综合分析。该方法认为已有的市场价格走势会历史再现，并通过对该股价格历史趋势的研究预测未来股价的运动走势。通过对基本面和技术面的综合分析研究，投资者寻找到具有投资价值的股票和最佳的投资时机。

### 3. 分散投资风险

在作出投资决策并进行一定的证券分析选择了证券之后，投资机构要考虑的是如何将选择的证券进行组合，以分散投资风险，提高收益的稳定性，使证券投资组合具有理想的风险和收益特征。传统的证券投资组合理论在这一阶段上主要是描述性的定性分析。分散风险的方式通常有以下几种。

(1) 不同证券种类进行组合。利用不同种类证券的价格波动的不一致性分散风险是风险分散常用的方法。

(2) 不同行业的组合。利用不同行业受经济周期影响不同的特点分散风险，或者同时投资于收益高但稳定性差的新兴行业与收益率较低但投资风险小的成熟行业，以利用不同的产品生命周期分散风险。

(3) 不同期限的证券组合。不同期限的证券(债券)收益率相差很大，期限长，收益率高，但风险也大，反之亦然。因此，利用不同期限的证券组合可以分散风险。

(4) 不同市场证券的组合。不同的市场由于受到内部和外部因素的影响程度的差异，市场和证券的波动也有所差异，将不同市场证券进行组合可以分散风险。

### (三)效益监控和调整

建立组合后的工作是实施效益监控和调整。在构建了组合之后，投资者的投资目标或者证券价格发生变化使得原有的组合不再是最优组合，此时投资者就会考虑买进或卖出原组合中的一些证券，使持有的组合达到最优。但在调整过程中，由于交易成本的原因，对原有组合的变动很可能是无利可图的。定期对证券组合的业绩进行评估是对投资组合进行调整的一个基础。它既涉及过去一个时期组合管理业绩的评价，也关系到下一个时期组合管理的方向。而其不单单要考虑投资组合带来的收益率，又要考虑其组合中的风险。

## 二、传统投资组合理论评价

传统投资组合选择理论说明了基本的投资原则，即是收益与风险的平衡，同时通过多样化来分散风险，体现了分散化投资的最原始朴素的思想。但是传统投资组合理论存在两大弊端：一是对证券的收益和风险仅仅进行简单、定性的分析，依赖非数量化的方法即技术分析和基本分析选择证券和构建组合；二是传统的投资组合理论偏重分析在某一投资组合内某一个证券的质量，这实质上仅仅只是孤立片面的分析，忽略了组合内每个证券在整个证券市场中的位置，也没有能够定量衡量组合内证券之间价格波动上的互相影响及其对组合效益的影响。

# 第三节 现代证券市场投资组合理论

现代投资组合理论主要由马科维茨投资组合理论、资本资产定价模型、套利定价模型、有效市场理论以及行为金融理论等部分组成。它们的发展极大地改变了过去主要依赖基本分析的传统投资管理实践，使现代投资管理日益朝着系统化、科学化、组合化的方向发展。本节将对马科维茨投资组合理论、资本资产定价模型、套利定价模型进行详细讲述。

## 一、马科维茨投资组合理论

1952 年，马科维茨在《金融杂志》(《Journal of Finance》)上发表题为《投资组合选择》(《Portfolio Selection》)的论文，标志着现代组合投资理论的开端。该论文阐述了证券收益和风险水平确定的主要原理和方法，建立了均值-方差证券组合模型的基本框架。投资组合理论将单一证券和证券组合的预期收益和风险加以量化，并证明分散投资可以在保证一定预期收益的情况下尽可能地降低风险。该模型的价值在于其提出了解决投资决策中投资资金在投资对象中的最优化分配问题。

### (一)马科维茨投资组合理论的假设

马科维茨考虑的问题是单期投资问题。投资者拥有一笔资金，从现在起投资于一个特定长的时间(称为持有期)，投资者在期初需要决定购买哪些证券及其数量，并持有到期末。投资者要做的是从一系列可能的证券投资组合中选择一个最优的证券组合。为了便于分析，马科维茨对投资者和证券市场做出了以下假设。

(1) 投资者仅以投资的未来收益和风险为决策依据，用期望收益率衡量投资的未来收益，用方差(或标准差)来衡量风险。

(2) 投资者是理性的，也是风险厌恶的，也就是说，在任一给定的风险水平下，投资者愿意选择期望收益高的证券；或者在期望收益一定时，投资者愿意选择风险水平较低的证券。

(3) 投资者在一定时期内总是追求期望效用的最大化，而不是期望收益的最大化，也就是说投资者不光追求高期望收益，还要考虑风险问题，选择能够带来最大效用的风险和收益组合。

(4) 证券市场是有效的，即证券的价格反映了其内在价值，证券的任何信息都能够迅速被投资者了解，不存在税收和交易成本。

(5) 证券是有风险的，即收益存在不确定性，收益服从正态分布，不同证券的收益之间有一定的相关关系。

(6) 每种证券都是无限可分的，即投资者可以在需要的情况下购买少于一股的股票。

(7) 证券市场允许卖空。

### (二)单个证券的收益和风险

#### 1. 期望收益

证券的收益一般采用收益率来度量，因此下文中我们对证券的收益和收益率两个概念不做区分。对于收益存在风险的证券而言，其未来的收益率是一个随机变量。未来收益率这一随机变量在不同的经济条件下将有不同的取值，而不同的经济条件的出现有一定的概率，因此，把证券收益的不同取值乘以不同经济条件出现的概率，就能够对该证券未来的收益做出估计，这就是期望收益率的含义。用$E(r)$表示期望收益，则：

$$E(r)=\sum_{i=1}^{n} p_i r_i$$

式中，$r_i$为该证券在第$i$种经济条件下的取值；$p_i$为该经济条件出现的概率。

【例 13-1】证券 A 的期望收益计算(%)。

| 经济条件 | 可能的收益 $r_i$ | 概率 $p_i$ | $p_i r_i$ |
|---|---|---|---|
| 1 | 0 | 20 | 0 |
| 2 | 10 | 10 | 1 |

续表

| 经济条件 | 可能的收益 $r_i$ | 概率 $p_i$ | $p_i r_i$ |
|---|---|---|---|
| 3 | 20 | 40 | 8 |
| 4 | 30 | 20 | 6 |
| 5 | 40 | 10 | 4 |
| 合计 | 期望收益率 | | 19 |

### 2. 期望收益的方差

方差在数学中是反映一个随机变量对于其数学期望的偏离程度。由于风险从本质上来说就是投资收益偏离期望收益的潜在可能性，因此可以用期望收益的方差作为衡量风险的标准。用 $\sigma^2$ 表示期望收益的方差，则：

$$\sigma^2 = \sum_{i=1}^{n} p_i[r_i - E(r)]^2$$

方差的平方根就是标准差，即：

$$\sigma = \sqrt{\sum_{i=1}^{n} p_i[r_i - E(r)]^2}$$

期望收益的方差或标准差越大，说明投资收益偏离期望收益的幅度越大，也就是说投资的风险越大。

**【例 13-2】**证券 A 的方差和标准差计算。

证券 A 的方差：

$$\begin{aligned}\sigma^2 &= \sum_{i=1}^{n} p_i[r_i - E(r)]^2 \\ &= 20\%(0\% - 19\%)^2 + 10\%(10 - 19\%)^2 + 40\%(20\% - 19\%)^2 + 20\%(30\% - 19\%)^2 \\ &\quad + 10\%(40\% - 19\%)^2 \\ &= 0.0149\end{aligned}$$

证券 A 的标准差：

$$\sigma = \sqrt{0.0149} = 0.122$$

### 3. 样本收益和方差

在实际中，随机变量发生的概率往往是不可知的，证券未来可能的收益率更是如此，因此需要用历史数据来计算样本收益和方差，同时假设证券收益的分布概率是不变的。

样本收益为：

$$\overline{r} = \frac{1}{T}\sum_{t=1}^{T} r_t$$

式中，$r_i$ 为历史收益，$T$ 为历史收益的数量。

样本方差为：

$$\hat{\sigma}^2 = \frac{1}{T-1}\sum_{t=1}^{T}(r_t - \overline{r})^2$$

上式中的分母为$T-1$，是因为式中使用样本平均值作为期望收益的代表，在估计中损失了 1 个自由度，因此需要在样本数量中减去 1 以得到总体方差的无偏估计。

### (三)证券组合的收益和方差

#### 1. 证券组合的收益

证券组合的收益$E(r_p)$是组合中所有证券期望收益的简单加权平均，权重为各证券投资占总投资的比例。假设组合中有$n$种证券，其期望收益和权重分别为$E(r_i), w_i, i=1,\cdots,n$，则：

$$E(r_p) = \sum_{i=1}^{n} w_i E(r_i) \text{，} \quad \sum_{i=1}^{n} w_i = 1$$

**【例 13-3】**投资组合收益的计算。

假设某证券组合由某公司债券和股票指数资产组合组成。历史数据显示，债券的收益为 5%，而指数资产组合的期望收益为 12.5%，按照不同的投资比例计算的证券组合的收益为：

| 证券组合 | 债　券 | 指数组合 | $E(r_p)$ |
|---|---|---|---|
| 1 | 0 | 1.0 | 12.5% |
| 2 | 0.2 | 0.8 | 11% |
| 3 | 0.4 | 0.6 | 9.5% |
| 4 | 0.6 | 0.4 | 8% |
| 5 | 0.8 | 0.2 | 6.5% |
| 6 | 1.0 | 0 | 5% |

马科维茨在假设中允许市场存在卖空行为，也就是说投资者可以借入某种证券按照现行市价卖出，等到以后再用低价赎回之后再还回证券，从中赚取价差。在投资者出现卖空行为时，投资权数即为负值，但是各种证券的权数之和仍然为 1。在卖空行为中，由于投资者对于证券价格的判断有可能错误，也就是说证券价格可能在未来不跌反涨，而且上涨的空间是无限的，因此，卖空的损失也是无限的。正因为此，卖空行为在市场上实际是受到限制的。

#### 2. 证券组合的方差

证券组合的方差并不是证券方差的加权平均。根据方差的定义，组合的方差应该是组合在不同经济条件下的收益与其期望收益偏离值的平方与各种经济条件发生的概率的乘积的加总。即：

$$\sigma_p{}^2=\sum_{i=1}^n p_i[r_{pi}-E(r_p)]^2$$

先看由 A 和 B 两种证券构成的组合的情况。

$$\begin{aligned}\sigma_p{}^2&=\sum_{i=1}^n p_i[(w_A r_{Ai}+w_B r_{Bi})-E(w_A r_A+w_B r_B)]^2\\&=\sum_{i=1}^n p_i[(w_A r_{Ai}+w_B r_{Bi})-(w_A E(r_A)+w_B E(r_B))]^2\\&=\sum_{i=1}^n p_i[w_A(r_{Ai}-E(r_A))+w_B(r_{Bi}-E(r_B))]^2\\&=\sum_{i=1}^n p_i[w_A{}^2(r_{Ai}-E(r_A))^2+w_B{}^2(r_{Bi}-E(r_B))^2+2w_A w_B(r_{Ai}-E(r_A))(r_{Bi}-E(r_B))]\\&=w_A{}^2\sum_{i=1}^n p_i[r_{Ai}-E(r_A)]^2+w_B{}^2\sum_{i=1}^n p_i[r_{Bi}-E(r_B)]^2+2w_A w_B\sum_{i=1}^n p_i[r_{Ai}-E(r_A)][r_{Bi}-E(r_B)]\\&=w_A{}^2\sigma_A{}^2+w_B{}^2\sigma_B{}^2+2w_A w_B\operatorname{cov}(r_A,r_B)\end{aligned}$$

推广到$n$种证券的组合，组合方差的计算公式为：

$$\begin{aligned}\sigma_p^2&=\sum_{i=1}^n\sum_{j=1}^n w_i w_j\operatorname{cov}(r_i,r_j)\\&=\sum_{i=1}^n w_i\sigma_i^2+\sum_{i=1}^n\sum_{\substack{j=1\\i\neq j}}^n w_i w_j\operatorname{cov}(r_i,r_j)\end{aligned}$$

式中$\operatorname{cov}(r_i,r_j)$表示证券$i$和$j$的收益之间的协方差，也记为$\sigma_{ij}$。可见，证券组合的方差是证券各自的方差与它们之间协方差的加权平均值。

又因为$\operatorname{cov}(r_i,r_j)=\rho_{ij}\sigma_i\sigma_j$，也就是两个证券之间的协方差可以用其相关系数和各自标准差之间的乘积表示，所以证券组合的方差又可以表示为：

$$\sigma_p^2=\sum_{i=1}^n w_i\sigma_i^2+\sum_{i=1}^n\sum_{\substack{j=1\\i\neq j}}^n w_i w_j\rho_{ij}\sigma_i\sigma_j$$

相关系数$\rho_{ij}$可以直观地揭示两种证券之间的相关程度。对于两种证券构成的组合来说，可以看到，在不允许卖空的情况下，$\rho_{AB}$的数值越大，$\sigma_p{}^2$也就越大，$\rho_{AB}$的数值越小，$\sigma_p{}^2$也就越小。也就是说，证券之间的相关程度越高，组合的风险就越高，反之，证券之间的相关程度越低，组合的风险就越低。因此，选择互不相关或负相关的证券能够显著降低组合风险。

### (四)最小方差投资组合和最优投资组合

由投资组合理论对投资者理性和风险厌恶的假设可知，投资者选择的投资组合必须满足以下条件之一：

(1) 在期望收益水平$E(r_p)$一定时，求使得组合风险$\sigma_p{}^2$最小的$w_i,i=1,\cdots,n$。

(2) 在风险水平$\sigma_p{}^2$一定时，求使得期望收益$E(r_p)$最大的$w_i,i=1,\cdots,n$。

上述两个条件实际上是等价的。对最小方差投资组合的权数$w_i,i=1,\cdots,n$的求解是一个最优化问题，可以表示为：

$$\min \sigma_p^{\ 2}, \ \text{s.t.} \ E(r_p) = \mu, \sum_{i=1}^{n} w_i = 1$$

通过最优化问题的求解，在每一个给定的期望收益的水平上，都可以求得一个方差最小的投资组合。可以在由期望收益和风险组成的 $(\mu, \sigma^2)$ 平面上绘出所有最小方差投资组合的图形，这一图形一般是一条抛物线，如图 13-1 所示。

图中抛物线的顶点 $g$ 点代表所有投资组合中全局方差最小的组合。相比较 $g$ 点以上抛物线的点所代表的组合而言，$g$ 点以下的抛物线区域中的组合是方差相同而期望收益较小的组合，理性的投资者不会选择这样的组合，因此，将 $g$ 点以上抛物线的点所代表的组合称为有效组合，也就是投资者实际会选择的组合，所有有效组合的总和称为有效前沿(Effective Frontier)。

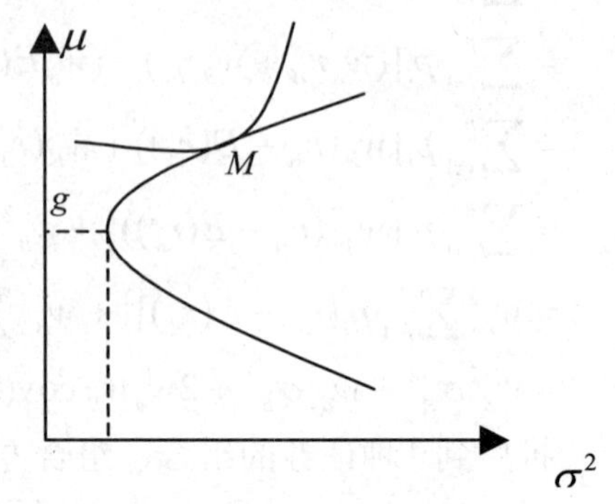

图 13-1　最小方差投资组合

投资者在有效前沿上选择哪个点，也就是具体选择哪个投资组合，取决于他的效用函数 $E(U) = f(E(r), \sigma^2)$。期望效用函数在图形上可以表示为一系列无差异曲线，同一条无差异曲线上的每一个组合对于投资者来说效用都是一样的，但是不同的无差异曲线代表不同的效用水平，位置越靠左上的曲线代表的效用水平越高。投资者的最优投资组合就是无差异曲线和有效前沿的切点，这一切点所代表的投资组合是给投资者带来最大效用的组合，即最优投资组合，如图 13-1 中的点 $M$。

### (五)马科维茨投资组合理论小结

在马科维茨投资组合理论中，证券投资过程可以分为四个阶段：第一阶段，投资者首先应考虑各种可能的证券组合。第二阶段，计算这些证券组合的收益率、协方差、方差。第三阶段，通过比较收益率和方差决定有效组合。第四阶段，利用无差异曲线与有效前沿的切点确定对最优组合的选择。马科维茨投资组合理论将投资组合的收益和风险进行量化分析，并建立了对有效投资组合的最优化求解的分析框架，改变了过去传统的投资组合理论仅依赖于定性分析的历史，开创了现代投资组合理论，也被认为是现代金融理论的起源。

但是，马科维茨投资组合理论也存在一些缺陷。例如，马科维茨投资组合理论的一项明显缺陷在于其在计算方差和协方差的时候只能使用历史数据，这将给计算引入误差。另一方面，证券收益之间的协方差的计算是这一理论的核心，对于 $N$ 个证券，需要计算 $N$ 个方差和 $N(N-1)/2$ 个协方差。当证券数目较多时，比如 100 个，则需要计算 100 个方差和 4950 个协方差，增加一项证券之后则又要再计算一项方差和 100 个项协方差，计算量较大，而且容易将注意力过多地放在证券的相关关系上，而忽视证券的个性。针对这一问题，1963 年，马科维茨的学生威廉·夏普提出简化的基于回归分析的单因素模型。单因素模型假设

影响证券价格波动的主要和共同因素是市场总体价格水平，证券价格波动之间的相关关系可以通过各证券与市场总体价格水平这一共同因素之间的相互关系反映出来，因此只需要计算各证券与市场之间的相关关系，而不需要计算各证券之间的相关关系。单因素模型可以在很大程度上减少组合分析数据的输入并可以减少大量的计算程序，极大地推动了投资组合理论的实际运用。

## 二、资本资产定价模型

在马科维茨投资组合理论上，1964、1965和1966年，夏普、林特纳和莫辛三个人分别独立推导出资本资产定价模型(Capital Asset Pricing Model, CAPM)，CAPM模型已成为西方金融学和投资学的主要内容之一。

### (一)CAPM的假设

CAPM是建立在马科维茨投资组合理论基础上的。与投资组合理论一样，CAPM也是建立在一系列假设条件之上的。CAPM除了接受马科维茨投资组合理论的全部假设之外，还附加了自己的假设条件，主要有：

(1) 投资者对投资的期限、对每一种证券的期望收益和风险等都有完全一致的看法，即投资者的预期是相同的，这一假设称为“共同预期假设”。

(2) 存在无风险资产，投资者可以无风险利率无限制地借入或贷出资金。

很明显，以上假设与市场的实际状况有一定的差距。但做出这样的假设是要找出在一定的条件下(这里是指市场均衡)，市场所出现的某些特征，如证券(或组合)收益、证券价格特征等。

### (二)资本市场线

资本市场线是在以期望收益和标准差构成的坐标轴中，表示风险资产的有效组合与一种无风险资产经过再组合之后的有效组合线。

以$E(r_{p1})$表示风险资产的期望收益，以$\sigma_{p1}$表示风险资产组合的标准差，以$r_f$表示无风险资产的收益率，则无风险资产和市场风险资产组合经过再组合之后的新资产组合的期望收益和方差为：

$$E(r_p)=w_{p1}E(r_{p1})+(1-w_{p1})r_f$$

$$\sigma_p=\sqrt{{w_{p1}}^2{\sigma_{p1}}^2+(1-w_{p1})^2{\sigma_f}^2+2w_{p1}(1-w_{p1})\sigma_{p1}\sigma_f}=w_{p1}\sigma_{p1}$$

由以上两式可以得到：

$$E(r_p)=r_f+\frac{E(r_{p1})-r_f}{\sigma_{p1}}\sigma_p$$

这一直线的截距为固定值$r_f$，斜率为$[E(r_{p1})-r_f]/\sigma_{p1}$，随着风险资产组合的变动而变动，如图 13-2 中的 I 线、II 线和 III 线所示。也就是说，无风险资产与有效资产组合经过再组合之后的新组合是一组截距相同但斜率不同的组合线集合。由于理性投资者在风险相同的情况下会选择收益率最高的资产组合，而第 I 线是组合线所能达到的最高点即与有效前沿相切，因此理性投资者都会选择该线上的资产组合，这条线就是资本市场线(Capital Market Line，CML)。其表达式为：

$$E(r_p)=r_f+\frac{E(r_{p1}{}^*)-r_f}{\sigma_{p1}{}^*}\sigma_p$$

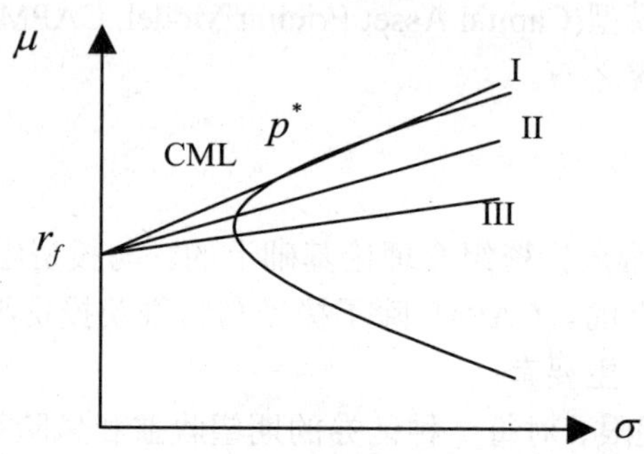


图 13-2　资本市场线

CML 上的点代表了投资者将以不同比例投资于无风险资产和风险资产组合所构成的新组合。例如，$r_f$ 点是投资者将所有资金投资于无风险资产，$p^*$ 点为投资者将所有资金投资于风险资产组合，$r_f$ 和 $p^*$ 点之间的点集是投资者将资产同时投资于风险资产和无风险资产的情况。$p^*$ 点上方的点集是投资者卖空无风险资产后，将借入资金连同本金投资于风险资产组合 $p^*$ 的情况。投资者选择 CML 上的哪一点取决于投资者的风险偏好，风险厌恶程度高的投资者会选择靠近$r_f$ 的投资组合，风险厌恶程度低追求高风险高收益的投资者将选择 $p^*$ 点上方的组合。

如果市场上的投资者像假设中那样有相同的预期，则每个投资者的 CML 线都是一样的，要选择的风险资产组合也是相同的，都是 $p^*$。此时，投资者对风险资产组合选择与他们对风险的态度是无关的。

当资本市场处于均衡的时候，市场上总供给必然等于总需求，而且每种资产都存在一个均衡的市场出清价格。由于所有的投资者都会选择一样的风险资产组合 $p^*$，因此市场处于均衡的必要条件就是 $p^*$ 中包含所有的风险资产。如果市场上还存在没有包含在 $p^*$ 中的风险资产，则投资者对这种资产是没有需求的，那么该市场就并非处于均衡状态。

包含市场上所有风险资产组合的 $p^*$ 被称为市场组合(Market Portfolio)，一般用 $M$ 表示。

这个组合就是由所有现存证券按照市场价值加权计算所得到的组合。在实践中，通常使用具有广泛基础的综合指数，如标普 500 指数，代表市场组合。

市场组合的收益和方差分别表示为 $r_M$ 和 $\sigma_M{}^2$。因此资本市场线可以表示为：

$$E(r_p)=r_f+\frac{E(r_M)-r_f}{\sigma_M}\sigma_p$$

这是在市场均衡状态下的资本市场线的表达式，反映的是在市场均衡条件下，无风险资产与市场组合经过再组合之后产生的新有效资产组合的收益与风险的关系。由资本市场线可以看到，均衡证券市场的特征可以由两个关键的数字来刻画：一是资本市场线方程的截距，即无风险利率，称为时间价格；二是资本市场线方程的斜率，称为单位风险的价格，表示有效证券组合收益率的标准差每增加一个单位时期望收益率应该增加的数量。

### (三)证券市场线

资本市场线表示在存在无风险证券的条件下，有效证券组合的风险和期望收益的关系。这种关系对非有效证券组合和单个证券而言并不成立，必须找到其他的衡量方法。证券市场线回答的就是在市场均衡状态下，某项风险资产的期望收益与其风险之间的关系。

首先考察单个风险资产对市场组合的风险贡献度。市场组合 $M$ 收益的方差可以表示为：

$$\sigma_M{}^2=\sum_{i=1}^{n}\sum_{j=1}^{n}w_{iM}w_{jM}\operatorname{cov}(r_i,r_j)$$

式中 $w_{iM},w_{jM}$ 分别表示证券 $i$ 和 $j$ 在市场组合中所占的比例，$\operatorname{cov}(r_i,r_j)$ 表示证券 $i$ 和 $j$ 之间的协方差。上式也可以改写为：

$$\sigma_M{}^2=w_{1M}\sum_{j=1}^{n}w_{jM}\operatorname{cov}(r_1,r_j)+\cdots+w_{nM}\sum_{j=1}^{n}w_{jM}\operatorname{cov}(r_n,r_j)$$

由于证券 $i$ 与市场组合的协方差 $\operatorname{cov}(r_i,r_M)$ 可以表示为它与组合中每个证券协方差的加权平均，即：

$$\operatorname{cov}(r_{i,}r_M)=\sum_{j=1}^{n}w_{jM}\operatorname{cov}(r_i,r_j)$$

因此，可以将市场组合的方差表示为：

$$\sigma_M{}^2=w_{1M}\operatorname{cov}(r_1,r_M)+\cdots+w_{nM}\operatorname{cov}(r_n,r_M)$$

可见，市场组合的方差等于构成组合的所有证券与市场组合的协方差的加权平均，权重为各个证券在组合中所占的比重，单个证券与组合的协方差 $\operatorname{cov}(r_i,r_M)$ 则表示了单个证券对组合的风险贡献度。

当市场达到均衡时，必然要求组合中风险贡献度高的证券相应地提供较高的期望收益。如果某一证券在给市场组合带来风险的同时没有提供相应的收益，就意味着如果将该证券从组合中删除的话，将会使得市场组合的期望收益相对于其风险有所上升；如果某一证券在给市场组合带来风险的同时提供过高的收益，就意味着如果增加该证券在组合中的比重，也会使得市场组合的期望收益相对于其风险有所上升，这样，市场组合就不是有效组合。

因此，在市场达到均衡时，单个证券的期望收益与它对市场组合的风险贡献度应该具有如下的均衡关系：

$$\frac{E(r_i)-r_f}{\text{cov}(r_i,r_M)}=\frac{E(r_M)-r_f}{{\sigma_M}^2}$$

改写上式可以得到：

$$\begin{aligned}E(r_i)&=r_f+[E(r_M)-r_f]\times\frac{\text{cov}(r_i,r_M)}{\sigma_M}\\&=r_f+[E(r_M)-r_f]\beta_i\end{aligned}$$

这一方程就是证券市场线(Security Market Line，SML)，反映的是资产的市场风险与其期望收益之间的关系。式中的贝塔系数 $\beta_i=\text{cov}(r_i,r_M)/{\sigma_M}^2$ 衡量了证券所承担的市场风险。证券市场线表示，当资本市场处于均衡状态时，任何一种资产的期望收益与其承担的市场风险之间存在线性关系。

### (四)CAPM 模型的含义

CAPM 中两个最重要的结论就是 CML 和 SML。这两条线之间存在一些差异：CML 只适于描述无风险资产与有效风险资产组合经过再组合之后的新有效风险组合的收益和风险的关系，而 SML 描述的是任何一种资产或资产组合的收益与风险之间的关系，其中测度单个资产风险的工具不再是资产的方差或标准差，而是资产对于资产组合方差的风险贡献度。

根据 CAPM 模型，可知：第一，无论是对于市场组合还是单个风险资产或无风险资产，其收益都是由两个部分组成，一是无风险收益，或者说是时间补偿，二是与风险直接相关的超额收益，或者说是风险补偿，这体现了“高风险，高收益”的基本原理；第二，并非风险资产承担的所有风险都会被补偿，给予补偿的仅仅是市场风险即系统风险，这是因为非系统风险是可以通过分散投资分散掉的。当投资者持有市场组合时，是没有非系统风险的，而市场风险是无法通过分散投资降低的，因此需要补偿。

## 三、套利定价模型

CAPM 模型是建立在一系列严格假设条件之上的，其中许多假设与现实经济生活差距太大，因此该模型也受到了不少的质疑和批评。1976 年，斯蒂芬·罗斯(Stephen Ross)发表《收益、风险和套利》一文，系统地提出了套利定价理论(Arbitrage Pricing Theory，APT)，将资本资产定价理论的研究推向了一个新阶段。

### (一)APT 的分析思路和假设

APT 认为，套利行为是现代有效率市场形成(即市场均衡价格形成)的一个决定因素。所

谓套利行为是指利用同一实物资产或证券的不同价格来赚取无风险利润的行为。APT 认为，如果市场未达到均衡状态的话，市场上就会存在无风险的套利机会。由于理性投资者具有厌恶风险和追求收益最大化的特征，因此投资者一旦发现套利机会就会设法利用。套利者的买进和卖出将改变有价证券的供求状况，套利空间随之缩小直至消失，有价证券的价格达到均衡。

APT 要研究的是，如果每个投资者对各种证券的预期收益和市场敏感性都一样的话，各种证券的均衡价格是怎么形成的？研究者拓展问题的思路是，首先，分析市场是否处在均衡状态；其次，如果市场是非均衡的，分析投资者会如何行动；再次，分析投资者的行动会如何影响市场并最终使得市场达到均衡；最后，分析在市场的均衡状态下，证券的期望收益由什么决定。

APT 与 CAPM 相同的假设有：①资本市场是完全竞争和有效的，不存在交易成本；②投资者的目标是实现效用最大化；③所有投资者具有同样的预期。与 CAPM 不同的是，APT 不要求投资者能以无风险利率无限地借入或贷出资金，也不要求投资者以资产组合的收益和方差为基础进行投资决策。

APT 最重要的一点是假设投资者都相信风险资产的收益受到市场上几种不同的风险因子的影响，而到底是哪几种风险，这些风险具体是什么则无关紧要。

设市场上风险资产的收益一共受到 $k$ 个因素的影响，可以用因素模型表示如下：

$$r_i = E(r_i) + b_{i1}F_1 + \cdots b_{ik}F_k + \varepsilon_i$$

式中，$r_i$ 是风险资产的收益；$E(r_i)$ 是该风险资产的期望收益；$F_j, j=1,\cdots,k$ 是公共风险因子；$b_{ij}, j=1,\cdots,k$ 是风险资产对不同公共风险因子的敏感度；$\varepsilon_i$ 是残差项。$\varepsilon_i$ 还满足：

$$E(\varepsilon_i) = 0, i = 1,\cdots,n,$$

$$\operatorname{cov}(\varepsilon_i, \varepsilon_j) = 0, i, j = 1,\cdots,n\text{且}i \neq j$$

也就是，残差项的期望为零，表明残差项考虑的是公共因子未包括进去的风险，只对资产的风险有贡献，对资产的收益没有贡献；而且，除了公共因子以外，模型中已经不存在同时影响两种或两种以上资产收益的共同因素，即模型已经分离了所有影响资产收益的公共风险因子。

该因素模型表示资产收益率受一组公共风险因子的影响，市场组合可能只是其中的一个风险因子，其他风险因子(如利率、通货膨胀率、GDP 增长率等)也可能包括在内，因此，市场组合在套利定价理论中只是影响资产收益的因素之一，并没有特殊作用。同时，因素模型表明，具有相同因素敏感性的证券或组合必然有相同的期望收益，如若不然，便会存在套利机会，套利者必将利用这一机会，最终会使得市场达到均衡。

## (二)APT 模型

因素模型并没有对均衡状态进行描述，若把上述因素模型转换成一个均衡模型，所需讨论的就是证券的期望收益。

假设市场上有一位套利者进行无风险的套利操作，持有一个资产组合，设 $w_i$ 是该资产组合中资产 $i$ 的投资权重，则由自融资(在整个投资过程中既不注资也不融资)的特点可知：$\sum_{i=1}^{n} w_i = 0$；又由于套利组合是无风险的，意味着它对任何一个公共风险因子都没有敏感性，也就是公共风险因子的加权平均应该等于零，即：$\sum_{i=1}^{n} w_i b_{il} = 0, l = 1, \cdots, k$；最后，由于均衡市场上是不存在套利机会的，也就是任何无风险、零投资的套利组合的期望收益也将为零，即：$\sum_{i=1}^{n} w_i E(r_i) = 0$。由以上论证可知，套利组合的投资比例向量分别与元素为 1 的向量、公共风险因子敏感度向量以及期望收益向量正交。由线性代数的知识可知，若某一向量正交于 M-1 个向量，并能由此推得它与第 M 个向量正交，则第 M 个向量可以表示为这 M-1 个向量的线性组合。也就是说，资产的期望收益向量可以表示为元素为 1 的向量以及公共风险因子敏感度向量的线性组合。因此，存在常数 $\lambda_0, \lambda_1, \cdots, \lambda_k$ 使得：

$$E(r_i) = \lambda_0 + b_{i1}\lambda_1 + \cdots + b_{ik}\lambda_k$$

上式就是套利定价模型的标准表达式。其中，$\lambda_0$ 表示对所有公共风险因素敏感度为零的资产组合的收益率，当存在无风险资产时，$\lambda_0$ 就是无风险资产的收益率 $r_f$；$\lambda_j, j = 1, \cdots, k$ 表示第 $j$ 个风险因子的风险溢价。

若存在无风险资产，令 $\delta_j$ 表示某一资产对其他所有风险因子的敏感度为零而仅对第 $j$ 个风险因子的敏感度为 1 时的期望收益率，则：$\lambda_j = \delta_j - r_f$，即：

$$E(r_i) = r_f + b_{i1}(\delta_1 - r_f) + \cdots + b_{ik}(\delta_k - r_f)$$

当资产的收益率服从联合正态分布和公共风险因子不相关的情况下，根据多元线性回归方程，上式中的 $b_{ij}$ 可以解释为：$b_{ij} = \text{cov}(r_i, \delta_j) / \text{var}(\delta_j)$。可见，$b_{ij}$ 的形式与 CAPM 中 $\beta_i$ 的形式完全相同。

### (三)APT 模型与 CAPM 模型的比较

APT 模型假设资产期望收益受到 $k$ 个风险因素的影响，又被称为多因素模型。当只存在一个表示市场风险的风险因素时，APT 模型就是 CAPM 模型，因此，CAPM 模型实际上是 APT 模型的一个特例。APT 模型与 CAPM 模型在理念上是相似的，都主张在市场达到均衡时，单个证券的预期报酬率可由无风险报酬率加上风险溢价来决定，而且两者都说明了风险与报酬之间的理性原则——更多的系统性风险，更高的预期报酬。只是 APT 模型认为个别证券的预期报酬率应由更多的宏观经济因素来解释，且当个别风险已被有效分散、证券市场达到均衡时，其预期报酬率将由无风险利率和许多特定因素所提供的风险溢价构成。

APT 模型与 CAPM 最大的一个区别在于分析方法的不同。前者采用的是无套利的分析方法，后者采用的是风险-收益的分析方法。APT 模型的出发点是排除市场的套利机会，只要市场存在套利机会，套利者的行为都将促使套利机会消失，市场恢复均衡。CAPM 模型

的风险-收益分析方法是假设投资者在风险和收益之间进行平衡使得自己的效用达到最大化，在投资者共同预期的假设下，投资者会拥有同样的风险资产组合，即市场组合，而风险资产的价格主要受市场组合的影响。

与 CAPM 模型相比，APT 模型在更弱的假设条件下推出了更一般的资产定价形式。在 CAPM 模型中，风险资产的价格是通过市场的内在因素决定的，即某种资产的价格是由资本市场上现有的所有资产共同确定的；而在 APT 模型中，资产的合理价格是由外在因素决定的，即资产价格可以由资本市场以外的因素决定，而市场组合只是影响资产价格的一个可能的风险因子。

APT 模型可以说是一种极限意义上的资产定价理论，其缺陷在于它并没有说明决定资产定价的风险因子的数目和具体类型，也没有说明各个因子风险溢价的符号和大小，使得 APT 模型在实际应用中存在一定的困难。

# 第四节　现代投资组合理论的应用

## 一、现代投资组合理论应用概述

马科维茨在 1956 年提出的投资组合理论开创了金融数理分析的先河，是现代金融(Modern Finance)的一个重要理论基础。但是马科维茨的投资组合理论存在着计算量过大和依赖历史数据的缺陷，这些缺陷的存在制约了马科维茨投资组合理论在实际中的应用，也使得许多经济学家开始探索对这一理论在实际中的简化运用形式。资本资产定价模型就是在这一背景下应运而生的。CAPM 阐述了在投资者都采用马科维茨理论进行投资管理的条件下市场均衡状态的形成，用一个简单的线性关系表达了资产的期望收益与风险之间的理论关系，从而大大简化了投资组合选择的运算过程，使得马科维茨理论在现实中的运用向前迈进了一大步，也使得证券理论从以往的定性分析转入定量分析，对证券投资理论的研究和实际操作甚至整个金融理论与实践的发展都产生了重要影响，与马科维茨理论一起成为现代金融的理论基础。

CAPM 的早期检验结果是支持模型的，而且其对收益与风险关系的描述简单且符合逻辑，这使得 CAPM 在其推出的十几年之内受到了职业资产组合管理者的青睐，尤其是贝塔系数更成为组合投资的关键变量。从理论上来说，CAPM 至少可以被用于以下用途。

(1) 资产估值。根据 CAPM 模型，可以在已知市场组合的期望收益和证券的贝塔系数之后计算出来资产的期望收益，这一收益是资产的均衡价格，即市场处于均衡状态时的价格，这一价格与资产的内在价值是一致的。但市场均衡毕竟是相对的，在竞争因素的推动下，市场永远处于由不均衡向均衡转化再到均衡被打破的过程中。因此，实际中，资产收益往往并非均衡收益。如果相信用 CAPM 计算出来的期望收益是均衡状态下的收益的话，就可以将其与实际资产收益相比较，发现价值被暂时性高估或低估的资产，然后根据低价买入、高价卖出的原则指导投资行为。

(2) 资产配置。CAPM 的思想在主动的资产组合管理和被动的资产组合管理当中都可以运用。在被动的资产组合管理中，投资者可以按照自己的风险偏好，选择一种或几种无风险资产和一个风险资产的市场组合进行资产配置，只要投资者的风险偏好不变，资产组合就可以不变。在主动的资产组合管理中，投资者可以利用 CAPM 理论预测市场走势和计算资产的贝塔系数，从而可以根据市场走势调整资产组合。例如，当预测到市场价格将呈上升趋势时即将进入牛市时，主动性投资者将在保持无风险资产和风险资产比例的情况下，增加高贝塔系数的资产持有量，这些高贝塔系数的证券或组合将有效地放大市场收益率；反之，如果预测熊市即将来临时，则增加低贝塔系数的资产持有量。此外，由于风险资产获得的风险补偿取决于贝塔系数，因此贝塔系数在 CAPM 模型中是一个衡量市场风险的标准，而证券市场线也为评估投资业绩提供了一个基准，即对于一项投资，若以贝塔系数测度其投资风险，根据证券市场线就能得出投资人为补偿风险所要求的期望收益率以及货币的时间价值。

套利定价理论在资产组合管理中应用的领域与 CAPM 差不多，只是具体的决策依据和思路依模型的不同而有差异。在被动型组合管理中，投资者可以在已确定因素的情况下，建立一个最佳风险组合的资产组合。这种策略可以充分利用不同类型资产对不同因素变动具有不同敏感度的特点，因此对于只包含几种不同资产类型的大资产组合比较合适。在主动型的组合管理中，可以利用对因素非预期波动的挖掘，判断资产价值是高估或低估，在此基础上选择资产构建组合。

## 二、现代投资组合理论在金融实证研究和实践中的应用

### (一)市场有效性检验

法马(Fama)于 1970 年给出了有效市场的严格定义。所谓有效市场，是指市场价格总是充分反映了所有可获得的信息，也就是指市场的定价效率高，定价合理。在这样的定价效率市场上，投资者通过技术分析和基本面分析后采取积极的投资策略，在调整了风险和交易成本后并不能因此获得更高的收益。法马将股票市场的定价效率分为三种类型：弱式有效即股票价格中已经反映所有历史信息；半强式有效即股票价格中已经反映了所有公开信息；强式有效即股票价格中已经反映所有可得的信息，包括公开信息和不公开的内幕信息。法马对有效市场类型的划分是可以通过对市场的检验进行确认的。市场有效性或定价效率的检验是要研究是否有可能获得超额收益。超额收益被定义为一项投资策略的实际收益率与期望收益率的差额。在实证检验中，期望收益率就是通过定价模型如资本资产定价模型或多因素模型进行预测的。

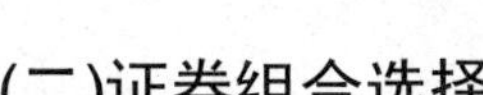

### (二)证券组合选择

在投资决策过程中，当投资者确定了投资对象后最为关心的是如何在投资对象之间进行资金分配，以求在一定收益下风险最小。现代组合投资理论能够满足投资者这方面的需求，向他们提供最小方差投资组合。不仅如此，该理论还能向投资者提供有效组合集即有效前沿。

确定有效前沿的目的是为了更直观地认识投资的风险和收益属性。画出有效前沿后，投资者可以在一张图上迅速知道在某一收益水平上的最小风险大小，同时也可以知道在一定的风险水平上的最大收益值。利用引进无风险收益(作为参数)的计算方法可以调整无风险收益的值确定有效前沿。

### (三)证券业绩预测

多因素模型确立了投资预期收益与各种因素之间的相互关系。因此，利用该模型可以预测证券的投资收益。

预测证券的投资收益的一种方法是利用时间序列回归。根据证券的收益和影响因素在时间序列上的一一对应关系进行回归为时间序列回归法。为了保障这种回归方法的质量，需要考虑到两个重要因素。一是采样结果必须在时间上一一对应，其二是采样数必须足够大。法马和弗雷希使用时间序列方法确定能够解释股票和债券回报率的因素。他们的研究发现，股票的月回报率与三个因素有关，分别是:市场因素($r_{mt}-r_{ft}$)、规模因素($SMB_t$)和帐面-市场权益因素($HML_t$)。他们给出的因素模型的方程式为:

$$r_{it}-r_{ft}=a_i+b_{i1}(r_{mt}-r_{ft})+b_{i2}SMB_t+b_{i3}HML_t+e_{it}$$

预测证券的投资收益的另一种方法是横截面回归。横截面没有序列法那么直观，但通常也是一个强有力的工具。模型建立者从估计证券对某些因素的敏感性入手，继而在一定特定时期根据证券的回报率和他们对因素的敏感性来估计因素的值。当研究人员发现在某一特定时间内大多数股票的收益与某些特征相关时，就采用横截面回归法。例如，当发现某一段时间内股票的价格与红利和规模相关时，可建立一般性方程$r_{it}=b_{i1}F_{1t}+b_{i2}F_{2t}+e_{it}$。该方程是已知$b_{it}$估计$F_{it}$，在得到$F_{it}$的估计值之后，可以将股票的红利大小和股本规模代入该式就可以计算该股的期望收益。

### (四)证券定价

早在1938年，美国投资理论家威廉斯在其发表的《投资价值理论》一书中提出了确定股票内涵价值的经典方法——威廉斯贴现现金流模型，给证券分析学开创了新的前景。贴现现金流模型基于这样的理论，认为每一股票的价格应等同于该股票持有者预计能得到的现金流现值，其数学表达如下：

$$P_0 = \sum_{t=1}^{T} \frac{D_t}{(1+r)^t} + \frac{P_T}{(1+r)^T}$$

式中 $P_0$ 为当前价格，$P_T$ 为第 $T$ 期的价格，$D_t$ 为第 $t$ 时期的股息，$r$ 为投资者期望的最低回报率，或称贴现率。

从上式中可看出，贴现率实质上是股票的期望收益率，因此，精确的确定贴现率的值对确定股票的价格至关重要。建立资本资产定价模型的一个重要目的是确定这样一个 $r$ 值。这也是为什么资本市场线和证券市场线被称为资本资产定价模型的缘由。

股票 $i$ 在某一段时期内的期望收益为：

$$E(r_i) = \frac{E(P_T) + D_T}{P_0} - 1$$

根据 CAPM 可知：$\dfrac{E(P_T) + D_T}{P_0} = 1 + r_f + [E(r_M) - r_f]\beta_i$

所以根据 CAMP 可以确定证券当前的均衡价格为：$P_0 = \dfrac{E(P_T) + D_T}{1 + r_f + [E(r_M) - r_f]\beta_i}$

很明显，风险越高的股票的内在价值越低。因此，上式通常被称为风险调整贴现公式。应当说利用风险调整后的贴息率计算股票的内在价值精确度更高。另外，可以将股票的实际价格和均衡价格相比较，以发现市场上错误定价的股票。

### (五)风险控制

金融和投资决策风险的控制是人类社会普遍关注的问题。风险控制包括几个方面的内容：一是识别风险的来源；二是了解风险的大小以及发生的概率；三是决策最优化(组合的选择、资金投资规模、资金分配比例、债务杠杠比例等)。本章中的现代投资组合理论的各种模型对风险控制都具有重大的贡献。马科维茨模型和在其基础上发展的简化单指数模型在风险测量和风险分散上具有很强的指导作用。在金融领域的风险控制实务运作中，使用频率最高的模型是多因素模型。多因素模型的敏感性分析是风险测量的基础模块，是进行对冲操作(Hedging)的基础。多因素模型不但指明了风险的来源，同时可以根据组合因素的敏感度(其值等于投资股票中所含股票对于该要素敏感度的加权平均)的大小了解最大的风险来自于哪一个因素。基金管理人或基金投资者可以据此调整或追踪这一因素从而起到风险控制的效果。

利用多因素模型进行风险分析主要有以下几个步骤。

(1) 寻找影响证券价格或收益变化的主要因素。

影响证券价格变化的因素很多，可分为三大类：上市公司基本面因素、市场因素和宏观因素。研究人员需要进行综合分析，列出影响因素表，进行下面的敏感性分析。

(2) 估计因素的敏感度 $b_i$(又称风险敞口)。通常采用多元线性回归(时间、横截面回归)的方法确定因素的敏感度，并在此基础上计算组合的因素敏感度。

(3) 预测后期因素的变化。由于某一因素的敏感度代表了该因素对证券价格变化的影响程度，当组合的敏感度确立后，组合管理者就可以了解该组合对各个因素的风险大小。通过比较后，管理者就会发现风险的真正来源(敏感度较大的因素)，并进行重点分析、预测和追踪。

(4) 制订相应的预防措施。当管理者发现组合后的风险敞口与自己的投资风格不相称时，可以调整组合中某些个股的投资比例，以降低投资风险。另外，管理者可以对风险敞口很大的因素将来可能出现的变化设计一些预防措施。

以上分析方法在金融市场风险测量的总体框架中定位为敏感性分析法。该分析法在风险度量方面与马科维茨模型一样，是以方差测量风险。但是，方差的计算中对于正负离差值不做区别，而投资者一般认为出现负离差时才可称为风险，因此，方差这种在度量风险时对正离差和负离差的平等处理不能完全客观的反映投资者对风险的真实感受。因此，许多研究人员和实际操纵者做了大量的研究和尝试。其中最具代表性并形成成熟理论体系的是近几年来发展起来并在金融界得到广泛应用的在险价值即 VaR(Value at Risk)方法。VaR 是指在一定置信水平下，由于市场波动导致整个资产或组合在未来某个时期内可能出现的最大损失值，可以简单清晰地表示金融资产头寸的市场风险，得到了广泛认可。国际银行业巴塞尔委员会也利用 VaR 模型所估计的市场风险来确定银行以及其他金融机构的资本充足率。

### (六)基金(组合)业绩评估

#### 1. 基金业绩评估的核心内容

基金评估就是对基金投资效果进行统计、分析和评价，是经济管理中的重要环节。基金评估分为外部评估和内部评估。外部评估包括会计事务所所出具的基金的资产负债表、收益表等会计报告，以及一些评估机构对基金管理的评估，评估内容包括收益率、风险水平、波动性、成本等，并根据同类基金的绩效进行排名。内部评估是指基金管理过程中的内部审核和评估，包括对各个投资经理的评估和基金整体评估。总之，基金评估中的核心部分包括三个方面：收益水平、风险水平和成本，现将这三个指标简述如下：

1) 基金的收益

评估基金收益的指标有净资产值(又称基金净值)和收益率，计算公式分别为：

$$净资产值=\frac{基金拥有的全部净资产价值-负债}{(尚未收回的)基金单位总数}$$

$$收益率=\frac{期末净资产值-期初净资产值}{期初净资产值}\times 100\%$$

2) 基金的风险

基金的风险取决于两个方面:一是基金资产的分散程度；二是基金目标市场的风险水平。风险度量通常用 $\beta$ 表示：

$$\beta_p = \frac{\mathrm{cov}(r_p, r_m)}{\sigma_m^{\ 2}}$$

3) 基金成本

基金成本是基金管理过程中发生的费用，在外部评估中通常使用成本比率衡量：

$$成本比率 = \frac{经营费用}{资产净值} \times 100\%$$

2. 基金业绩评估定量指标

从表面看，对基金业绩评价的标准很简单：收益水平越高的组合便是最优秀的组合。但是如果某拙劣的组合管理建立了一个高风险组合，并且恰好市场处于牛市之中，该组合为其带来了很高的风险补偿，那么，是否可以认为该组合是个很好的组合，该管理者是个高水平的管理人呢？回答是否定的。因为一旦市场转入熊市，该组合必将大受损失，而且亏损额甚至可能超过其在牛市中赚的钱。因此，为评价证券投资基金的投资业绩，需要从两个方面进行评价，即同时评价报酬率和这些报酬相关的风险水平。而资本资产定价模型所建立的风险收益均衡原理则为上述的证券组合收益评价提供了途径。基于 CAPM 框架对于基金证券组合业绩评价主要有三种定量测定法：夏普指数、詹森指数、特雷诺指数。

1) 夏普指数

$$夏普指数 = \frac{r_p - r_f}{\sigma_p}$$

1990 年度诺贝尔经济学奖得主威廉·夏普(William Sharpe)以 CAPM 为出发点发展了夏普比率(Sharpe Ratio)又被称为夏普指数，用以衡量金融资产的绩效表现。夏普指数的思想实际上非常朴素，简单来说，就是在获得同样的收益情况下，投资者承受风险的情况。打个比方，两只同类基金的同期业绩表现相近，累计净值增长率都是 50%，而一只基金表现大起大落，另外一只稳步攀升、波动较小。理性的投资者会选择后者来规避波动的风险。夏普比率的核心思想是，理性的投资者将选择并持有有效的投资组合，即那些在给定的风险水平下使期望回报最大化的投资组合，或那些在给定期望回报率的水平上使风险最小化的投资组合。他认为投资者在建立有风险的投资组合时，至少应该要求投资回报达到无风险投资的回报，或者更多。因此，夏普指数越高越好。

2) 詹森指数

$$詹森指数 = r_p - [r_f + \beta_p(r_m - r_f)]$$

1968 年，美国经济学家迈克尔·詹森(Michael C. Jensen)发表了《1945—1964 年间共同基金的业绩》一文，提出了这个以 CAPM 为基础的业绩衡量指数。它能评估基金的业绩优于基准的程度，通过比较考察期基金收益率与由 CAPM 得出的预期收益率之差，即基金的实际收益超过它所承受风险对应的预期收益的部分来评价基金，此差额部分就是与基金经理业绩直接相关的收益。詹森指数所代表的就是基金业绩中超过市场基准组合所获得的超

额收益。即詹森指数>0，表明基金的业绩表现优于市场基准组合，大得越多，业绩越好；反之，如果詹森指数< 0，则表明其绩效不好。投资者可以参考詹森指数，来对基金投资的期望收益与证券市场的期望收益进行比较。投资基金可能在某一段时期收益是一个负值，但这并不表示这个基金不好。只要在这一阶段詹森指数为正，尽管基金的收益是一个负值，我们还是可以认为这个基金是一个优秀的开放式基金；相反，即使某一段时期投资者所购买的开放式基金有显著的现金收益，但如果它的詹森指数是一个负值，那么就表示投资者所购买的开放式基金是一个劣质的开放式基金，因为别的投资者 100 元能赚 20 元，而这个基金管理人只能帮投资者赚 10 元，投资者应当考虑重新选择新的基金。

3) 特雷诺指数

$$\text{特雷诺指数} = \frac{r_p - r_f}{\beta_p}$$

特雷诺(Treynor)认为，基金管理者通过投资组合应消除所有的非系统性风险，因此特雷诺用单位系统性风险(而不是夏普比率中使用的总风险)系数所获得的超额收益率来衡量投资基金的业绩。特雷诺指数考察组合的每单位系统风险所带来的超过无风险利率的超额收益率。特雷诺指数以基金收益的系统风险作为基金绩效调整的因子，反映基金承担单位系统风险所获得的超额收益。该指数数值越大，承担单位系统风险所获得的超额收益越高，基金的表现就越好；反之，基金的表现越差。

## 本 章 小 结

本章主要介绍了现代证券组合理论中的马科维茨投资组合理论、资本资产定价模型和套利定价模型及其应用。

## 自　测　题

### 一、判断题

1. 模拟某种专业化指数的指数化型证券组合不属于被动管理。（　）
2. 证券组合管理者可以通过多元化的证券组合，有效地降低系统风险。（　）
3. 通过证券组合管理可以实现风险最小化和收益最大化的目标。（　）
4. 证券组合风险的大小由未来可能收益率与期望收益率的偏离程度来反映。（　）
5. 证券组合和单个证券的其收益率和风险都可以用期望收益率和方差来计量。（　）
6. 市场组合的β系数等于 1。（　）
7. β系数的绝对值越大，表明证券承担的系统风险越小。（　）

8. 一个证券组合的特雷诺指数是连接证券组合与无风险证券的直线的斜率。 ( )
9. 一个证券组合的特雷诺指数为正数，表明其绩效好。 ( )
10. 证券组合的詹森指数为正，表明其绩效好。 ( )
11. 夏普指数就是证券组合所获得的高于市场的那部分风险溢价。 ( )

二、单项选择题

1. 关于最优证券组合，以下说法中，正确的是( )。
A. 最优组合是风险最小的组合
B. 最优组合是收益最大的组合
C. 相对于其他有效组合，最优组合所在的无差异曲线的位置最高
D. 最优组合是无差异曲线簇与有效边界的交点所表示的组合

2. 避税型证券组合通常投资于( )，可以免交联邦税，也常常免交州税和地方税。
A. 共同基金 B. 对冲基金 C. 市政债券 D. 国债

3. 当( )时，市场时机选择者将选择高贝塔系数的证券组合。
A. 预期市场行情上升
B. 预期市场行情下跌
C. 市场组合的实际预期收益率等于无风险利率
D. 市场组合的实际预期收益率小于无风险利率

4. 衡量证券组合每单位系统风险所获得的风险补偿指标是( )。
A. β系数 B. 詹森指数 C. 夏普指数 D. 特雷诺指数

5. 在强式有效的市场中，证券组合的管理者可以获得的收益率是( )。
A. 证券价格回归价值所能取得的收益率
B. 市场平均收益率
C. 无风险利率
D. 零

6. 以未来价格上升带来的价差收益为投资目标的证券组合属于( )。
A. 收入型证券组合 B. 平衡型证券组合
C. 避税型证券组合 D. 增长型证券组合

7. β系数是( )。
A. 证券组合所获得的高于市场的那部分风险溢价
B. 连接证券组合与无风险资产的直线的斜率
C. 衡量证券承担系统风险水平的指数
D. 反映证券或组合的收益水平对市场平均收益水平变化的敏感性

8. A公司今年每股股息为0.5元，预期今后每股股息将以每年10%的速度稳定增长。当前的无风险利率为0.03，市场组合的风险溢价为0.06，A公司股票的β值为1.5。那么，

A公司股票当前的合理价格是(　　)。

A. 15元　　B. 20元　　C. 25元　　D. 30元

9. A公司股票的β值为1.5，当前的无风险利率为0.03，市场组合的期望收益率为0.11。那么，A公司股票期望收益率是(　　)。

A. 0.09　　B. 0.10　　C. 0.12　　D. 0.15

10. 某证券组合今年实际平均收益率为0.15，当前的无风险利率为0.03，市场组合的风险溢价为0.06，该证券组合的β值为1.5。那么，根据詹森指数评价方法，该证券组合绩效(　　)。

A. 不如市场绩效好　　B. 与市场绩效一样

C. 好于市场绩效　　D. 无法评价

11. 某证券组合今年实际平均收益率为0.15，当前的无风险利率为0.03，市场组合的期望收益率为0.11，该证券组合的β值为1.5。那么，该证券组合的詹森指数为(　　)。

A. −0.02　　B. 0　　C. 0.02　　D. 0.03

12. 某证券组合今年实际平均收益率为0.15，当前的无风险利率为0.03，市场组合的风险溢价为0.06，该证券组合的β值为1.5。那么，该证券组合的特雷诺指数为(　　)。

A. 0.06　　B. 0.08　　C. 0.10　　D. 0.12

13. 某证券组合今年实际平均收益率为0.15，当前的无风险利率为0.03，市场组合的期望收益率为0.11，该证券组合的β值为1.5。那么，根据特雷诺指数来评价，该证券组合的绩效(　　)。

A. 不如市场绩效好　　B. 与市场绩效一样

C. 好于市场绩效　　D. 无法评价

14. 某证券组合今年实际平均收益率为0.15，当前的无风险利率为0.03，市场组合的期望收益率为0.11，该证券组合的标准差为1。那么，根据夏普指数来评价，该证券组合的绩效(　　)。

A. 不如市场绩效好　　B. 与市场绩效一样

C. 好于市场绩效　　D. 无法评价

15. 某证券组合今年实际平均收益率为0.15，当前的无风险利率为0.03，市场组合的风险溢价为0.06，该证券组合的标准差为1.5。那么，该证券组合的夏普指数为(　　)。

A. 0.06　　B. 0.08　　C. 0.10　　D. 0.12

16. 完全正相关的证券A和证券B，其中证券A方差为40%，期望收益率为16%，证券B的方差为20%，期望收益率为12%，那么证券组合25%A+75%B的期望收益率为(　　)。

A. 12%　　B. 13%　　C. 14%　　D. 15%

17. 完全负相关的证券A和证券B，其中证券A方差为40%，期望收益率为15%，证券B的方差为20%，期望收益率为12%，那么证券组合25%A+75%B的方差为(　　)。

A. 0　　B. 5%　　C. 10%　　D. 20%

## 三、多项选择题

1. 构建证券组合的原因包括(　　)。
A. 降低风险　　B. 获取超额收益
C. 保证盈利　　D. 实现收益最大化
2. 以下关于证券组合的论述，不正确的是(　　)。
A. 指数化型证券组合属于被动性管理类型
B. 国际型证券组合的业绩总体上强于只在本土投资的组合
C. 增长型证券组合中注重分红的普通股的比重较大
D. 收入和增长混合型证券组合可以通过选择收益和增长都较好的证券来实现
3. 为得到由证券 A、B 构成的证券组合 P 的期望收益率和收益率的方差，需要知道(　　)。
A. 证券 A 的期望收益率和方差　　B. 证券 B 的期望收益率和方差
C. 证券 A、B 收益率的协方差　　D. 组合中证券 A、B 所占的比重
4. 要求市场平均收益水平的投资者会选择(　　)。
A. 市场指数基金　　B. 市场指数型证券组合
C. 平衡型证券组合　　D. 增长型证券组合
5. 评价组合业绩的基本原则为(　　)。
A. 只考虑组合收益的高低　　B. 要考虑组合收益的高低
C. 要考虑组合投资中单个证券收益的高低　　D. 要考虑组合所承担风险的大小
6. 证券组合管理的基本步骤为(　　)。
A. 确定证券投资政策　　B. 进行证券投资分析
C. 组建证券投资组合　　D. 投资组合的修正
7. 关于β系数，以下说法正确的有(　　)。
A. β系数的绝对值越大(小)，表明证券承担的系统风险越小(大)
B. β系数的绝对值越大(小)，表明证券承担的系统风险越大(小)
C. β系数是衡量证券或组合的收益水平与市场平均收益水平差异的指标
D. β系数是反映证券或组合的收益水平对市场平均收益水平变化的敏感性
8. 关于证券组合业绩评估原理，以下说法正确的有(　　)。
A. 评价组合业绩仅仅比较不同组合之间收益水平的高低，收益水平越高的组合越是优秀的组合
B. 评价组合业绩应本着“既要考虑组合收益的高低，也要考虑组合所承担风险的大小”的基本原则
C. 资本资产定价模型为组合业绩评估者提供了实现这一基本原则的多种途径
D. 评价组合业绩可以考察组合已实现的收益水平是否高于与其所承担的风险水

平相匹配的收益水平

9. 关于单个证券的风险度量，下列说法正确的是(　　)。
   A. 单个证券的风险大小由未来可能收益率与期望收益率的偏离程度来反映
   B. 单个证券可能的收益率越分散，其风险也就越大
   C. 实际中我们也可使用历史数据来估计方差
   D. 单个证券的风险大小在数学上由收益率的方差来度量

# 自测题参考答案

## 第一章　证券市场总论

### 一、基本概念

1. 有价证券：是指标有票面金额，用于证明持有人或该证券的特定主体对特定财产拥有所有权或债权的凭证，是一种虚拟资本。

2. 证券市场：是指股票、债券、投资基金份额等有价证券发行和交易的场所。从广义上讲，证券市场是指一切以证券为对象的交易关系的总和。

3. 有形市场：也称作为场内市场，是指有固定场所的证券交易所市场。

4. 无形市场：也称作为场外市场，是指没有固定交易场所的市场。

5. 证券发行人：是证券的发行主体，是指为筹措资金而发行债券、股票等证券的政府、政府机构、金融机构、公司和企业。

6. 机构投资者：主要指一些金融机构，包括政府机构、金融机构、企业和事业法人及各类基金等。

7. 证券市场中介机构：指为证券发行与交易提供服务的各类机构，包括证券公司和其他证券服务机构。通常把两者合称为证券中介机构。

8. 证券监管机构：是指依法设置的对证券发行与交易实施监督管理的机构。我国的证券监管机构是中国证券监督管理委员会及其派出机构。

9. 证券发行市场：又称证券的初级市场或一级市场，是指证券发行人向投资者出售证券以筹集资金的市场。

10. 证券交易：是指已发行的证券在证券市场上买卖或转让的活动。

11. 证券经纪业务：是指证券公司通过其设立的证券营业部，接受客户委托，按照客户的要求，代理客户买卖证券的业务。

12. 证券自营业务：是指经中国证监会批准经营证券自营业务的证券公司用自有资金和依法筹集的资金，用自己名义开设的证券账户买卖依法公开发行或中国证监会认可的其他有价证券，以获取盈利的行为。

13. 资产管理业务：是指证券公司作为资产管理人，依照有关法律法规及《证券公司证券资产管理业务试行办法》的规定与客户签订资产管理合同，根据资产管理合同约定的方式、条件、要求及限制，对客户资产进行经营运作，为客户提供证券及其他金融产品的投资管理服务的行为。

14. 清算：是指在每一营业日中每个结算参与人证券和资金的应收、应付数量或金额进行计算的处理过程。

15. 交收：是指根据清算的结果在事先约定的时间内履行合约的行为，也就是依据清算结果实现证券与价款的收付，从而结束整个交易过程。

16. 证券市场监管：是指证券管理机关运用法律的、经济的以及必要的行政手段，对证券的募集、发行、交易等行为以及证券投资中介机构的行为进行监督与管理。

17. 信息披露制度：又称为“公示制度”、“公开披露制度”，是上市公司及其信息披露义务人依照法律规定必须将其自身的财务变化、经营状况等信息和资料向社会公开或公告，以便使投资者充分了解情况的制度。它既包括发行前的披露，也包括上市后的持续信息公开。

## 二、判断题

1. √；2. √；3. ×；4. ×；5. √。

## 三、单项选择题

1. D；2. B；3. B；4. D；5. D；6. C；7. D；8. D；9. B；10. A。

## 四、简答题

1. 证券市场的基本特征有：

(1) 证券市场是价值直接交换的场所。有价证券都是价值的直接代表，它们本质上是价值的一种直接表现形式。虽然证券交易的对象是各种各样的有价证券，但由于它们是价值的直接表现形式，所以证券市场本质上是价值的直接交换场所。

(2) 证券市场是财产权利直接交换的场所。证券市场上的交易对象是作为经济权益凭证的股票、债券、投资基金等有价证券，它们本身是一定量财产权利的代表，所以，代表着对一定数额财产的所有权或债权以及相关的收益权。证券市场实际上是财产权利的直接交换场所。

(3) 证券市场是风险直接交换的场所。有价证券既是一定收益权利的代表，同时也是一定风险的代表。有价证券的交换在转让出一定收益权的同时，也把该有价证券所特有的风险转让出去。所以，从风险的角度分析，证券市场也是风险直接交换的场所。

2. 首次公开发行股票的核准程序是：

(1) 申报。发行人应当按照中国证监会的有关规定制作申请文件，由保荐人保荐并向中国证监会申报。特定行业的发行人应当提供管理部门的相关意见。

(2) 受理。中国证监会收到申请文件后，在5个工作日内作出是否受理的决定。

(3) 初审。中国证监会受理申请文件后，由相关职能部门对发行人的申请文件进行初审。中国证监会在初审过程中，将征求发行人注册地省级人民政府是否同意发行人发行股票的意见，并就发行人的募集资金投资项目是否符合国家产业政策和投资管理的规定征求国家

发改委的意见。

(4) 预披露。在提交申请文件后，发行人应当按照国务院证券监督管理机构的规定预先披露有关申请文件。发行人可以将招股说明书(申报稿)刊登于其企业网站，但披露内容应当与中国证监会网站的完全一致，且不得早于在中国证监会网站的披露时间。

(5) 发审委审核。相关职能部门对发行人的申请文件初审完成后，由发审委组织发审委会议进行审核。

(6) 决定。中国证监会依照法定条件对发行人的发行申请作出予以核准或者不予核准的决定，并出具相关文件。自中国证监会核准发行之日起，发行人应在 6 个月内发行股票；超过 6 个月未发行的，核准文件失效，须重新经中国证监会核准后方可发行。

此外，发行申请核准后、股票发行结束前，发行人发生重大事项的，应当暂缓或者暂停发行，并及时报告中国证监会，同时履行信息披露义务。影响发行条件的，应当重新履行核准程序。股票发行申请未获核准的，自中国证监会作出不予核准决定之日起 6 个月后，发行人可再次提出股票发行申请。

3. 证券交易的程序：包括开户、委托、成交、结算等。

(1) 开户是进行证券交易的首要步骤。所开立的账户包括两个方面，证券账户和资金账户。证券账户用来记载投资者所持有的证券种类、数量和相应的变动情况。资金账户用来记载和反映投资者买卖证券的货币收付和结存数额。

(2) 在证券交易所市场，投资者不能直接进入交易所买卖证券，而必须通过经纪商来进行。投资者向经纪商下达买进或卖出证券的指令就称为委托。

(3) 证券交易所交易系统接受申报后，根据订单的成交规则进行撮合配对。符合成交条件的予以成交，不符合成交条件的继续等待成交，超过委托时效的订单失败。成交价格可以是买卖双方直接竞价形成，也可以是由交易商报出。我国订单匹配采用价格优先原则和时间优先原则。

(4) 证券结算包含清算和交收两个方面。清算，是指在证券交易成交后，对买(卖)方在资金方面的应付(收)额和在证券方面的应收(付)种类和数量进行计算。交收是指在清算结束后，证券由卖方向买方转移和资金由买方向卖方转移的过程。

对于记名证券，完成以上步骤后，还应进行登记过户。登记过户后，证券交易才算完成。

4. 清算与交收的联系和区别：

(1) 联系：清算是交收的基础和保证，交收是清算的后续与完成。清算结果正确才能确保交收顺利进行；而只有通过交收，才能最终完成证券或资金收付，结束整个交易过程。

(2) 区别：清算是对应收、应付证券及价款的计算，其结果是确定应收、应付数量或金额，并不发生财产实际转移；交收则是根据清算结果办理证券和价款的收付，发生财产实际转移(有时不是实物形式)。

## 五、论述题

结合实际论述我国信息披露制度的意义和信息披露的主要内容。

信息披露制度，又称为“公示制度”、“公开披露制度”，是上市公司及其信息披露义务人依照法律规定必须将其自身的财务变化、经营状况等信息和资料向社会公开或公告，以便使投资者充分了解情况的制度。它既包括发行前的披露，也包括上市后的持续信息公开。

信息披露是上市公司的法定义务，是投资者了解公司、证券监管机构监管上市公司的主要途径，是维护证券市场秩序的必要前提，它有利于约束证券发行人的行为、促使其改善经营管理，有利于证券市场发行价格与交易价格的合理形成，有利于维护广大投资者的合法权益，有利于进行证券监督、提高证券市场效率。

信息披露的主要内容有：招股说明书与上市公告书、定期报告和临时报告。

招股说明书与上市公告书：公开发行股票并上市的发行人编制招股说明书应当符合中国证监会的相关规定。凡是对投资者作出投资决策有重大影响的信息，均应当在招股说明书中披露。首次公开发行股票的，中国证监会受理申请文件后、发行审核委员会审核前，发行人应当将招股说明书申报稿在中国证监会网站预先披露。预先披露的招股说明书申报稿不是发行人发行股票的正式文件，不能含有价格信息，发行人不能据此发行股票。申请证券上市交易，应当按照证券交易所的规定编制上市公告书，并经证券交易所审核同意后公告。

定期报告：包括年度报告、中期报告和季度报告。凡是对投资者作出投资决策有重大影响的信息，均应当披露。年度报告中的财务会计报告应当经具有证券、期货相关业务资格的会计师事务所审计，上市公司应当在每一会计年度结束之日起 4 个月内披露年度报告。季度报告披露公司的主要财务数据及管理层讨论与分析的内容，上市公司应当在每一会计年度第 3 个月、第 9 个月结束后的 1 个月内编制完成季度报告并披露。第一季度季度报告的披露时间不得早于上一年度年度报告的披露时间。上市公司应当在每一会计年度的上半年结束之日起 2 个月内披露半年度报告。

临时报告：当发生可能对上市公司证券及其衍生品种交易价格产生较大影响的重大事件，投资者尚未得知时，上市公司应当立即披露，说明事件的起因、目前的状态和可能产生的影响。

## 六、案例分析答案

案例一：

1. 该案例中仲裁结果确实还存在商榷的部分。案例中仲裁庭认为唐建的违法行为并不是职务行为，只是个人行为，对其只是处以罚款而并没有移交司法机关追究民事责任，理由是认为唐建的行为不是基金管理人的授权行为，还认为不存在申请人指责的“违反了对申请人的承诺”、“不作为”或“违约”的事实和情节，认为这种说法缺少法律依据和事实依据。事实上，这个判决的理由不是很充分，唐建的行为严格上来讲就是一种职务行为，因为从某种程度上来讲，他确实是利用了他职务上的便利性达到了自己的目的。

2. 要提高证券市场交易的透明度，维护正常的市场秩序，需要政府和民众的共同努力。首先，在监管方面要加大证券市场监管力度，提高证券市场监管水平及监管的有效性；在内部控制方面要完善基金公司法人治理，加强公司内部控制制度，做到奖惩分明，提倡激励约束机制；最后，要增加法律法规的惩处力度，加大其“违规”成本。

案例二：

1. 在证券市场上，不确定性和风险性是证券市场的基本特征，也是影响证券价格和交易的重要因素。投资者要减小投资风险，就要充分掌握所需的信息，而证券相关信息主要来自于证券公司披露的信息，在掌握这些信息的基础上投资者结合自身需要会作出较好的投资决策。而确保信息披露以及信息的真实性，是为了保护投资者的利益，增强投资者对证券市场的信息，这些才能保证证券市场的充分发展；同时也是为了应对证券市场中欺诈行为和内幕交易等市场失灵现象，改善市场中客观存在的不公平竞争状态。总之，信息披露的充分与否、及时与否直接决定了市场的有效性和有效程度。案例中的虚假信息披露以及一系列的信息披露违规问题，导致了双汇的发展停滞，也导致了投资者的巨大利益损失，是违法行为。

2. 出现这种虚假陈述是证券公司为了误导投资者的决策，披露虚假信息或者隐瞒重大信息，这极大地损害了投资者的利益，主要原因是证券市场信息披露制度不完善、市场监管制度不完全、监管措施不力等外部原因以及证券公司自身信用问题等内部原因。

要解决这类问题，需要从下面几个方面来着手：

首先，完善信息披露制度。信息披露工作是资本市场重要的组成部分，上市公司要实现可持续发展，让投资者更全面、及时、完整的了解公司变化，需要持续而高效的信息披露制度来保障。其次，要加大证券市场监管力度，尽力使得证券市场交易的透明、公平、公正，消除妨碍证券市场健康发展的不利因素。最后，要建立健全相关的制度法规，加大违法惩处力度，保证证券市场的长远健康发展。

# 第二章　股票基础知识

## 一、单项选择题

1. C；2. D；3. A；4. D；5. A；6. B；7. B；8. A；9. D；10. B。

## 二、多项选择题

1. ACD；2. ABCD；3. BC。

# 第三章　债券基础知识

## 一、单项选择题

1. A；2. B；3. A；4. C；5. C；6. A。

## 二、多项选择题

1. ABCD；2. ABD；3. ABC；4. ABCD；5. ABCD。

## 三、简答题

1. 答案：可交换债券与可转换公司债券的相同之处是发行要素与可转换债券相似，也包括票面利率、期限、换股价格和换股比率、换股期限等；对投资者来说与持有标的上市公司的可转换公司债券相同，投资价值与上市公司价值相关，在约定期限内可以以约定的价格交换为标的股票。而两者的区别在于：第一，发债主体和偿债主体不同，前者是上市公司的股东，通常是大股东，后者是上市公司本身；第二，适用的法规不同，在我国发行可交换债券的适用法规是《公司债券发行试点办法》，可转换债券的适用法规是《上市公司证券发行管理办法》，前者侧重于债券融资，后者更接近于股权融资；第三，发行目的不同，前者的发行目的包括投资退出、市值管理、资产流动性管理等，不一定要用于投资项目，后者和其他债券的发债目的一般是将募集资金用于投资项目；第四，所换股份的来源不同，前者是发行人持有的其他公司的股份，后者是发行人未来发行的新股；第五，股权稀释效应不同，前者换股不会导致标的公司的总股本发生变化，也不会摊薄每股收益，后者会使发行人的总股本扩大，摊薄每股收益；第六，交割方式不同，前者在国外有股票、现金和混合 3 种交割方式，后者一般采用股票交割；第七，条款设置不同，前者一般不设置转股价向下修正条款，后者一般附有转股价向下修正条款。

2. 答案：市场分割理论认为短期债券和长期债券分属于不同的市场，其利率水平完全由各自市场资金的供求关系影响，彼此之间互不影响。市场预期理论和流动性偏好理论都假设市场参与者将按照他们的利率预期从债券市场的一个偿还期自有地移动到另一个偿还期而不受任何阻碍。市场分割理论的观点却恰恰相反，该理论认为在贷款或融资活动进行时，贷款者和借款者并不能自由地在利率预期的基础上，将证券从一种偿还期替换成另一种偿还期。或者说认为市场是低效的，在市场上存在着市场分割的现象。投资者或者借款人由于受到了法律、偏好或者某种投资期限习惯的制约，他们的贷款或融资活动总是局限于一些特殊的偿还期部分，各种金融机构投资于不同期限的债券。也就是说，既是现行的利率水平说明，如果他们进行市场间的转移会获得比实际要高的预期收益率，投资人和借款人也不会轻易就离开自己的市场而进入另一个市场，此时用长短期市场进行投资，来确定长短期利率关系的理论便不再成立。

当短期债券市场资金供求双方决定的均衡利率低于长期债券市场资金供求双方决定的均衡利率，利率期限结构就呈现向上倾斜的形状；向下倾斜、水平和隆起的利率期限结构以此类推。按照市场分割理论可以解释任何形状的利率期限结构。

3. 答案：第一，产业分析。具体体现在三个方面：一是产业生命周期，即该产业属于成长阶段、成熟阶段还是衰退阶段，不同产业生命周期阶段的公司其业务增长速度及潜力有很大区别；二是随经济周期变动的特征是否明显，有的行业如房地产、耐用消费品随经济景气周期而有较大起伏，而公用事业、生活必需品行业则相对稳定；三是产业的市场结构与竞争类型，市场进入的难度大小，是属于完全竞争还是垄断竞争，公司在行业中的市场地位及未来前景等。第二，财务分析。财务分析的目的是判断公司经营绩效及支付到期债务的能力，使用的主要指标可归纳如下：①盈利能力指标。这方面的指标有销售利润率、资产周转率、净资产收益率等，反映企业经营效益好坏和获利能力大小。②财务结构指标。例如，流动比率、负债比率、权益比率、利息保付率等。分别表示短期和长期资产与债务的比率、权益与负债的比率、税前利润与利息费用的比率。第三，信托合同分析。信托合同是规定债券发行人与债权人和义务的文件。其内容包括财务限制条款和债券的优先清偿顺序两方面。财务现值条款是为防止企业财务状况恶化而设立保护债权人利益的限制性条款，由债券发行人和承销商共同制定，主要是对债务、投资、红利、营运资金的限制，对资产处理的限制等。债券的优先清偿顺序是当债务人破产或不履行偿还义务时，相关债权人清偿权利的顺序规定。

# 第四章　证券投资基金基础知识

## 一、单项选择题

1. C；2. B；3. A；4. C；5. B。

## 二、多项选择题

1. AC；2. AB；3. ABD；4. ABCD；5. AC。

## 三、简单题

1. 答案：第一，反映的经济关系不同，股票反映的所有权关系，债券反映的是债权债务关系，而基金反映的则是信托关系，但公司型基金除外；第二，筹集资金的投向不同，股票和债券是直接投资工具，筹集的资金主要投向实业，而基金是间接投资工具，筹集的资金主要投向有价证券等金融工具；第三，风险水平不同，股票的直接收益取决于发行公司的经营效益，不确定性强，投资于股票有较大的风险。债券的直接收益取决于债券利率，

而债券利率一般是事先确定的，投资风险较小。基金主要投资于有价证券，投资选择灵活多样，从而使基金的收益有可能高于债券，投资风险又可能小于股票。因此，基金能满足那些不能或不宜直接参与股票、债券投资的个人或机构的需要。

2. 答案：①市场风险。证券投资基金分散投资虽能在一定程度上消除来自个别公司的非系统性风险，但无法消除市场的系统性风险。因此，证券市场价格因经济因素、政治因素等各种因素的影响而产生波动时，将导致基金收益水平和净值发生变化，从而给基金投资者带来风险。②管理能力风险。在市场变动的情况下，基金管理人及时地对投资组合进行更新，从而将基金资产风险控制在预定的范围内等，但是，不同的基金管理人的基金投资管理水平、管理手段和管理技术存在差异，从而对基金收益水平产生影响。③技术风险。当计算机、通讯系统、交易网络等技术保障系统或信息网络支持出现异常情况时，可能导致基金日常的申购或赎回无法按正常时限完成、注册登记系统瘫痪、核算系统无法按正常时限显示基金净值、基金的投资交易指令无法及时传输等风险。④巨额赎回风险这是开放式基金所特有的风险。若因市场剧烈波动或其他原因而连续出现巨额赎回，并导致基金管理人出现现金支付困难时，基金投资者申请赎回基金份额，可能会遇到部分顺延赎回或暂停赎回等风险。

3. 答案：①期限不同。封闭式基金一般有固定的存续期，通常在5年以上，一般为十年或者十五年，经受益人大会通过并经监管机构同意可以适当延长期限。开放式基金没有固定期限，投资者可随时向基金管理人赎回基金份额，若大量赎回甚至会导致清盘。②发行规模限制不同。封闭式基金的基金规模是固定的，在封闭期限内未经法定程序认可不能增加发行。开放式基金没有发行规模限制，投资者可随时提出申购或赎回申请，基金规模随之增加或减少。③基金份额交易方式不同。封闭式基金的基金份额在封闭期限内不能赎回，持有人只能在证券交易所出售给第三者，交易在基金投资者之间完成。开放式基金的投资者则可以在首次发行结束一段时间后，随时向基金管理人或其销售代理人提出申购或赎回申请，绝大多数开放式基金不上市交易，交易在投资者与基金管理人或其销售代理人之间进行。④基金份额的交易价格计算标准不同。封闭式基金与开放式基金的基金份额除了首次发行价都是按面值加一定百分比的购买费计算外，以后的交易计价方式不同。封闭式基金的买卖价格受市场供求关系的影响，常出现溢价或折价现象，并不必然反映单位基金份额的净资产值。开放式基金的交易价格则取决于每一基金份额净资产值的大小，其申购价一般是基金份额净资产值加一定的购买费，赎回价是基金份额净资产值减去一定的赎回费，不直接受市场供求影响。⑤基金份额资产净值公布的时间不同。封闭式基金一般每周或更长时间公布一次，开放式基金一般在每个交易日连续公布。⑥交易费用不同。投资者在买卖封闭式基金时，在基金价格之外要支付手续费；投资者在买卖开放式基金时，则要支付申购费和赎回费。⑦投资策略不同。封闭式基金在封闭期内基金规模不会减少，因此可进行长期投资，基金资产的投资组合能有效地在预定计划内进行。开放式基金因基金份额可随时赎回，为应付投资者随时赎回兑现，所募集的资金不能全部用来投资，更不能把全部资金用于长期投资，必须保持基金资产的流动性，在投资组合上必须保留一部分现金和高流动性的金融工具。

# 第五章　宏观经济分析

## 一、单项选择题

1. D；2. D；3. A；4. D；5. A；6. B；7. A；8. B；9. C；10. C。

## 二、多选题

1. ABC；2. ABC；3. ABCD；4. ABD；5. ABCD。

## 三、简答题

1. 宏观经济分析包括哪些方面？宏观经济发展对证券投资有何影响？

宏观经济分析主要包括国民经济总体发展状况、经济周期、国际收支、宏观经济政策以及通货膨胀等因素。因为这些宏观经济因素对证券市场价格的影响既是根本性的，也是全局性和长期性的。因此宏观经济分析无论是对投资者、投资对象，还是对证券业本身乃至整个国民经济的健康发展都具有非常重要的意义。当经济稳定增长、发展前景看好时，投资于普通股票较为有利；反之，投资于固定收益工具较为有利，宏观经济分析是分析和判断证券投资的经济环境，投资者通过宏观经济分析，判断经济运行的阶段，预测经济形势的变化，从而为投资决策提供依据。

2. 货币政策工具调控的手段有哪些，其对证券市场的影响如何？

货币政策是中央银行为实现一定的宏观经济调控目标运用各种货币政策工具调节货币供求的方针和策略的总称，是国家宏观经济政策的重要组成部分。中央银行主要通过三大货币政策工具来实现对宏观经济的调控，即存款准备金率、再贴现率和公开市场操作。货币政策的变动方向主要有两种：宽松的货币政策和紧缩的货币政策。当国家为了防止经济衰退、刺激经济发展而实行扩张性货币政策时，中央银行会通过降低法定存款准备金率、降低中央银行的再贴现率或在公开市场上买入有价证券的方式来增加货币供应量，扩大有效需求和投资。当经济增长过快，通货膨胀压力较大时，则会采取适当紧缩的货币政策，即中央银行通过提高法定存款准备金率与再贴现率，或在公开市场上卖出有价证券来减少货币供应量，紧缩银根，以实现总需求和总供给的平衡。总而言之，货币政策对证券市场的影响主要通过投资者和上市公司来实现的。对投资者来说，当增加货币供给量时，一方面证券市场的资金增多，另一方面通货膨胀也使人们为了保值而购买证券，从而推动证券价格上扬；相反，当减少货币供应量时，会会证券价格呈下降趋势。对于上市公司而言，宽松的货币政策一方面为公司发展提供了充足的资金，另一方面扩大了社会总需求，刺激

了生产发展，提高了上市公司的业绩，证券价格将上涨；反之，紧缩的货币政策使上市公司的运营成本上升，总需求不足，上市公司的业绩下降，证券价格随着下跌。

# 第六章 行业及区域分析

## 一、单项选择题

1. D; 2. A; 3. D; 4. D; 5. A; 6. A; 7. A; 8. A。

## 二、多项选择题

1. ABD; 2. ABCD; 3. ABCD; 4. BD; 5. ACD ; 6. ABCD。

## 三、简答题

1. 行业分析的意义是什么？

行业分析的目的在于寻找更好的投资机会。具体的，行业分析的目的在于分析行业本身所处的发展阶段及其在国民经济中的地位，分析影响行业发展的各种因素以及判断对行业的影响力度，预测并应引导行业的未来发展趋势，判断行业投资价值，揭示行业风险，为各组织机构提供投资决策或投资依据。

由于各行业所处的经济周期不同，不同行业公司的经营业绩存在着较大差异，这就意味着同一时期内不同行业的收益率表现出较大的差异，因而选择一个具有发展前景的高收益率行业十分重要。首先，行业分析可为投资者提供详尽的行业投资背景。各行业的发展与整个宏观经济发展并不完全一致，它们之间存在着一定差异，有的差异还很大。因此投资者除了解宏观政治经济背景之外，还需要对各个行业的一般特征，经营状况和发展前景有进一步的了解，这样才能更好地进行投资抉择。其次，行业分析有助于投资者准确确定行业投资重点。国家在不同时期，其经济政策尤其是产业政策有很大的不同，它对不同的行业的发展状况有着不同的影响。例如，西部大开发，国家的经济政策和产业政策支持的重点，是西部的基础产业和资源开发性产业，这直接和间接对西部的行业产生有利的影响，这一影响必然反映在证券市场上，投资者可根据这一背景，选择西部的合适的行业进行证券投资。因此不管投资者是为了避免损失还是寻找更好的行业投资机会，行业分析都是十分有用的。

2. 行业生命周期可分为哪几个阶段，各阶段的特点是什么？

通常，每个行业都要经历一个由成长到衰退的发展演变过程。这个过程便称为行业的生命周期。对行业生命周期的分析预测是行业分析的重要内容。一般的，行业的生命周期可分为幼稚期、成长期、成熟期和衰退期。

(一)幼稚期。在这一阶段，由于新行业刚刚诞生或初建不久，而只有为数不多的创业公司投资于这个新兴的行业。处在幼稚期的创业公司的研究、开发费用较高，而大众对其产品尚缺乏全面了解，致使产品市场需求小，销售收入低，因而这些创业公司可能不但没有盈利，反而出现较大亏损。同时，较高的产品成本和价格与较小的市场需求之间的矛盾使得创业公司面临很大的市场风险。但是高风险往往孕育着高收益，在幼稚期后期，随着行业生产技术的成熟、生产成本的降低和市场需求的扩大，新行业逐步由高风险、低收益的幼稚期迈入高风险、高收益的成长期。

(二)成长期。行业的成长实际上就是行业的扩大再生产。成长期的行业主要体现在生产能力和规模的扩张。在成长初期，企业的生产技术逐渐成形，市场认可并接受了行业的产品，产品的销量迅速增长，市场逐步扩大。进入加速成长期后，企业的产品和劳务已为广大消费者接受，销售收入和利润开始加速增长，新的机会不断出现。在这一时期，一方面拥有一定市场营销能力、雄厚的资本实力和畅通的融资渠道的企业逐渐占领市场。另一方面，由于高额的利润，大量的潜在竞争者进入该行业，行业的竞争程度逐步增强，行业由高增长逐步过渡为稳定增长，并进入到行业的成熟阶段。成长期的行业增长非常迅猛，部分优势企业脱颖而出，投资于这些企业的投资者往往获得较高的投资回报，所以成长期阶段有时被称为投资机会时期。

(三)成熟期。在成熟期，产品和服务的普及程度已经达到基本饱和，产品变得越来越标准化。产品的基本性能、式样、功能、规格、结构都将趋于成熟，且已经被消费者习惯使用。进入成熟期的行业市场通过市场竞争而生存下来的少数资本雄厚、技术先进的大商场控制，各厂商分别占有自己的市场份额，整个市场的生产布局和份额在相当长的时期内处于稳定状态。厂商之间的竞争手段逐渐从价格手段转向各种非价格手段，如提高质量、改善性能和加强售后服务等。行业的利润由于一定程度的垄断达到了很高的水平，而风险却因市场比例比较稳定，新企业难以进入成熟期市场而较低。

(四)衰退期。在衰退期，由于对原产品需求的转移和大量新产品或替代品的出现，该行业的市场需求逐步减少，产品的销售量逐步下降，利润率萎缩，一些企业开始出现亏损。某些厂商开始向其他更有利可图的行业转移资金，因而原行业出现了厂商数目减少、利润水平停滞不前或不断下降的萧条景象。至此，整个行业便进入了衰退期。

3. 我国经济区域发展的基本特征是什么？

改革开放以来，随着经济的快速发展，各区域经济发展的差距被拉大了。目前，我国经济的“四大板块”分别为东部率先、西部开发、中部崛起和东北振兴。总体上讲，我国区域经济发展呈以下趋势：各地区经济均有较快增长的情况下，东部与中、西部经济发展的绝对差距将继续扩大。但从增长速度来看，中部地区会有所加快，尤其是武汉及其周边地区，可能成为新的经济增长点。从政府政策来看，中央仍将坚持综合协调的策略，在保证东部沿海地区高速发展的同时，大力支持中、西部地区的经济开发。但是吸取历史上把大量人力、物力、财力机械地从东部移向西部的教训，将采用增加重大基础性工程投资政策来给西部经济以扶持，同时在投资和贷款、扩大自主权等方面将给予一些优惠政策。

东部将逐步和更大规模地参与中、西部的经济开发；中、西部的廉价劳动力、丰富的资源和广大的产品需求市场将为东部的投资提供美好的前景。

# 第七章　公 司 分 析

一、判断题

1. ×；2. √；3. ×；4. ×；5. √；6. √；7. √；8. ×；9. ×；10. ×。

二、单项选择题

1. C；2. C；3. C；4. D；5. C；6. C；7. C；8. B；9. D；10. C。

三、多项选择题

1. BCD；2. ACDE；3. ABCE；4. ABCD；5. ABCE；6. ABC；7. ADE；8. ABDE；9. ABCDE；10. ABCE。

# 第八章　技术分析概论

一、判断题

1. ×；2. √；3. ×；4. √。

二、单项选择题

1. A；2. C；3. B；4. D。

三、多项选择题

1. ABC；2. ABC；3. ABD；4. AD。

# 第九章　常用技术分析理论

一、判断题

1. √；2. ×；3. √；4. ×。

二、单项选择题

1. A；2. B；3. A；4. C。

三、多项选择题

1. BC; 2. ACD; 3. ABD; 4. ABCD。

# 第十章 K线形态分析

一、判断题

1. ×; 2. √; 3. ×; 4. √。

二、单项选择题

1. C; 2. C; 3. D; 4. A; 5. C。

三、多项选择题

1. ABCD; 2. AB; 3. ACD; 4. BCD; 5. ABD; 6. CD; 7. AC; 8. ABCD。

# 第十一章 常用技术指标

一、判断题

1. ×; 2. ×; 3. √; 4. √。

二、单项选择题

1. D; 2. C; 3. B; 4. C。

三、多项选择题

1. ABC; 2. BCD; 3. ACD; 4. ABCD。

# 第十二章 证券市场心理面分析

一、判断题

1. √; 2. ×; 3. √; 4. ×。

二、单项选择题

1. C; 2. C; 3. B; 4. B。

三、多项选择题

1. ABCD; 2. ABC; 3. AC; 4. ABCD。

# 第十三章　证券市场投资组合理论

一、判断题

1. √; 2. ×; 3. ×; 4. √; 5. √; 6. √; 7. ×; 8. √; 9. ×; 10. √; 11. ×。

二、单项选择题

1. C; 2. C; 3. A; 4. D; 5. B; 6. D; 7. D; 8. C; 9. D; 10. C; 11. B; 12. B; 13. B; 14. C; 15. B; 16. B; 17. B。

三、多项选择题

1. AD; 2. ACD; 3. ABCD; 4. AB; 5. BD; 6. ABCD; 7. BD; 8. BCD; 9. ABCD。

# 参 考 文 献

1．杨兆廷，刘颖. 证券投资学. 北京：人民邮电出版社，2010.
2．吴晓求. 证券投资学. 第三版. 北京：中国人民大学出版社，2009.
3．李英. 证券投资学. 北京：中国经济出版社，2008.
4．曹凤岐，刘力，姚长辉. 证券投资学. 第二版. 北京：北京大学出版社，2000.
5．马骥. 证券投资学. 北京：科学出版社，2008.
6．中国证券业协会. 证券投资分析. 北京：中国财政经济出版社，2009.
7．杨德勇. 证券投资学. 北京：中国金融出版社，2010.
8．杜娥，李景，邵明龙. 证券投资分析. 北京：清华大学出版社，2011.
9．谢百三. 证券投资学. 北京：清华大学出版社，2005.
10．孙可娜. 证券投资教程. 北京：机械工业出版社，2005.
11．庄新田，高莹，金秀. 证券投资分析. 北京：清华大学出版社，2008.
12．徐国祥. 证券投资分析. 北京：科学出版社，2006.
13．谭中明，侯青，黄正清. 证券投资学. 合肥：中国科学技术大学出版社，2004.
14．于璟，束景虹. 投资分析. 北京：对外经济贸易大学出版社，2009.
15．刘德红，刘恩，马晓贤. 证券投资学. 北京：清华大学出版社，北京交通大学出版社，2006.
16．查尔斯 P.琼斯. 投资学分析与管理. 北京：机械工业出版社，2008.
17．(美)罗伯特 E.史蒂文斯，菲利普 K.舍伍德，J.保罗・邓恩等. 投资学分析与管理. 北京：机械工业出版社，2008.
18．何孝星. 证券投资理论与实务. 北京：清华大学出版社，2004.
19．马君潞，李学峰. 证券市场分析. 北京：科学出版社，2009.
20．邵宇，秦培景. 证券投资分析—来自报表和市场行为的见解. 上海：复旦大学出版社，2005.
21．中国就业培训技术指导中心. 理财规划师基础知识. 北京：中国财政经济出版社，2007.
22．冯云，吴冲锋. 经济全球化测度理论. 上海：上海交通大学出版社，2005.
23．王永成. 经济全球化与中国政府能力现代化. 北京：人民出版社，2006.
24．程伟. 经济全球化与经济转轨互动研究. 上海：商务印书馆，2005.
25．崔功豪，魏清泉，刘科伟. 区域分析与区域规划. 第二版. 北京：高等教育出版社，2006.
26．林仲豪，阮卫斌. 股市心理战. 广州：广州出版社，1999.
27．俞文钊，李建华. 投资心理学. 大连：东北财经大学出版社，2009.
28．徐晓鹰. 证券投资心理和行为分析. 北京：中国物资出版社，2004.
29．(法)勒庞著，冯克利译. 乌合之众：大众心理研究. 北京：清华大学出版社，2007.
30．董志勇. 行为金融学. 北京：北京大学出版社，2009.

31．林清泉. 金融工程. 第二版. 北京：中国人民大学出版社，2004.

32. Benjamin Graham. The Intelligent Investor, Rev. Ed. New York: HarperBusiness, 2005.

33. Benjamin Graham, David Dodd. Security Analysis. The Sixth Edition. New York: McGraw-Hill, 2008.

34. Philip A. Fisher. Common Stocks and Uncommon Profits and Other Writings. New Jersey: John Wiley & Sons, 2003.

35. Peter Lynch, John Rothchild. Learn to Earn: A Beginner's Guide to the Basics of Investing and Business. New Jersey: John Wiley & Sons, 2007.

36. Jack Welch, John A. Byrne. Jack: Straight From the Gut. Dublin: Business Plus, 2007.

37. Jack Welch. Winning. New York: HarperBusiness, 2005.

38. Benjamin Franklin. Wit and Wisdom from Poor Richard's Almanack. New York: Modern Library, 2000.

39. Peter Bevelin. Seeking Wisdom: From Darwin to Munger. Sweden: Printing Malmo AB. 2005.

40. Fred Schweb. Where Are the Customers' Yachts: or A Good Hard Look at Wall Street. New Jersey: John Wiley & Sons, 2006.

41. Lawrence A. Cunningham.The Essays of Warren Buffett: Lessons for Investors and Managers. New Jersey: John Wiley & Sons, 2009.

42. Mills T.C., Markellos R.N.. The Econometric Modelling of Financial Times Series, 3rd edition. Cambridge: Cambridge University Press, 2008.

43. Linter J. The Valuation of risk assets and the selection of risky investments in stock portfolios and capital budgets. Review of Economics and Statistics, 1965, 47(1):13-37.

44. Markowitz H. Portfolio Selection. Journal of Finance, 1952, 7(1):77-91.

45. Mossin J. Equilibrium in a capital asset market. Econometrica, 1966, 34(2):768-783.

46. Ross S. The arbitrage thoery of capital asset pricing. Journal of Economic Theory, 1976, 13(3):341-360.

47. Sharpe W. Capital asset prices: A theory of market equilibrium under conditions of risk. Jounal of Finance, 1964, 19(3):425-442.

48. Fama, E.. Efficient capital markets: a review of theory and empirical work. Journal of Finance, 1970, 25(2): 383-417.

49. Fama E., French K.R.. Business conditions and expected returns on stocks and bonds. Journal of Financial Economics, 1989, 25(1): 23-49.

50. Fama E., French K.R.. Common risk factors in the returns on stocks and bonds. Journal of Financial Economics, 1993, 33(1): 3-56.